無錫文庫

第三輯

余孝惠先生年譜
曾祖澹如府君年譜
茹經先生自訂年譜
茹經先生年譜續編
苓泉居士自訂年譜
榮宗敬榮德生生平事業年表合編
樂農自訂行年紀事
樂農自訂行年紀事續編
錫金談丹崖先生年譜
孫庵老人自訂五十以前年譜
孫庵私乘

鳳凰出版傳媒集團
鳳凰出版社

ISBN 978-7-5506-1387-4

9 787550 613874 >

圖書在版編目（CIP）數據

余孝惠先生年譜等 / (清) 吴師澄等編. -- 南京 : 鳳凰出版社, 2012.6
（無錫文庫. 第3輯）
ISBN 978-7-5506-1387-4

Ⅰ. ①余… Ⅱ. ①吴… Ⅲ. ①名人－年譜－無錫市 Ⅳ. ①K820.853.3

中國版本圖書館CIP數據核字(2012)第113232號

責任編輯　王　劍
裝幀設計　姜　嵩
出版發行　鳳凰出版傳媒集團
　　　　　鳳凰出版社(原江蘇古籍出版社)
　　　　　南京市中央路165號　郵編 210009
　　　　　發行部電話 025－83223462
集團網址　鳳凰出版傳媒網　http://www.ppm.cn
印　　刷　無錫市證券印刷有限公司
　　　　　無錫市揚名高新技術産業園B區75號　郵編 214024
開　　本　889×1194毫米　1/16
印　　張　37.25
版　　次　2012年6月第1版　2012年6月第1次印刷
標準書號　ISBN 978-7-5506-1387-4
定　　價　490.00圓

無錫文庫工作委員會

顧問

黄莉新　朱克江　周和平　譚　躍　陳海燕

主任

王國中　王立人

副主任

華博雅　曹佳中　吴小平　佘江濤

委員

方標軍　尤文科　何承志　蔡文煜

金　政　須　儉　陳堯明　葉建興

施　展　嚴克勤　劉　川　雷群虎

李祖坤　瞿　敬　華瑞興　周興安

姜小青

無錫文庫編輯委員會

主　編

王立人

副主編

須　儉　姜小青

編　委（按姓氏筆畫排列）

王進雄　王賡唐　卞惠興　全　勤　吴　迪　沙無垢
金其楨　夏剛草　倪培翔　徐志鈞　浦學坤　陳文源
過旭明　過耀華　許墨林　張志清　程勉中　湯可可
蔡家彬　劉桂秋　錢建中　錢菲菲　顧文璧

執行編委

王華寶　王　劍　薛　飛　陳紅彦　林世田　謝冬榮
徐憶農　陳　立

編務人員

顧志堅　李躍光

無錫文庫學術顧問

（按姓氏筆畫排列）

朱玉麒　朱維錚　江慶柏　李文海
沈衛榮　武秀成　金良年　胡福明
莫礪鋒　徐中玉　陳熙中　許倬雲
張仲禮　張廷銀　彭　林　程章燦
馮　遠　馮其庸　楊天石　趙生群
劉玉才　錢　遜　錢中文　錢文忠

總序

七千年文明史，三千年建城史，江南名城無錫，襟長江依太湖，自古以來就是魚米之鄉，禮儀之邦。無錫文化自泰伯南奔以來，騰蛟起鳳，尚德崇文，在數千年的傳承發展中，教化常持，經世務實，人杰輩出，大家林立，文藻絢麗，錯彩鏤金。舍南舍北皆春水，欲與湖山作主人，數千年的人文傳統，賦予了風光秀美的無錫以獨特的文化魅力，鑄就了城市剛柔相濟、秀逸清麗的的文化品格。

無錫是中國吴文化的發源地。早在商代晚期，周太王古公亶父的長子泰伯三讓王位，携其弟仲雍奔吴，定居無錫梅里，建『勾吴國』，『端委以治周禮』，施以禮儀教化，興修水利，授以農桑，不數年而『民人殷富』。泰伯帶來的中原文化與無錫本地土著文明相結合，吴文化以及作爲其重要組成部分的無錫文化就此發端。晉室南渡，北方人群大量南遷，帶來了中原的文化技術，促進了無錫農業、水利、手工業和商業的發展，中原文明再度與吴文化進行融合互滲。在本土文化與异地文化的碰撞和交融中，不斷推動着無錫這座城市的文明進步。

無錫歷史文化『迨歷七千餘載歲月滌蕩，遂經四大轉折而成其廣大深厚：泰伯西來，吴文化成焉；永嘉南渡，江左文脉振焉；宋室波遷，江南文風始焉；歐風東漸，錫邑占風氣之先，民族工商文化始焉。數百代鄉彦賢達智慧與創造累積，文獻足徵，無慮百千』（《錫山先哲叢刊》重版弁言）。無錫文化以兼容并蓄多樣化的形態不斷發展。

崇文尚教，以教促文。北宋嘉祐三年（一〇五八），無錫始設縣學；北宋政和元年（一一一一），理學傳人楊時在無錫創建東林書院。此後無錫出現了喻樗、尤袤、李祥、蔣重珍等一批知名的教育家。至明代，顧憲成、高攀龍等在東林書院講學，此後又有許多書院相繼而起。古代無錫對教育的重視，促進了『崇文』和『尚教』的風氣，也造就了大量的人才。自隋朝開創科舉取士到清末廢除科舉，無錫共出了五名狀元、三名榜眼、六名探花和三名傳臚，并有五百四十名進士，一千二百多名舉人：『一榜九進士』、『六科三解元』，自古傳爲佳話。近代以來，經濟的繁榮進一步帶動了教育的興盛。無錫籍國學大師錢穆曾説：『晚清以下，群呼教育救國，無錫一縣最先起。』此後無錫的實業家紛紛出資興辦文化教育事業。教育的繁興，在極大程度上促進了無錫的文化發展，出現了空前的文化人才崛起的高峰。

文脈綿延，後出轉強。歷來『文化』的概念有廣義和狹義之分，這裏的『文脈』之『文』，用的是狹義的概念，即指經史、文學、藝術等人類所創造的精神財富的總和。在無錫的歷史文化傳統中，自古及今，悠悠文脈，如瓜瓞之綿綿。必須指出的是，從文化發生學的角度來看，早期中華文化的中心是在黃河流域的中原地區，無錫在宋元以前，雖有像顧愷之、李紳、尤袤、蔣捷、倪瓚等一批人文英才，但在整體上，無錫的文氣是自明清以迄近現代達到巔峰。在整個江南地區文教昌明和無錫經濟繁盛，教育勃興的大背景下，無錫地區在經史、文學、繪畫、音樂等諸多領域中，建樹卓越，俊才雲蒸，真正呈現出『人文之盛，冠於南國；碩彥輩出，著述繁富』的局面。

求實務本、重工崇商。無錫自古爲江南富庶之地、魚米之鄉。明代東林講學者將士商并列爲『本行』，講求經世致用；近代早期維新的思想家、實踐家薛福成提出『黜浮靡，崇實學』，大力倡揚『工商爲先，耕戰植其基，工商擴其用』的觀念，這些都成了近代以來無錫人求實務本、重工崇商的重要的思想根源；兼以明清時期，封建自然經濟解體，資本主義開始萌芽，無錫經濟日趨繁盛。鴉片戰爭以後，上海開埠，由於商品經濟的發展和商業資本積累的增加，逐步形成了一個以上海爲中心的，北接江陰、靖江，西連蘇州、無錫、常州的經濟區域。有布、米、絲、錢『四大碼頭』的無錫，被譽爲『小上海』。到了十九世紀末、二十世紀初，無錫許多有識之士積極引進西方生産技術，大力興辦工廠，形成了近代六大資本系統，無錫成了近代中國民族工商業的發祥地和蘇南經濟中心。經濟的繁盛，不僅爲無錫文化的不斷發展提供了堅實的物質基礎，而且也形成了無錫文化的主流形態之一的，具有鮮明特色和豐富内涵的『工商文化』。

文化源長，文獻宏大。在歷史上，無錫有過兩次較大規模的文化整理。一八九九年，《常州先哲遺書》是包涵無錫在内的第一次區域性文化整理集成。一九二三年，《錫山先哲叢刊》是無錫真正意義上從城市角度進行的一次文化整理。當時，國家積貧積弱，社會動蕩離亂，身處亂世的有識之士高擎文化的旗幟，以縱覽千古的魄力和毅力致力於城市文化傳統的繼承與弘揚，爲無錫地方人文教育提供了文化楷模，對增强無錫崇文興教氛圍發揮了重要的作用，爲無錫躋身江南名城提供了文化動力，其意義至今爲後人感念。

滄桑巨變，天上人間。經過近一個世紀的奮鬥探索，特别是改革開放三十多年來的迅猛發展，中華民族强勢崛起。國運昌隆，盛世修典。中共無錫市委、市政府高度重視地方傳統文化的整理弘揚工作。自二〇〇七年提出『建設文明無錫，打造文化名城』以來，無錫全面深入開展歷史文化遺產的挖掘、清理、保護和修復工作，傳承弘揚優秀傳統文化，彰顯城市人文歷史底蘊，掀起歷史文化名城建設新高潮。此後，市委、市政府在《無錫市文化大發展大繁榮行動綱要》中明確要求全面整理出版地方歷史文獻，市委、市政府在《關於深化文化體制改革加快文化强市建設的决定》中再次明確要求編纂《無錫文庫》，正式啓動迄今爲止無錫地區規模最大、綜合性鄉邦文獻集成的修編工作。爲確保《無錫文庫》的編纂工作順利進行，市委、市政府專門成立了『無錫文庫工作委員會』，由市委宣傳部牽頭，設立了『無錫文庫編輯委員會』，計劃用三年時間完成編纂出版工作。《無錫文庫》的編纂，將以嶄新的學術角度和現代學科框架對城市歷史文化進行全面梳理和弘揚，站在時代的高度，充分展示城市深厚的歷史底蘊，彰顯先賢哲人的智慧創造，解讀無錫文化的獨特個性，提煉升華無錫的人文精神，光前裕後，古爲今用，以文化人，由人化文，以史爲鑒，開啓未來。

《無錫文庫》的編纂出版必將發揮重要的文化功能：首先是搶救文獻。無錫自古即有豐富的地方文獻，無論經史子集，都有重要著作流傳於世。然而無錫近代歷經戰亂，一些重要典籍已毁佚，僅有書名存留；還有一些珍貴的明清地方史籍，也以孤本存世，處於若存若亡之間。由於各種原因，一些代表無錫文化的典籍保存於國内外各大圖書館中，在無錫不易見到。從清末到民國期間，在文化上有不少重要成果，而這部分書籍因長期被忽視而處於毁佚的邊緣。《無錫文庫》的編纂就是爲了搶救文獻，保存文脉。其次是古籍整理。無錫先賢留下的載籍很多，但現存書籍，版本雜亂，良莠不齊，整體而言没有經過系統編排梳理，使用不便。《無錫文庫》的編纂，就是從版本目録學的角度加以梳理，每書皆撰提要，鈎玄指要，便於閱讀使用。第三是服務大衆。《無錫文庫》所收皆爲地方古史遺文，是研究無錫歷史沿革和文化傳承的必讀書目。《無錫文庫》的編纂出版，使這些書籍的使用更加便捷和廣泛，對無錫的文化建設、城市規劃、古迹保護、名勝開發都具有很高的學術價值和實用價值。

歷史唯物主義觀是《無錫文庫》編纂出版工作的重要指導思想。《無錫文庫》是一部具有社會主義新時代特點的典籍集成，編纂理念和選編觀念更加科學，注重學術性、實用性和經典性相結合，并且儘量收入古籍版本研究的新成果，廣泛收集流散在國内外的珍貴典籍。編纂工作中，始終堅持『尊重歷史、尊重科學、尊重規律、尊重專家』的原則，堅持『雙百』方針，對傳統文化中重要的不同學派、不同觀點的資料兼收并蓄，力求客觀、完整和全面。當然，《無錫文庫》不可能包羅萬象，而以文史哲爲主要内容，兼顧其他類别著述，整體呈現出無錫歷史文化的發展脉絡。强化編纂工作的學術規範，提倡實事求是的良好學風，對文庫的整體規模、體例框架、所收書目、版式裝幀等進行反復論證，反復比較，多方聽取意見，慎之又慎，力争使《無錫文庫》成爲一部真正代表無錫文化的綜合性鄉邦文獻集成。

編纂出版《無錫文庫》的盛舉，得到了海内外衆多著名的文史專家、學者教授的熱烈響應。許倬雲、馮其庸、楊天石、李文海、徐中玉、馮遠、胡福明等無錫籍文化名人和劉玉才、程章燦、江慶柏、張廷銀、金良年等專家學者應邀擔任《無錫文庫》的學術顧問，他們扎實的學術功底、嚴謹的治學風範、卓越的學術見識，爲《無錫文庫》提供了有力的支撑。

千年吴地文明，百年工商繁華，賦予無錫人聰慧和靈秀，創造了具有獨特品質的城市文化和城市精神。當我們手捧先哲留下的珍貴文化遺産，不僅滿懷感恩、敬畏之心，更涌動着不負前賢、勵志圖新的激情，去努力創造城市文化嶄新的輝煌，讓無錫文化大發展大繁榮的春天更加姹紫嫣紅、繽紛燦爛！

無錫文庫編輯委員會

二〇一一年一月

凡例

一、《文庫》所收爲無錫籍作家的著述和與無錫相關的歷代文獻，分爲《官修舊志》、《地方史料專著》、《年譜家乘》、《無錫文存》和《近現代名家名著存目》五輯。

二、無錫地域範圍以現行行政轄區爲準。《文庫》立足無錫市區，兼顧江陰、宜興，適當選收江陰、宜興具有代表性的著作。

三、《文庫》所收著作，以史料價值高、使用價值大爲原則，適當兼顧其版本價值。

四、《文庫》主要采用影印方式出版，《近現代名家名著存目》收入作家小傳和主要著述目録。

五、《文庫》所收著作，其編纂年代下限爲一九四九年；《近現代名家名著存目》則不受此限。

六、《文庫》所收著作，原書如有蠹損、殘缺、漫漶不清處，原則上以相同版本予以換頁、補頁，使全書清晰、整齊。

七、《文庫》對所收每種圖書，均撰寫提要，置於每種書扉頁之背面；每册均新編頁碼，自爲起訖。

八、《文庫》編制書名索引和著者索引，以方便讀者使用。

第三輯編輯説明

本輯為《無錫文庫》之第三輯《年譜家乘》，收録無錫（含江陰、宜興）歷代名人年譜以及部分著姓望族家譜。

年譜是史籍中一種人物傳記體裁。但和一般的傳記有所不同，一般的傳記主要紀傳主的生平大要，而年譜則是以譜主爲中心，以年月爲經緯，比較全面細緻地敘述譜主一生事迹。所謂『敘一人之道德、學問、事業，纖悉無遺而系以年月者，謂之年譜』（朱士嘉《中國歷代名人年譜序》）。家譜是一種以表譜形式記載一個以血緣關係爲主體的家族世系繁衍及其重要人物事迹的圖書體裁，主要包含譜序、題辭、恩榮、凡例、像贊、世系、傳記、宗規、家訓、祠墓、義田、藝文等内容。

它們都屬於史籍中較爲特殊的體裁，過去由於歷史研究中理論的誤導，不重視或忽視人的主體性，對名人與望族的研究相對來説顯得薄弱。隨着思想禁錮的打破以及地方史研究的逐步深入，纔慢慢爲學界所重視，並成爲熱點。今天我們將此列爲專門研究對象，着眼點是它的社會意義，具體一些説，就是某一望族在它所處的社會制度下，對政治、經濟、文化、社會生活諸方面所發生的正負影響，又從某一望族的興衰過程透視其社會歷史的宏觀背景。同時望族的研究離不開個體研究，離不開對名人和精英在歷史發展中所處的地位和發揮的作用、功過善惡給予合乎歷史真實的評價。無論是群體或個體研究，其結果都對現實生活有借鑒的作用。

無錫，地靈人傑，截至二〇一一年，産生於此的百餘名科學院、工程院、社科院院士（學部委員）已使它成爲名副其實的『院士之鄉』、『人才高地』，無錫的人文之厚，正源自這片熱土千百年來所湧現出的衆多風流人物與著姓望族。本輯首次較全面地彙編了這些名人的年譜和部分著姓望族家譜共約一百三十種，爲學界研究提供參考。需要説明的是，考慮到文獻資料的完整性、實用性、稀見性，個別年譜家乘會突破一九四九年的年代下限；而當代編寫出版的無錫歷代名人年譜，坊間易得，不在此次收録之列；另有十一種年譜因已分別附録在《無錫文庫》第二、三、四輯的相關書内，也就不再重復收入，它們是：《梁溪先生年譜》（譜主李綱，李綸編）收入第四輯之《梁溪先生文集》，《修敬公年譜》（譜主秦旭）、《端敏公年譜》（譜主秦金）、《從川公年譜》（譜主秦瀚）、《海翁公年譜》（譜主秦德藻）收入第三輯之《錫山秦氏宗譜》，《盛顒年譜》（譜主盛顒）收入第三輯之《勾吴盛氏宗譜》，《顧端文公年譜》（譜主顧憲成）收入第四輯之《顧端文公遺書》，《師竹廬自述》（譜主竇鎮）收入第二輯之《師竹廬隨筆》，《孝侯公年譜》（譜主周處）、《簡惠公年譜》（譜主周葵）、《少宰公年譜》（譜主周家楣）收入第三輯之《國山周氏世譜》。

本輯排列順序，先年譜後家乘，無錫、江陰、宜興各自分編。年譜依譜主歷史年代爲序，全文收録。家乘依姓氏筆畫爲序，視其文獻價值，全文收録或選擇收録，選擇收録者，在提要中加以説明。

目録

余孝惠先生年譜

（清）吴師澄 編

《余孝惠先生年譜》一卷，（清）吴師澄編，清光緒元年（一八七五）刻本。

譜主余治（一八〇九—一八七四），字翼廷，號蓮村，一號晦齋，又號寄雲山人，自署木鐸老人，無錫人。幼時家貧，十五歲即訓蒙里中，以館穀養親。道光十五年（一八三五）補金匱縣學附生，十九年（一八三九）肄業暨陽書院。生平以勸善爲己任，時太平軍進軍長江流域，引起朝野震驚，余治爲此往來大江南北，足迹所至，輒舉古今福善禍淫之説家喻而户曉之，思所以正人心、勵風俗，以挽回劫運。晚年益廣刊善書，編寫皮黄俗劇，集優人俾演古今果報事，冀感動鄉人，一時共稱余善人。以宣教功保舉訓導，加光禄寺署正銜，又奏加五品頂戴，卒後門人私謚曰『孝惠』。有《尊小學齋集》、《庶幾堂今樂》、《得一録》等。

吴師澄，字芝洲，無錫人。道光二十一年（一八四一）諸生，爲余治門人。

本譜叙事起自嘉慶十四年（一八〇九），止於同治十三年（一八七四），譜前有應寶時序、沈秉成序、俞樾撰《墓誌銘》、彭慰高撰《墓表》、門人薛景清等撰《私謚孝惠議》及《祭告文》、譜主遺像、熊其英撰《像贊》，譜後有葉裕仁跋。此譜光緒元年（一八七五）刻本爲單行本，後編入《尊小學齋集》時用原版稍作修訂。

本書據清光緒元年（一八七五）刻本影印。

（朱　剛）

余孝惠先生年譜

歸安吳雲署籤

余孝惠先生年譜

歸安吳雲題

余君蓮村以好義積善聞於江南北知與不知稱之曰余善人既歿之兩月其門弟子撰次生平事狀爲年譜一編以序言屬余余識君始滬上嘗延君董廣方言館事數得相見及來吳中君寓居城北蹤跡乃甚疏歿之日寓書諄諄以淫詞小説厲禁不能盡去爲憾又以近著教化兩大敵論示余余既感君意讀年譜重有慨焉君以貧士無所憑藉自少壯以利濟爲心凡教人善俗之事無大小皆宿爲規畫至賑貸興作諸大舉則慷慨奔告於富人之門動之以至誠而示之以明效積行既久翕然信之其後名益彰事稍易集有非笑之者甚且從而議其後君知之置弗校皇皇汲汲自若也君所設施大都具於年譜其志而未逮者則采取古今善舉章程爲得一錄若干卷蓋其所得爲者止此其心誠無窮也所至宣講鄉約辭氣誠款反復懇到雖至愚蒙必使開解其勸戒人務爲卑近不敢稍爲高論若惟恐人之不樂聞而舍去也者其用心久而愈苦顧不滿於君者猶時或尤之夫以君閱世之深憂世之切豈不能要鄉愿之譽避薄俗之譏諸於時俗然卒不稍悔而自沮者是譜具在其行誼本末是非得失必有能辨之者矣考君始出任事在道光中葉其時公私物力尚未衰極人心近古猶足相與爲善然且勤身苦口不恤叢詬集

小學一書朱子輯以養蒙大旨取材三禮爲大學張本三禮所陳睦婣任恤之道積散安遷之義姦聲淫樂之辨內篇一一引之復廣其證於外篇補化善俗之良規略具殆所謂闢開基廣開址者非歟梁溪孝惠余君幼事親以孝聞九歲就塾畢小學三十四歲發願纂訓蒙書四十四歲次第刊竣題曰尊小學齋五十八歲充上海廣方言館監院定館規數十條壹以小學爲本小學外篇所紀嘉言善行身體力行垂七十不少衰世之從事小學能推行盡利馴致乎補化善俗之盛者未有能過余君者也予耳君名二十年壬申備兵上海創辦救生保嬰屬君分董其事得讀所著得一錄鄉約新編兩鐵涙圖劫海迴瀾三文庶幾堂善劇譜諸書卽所行以證所言舉凡睦婣任恤之道積散安遷之義姦聲淫樂之辨莫不兼綜條貫開譬警切犂然有當於人心烏乎儒生秉禮之效抑至是乎余君歿甲戌冬年六十有六當四十六歲時嘗奉學使者急檄單舸之江陰壽興洲平盜匪王錦標之亂論者比之鄭鄉通德黃巾羅拜夫紛爭辨訟非禮不決虞芮罷質歸讓內篇嘗一及焉甚矣小學一書固如是之無不賅備也予奉
命陳臬中州將入都展
覲客持余君年譜乞序君生平言行已畧詁於譜不更置尢勵而爲其所得爲者如是自今以往世之需善人也愈亟人之爲善也愈難有聞君之風而興起者困於寡助挫於浮言卽欲幾君之所爲恐亦未可必得也此編所載君縱嗛焉未竟其志觀世變之所趨益使人致慨於無窮也已

光緒元年歲在乙亥春暮永康應寶時序

論論其得力小學與所以推行盡利者俾士子讀朱子之書愈增敬信焉是亦余君與人爲善之本意也

光緒元年布政使銜河南按察使歸安沈秉成拜序

例授承德郎候選訓導加光祿寺署正銜余君墓志銘

同治十有三年冬十月丁丑蓮村余君卒於蘇州蘇之人無識不識咸大息曰善人亡矣越二月其門下大生薛君景濤以余孝惠先生年譜來乞銘其墓孝惠先生蓋其門弟子所私謚也謹按謚法慈惠愛親曰孝勤施無私曰惠君之行允副此二者矣余初不識君辱君見訪於吳下寓廬屬纊之際猶手一冊屬其弟子轉以示余期於昌明正學廓清異端所責望者甚厚然則銘幽之文余安得而辭謹按年譜君姓余氏諱治字翼廷蓮村其號也先世居武威元淮南宣尉副使忠宣公守安慶死之其次子德旺避居梁溪青城鄉浮舟村遂爲今常州府無錫縣人十四傳至維樛維樛生昭爍昭爍生茲恬茲恬生來貢是爲蕙田君則君之考也君生時母孫宜人夢五色雲墮其室及生以叔父書田君無子爲之後季父藍田君亦無子兼祧焉九歲讀書於塾或授以俗本酒詩君曰酒乃誤人之物辭弗習其後從李申耆先生游先生甚重之爲書田蕙田兩君作家傳曰二公篤行碩德雖未獲自顯令子治克自振拔爲吾黨重其益勵所學立身行道上慰先人乎君感其言始有濟世之志當是時江南方承平風俗浮靡市井之子徵逐酒食士大夫亦徒以文藝相尚君獨慨然以人心

世道爲憂思有以維持補救挽回劫運以爲聖賢經傳非愚蒙所能通曉宜以淺近之言發明之鄉塾舊有神童千家詩諸書蓋宋時村書之支流詞意卑陋君仿其體例别撰五七言詩以課童蒙又以　功令重四書文乃從先正文稾中擇其可以感發懲創者都爲一編俾求名之士知以積德爲本蓋君之爲教皆在因勢而利導之其後遂有勸善樸劇之作大意以俳優侏儒最害風俗然由來久遠旣不能廢則莫如因而用之乃仿元人樸劇采取近事被之管絃使善者可以爲法惡者可以爲戒烏乎君之用心可謂曲而至矣生平善事不勝書其規條詳所著得一錄中而戒溺女禁淫書則其尤用意者東南大吏頗采其説下所屬施行焉當江浙陷賊時君著劫海迴瀾文又繪江南鐵淚圖見者無不感泣鄉愚婦豎咸切齒腐心願與賊俱亡東南之底定固由師武臣力而君之書未始無功也余嘗寓書合肥相國言及君相國復書曰蓮村余君吳中善士久耳其名然則君之善聲固藉藉公卿閒矣君爲金匱縣學生五應鄉試不中式遂絶意進取大吏錄君勸導之功由附生保舉訓導加光祿寺署正銜妻顧宜人無子以兄子蔭培兼祧女子子三長適陶育二三未行光緒元年十二月壬申蔭培奉君之喪葬於縣北萬安鄉青蓮墩余爲之銘書而刻之石以納諸壙其辭曰

古三不朽曰德言功言之可貴功德與同如何後人鞶帨求工無益於世或興厥戎君獨不然意在發蒙其説彌淺其效彌崇惟將忠孝化彼愚惷海外景教流行域中不端其本言乃愈哤詒我一編其理平庸未培聲衛勿去其癰欲清奸宄先崇其墉君言孔嘉我衰且窮愧無以報有惡予衷敬將此意銘君幽宮

德清俞樾謹撰

梁溪余君墓表

梁溪余君蓮村以同治十三年甲戌十月八日歿于蘇州客舍年六十有六嗣子蔭培奉柩歸里越明年光緒紀元十二月壬申葬縣北萬安鄉青蓮墩德淸俞太史旣銘之矣其門人李金鏞鄭示年譜復徵表墓之文慰高與君同出元和張詠仙先生之門知君最詳誼不得辭君行修于身名聞于公卿以捍災任卹　予銓學官加光祿寺署正銜晉五品秩　賞戴藍翎君諱治字翼廷自號蓮村爲元淮南宣慰副使忠宣公後著籍于吳早歲入學孝友夙著師薛君卒心喪三年復從武進李申耆大令游嘗歎民窮俗敝思有以濟之棲皇南北欲以身殉咸豐甲寅奉當事檄赴江陰沙洲定劇盜王錦標之亂先是洲有莠民抗糧官將興師君往諭化誨知對江壽興洲爲王窟穴久必生變乃出不意擒之竝獲南岸彫賊薛嘉禾不煩一兵全沙謐靖論者謂金陵陷後四郊蹂躪而腹裹得數年之安者君之力爲多迨同治初元東南肅淸而殘破之後華夏襍處人心日趨穢下君益爲近俗之論著說懲勸又本桴亭陸氏論樂之說撰忠孝詞曲授樂部演之覽者爲之感動嘗客西湖疾作僕人陸慶斷指和藥以進即以此見君之德入於人深也平生所志甚大而局於下位所表見者止

墓表　一

此慰高之先南昀公輯儒門法語意取喻俗君遭時益降不得已而託于因果報施之言較墨氏而更下推其惻隱之衷固非其始願之所及然則世之以兼愛目君者殆未覩君所值之時爲何如也余故表而出之以爲知人論世者法焉君配顧宜人有賢德以兄之子兼祧即蔭培也女三人君歿門人私謚曰孝惠君所纂甚富世多有之故不書書其大者抑兩漢篤行之士卒祀於鄉君遺愛在人死而不朽昔蔡中郎多爲碑志謂惟于郭有道爲無愧余述君之事蓋庶幾焉同門愚弟長洲彭慰高拜撰

墓表　二

先師粱溪余蓮村先生私諡孝惠議

同治甲戌十一月先師蓮村先生之喪歸自蘇州景清等會哭畢伏念先生德功言三者卓然皆足自致於不朽而以無位於朝不獲上邀易名之典無以則請援古門人私諡例引列實行昭示有終及門諸子皆應曰諾於是考核久之謹諡之曰孝惠先生按孟子分人以財謂之惠又論溱洧濟人以爲惠而不知爲政若是其煦煦孑孑也是惠果可市也夫言各有當君相與儒生同其心之無窮而分則有異君相仁天下其量不容自隘下此則程子言之矣一命之士苟存心利物於人必有所濟然則分人財教人善二者其得以善小而勿爲乎哉先生生平勇於爲善其舉舉大者實足補君相施濟之窮忠之屬也仁之發也以是言惠惠之至也雖然是有本焉墨氏惟二本故其弊也爲兼愛先生少遭孤露嘗自痛養不逮親非力善著書終無以酬報大德遙望白雲孝思鬱結一篇之中輒三致意焉詩曰夙興夜寐無忝爾所生孝經曰立身行道揚名於後世以顯父母先生殆庶幾焉惠用也孝體此用者也諡以孝惠無愧大名惟是草野私議既不敢妄援禮部大法而景清謭陋無文又不能如蔡中郎忠文之議參稽經典僅得從諸子後僭爲窺測梗概如此謹議

附祭告文

維同治十有三年十二月四日弟子薛景清等謹以清酌嘉蔬致告於

先師蓮村先生之靈盍聞

國典飾終最重易名之制門人誄德爰傳私諡之文伏念

先師以名諸生抱大善願四十年暖席未遑千百里高山共仰惠足及人嘔盡肝腸熱血孝以立已望斷屺岵慈雲其他百行統屬兩言洵無愧爲完人宜特隆以美號景清等回念

典型彌深愴慕爰會同定議謹諡

先師曰孝惠先生從此大名不朽風韻與二泉以俱長庶幾道脈常傳蒸嘗永百世而未艾用肅瓣香尚其

昭鑒敢告

梁溪余孝惠先生遺像

後學沈兼堂謹摹

像贊 一

像贊

一儒生耳而愁勝常抱無窮之憂充先生之志蓋將使風俗還乎三古而以心療發其不偷瞻斯像也我方歆酌二泉呂酬之而不知者顧目己爲墨氏流邪

青浦後學熊其英敬贊

年譜 一

余孝惠先生年譜

無錫吳師澄編

先生姓余氏諱治字翼廷號蓮村一號晦齋又號寄雲山人常州府無錫縣人先世居武威元淮南宣尉副使忠宣公守安慶城陷闔門殉節時次子成緒公諱德旺就學合肥奉師命避居梁溪青城鄉浮舟村遂家焉十四傳至文興公諱維樛是爲先生高祖曾祖漢章公諱昭燎曾祖母氏梅祖洪昇公諱茲恬祖母氏胡父蕙田公諱來貢母氏孫世有隱德勤耕讀敦孝友蕙田公生二子先生居次出爲叔父書田公後以季父藍田公無子又兼祧爲先生既再得保舉爲考妣祖考妣請封茲以己身應得封典貤封本生及兼祧如其階

嘉慶十四年己巳十一月十九日先生生

時蕙田公兄弟三人族居浮舟村祖宅孫太宜人震先生時夢有五色雲飛墮及誕異香滿室蕙田公異之

嘉慶十五年庚午二歲

孫太宜人有疾時叔母胡太宜人未舉子大母胡太君命撫先生爲嗣

嘉慶十六年辛未三歲

二月本生母孫太宜人卒先生方在襁褓家貧甚胡太

宜人視如己出日抱先生就鄰母乞乳夜則餌以糕粉
繼又就乳於從姒而胡太宜人代之操作勞瘁備至孫太宜人本邑處士世臣公次女力勤紡織奉姑著有孝行
嘉慶十七年壬申四歲
嘉慶十八年癸酉五歲
嘉慶十九年甲戌六歲
是歲本生父蕙田公客蘇州
嘉慶二十年乙亥七歲
先生幼有至性至是見胡太宜人操勞輒有力不能代
之憾

嘉慶二十一年丙子八歲
是歲八月大母胡太君卒隨父兄哭踊盡禮如成人
嘉慶二十二年丁丑九歲
始就外傳受業於張嘉賓師大本一日師他出攝館政
者授以俗本酒詩先生以酒爲誤人物不可訓歸告書
田公公笑曰小子能知此理乎因出二十四孝故事爲
之講解先生喜而捧誦不輟是歲畢小學
嘉慶二十三年戊寅十歲
從顧瀛洲師登鰲受學庸論語
嘉慶二十四年己卯十一歲
受孟子
嘉慶二十五年庚辰十二歲
從周承益師守謙受毛詩先生在塾出入必告舉止不
苟諸書一經講授輒充然有會於心每歸自塾灑埽提
挈凡可以代父母勞者無弗躬親焉
道光元年辛巳十三歲
是歲八月書田公卒家益困不能具脩脯先生耕作之
暇時理舊業不輟書田公諱來朝字興賢卒年四十有四爲人孝友誠樸尤喜與里中子弟談前言往行之可師法者事詳武進李申耆太史兆洛撰傳
道光二年壬午十四歲

胡太宜人紡織撫孤朝夕恆苦不給或風先生徙業爲
手民太宜人不許
道光三年癸未十五歲
是歲江南大水先生訓蒙里中每出佩一囊拾道路間
遺棄字紙後率以爲常
道光四年甲申十六歲
道光五年乙酉十七歲
道光六年丙戌十八歲
先生藉館穀養親與蒙童講論必依於孝弟從人借書
一見輒能別白是非嘗曰爲學非性理洞達終不足爲

人師也至是益自奮勉里黨翕然敬之
道光七年丁亥十九歲
是歲春江陰薛晴巖師城起館同里顧氏先生從之遊
晝則訓蒙夜則侍學六經既卒業即於是夏習制舉藝
後晴巖師卒於同治癸亥先生以受恩獨深爲服心喪
三年
道光八年戊子二十歲
受史漢八家日課數百行
道光九年己丑二十一歲
始出應童試未售冬顧宜人來歸宜人同里處士鳳瑞公鳴岐女

道光十年庚寅二十二歲
道光十一年辛卯二十三歲
八月母胡太宜人卒太宜人病暑先生親侍湯藥目不
交睫者兼旬比居喪哀毀幾絶時本生父蕙田公春秋
高而兄勖堂公齊貧無恆產先生力謀色養又爲考妣
營喪葬心力爲瘁太宜人同里處士聖宗公長女闇德詳先生蓼莪恨述中
道光十二年壬辰二十四歲
道光十三年癸巳二十五歲
館於北七房鎮華氏是歲從華雲萼師介福游文社課
藝先生輒冠其曹

道光十四年甲午二十六歲
借顧君偉屏族兄文耀等舉里中惜字會後更推廣惜
穀有雙惜規條載得一錄中
道光十五年乙未二十七歲
服闋受知學憲龔公補金匱學附生
道光十六年丙申二十八歲
從元和張詠仙孝廉肇辰游秋七月丁本生父蕙田公
憂先生自是恨抱終天著蓼莪餘恨述又作匪莪感詩
以誌痛蕙田公字繼賢卒年六十有六家譜有傳
道光十七年丁酉二十九歲

從李申耆太史兆洛遊
道光十八年戊戌三十歲
狀蕙田公書田公事實乞申耆太史爲家傳太史爲撰
合傳謂二公篤行碩德雖未獲自顯而令子治克自振
拔爲吾黨重其益勵所學立身行道上慰先人顯親揚
名於是乎在先生感師訓謹佩之終身
道光十九年己亥三十一歲
肄業江陰縣暨陽書院
道光二十年庚子三十二歲
夏大水無錫芙蓉楊家等圩被災尤甚先生上書白當

事請賑卹

道光二十一年辛丑三十三歲

是歲春偕華氏羣從倡設粥店以賑饑者著有勸開粥店說粥店十便說又刻林文忠公擔粥說徧籲於人人咸稱善蓋粥店擔粥較官爲煮賑事易行而施博其章程詳載得一錄中先生之說既行各鄉饑民全活無算由是遠邇慕先生名蘇州潘功甫（曾沂）謝蕙庭（元慶）同邑杜少京（紹祁）顧儀卿（鴻逵）諸紳士水渠里秦氏石塘灣孫氏禮社薛氏葑莊楊氏咸樂與訂交後遇飢荒辦賑必咨於先生焉

道光二十二年壬寅三十四歲

應江陰縣少尹歐亭姚君聘就署教讀先是先生謂善書可以羽翼經傳嘗有推廣撰述之志而力有未逮及來澄江思鄉塾童蒙往往讀書二三載即廢業所讀神童千家等詩無補身心遂仿其例別撰五言詩名曰發蒙必讀不署姓氏刻印分送竊驗其行否以自鏡越數日見各塾爭相傳寫因喜樂善有同心而撰述之志益堅

道光二十三年癸卯三十五歲

仿子瞻蘇氏法集本鄉保嬰會

道光二十四年甲辰三十六歲

撰輯續神童詩續千家詩

道光二十五年乙巳三十七歲

撰輯學堂講語訓學良規並繪圖增訂日記故事先生至是爲蒙養計者周矣又念貧家子弟無力讀書鳩資爲設義塾數處未幾而常熟昭文諸邑爭起仿行造就日廣先生更以淫書小說之爲人心害也稟請當道示禁收燬是歲有自題望雲圖辭以誌風樹之悲文具集中

道光二十六年丙午三十八歲

輯古文觀止約選成先生以舊選觀止不盡切於日用爰增損其文成約選若干卷綴以發明篇末附載古今格言俾讀者知勸知懲默化氣質人皆以爲善本又輯制藝之有關世道人心者若干篇題曰名場必得技末亦附以格言俾求名者知以種德爲本六月丁兼祧季父藍田公憂是歲大吏檄取先生所定保嬰章程通飭各屬並移知安徽照辦次年浙省大吏亦檄取飭辦而通行於閩（藍田公諱來聘字紹賢卒年五十有八）

道光二十七年丁未三十九歲

仍館江邑辦收燬淫書事

道光二十八年戊申四十歲

江陰縣壽興沙各圍被大潮淹潰飢民載道先生募資數萬緡爲之賑恤築堤（有勸災記存文集中）竝以其地多溺女倡立恤産保嬰會時長興金石林司馬（品三）方謀建育嬰堂於邑之下源渡見先生章程而善之先生遂往下源諸善士皆來會定議合邑分爲十局而保嬰善舉益廣

道光二十九年己酉四十一歲

長興保嬰局之設也先生謀之甚力是春再往下源會鄉民演劇先生登臺叩首且泣且勸觀者皆爲心動時霖雨久是日忽晴人以爲善氣所感夏江南大水蘇常

圩田被淹先生所居浮舟圩地勢略高以力籌捍救得全而哀鴻徧野呼號日聞先生蒿目慘心著水淹鐵淚圖二十四幀日洒數十函乞救於遠近富人每發一函輒於神前拜禱情辭迫切見者動心是秋負病往來蘇常各屬雖病不能食未嘗敢息肩焉

道光三十年庚戌四十二歲

先生募資助賑至是全活無算中丞傅公聞之贈善行克敦額而郡守仙舫嚴公（正基）又親書俠義堪風四字以贈綴以序云起千萬溝瘠瀕危之命之死而致生之剏君相施濟之窮彌天地生成之憾惟俠而義者優爲之先生具書爲謝推美富人不自有其勞嚴公曰吾乃今知然明之心矣是春稟請興修楊家圩堤岸改六三閘之永濟橋爲永濟閘以資宣洩自是桑梓開水不爲災是歲納側室方氏

咸豐元年辛亥四十三歲

陽湖縣朱家渡橋界太平從政兩鄉爲往來孔道橋圮二十年其里人張君壽德有志重建而工鉅未集來謁先生先生遂偕趙伯厚宮贊（振祚）同往勸捐興辦歷三載告成厥後庚申之變避難人賴此橋以濟

咸豐二年壬子四十四歲

先生五赴棘闈兩薦不售至是幡然曰昔人捧檄而喜爲親在也今而知科名自有命焉徒使歲月銷磨而吾父母在天之靈略無所慰罪何可逭乃絕意進取專以挽回風俗救正人心爲汲汲遂彙資將所輯訓蒙各書次第刊布同人題曰尊小學齋

咸豐三年癸丑四十五歲

時粵逆竄踞金陵人心浮動先生稟請當道宣講鄉約竝著劫海迴瀾啟勉人恐懼修省冀回天怒不啻垂涕而道焉

咸豐四年甲寅四十六歲

三月赴江陰沙洲定王錫標之亂先是江邑各鄉抗完漕糧先生奉郡守侯公世顯札赴鄉勸諭比至楊庫鎮見民情震動詢知對江之壽興沙有劇盜王錫標嘯聚肆掠軍械悉備官捕莫敢正視時福山鎮葉總戎奉制軍需札將會江常各營刻期進剿先生思此沙四面臨江向多私販民俗強悍宜使散不可使聚若遽加剿辦各盜必鋌而走險既恐貽害沿江各邑而本沙良善反致玉石不分萬一剿辦不能盡善則莠民得志害更無窮正焦慮間江陰令翟讓溪（傑觀）忽捧學憲何公檄至令先生往協捕先生奉諭即行同人力阻不聽遂與

朱朗夫上舍門下徐子濟茂才渡江抵沙之日集沙民宣講鄉約曉以天理暢以王法沙民夙感先生賑濟柔提督恩所到處爭先迎候老幼環聽且有感泣者先生見其心動即傳學憲令速縛盜魁以獻眾皆免越日眾果擒解標至餘黨悉解散未幾又擒南岸盜首薛嘉禾至不須一兵而全沙悉平先生乃為立保甲局設法編查沿江一帶化暴為良歷年安堵沙民至今德之

咸豐五年乙卯四十七歲

先生既著助餉說勸富人毀家紓難而同邑孝子孫仰晦先生希朱嘗抵書極論敝擯同仇之義時軍中時疫大作先生遂冒暑捐製丹藥親解向忠武公孝陵大營又借葛君葆之（璞）創設太湖救生局於邑之北塘門是歲學使者奎公贈先生額曰與人為善

咸豐六年丙辰四十八歲

夏大旱沿江各鄉爭潮械鬭先生奉喬鶴儕觀察（松年）諭往解散復會同擒獲楊庫北瀆盜首王和尚等四名分別解案復會蘇常諸紳士設廠招撫流亡並赴各處宣講鄉約著鄉約新編行世秋七月丁兼祧徐太宜人憂

咸豐七年丁巳四十九歲

先生念鄉約為救時要務而終患鄉愚之不能家喻戶

曉遂用俚語別撰詩歌各種勸世並以潛移默化為收禁淫書一案作釜底抽薪之計蓋先生著書之恉至是託體愈卑而用心亦良苦矣

咸豐八年戊午五十歲

奉吳平齋觀察（雲）手書赴鎮江撫恤難民並商辦江南北團防事著劫海迴瀾續啟行世並輯史傳故事成公侯鑒若干卷分送各營俾從事戎行者以不嗜殺人為本是歲大吏以先生宣講功由附生保舉訓導並加光祿寺署正銜

咸豐九年己未五十一歲

集庶幾堂新戲試演於江陰常熟等處先生謂梨園之
作原以激發忠孝沿習既久寖失古意如演水滸傳則
以盜賊爲英雄演西廂記則以狎邪爲韻事此風俗之
大害也於是即借梨園曲白宣布訓言著後勸農同胞
案英雄譜緑林鐸等劇十餘種教習試演其正樂微意
救世苦心竝詳先生所著庶幾堂引言及道情中
咸豐十年庚申五十二歲
著 皇恩歌親恩歌等若干種夏四月粵賊下竄兄勛
堂公齊赴水死勛堂公遇難時年六十有三後奉旌表入祀惠山忠節祠 先生避
地常陰沙痛念書生不能殺賊因著解散賊黨啟分送

各營又歷寫脅從思鄉之情作解散歌四十八首使人
流布以孤賊勢未幾各沙民團四起先生隱爲之部署
上書幫辦軍務前巡撫許願提一旅渡江助剿中丞歎
爲佛心俠骨又具書上團練大臣龐乞師竝陳解散脅
從之議侍郎歎爲仁人經濟高出羣倫即據以入 奏
施行焉
咸豐十一年辛酉五十三歲
避難靖江縣馬洲時江南難民呼號蟻集遂會江北諸
善士設粥局於如皋縣之石莊永樂橋靖江縣之斜橋
生祠堂四墩子泰興縣之口岸新鎮市竝壽興沙常陰

沙太平洲等處全活甚眾
同治元年壬戌五十四歲
航海赴滬瀆偕蘇紳士設保息局撫卹難民
同治二年癸亥五十五歲
時沿江通州泰興等處警信日聞先生勸之設團防局
嚴巡江口又以江南難民流離益眾於粥賑外設爲男
傭女織之法悉心安插航海往來刻無暇晷是歲大吏
以先生團防功 賞戴藍翎即於鎮營餉票局捐加二
級爲考妣請封竝請貤封本生考妣
同治三年甲子五十六歲

著江南鐵淚圖四十二幀赴江北勸捐其勸捐啟以江
南之被劫惕以前鑒即以江北之免劫聳以救災驚心
動魄見者感涕又著劫海迴瀾再續啟即人心之易明
者痛切指陳其要歸於克己視前兩啟鞭辟近裏論者
以爲經世大文焉
同治四年乙丑五十七歲
仍留滬襄辦善後撫卹事
同治五年丙寅五十八歲
二月奉蘇松太道應敏齋觀察寶時 檄充廣方言館監
院所定教規一以小學爲本嘗爲其門人薛景清題一

額曰反躬克己之居方言館爲課西學而設先生益恐人忘本也五月董撫教局事初先生嘗偕諸紳士募建恤孤局留養難民中十六歲以下之幼童事平訪其父母歸之其無歸者令習藝自食其力至是見其中或有流爲丐者觀察復捐廉設撫教局仍命先生主之是夏移眷居蘇

同治六年丁卯五十九歲

奉應觀察札設立普育堂於上海縣城西是歲大吏以先生善後功　奏加五品頂戴遂爲祖考妣請封兼䝉藍田公竝請貤封焉

同治七年戊辰六十歲

春奉倪載軒觀察（實璜）諭赴江陰沙洲清釐地界冬十一月値先生周甲誕辰門下士請稱觴不許遂醵資爲刻善書數種青浦純叔熊君（其英）祝以序略云先生生古人後慨然以世道人心爲己任念吾儒正誼明道之學不可槩語於今之世惟此禍福感應中於人獨深故其爲説亦最易入不得已借之以因勢利導苟有人焉口不道功罪之説而欲立欲達惻隱之發常充滿於其心此尤先生所願與把臂入林者惜乎舉目寥寥而先生亦遂窮以老也此則深知先生苦心者是歲江蘇巡撫部院丁　奏請嚴禁淫書檄板焚燬滬城又增設安懷局扶顛局其規約大抵皆先生所條陳也

同治八年己巳六十一歲

先生嘗於道光己酉歲采取古今各種善舉章程成得一錄若干卷大旨以親親仁民愛物爲綱條目甚具遭亂燬板至是粤東史紫石明府（宗瑛）等復爲捐資付梓是年春先生以宣講赴杭得病甚劇傭僕陸慶斷手指煎湯以進病尋愈時應敏齋廉訪方署蘇藩司事聞給慶義行堪嘉額獎之

同治九年庚午六十二歲

先生患近世女誡不修輯孝女圖説二十四幀行世是夏應宗湘文太守（源瀚）之招赴湖州籌辦恤產保嬰各局竝請示禁厚嫁以清溺女之源

同治十年辛未六十三歲

修族譜手定家訓示後又偕鳳山蘇君募建節孝祠於邑之北新橋采訪各鄉節孝是春先生從弟余步雲有斷指療父之事

同治十一年壬申六十四歲

始出新意製造惜字穀鑪揩飾箱等器遠近各局多仿行焉又嘗獨自往來茅山天竺香市人衆之會苦口宣

講木鐸老人先生嘗以之自署頭銜人以爲無愧云

同治十二年癸酉六十五歲

時海上民俗日新先生隱憂之條陳當道大旨在扶翼聖教冀息邪淫而已未所集庶幾堂新戲桐鄉嚴緇生比部辰曾招之重演於嘉湖等處至是復挈以赴杭進於楊石泉中丞昌濬中丞極爲嘉許謂可通行各省以裨風化秋奉蘇松太道沈仲復觀察秉成札委辦救生保嬰各善舉先生馳赴各屬會商汲汲惟恐不及然精神亦自此衰矣

同治十三年甲戌六十六歲

先生精力雖日衰然往來各堂局整飭規約並隨地化導舌敝脣焦勞不自恤暇卽徵引故事抒寫新樂計自丙寅而後又續撰得二十餘齣其迫於救世之心卽病中亦不略釋夏五月歸自海上保嬰局患泄瀉初不爲意或冒雨徒步或傭舟遠涉晝則集議夜則著書要不使此身稍有一刻之暇葢數十年如一日也八月初因公渡江比回蘇痢疾大作氣益虧遂於十月八日考終於蘇城溫家岸之寓宅屬纊前三日命門人手條呈一冊過德清俞蔭甫太史樾是夕猶以淫詞小說根株未絕留書致應方伯嚴示飭禁並以所著教化兩大敵論

一篇相質正時門人李金鏞薛景清方仁堅等俱侍先生詔之曰區區之心無所戀惟此庶幾堂新戲足以轉移風俗激發人心爲極不忘耳二三子爲我轉告諸同人倘得有大力者登高提倡須入棃園則生平之願也言訖援筆自題別世詩四絕而逝嗚呼所謂吉人爲善惟日不足者先生殆庶幾歟　先生兄勖堂公既死難遺一子蔭培甫四歲先生以長以教至是遂遵例以蔭培兼祧女子子三長適江庠生陶育二三未字卽於本年十一月二十日扶柩歸里越明年光緒紀元十二月壬申葬於縣北萬安鄉青蓮墩之原德清俞樾爲銘先生所著書除已行世各種外有新劇三十種詩文語錄書牘共若干卷得一續錄若干卷編輯待刊先生卒後門人私謚曰孝惠先生

門人薛景清參校

吳江袁黄氏生明之季以禍淫福善之説化人人從而化之郡中彭氏生重熙累洽之世衍其緒論於時民物滋豐風俗敦朴故其設施猶未廣及道光中人心日壞民生日蹙在位者惟粉飾太平以因循爲靜鎭功甫潘先生愍然憂之得汪君石心爲之助宗淨土之教以之修己而勸人於是刊布善書廣行施濟計貲之不時給也石心上説下教以禍福之説大聲疾呼聞者無不感動無不傾貲以助所救濟者不啻以億萬計功甫先生歸道山石心繼之不衰於是蓮村余君亦行其道於澄江梁溪之間迨至咸豐之世生民之禍亟矣故蓮村之爲術愈廣立説愈卑而用

跋　一

心亦愈苦未幾遭庚申之難石心尋去世惟蓮村爲之張皇補苴是時創夷滿目盜賊縱横待命者愈殷而輸財者愈鮮於是奔走勸募如拯溺救焚不遺餘力所救濟者亦不啻以億萬計故余善人之名徧於吳越閒嗚呼世道之隆污民生之休戚有權勢者犖然不一動其心蓮村一布衣起而拯之至濡手足焦毛髮而不顧其亦可悲也已昔湻于髡譏孟子不援天下而孟子守道弗應若夫蓮村則既欲援之矣叩其所以爲援者固袁氏之學也疑於墨氏之教也夫墨氏兼愛尚同而二本流禍至於滅絶倫理故孟子辭而闢之袁氏屑屑於銖兩功過以邀福利使人昧於天命之本然故儒者屏而弗道吾謂世無孟子援戰國之天下者必墨氏也世無眞儒援衰世之天下者必袁氏也今蓮村之力既不足以及天下導人以尊君上畏王法不至如墨氏之爲害施濟於烽塵兵燹之餘惠尤當厄又袁氏之所未逮蓮村之爲墨爲袁特時勢之所趨焉耳然亦可以觀世變矣爰書之卷末以識予無窮之慨云

光緒元年孟夏之月鎭洋葉裕仁拜書

跋　二

蘇城臨頓路
中藏枝齋刻

曾祖澹如府君年譜

秦彦釗 編

《曾祖澹如府君年譜》一卷，秦彦釗編，秦翰才鈔本。

譜主秦緗業（一八一三—一八八三），字應華，號澹如，無錫人，秦瀛之子。九歲孤。稍長，能刻苦讀書，治古文詞，爲經世之學，志趣異於常兒。及長，遊京師，與祁寯藻、曾國藩、梅曾亮等古文家以氣類相師友。道光二十六年（一八四六）副貢，充國史館謄録。太平軍起，在江蘇辦理籌餉，入李鴻章幕，後任浙江鹽運使、金衢嚴道、浙江書局提調等職。辭官後主持杭州東城講舍，修《杭州府志》，爲咸、同間博雅之士。著有《虹橋老屋遺稿》、《[光緒]無錫金匱縣志》、《續資治通鑑長編拾補》、《平浙紀略》、《浙江忠義録》等。

秦彦釗（一九〇〇—一九六六），字仲穆，號劍湖，無錫人，譜主曾孫。北京通才商業專門學校畢業，上海會計師公會會員。曾任國民政府交通部財政委員會委員、全國注册局審查員等職。

本譜叙事起自嘉慶十八年（一八一三），止於光緒九年（一八八三），記録譜主家事、任職、經歷等，詳其仕歷、著作，間記時事，如記擔任李鴻章幕僚期間之戰事及軍需供應等。譜文多採有關資料，並以按語等方式注釋考證。譜後有編者一九五七年跋語，言『近年羈棲滬瀆，杜門養疴，因就府君遺稿及旁見一二紀載，約略編年，雖於府君出處大致粗具，然手頭書籍無多，搜採未廣，於府君生平事迹，遺漏當不在少，且以初稿頗乏剪裁，聊供異日隨見隨補之用云爾』。後附孫衣言撰《秦澹如墓誌銘》。

本書據秦翰才鈔本影印。

（朱　剛）

曾祖澹如府君年譜　　曾孫秀釗謹編

府君姓秦氏，諱緗業，字應華，號澹如，系出宋龍圖閣直學士觀，學士子湛仲常州遷居於常，又十世至端立公諱惟楨始遷無錫，遂占籍焉。曾祖諱春田，太學生，妣氏呂；祖諱鴻鈞，太學生，妣氏徐；父諱瀛，乾隆甲午順天舉人，丙申東巡召試一等，賜內閣中書，官至兵部右侍郎，改仕清之育侍，妣氏朱，生妣氏戴。

嘉慶十八年癸酉　一歲

二月二十四日生于無錫城內虹橋里第。

府君先世自明季遷居邑之青英里（後稱中市橋巷），曰寶恩堂。司寇公致仕後，置第於虹橋之南，曰世恩堂，額爲嘉慶丁巳梁山舟學士書，第後有城西草堂、洗硯齋、松簃、賞亭、蘧廬、無礙山房諸築。府君生時，司寇公年已七旬，故小字曰七壽。

嘉慶二十二年丁丑　五歲

司寇公書故事格言教之。

戴太孺人行述（以後簡稱行述）云：緗業五六歲時，先大夫日書故事及格言一二紙，口講指畫，以爲啓蒙，先妣藏之篋中。

道光元年辛巳　九歲

七月初十日，父司寇公疾卒。

司寇公疾革，府君方讀書家塾，將易簀，召至榻前，一慟幾絕，驚痛逾恒，遂成口吃，與人言期期艾艾，惟今誦則澗澗上口。

孫衣言所撰府君墓志銘（以後簡稱墓志銘）云：居侍郎喪，哀毀如成人。行述云：先大夫棄養，先妣獨支門户，藉苦撫孤，緗業自塾中歸，輒令背誦所授書，熟則喜，生則責，其後讀已漸上下乃罷。

道光四年甲申　十二歲

讀書家塾，並從邑中方先生學畫蘭。

府君詩文集曰虹橋老屋遺稿（以後簡稱遺稿），有題姪女瀟碧（伯兄緗武女，適溧陽史昔年）梁溪歸權圖詩注云：余與瀟碧年相若，幼同塾讀書，余不解畫而瀟碧學畫每亦余偏示題先妣畫蘭云當偕先妣從方先生學畫蘭時余方十餘齡，時適琴川張氏，其家富收藏，妣嘗約軒通守（允齡）尤好古，所見趙文敏名蹟頗多，耳濡目染，畫學日進，此數幀作於道光乙丑年，方二十餘，其時清和家門鼎盛，唱隨甚樂，殆有鷗波寒山夫婦之風（曾見蓉坪平瓶廬詞鈔有減字木蘭花詞題張約軒小象云：約軒先生年倍于余，然三世交契弟行也，童時教徒游藝，今觀遺貌，愴然有懷，輒題此詞，用表中悉，決非韻按府君集題詞集中不載）又言師鄒叔甫先生精曆算地理之學，善醫工書，初不好吟詠，祇有菊莊新樂，何足恨，可倚天寶郎聞元之句，蓋因小倉山房集中曾爲楊光輔寬而作之，今既無存，稿全香亦不復記憶，因別錄一絕，按錫金縣志文苑傳鄒安鬯字叔甫，歲貢生，為里塾師。方先生不知何名，無可攷。

道光十年庚寅　十八歲

行述云：緗業蹇於遊，年十八九，猶不知世間有酒食徵逐事，非就試未嘗離母側。遺稿題耐士也遺照（伯兄緗武子，長府君九歲）詩注：耐士居洗硯齋，庭有梧桐一樹，殆百年物。余少時讀書其下，又知之帶南謝人還蜀訪汪錫山舊居宅後

地僻人家種菊數十畝花時恆以異種多餉今不可復得矣又蔡君蓮塘家時
余從子昌煜葦軒（仲兄潤文子）君季妹之夫也葦軒長余十餘歲君又長葦
軒十餘歲故未及訂交而非角即識君君与余姊皆挹君宮梅居相近年相若
世際承平春秋佳日約同諸老游惠山品二泉皓髮蒼顏觴詠間作見之疑
為神仙中人

道光十一年辛卯十九歲

汪夫人來歸

汪夫人事略云夫人姓汪氏世居無錫南門外之黃泥降父澤士傑官山西澤州
府經歷母秦孺人余之繼姑也夫人自幼敏慧性至孝喜讀書識大體先慈
以業少孤痛兄之人一仕宦在外一承繼他房姊氏又先出嫁利胃長婦夫

大豐昌製

人長余三歲且素聞其賢故特聘之及來歸慎修婦職越二年授以家政

道光十四年甲午二十二歲

按府君於道光壬辰識或甲午曾赴江南鄉試其題壯覽亭話舊叢有或
朱殯有司之譜余為吳江沈雒可濟時作甲午九秋遺稿有贈沈竹賓詩（雅
字竹賓）題云重九前數日竹賓將歸吳江率賦二律聊當渭城又有竹窗
自虞山過坊出盈冊見示輒成長句奉贈蓋此年事

按府君此時与邑中名士如趙艮甫（函）張瑞甫（岳駿）唐子勤（禎）沈雅庚
（瑩）等已有往還艮甫則年長遺稿序其樂潛堂詩鈔集云余十餘歲時聞
邑中所推為詩家者如田趙居趙君於是知有艮甫先生而未識後以詩就正始
識之長年鴻主豐頤修髯圓一偉丈夫也今距先生之七二十餘年矣邑中之言

詩者猶必曰趙君先生本吳江人其尊人司鐸吾錫遂家焉少從楊蓉裳先生
游與顧蒹塘蘭厓徐秦華楊伯夔齊名刻有同岑五家詩鈔先生又自
輯其詩為同岑樂潛堂二集薊階庵騰稿飛鴻閣琴意而於集頭未刻今子守
拖取同岑詩鈔以補之乞言于余余少先生三四十歲才与霄壤敢遽達其託
老輩凋零其得知先生之平而曾相唱和者惟余故耳

道光十五年乙未二十三歲

春赴京師夏六月伯兄綱武殁於江西彭澤縣任然應順天鄉試

按府君於六月將赴都門為從子葦軒題壯覽亭話舊圖有名風木悲山丘淚
淚治聽小子昔九齡歲同沈駒隙拜實守敬慶聊（遊）兩雪……何成少司
志文辭頭懷奇唱酬杜一室有得各獻疑之句葦軒公亦有題記云司寇

大豐昌製

公歸道山惟從父常與煜吟詠此閒回憶煜搓角時公往往即景命題
與中外子弟分詠得佳句輒色喜從父尚髫齡亦粗解文字好學書公每
俗與華九此情此景杳不可得每一語及愴然悲懷爰倩沈子竹賓作壯覽
亭話舊圖與東方諸今從父將入都赴京兆試……且有七絕二首其一云碧山
遺韻話存中隱約稀年偶竹通此無誠西面顧處（耳有詩卷長留天地間
顧）數段名桂碧梧桐

舟歸（遊）丹陽訪石曼卿墓過袁浦訪沈雅庚渡黃河陰平曉發晚投雄鄉
偶有詩按府君少作均于兵亂中失去遺稿詩集開卷十餘首蓋府君
於入京後編呈阮芸臺相國者先儲於得之山左已裝成冊又數首皆冊中
詩也

爲宋湘文（源瀚）題重摹張憶娘簪花圖詩注云乙未秋客京師見簪花圖于歌者吳鳳家今此卷湘文在張古虞（璜）處摹得未知即余所見否

道光十六年丙申 二十四歲

在京師歲暮南歸三月適彝氏長女生（適俟遜洲彝華賡堯）

道光十七年丁酉 二十五歲

是年在里秋赴江南鄉試十月長子光簡生（光簡字乙青）

遺稿天籟山房詩存序云江夜汪子渊翁手其父北盦先生遺詩一卷乞言序余余爲讀之内有與余論詩絶句蓋丁酉同試金陵作也事與交之見於詩中者若莊眉㭾陳小知錢葭裏吳冠英皆余舊識何蓮舫亦聞聲相思者

道光十八年戊戌 二十六歲

大豐昌製

是年在里九月次子光穎生（光穎字伴青）

道光十九年己亥 二十七歲

赴京師應順天鄉試

墓志銘云既長游京師所與皆賢豪長者是時中朝士大夫猶以文學相尚而壽陽祁文端公爲宰相湘鄉曾文正公爲翰林學士上元梅郎中曾亮仁和邵刑部懿辰長沙孫編修鼎臣桂林朱侍御琦龍侍講啓瑞皆在京師治古文以氣類相師友濤如常以所業質諸公諸公皆傾下之梅伯言郎中尤器之又云憶余道光年間初識先生在京教場胡同寓齋承謨侍許在師友之間過從尤數此人贈中蘄雲峰都轉王少鶴通政吳西穀府丞皆余舊交而尤嘗少鶴尤習

道光二十年庚子 二十八歲

是年在京師秋應順天鄉試

遺稿古抒狀館遺稿序云道光己亥庚子間蔣侍京師識上元梅郎中伯言先生聞以所作就正始知古文義法蓋先生故姚氏之高弟姚氏之門尚有陳侍郎石士管孝廉異之先後逝世而梅先生乃獨得姚氏之傳時若朱侍御伯韓余户部小坡邵舍人位西陳上舍藝叔曾同學滌生王户部少鶴馮刑部魯川皆好爲古文而必以伯言爲歸無少詢此誠距甚邑則有張君端甫俟君子勤先後著籍稱弟子余亦與相從從数旬以斯文相往還鄉数十年罕見之絶學一時而得聞之人又心靡詩存序云道光己亥庚子間余游京師於湖人中識江寧何君青耜（兆瀛）其時遭際隆平朝野無事則有葉詢孃徐廉峰黄樹齋諸先生提倡風雅獎借後進每於春秋佳日宴集一時名士於江亭賦詩飛文動盈卷軸流布海寓余亦偶廁其列而上元梅伯言馬湘帆建寧張亨甫孟陽湯海秋漢陽葉潤臣鎮海姚梅伯曲阜孔繡山臨桂朱伯韓代州馮魯川吴縣潘星齋彼庭及青耜諸君子恒與焉諸君子大半習于余又顧船錢春曲詩注云道光庚子三月與孔繡山錢春於京師之人立莊同集十數人各賦一詩余並繪圖紀事

大豐昌製

道光二十一年辛丑 二十九歲

在京師冬南歸

遺稿題周芝司馬遺象詩序云應芝官廣平府同知守臨洺閣殉難道光庚子辛丑間識君于京師又題毘陵陸棠華詩集兼懷七友莊蝶園詩注云庚子辛丑間識君於京師

道光二十二年壬寅三十歲

是年在里八月三子光祖生（光祖字涵翀）

道光二十三年癸卯三十一歲

赴京應順天鄉試

墓志銘公子始識灣也在道光二十三四年時皆以應試在京師予年少氣盛喜議

論人或瞽為狂灣好僻居城西深居不時出間出從諸公往往予亦在稠人廣坐

彼此揖讓辭振堂笑甚則推昧大叫以為樂灣獨端居默默若有所思趣

亞刻十之竹琖公乃嘉興張受之本萬藏受之精於鉤勒篆刻道光年間余

識之京師時以摹刻楊忠愍公手跡處於菊庵旋即夜沒

大豐昌製

道光二十四年甲辰三十二歲

在京師應順天鄉試

道光二十五年乙巳三十三歲

在京師從海淀

遺稿過叟晚存書後公曩在京師談藝利玉君子每詩而善之時當道光

乙巳丙午年間君通籍未久以母老告歸將隱于螺洲之山余賦五言二律以贈其行

君有和作

道光二十六年丙午三十四歲

在京師校徒海淀秋應順天鄉試中副貢生出郭文端公門

遺稿張端甫哀詞云道光二十有六年夏四月張君端甫留河南來旅京師而疾

篤遂以其月望後三日卒於城西佛寺中余時授徒海淀端甫卒之先一日始

聞其病且病急馳視之已不及矣死之二日余與同縣侯楨葭其篋剩得文

三篇詩數十首其他所作蓋焚弃略盡矣亦勇矣哉余當刻其遺集並爲

詞以寘余哀且乞梅先生傳焉

道光二十七年丁未三十五歲

在京師

道光二十八年戊申三十六歲

在京師

道光二十九年乙酉三十七歲

在京師秋應順天鄉試考充國史館謄錄

按府君凡七應京兆試僅一中丙午副貢是科擬野後遂不復應試考充史館

大豐昌製

謄錄當在此一二年間

道光三十年庚戌三十八歲

佐山東學政幕

墓志銘公其後連試輒不利而年垂四十親老無以為養則棄筆從山東安

徽諸學使佐其考校按山東學政時為何桂清　遺稿孫君慧小傳云孫君

慧良自號積琴全匱人於學源流罔不探討晴吳江趙良甫流寓邑中以

詩篤當代君竊慕之數方篤趙亦訂為忘年交道光末年余嘗遇之京師旋

別去

咸豐元年辛亥三十九歲

佐安徽學政幕秋冬間歸里

遺稿江秋珊惠琴畫詩云桃花春水碧於油曾見纖漁小面浮卅載重教嘗此味溪山烽火懶回頭 注咸豐紀元嘗從學使者遊上淮杭（時安徽學政為

又頻盧詩鈔序云余昔從學使者按試至此則見皖山之嵯峨洪湖之灝瀚波滿雲詭變怪百出不可名狀余游時臨時先生猶在候來之見（頻盧詩鈔王萍南藩棠之兄子和先生著） 又為吳仲英興為章璁女史梅花水仙畫扇注云憶咸豐初女史曾為余寫菊花便面余填一詞忽忽二十餘年扇既紛亂失去詞亦不復記憶今觀遺箋聊聊寄予懷爰賦甚識題詞云白門柳色青溪月都亦都將時風景仙下羅浮神時洛浦自繪前身春影調騎弄粉思舊院繁華不堪重問 吟付金鈴休教花被笛吹春 牽蘿補節處計傷心惟賣畫年苦唯有翠袖添寒紅顏易老何況飄蕭鬢今宵酒醒歎故扇無存賦餘灰今倩寫秋容又看重九近蓋府君自皖歸里嘗在寧句留也

大豐昌製

咸豐二年壬子四十歲

是年在里六月季子光儒生（光儒字季珍）

按是年太平軍已陷全州桂陽郴州趨長沙岳州漢陽武昌相繼失守蔽江而東命丁憂侍郎曾國藩在籍辦團練江南震動先是府君以國史館謄錄議叙鹽大使援例改浙江同知未能往 遺稿古今泛通釋序云吾同年友虞子勤纂成禹貢注釋六卷凡方州之合山水原委今昔同異之故皆能為之討索辨難折衷以定一是而於水利河防尤久致意夫古之治河與順其勢而導之不聞逆其性而制之也今河日南徙治之者隄防束縛起其流而時有漫決之患 按是年河決豐沛所祖孫兄歸自金陵以詩來見示有述事感懷詩云看君入洛我攀燕（乙未東兒之中州予先有日下之游）下澤歸來剩（偏叔）廿文章推巧速蘇生時命感屯邅失客合數殘人服桐梓空彈寡女絲應憶東頭士龍住朕牀將共曆寶賤波瓊文存序云咸豐壬子利卅嘗介陶錐庵訪余于錫山得睹讀其詩才氣橫溢其時君才二十許耳（利叔揚家濟字秀水人）

咸豐三年癸丑四十一歲

奉母避亂邑之蕩口就居華味莼先生家

按是年太平軍東下九江安慶均失並據金陵遂定都焉蘇常亟亟可危府君既與華蓮秋（翼綸）先生為善以蕩口僻處邑之東南有鵝湖為之屏蔽非用兵之衝因奉母避亂其家遺稿有題華味莼湖山遂眺圖詩注云丈稿于鬻咸豐癸丑避地蕩口僑居丈家及同治初年復返則丈已歸道山矣

大豐昌製

咸豐五年乙卯四十三歲

是年在杭州以同知需次

遺稿有與趙次康（宗建）育九月同遊文盧唐之約因病未果卻寄詩注云咸豐五六年間趙次侯偕李申蘭（芝綬）吳肖陶作西泠游嘗邀余共宿湖樓舉團修禊詩注云乙卯初識郭筠仙（嵩燾）侍郎於湖上又南山紀遊云方咸豐乙卯丙辰間余客杭每以桂花時游滿覺隴便道過六寺獵畫擬殺壺觴之盛題曹萬氏（?）石窗著書圖注云咸豐年間嘗游此洞篆書曹萬氏著書

府六時未識君也

咸豐六年丙辰四十四歲

是年在杭州以同知需次客浙撫署

先世竹述云咸豐六年丙辰以同知需次浙江朱鐵秦調回蘇以籌餉往來蘇常間在家日少藤香館詩鈔序云咸豐丙辰客浙撫署君方爲嘉興令歲大旱以不善催科去官按藤香館詩鈔爲薛時雨可蕃時浙撫爲何桂清蘇撫爲吉爾杭阿四月由上海進攻鎮江於高資力戰陣亡孫君竹詩家傳云六年夏蘇撫吉公覆軍于鎮金陵之師退保丹陽　從子賡彤登翁同龢榜進士仰先綱武之第三子也（賡彤字臨士）

大豐昌製

咸豐七年丁巳四十五歲

奏調赴蘇辦理籌餉事

按是年四月以浙江巡撫何桂清調任兩江總督府君奏調赴蘇辦理籌餉往來蘇常之間蓋此年事緣何督故也

咸豐八年戊午四十六歲

在蘇辦理籌餉事

從子璪順天鄉試中式仰先綱武之季子（璪字蓮風）

咸豐九年己未四十七歲

在蘇辦理籌餉事

咸豐十年庚申四十八歲

復回杭需次二月杭州陷旋克復奉母移家之杭

藤香館詩鈔序云庚申二月君及朱太守述之江二尹致琳（泥）同校敷文課卷余亦與焉汪夫人事略云洎乎錫城淪陷余方需次浙江復賴夫人先期奉吾母避居鄉間而自營其奩珥以佐衣食之不足先世竹述云庚申四月賊陷無錫城吾母先期避之鄉獲免綱業時已赴浙不得已全家就之趨耐士妃遺照詩注云咸豐庚申四月吾鄉失守耐士避地來杭旋即病歿葬西湖濱既而杭城再陷遂失其墓所在按是年二月杭州失守巡撫羅遵殿等死之旋即爲提督張玉良克復閏三月江寧大營失陷欽國樑陣亡和春受傷卒四月常州失守總督何桂清倉皇遁無錫繼陷蘇省爲東南財賦區因常州不守蔽離盡撤守兵脆弱蘇州遂失守巡撫徐有壬等死之何桂清逮問府君出于是年已回浙需次故二月有同校敷文課卷事迎養當在四月後矣

大豐昌製

咸豐十一年辛酉四十九歲

在杭需次十一月杭城再陷乘間得出

家書五月望日陵花渡拋孫耐士之子六一女一媳均切歸思命之先送之婦（女即適華堪即祖妣華太夫人諱文姝字湘英王山小還秋公之三女時已歸先祖擷青公適歸蕩後先祖即留錫館故杭城之陷未及於禍也）又次年五月函云本思打發家眷先歸奈一無船川而止及至兵臨城下各門皆閉則欲出不得矣杭州素無備儲十月即已斷糧餓莩盈道我家二十餘人日以二升米爲活然所恨當時不覺餓死也而持李次青援兵兩月不到可爲已極吾家于未破城之先投至武林門孫氏不意賊一進城即來

打館發不能逃我及俾青為賊所唾棄臘月初一幸得出城乃又遇一起餘
杭賊迫脅之餘無計可脫直至二月間始得逃離俾青另在一處其憂療甚
重竟未見同歸堂上及汝外祖母亦于初二三日（臘月）先後出城外避難均
雖被擄長毛擄館時幸得漏網遂聚於一處先於正月（同治元年）同覓舟
回里在途紛紛年兩家分住所有衣物各件均已蕩然無遺後小住月餘本
擬赴皖適李少荃中丞來滬有奏辦章奏之約遂于三月初至滬謁東赴營即
府詹大發不能行動若月餘有窘愁並自抗來之及阿又阿細（即先庭光
儒光庭殉死於難）均在杭城謝注二姓館中謝係武官兩徒曾受我慰頤
為照應有人前往即可領回即于四月望日令繼攜備張少月坐船赴杭乃歹
月到杭謝姓已逃去我只被留竟一人据不到而退按上節係本年事下節係

大豐昌製

次年事須與下年合看
府君浙澄兵亂家室流離萬目時艱疏俠倉痛是年曾賊戚遇五律九首村
句於三衢頻告警窮寇屢橫行昭此無窮患端由坐擁兵三江淪失陰內食
太無謀渡海雲車萊愚山石壘旋壞家由豎子乏悔用人疏將星空自隕賊
壘幾曾平士已無生氣人猶坐擁兵衢嚴斷消息左李沛行程太息雖陽
守何堪將進明空勞三月守實見四門開赤手難逃日丹心合已灰咏年逢
再亂時命實堪哀保障功難泯經綸老未伸守陴惟有哭轉戰更無人竟少
回天力空捐報國身空餘謝皋羽嗚咽淚沾巾我何守土吏邁作過江思
一無乾淨土去去欲何之按辛酉十一月杭州失守將軍瑞昌巡撫王有齡等
死之張玉良陣亡十月有旨左宗棠督辦浙江軍務之命十二月授為浙江巡

撫省城已陷二十餘日矣

同治元年壬戌五十歲

正月奉母出滬日三月入江蘇巡撫李鴻章幕秋迎母至上海次子光祐殉于
安徽寧國

先母行述云辛酉杭城再陷綳業以母在未即死幸所居城闕乘閒得出營
處者月餘覓得一船以歸時吾邑之蕩口鎮尚無恙也同治元年壬戌二月
綳業赴上海入巡撫李公幕先母隨後亦至亡兒光祖嫂表云同治元年避
地上海一家僦居數椽無業几案地汲苑溪山之病癘三月真至秋始出營
中丞不延幕友我雖專主軍務有時人少無可不加此不可言薪水不全
一月九月初全家來此住上海道前西街紙衣店口程宅同居僅樓屋四間租

大豐昌製

價八千一月尚算極便宜而未至八九千一百案出千餘文一搭如何行過衆寒
之具陰一身外舉家皆無有也年內大約有保舉有名無實姑聽之而已俾
青九月間已去年一鄉不起積年協圍殯殮之此子亦次相從患難其終為
幫手不意才脫網羅旋登鬼籙悲何可言按是年六月以李鴻章署江
蘇巡撫駐上海主帶勝軍用洋槍隊與府君同在李公幕者有湘陰
郭嵩燾金鼎時雨錢塘吳煦當湖沈藺卿無錫錢鼎等
壬戌五月別蓮公于滬上見題詩益齋借魏滌伯錢牌益訪蓮衣上人於西
湖寶芝寺同時注之今与滌偕蓮衣皆亡矣

同治二年癸亥五十一歲

是年在江蘇巡撫李公幕

家書云一味窮忙無暇乙堆雖課道貧而羈在滬不知何日到省蘇州聞已在廿五日寅刻克復尚未奉明文吾錫王在進攻亦不難一鼓而下按是年三月李鴻章令程學啓與戈登以炸礮攻克太倉進克崑山又令劉銘傳等由常熟進江陰無錫黃翼升以水師輔之李朝斌以水師由御[?]湖達太湖分路進攻蘇州十月丁卯郜雲官殺譚紹洸乃獻降

藤香館詩鈔序云同治癸亥余從軍滬上君亦繼至軍書之暇聞出其詩亦余始知君為詩人矣題梅仙藏三種蘭亭跋云爾紙鼠鬚不可覆觀然神理悠不下百數十種論者聚訟紛紛實皆非也軍幸未兩日也余舊藏宋搨五本亂後失之大梅山人出此冊見示一為褚河南所臨絹本一為宋宗定子本從定武本摹刻一為趙承旨摹刻右三帖乾隆中在雲間張氏臨堂先生吾為題跋今裝成卷不知何時入大梅手大梅工畫能書不必參法右軍亦自成家今且垂垂老矣与余別二十年後相遇於滬上目余數羅浩劫百物蕩盡而兵燹餘生重得觀此名帖豈非眼福按撫夷事于同治上年題兼感在此時

同治三年甲子五十二歲

在江蘇巡撫李[?]幕以軍功擢浙江補用道加鹽運使銜冬總理上海鹽局

按三年二月蘇軍克嘉興浙軍克杭州四月顧軍克常州鎮紅楊軍克丹陽六月曾國荃等攻克金陵洪秀全自殺大行封賞隨軍人員獎叙有差

遺稿七兒光祖墳志云三年春移居蘇州始為之授室又訪虞山避兵廣博士小園賦贈又為次虞翁舊山樓各詩云羨爾終為舊山主令余卻憶先人廬注云余家僅存數椽可有城西草堂遂庵拙賢亭洗硯齋無碍山房皆先侍郎歸田後所築今夠為茂竹美池蘭卿詩序云甲子冬余奉檄綜理上海鹽局薛慰農太守告余以當湖沈子蘭卿詩人也余因牌之入局掌簿書晨夕與共者七閱月家函云十月在滬總辦鹽事務後改督辦離家雖近無片刻暇甚多事並辣手与三蘇人局質不合更覺為難

同治四年乙丑五十三歲

春督辦上海鹽局閏五月奉浙撫檄署金衢嚴道來之官猶兼省城善後事並督兩浙採訪忠義局十月充武闈監試

家函云江山辟蓋怨有金衢嚴之委藉以脫身本定七月初二起程不意突餘和公及我三日(閏月三十日)抵省因商諸蕭司以為不去為妥因于初一進見面中丞辭惟為此已花數百金其累日甚外面亦殊難為情雖中丞及蕭梟均公情意尚好有名無實位置之際而一時未必有缺僅子一善後局差而已薪水八十兩此間尚難敷用七月初旬接眷來杭老母堅不欲出以觸目傷心之故後聞余病始令汝弟(乙青公)侍其母來杭看視雖中饋有人主持日用可以稍省而迎養之願未遂心總不安四兒(康侯公)已侍祖母搬回蕩口按皓浙撫為馬新貽蕭司為蔣益澧

遺稿為薛慰農題秋闈步月圖詩序云同治乙丑八月浙江補行辛酉壬戌科鄉試慰農為提調王循帆(凱泰)同年為監試故合寫一冊各藏其一云又是科余充武闈監試故詩中有笑余未識覺衣曲猶為弓刀逐健兒之句

又癸何亭記云咸豐庚申陸立青司馬惆國殤之眾搶其地為祠名曰

棠義渡丁竹舟主政鄧賓落其成且于閒中結一小亭仍以麥向顏之時余方督辦浙采訪局忠義局事因請為記家無出薛慰農先生理粮道與方伯不合投劾未出闈之前即偷回省府幸任慰翁血為撰悔即通稟告病余不赴之衙時方伯亦曾授意賣友鄧榮新不肯為復粮道一缺幸為主循帆謀得而余則可告無罪於知己矣九月初杭道又出缺然亦兩月之暫局也新任陳璚乃方伯軍營舊友不敢而敢近告係有陸見中丞已允奏去仍走來春事矣到時又不知若何光景從之寧道可救貧粮道可入都餘皆無謂也十月初監試武闈二十餘日始了賠錢不下四五十千近又兼充採訪局督辦兼無薪水可得凡此百餘番兩頭兼顧已難敷衍且為信當道牽率一切應酬處處無時不有無事不與萬不能支現尚不知如何年歲

大豐昌製

同治五年丙寅　五十四歲

春三月署理浙江鹽運使八月丁母戴太夫人憂（三子光楓先二日病殁）

先母行述云丙寅春攝兩浙運使事怡養升斗之祿迎養吾母來署姪李幼梅（爾耀）海昌觀潮吾母偕往公同治五年八月十八日偕方伯楊公（昌濬）祀神於螺螄埠歸而母病無幾日殁（太夫人於中秋日觀月飲酒覺疾八月二十三日殁）亡兒光楓擴志云光楓以同治五年八月二十一日殁於浙江鹽運使署其父將舁其棺歸塟于龍山之陽乃為之志曰光楓生于寅故自號曰虎辰其質魯成童就傅粗識文字讀書日不過十餘行年十又七略知古今涉獵史漢及李杜韓蘇集能為小詩而摹漢人印仿元人畫頗有古意亦未成家於竹擔則雖臨晉唐碑帖而小變化之儕輩頗推其工然獨不喜舉子業光楓性仁孝辛酉杭城之難吾母年老隨母回賊中出賴光楓扶掖以歸故愛之尤篤及其病也時以為憂既而吾母亦病瞳夢中猶詢光楓病狀豈知三日之間死亡相繼光楓且從其大母之喪而歸塟耶嗚呼可悲也已　墓志銘云澹如在浙久而為鹽司前後才三年然所至務有餘遇事必信其志不苟以徇人其在運司鹽場員多缺少因緣為奸澹如遂其尤黠者一人而序差次其差使升補後遂無賺缺者然山私販過官銷請于巡撫遣官收其稅已既不問所之然鹽遂行於浙杭州重建育嬰堂記云同治四年春省城既克復前布政使蔣公過而傷之令鄭訓導在寅繚以周垣冬秋構堂三楹其明年六月綱業攝運司事始令陸訓導梅開堂收養乳養並增設庵瀹因倉貴錢五百緡昔嘉慶初光侍郎鹽司浙西嘗記斯堂業承乏鹽官又躬覯其事序揚利弊汲廣文存於同治丙寅　當客余浙江鹽署襄校試卷催入採訪局分擔忠義

大豐昌製

錄是年又為利弊題戴文節所繪易鶴軒卷是秋主纂浙江忠義錄又撰桐陰論畫序云余不善畫而愛畫入官暇餘自宋元以迄本朝諸家靡不搜羅藏弆而畫院作筆則舍諸弗使涵吾目也族子逸芬（殿元）與余有同好閒里中有一名蹟典衣爭購之既得則互相誇耀以為樂余於古人與寶亦能心領神會而拙于言詞性復疏懶未暇著書也自遭喪亂既舉生平玩好之物而巷失之逸芬則挾畫而走然亦十不存一二矣今年冬自大梁寓書于余且以新刊桐陰論畫一書使為序府君精鑒賞富收藏嘗有題桐陰論畫圖卷詩云

阿咸與我有同癖癖畫無錢每典衣此解臨摹我心印南宋北派皆禪機

又按吾家有二雜大春名更號長安（謂理亭族祖炳文當時畫名尤著）

同治六年丁卯　五十五歲

居粟寓杭州
遺稿沈伏敔遺詩序云余交山陰沈君伏敔（鐘瑛）十餘年矣中間或聚或散又往
來亂世歲必相見自丁卯春別君于吳門逾年而聞君將筮仕湖北以書閒訊之答
音耗遂絕甚後知君不果行竟傳其已死矣余爲一詩以哭之按府君去職歸里為
戴太夫人營塋窆春間返杭道經吳門也本年春夏間當偕薛慧農至帶南宋
湘文王清如呈拜真楊豫庭諸君結湖舫吟社半月一叙或不有詩不及半載或遂言
戲遂歸其有化為異物者而吾輩遂罷遺稿有五月二十五日第一集西湖餞春曲四
月初十第二集分韵得無字四月二十五日第三集題蘇文忠公祠堂分叐（注云祠在孤
山之麓嘉慶五年先侍郎官杭嘉湖道時所建也青浦陳華南為之各撰文湖水
育趣湖山祖立四字後育湖水及泉山舟吳仲倫諸先生題句書為仲兄所藏亂

大豐昌製

後失去同治丙寅春始歸于叢而文忠公祠燬而後建遂于是冬落成信手蒔
墨因緣非偶然也既為同集諸君子各賦一詩先成五言一章教題卷末）五月二十四
第六集林蘿塔（岳廟前古木高百尺大十圍藤蘿緣其上遠望如塔形）七月十
二日第七集宗湖文以事不至用杜少陵早秋苦熱堆案相仍詩韵湖之並宗同人如
茅詩九日有小集湖文詩云故人多半老鄉關難將佳辰客裡閒（注云座中多于井太
令家揚州楊蓉如司馬家海門注帶庭司馬則余同里也）十月十二日偕陳禪林嘉
軒許益齋楊豫庭蔡子竟招同薛慧農泛舟錢塘江過六和塔登岸游雲棲寺
次早仍乘舟而回舟中一再設宴為慧農壽蓋是月二十七日其五十生日也紀之詩云浮
空飛鳥相與高欲上不止惭猿狖萬竹有天若無路松風吹將西泉度道逢老者
不知名為指雲中有住處泥心泉中華來燈坑法天花終不落須臾月出霜滿衣

山高轉覺青天低欲借名山為君壽不厭清齋苦無酒何如畫舫再開筵坐
對嬋娟酌大斗君年五十早抽簪君才豈合老山林須知蔡竹哀絲裡亦有蒼
生歌哭心（按薛公時主講杭州崇文書院）又西溪紀游云西溪之勝慧余夢寐
閒者十數年矣丁卯之秋許君益齋以西溪秋泛詩畫冊子見貽蓋嘉慶乙未先大
夫官浙時作也歆之益神往屢約章遂伏薛慧農同游不果會張蝎雨生（溥
泉約軒子）孫桃臣（寶璣松子蓀子）自偶山至二子皆雅好游而生又善及爰招同
楊子德舟以仲冬四日往游焉維時西湖西溪諸名刹半毀于兵無投宿處是夜
宿于松木場舟中五日早易小舟由西堰橋過秦亭山以達于河渚文廬庵
上有小閣二所曲水秋雪諸庵則已廢回舟至茭生庵住持破蓮為余言花塢之
勝頗為尋余舟遂南宋輦道行山徑左右皆竹徽步夕日上法㟃庵見吾破

大豐昌製

蓮云山中為茅蓬十餘已石人媼而止過此為橫山則西溪最深處已薄暮不及
游取道回河渚與破蓮別則淡雲微月掩映蘆葦際及至松木場宿漏三下
矣節紀游詩句如文廬庵云楚竹隔陂翠沙鷗入座飛茭生庵云水中疑有國
封外豈無魚法㟃庵云老僧驚客至古佛少人來十月二十七日冬至節又有南山之
遊紀遊云余閒居無事而久晴不雨和煦若春因浼偕雨生拖臣為南山之遊過
南屏淨慈寺已廢虎跑寺亦燬於火度楊梅嶺而南四圍皆山前若無路居曲蛇
行蠻光樹色隨步而變山半紅牆翳條碧瓦鮮卑則故理安寺也方咸豐乙卯丙
辰間余客杭每于桂花時游滿覺隴便道過二寺頗極眾飯盂觴之盛今乱後
重來其虎跑則山童樹禿風景全非而理安之松濤竹韵自若也節紀游詩句
如虎跑寺云枯木借藤翠寒泉帶葉流草深疑伏虎過客少鳴鵯妙墨煙

雲化空餘斷碣留（注舊藏蘇文忠公海棠詩墨蹟卷經亂失去今於寺中石刻
尚存）石屋洞云誰鑿三關在深藏一琖雲龍蛇疑有虎猿鶴此爲羣鬅蘚題名
在人知舊使君（注石壁上有先大夫嘉慶二年題名）儀衛軒文集書後云植
之（方東樹）先生客游四方蹤跡所指僅于偕書廢讀其文數篇而已同治丁卯先
生從弟存之（宗誠）大令來游西湖余偶相值亟詢先生文集越兩年存之以刻
本見寄且索序于余近年來天下學者且病桐城之空疏風氣爲之一變豈知望
溪之文本之經海峯之文本之史姬傳之文本之孟荀莊列諸子皆能各竟其糟粕取
其精華而自成一家言其目爲空疏者其必以鉤棘爲古經釘爲工乎則亦不
足之甚矣惜無先生其人者大聲疾呼一振聾瞶之
纂浙江忠義錄成擬遍浦竹堂詩集序云錢塘張君少南博學工詩遭亂

——大豐昌製——

窮餓抑鬱以死然余前時杭州未及識君而乃識其子預同治丙寅夏秋間預
客余所會余奉濟從里預設客揚石泉方伯署方伯見君詩而喜之爰授之梓
題張公東（鳴珂）校經圖注云君近又入采訪局偕次兩浙忠義錄
季子光儒自咸豐辛酉杭城陷時失散後流落德清來雲寺爲僧會舅氏
汪宗棠宰德清訪得之遂攜以歸

同治七年戊辰　五十六歲

居表寓杭州

梅邊送客圖序云自北新關出塘棲兩岸皆種梅而超山有梅數十本相傳古吳
越時物亂後猶在己巳月又日薛慰農招余及陳揆林楊豫庭（聲偉）往訪之
會泰興吳侍郎（存義）以浙江學政任滿告歸六一居日成行湖邊之北郭外
並訂看花之約日未晡慰農諸君先至王家莊地距超山五里不通舟驛三君
者郡無濟勝具不果往余舟行獨遲祇此已薄暮時興遠闌侍郎亦未
至其夜泊于梅林之下月色微明暗香入船慰農出斗酒共酌譚至漏三下始
睡明早偕林豫庭以事將返乃共迎侍郎舟余方從里同與侍郎偕行二日過
石門宿別按侍郎歸泰興從即病歿故府君是年有悼吳和甫學使詩
正月廿二日自光福里至司徒廟登香雪海亭往聖恩寺望太湖有詩云夜泊
虎山橋羅浮先入夢曉來月未落翠羽叫一聲寂與成獨游清興誰與共遠
逸度嶺來回頭港爲邊銅輝香漸生殘雪枝猶凍穿差梅花林恨未攜壽
氣一於今司徒廟不記鄧仲華門前有大樹千載猶措拔疑是將軍宜兵火不
敢加深根壓鐵石老幹盤龍蛇浪之千丈勢徵之數点花蛾眉律亂辭空山

——大豐昌製——

一家曲折花間竹忽陵飛鳥上小憩得孤亭平原入遠望未堆及青芝左右屹相
向山下十萬家將梅作屏障簡影猶半遮寒葩未全放欲觀雪海奇攜節試重
訪古封南宋餘封浚喜何放言登梵天閣遠眺湖濱路七十二芙蓉蒼茫雜
煙霧且和商丘詩來展泰元墓花氣浮一龕夕陽隱半樹歷腳亦既疲銅井
在何處過吳江爲許箭竹溪賦夢簾圖套歌（吳爲潘貞愍濬郵題伽作也）
並有王家莊道中看梅絕句云我言方遠未聞日我來已催欲殘時盡吟何里過
杭時作也　五月十四日宗湘文邀同許益齋吳仲英湯敦之重游雲棲寺　六月十九日
游玻光庵秋俯韋莊招泛舟西溪藤生庵採花塢之勝　九日王帝卿南招飲
吳山太歲樓偶有詩　七月得吳梅卿先生遺象（雪之所寫照鎮元昭祖補景）
題詩兩絕有哀江南賦通天表賜斷前朝侍從臣曾是當年吳祭酒自題

圓石作詩人之句　為戴澗鄰（槃）序杭嘉湖三府減漕紀略　為宗湘文題
倪文正黃宗端暨忠宣三公遺墨卷略云三忠之名同不朽三忠之七有先後疑
実係旣歸少珠節義文章极相偶三忠合傳一卷中一卷于今重山斗千秋當冬
錢家更師友平生覽多員　初冬林子陽（直）來訪未偕香以詩云聞說詩人沒
海來蓬門悵未為君開方懲白雪詩難和卻怪剡溪船又回早日江郎悲宿
草幾時揚子共滄桑東籬殘菊猶堪賞莫待相思寄嶺梅（注七友江弢叔
集中多與君唱和並持楊豫庭太守書來並以杜懷堂詩見示）　雪後買舟
返里行抵平望阻水兩日取道通湖小港得達吳江有詩紀事並為君寄冬
又曾旋里也

同治八年己巳五十七歲

是年服闋　初冬展覲北上
暮抵杭寓游故鄉園詩書並十五第今非寧相家鄰面終中曲官梅故倚花（注
吳晚帆濮少霞許緣仲三觀察及蔣蘿新方伯重新之題曰四間別墅前明為
金中丞別業今里人猶呼為金衙莊道光初曾歸章桐門相國後歸李華同
年曾居此以貧病殁）又有清明日游望隱寺詩游艷光庵詩為園游案識（開
詩五夏日話　沈秋牧遺詩序云今年四月君孤郵寄君行狀丐予別君知君已
登于先輩之籍越數日余北上道出金閶始見君仲子少牧君出君遺詩三
卷索序于余　為李望漁（嘉福）題石佛自壽卷（望漁三十初度見果中大同
石佛像于吳門之蓮池庵某姬人以梅與衣贖歸即（乃）壽君濟卷微詩）
為吳禮北（灝）題撫琴卷（禮北學書于安吳包先生故有是卷）　撫琴君竹

筠家侍（香屯將無錫孟里人）　聞杭州諸生奉故學使吳和甫先生栗主祔
祀蘇文忠祠賦　中萬均平（均儒）山長有執經左右多名士抗禮公卿一布衣
梁木共滄言道痛麥舟何必古風微（注君于需次淮上賴門人袁爽秋瞻君
嵐多時得而下校生太令往理其後事）　題子山過雲樓書畫記有云乙巳八月
客杭州澄於觀察席為重裝王叔萬仿宋元山水十幅冊刊既後為秦澹如
題未代向濟於歸余　府君即是年七月廿九日寄先祖扶青公京師函云我們十月
初間可以成行我十天學月習文日昨已前下奉空了三文改於大原詩髭湖恐須
十一月成行矣上海大約不能去而河南不得不走聞鼎營兵變淮徐戒嚴如果
旱道難行尚須折回航海到中州之行只可中止而趕太鉅奈何（按子堯曦時署
河南布政使）府君此次仍由旱道赴京也　遵旱道有別九龍山過毘陵略陸
紫峯等康兼懷七友莊蝶園　自京口渡江出瓜州淮陰道中九日王家莊
登車有感九月十三夜順河集玩月　徐州懷古過碭山過杞縣登吹臺懷
古長垣道中渡黃河高唐州自茌平至河間趙北口等詩蓋繞道河南抵
京在十月中旬矣按此次入京為覲見也　潘緻庭挽詩注云余乙巳重入都門
與該少讀事同居邑館公兄弟（星齋緻庭昆仲）及宋侍郎雪帆（晉）時相
過從泆讌極樂在京有重過天五莊詩云錢春主客凋零盡（菜寒）樹寒
我又來當日酒壚無覓處有吹短笛有餘哀（注道光庚子與孔澹山等錢春
于此）　為吳頤卿水部題釣雪卷云京國銷寒來許同飄泊欲唱太奴（遂
知飄雪江湖夜獨挂歸帆入畫中南歸蓋在歲暮也　為吳頤卿潘伯寅題
瀹閣望海卷　抄文端公神道碑銘云八年冬復來京師世長以予為墓志（王

大豐昌製

少鶴拟撰）及公自訂年譜見示適洳修曾河庄諸公軼事甚詳毋長淺述之不頗
得達宮貴人志墓之意乃不免辞文通之三戴姑为之序而銘焉非敢後也蓋其
慎之

同治九年庚午五十八歲

是年在杭州

春在堂隨筆云庚午冬冠九山安寶修葺孟廬庵並為何子貞書微君及月上振
人塑主仍奉庵中遺禄題新羅山人西溪蒹葭庵之吾山人為斯樹作記後余
數遊西溪訪先生故居不可得即隣墓田之家盧庵亦廢既而丁君松生姻背
少如修葺孟子庵左奉先生栗主蔵其家泉戴文節謝公西溪圖卷於中余
適得山人遺在旧刻鉤摹勒石以垂久遠然果令為松生乞画易玄何舍亡吾庵

大豐昌製

可謂好事者矣蓋与山人修庵書主為同年事一偶之一段之耳　重題陳小鉄之
祿）受硯吾詩云客歲燕臺快合并羆唱叙叙拔別去門府忽報遠客歸西子湖
頭喜重晤　撰重刻嘖廬詩鈔序云同治乙丑余需次来浙今且四五年與同官
盱眙王芾南（震棠）交尤密登臨山水間有唱和　撰鴻湖華氏支譜序云同
治庚午大難既平學𫍢巽倫後相修譜以踪前人未竟之志涂鮒物宦浙中有
年乃屢任桐鄉不及一月即捐館舍予以補署峙篇以塞生前諸責

同治十年辛未五十九歲

春遷壟大夫人於嶂山之新阡五月署理浙江鹽運使

六月廿二日寄先祖安徽書云我三月抄以改壟事旋里及四月八日抵蘇即聞錫
運台初三中風同千十二日即旋杭而運篆已委方俯兼理後錫公擬不能開口

寫字只得於五月十二日請吉十五日我即奉委署事此缺對公勝于前然所多者只
照費三千餘金乃求往上達之陋規也得之總覺不安耳新放盛杰係現任承德
府聞有告代事件且須道出京都尚有耽閣已遠亦須九十月間来浙汝汪
四舅（榮棠字芾庭）忽於月朔病故

越縵堂日記載五月三十日邸鈔浙江巡撫楊昌濬奏浙江鹽運使錫祉告病
以直隸承德府知府盛杰為浙江鹽運使先以候補道秦緗業署理府君
在署任時曾收買岱鹽餘鹽化私為公商民称便後于工陳遐齡侍郎書中有
閱鹽政者節係謹案浙鹽与他省異他省皆歸灶户浙則又有兩广岱山之鹽
餘廢之鹽悉由沿海居民用拔晒曬不費工本每年岱山可出三十餘萬引餘廢亦可
出十數萬引鹽既深白灰土攙雜民間尤喜食之浙西六府一州私販更作偽灶戶或

大豐昌製

為之庇蘇有向所定額歲銷三十萬引兵燹之後止限六萬餘引而不足湘
業在署任時曾請招商收買岱鹽化私為官準其搭銷後又及餘廢鹽上
年（光緒七年）前撫憲復令商人具三十萬資本前往餘岱收鹽本既未出足數
收之不多銷之亦不広仍未見有成效衆人集議不外減價敵私設巡緝私兩法
夫餘岱出鹽處每斤不過二三文私販售之内地亦不過八九文而官鹽每觔在三十
文左右官鹽則須完課網耗即使可減其價據通二十餘文与私鹽相懸太甚
民間誰肯舍賤而食貴此減價之不能敵私也至緝捕私鹽有海巡有内巡可謂
周密矣然洋面甚廣海口甚多又有太湖一為之藪固已捕之不勝捕防不勝防况
用數百號號船數千名之勇壯費不貲恐難持久此設巡之不足濟私也計惟救唐
劉晏之法就地完課不限以地聽其所之在今或仍行票鹽過卡抽釐庶幾私鹽

當作官鹽私販皆成商販或者官籌銀數十萬初為往收鹽桑其子銷甚事
以每斤十餘文專銷浙西各路庶幾可復官額然官既無此成本況專銷餘以
鹽運抗嘉湖之場于何地梟販當不下數萬人無利可販勢必驅而為盜外洋
則盜風日熾內地則失業日多豈非速亂之道乎故鹽務無良法有非湘書
所知也
十二月廿三日家書去我平從冬學均移署均因新造門樓未即完工復因病人
而止三月日前然得堂上書郵之信大約正月中二月初搬頌交卸
同治十一年壬申五十歲
二月二日交卸署運使篆
寄先祖妣藏書去五月初十動身繞道高口十六日到錫連日陰雨惟十八晴僕
——大豐昌製——
上坟一廢同人致函故廿八方行又繞道琴川直至六月初三抵蘇正值大暑衣
冠酬應大受其累直至初八始解維十二日到杭　撰馬烈女傳（名大寶無
錫人）續修宗譜按是歲二十世孫光曦自河南糧道謝政歸首捐白金
為倡推府君總其事　是秋府君總纂平浙紀略與陳撫直大令（鍾英）同
被巡撫楊昌濬之委
同治十二年癸酉五十一歲
在杭州
西冷鏞寮集序云春中州白少溪大令（麟長）四年前壬申西冷鏞寮集示余
蓋少溪與黃間嚴筱南太倉王勉之族繞江秋珊何城胡杏孫王元梅鷺臣
江浦輯蕙來隨州鄧雲泉錢塘沈公衍九子之所作也在會者尚有數人

不少去稍時亦有能詩而不及為者少溪使余抉擇之乃汰其十之二三為之序
又撰曉亭王君墓志銘書孺孝女傳後（名嗣徽）　續修宗譜於是八年
八月告成府君為之序又為家散之（敬樹）撰洞庭秦氏宗譜序　唐子史
風木吞悲見長越書無錫初藏馬寨中後歸張約軒麥丙秋監試浙闈
張宅索售函為其臧秦序必觀察為余如會以重值得之
同治十三年甲戌五十二歲
督理浙江全省厘捐局
按府君上浙撫陳公書中有管厘局者五年語府君于光緒乙卯夏署金
衢嚴道自衢代還即總浙省厘局至光緒壬午即請老歸里次年十月
病殁逆推當厘局五年當在本年也書中云厘金何可未有咸豐初四浩
——大豐昌製——
用兵始創此法朝廷困深賴之今天下無事十餘年矣在浙則有塘工海防之用甘餉
之用不得不取給於此然者有局府有局各路有數十百局有大委員有小委員有司
事巡丁糜費固已不少况所用不得其人則官吏侵漁弊歸中飽而商賈非裹足
不前即繞越趨避厘款亦日見短少前湘業曾理有局時曾通商藩司重立章
程分別成數以定去留功過雖未必悉當而人知趨事赴功即收多解少以多抵少
之弊亦差少矣
上巳招同俞蔭甫山長全眉生都轉錢子奇李小蛘兩大令湖上修禊（李散堂方
伯以穉父喪辭未赴）　五月二十日家書云十二日中亟以諸徑課卷令閱共五十五卷
共十餘題每卷多者有萬餘字每看二三卷即頭昏眼花心猶急另其何以堪此
耶　夏四月撰項姻表太夫人百歲壽序　仲冬為吳康甫（廷康）撰重刻稌

烈婦吳浣雪詩序　李冬僧錢子奇李小畊諸君凌寒銷寒會有第一集分
韻得早字詩　纂平浙紀略成　甲戌除夕詩有天遣何由挽龍敗已聞鼇
宗升遐也

光緒元年乙亥五十三歲

督理浙江全省釐捐局（先妣袁太宜人生于是年十二月）

遺稿有爲春浦丁松生同知余甲戌除夕韻仍用原韻奉酬人日招集同人于鶴
齋招伯夕溪飲以疾未赴後一日而亡後數日王魏之亦殁于家有悼伯夕溪詩五
太息魔劫俱逝矣幾聽鄰笛夕陽邊　元夜小集鶴齋得十五人其十三人皆余
無錫同鄉也　正月二十六日雨齋薄游孤山　西湖還有庵訪翁雪樵侍郎　花朝後
一日眉生子奇秋珊禪松鶴齋小集　三月十八日錢子奇招遊南山看桃花俱有詩

大覺昌製

曾見李小畊呈府君詩成有十月既望都轉招同金丈眉生小集鶴園觀所藏書畫
仍疊中香爲飲集原韻亦本年事　遺稿有爲金眉生題林文忠父子尺牘六道
光中林文忠之遺戍伊犁也眉生方官南河與唐君夢蝶偶識睽錢文忠及子鏡
帆太史以書往論者兩美之眉生歲濟成册徵題及余庚申抗賊之役失去以爲已付
劫灰矣不意賴轉爲江秋珊二尹所得十數年後余爲介紹仍歸之眉生延津之合夫
豈偶然爲備題二律　又題金眉生李哲衆同遊嚴陵詩文後文敢云慕遺貞欲效
歎雖才四海狹嗟士千秋一釣臺非無濟川志只爲看山來柳記桑經外居然生面
開

光緒二年丙子五十四歲

督理浙江全省釐捐局

遺稿工已畢園修禊有金眉生江小雲胡杏孫江秋珊錢子奇宗載之繆壁士等
十三人分韻得曲字　越五日江小雲（清驥）招集湖舫小聚於上巳曾招小子韻備
餘春慢今倚聲奉酬有千重錦繡一片孟霞春在江郎筆底喚得煙波畫船
洄向蘆汀鷺鷥飛起感緣遭客邀碧桃無主小閣孤倚　難得兵燹大金鍇
湖山無恙花下卯醉同醉尊前白髮鏡裡朱顏休管年華如水之句　辰重陽錢
子奇招飲吳山太虛樓郭意誠（昆壽）來杭遲之湖上　九月二十八日招同郭意
誠金眉生應敏齋錢子奇薛季懷揚古醞小集鶴園之登太虛樓韻　又李
孫秋珊邀集丁園仍用前韻　初冬獨游湖上有多病猶餘雙足健長貧難得
一官閑倦飛慚愧投林鳥白髮翁頭肯未還之句　又爲黃韻珊題挑溪雪倚奇
送張子衡康訪歸漢陽　爲吳仲英題馬季璵女史梅花水仙畫府　嬰胡

大覺昌製

烈婦傳（名淑萱陳湘舟太守之女湘潭胡家樾室作藥秋夫）　重修無錫金匱
縣志府君爲總纂

光緒三年丁丑五十五歲

督理浙江全省釐捐局（五月長孫若璇生）

正月間招李徽堂方伯探梅超山以雨雪未果見題徽堂三山歸櫂圖云李侯目長
八千龍蒼生驚而挽神功恐焉見首不見尾狂冠歸臥衡陽峰三十登壇古來少
急流更喜收蓬早微文考獻昔搜羅何必名山有藏稿胸中奇氣出未有夢已旅
蒼山雲龍湫十丈布懸白石界天半人無迹碧桃何事引阮郎修竹猶遲延謝客我
官之江廿年足範果翠蘭何局促挙頭航海俱未能老被先生笑人俗……二月送
稿中亞難官帰湘云壯士心爲廉不全毀美辭而宦壁當楚老任造化施我以仗劍

来嘗砍滅驕虜夫雖既已蒐上戈旅爲武誠欣旌席安謹知無字若思昔初識公于今十
年矣節目客迁疏散材蒙器使私恩豈不感可感在知己余亦知公深情惠世莫比卒
無買山資何以歸田里贈被衛欲雲遂爲蒼生起（中丞以萬品蓮一葉攏贓）　上巳日
飛雨閉門滑坐携尊邀客見過作修禊之飲　九月爲華遂秋題貞間先生手錄華
柄碧先生龍橋集詩百餘首一爲元末名人所撰華氏先代傳記遂秋重值購歸後有
文待詔唐解元祝京兆都少卿題跋　爲何青雅作北山紀程詩序　撰黄烈婦小傳
（陽湖管光烈女黄壽椿繼室何秉鈞夫）

光緒四年戊寅　六十六歲

督理浙江全省厘捐局　二月汪夫人病卒杭寓

汪夫人事略　夫人節儉性成自奉甚菲本生長富家　曠豐匯贈首飾還兵燹衣飾

大豐昌製

夫失削釵布帶處之晏然余少時不喜肉食鉢亂善病夫人則精力過人事無巨
細悉親徐不為寒暑所中道变亂頻仍室家流徙兩子死於道路（謂光爾光庭）
未几即丁先慈及叔子（謂光祖）之喪夫人茹苦銜悲肝肺受傷遂得痰喘之疾
治之久而未瘳然雖常在床褥而調度家事仍復井井有條不以瑣屑貽余累
今年春病益加劇竟爾長逝　四月十四日陸華遂秋由云蔭風來信云老屋（錫
金縣志）可送公百元以作殯費吾不以為然此間屋收公子可得千金現已有五百
之數而歷還者十之七八其局之分雖無害于義然書院未成且理法去取同未能
盡如我意徒以為利于心未安而以作屋材而更不公矣惟覓地自己辦亦得安土已亦
暎焉又近來局事爲公孫手竟無米為炊而邀來籌之大憲非不知上海機器
辨京師又不設局而此間便要截支三萬金從何而出挽調又恐真而欠解事往往上

當如何如何初十日百官被封無員受傷身死又聞戚春業今年已四處被盜筆墨
債還之不了精神吃不住當於夜間每不成寐幸大孫女既賢且孝飲食藥餌時
刻留心家務又頗勉勵不少衣服物件刻刻招尋且伊出嫁有期安能長留在家中小牌
祥慶皆十二三歲時隨身服侍七四年有意納之自門人故後十餘日曾親問之伊卻堅
無他去志無論去留姑俟秋冬間再說（後遂嫁趙氏）即如翠鬟至今尚未正名定分
一無所出終非了局故願事贈以遣之而彼誓死不去姑俟秋間再正其名（即尤氏）
初夏應鄉間蔣（仁將）太守之招時吳興金蓋山有許公孟夏初吉日蘇正喜見山
色路兩畔蓋在錫治教後回杭後事也　又爲華遂秋題濮隱士極芝石圖次書中
許仍之韵（注隱士字坦齋明處化間人此為華東鄉先生孫作也孫即西樓與當代
名流文有徐昌穀唐子畏許仍之及二文題句今歸我友遂秋：：適于是年樂孫）
越縵堂日記四年十月曾託秦君澹如代購莊營文三子並精書句求太翁善本刻之

大豐昌製

光緒五年己卯　六十七歲

夏署理金衢嚴道

聞三月廿九日家書云李可署某而無（路照）意擬在家缺道方（爾銳）不願而李英廉
金衢一缺竟屬之而省吏聞有人懇甫上（謂寧紹台道）極則何其外感未之敢惹我
廿七先聞此信初請方伯挽回而未之見廿八晚即接李札無從再辭也現請英公帶印
上省我可立望閉動身　越縵堂日記光緒五年得秦君澹如四月中書並寄來所
中新刻子書十九種言已往衢州署金衢嚴兵備道矣以前任英廉署按察使故陞
為攝其任耳　遣鴻為李功孫趙海昌提湖寄淡如光緒五年四月十七日有三衢之行
舟泊關口是夜湖大風有傾覆之虞　赴衢途中有遊錢塘許　七里瀧周湖韻詩

云瀨急𣺌倒行峰高極遐眺喜過拄風使不覺帆悄先生隱遯樓千古嚴谷耀
潛鱗脫崟洞溪翁客生嘯碑影鑑鬚眉巖客露猶妙洒懷東漢風思貽北山譜未
買陽羨田畫從嚴陵釣
墓志銘在衢州會匪起東陽民洶懼欲統澹如庇爲之角而一切示鎮靜遂
無事殺人而賊逸州縣官輒巧法免澹如特嚴其令且下其法于屬　上浙撫陳公
書云前綢業在金衢嚴任時有隣溪匪徒作亂居然有僞旆僞印僞旂幸地方
官先發制人擒斬數匪餘多星散爲首之人亦既就獲解省而前撫寬延甚多
事已將首要各犯發竹釋放
夏旱經月不雨禱于周王祠獲雨作喜雨詩云亢陽三十日池水涸無痕……敢謝
淑祈力應禱逾四阿　鄭仁圃（濂）曾來衢見贈庵集府君亦有送仁圃白門
秋試詩　九日署後登高詩云余欲以此日登爛柯山遊福未果　冬有游爛柯山
別衢州各詩有句云又別三衢去翳氏夾道周峰齊送行客風雪滿歸舟蓋瓜
代在嚴冬矣
是年有跋黃文節公大書發願文卷云右大字發願文末署款乙卯閏三月有邑
陵人持此來杭求售余疑爲得未曾有而心不能無疑質之陳六笙（璚）觀察
六笙閱未終卷即以爲是山谷書第一變不忍捨竟以重價得之蓋六笙深于八法
宋四家無所不學而尤心契涪翁一見如故結有鐵券之合焉　趙吳香石（俊卿）
篆雲軒印存　爲孫子遐芬撰西學心印序
光緒六年庚辰六十八歲
是年擢調浙江書局

大豐昌製

奉委提調浙江書局（時巡撫爲譚鍾麟）遺稿有三月五日同人招集湖舫爲余
補作生辰詩云吾書局裡易抽身藏月叙遊賤辰按時已領書局府君生辰爲
二月廿四日已三月五日同人補祝蓋領局事在二月廿四日以後矣　校刊續資治通鑑
長編拾補跋云李文簡續通鑑長編今四庫所輯本有五百二十卷之多然英宗
神宗哲宗三朝事頗多放失而徽欽兩朝則全闕如照永樂大典外無書可資補
輯惟楊仲良紀事本末一書悉錄李氏原文而存十之二三惜此書宋槧無傳四庫
書目亦未載其藏書家互相傳鈔者訛舛滋甚且原佚百十四至百十九卷今又佚五
六七卷亦難究書然欲補長編之佚固舍是末由也光緒六年孟春浙撫譚公命書
局校刊長編惟不能不究該書若不無遺憾緗業遂從提調書局因向湖州陸觀
察（心源）借所鈔本紀事本末續于譚公而屬在局襄校之黃教諭以周（王訓）
尊治壽過孝廉一梅（鈞）輩之同校月書未成而王訓尊扣疾于杭濮庶常子潼陳
教諭謨張明經大昌王明經縈斯倪茂才鍾祥繼之其間或有未卒業者張明
經悉補完之始事于六年九月藏事于八年五月凡二十月有奇緗業復加校勘而名
之曰續資治通鑑長編拾補　按李氏意主編年楊氏意主錄事體例不同詳
略亦異況所佚之五卷正靖康時事不得不參考宋遼金三史東都事略以及編
年備要北盟會編靖康傳信錄靖康要錄等書其續宋編年通鑑雖非李書
真本亦足備採取焉夫聚合八九人之心力博稽數十種之史書具閱兩年之久而後
克成亦可謂勤苦備至精核不苟矣
是年有送薛心農醒尹（寶田）應徵入都詩云重纂詞環重襄治　治國吳璐治
眾才按薛氏精於醫應徵診慈禧后疾也　撰徐君蘭墀七十壽序云　交孫式四

大豐昌製

十年和議深惟君爲人先後數變而克底于道　撰重修定海縣志序　撰徐孝女傳（名静貞無錫人侯選縣丞君時女）

府君於是年曾上李傅相書略云方今俄人有意違天妄思割地恃其獷悍𠻳雖不賓議戰議和迄無善策惟聞其國日亂邊界或有未竟而兵艘已四出者無非假恫嚇之虛聲爲脅和之詭計備仍用玉帛相見不以兵戎亦所厚幸但恐索幣過多則中國疲敝之餘殊無以應和乃之所以未能遽定者此也竊謂即出於戰彼必用其所長殊蹤於海疆以古今大義而論斷斷不可出于和以東南大勢而論又斷斷不可出於戰細業在浙言浙人之憂有獨切者已按是年七月命曾國荃督办山海關防務時聞俄約不易轉圜且聞有派兵來華封閉遼海以爲挾制（按此書或作于次年正月）

大豐昌製

光緒七年辛巳六十九歲

挽瀾浙江書局

按是年正月曾紀澤與俄人更約於俄京俄人拒不與議又欲遣其海部大臣到京議約於京俄使亦以去尚相要挾並以兵船游弋中國海而增防邊戍舉府君有再上李傅相書略云前者爲俊之我甚灣邊又欲得關外險要之所割地要盟歎陵太甚人人共憤欲得一戰而甘心亦無足怪近有傳說彼國使臣業已到京欲于八条中減去六条且亦深以前使爲非如此則仍和局可成矣浙雖近亦無營購礮加理海防然仍處處顧及事戰守均有所不足今暫以一和了局之亦天下人民之幸然（俄）兩國究與英國不同英人志在通商和似可久俄德則志在開釁和局可行數年之後例須換約彼必復生覬覦爲今之計和局果定外庶徹防而日則固結人心訓士練兵潛修戰具以備一旦之變將來即使有事陸地以戰爲守海口以守爲戰庶有彖乎

三月六日爲清明節錢子青府君邀有湖舫之約仍用去年湖舫詩韻奉酬　三月錫金縣志成重撰沈繼庚傳云晴庚家貧力學工詩賦兼精篆刻余少君十餘歲寡交游然聞其名頗訂交亦未嘗數過從也後君客袁浦屬氏喜從龔芝麓戈順卿諸君游而與郭頻伽子樹尤留遂工倚聲是時順卿初譜詞律甚嚴君宗之然戈所爲翠薇花館詞重腿無性靈而君則清言遠備不失南宋人遺意論子以爲實勝于戈道光中余每入都過袁浦必訪君君既歸數年值庚申之變遂與其妻女娶偶殉中著作散佚存者悵富餘二卷吹劍詞集一卷留漚吟館詞一卷元和江君建霞獲其詞而好之遂以刻劇頃佖邑志傳少略故復叙其生平五古蔬爲重修

大豐昌製

無錫金匱縣志序　三月廿九日家書云廿日往大関廿四申刻抵蘇傳丁雨天廿七抵滬廿九晚始竟往新安大約須初一早抵錫小識晚自安動身否（應粤督之聘纂輯歷代史志）在錫私初十動身十一過蘇傳三四日再赴湖州二十前總回杭矣要聽之哭蘇當道廿五已病瘵易安　四月二日湖樓五集仍疊李申夫方伯韻　五月二日蔣幹臣觀察招爲湖樓七集即次其韻　初夏將萬洟香女史小影冊（題汪洟香吴门萬氏女歸族祖洟閤先生爲室年十九卒乾隆末先生嘗爲洟香小影擬啓徵詩題者有王夢樓錢竹汀王西莊頑晴日諸公及閨秀駱佩香汪采芝等）閏七月有鵬儒似河步光惟府韻　又悼薛季懷太守（福保）詩云我交老泉久人道何有良　九月十九日同人掘集湖上之俞樓以夜重陽日俞樓小集爲韻得庚字　十月四日同人集三潭印月作餞秋之會　又送譚制軍次曲園韻方幸浩濟靖滄海

忽看使節揚威棗……孤帆遠別湖邊柳（膺寒衛塞外風無援神倉添玉粒尚餘
殊渥倚晴空（注今居海運將米十萬餘石時命修文瀾閣藏四庫殘本及新購
各書集成）按七年八月廿浙撫譚鍾麟為陝甘總督以福建布政使陳士杰擢浙
江巡撫府君有上浙撫陳公書略云側聞憲台下車伊始即欲周知浙省情形利弊
虛心下問可謂千載一時竊維方今天下患貧而浙尤甚自以理財為亟理財之術
不外鹽漕兩端綱業性情迂拙不善理財然於漕運籌措二次管理凡者五年逝
事講求則亦頗知一二矣漕業浙鹽（略見前辛未年）以言乎漕自同治年間疏理
減賦百姓咸戴皇仁抗欠之户殆無幾矣然官之所收者米而南米則須糶米解錢
錢又須三千不得又一石夫出米折錢衆以為病收米解錢官安得不病于收此縣向於
荒歉多不共不實名曰吃荒嘉湖世熙以賦補但亦小有入了已前者謂之不

大豐昌製

以熟作荒凶漕必至九分以上此誠利國而不至病民之善政也而南米未嘗少減也
以州縣賠累不堪有挖歲凶荒以新米貴者或有何亂衆乎今仍以熟作荒萬無此
辦法而南米則未嘗不可變通年歲有豐歉米價有漲落每石三千又百文恐難
畫一若仿照市價再加二三成耗解上於將軍前府少有未便于百姓則無間利弊而
州縣之力紓矣如仍有短徵短解罰之可也　正月子墊金（另見前甲戌年）
是年為丁竹舟（申）松生（丙）趙書庫挖殘本並松生于兵燹後曾搜集文瀾閣藏
書殘本度之閣中故續是名　又丁松生以先侍郎官杭嘉湖時名刹及道光而十順
天題名錄合裝成冊賦長古見貽以三絕酬之云先公歷官東西浙懷刺何由日下
來辛著蘇齋數行墨至今未付剞劂次（注京官改外放外吏入都都用職名
冊東渭客先侍郎由道廢詢杭嘉未嘗引京或与府閱學道）同時吏入咸怡以代

手版聊紙尾省公所記皆應作詩文題目以擬道忌亦可見前輩之勤學矣）文章政
事我多愧乙榜曾何足重輕況世科無知姓氏幾人能不負科名（余七應京兆試中
丙午副榜後卒未獲售錄中相知間者僅三四人）　又有寄懷孫楚南太僕並前諸
弟渠田學士詩　為李子逸（榕）哉才題蘆庵高兩石　為李幼梅觀察題越南
使官院倘升（恩圃）詩稿卷（注余識子貞何紹基先生最久先生尤推余詩見余
書亦許可）　為徐韵生（維城）太令題田親耕放牧圖　撰會稽王徽君孝儀
序　撰史而香贈公墓志銘　撰副貢生虞君餘衣冠墓志銘　撰刊七反
楊利升汲庵文存並為序云余于君殁亟求其遺稿不可得元和江君建霞年与
利叔初訪余時相若君一見即訂為忘年交建霞酷嗜其文後得其友李君志遠
鈔本有六百餘篇余為刪芟十之二三得文百五十篇授之梓　撰荔雨軒文集

大豐昌製

序云余二十許即識華君遂秋及同官京師交遂密又申之以婚姻閱四五十年
無間也君工章固余不能盡而喜與每共論米元以來宗派有針芥之合光緒辛巳同
校七友楊利叔汲庵文存君收出其文稿百餘篇相示余為芟薙而選刻之得文
九十餘篇名之曰荔雨軒文集　為孫子逸芬撰桐蔭論畫二三篇序云大昔薛
無又而進士大夫都專門而取偶並游戲之筆若姜氏衛打人王氏石谷諸門人蔚
畫諸門人無一出人頭地者所謂隨人作計終後自成一家始通其也他如宋牧仲朱
竹垞姜西溟諸公皆文人餘事皮非專門名家可及此所以並之重者老氣也古之畫臣
二米僅用潑筆自雲林十喜用渴筆釋漸江宗之遂有微瓜之目而鄭以佃程穆倩
僅以渴筆見長蓋道則易佈姜見王康州長漁山亦間有此病或疑其偽而不老致
此間于用筆之不能空靈鄉渲之為累也

光緒八年壬午七十歲
以疾乞歸家鮮宦蘆卜居于鳶口之谷上村
墓志銘云自衛代還披閱有職書句而生官有不合者于是濩九年十矣亦倦游遂以
疾乞歸
正月嘗作憶江南詞新年雜詠二十首今佚（見江秋珊知府君詞）　家書云三月十
九日下午抵蘇廿二謁衛中丞（榮光）某人不聞辰即有所感亦是此小之句而李梅翁
（鴻裔）已見過明日仍便飯可感不七百文易將其酸物甚精未免割愛廿四可赴鳶
再到城航間三數日抵杭抵在四月初十外矣將在杭過夏　遺稿絕句表詞云光
緒八年春三月從孫祀臣一病歸自嶺南余適亦歸里留數日祀臣同泉風偃卧
未得見時余乞假還山方謂聚首之日正長乃越廿日而竟死矣祀臣好學溫
恩不浮不苟惟喜史學詞古惟之士之早慧于先博覽而能詩追蹤謝之逸
響于倚馬班之偉詞信吾家之名駒于四十里其可馳異脫穎而進化于庶昌
大其門楣碩嘔心于文字于卒以病而言歸宦通而塞宜壽而夭于家天道之
難知　初秋有謁岳墓詩　為趙次侯題此豐主客圖詩　八月九日招同江
秋珊（豐）汀游楊之村張而生山滿覺隴至理安寺歸道過康晚用豐上坡公詩
韻　九月返里道出吳門有過拙政園詩　重游留園有感詩　贈家膺（雲）
茂才詩（注秋仍昔遊石湖未果）　十月三日寄杭州家書云我九月廿九見衛中丞云
及蘇州府志雖刊竟而須役餘均未成省志無從開辦只得候明春光行住罷或
有書院可為然總是明年之事矣我意欲武陽書院能成則可兼州府志我即
日動身初八九必可抵杭　又十一月書云　十一日已長安十二在石門耽閣半日對容生因

六豐昌製

猶未見暗捌利耶（鑑）下午已石門灣十三至王江涇晤唐蔭孫十四早時小滄
浪晚至八側十五未刻抵蘇十七謁中丞適出門未見十九進府府君時定做居鳶
口谷上故有進居之語）　離杭前過江秋珊廣齋贈詩留別有夏眼自看千世界
萬花紅擁一詩人之句　過鳶途中有語溪道中看紅葉唐蔭孫茂才約游小滄
浪訪吳伯滔處士臨平道中答郭晚香孝廉諸將　又有寄梅鶴臣打橋亭
楊石醧黃薇追挽金眉生諸將　江韵和茂才自湖北來見訪屢蒙贈詩賦
答孫云溪山早識蘇和仲嶽武常稱杜少陵（注陳槐庭廉訪雅緇生均擬徐道
之）　寄懷郭筠仙侍郎嵩燾京卿　家叔之寄小睡之寮詩後賦贈
題徐健庵先生內廷校書圖（為裔孫少竹大令撰）裔孫各為尚之鼎繪須云
先祖世徐太夫人為尚書公曾孫女其考二機先生家于錫之孫朝豐刺史
有才名與先侍郎為莫逆交雲橋及識康峰太史及戚康孫池昆仲今不知遷徙何
所矣　撰海寧州知州秋苑楊君墓志銘　作海防議略云今之謀國者莫不以
海防為首務而亟亟焉購船置炮籌餉練軍盡欲為自強之計備一朝之用也顧中
外通商乃來西洋人居中國已數十年相安既久和約益堅小有抵牾何遽刀難時
所不免而彼唯利是圖惟東洋人心存叵測貿易亦少與西洋不同現在情形與前
明之倭寇實異雖有船砲亦安所用之然則海防不必講求乎曰非也今之所欲講求
者用我之所長攻彼之所短而不可忘我之所短敵彼之所長也彼之所長若何曰鐵
甲船後門鎗及開花砲也我既難仿造必購之外洋我有其一而彼已數倍于我
況洋情狡獪時肯以醜良貨欺而洋人製造又層出不窮遇我能做之而彼又法
又變矣故洋人尚鐵甲船我必思破鐵甲船之法洋人尚鎗砲我必思破鎗砲之法

大豐昌製

若僅購之做之即之相擬亦難得志惟有精練水陸兩軍嚀之口門而已昔項羽用會
稽兵横行天下感德先用全年義兵所向無前兩軍練成併屯塞中扼要之地有事馳
援各口力守收台平時則收拾沿海民心使家自為守人自為戰萬一口外不能捌[?]阻
則貯之口門主客既分勞逸懸絶彼之利器亦無所施而我陸軍守險与水師犄角
防其侵軼脇逐漢奸嚴斷接濟久乃自困　作保甲議 粵匪大亂之平幾將二十
年矣然而伏莽未清亂萌未絶則由哥老會也粵匪也復有捌[?]匪負景以附和之昔之軍
營保舉太濫事平之後無所用之不得不以次遣散被其人不能復就南畝復不得
黃[?]誠老死牖下於是別立名目結為死黨小則綑[?]綁大則暋[?]蓄逆謀蠹匪者多同
江浙之有避事人惡民以吃素念佛可以獲福遂有投[?]于因而煽惑之其黨愈聚愈多
勢不能浸為備識遂思乘間竊發至擱民信其晚浙瀝地之人非盡光憚安於逸乎

大豐昌製

百里间遂方聖兩草莽不伏[?]賊伺雖之多客少而實則主弱客强日久生事与盜
果雖不必遽思作亂而要皆以術句結蘭聚者也本年漢陽清淮以及常州屢有
逞動事即撲滅而根株仍在至嘉興宜[?]氏受創戕害振復台州之金滿雖已就
擒餘黨尚存此內可慮者也自事多或云募勇嚴防或云宜行團練不知此輩微
露端倪無可蹤跡未定何時何地舉動防兵既日久生懈鄉團亦難以持久題[?]以
為莫若力行保甲也保甲之法本諸周禮平時皆宜行之非專為防亂設也今宜
通飭各州縣力行之文成十家牌法按戶編甲按村編保責之紳董而不假手胥
吏何得出入寺堂予是於究不能混跡盜賊無所容身行之十數年而向之思亂
者日漸老死其他党羽漸解散豈不善歟其詳明章目則有丁清端張臬[?]之
成法在可做而行也

光緒九年癸未七十一歲
十月十二日卒于蕩口客上寓廬
府君自去年回蕩後即在鄉度歲是年正月初七偕季子赴蘇初九見衛中丞去府
竟不起但云書句二三月間有缺江蘇電[?]去府費己散歸至善堂書句只八人看來
二廢均難成十二日返蕩（見家書）　適次儀見訪揭[?]湖不值五疊聚星堂韵留贈
次韵奉答　二月初五到城初十回蕩十二至常熟十七返蕩遺稿有偕蓬[?]秋訪次
康于此豐省[?]並謁逝之臧益[?]理宿焉次後十疊前韵見寄因復次和奉酬詩並
訪趙惠甫（題文）
著去侶去歸而貧甚而杭人故思慕澹如乃請其至東城濂舍且為修杭州府
志家書去己允束城一席二月廿日接到聘書題目亦已寄去按府君于二月抄三月初

大豐昌製

曾又赴杭遺稿有錢華吟社四十二集感懷庭觀察招遊鳳林寺看芍藥口占四絶
有我已歸依老[?]口衷無端又聽鳳林鐘一生宦海此中枉冠裳章臀[?]眼忍重看不求
上相黃金印只愛南禪白玉盤之句　又題自在[?]鷺鷥自尺[?]幅余又鷺臣丈奕鷺
臣無錫詩就正余老懶唱和甚稀而書函往來無閒鷺臣裝潢成冊余素不工書所
言者亦不必出入風雅為孔之謂其將免乎不素鷺臣不善為焚公藏拙也今將刑
矣復識數語于冊以誌鴻雪因緣云　四月初旬又歸里初十往半山到石門不遇而下
櫓卸來閏行十二抵嘉興十三將晚抵蘇留了兩天極院仰[?]來去以書句閏未易得
即得亦不能再留當時彭宮保到又有常州翰[?]匪案彭氏被竊案宮場忙不可
言即署廚[?]亦未去十六日午前抵蕩（見家書）　遺稿有自杭旋里述懷即書
兩生呼贈西冷歸權[?]並又有夏日四居詩久不得竹帚[?]（升泰）書寄懷七律諸作

論策應越南事宜略云越南之自爲中國也舊矣法人覬覦日久一旦加兵以小弱之
越當強橫之法勢如一髮千鈞勢必不勝其為國亡君虜與琉球之于日本無以異
式事有斷義者為之禦敵摩梃其鋒然法悍未肯遽退越齊豈能久持中國其
可坐視秦越相視而不一出援以援之乎今中外仰望者莫如合肥李公若果奉命遠征
則兩湖之江閩浙方有彭雪琴老會等伺隙而動召外國未服中土先已騷然
況越江浙嶺道里遼遠師行告疲出土不留珠帥計之所宜哉曰越吾屬國法吾與
國之可為之排解不知法即聽從必援西洋之例求償兵費越方狃于戰勝而又國貧力
有未逮況賄加要盟甚可恃哉竊以為粵督曾公沅甫參公皆知兵使之為申部
眾也予虎之遊為聲援而別遣一旅赴粵以助戰兵力哉有未足則以召募免徵調
跋涉之勞旬月可以集事於是越人聞之有恃無恐劉軍必且益奮鼓其既枯嘉

大覺昌製

其義勇授以武職俾力當前敵
七月抄府君由蕩赴城於八月初四日改幸遂於蕩口雨六弟廿七下午同劉梧城往江橋下老
宅酷暑晝夜伏中少有挾洩從未有也弟等不耐廿九日山歸吃了西瓜不洩法初一早
即腹少痛尚出門向前進人家道喜十小鐘回即覺身發熱飯后曾吃有人招飲
亦辭之下午人已昏迷連瀉五六次並吐三次夜亦五六次初二辰已間退熱神遂清楚而
瀉仍不止一日有十次有痰無糞似屬痢疾有人代請兩張先生一即聿青弟向不願
請教（按姚臣之病家人俱請張子聿青甚實聿青固名醫）其脈緊顯詳細只
得服其藥尚似對症仍瀉五六次連黃昏惟因中有血塊疑是紅痢是夜卻未瀉初
四早大瀉一次則已有糞而帶血又似向患之便血也現於初六下鄉十二赴杭去即如此
請血改杭州（時先祖及拜祖在杭）惟已託拜圖作了兩船大者七元半小者四元又今

擬初六令叔同彭蕩與先生先去（彼仍望先送一信以便初七即開）大船貼二元半
令其守候伊要五元嘗來不成只好另雇然定洋收不回此次又付花三四元矣播生
（先嚴小字）到府核好居初又而不上看未難同君去杭州來信即奉閱伏枕艸
艸不盡字又家書云八月朔在城病痢服張聿青方四日而愈不甚逸蕩時看
中受風到即寒熱大作兼以頭暈兩晝夜醫皆束手十五宿始止而上下並不通
嘔吐如故遠道邀張君治之一藥即不吐乃九月初腹又泄初八日痛復來越初七
日病小愈妄頓琳將五十日之久府君病中猶不廢吟詠嘗錄成病榻吟序
云癸未八月朔病越五旬始小愈偃卧一床夜長無寐輒成一二詩以遣無聊然
睡魔不來病魔未去可若何 然惟近將為多所謂短歌微吟不能長也病起
錄之得若干首因名之曰病榻吟中有將赴杭州賀齋無出因檢南田漁山兩

大覺昌製

本無集之得數十金適應作患價醫藥費未成於此鄉居寡友遊惟華遂秋
常來視疾余益愛賞君子暴語解之得黃子壽彭年書卻寄晚濤敵庭（注
云余初與君及星齋叙雁竹及渴見又朱子以先君子與三松先生同官甚友今段
孫焉）鼎漢七子詠（七子者華若溪若芬鄭仙周濂裘孫良廷果鶴航甫撰仁山
楷廷孫湘臣寶琪孫孫叔固壁也並自題一絕云大藥曾無養病身苦吟枉自
瞰精神疑見漫詡麒麟閣何似星甜鄉裏人蓋絕筆也
按府君本已先東城之聘纂修杭州府志於有日矣而疾作雖小愈已十月上旬疾
忽變延至十月十二日殁於蕩口谷上之寓廬
余三齡失恃同職歲祖父姪相繼見背家君久客薊遼饑庶曾祖母尤鞠育
成立於府君行誼傳聞不詳及長謀食四方未暇搜求近年竊據遺篋杜門

養府因就府君遺稿及旁見一二紀載約略編年譜于府君出處大致粗具然手蹟書籍無多蒐採未廣於府君生平事蹟遺漏當不在少且以初稿略之簡哉聊供異日隨見隨補之用云爾丁酉秋日謹識

大豐昌製

秦澹如墓志銘　　孫衣言

純皇帝初元無錫秦文恭公以進士第三人入詞館游登侍從遂位正卿特被寵任其為學尤善言禮其意以為周公之六官之職自朝廷上下至於庶民治軍內御方國外接四夷無不一出於禮禮者天下之綱維也因取大宗伯所謂五禮綜貫天下古今之事參攷其先後離合以深究治亂成敗之所由詞近而旨遠文博而義約當是時天子將神武之資兵威所加自漢唐所聲教所不及無不禱吏奉約而為治主于修文寬厚以涵育天下參考撰定于氏經書數下稽古右文制作大備遂為本朝極盛之會而文恭公亦以經術大儒號為名臣文恭之既沒於是時理科第為詞臣謂官而後曾孫瀛以舉人由內閣中書歷官兵部侍郎亦以文章政事顯于當世與文恭之曾有侍閣史故無錫秦氏世為聞家侍郎四子予友澹如其季也生八歲而孤而母朱夫人甫卒而生母戴夫人自教之幼有至性居侍郎喪哀戚如成人稍長能自刻苦讀書治古文詞為經世之學志趣異于常兒既長游京師所交皆賢豪長者是時中朝士大夫稍以文學相尚而壽陽祁文端公為宰相湘鄉曾文正公為翰林學士上元梅郎中曾亮仁和邵刑部懿辰長沙孫編修鼎臣桂林朱侍御琦龍侍讀啟瑞皆在京師治古文以氣類相師友澹如常以所業將諸公間諸公皆傾下之澹如既好古文其于場屋之作輒不降抑以徇俗故不為有司所喜一中道光丙午副榜其後遂試輒不利而年垂四十親老無以為養則棄筆從山東安徽河工學使佐其考校先是以副貢充使館謄錄敘議大使乃援例改浙江同知由同知積官至候補道賞戴花翎加二品頂戴而署運使一署金衢嚴道自衢代還提調省城書局而上官有不合者於是澹如年六十矣不樂仕進遂以疾乞歸歸而貧甚而伉人故懇[illegible]澹如欣然就之既卜行而疾作竟以光緒九年十月十九日卒于家年七十一澹如在浙久次而為鹽司前後十四年

大豐昌製

然所至務治大體遇事必信其志不苟徇人其在運司鹽場員多缺少吏因緣為奸澹如遂其尤黠者一人而手差次其籍後遂無賕賂者從山抄敗過官鹺請于巡撫置官收其稅不復問所之鹽遂行於浙在衢州會匪起東陽民恟懼欲跳澹如密為之備而一切示靜鎮遂無事及人賊不獲州縣官輒巧法免澹如請將獄其令且下其法於府其為治知要多類此予始識澹如在道光二十三四年時皆以應試在京師予年少氣盛喜議論人或覺為狂澹如獨居城內深自不時出問必從訪予往往予亦在稠人廣坐彼此辯爭聲震堂室甚則推床大叫以為樂澹如獨端居嘿嘿若有所思予固以奇澹如其後予幸爵第入翰林出為外吏而澹如亦就官浙江同治丁卯予在杭州書院澹如方權運使數往視之澹如嘿嘿如故又十年予為江寧藩司內召為太僕卿假歸澹如方在衢州以書見賀且速予行其意若嘆予者予既以疾不能還朝又三年而聞澹如已罷去既罷猶為偽甲

大豐昌製

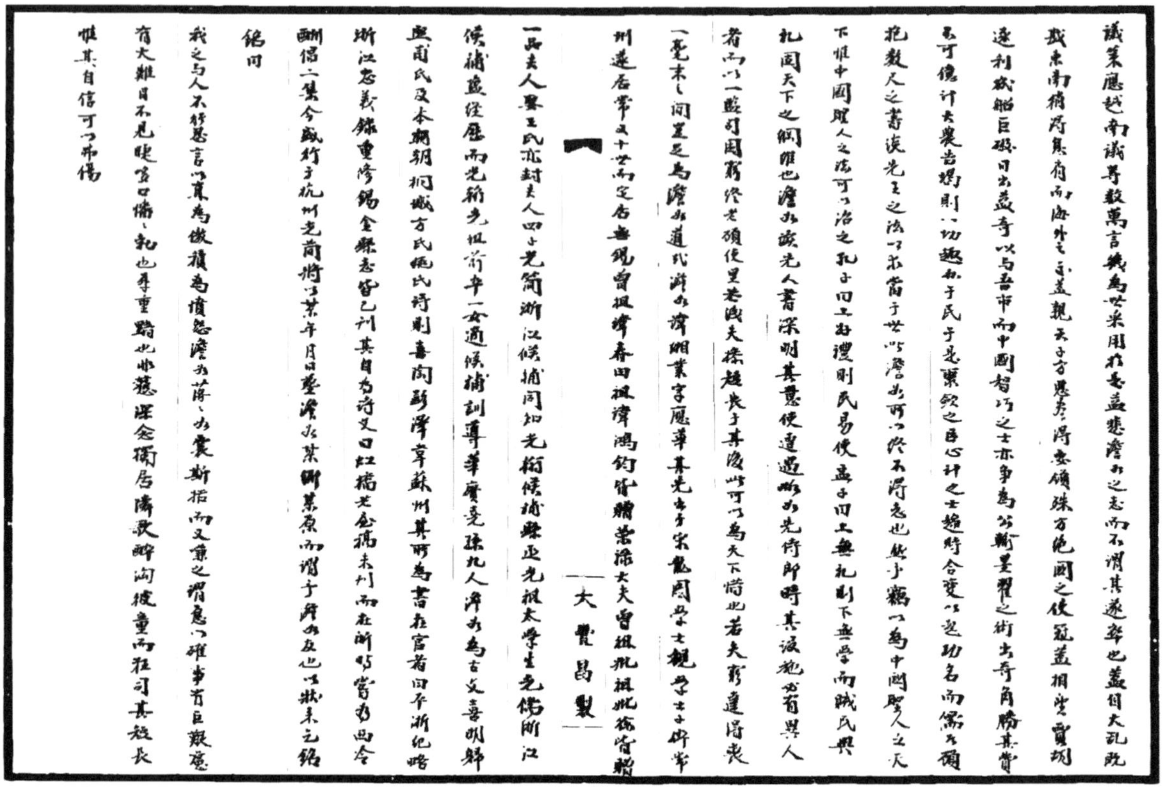

議築隄越南議等數萬言皆為世采用於是益悲澄之志而不謂其遂卒也蓋自大亂既

戡東南稍稍得息肩而海外之[illegible]蓋觀天子方懸賞得要領殊方絕國之使冠蓋相望貿遷

逐利戰船巨礮日出益奇以與吾市而中國智巧之士亦爭為船礮墨翟之術出奇角勝其費

不可億計大農告竭則以功趣而子氏子是聚斂之臣心計之士迎時合變以起功名而儒者獨

抱數尺之書誦先王之法以求當于世此澄之所以終不得志也然予竊以為中國聖人之天

下惟中國聖人之法可以治之孔子曰上好禮則民易使孟子曰上無禮則下無學而賊民興

亂國天下之綱維也澄之誦先人書深明其意使遭遇者如先侍郎時其設施必有異人

者而以一臨司困窮終老頑使里巷識夫蒙趣者于其後此可以為天下惜也若夫窮達得喪

一覺未之聞里之為澄所道民游於済湘業字鳳華其先出于宋龍圖學士觀學士之後常

州遂居常又十世而定居無錫曾祖諱春田祖諱鴻鈞皆贈榮祿大夫曾祖妣祖妣祐皆贈

大豐昌製

一品夫人娶王氏亦封夫人四子光簡浙江候補同知光裕候補縣丞光祖太學生光儀浙江

候補鹽經歷而光裕先祖前卒一女適候補訓導華廣堯孫九人澄為為古文喜明歸

熙甫氏及本朝桐城方氏姬氏詩則喜陶彭澤韋蘇州其所為書在官者曰平浙紀略

浙江忠義錄重修錫金縣志皆已刊其自為詩文曰紅樵老人稿未刊而在浙所嘗為函今

酬倡二集今藏于杭州光簡將以某年月日葬澄於某鄉某原而謂予銘以其友也以狀來乞銘

銘曰

我之與人不輕悉言以真為傲積為憤怨澄之蒂蒂亦囊斯指而文兼之謂意以確事有巨艱遘

有大難目不見睫言口備備執也靡重蹈也亦慈深念獨居讌歌醉詢彼童而在司其敍長

惟其自信可以弗傷

茹經先生自訂年譜

（民國）唐文治 自編

《茹經先生自訂年譜》一卷，（民國）唐文治自編，民國二十四年（一九三五）鉛印本。

譜主唐文治（一八六五—一九五四），教育家、文學家，字穎侯，號蔚芝，別號茹經。江蘇太倉人，清光緒十八年（一八九二）進士，歷官户部江西司主事、總理衙門章京、商部左侍郎、農工商部尚書。一九〇六年致仕後從事教育工作，一九〇八年當選江蘇教育工會會長，曾任南洋大學校長。一九二〇年創辦無錫國學專修館。一九三五年七十壽辰，交大校友、國專同學捐資築五里湖畔茹經堂爲紀念。曾師事張裕釗、吴汝綸。通經學、工古文，主要著作有《茹經堂文集》。

《茹經先生自訂年譜》始於譜主一歲，止於七十歲。譜後附門人馮振編《茹經先生著作年表》。唐文治在《年譜題辭》中叙述自訂年譜及付印的源起：自青年時代起，仰慕先賢，每讀先輩年譜，使人感奮，志氣發揚，遂有必爲聖賢之志、立德立功，必以前賢年譜爲先路之導的想法，於是將平生難以忘懷的經歷，如師友淵源、學問探索，事變閱歷、著述積累等隨筆記録，彙爲一卷存世，不料在學生中不脛而走，廣爲傳誦，且有積極倡議付梓的動議以爲譜主七十壽辰之紀念，終於刊印面世。門人馮振常侍譜主左右，情况嫻熟，於是在年譜中略加案語，以助索引。

本書據民國二十四年（一九三五）鉛印本影印。

（龔近賢）

茹經先生自訂年譜

附著作年表

無錫國學專修學校學生會校印

茹經先生自訂年譜

附著作年表

無錫國學專修學校學生會校印

年譜題辭

余弱冠時讀陸稼書湯潛庵張楊園暨吾鄉陸陳諸先生年譜心嚮往之復讀朱子年譜更大好之遂有必爲聖賢之志中年讀羅羅山胡潤芝曾滌笙左季高諸先生年譜志氣發揚更慨然以建功立業爲事然後歎奮乎百世之上百世之下感動興起所以立德立功者必以前賢年譜爲先路之導迺我生不辰運會杌陧立朝之時欲匡君德紓國憂迄無所成退而講學欲正人心維世道亦靡所裨每誦杜工部詩匡衡抗疏功名薄劉向傳經心事違之句輒爲憮然年譜云乎哉惟是師友之淵源學問之次第事變之閱歷著述之積累有不能已於懷者隨筆記錄彙爲一編甲戌歲七十初度同學索觀者甚衆友人侯官陳石遺同年谿陽陳君天倪門人陳生柱尊等亦屢以爲言爰屬北流馮生振心校正付印振心復增入著作年表可感也嗟夫王風之詩曰行邁靡靡中心如醉小雅之詩曰明發不寐有懷二人追維往哲內疚孔多矣年譜云乎哉蔚芝唐文治自題

茹經年譜　題辭　一

茹經年譜題辭　二

世系

周初封唐叔於晉系出姬姓郡名晉陽吾家遷婁始祖良鼎公譜載明末由金陵遷婁公弟鼐臣遷崇明將宗譜攜去考其時當在明萬歷天啓之間良鼎公子鳳儀公配楊氏生文正公妣王氏文璧公妣楊氏禮記曰別子爲祖繼別爲宗茲謹述繼別本支文璧公生子天棟號宏任公始有遺傳手跡妣顧氏宏任公生子承燾號南軒公妣施氏生子景星號墨池公嘉慶元年入州學第二名是爲吾宗入學籍之始妣徐氏墨池公嗣子森階號堯蓂公　欽賞八品頂戴候選按察使司知事　誥贈光祿大夫妣胡氏　誥贈一品夫人篯室張氏誥贈一品夫人堯蓂公嗣子學韓號翼亭公　誥贈榮祿大夫妣張氏繼妣王氏俱　誥贈一品夫人翼亭公子受祺號若欽公咸豐九年入州學第四名補廩膳生乙丑　恩貢候選復設教諭己未重遊泮水　誥封榮祿大夫妣胡氏　誥封一品夫人若欽公定子孫名以文慶孝德爲世家祥八字爲次八世後再定子文治號蔚芝光緒六年入州學八年中式舉人十八年中式進士官戶部主事改官外務部主事二十九年洊升外務部員外郎外務部

郎中改官商部右丞洊升左丞三十二年改商部爲農工商部升左侍郎署理尚書　誥封
光祿大夫配郁氏　誥贈一品夫人繼配黄氏　誥封一品夫人子慶詒美國哥侖比亞大
學外交科碩士配俞氏美國哥侖比亞大學教育科學士次子慶平殤三子慶增美國哈佛
大學經濟科碩士配周氏四子慶永美國哥侖比亞大學經濟科碩士聘錢氏未歸殤配陸
氏慶詒子孝宣慶永子孝威是爲第十二世孫也文治謹述

茹經年譜

太倉唐文治蔚芝自訂

同治四年乙丑一歲

十月十六日亥時生於太倉鎮洋縣境岳王市陸宅之靜觀堂時余家因避粤匪之亂甫於海門遷回由時思菴鄉徙岳市先是壬戌年姊氏文珠生大父望孫綦切及余生喜甚命名曰文治字曰穎侯號曰蔚芝越三朝赴某親戚家飲酒醉懷果餌甚多曰將以遺吾孫也或戲之曰君孫已能啖果餌耶則相與大笑以爲樂

丙寅二歲

是年余家遷城中借居武陵橋南胡宅

丁卯三歲

戊辰四歲

己巳五歲

庚午六歲
是年受業於外叔祖胡嘯山先生之門先生名汝誠邑諸生時設帳楊氏衡宇相對因往
受業先識字後讀孝經夜歸吾母恆自課之極嚴
辛未七歲
讀論語是時家貧約吾母甚健縫紝予衣補綴破裂或結數處同學咸姍笑之余語之曰
余君子固窮若輩則小人窮斯濫矣同學咸訝之是二語蓋習聞外大父以之訓人者也
夜課恆隨月讀書目力已受傷矣
壬申八歲
是年讀孟子
某節日赴汪家二姑母處午飯同座王君穀礽名恩壽詢余志余曰吾願爲伊尹王君大
奇之大父聞之甚喜
癸酉九歲
是年余家遷居飛雲橋東秦氏市屋受業於姨丈姚菒翹先生之門先生名葆光邑諸生

爲芷軒太夫子之長君卽胡嘯山先生之壻也余時讀詩經同學陸君庚星名咸淸聰慧絶倫已能詩余與之交後以其狂稍遠之

甲戌十歲

是年讀尙書吾父館於蘇州汩涇鎭李提督靄堂家課其子名景淮字漢秋讀

乙亥十一歲

去年　穆宗升遐今　上卽位本年改元光緒元年

是年隨吾父讀書於李宅夏余家遷居南牌樓趙氏宅余時讀周易

丙子十二歲

春在家讀書夏隨吾父赴上海參觀製造局受業於外大父古愚胡公之門公名汝直邑諸生時設帳廣東鄭氏余時讀禮記始學作制義及試帖詩　門人馮振謹案先生有外祖古愚胡公家傳載茹經堂文集卷五第二十四頁又有外祖古愚胡公手蹟謹志載同卷第三十九頁

丁丑十三歲

茹　經　年　譜　　三

是年受業於姨丈錢會甫先生之門先生名宮極邑諸生爲祇文太夫子第四子余時讀左傳

戊寅十四歲

是年隨吾父讀書蘇州方氏主人谿齋安徽桐城人其尊人傳書曾任太倉州牧吾父課谿齋長子名懷仁字伯元讀余時讀五經畢業

夏王紫翔先生來館訪吾父暢談先生名祖畬癸酉科鄉試第二人吾父之執友也見余文亟賞之謂必成大器且謂宜讀古大家文以擴充其才氣先生去後吾父訓之曰汝尚幼稚稍長當執贄王先生門下也　振謹案先生有王文貞公文集跋載茹經堂文集二編卷五第五十六頁王文貞先生學案鎮洋王紫翔先生文評手蹟跋王紫翔先生書函手蹟跋俱編入茹經堂文集三編尚未刊

秋始應童子試不售試時得交畢君枕梅名光祖

冬大父捐館舍追念平日愛我教我之恩哀痛之極尚能擗踊盡禮　振謹案先生有王考府君事略載茹經堂文集卷五第一頁

己卯十五歲
去冬外大父胡公棄養其居停粤東鄭氏延請吾父赴上海教讀即前余讀書處也同學
昆仲二人長名學書字讓卿次名學源字靜卿時家境愈困余益發憤讀書恆至夜分
冬應州試首場列七十四名初覆十九名再覆十三名三覆十一名州尊爲吳廣盦先生
名承潞浙江名進士也

庚辰十六歲
春學院夏公子松歲試取入州學第六名公名同善浙江仁和人題爲一人定國堯次題
文王之民無凍餒之老者詩題賦得惠風和暢得和字同入學者姊丈許君弼丞名沐鑅
友人張君海民名培墒　振謹案先生有夏文敬公年譜並遺詩後序載茹經堂文集
二編卷五第十九頁
是年仍在鄭氏館中讀公羊穀梁傳及史記始學作古文

辛巳十七歲
春因姨丈黄公浚之介紹受業於紫翔王先生之門間三四日前往聽講先生教誨倍至

告之曰文章一道人品學問皆在其中故凡文之博大昌明者必其人之光明磊落者也文之精深堅卓者必其人之忠厚篤實者也至尖新險巧則人必刻薄圓熟軟美則人必鄙陋汝學作文先從立品始不患不爲天下第一等人亦不患不爲天下第一等文並教余先讀汪武曹孟子大全陸清獻三魚堂集並唐宋文醇熊鍾陵制義等余日夜淬勵於性理文學初知門徑矣　振謹案先生有外舅黄浚之先生家傳載茹經堂文集卷五第二十九頁又有外舅黄浚之先生誄文載茹經堂文集二編卷九第一頁

秋學院黄漱蘭先生科試余列一等十五名先生名體芳浙江瑞安人中興時直臣也題爲其所厚者薄而其所薄者厚未之有也策問太倉形勝詩題賦得一簾秋雨夢吴淞得吴字

冬吾父爲鎮海衛漕糧事因人受過姨丈黄公浚之鋭身而出爲排難解紛並爲規畫一切全家感之

王午十八歲

春正月郁夫人來歸夫人爲吾邑新塘市人外舅名振鏞字銘軒外姑楊氏内兄名朝桂

字擷芳邑諸生　　振謹案先生有外舅郁銘軒先生家傳載茹經堂文集卷五第二十七頁

是年隨吾父讀書本邑城北陸氏主人爲陸君少江名錦采與吾父同門課其子長智賢次智海三智廣四智淵時余學頗精進書毋不敬毋自欺六字於座右行路不斜視務收束身心分日讀朱子小學近思錄性理精義學蔀通辨程氏讀書分年日程等兼鈔王學質疑明辨錄細讀之覺醰醰有味讀孟子乃更有心得爰摘錄大全諸先儒說並錄王師筆記作讀孟劄記理學乃日進同學有王君晉蕃名康壽王師之從弟也李君虎臣名炳陸君禮南名朝琮相與考德問業深得切磋之益　　振謹案先生有王晉蕃先生傳已編入茹經堂文集三編尚未刊

吾邑城內向無天主耶穌教堂夏四月忽有耶穌牧師吳虹玉自上海來傳教購鎮民橋宋姓房屋行將遷入矣王師聞之謂是不可以啓外侮偕邑紳並諸同學數十人往謁州縣尊阻止之余亦隨往縣尊任石芝先生坐大堂判決資送吳虹玉出境償其費撥公款購買宋姓屋改爲鄉先賢陸尊道桴亭陳安道確菴江孝友藥園盛貞介寒溪四先生祠

六月某日修葺竣工余隨吾父吾師恭送栗主入祠邑長老暨同志來者甚多

將赴省試王師示以金陵官書局單囑購讀數種余苦無資內子聞之立出奩具內銀錠數枚交余自赴當舖質之得八金余喜甚遂購性理書數種今家藏二程遺書朱子全書拙修集皆郁夫人奩中物所購也

七月隨吾父赴金陵省試試前余日遊書肆中熱患暑病吾父爲檢理考具入場時人極擁擠汗出而愈題爲子曰小子何莫學夫詩兩章次題尊賢之等禮所生也三題命也有性焉君子不謂命也詩題賦得袖中吳郡新詩本得新字榜發余中式第二十名房師爲安徽知縣林燮軒先生名調陽福建長樂人座師爲侍郎許公星叔名庚身浙江仁和人翰林院編修譚公叔裕名宗浚廣東南海人報到之日吾父吾師均甚喜輿論謂先人焚劵之報蓋先曾祖堯蓂公當道光年間大水時曾將貧戶借貸之劵概付焚如不令償還人以爲陰德也同舉者金君蓬生名篪硯香先生之孫也　振謹案先生有譚叔裕先生墓表載茹經堂文集卷六第三十三頁

冬隨吾父赴揚州籌明歲計偕資見表叔毛平甫名華時爲兩淮鹽知事贈余初印仿宋

本說文解字一部

癸未十九歲

春隨王師赴禮部試寓宣武門外球芝巷太倉會館榜發王師中式入詞林授庶吉士余下第歸

五月姊氏文珠卒姊天性仁孝通翰墨勤於操作乃竟不壽吾父吾母哭之慟吾父輓聯云病由熱中貽誤在醫藥余方冀鬼求食神有靈或者隱與挽回此後依依仍繞膝症已積久忘情輕死生汝可知父漸衰母多病何故決焉舍去相看默默竟無言余與內子含悲勸慰而吾母肝鬱頭暈之病遂日增矣　振謹案先生有歸高陽姊氏墓誌銘載茹經堂文集卷五第十五頁

秋友人張君海民卒張君亦從王師遊天資近道喜閱性理書步趨先儒不踰禮法嘗語余曰聖賢之學在躬行先儒有言懈意一生即是自暴自棄此言最有味余爲悚然起敬焉文章書法亦極工以中暑病卒且無後余往弔之不覺涕泗之橫流也爲錄成遺稿一卷癸巳歲其族人小元出資刊之

秋冬間仍研理學讀二程遺書朱子文集並先儒語錄等書粗有論著然皆不足存也

甲申二十歲

讀周禮儀禮爾雅始從事經學

學政浙江瑞安黃漱蘭師在江陰設立南菁書院以樸學提倡多士畢君枕梅爲余報名寄卷應試

乙酉二十一歲

春偕畢君枕梅張君拙嘉名樹蓂諸友同赴江陰南菁書院應試取超等住院肄業謁見黃漱蘭師諄諄然訓以有用之學遂受業於院長黃元同先生之門先生名以周浙江定海人爲薇香太夫子之季子東南經學大師也聞余講宋儒之學甚喜語余曰顧亭林先生有言經學卽理學理學卽經學不可歧而爲二聖門之教先博後約子其勉之復教余訓故義理合一之旨先假余陳北溪先生字義余鈔讀之踰月而畢又示余所著經義通故（後改名經訓比誼）余亦摘其精要者鈔錄之又於藏書樓縱覽諸書自是於經學小學亦粗得門徑矣

振謹案先生有張君拙嘉傳略載茹經堂文集二編卷六第十九頁又有黃

元同先生學案載茹經堂文集卷二第十頁

交吳縣曹君叔彥名元弼江陰同年章君琴若名際治陽湖趙君劍秋名椿年武進劉君

淮生名翰皆一時英俊也曹君精於易禮諸學篤守鄭君家法尤爲純實　振謹案先

生有與曹君叔彥書二首載茹經堂文集二編卷四第三頁又有答曹叔彥書已編入茹

經堂文集三編尚未刊又有禮經校釋序載茹經堂文集二編卷五第一頁禮經校釋卽

曹先生所著書也又有章君琴若墓誌銘載茹經堂文集二編卷八第三十二頁

作宋元明諸儒主一辨黃師嘆賞不置謂擇精語詳於斯道已得十之七八矣　振謹

案先生所作宋明諸儒說主一辨載茹經堂文集卷三第八頁

課餘作霄波辨志文會宋學課藝主講者浙江劉藝蘭先生名樹人甚器賞余屢置第一

且託元同師轉達惓惓余深感之

冬學院王益吾先生來接任先生名先謙湖南長沙人亦名翰林也

丙戌二十二歲

春赴禮部試下第歸黃師函招仍赴南菁書院初治易先讀惠氏張氏焦氏諸書繼請業

於黄師師曰本朝易學雖稱極盛然未有能貫通漢宋自成一家者子讀易當於通志堂經解中求之其中如朱氏漢上易傳項氏周易玩辭吴氏易纂言皆極精當余因細讀之覺項氏易尤勝黄師又假余所著十翼後錄裒然巨帙未克鈔錄思作周易集解疏不果因擬别作周易大義兼採漢宋諸家之説始屬稿焉

夏讀莊子文尙恢詭喜效吾婁王弇州文頗菲薄震川黄師假余評點震川集讀之乃知震川白描處極有精神且得力於歐曾兩家甚多固未可輕加訾議也

交丹徒陳君善餘名慶年常熟孫君師鄭名同康丁君秉衡名國鈞元和曹君夔一名元忠泰州盧君義侶名求古如皋姚君小賓名彭年　振謹案先生有陳君善餘墓誌銘已編入茹經堂文集三編尙未刊又有讀經救國論序載茹經堂文集二編卷五第二十九頁讀經救國論卽孫師鄭先生所著也

丁亥二十三歲

春仍赴南菁書院肄業

交寶山邵君心炯名曾鑑係庚辰年與余同入學者天才横溢豪放不羈奇士也又交陽

湖莊君思緘名藴寬上海趙君韻丞名世修丹徒殷君墨卿名松年海門劉君乙青名宗向

是年讀書心較靜細始編錄茹經堂文集

易學稍進黄師示余所著周易故訓訂喜甚亟鈔藏之惜僅有上經蓋未成之書也

振謹案先生有周易故訓訂跋載茹經堂文集二編卷五第五十一頁

戊子二十四歲

春仍赴南菁書院肄業

同學泰興于君玉峯名璠華亭雷君君曜名瑨咸來問業

王益吾先生刻　皇清經解續編成余曾任校書之役繳半價得書全部

夏日王益吾先生招余入署弈圍棋見國手周小松先生受九子余獲勝

是秋江南鄉闈典試者爲順德李芍農閩縣王可莊兩先生收羅好古積學之士南菁同學獲儁者二十餘人趙君劍秋雷君君曜均與焉友人王君晉蕃姊丈許君弼丞中副車畢君枕梅赴北闈試亦中式大有拔茅連茹之慶

王叄吾先生參劾内監李連英遂引疾歸可敬也

己丑二十五歲

春偕畢君枕梅赴禮部試先期吾父訓余曰汝此次會試倘再不售明年尚有恩科會試可暫留京處館以免跋涉余因作留京之計

先是余喜談道講學京中諸人咸疏遠之至是畢君枕梅戒余曰天下安得皆同志子盍慎諸和光同塵可耳余憬然悟爰於周旋世故隨時注意人始不以余爲狂矣

謁座師許公星叔師語余曰汝壬午試卷左文襄公季高大爲嘆賞（左公時任兩江總督）揭曉後將硃墨卷一并索去細閱並云此人三場字跡一筆不苟必有後福余聞之知己之感縈繞於懷惜前數年未經謁見耳（公殁於乙酉歲）

榜發余挑取謄録房師爲張子虞先生名預浙江錢塘人三場評語云淹貫諸子百家皆騰躍而出其腕下可稱雄博而主試嘉定廖公仲山名壽恆因補薦太遲額滿見遺余謁張子虞先生爲咨嗟太息久之　振謹案先生有張子虞先生墓表已編入茹經堂文集三編尚未刊

覓京館頗難得同鄉友人顧君公度名思義乙酉舉人言於其尊人廷一先生延余教讀余欣然往就顧先生名元爵時官直隸候補道會辦大沽船塢爲人淵淵有度喜讀書並喜談吾輩掌故蓋長者也余課其第四子名思永字公亮第五子名思遠字公毅大沽地頗幽靜由天津赴彼處約三百里離海口約五六十里　振謹案先生有顧廷一先生墓誌銘載茹經堂文集二編卷八第二十二頁

五月考內閣中書余得公度電復赴京既試亦被屏六月出京坐驢車中炎天奔走途遇大雨極爲辛苦

秋聞于玉峯之喪痛悼殊甚玉峯治經學工詞章且學道不倦在南菁書院時依依執弟子禮歿時年僅十九後閱十餘年余爲刻遺稿一卷

生日作思親詩　振謹案先生詩皆未刊

冬間夢吾母肝風病甚劇面色浮腫醒後大戚以周易筮之得坤卦辭曰安貞吉心始稍安作父母在不遠遊制義以自警末云嗚呼行邁靡靡中心如醉得吾父慰勞之語不覺悲從中來冬日烈烈豈曰無衣念吾母縫紝之艱曷禁潸焉出涕然則人子而常依膝下

豈非厚福耶

庚寅二十六歲

春偕公度赴禮部試薦而不售房師爲朱小唐先生名琛譜兄崇明王君丹揆名清穆中式以主事分戶部　振謹案先生有王君丹揆六十壽序載茹經堂文集二編卷七第十九頁

五月中航海歸廷一先生命思永思遠隨余回太倉仍赴其家課讀顧氏宅在小西門∴赴新塘市弔外舅郁公銘軒之喪李生頌韓名聯珪來受業　振謹案先生有與李生頌韓書載茹經堂文集二編卷四第十一頁

弔金氏姨母之喪姨母爲外叔祖胡公六符次女與吾母情意契合如同胞適州庠生金君仲德名庭筬本年三月間金君病卒姨母遂殉節而死吾母痛甚余爲作家傳一首

振謹案先生所作姨母胡孺人家傳載茹經堂文集卷五第三十二頁

友人陸君庚星卒余往弔之庚星少年頗狂放後食廪餼深自檢束復與余親亦考取南菁書院春間其弟先卒夏庚星亦歿婦陳氏殉節死其堂上父母俱存且無後余題其遺

像爲之潸然後閱十餘年爲刻遺稿一卷

是年吾父館本邑縣署縣尊爲吴粤生先生名鏡沆河南光州人吾父課其子名敬修字菊農極篤實用功　振謹案先生有吴粤生先生六十壽序載茹經堂文集二編卷七第九頁

冬十一月初二日吾母生辰遷居武陵橋南王姓宅居停王某開設王大吉藥肆於上海屋有廳内室三楹惜俱西向有廂房西北有小樓一角可庋藏書籍後門通九廟前河沿前居之趙家廳屋小而鄰雜時聞詬誶聲余家厭苦之久矣顧以住彼十數年遷居時頗覺戀戀余夜間恍夢在是屋中人之不能無情如此哉

辛卯二十七歲

是年仍館顧氏表弟黄君玉儒名彬琳陸生鷺卿名長序來受業陸生星農先生之孫也時州尊程序東太夫子名其珏吾父壬午科鄉試薦卷房師也與吴縣尊提倡文藝月課優給膏火頗極一時之盛姚菉翹先生之世兄柳屏名鵬圖内表陸君彤士名增煒皆年少聰穎文名籍甚柳屏卽於是科秋闈中式　振謹案先生所作禮經校釋序見前自注

云代程序東太夫子作先生又有姚君柳屏傳略載茹經堂文集二編卷六第二十三頁

壬辰二十八歲

春隨王師並偕金君蓬生姚君柳屏赴禮部試時頗艱於貲得程序東太夫子贈五十金始克成行心甚感之王師自入詞林後本無意進取因前與姚芷軒太夫子有約云柳屏領鄉薦吾當偕同赴京至是遂踐言焉

榜發余中式第三十一名貢士題爲君子矜而不爭兩章次題斯禮也達乎諸侯大夫及士庶人三題井九百畝其中爲公田八家皆私百畝同養公田詩題賦得柳拂旌旗露未乾得春字房師爲沈子封先生名曾桐浙江嘉興人座師爲翁公叔平名同龢江蘇常熟人祁公子禾名世長山西壽陽人李公苾園名端棻貴州貴陽人霍公愼齋名穆歡滿洲人

謁沈師師云首場未薦閱二三場卷知爲讀書有得之士補薦遂中翁師評語云經生之文必有靜穆之氣此作是也經藝淵雅不使才鋒策賅博

覆試二等題爲大匠誨人必以規矩詩題賦得學如鳥數飛得如字殿試二甲第一百五

名朝考一等第六十五名題爲廷尉天下之平論審樂知政疏詩題賦得江心舟上波中鑄得中字（余詩點題云萬派江心景都歸鑄造中舟浮天上碧波映日邊紅）引見後以主事用籤分戶部江西司故事凡列二甲一等者均入詞林余失之意外頗覺悵惘王師慰之曰子何不達之甚子家况淸寒部曹有印結款津貼可不取分外之錢此天之玉汝於成也子何不達之甚余聞言釋然謁許星叔師以余未入詞林代爲抱屈又述左文襄公之言再三勸勉深爲可感

六月翁師延余至其家課讀學徒二皆翁君弢甫名斌生（丁丑翰林）之子長名之潤字澤之次名之廉字景之天資俱極聰慧之廉爲翁師嗣曾孫

受業於嘉興沈子培先生之門先生名曾植庚辰進士子封師之兄也博雅閎通當世殆無匹焉　振謹案先生有上沈子培先生書載茹經堂文集二編卷四第一頁又有沈子培先生年譜序題先師沈子培先生手蹟後均編入茹經堂文集三編尙未刊

王師散館得知縣分發河南（後補湯陰縣）暫館同鄉陸蔚庭先生名繼煇家余時往候起居師著左傳考釋成命余作序　振謹案先生有書左傳考釋後載茹經堂文集二編卷五第六十四頁

八月請假回籍吾母患肝風頭暈之證不能起床者六七年矣請浙江醫生沈雲程先生診治沈素崇拜薛生白先生奉醫經元旨爲準繩進以白鳳丸頗見效至是已能起床大喜逾望

弔外大母陳太夫人之喪初外大父母有子名秉彝壬戌年避難滬上病卒乃以外叔祖六符公之子景垚爲嗣外大母素愛余乃以四月初旬棄養既未知余捷音而余亦未得一侍湯藥深可痛心

癸巳二十九歲

吾鄉庚申粵匪之亂鄉民集義勇皆以白布裹頭爲號一時響應號稱十萬與匪戰於東門外之板橋匪悉精鋭突出鄉民不知戰法大潰敗死者數萬人至是邑人沈君馥林就其地作亭爲紀念余爲作碑文記之　振謹案先生所作太鎮官紳義勇殉難瘞骨碑載茹經堂文集二編卷八第三頁

正月偕表弟黄君玉儒李生頌韓顧生公亮赴南菁書院謁黄元同師不値隨偕曹君夔一赴常熟曾君表先生名之撰偕其世兄孟璞名樸又翁君又申名炯孫徐君少逵名兆

煒等慇懃接待即住曾氏虚霩園盤桓三日閲其所藏書籍並遊虞山題名刻石於劍門
三月迎養吾父吾母並挈内子如京師先至上海住八仙橋表姊丈俞君隸雲宅俞君名書祥邑諸生爲顧氏大姑母長壻時大姑母亦就養俞君處大表姊極賢孝與吾母最契合親戚情話歡樂無涯小住數日即乘輪舟赴天津幸途中無風浪抵津後住中和客棧胡疇生母舅時在大沽船塢司事余懇伊來照料一切遂入京翁君弢甫爲賃屋於東城新開路西頭路北那宅時翁氏住東單牌樓二條胡同往來極近惟用僕媪語言不通吾母起居頗覺不便余赴翁宅課讀間一二日到部視事
秋吳菊農世兄中式河南鄉試常熟孫君師鄭友人沈君頌棠名鵬中式北闈鄉試太倉王君彬儒名鳳璘顧生思永中式江南鄉試　振謹案先生有王君彬儒傳載茹經堂文集二編卷六第二十頁
冬十二月外姑楊太夫人棄養内子聞耗哭極慟

甲午三十歲

春禮部試孫君師鄭吳君菊農沈君頌棠均聯捷入詞林

寶應劉生翰臣名啓瑞來受業生爲戶部同司劉佛卿年丈之子經學世家品詣篤實後成進士以內閣中書用　振謹案先生有劉佛卿先生神道碑載茹經堂文集二編卷八第七頁

秋八月內子郁夫人卒內子天性婉娩淑愼孝和而儉吾母疾病侍養彌謹諸事能忍耐戚黨皆稱其賢來歸十三年去冬懷妊吾母甚喜余筮之遇明夷之賁其繇曰不明晦初登於天後入於地余心惡之至是竟以産難卒吾母大慟停靈於崇文門外之夕照寺時在客居喪務均未諳悉賴譜兄王君丹揆來照料一切並偕其夫人及二女時來慰藉吾母可感之至　振謹案先生有郁夫人家傳載茹經堂文集卷五第十七頁

中日失和提督葉志超與日人戰於高麗之平壤輒敗走敵勢益張冬遂侵入奉天金州復州海城蓋平皆陷旋旅順亦失守風聲鶴唳勢且擾及津沽時吾母臥病床榻曰設有不測吾當投繯以報國余因國禍家難抑鬱無聊時讀易以自遣

高陽相國李公鴻藻暨翁師俱入掌軍機余擬上封事計萬餘言翁師激賞之手自鈔出數條然當事者不能行也沈子培師及京中諸友均傳誦此文　振謹案此卽請挽大

局以維國運摺載茹經堂奏疏卷一第一頁先生自記云此稿翁叔平沈子培兩師深加
歎賞稱爲萬言疏稿惜兩行痛淚無補時艱也

乙未三十一歲

仍館翁宅課讀翁生綬玠來受業生字玉行內閣中書翁君印若名綬琪之弟蘇州人

三月李少荃相國名鴻章赴日本馬關議和日人要挾高麗國自主割臺灣與日本並索償兵費二萬萬同鄉公車汪君仲虎等謀上書力爭之余爲代擬上察院呈然當事者以事機日迫莫可如何和議遂成旋臺民擁總督唐維卿名景崧者獨立卒無成就痛心曷極

聞邵君心炯之喪爲慘然者數日邵君因不得志縱情詩酒卒以蚤夭其自挽聯云見性明心立地成佛好學短命何敢望囘蓋是年三十一也歿後姚君子讓柳屏等爲刊艾廬遺稿　振謹案先生有邵君心炯傳載茹經堂文集二編卷六第十七頁

蘇州王君苐卿名頌蔚時掌戶部雲南司白於翁師調派余爲雲南司幫主稿蓋王君丹揆所介紹也雲南司管理滇省財政兼管漕務倉務余時於公牘文字尚無門徑祇得以

吏爲師遇事諮詢並與丹揆協商調取檔案目錄手自鈔存用時指出提閱吏不能欺丹揆作職思隨筆辨稿必摘要鈔錄余亦仿行之

吾父輯太倉陸桴亭先生遺書告成初桴亭先生遺書傳於世者不過思辨錄前後集及太倉葉涵溪先生名裕仁所輯文鈔數卷而已吾父於小石山房叢書中輯得論學酬答四卷於婁東雜著中輯得性善圖説等三種又於葉涵溪先生家中鈔得八陣發明一卷詩集若干卷又鈔得張清恪公所輯文集若干卷又編訂年譜一卷共得二十册合思辨錄共二十八册先後募貲授刊

十一月繼室黄夫人來歸伯岳黄澄之先生暨内弟玉儒親送來京

十二月學習期滿戶部循例引見奏留翁師考語云人品端方趨公勤慎

丙申三十二歲

閱各國條約事務各書並評點萬國公法及曾惠敏黎蒓齋諸家文集自是於經世之學亦粗得門徑矣

七月考取總理各國事務衙門章京第一名試策問一道引見後記名傳補首列爲會試

同年張君菊生名元濟友人李君槃碩名審之汪君伯棠名大燮及丹揆兄均前列時翁師掌總理衙門先期見沈子培師詢問各部人才子培師首以余對翁師頷之曰唐某學問性情品行無一不佳余聞斯言愧無以對知己也

丁酉三十三歲

閲經世文正續編及曾文正胡文忠全集經世文正編選擇極精論學二卷尤極純粹續者遠不逮矣

戶部設則例館余奉派爲纂修官輯成漕運門八卷

購得蘇州周忠介公順昌燼餘集三册係湯文正公斌撫蘇時所刻真難得之書可寶之至爲集貲刊印之　振謹案先生有重刻周忠介公文集序載茹經堂文集卷四第十九頁

六月吾母忽患中風不能言語急延醫診治踰日漸蘇遂成半身不遂之症不能起床自問侍奉無狀悶恨之至

夏李生頌韓來將應京兆試即住余家

崇明朱生貫徵名誦韓孫生字晴名昌烜來受業字晴余會試同年孫子鈞吏部名培元之子

冬沈子培師假余無錫高忠憲攀龍未刻稿八册云得自河南書肆中蓋當時陳稽亭先生輯高子遺書所未錄者也其中論學精粹處極多余喜甚手自鈔錄二册爲序其首並屬朱孫二生各分鈔數册　振謹案先生所作高子外集序上下二篇載茹經堂文集卷四第二十一頁序誤作子封先生

戊戌三十四歲

二月長子慶詒生字曰郁生欲其不忘前母也號曰謀伯內子產後大病類瘋癲延山東醫生李葆初診視云是肝鬱血枯痰壅所致先投以川軍芒硝大瀉後神色稍淸復進以補血消痰之劑半年後始全愈

擬謹彈血誠以維國脈摺附請停止搜括之政片又代沈子封師擬謹陳管見以固人心摺　振謹案首摺載茹經堂奏疏卷一第二十頁次摺載同卷第二十七頁先生自記云此稿係沈子封師囑爲代擬中間正人心簡使臣兩條即用萬言疏稿成說稍加增損

云云

閏三月初四日爲吾父五十八生辰吾母適年六十稱觴於東城之德興堂

同鄉內表弟陸君彤士會試中式第一名友人趙君劍秋亦中式

四月翁師奉　旨開缺回籍蓋與滿大臣榮祿剛毅不利爲其所搆陷也五月卽出京余送至正陽門車站黯然而別此後竟不得復見矣

六月傳補總理衙門章京時掌總署大臣爲慶親王及相國合肥李公次爲王相國夔石名文韶及滿洲敬止齋尚書名信廣東張樵野侍郎名蔭桓凡五人先派余在電報處譯機要電文旋派在司務廳收發文牘時總辦章京四人滿洲舒君春舫名文四川童君瑤圃名德璋滿洲瑞君鼎臣名良蘇州顧君康民名肇新顧君素長於公牘文字與余尤相得余詢以辦事之要顧君曰勤而已矣勤則諸事接洽至公牘之要縱使千條萬緒不過敘述明晰無他道也余自是於翁氏館不能兼顧遂辭退深愧無以對翁師也　振謹案先生有記和碩慶親王事載茹經堂文集卷六第一頁又有祭和碩慶親王文載同卷第四十二頁又有記王文勤公事載同卷第九頁

時奉　詔令閣部大臣保舉人才倉場侍郎劉公博泉名恩溥留心物色以余列入薦章余初未之知也後友人傳述至爲惶悚劉公官御史時直聲甚著爲人謙抑異常余以避干謁未往見後公遽歿始詣靈前一慟知己之感思之輒爲惘然

八月政變禍作爲吾國一大關鍵先是　皇上壹意維新勵精圖治内外大臣交薦康有爲梁啓超破格擢用又特拔楊鋭劉光第林旭譚嗣同爲京堂在軍機處行走革故鼎新之　旨幾於無日無之會有蜚語謂康梁等將用兵圍　皇太后求變法於是　皇太后復出訓政逮楊鋭等寘諸法而康梁則已聞風遠逃不知所往維時波及者爲李苾園師張樵野侍郎文芸閣學士等李張均革職發遣文則逃匿未獲而張君菊生亦因上疏言事革職豈不寃哉

九月浙江徐嘯雲尚書名用儀袁爽秋京卿名昶滿洲聯敬卿名元均奉　旨派充總理衙門大臣袁公博雅閎通一見余似舊相識

冬浙江許竹篔侍郎名景澄自歐洲歸奉　旨爲總理衙門大臣深器重余以所印外國司船表帊米爾圖見贈

己亥三十五歲

日本索福建鼓浪嶼俄國索山東廟羣島義國索三門灣徐許兩公均力拒之余隨寫問答時同事者蘇州鄒君紫東名嘉來松江雷君譜桐名補同浙江汪君伯棠名大燮均極相契也槃碩丹揆兩兄亦傳補進署

余每兩日赴戶部兩日赴總署戶部在雲南司正主稿上行走事務殷煩總署尤甚值夜班恆至天明司務廳儲條約櫃余發而讀之又以暇時學習俄文燈下每取中俄文條約對較之目力遂大受傷後雖悔之已無及矣

交滿洲世君伯先名善世君爲戶部雲南司掌印紹丈敍五名彝之姪伉爽豪邁懷大志時傳補入總署見余遂通譜焉　振謹案先生有滿洲二友傳一爲世君伯先一爲瑞君裕如傳載茹經堂文集二編卷六第十三頁

冬余與丹揆兄俱改派在英股辦事

十二月內弟黃彬瑞在俄文學堂暴卒可痛之至余爲殯殮一切停靈夕照寺

歲杪奉　皇太后慈諭立端王載漪之子溥儁爲皇太子聞　皇太后將廢立　皇上爲

慶親王所知跪求四時許事始寢

庚子三十六歲

吾父六十歲三月四日聊具杯酒稱觴焉

四月北京義和團禍作義和團爲八卦教流派邪教也自言能避刀鎗火礮以仇洋教爲名焚燒殺掠初起於山東巡撫袁慰亭名世凱禁之而山西巡撫毓賢加以提倡遂蔓延至直隸總督豫壽山名祿陰袒之勢益張時　皇太后甚惡西法欲集合其力以驅外人各國公使嘖有煩言大臣許景澄袁昶上疏力爭之俱留中不報五月義和團遂糾合大衆拆毀鐵路直入京城圍攻使館及西城西什庫教堂時余家尙居新開路與比國使館相近見火光燭天鎗礮聲纍纍如貫珠吾父偶詣庭中鎗子從頂上飛過險極家中所用某媼並攜有幼女忽閉門而泣詢之則亦教民也余亟慰之給以錢米遣之還踰日見教堂焚毀數處濃烟四合維時天津已與各國開戰南歸路已斷譜兄伯先招余遷至其家余因稟商堂上決計遷避時吾母臥床內子亦懷孕乘輿踉蹌以行世宅住寶鈔胡同內王佐胡同伯先兄夫婦慇懃接待情極可感余家驚魂得稍定焉

拳匪攻使館不克遂燒正陽門及東西荷包巷是皆京城精華所聚商賈逃亡天日爲之變色旋提督董福祥亦以勁兵來攻使館時使館守兵不過數百藏地溝內官兵每至界線內輒中鎗礮斃以故卒不能克西什庫亦如之可嘆亦可笑也戶部已在戰線之內改在內廷國史館內辦公

五月中旬風聲日迫余偕世宅遷避至北山平義分村出北直門十餘里爲雷家橋又三十里爲高麗營大市集也又二十里爲平義分村乃昌平順義兩縣分界之地世宅居村外祠堂內余家賃居村中屋僅三間卑隘之至房東張姓其兄在田嘗讀書入庠余家飯食先由世宅供給後與房東商定借竈自炊佈置粗定余乃入城辦公

拳匪愈聚愈衆日本使館書記生杉山彬德國公使克林德赴總署途中均爲拳匪所殺端王載漪莊王載勛奉　旨充總理衙門大臣二人皆提倡拳匪者也莊王宅中並設立壇所其時各國已有聯兵攻北京之議有識者皆引爲大慼而　皇太后爲載漪等所脅依違兩可　皇上更不敢言某日召廷臣會議載漪載勛等力言主戰　皇上執許景澄手流涕而言曰此時可戰乎汝宜直言載勛厲聲曰許景澄執　皇上手是何規矩太常

寺卿袁昶曰是　皇上執許景澄手非許景澄執　皇上手許惶急曰求　皇上釋手乃叩頭退隨有　旨命許景澄宣慰使館蓋許袁二公之殺機已伏於此矣

拳匪揚言總署通洋人蓄意圖劫掠也總辦諸君互商白莊王即請義和團守衛本署某日余赴總署同事者無一人余飯畢散值已出署矣瞥見大隊拳匪約數百人首裹紅巾手持白旗大書扶清滅洋四字自西而來蜂擁入署署中蘇拉（即茶房）急追余車謂義和團至須招待余因折回立大堂中招呼之旋至西廳見所謂大師兄者係滿洲某腰繫黃帶怒形於色云貴署堂官無一人司官僅足下招待何故余曰本署係兼差堂官午前均赴各部午後始克到署請暫待某云吾觀署中妖氣極盛聞同文館洋文書極多均須燒燬倘有通洋語者即係奸細須立時殺却吾先告足下知之余曰本署係奉　文宗顯皇帝諭旨所設立因與洋人交涉故不能不通洋文至殺人一事卻須斟酌如果奉有　上諭自當遵辦惟殺人自有地方應由本署交出依法辦理卻不能即在本署自由殺人某語塞乃云吾爲足下焚香升表表上升某云足下部是好人余付之一笑旋許公竹篔到署余往稟白一切復隨同往見某亦爲許公焚香升表有頃同事滿洲文某來素信義和

團之人也余與接洽後急散値歸已薄暮矣是後義和團戕殺教民甚夥聞之極爲痛心時未敢明言後補作紀庚子冤獄一篇以誌羅織之慘　振謹案先生所作紀庚子六月冤獄載茹經堂文集卷六第十八頁

六月二十七日謁見許公竹篔公神氣頗慘沮憂形於色絕不言疏諫拳匪事但言此次洋兵入京條款必格外苛刻君等宜早爲預備辭出後又謁見袁公爽秋袁公氣象激昂議論踔厲亦絕不言上疏事詢余堂上起居云君既遷眷至北山目下隻身在京何不遷至敝寓我須與君細談桴亭先生之學況此間爲君舊居停地（時袁住東單牌樓二條胡同即前翁氏宅）望即日遷來余告以世宅起居較便至講學一節當隨時踵門請教懇懃鄭重而別蓋余心知二公禍之將及而不料其即在旦夕間也

七月杪前山東巡撫李鑑堂名秉衡奉　召來京余向其親戚某探問意旨某云李公將招山東大刀會入京余聞駭極

七月初一日奉　旨逮許袁二公下獄聞係李秉衡所搆陷也惟時總署人人自危不敢前往探視至初三日奉　旨寘二公於法聞二公臨刑時神色灑然監斬者爲大學士徐

桐之子刑部侍郎徐承煜亦附和拳匪者也袁公戟手罵徐曰國家之事被汝父子敗壞至此吾在地下候汝許公止之曰爽秋何必如此遂從容就義焉嗚呼自我　聖祖　世宗以來未嘗有殺戮忠良之事此時許袁兩大臣被禍蓋國家元氣因此大傷而人心亦自此漸去矣　振謹案先生有記徐桐崇綺事載茹經堂文集卷六第十五頁

余奉派署雲南司正主稿又奉派在內廷譯密電間日住班丹揆兄亦共事軍書旁午時天津已失守矣

七月初十日奉吾父手諭悉內子產一子取名慶平命余赴鄉省視逆料西人用兵慎重未必即下通州到京尚須時日因與丹揆兄約請其暫代於十二日赴北山大小平安頗以爲慰乃十六日接同司紹敍五丈急信謂洋兵已入通州戶部尚書王公夔石擬將倉存米穀全行發放囑余速赴京十七日早乘車至雷家橋但見大隊義和團向北逃竄云洋兵已入京城　兩宮未知所在車夫遂不敢前進余告以設有不測吾當賠汝車輛車夫云車輛可賠性命不能賠堅不肯往不得已退回北山十八十九兩夜遠望見京城中火光燭天蓋洋兵實於十八日入京　兩宮於是日始西狩也又聞前數日奉　旨逮捕

總署大臣徐公用儀聯公元內務府大臣立公山均寘之法蓋亦端王等所搆陷也爲之駭嘆不置

時亂兵逃潰各處搶掠初鄉民相約在山溝中搭篷十數間遇急難時往避余爲出貲助成之臨時房東張姓云山路崎嶇老太太決不能往內子聞之云吾姑旣不能往余決無言去之理吾父云如此則合家併命可矣乃郁兒乳媼劉姓堅欲攜兒往避不得已書郁兒姓名裹於衣內飭乳媼領去悲痛之極無可言者乃踰日早乳媼抱郁兒悻悻然歸云是兒終夜啼哭爲鄰人所不容故攜之歸詎料是晚亂兵卽赴山溝搶掠一空並將婦女擄去房東奔竄而回如喪魂魄乃知郁兒之啼哭有由也吁亦險矣哉

世宅祠堂內亦被搶伯先兄及友人陳君子久（名恆慶工部郎中與伯先兄同避難者）匿高粱中余囑鄉民導往探視伯先兄目直視云君亦不免何爲冒險而來余急慰之是晚伯先兄攜眷避往高麗營亂兵十餘人卽盤踞世宅祠堂中揚言將至村中搶掠或與通款乃得免越數日赴某村搶劫爲村人擊斃數名僅六人歸鄉民謀圍斃之余語張在田曰亂兵雖少然有快鎗不可輕敵轉致肇禍乃謀賄通其馬夫當午飯時先將快鎗從牆隙中遞出鄉民劉姓

父子爲前鋒用鳥鎗一擁而入立斃亂兵三名餘三名踰牆逃出余曰此禍根也急囑鄉民各處尋覓傍晚於山溝及高粱地中先後覓得俱擊斃之其患乃絶然其時風鶴頻驚某日又有潰兵來村中先至張在田宅旋至余家眷口先避匿余出迎之兵曰吾輩來覓牲口耳在田曰牲口已爲他人掠去矣兵遂去舉家慶幸焉

八月十日聞慶親王與相國合肥李公奉　旨爲全權大臣與各國議和余急欲赴京擬先往高麗營爰與鄰人武庠生趙某商借車輛趙某謂距高麗營七八里有盜匪盤踞時出刼掠不敢往余曰吾文人膽尙大若武生何膽怯乃爾趙不得已曰車輛決不敢借騎驢可乎余曰可乃於十三日早起程同行者趙某及僕人李升途中行人斷絶將至高麗營瞥見盜匪三人自對面來各騎快馬攜快鎗飛駛而至余輩不敢退與摩肩過其爲首盜匪問余曰往京城乎余頷之曰然盜遂去旋聞其同夥問爲首者曰認識此人耶曰此是城中唐老爺如何不認識余深訝之至高麗營見伯先兄及陳君子久均無恙中秋夜同酌酒啖月餅可謂苦中得樂矣余與伯先兄商同赴京伯先兄遲回不決余因於十九日偕伯先堂弟輝山先行赴京至北直門爲日本兵所阻不得進爰繞

道進朝陽門途中但見洋兵運物氣象愁慘余逕赴新鮮胡同紹鈫五丈及其弟越千丈均大驚異曰君竟能來耶亟留余宿告余洋兵入城時狀並示余大小礮子數枚相與咨嗟久之時無菜蔬晚飯醬蘿蔔一味而已是日余步行三十里許困憊已極夜足痛發熱幸卽愈

二十日赴總署臨時公所卽在總辦施君春舫宅中蓋外國兵入城時施君與總稅務司赫德通函請其介紹議和赫許之時慶親王已隨扈西行由總署章京樸壽追請返京慶親王奏聞遂與李相國同奉全權大臣之命時李已到京住東城賢良祠余謁見慶親王後隨同辦理條約文件越數日總辦瑞君鼎臣顧君康民及丹揆兄諸同人均陸續到京相見之後悲喜交集時戶部亦設臨時公所於東城尙書敬公止齋派余爲留京辦事隨員整理一切

十月中余赴北山迎吾父母偕同伯先兄挈眷返京時京北盜匪充斥余同伯先兄雇保標十一人計費百金啓行後忽一人單騎過余曰唐老爺連日辛苦消瘦多矣余見之卽向在高麗營所見之盜匪也亟與通談始知其人姓楊名七卽高麗營人蓋余在高麗營

時常在伯先兄所開什物肆中閒坐楊七來購物余亦加以禮貌渠因而感余乃知當亂世時謙德爲尤要也中途過一村名洄兒上有巨盜單刀李五盤踞其地車過時李五出與保標絮語片時旋保標來告余謂李以余攜帶衣箱銀錢必多請留下余告以衣箱内不過當差衣服儘可開視倘有銀錢卽當奉贈爰啓視之皆舊衣書籍李無言余遂行乃知行路帶衣箱最易爲人所覬覦也　振謹案先生有紀庚子遇匪遇盜事載茹經堂文集卷六第二十頁

次兒慶平殤患難之餘不勝痛惜之至

奉　旨昭雪許袁徐聯立五大臣寃案開復原官旋許袁徐三家屬盤柩回籍各使館派兵送行儀仗極盛總署諸同人設靈路祭有泣下者余作五忠詩弔之袁公詩結句云流水高山今已矣天涯何處哭鍾期蓋不勝知己之感也後外交部陸子興總長建四忠祠於署後刻余詩於壁間以資紀念自是余夜間常夢許袁兩公被刑狀輒大哭而醒淚漬枕上蓋肝鬱目疾愈深矣

洋兵焚燒端莊兩王府第呂本兵並捕軍機大臣啓秀刑部侍郎徐承煜二人鎗斃之以

其提倡義和團也初許袁兩公被害前一日慶親王跪求　皇太后赦免不許急往求大學士徐桐謂得公一言可勝余數百言徐曰我看此等人多殺一個好一個慶親王含淚而罷追承煜啓秀被戮時總署江陰陳君夢陶名名侃謂承煜之弟某曰此方是多殺一個好一個嗚呼何相報之速耶亦可爲後世之鑑矣

余建議停廢河運並裁撤津通運米駁船改歸陸運所有每年河運費四十餘萬兩悉行解部以裕度支合肥李公見余稿頗爲歎賞奏上奉　旨報可

滿洲那琴軒侍郎名桐掌戶部派余爲北檔房總辦蓋全國財賦總匯之區也同事者滿洲瑞君裕如名豐明敏開通與余一見如故因訂交焉

辛丑三十七歲

時正與各國議和余隨辦和約事宜仍兼在戶部辦事勞頓殊甚

四月間同譜世伯先兄　簡放浙江衢州府知府把酒話別不覺相對流涕蓋交情深摯兼在患難之後也余家由王佐胡同遷至東城新鮮胡同紹宅敍五越千兩丈接待慇懃深爲可感

七月間和議大綱初定奉　旨派醇親王載灃爲德國專使戶部侍郎那桐爲日本國專使蓋因拳匪前殺德國公使克林德又殺日本國書記生杉山彬故　命往道歉也那侍郎奏調參贊四人顧君康民名肇新蔡君鶴卿名源深張君載初名德彝陶君杏南名大均又隨員四人誠君玉如名璋來君憶亭名存王君嘯侯名念曾余亦與焉七月十七日起程二十日至上海寄亭七叔並姊丈許君弼丞內兄郁君擷芳內弟黃君玉儒等均赴滬相候歡然道故余隨那欽使往天后宮　振謹案先生有奉使日本國記自注云代那大臣作載茹經堂文集卷六第二十三頁又有七叔寄亭公家傳載茹經堂文集卷五第二十一頁

去年拳匪難作全家遷避後余有兩事至爲迫切一前數年刻陸桴亭先生遺書及周忠介公集板片藏琉璃廠龍雲齋未知曾否燬失二內子郁宜人及內弟黃彬瑞靈柩停城東崇文門外夕照寺未知曾否損傷去冬往訪則均無恙深爲慶幸至是印陸子遺書數十部分送太倉同鄉又先期命家人李福運送兩柩回南乃以葬務託寄亭七叔一諾無辭至爲可感

八月朔日放洋四日至長崎五日抵馬關六日抵神戸改乘火車至横濱旋抵東京住帝國飯店我國駐日公使爲李君木齋名盛鐸參贊黄君伯雨名以霖亦紫翔先生門下士也均赴車站歡迎日本政府招待亦極周至

八月中旬遞國書後遊各處學校並博物館又往游日光山秋色妍麗風景絕佳余特爲文記之　振謹案先生此記尙未刊後略删節載入英軺日記中

日本立國大抵兄英師德雖係帝制而其大政均裁自内閣近年以來壹意整理海陸軍及工商事宜駸駸乎日臻富强其民外和易而心計極工然廠肆林立軌道四達佔農田頗多米價騰貴亦可慮也語詳東瀛日記中　振謹案先生此書尙未刊

九月初起程回國余於五六月間用目過勞已覺不支八月間目濇殊甚歸途至横濱車次左目忽起黑翳請日本醫生左本隆賓診視曰無妨也乃越日眼珠内陷一星期後竟無所見矣

抵長崎後改乘招商局新裕輪船賬房許君楚卿太倉同鄉也人極幹練照料周到舟中忽遇表舅陳君玉森譜兄曹君夔一並太倉同鄉陳君子馨皆來游日本者異國相逢

歡抃之至玉森表母舅夔一譜兄偕同入京

囘京後仍供職戶部總署戶部各堂派余幫辦捐納房或以爲優差余心甚厭之書吏來

白事余畫諾而已

時大局粗定　諭旨大裁書吏廓清弊竇檢查雲南司書吏共三千餘人余與丹揆兄定

期考試實到僅四五百人取定六十人先期有老吏爭於余前曰若果考試吾輩將盡去

余告之曰邇來時局變更汝輩生計甚苦不如改作他圖若慮無人辦事余能自爲之老

吏無言而去各堂亦爲余危且謂終辦不到乃考試取定後翕然無詞各司遂有仿行之

者

那侍郎因赴日本勞績奏保文治奉　旨賞加四品銜以主事遇缺卽補

冬總理衙門議改爲外務部設管部王大臣一人尙書二人侍郎二人左右丞二人左右

參議二人分設四司曰和會司覲見交際等事屬焉曰榷算司通商關稅等事屬焉曰考

工司路鑛等事屬焉曰庶務司教案等事屬焉分設每司郎中二人員外二人主事二人

計共二十四人又候補員二十四人旋　簡派慶親王管部王公夔石名文韶瞿公子玖

名鴻禨爲尚書齊公晉齋名壽朋聯公春卿名芳爲侍郎瑞君鼎臣名良顧君康民名肇新爲左右丞陳君夢陶名名侃紹君任庭名昌爲左右參議先期有人告余慶邸將補余外務部主事而戶部那侍郎屬瑞裕如譜弟告余就戶部爲宜並言捐納房可聯任二年日後京察一等可望簡放余以素性喜研究外交學婉言謝之旋補外務部榷算司主事得幫掌印差至是不復赴戶部然余與裕如諸知交相離頗覺惘然

十一月三子慶增生字曰釆生號曰叔高姊丈許君弼丞友人王君滬生名開元來京留住紹宅相敍甚樂

壬寅三十八歲

是年五月英國君主愛惠將於倫敦行加冕之禮愛惠者英女主維多利亞之子也維多利亞卒愛惠卽位逾年行加冕禮先期外務部奏　聞奉　旨派固山貝子銜鎭國將軍載振爲專使大臣赴英致賀旋法比美日本四國均請載大臣前往遊歷大臣慶邸之長公子爲人開爽靈敏幹練有爲兼謙恭下士慶邸詢問外務部左丞瑞君鼎臣孰可隨往瑞君以汪大燮與余二人對於是載大臣派梁君鎭東名誠爲參議汪君伯唐名大燮爲

頭等參贊黄君子元名開甲楊君朗軒名來昭爲二等參贊余與陶君杏南名大均李君佑三名經楚爲三等參贊劉君紫升名式訓吳君盈之名應科潘君劍雲名斯熾爲繙譯余遂偕同汪君伯唐謁見載大臣並檢點外務部緊要公牘預備帶往時各國使館均邀請敍會酬應尤繁

二月中葡界約議起按照中葡舊約有十年後修改之議本年適值改約之期葡使因去年新約賠款關係中國整頓關税實行值百抽五而葡國因庚子年無損失並未得有賠款而葡商轉受值百抽五之損失故特來照會聲明須推廣廣東舊界謂大孤小孤等島嶼係屬于葡界島內範圍應均劃歸葡國管轄各堂與丞參因葡使藉端要求詞氣强硬堅決頗爲棘手余謂此事不難應付按中國輿圖並無此島屬於彼島之例故十年前舊約卽係一定界限如果彼此聯屬則從前訂約時葡國何以絶無爭論現在自應遵守舊約不必更改至値百抽五各國一律與分界毫無關涉不得因此要求也右丞瑞君鼎臣聞之大喜立促余屬稿照覆越數日瑞君聞使館中人云近來外務部辦事何以竟能强硬如此葡使接照覆後至氣忿成疾矣余謂瑞君交涉事終須援據公法準情酌理不獨

對於弱國當然對於强國亦宜如此彼自無理焉得不折服乎

三月初四日隨同載大臣啓行是日適吾父生辰也是晚抵天津登招商局平安輪船抵上海住斜橋洋務局表姊丈俞君隸雲表弟毛君艾生及各親友均來接見相敘尤懽旋寄亭叔亦來余請其赴京陪侍吾父並校刻家譜先集叔慨然應允十四日晚登英國公司班哥而船十五晨放洋中途遇霧十八日抵香港港地倚山爲廬分上中下三環遙望之經緯井然不紊爰悟古人量地制邑之法大抵如此益信古人造理字之精蓋細者爲治玉大者爲制里也抵新加坡華僑歡迎者甚衆夾道歡呼具徵吾民愛國之切有馬來隅王亦登舟其妃妾臣官均來送行衣服禮制特殊詳英軺日記中四月朔抵錫蘭島之格崙埠至海濱客館午餐清風徐來與波濤聲相贈答相傳爲文殊降生地其俗佞佛其地產貝葉經余購數頁攜歸自是由印度洋過紅海天氣炎熱不可耐迨抵蘇彝士河氣候驟冷旋達地中海越二日抵法國馬賽略事休息卽行　振謹案本年先生游英法比美日諸國所經悉詳英軺日記

四月廿二日抵英京英皇派專員偕中國公使張德彝等來接住昔賽而客店呈遞國書

後隨載大臣考察各處學校以愛司福忒爲最距英京約二百里分校共有數十處名儒名相都出其中洵大雅閎達之藪也地近達迷斯支河河中維舟數十舟中書籍報紙咸具爲生徒課餘泛舟消遣之地人游其間消去俗塵萬斛矣旋又游英京大藏書樓樓中書架積長三十二英里庋藏各國今古圖籍三百餘萬種東方書籍分中日兩大部中國典墳雖不盡備然亦十得七八殿本圖書集成西清古鑑皆有之法國繙譯微席葉陪余偕往謂中國素號文明今先生來游是邦見歐洲識字人多乎抑中國識字人多乎言次甚露驕色余應之曰歐洲識字人固多然中國識字人貴在躬行實踐譬如仁義禮智必有此四者方可謂識仁義禮智四字奸邪惡逆必絕此四者方可謂識奸邪惡逆四字我中國此等識字人固少諒歐洲亦不多耳微有慚色載大臣以爲知言時英皇患腸癰經剖治始漸愈剖治之夕英民至宮門問候者數千人聞君主略痊相率驩呼巡捕亟告以君主須靜養毋譁一語之後衆聲寂然西國人心固結如此

五月廿五日由英京起程赴比謁見比王年已七十矣步行答拜見余尤極慇懃導觀其起居書室共樓五大楹圖書滿架問余中國學術研求精細君主而不脫書生氣亦罕覯

矣在比勾留旬餘臨行比王贈載大臣寶星並贈余四等寶星六月初八日赴法京旋考其議院制度又游拿破崙廟廟仿羅馬教堂式極閎敞又游也魯鐵塔塔占地數畝下廣上鋭高三百邁當合中尺九十四丈俯視齊烟九點衢路如蚪蓋極歐洲最高處矣又游巴黎舊城之大樹林法語譯音謂之波哇廣可得二十里叢陰罨藹清流映帶小艇數十藏樹陰中微聞人語小橋有客獨坐垂釣絶似江南風景中設茶座几櫈皆文綠異方之樂啁哳並奏心曠神怡幾忘人間世也閱數日聞法國因新易政府更定學堂規制不准男女教士充當教習並將教士遣歸鄉里有不願歸者則令轉徙他國吁法人以宗教立國然近時重學輕教如此良足法矣在法瀕行時法總統贈載大臣寶星並贈余四等寶星六月二十七日由法京巴黎起行抵沙灘屯海口二十九日登英公司山博而輪船渡大西洋七月初六日抵美國紐約海口住華得夫客店紐約街道寬闊房屋崇宏壯麗高至四十層余始謂其國之富饒在於善賈而不知其農事爲地球之冠乃天產之利也時美總統在艾士打灣避暑載大臣往謁屬余輩在紐約小住旋乘火車赴溫哥華海口中途樹林蔭翳農人黃冠野服偶有紅種人雜處其中遇早餐時停車略一游覽野草鮮花

別饒風景車行六日始抵溫哥華該埠爲通商要地客寓雖不若紐約之華美亦極閎敞十五日登英公司日本皇后船過維多利亞埠舟行太平洋計半月至二十九日抵日本横濱旋抵東京住上野行宮地名精養軒越日隨載大臣覲見日本明治皇帝威儀整肅語言不多而均中窾要洵英主也桐城吳摯甫先生名汝綸考察學務適在日本不期而遇至爲歡洽屢次相約夜談論古文源流並曾文正行誼宗旨甚晰時適有查辦學生事吳先生力主和平余因白載大臣辦摺覆奏頗得體要重游日光山臨行時日皇贈載大臣寶星並贈余四等寶星八月十八日由日啓行余請假返蘇掃墓與楊君朗軒同舟赴滬頗不寂寞　振謹案先生有桐城吳摯甫先生文評手蹟跋詳載吳先生論文之語已編入茹經堂文集三編尚未刊其略云先生曰讀文之法不求之於心而求之於氣不聽之以氣而聽之以神大抵盤空處如雷霆之旋太虛頓挫處如鐘磬之揚餘韻精神團結處則高以侈敘事繁密處則抑以斂而其要者純如繹如其音翺翔於虛無之表則言外意無不傳樂記師乙所謂上如抗下如墜曲如折止如槁木纍纍乎端如貫珠皆其精理也知此則通乎神矣又爲余言文者天地之精華牢籠萬有靡所不該貴在獨立不當

偏滯一隅君文理學氣太重夫以理爲學固美矣善矣若以理學爲文動雜以陰陽理氣之說則易入於膚庸而無變化其弊與考據家之支離詞章家之浮靡異體而同譏宜洗滌之余大心折如是者縱談三夜不倦朋僚竊聽莫敢贊一辭

八月杪回太倉蓋十年未歸矣王師自丁憂服闋後未出山謹往謁見並獻六十壽序一篇蓋去年在京抽暇所作親自繕寫者也越日赴劉河掃墓瞻拜松楸不勝依戀順道赴新塘市謁郁氏岳父墓旋回城至西門外吳塘橋謁外祖父墓時五房鑫甫叔去世甫逾年嬸母茹苦守節忽聞蜚語忿甚悲慘之餘自縊殉節余大驚嘆出貲經理其喪葬具事實請　旌逾年作碑文以記之　振謹案先生所作二叔母徐孺人墓誌銘載茹經堂文集卷五第二十三頁

九月初抵京八萬里回家雙親無恙七叔父亦在京相見懽樂時宗譜及五世祖吟秋公遺稿高祖墨池公雜著均已刻成欣慰之至余仍回外務部供職載大臣因赴美勞績奏保文治以知府記名　簡放余公務之暇爲載大臣編英軺日記成進呈　御覽　振謹案先生代清固山貝子載振編英軺日記共十二卷歐美風教沿途景物詳載靡遺擇

善諷行尤具深意光緒二十九年二月由上海文明書局印行近已少傳本其序文並載茹經堂文集卷四第四十四頁

十二月山東泰安府知府出缺時轄境適有教案聞慶邸將以文治奏請　簡放定興鹿芝軒相國名傳霖以他部中尚有資格較深者阻之乃止未始非余之幸也

癸卯三十九歲

正月庶務司主稿沈子培先生　簡放知府余繼其任每八日須進　大内一次見各堂官呈遞奏牘要電等雖極勞苦然閱歷公事獲益甚多

四月引　見補和會司員外郎

輯錄許公竹篔出使奏疏函稿成公被難後拳匪刼掠其家書籍著作被毁一空余自去年回國後即出資屬外部供事員檢覓舊檔將許公奏疏函牘悉行鈔出詳加選擇得奏疏二卷函稿十二卷付諸鉛印以傳非特報知己之遇亦以闡潛德之幽光也　振謹案先生有許文肅公遺集跋載茹經堂文集二編卷五第五十七頁

刻庚星遺稿玉峯遺稿成庚星爲余總角交玉峯爲余最初弟子鴻爪雪泥聊誌紀念時

南中姚柳屏諸君議刻邵君心炯艾廬遺稿余亦助貲刊成之　振謹案先生有陸庚星遺稿序載茹經堂文集二編卷五第二十四頁又有于玉峯遺稿序載同卷第二十六頁

五月考試差題爲國有六職論學堂以儲才致用應如何預防流弊策

六月引　見補庶務司郎中旋應試經濟特科先是　兩宮因時事艱難　詔開經濟特科廣求人才同鄉陸伯葵師奏保十二人余與丹揆兄均與焉至是考試首二場均試時務策二道首場余名列二等二場未錄取伯葵師深以爲惜蓋其時余目疾已深未能工小楷也

七月代載大臣議覆候補三品京堂張振勳條陳商務摺張係華僑粵籍富商報效鉅款奉　旨以三品京堂候補張乃條陳商務利弊奉　旨令載大臣議覆余爲擬稿逐條奏覆計共十二事約二萬言奉　旨俞允原文存奏稿內

八月設立商部　簡載大臣爲尚書伍君秩庸名廷芳爲左侍郎陳君玉蒼名璧爲右侍郎　振謹案此疏載茹經堂奏議卷二第一頁略謂竊維近世之言理財者莫不以振

興商務爲急而不知商之本在工工之本又在於農何者蓋商必有其爲商之品物無工則無以爲商也工必有其爲工之質料無農則無以爲工也故欲求商務之興盛在先求工業之精進欲求工業之精進在先求農事之振新云云

八月中旬奉　旨簡徐世昌爲商部左丞文治爲右丞紹英爲左參議王清穆爲右參議方載大臣任尚書後招余至府第密告慶邸將保余爲商部右丞余以驟躋顯位大非所宜外交學已研究數年不願離外部且商務向未熟諳極力堅辭尚書告余慶邸以余不願就意滋不悅云云余不得已以此事宜恩出自　上仍望邸堂斟酌越日　旨遂下召對一次遂假順天府左近房屋作爲商部公所一面在西城粉子胡同覓購房屋改建衙署諸務草創忙碌殊甚

九月擬定商部章程摺分設四司一曰保惠司專司商務局所學堂招商一切保護事宜一曰平均司專司開墾農務蠶桑山利水利樹藝畜牧一切生殖之事一曰通藝司專司工藝機器製造鐵路街道行輪設電開採礦務聘請礦務師招工諸事一曰會計司專司稅務銀行貨幣各業賽會禁令會審詞訟考取律師校正權度量衡等事宜此外設司務

廳專司收發文件繕譯電報所有官制悉照外務部定額同時又擬定聲明商部辦事權限摺奏上均奉　旨俞允（原文存奏稿內）當即考取司員四十八名載尚書派定掌印主稿內以熙君雋甫名彥祝君芷生名孝復毛君艾生名祖模胡君劭介名祥鑅陶君杏南單君東笙名鎮王君幹臣名大貞阮君子衡名惟和爲最得力輿論以爲商部人才極一時之選焉　振謹案此疏載茹經堂奏疏卷二第二十五頁

是月宣布商政宗旨以保護商民開通商智厚結商力體恤商艱培植商家元氣減輕擔負不苛擾不干涉爲主要堂司各官均宜束身自愛不得自營商業藉圖私利然司官中尚有苞苴求差者有某藩司之子來饋貳百金並持某尚書函求得幫主稿余怒甚立卽擲還遂宣言倘有納賄求差者當予嚴參其風始息

十一月徐君菊人改派練兵大臣奉　旨簡文治爲商部左丞紹王二君以次升轉楊君杏城名士琦爲右參議維時楊君兼任招商電報兩局總辦留滬辦事　振謹案茹經堂奏疏卷二第三十四頁有聲明商部辦事權限摺爲癸卯十一月所上

甲辰四十歲

我國商情渙散余意非盡力提倡斷難振興爰擬定訂立商勳搢計分五等優獎以勵實業並擬請設農工路鑛各項公司片奏上均奉　旨俞允原文存奏稿內載尚書奏保張君季直名謇爲商部一等顧問官　振謹案訂立商勳搢載茹經堂奏疏卷二第三十八頁請設農工路礦各項公司片載同卷第四十頁

陳君玉蒼前在順天府府尹任內曾開辦京師工藝局在順治門外四眼井分紡織磁器玻璃木工等科雖不完備而收養貧民用意極善至是改歸商部管理

二月奉　旨調伍君秩庸爲外務部左侍郎顧君康民爲商部右侍郎顧到任後舊雨相逢歡洽之至

六月中在　頤和園　召對一次　皇太后垂詢商務甚詳並　諭汝能廉潔辦事亦很好此後　召見迭蒙　溫獎清廉聞之悚惕

議設高等商業學堂於西城祖家街租屋開辦奏請以紹君越千爲監督陳君石麟爲教務長考取學生王秉善姚履亨等一百餘名族弟靜之名文壽亦與焉學生寶山張公權名嘉璈金侯臣名其堡松江項激雲名鎮方阮介藩名尙介等均來受業

七月哭翁叔平師師自戊戌被貶回籍後杜門不出辛丑年通音問一次余入商部後聞師對人言每以余不諳商務爲慮本年五月遽以疾卒噩耗傳來痛心何極謹輓一聯云公之平生司馬君實我有知己歐陽文忠嗣後作記文一篇敍公被謫之由俾後之君子知所考焉　振謹案先生所作記翁文恭公事載茹經堂文集卷六第五頁

冬奏派參議王君丹揆赴江浙等省考察商務

議設總商會於北京上海兩處再就漢口等處次第推廣余草擬奏稿並簡章二十六條大要在通商情保商利有聯絡而無傾軋有信義而無詐虞而其辦法重在剔除内弊考察外情庶幾商政得以逐漸進步載尙書深爲贊成奏上　召見文治垂詢　皇太后意極游移文治對以商人均有資本決無流弊　太后始釋然遂邀　俞允通行北京首設商會載尙書屬余蒞會演説從此商人乃知互相團結矣商務爲國家命脈提倡之責唯此稍盡心焉爾　振謹案請設立商會摺載茹經堂奏疏卷二第三十五頁

乙巳四十一歲

正月粤商張弼士入都請辦三水佛山鐵路並在山東開辦葡萄釀酒公司余爲具奏邀

准張瀕行饋余貳千金余辭之至於再三張滋不悅則嚴卻之其後粵商張煜南請辦潮汕鐵路閩商林爾嘉請辦福州銀行均饋鉅金一律峻拒

三月滬商夏瑞芳呈請設立商務印書館又虞輝祖呈請設立上海科學儀器館均批准立案旋接瑞安黃仲弢學士名紹箕書謂外人現籌集鉅貲擬到中國廣售圖書儀器等件，虞商資本有限勢不能敵請在輪電兩局撥官股接濟云云爰咨商管理輪電大臣袁世凱咨覆未能照准深爲可惜　振謹案黃仲弢學士與先生原函見鮮庵遺文之一

六月左侍郎陳君玉蒼調署戶部侍郎奉　旨以文治署理商部左侍郎

七月議設立勘礦總公司以保主權奏上奉　旨俞允原文存奏稿內　振謹案此摺載茹經堂奏疏卷三第二頁又同卷六頁有請籌撥勘礦總公司官股片亦乙巳七月所上

維時官制窳敗事權不一動多牽制爰擬改定官制摺奏上留中　振謹案此摺載茹經堂奏疏卷三第二十三頁

編訂商律成

八月初奉、旨派載澤端方戴鴻慈尙其亨紹英五大臣赴各國考察憲政啓行之日余

偕商部同人赴正陽門外車站送行五大臣甫登車余等正在車外接談忽轟然一聲車中炸彈爆裂幸余所立處距車一丈許並未受傷當卽至車站客廳內飭人詳細查問始知有革命黨某（後詢知爲安徽吳姓）施放炸彈其人已死車中紹大臣受傷頗重隨員中有薩君霽謙名蔭圖受彈子傷數處載大臣之侍衛炸去一臂幸未死均送中醫院送行者伍君秩庸在車旁震倒於地兩耳皆聾亦入醫院載大臣等暫歸越數日始行

時因風氣日開外侮日亟窮變通久不得不爲先事之謀爰擬請立憲摺奏上留中

振謹案此摺載茹經堂奏疏卷三第二十頁

十月派司員吳振麟魏震等數人赴東三省考察各種實業余意通商實邊當自東三省迤西至內外蒙古以達青海西藏以汽車鑛業兩公司爲根本以他種商業爲後盾如此則北京一區如背之有椅可以高枕無憂先派員調查再籌辦法不意阻撓者衆迄未能實行爰草具興辦東三省要政奏稿呈總憲陸伯葵師則大蹙之爲代上格於部議其事遂寢可痛也

振謹案先生所擬興辦東三省要政奏稿載陸文慎公奏議中題爲請飭東三省速舉要政摺共列十項一經營營口二疏治遼河三採掘撫順炭礦四監理東

清鐵道五贖還安奉鐵道及新奉鐵道六設置大連海關七預備十八處通商口岸八勘視間島九平靖鬍匪十收回遼東法權均分晰利害臚舉辦法末謂俾東三省不致爲朝鮮埃及之續可謂痛哭流涕而道之今竟不幸而言中先生徒獲先見之明無怪乎先生每談東北之事未嘗不太息痛恨不置也

奏請以丁君衡甫名寶銓周君舜卿名廷弼爲商部顧問官丁君己丑進士山陽人品行峻邁開通明敏長於政治學至是與余相見如舊相識遂通譜焉嘗喟然謂余曰時局至此恐難整理吾輩各盡心力而已並痛惡某當道以爲必不能免於禍後官至山西巡撫國變後隱居滬上無端被刺而死余未悉其事實故未爲之作傳思之每憮然也周君係鐵業鉅商無錫人

奏請於正陽門外設立勸工場始事構造

奏請將西直門外三貝子廢園改設農事試驗場余初意本擬購置外國農產各種子如美國棉子印度茶苗之類逐一試驗令各省農人改良種植乃自余離部後當事者忽將試驗場改作萬生園可嘆也

是年　皇太后壽辰賞大壽字一副玉如意一柄自署侍郎後每遇令節必蒙　恩賞如綢緞普洱茶春條等文治每感極而嘆曰　恩禮如此使臣工僕僕亟拜曷若信用臣言改良政治之爲愈乎

丙午四十二歲

正月四子慶永生字曰師萊號曰季長　振謹案先生有四兒孝長字說自記云此文成後家大人因孝字已定爲後代名特命改爲季長仍存此文作爲家訓云載茹經堂文集二編卷三第七頁

舉行京察大典奉　旨以文治補授商部左侍郎　召對一次

三月奏請設立商業模範銀行奉　旨交戶部核議遂爲所沮未行原文存奏稿內　振謹案此摺載茹經堂奏疏卷三第一頁又同卷八頁有請調用人員設立儲才館摺十五頁有請遣派學生出洋片俱丙午閏四月所上

六月議復北洋大臣政務處奏路務議員辦事章程不無窒礙摺原文存奏稿內　初商部奏設各省路務議員章程頒行各省不獨佐商部耳目所未周亦所以助各省疆吏之督察乃北

洋大臣袁世凱以爲不便於己極力反對奏請飭商部將章程删改余因復奏申明理由同僚以爲不宜開罪於袁余謂事上治下當明大體非與袁爭權也摺上留中　振謹案此摺載茹經堂奏議卷三第三十六頁陳石遺先生撰先生全書總敍所謂其與直督袁氏爭議路務摺侃侃不撓允爲必傳之作者也又同卷第十六頁有請設各省農工商務監督以興要政摺亦丙午六月所上

王丹揆兄患胃病甚劇余爲照料一切至六月中忽奉　旨簡放直隸按察司蓋有人忌商部辦事精勤欲去載尙書之左右手也丹兄遂假歸不赴任

九月載尙書奉　命偕徐菊人赴東三省查辦事件奉　旨改商部爲農工商部　簡文治署理尙書自維責任愈重報稱愈難具摺謝　恩後　召對二次　皇太后竝加勉勵云　振謹案此摺載茹經堂奏疏卷三第三十五頁

送載尙書赴東三省臨别依依尙書屬將東三省來往要電由余轉飭司員王大貞譯送邸第以期愼密

勸工陳列所落成外省送來土產人工物品極多載尙書前派司員陸君芝田名大坊祝

君紫升名瀛元管理當於十月朔日行開幕禮　奏明後　召對一次

奉　旨將工部歸併農工商部接收案卷一切甚爲忙碌所有工部舊員均須設法位置幸前任工部尚書陸鳳石先生名潤庠遇事詳晰指示有令尹子文之風余因得辦妥無誤　奏明後　召對一次　　振謹案先生有紀陸文端公事載茹經堂文集卷六第十二頁

十一月初一日吾母病作蓋初時患半身不遂之證臥牀已十年矣至是患全身作痛後患痰湧氣喘福建力君軒舉名鈞御醫也隨載尚書赴東省急電請囘京診治渠云無妨乃服藥後並不見效

十二月初載尚書囘京余遂不復到署壹意侍奉湯藥初十日後病愈劇不能言語至二十一日辰刻吾母竟棄不孝而長逝矣嗚呼痛哉照料殯殮一切皆賴同鄉陸君勤之名起及李生頌韓之力載尚書來弔執余手隕涕云余不啻斷一臂矣諸王公及各部大臣中如肅邸澤公喀喇沁王那公琴軒鹿公芝軒孫公燮臣陸公鳳石皆親來弔唁焉

振謹案先生有先妣胡太夫人事略載茹經堂文集卷五第十一頁

丁未四十三歲

正月先妣出殯於長椿寺租屋三間頗閎敞同部諸君咸設路祭痛心曷已

二月杪由京扶柩起程王仲虎譜弟名曾武送至天津許弼丞姊丈送回太倉情誼均極可感抵津後乘新裕輪船一路平順抵滬時寄亭七叔父樸丞弟俞隸雲表姊丈及各親友等均在碼頭迎接顧大姑母及大表姊等上船來弔皆痛哭失聲旋雇小船拖帶至太倉入城住隆福寺設奠卽扶柩至劉河二十都二圖揚子涇先塋安葬於再昭穴送葬者七叔父等二十餘人襄葬者吳健侯母舅許君叔明也計石灰一百擔用一成沙二成土七成灰拌勻鋪三寸爲一作土工十人用木鎚輕打之三寸打成一寸則一作工竣矣俗謂之白雲葬余廬墓數日監視工人事畢後痛哭別墓偕弼丞姊丈回京四月抵京幸吾父康健行虞祭禮

五月載尚書爲人參劾怏怏辭職奉　旨以溥仲魯尚書名頲代之亦宗室也論者謂農工商部一蹶不振矣

是時立憲並未實行大局岌岌可危南皮張香濤制軍名之洞項城袁慰庭制軍名世凱

皆入贊軍機余嘆曰國力盡矣著蓄艾篇二卷上之慶邸聞者皆莫之省　振謹案先生此書未刊

七月編曾子大義先成二卷第一卷爲孝經第二卷爲論孟中曾子語此外擬編大戴禮記中曾子十篇小戴禮記中曾子問大學二篇及經子中曾子語以完曾子二十篇之舊

振謹案第一卷孝經大義已刊入茹經堂全書中博采旁稽詳演申論剴切透達令人讀之孝悌忠順之心油然自生蓋先生用意所在非徒疏釋文字而已第二卷尚未刊餘未完成禮記大義大學大義則別爲專書

溥仲魯尚書親來請余爲北京實業學校監督堅辭之鐵寶臣尚書名良欲請余爲北京貴胄學校監督亦婉辭之

七月譜兄世伯先之喪歸自安慶伯先與余患難之交一麾出守洊升安徽藩司乃因患痢病遂不起余往弔之不禁哭失聲焉

八月郵傳部陳玉蒼尚書奏請派余爲上海實業學校監督（原名南洋公學）因念吾父年高思鄉綦切因允就職陸伯葵師爲吾父餞行情意惓惓九月初旬奉吾父南歸送行者桂月亭

尙書名春及汪君伯唐胡君劭介諸人到滬後暫住俞棣雲表姊丈家旋赴徐家滙實業學堂就監督職時教務長爲馮君玉蕃名琦齋務長爲梁君鉅屏名業庶務長爲周君子衡名銓附屬小學主任爲林君康侯名祖溍學生約三百人小學生約百人因前任監督久不到校頗形廢弛爰力加整頓並請寄亭七叔父襄助庶務李生頌韓爲國文教務主任旋電請農工商部派學生楊錦生等六名赴美國學習商科

戊申四十四歲

正月回劉河省墓墓前始立旗杆二七叔父及表兄朱君誦六名之經代爲經理松楸無恙可感也

實業學校舊設普通工程科特爲改設鐵路專科教務長馮君玉蕃庶務長周君子衡辭職請梁君鉅屏爲教務長嘉定夏君蕉飲名曰瑗爲庶務長又於星期日設國文補習課余親自上課教授

是年浙路風潮甚急先是商部奏請建設滬杭甬鐵路派王君丹揆爲監督山陰湯君蟄仙名壽潛爲經理蟄仙余壬辰同年也至是英公使言於外務部謂滬杭甬路與滬甯路

並綫按照滬甯合同應歸英人承造不得由中國人自造浙人大憤𪡏仙爭之尤力余爲之疏通幸慶邸堅持仍由中國商人集股自辦以保主權

八月江蘇教育總會舉余爲會長會設上海西門外林蔭路會中同人如楊君翼之名廷棟雷君繼興名奮沈君信卿名恩孚吳君畹九名馨皆極一時之選

十月中旬忽聞　皇太后　皇上升遐之耗感念　恩遇曷勝痛悼而　皇上薨逝在皇太后仙馭前二日尤可疑也謹赴上海道署哭臨三日旋廷臣議尊號　皇太后爲孝欽顯皇后　皇上爲德宗景皇帝　皇太后遺詔命　醇親王載灃爲攝政王　大行皇帝無嗣立醇親王之子兼祧　穆宗毅皇帝爲嗣嗚呼國家之變至此而極矣聞　皇太后真冷時初命慶邸攝政慶邸力辭此蓋氣運使然非人之所能爲也

是年冬請陸君規亮名瑞清爲實業學校齋務長

己酉四十五歲

是年改元宣統元年

二月二十一日釋服白駒過隙痛心無已作大孝終身慕父母論三篇附孝經大義後

振謹案先生所作孟子大孝終身慕父母論三篇並載茹經堂文集卷一第三十九頁

三月隨吾父回劉河省墓

總憲陸伯葵師諡文慎公之喪歸自京師公因世變多故鬱鬱不得志去年八月竟以疾卒其平生氣節凜然有古大臣風愛才極篤待余尤厚臨別餞行時忽語吾父曰吾恐不能見君矣旋握余手諄諄以身後之名相屬方共訝其不祥而不意其竟爲先兆也其長公子芝田扶柩歸余往迎於輪舟中撫棺大慟焉

夏設立電機專科請美國人謝而屯爲科長中國學校之有電機自此始並定每年選派路電兩科畢業生入美國大學肄業

秋蘇撫某公因省庫支絀倡征銀解銀之議余因民間並無現銀折合火耗吏胥上下其手剝蝕小民爲害滋大電達政府力爭之得罷

太屬諸同鄉舉余爲太倉中學監督余因未能常駐校中請同鄉朱君叔子名文熊爲主任學生約二百人余並在太倉設立藝徒學校分木工織工兩科友人蔣君仲經擔任經費不足余捐資補助之後數年蔣君改爲工藝廠

十月間三兒慶增患傷寒病甚劇屢瀕於危延陳君蓮舫診治陳爲松江名醫住朱家閣
冬編國文大義成先是余上課苦無國文教授善本爰隨講隨編曾論大義分才性理氣
等凡二十餘門書成分二卷　振謹案先生此書已刊入茹經堂全書中

庚申四十六歲

正月三兒腦背復生外症時虛弱已極頭足均不能動本校職員葉君晴峯薦滬醫夏君
蔭堂名紹庭診治竟獲全愈闔家相慶以爲死中得生云
三月初四日爲吾父七十壽辰命弗稱觴而送禮者絡繹吾父心甚厭之命余攜帶大兒
慶詒並請西席徐君蘭孫名福墉於初二日早偕赴西湖住昭慶寺遊靈隱諸名勝塵襟
一滌天倫之樂無窮也初十日返滬
蘇提學使樊介軒先生名恭煦偕譜弟曹君叔彥來滬請余爲蘇州存古學校史學教習
余因史學非所長辭之先生與叔彥堅請不肯去不得已允其寄卷評閱旋赴存古學校
講學一日勖勉諸生
軍機大臣袁世凱獲譴奉　旨開缺回籍

夏在實業學校對門購定房屋設立商船駕駛科請英國畢業生夏君應庚名孫鵬爲科長
江蘇士紳舉余爲地方自治總理以蔣太史季和名炳章朱太史錫百名壽朋爲副余因地方自治無領袖頗爲危險爰往就職自治籌辦處設在蘇州五百名賢祠對門蓮池環繞地極幽雅駐辦爲觀察夏劍丞名敬觀太守陸勉齋名懋勳各縣參議賢俊之士甚多余卽借寓名賢寺中往見蘇撫瑞君莘儒名澂又見臬司左君子宜名孝同文襄師之少子也談甚款洽是後余每月赴蘇一次
上海圖書公司印曾文正公手書日記浼林君康侯來乞余爲序余恨未及文正之門常服膺而私淑焉爰本斯意作序一首目疾甚勉强親書之　振謹案先生所作曾文正公日記序載茹經堂文集卷四第三十頁
王紫翔師之太師母張太夫人賢而多才著有三省樓詩稿余謹序而印行之王師心甚慰　振謹案先生有三省樓賸稾跋載茹經堂文集二編卷五第五十三頁
陸文愼師在御史臺時嚴參權貴又劾太監李蓮英直聲甚著余囑陸世兄芝田寄奏稿

來殘缺不全爲之潛然釐訂二卷謹序而印行之　振謹案先生所作陸文愼公奏議序載茹經堂文集二編卷五第二十一頁
是年冬辭太倉中學監督請辛君湯生名鴻銘爲實業學堂教務長陸君勤之爲實業學堂庶務長
軍機大臣南皮張公香濤卒於位張爲一代名臣聞之感嘆其絶命詩云南人不相宋家傳自詡陳橋識杜鵑辛苦李虞文陸輩終隨落日墮虞淵可異也
辛亥四十七歲
正月接郵傳部電囑在吳淞礮臺灣建商船學校余親往相度地勢命工師繪圖剋日興工請陸君勤之監造八月竣工
四月汪君伯唐來滬汪時爲駐日本公使見外侮日亟國勢阽危特回國招余與張君菊生在張宅密議救國之策議定請醇邸奏　皇上赴英美求學請慶邸當國多招賢士大夫爲之輔佐或可挽國運於萬一公推伯唐赴京條陳其事乃伯唐抵京後醇邸僅召見一次伯唐痛切敷陳醇邸曰現有海陸軍何有外侮伯唐曰中國海陸軍其可恃乎醇邸

遽曰汝去伯唐出語同朝皆莫之信甚有以爲無病之呻吟者伯唐廢然赴日本乃知國事萬不可爲矣

夏招考商船學校新生報考者三千人擁擠不堪計專科及中學共取一百八十名常熟翁君寅臣之世兄某程度較低余勉欲錄取之夏應庚以爲不可因擯去心甚歉然旋請莊君思緘名藴寬爲商船學校庶務長

八月國變事起初川漢鐵路國民欲收回自辦政府欲借款開辦令有違抗者格殺勿論蓋用盛宣懷之策也於是人心大去適兩湖總督瑞澂窮治革命黨軍人遂擁載黎元洪起事瑞澂逃亡各省響應獨立遂議改共和政體不及二月已徧全國滿人良弼鳳山皆爲黨人炸彈所斃其勢岌岌不可終日莊君思緘來出示伍廷芳等電稿請求　皇上遜位邀余列名余歎曰人才不用國運盡矣欲保全　皇室不得不出於此遂附名焉後王師深咎余以爲不應列名沈子封師亦深以爲非見於辭色後數月俄國革命俄王尼可來不從爲國人鎗斃孤臣耿耿之心當可白於天下後世矣

九月在無錫西溪建築新屋落成其地本爲周君舜卿所有余以三千金購得之三月間

動工並建家祠一幢於屋之東北至是工竣吾父因亂事方殷仍居上海

冬編古人論文大義成自韓退之始至吳摯甫止凡三十家共分二卷助余搜輯者李生頌韓之力爲多　振謹案先生此書已刊入茹經堂全書中

壬子四十八歲

正月十二日吾父徙居無錫新屋余隨侍至錫旋回上海暫離膝下不勝依依是後遂時往來申錫間悔不建屋在上海也

商船學校學生公舉薩君鼎銘名鎮冰爲校長薩本爲海軍提督長於駕駛余即往迎以學款房產等悉交與之

去年國變暫改實業學堂爲南洋大學春間秩序稍定而校費無着余因偕陸君勤之赴京晤交通部（時改郵傳部爲交通部）總長施君植之名肇基面商施因無款可撥囑動用本校存款並改名爲上海交通部工業專門學校云在京住許弼丞姊丈家謁陸鳳石相國時爲內廷師傅殷殷話舊相對欷歔爲余寫唐氏宗祠行素堂匾額各一是時慶邸在天津未及往謁晤紹越千丈及農工商部舊同僚均依戀不舍京師氣象腐敗已極余小住數日

卽囘上海

四月辦太倉等處水災賑務余自京囘南卽赴太倉省墓某日在舟中黎明未起夢中忽聞岸上人語曰某家賣婦得二十四元可憐某夫僅得十二元耳余驚醒命停舟覓其人已不可得舟子常熟人也余問曰常熟去年荒象何如舟子曰噫近時鄉人家多食豆皮有一家三人餓垂斃鄰人爲之借米煑粥粥成而三人氣均絕矣余聞之墮淚囘滬商諸李君平書名鍾玨捐米一千石又募捐洋一千元卽分散太倉常熟崑山無錫四處太倉請王君熾甫名乃昌主其事王君辦賑極爲切實

夏請胡君振廷名棟朝爲教務長胡爲美國康奈爾大學鐵路科博士相見後欲從余治國文因執弟子禮亦難得之士也

著人格成余初欲作校訓後因胸中所欲言者甚多爰著此書定子弟學生師友等凡五格爲一卷（後數年又增軍人格）

振謹案先生人格一書示人以立身處世之標準上採周秦以來聖賢諸子下逮宋元明諸儒之論說加以淺顯疏解允宜家絃戶誦手置一編也已刊入茹經堂全書中

冬編國文陰陽剛柔大義成本曾文正古文四象發揮其義又別選古人文以廣大之頗爲詳盡　振謹案陰陽剛柔之説朌於姚姬傳氏曾文正繼其説而大昌之先生則綜二家之説論之而更進焉曰凡人之情性氣質毗於陽者陰亦寓焉毗於陰者陽亦寓焉天地之道陰陽之氣常相勝而相爭惟明於消息之故於其偏而調劑之且因其偏而善用之善驗古人文之神與氣亦若是而已所編國文陰陽剛柔大義八卷選周易尚書詩經論語孟子國策莊子賈生董生司馬子長揚子雲班孟堅韓退之之文而分注陰陽各名於其下陳石遺先生撰先生全書總叙稱爲論文之至精而無弊者也其緒言並編入茹經堂文集三編尚未刊

癸丑四十九歲

二月家祠始行春祭禮寄亭叔父來助祭築愛蓮坐花二亭成愛蓮爲高祖考墨池公別號吾父手書亭中匾額思祖德也坐花亭吾父所題名桐城吳芝瑛女士爲書匾額時布置尙完矣

夏建造電機試驗廠余先在工業學校上院北設立機器廠規模甚隘其後略加擴充至

是購買電機價約數千元別設電機廠請科長謝而屯主其事（以後逐年增購機器規模略具）冬編論語大義成採用朱注別下己意爲小注取簡單以便初學又採先聖精意作大義二十篇（此後刪改數次乃成定本）

振謹案先生此書已刊入茹經堂全書中其鄉黨微子子張三篇大義並載茹經堂文集卷一第十七頁

十一月適顧氏大姑母去世姑丈顧叔英先生先卒姑母無子依表姊丈俞君隸雲以居沒後吾父哭之慟殯葬一切皆隸雲兄伉儷料理余送殯至太倉

甲寅五十歲

春爲諸生講易採用程傳並項平甫先生周易玩辭　御纂周易折中及近代易師說擬編周易大義先作易微言三篇寄曹叔彥譜弟指正叔彥亦寄余易箋稿本互相質證

振謹案先生前後所作易微言俱已編入周易消息大義中

五月大表姊俞母顧夫人去世余中表兄弟姊妹共七人而俞夫人最長賢而多才能詩文幼時最爲先妣所愛賞乃因外症遽不起幸三月間表甥鳳賓名慶恩已從美國遊學歸其幼女慶棠即余聘媳也哀毀特甚余爲文以祭之

振謹案先生所作祭表姊俞

室顧夫人文載茹經堂文集二編卷九第三頁
六月七日女慶婉生
八月送大兒慶詒赴美國比洛歐大學肄業科長謝而屯所介紹也時慶詒年甫十七甚
幼樨吾父意頗悵怏幸時得安稟以爲慰
冬編孟子大義梁惠王公孫丑滕文公三篇成仿論語大義體例採用朱注兼採張南軒
先生孟子說余別爲傳義以穀梁釋經法行之頗有古致每篇後各附大義一篇　振
謹案先生此書貫串羣言發揮新義於孝弟人倫之本出處取與之經察識擴充之幾闢
邪反正之道不憚剴切敷陳而其尤注意者則在剖析義理警覺良知又以孟子之文筆
陣縱横兼采眉山蘇氏桐城方氏評語著於篇於孟子道德文章之指歸可謂兼備矣已
刊入茹經堂全書中其滕文公篇大義並載茹經堂文集卷一第三十一頁
乙卯五十一歲
春仍爲諸生講易上經畢閱姚配中先生周易姚氏學深得先聖憂患之旨又安徽陳世
鎔周易廓一書漢宋兼採亦頗精del李生頌韓又得書賈送來周易集解鈔本一巨册其

評語原本漢易家法極爲精辨惜其下册已爲他人定購書賈旋來取去余僅臨得上經交臂失之可惜也

五月澄錫戰事起江陰礮臺兵變也先期余聞警馳歸無錫迎吾父赴滬吾父因料理物件命内子先行不意火車已阻晚間鎗礮聲隆隆至夜半始止知江陰兵敗退矣越一日始隨侍吾父到滬已受虛驚矣

冬編孟子大義離婁萬章告子盡心四篇成並作自序頗中時弊有能讀此書者或可救世道於萬一也　振謹案先生所作孟子離婁篇大義除已連同他篇刊入孟子大義專書外並載茹經堂文集卷一第三十四頁

丙辰五十二歲

春請阮君子衡名惟和爲工校庶務長並請徐生守五名經郛爲英文科長徐卽本校學生余派赴美國游學者也

六月辦理長沙賑務湘省督軍張敬堯與黨人戰縱兵淫掠地方糜爛所擄掠之女子賣價每名四五元有北軍擄一婦不從兵斬其頭落地時婦方抱小兒乳血濺滿兒頭兒亦

墮地有教士見之大憤抱兒張敬堯張曰非吾兵也此外慘酷事多不忍紀余聞之潸然商諸上海紅十字會會長沈觀察仲禮名敦和並經理江君趨丹名紹墀慨然允撥款又商諸宗兄郛鄭名浩鎭阮君子衡劉生汝梅名天成魏生旭東名廷暉沈君健生名炳龢同赴長沙放賑魏沈皆湘人也至十月間方竣計賑款五萬餘元沈會長請余爲紅十字會名譽會員　振謹案先生有宗兄郛鄭墓誌銘載茹經堂文集二編卷八第四十八頁

七月添設鐵路管理專科於是專科凡三粗具大學規模矣

冬編大學大義成用鄭注本參以朱注及劉蕺山孫夏峯李二曲諸先生說共一卷又可編入曾子大義中也其敍文頗爲曹叔彥譜弟所推重貽書謂可資誦讀云　振謹案先生此書已刊入茹經堂全書中其敍文並載茹經堂文集卷一第二十二頁

是年修理漕灃松岩公墓建造蝴蝶牆門並贖回墳旁餘田二畝共費四百餘元

丁巳五十三歲

三月爲吾父重游泮水之期宗兄郛鄭諸君請於政府特贈芹藻重芳匾額校中諸同人

於初四日吾父生辰會飲慶祝憶吾父州試第十三名入學第四名學使孫宗師諱葆元題爲友多聞益矣余當筵背誦吾父入學文起比尚能一字不誤

夏編先儒靜坐集說一卷自李延平先生始至李二曲先生止其中尤以高忠憲公靜坐說爲最精密　振謹案先生此書尚未刊

編近思錄劄記思辨錄劄記各一卷皆二十年前評讀之語輯錄成書　振謹案先生此書尚未刊

冬編中庸大義成如大學大義例惟鄭注本以君子之道費而隱屬於索隱行怪章又末章分節多舛誤不及朱注特糾正之又作提綱推及於天人本原於誠孝自謂稍有功於世道也　振謹案先生此書已刊入茹經堂全書中其敍文並載茹經堂文集卷一第二十四頁

戊午五十四歲

春籌辦工校圖書館擬建築於本校中院之東南費約八萬元除交通部允撥三萬元外余擬分組募捐

四月表姊丈俞君隸雲去世隸兄與余交最厚爲人忠實至誠崇尚氣節病中風二年病歿後余往弔之見諸甥及甥女哀慟欲絶余不禁痛哭後爲作墓誌銘一篇　振謹案先生所作俞君隸雲墓誌銘載茹經堂文集二編卷八第四十六頁

五月杪赴太倉哭王紫翔先生自國變後先生改號溪山老農日以祈死爲事去年九月余往省視先生身體尚健爲余删改外舅黄浚之先生家傳余臨行時先生送至門曰汝來吾心甚喜體必較健大約尚可相見也乃四月間病甚余聞信回太則先生已不能言矣逾二日卽卒追念教誨之恩涕泗滂沱六月初旬復往設奠一次祭文存文集中與諸同學商謚曰文貞　振謹案先生所作祭先師王文貞公文載茹經堂文集卷六第四十頁

六月編許公竹篔外集成初余搜輯許公奏疏函稿印數百部外交部陸總長子興名徵祥許公之舊屬也見而寶之亦印行數百部並屬余輯外集余因託嘉興門人王君寅清名永禮於許公親戚盛萍芝先生處訪求搜集共成五卷又日記書札各一卷余爲之敍請陸總長印行之　振謹案先生所作許文肅公外集序載茹經堂文集卷四第三十二頁

編工業學校國文課本成教員李生頌韓黄君虞孫名世祚黄君子植名宗榦鄒君聞磬名登泰之力也　振謹案先生有中學國文新讀本序載茹經堂文集二編卷五第三十四頁

冬編十三經提綱易書詩三禮成並續作易微言二篇

刻王文貞師讀左質疑先生著作甚夥其文集年譜已由世兄慧言名保譜刊刻而讀左質疑一書於劉歆所竄入者摘抉精詳余爲刊行之謹作跋於後　振謹案先生有與王君慧言書載茹經堂文集二編卷四第七頁讀左質疑跋載同編卷五第五十四頁

是年修理漕漕文璧公墓瀆冋墳旁餘田一畝五分零費與前年略同

己未五十五歲

正月八日赴太倉送王文貞師栗主入陸陳江盛四先生祠蓋先生創設四先生祠堂者也祔祀其中衆咸曰宜恭送者約百餘人同學宿遷黄方伯伯雨遠道來送相與話舊留三日而别

五月初七日學界攻訐曹汝霖陸宗輿相率罷課惟時余目疾日甚因赴蘇州天賜莊醫

院請醫生張渭漁名卜熊者解剖左目卒無效醫院起居亦多不便小住數日即返錫悉寄亭七叔父於十一日去世深爲痛悼

五月十七日女慶婉以驚風殤婉兒生六歲尚不能行走平日食乳不足體弱可知然是兒極有情意曇花一現曷勝痛心棺木一切均託宗姪肇農代爲購辦肇農名穀源保謙弟之長子人極誠懇可感之至此後一月余常臥床養目百念俱灰　振謹案先生有宗姪肇農哀辭載茹經堂文集二編卷九第十六頁

八月聘媳俞慶棠赴美留學偕其兄頌華名慶堯來辭行內子送別爲之黯然余特電達慶詒命其照料時慶詒已轉入紐約哥倫比亞大學矣

冬太倉水災甚巨西鄉河川橋一帶鄉人居屋內水深數尺無所得食余商諸旅滬同鄉會吳君挹峯名鍾秀項君惠卿名堯仁張君綸卿名大誠會同募捐項張二君曰同鄉會無人主持久矣君能來就會長職吾輩必當盡力余欣然就之惠卿遂商之濟生會王君一亭允撥賑款棉衣等旋復各處勸募余請陸君蓬士名修瀛朱君愷儔名增元周君幹如名之楨及沈君健生分赴河川橋毛家市鹿湖蓬萊鎮新豐鄉各處散放而棉衣請官

聽發護照諸多留難遲到一日新豐鄉已凍死老嫗一鹿湖凍死小孩一嗟乎余之罪也古人云放賑如救火不可須臾緩豈不信哉是役共放賑洋約二萬元本邑別有以工代賑款開濬河道由縣知事盧君主其事

編十三經提綱春秋左氏公羊穀梁三傳論語孝經爾雅孟子成合上年所編共分二卷是編之意專爲開示初學讀經門徑後人得此當不至畏難中止矣　振謹案先生此書總挈經之綱領吸百家之菁英發微言明大義陳宗旨辨家法於真僞得失詳細開示誠讀經之津逮也已刊入茹經堂全書及無錫國學專修學校叢書中

庚申五十六歲

正月初四日醫生張卜熊來招赴蘇治右目以針挑之亦無效心甚悔之孟子云莫之致而至者命也余平日多過獲罪於天豈能挽救乎

正月二十日工校圖書館行開幕禮工程頗完固部派劉君同仁名成志來驗收來賓約二千人極一時之盛

三月初四日爲吾父八十生辰時太倉西鄉尚須辦理春賑吾父拒絕賓客命以壽筵之

資移放春賑共得約二千元至散放時因去冬尚有餘款僅用去八百元尚餘一千二百元吾父命以此款存放生息設太倉敬節會周恤窮嫠定額二十四名每名每年津貼洋十元六月十二月兩月杪送給

四月組織無錫中學初余因無錫高等小學學生甚夥畢業後遠赴各處求學頗覺困難擬設立中學懷此願久矣至是門人蔡生虎臣名其標介紹門人高生踐四名陽來言奉其先人秋荃先生之遺命於錫邑設立中學余爲訂定章程具呈省縣暫租西水關馬氏房屋爲校址計開辦費三千元建築房屋費二萬元基本金四萬元踐四堅請余爲名譽校長余因請江太史霄緯名衡爲主任門人周生緝菴名熙爲教務長先招初二年級生兩班四兒慶永亦往肄業焉　　振謹案先生有高君秋荃傳載茹經堂文集二編卷六第二十八頁

夏得慶詒家書就萬國國際聯盟會委員嚴君鶴齡聘爲祕書由美赴瑞士國會地名日內瓦慶詒去年學外交科畢業得碩士學位尚未得博士深爲可惜然藉此遊歷歐洲亦不無裨益耳

八月送三兒慶增赴美國比洛歐大學肄業學經濟科（後改入米希根大學）

族姪慶同逃亡慶同父寶生名文浩遠族弟也前數年去世余時照料其家弟婦席氏孀毋王氏相繼逝世尚餘田產爲太倉田販朱少山輾轉售賣余一面嚴追朱少山還款一面送慶同入學讀書旋逃出送入太倉工藝廠因病回滬由同鄉顧君福生送至漢口雞蛋廠旋逃回余因託同鄉吳君昆生名增裕介紹入上海福新麵粉廠旋又逃出告其父執汪君春涵云將赴南通春涵止之遂去不知所往除迭次所用川資衣服等費外尚餘洋二百餘元又賸寶山田二十畝不得已暫爲經理田租託太倉金君桐生代收歲約得二十元（後以此項款產交寶生近房子淦弟名文鎔收管）

自八月始吾父飲食不進精神委頓余甚爲惶急後改飲雞湯略進麵包至十月後始漸痊蓋溼阻爲患非本原病也

自上年學潮後學風愈覺不靖余因吾父老病目疾日深已先辭工業專門學校職數次而交通部長迄不允至十月初三日余遂决計解職回錫蓋函電交馳至此凡十次矣部中派員來留本校同人來請留者絡繹於道均堅拒之自問精力日衰私衷歉仄而已

十二月錢唐施君省之名肇曾託友人陸君勤之介紹屬余在無錫開辦國學專修館定開辦費八千元常年經費每年一萬元余思講學家居平生之志爰訂定學規章程託蔡生虎臣借租錫商山貨公所樓房兩幢爲教室宿舍地在錫山之麓即於無錫上海南京三處招考報名者近千人取定師範生正額二十四名附額六名爰宣布講學宗旨略謂吾國情勢日益危殆百姓困苦已極此時爲學必當以正人心救民命爲惟一主旨務望諸生勉爲聖賢豪傑其次亦當爲鄉黨自好之士預儲地方自治之才惟冀有如羅忠節曾文正胡文忠其人者出於其間他日救吾國救吾民是區區平日之志願也　振謹案先生所訂無錫國學專修館學規載茹經堂文集卷二第二十四頁

是年修理澛漕始祖良鼎公墓當乾隆年間吾家頗盛七世祖宏任公經營良鼎公墓立有碑石名梅花墳餘地極多或云有七十畝或云四十餘畝粵匪難後盡爲族人盜賣祠堂亦被拆毀然聞吾祖父言尚有餘地十餘畝迨吾家赴京後遂變賣無餘並開墾及方基吾父掃墓時爲之下淚命以次修理至此三墓均修竣又有七世祖妣周太孺人節孝牌坊已迷失數十年矣吾父屢命訪求之前年朱誦六表兄竟訪得之在劉河土山後尚

屬完好兩旁石柱刻聯云聖德齊天垂片石清心同月映孤松其額云　皇清特恩旌表已故儒童唐大極妻周氏給帑建坊其年月則剝蝕不可辨考金氏劉河紀略載節孝唐周氏於乾隆三十八年江蘇巡撫薩載彙題請　旨給帑建坊其後裔議敍縣佐唐承照領帑於乾隆四十六年建節孝石坊於顯佑山後云云據此則建坊時當在乾隆四十六年紀略内稱諱承照者卽家譜所載斗光公也以百六十餘年之舊物一旦訪求得之吾父精誠所感者至矣尙有翁仲二爲鄉人移置他處庚申年出貲贖回每屆清明掃墓當往瞻拜子孫其永誌之

辛酉五十七歲

正月新生陸續來見二十日開館余親自上課每日二節講論語孝經孟子請朱君叔子爲本館教習並請門人陸生景周名修祜爲助教景周於前數年處館余家授慶詒等課兼司筆札深資得力

與施君省之議刻十三經近時吾國學生皆畏讀經苦其難也爰搜羅十三經善本及文法評點之書已十餘年矣自宋謝疊山先生至　國朝曾文正止凡二十餘家頗爲詳備

施君聞有此書商請付梓余因定先刻十三經正本冠以提綱附刻先儒說經世鮮傳本之書而以評點文法作爲劄記謹作敍文並請陳太傅弢庵名寶琛撰序命上海刻字舖朱文記經刊分校者太倉陸君蓬士王君慧言李君慰農徐君天劬及陸生景周期以三年竣工　振謹案先生所作施刻十三經序載茹經堂文集卷四第一頁

六月編茹經堂文集定初編爲六卷二編爲九卷　振謹案先生文集已刊者有茹經堂文集六卷卷一爲經說類共十七首卷二爲雜著類共五首卷三爲論辨類共五首卷四爲序類共二十二首卷五爲家乘類共十四首卷六爲雜記類及碑銘哀祭類共十五首有貫串百氏牢籠萬彙之概前四卷多發揮聖賢微言大義第五卷家乘多至性至情之文尤足感人第六卷載庚子拳匪亂狀關係國故而爲文博大精深實能於八家外別樹一幟又有茹經堂文集二編九卷卷一爲經說類共二十首卷二爲雜著類共七首卷三爲論說記文類共八首卷四爲書類共八首卷五爲序跋類共三十八首卷六爲傳類共二十三首卷七爲贈序壽序類共九首卷八爲碑銘類共二十二首卷九爲哀祭類共十一首較初編別有擅勝之處蓋初編較謹嚴二編更爲豪邁經說淹貫漢宋雜文本源

經子出入韓歐至於喚醒世道人心尤有裨益其三編亦已編定爲八卷正待付刊云

無錫中學主任江君霄緯教務長周生緝庵均辭職改請高生踐四爲主任唐君桐侯名錫恩爲教務主任

七月慶詒由歐洲回國吾父甚慰旋由外交部派爲華盛頓會議祕書十月間復赴美

十月國學專修館遷居本邑　文廟旁尊經閣先是本館請邑紳孫君鶴卿名鳴圻爲館董孫君因舊時金匱縣訓導署廢棄可惜錫邑原有尊經閣爲明成化時所建燬於兵燹乃捐資於訓導署舊址重建尊經閣修理餘屋由十七鄉公呈縣署立案旋經縣署知照請本館遷入邑紳楊君翰西名壽楣復助成之旋陸君勤之復籌款建宿舍樓房五楹至是遷入余爲立碑以紀孫楊二君之德　振謹案先生所作無錫重建尊經閣碑記載茹經堂文集卷六第三十六頁先生又有孫君鶴卿墓誌銘已編入茹經堂文集三編尚未刊

冬招考新生一班共錄取三十名

十二月聘廣西陳生柱尊名柱爲本館教習柱尊本任梧州中學校長辭之來助余其文

學鴻博可喜也　振謹案先生有贈陳生柱尊序載茹經堂文集二編卷七第五頁又有與陳生柱尊書載同編卷四第十四頁又有覆陳柱尊論格物書已編入茹經堂文集三編尚未刊又有守玄閣詩學序載茹經堂文集卷四第三十八頁説文解字釋要序載同卷第四十一頁中庸通義序載茹經堂文集二編卷五第三頁皆爲柱尊作

壬戌五十八歲

正月開館上課余講授左傳禮記大學中庸乃上課未及旬日忽患寒熱病頗劇亦因積勞故也功課請朱陳陸三君分任淹纏至三月杪始愈

三月慶詒華盛頓會議竣事回國

四月十八日娶長媳俞氏慶棠奉吾父命所有聘禮衣服首飾以五百元爲度此後娶婦不得溢出此數並告坤宅勿備妝奩其兄鳳賓欣然允諾慶棠來歸後賢而孝吾父甚喜曰吾不啻得一賢孫女矣

六月編洪範大義成分傳注政鑑析疑爲三卷上契堯舜之心傳下開周孔之統緒本治己以治人政治之學莫精於此矣　振謹案先生此書已刊入茹經堂全書中

刻陸文慎公年譜公自編年譜僅至中年同學江陰陳君慕周名宗懿續成之其世兄芝田寄余稿本已數年矣謹作敍刊印之　振謹案先生所作陸文慎公年譜序載茹經堂文集卷四第三十六頁

冬編性理學大義成定周子二卷程子二卷張子一卷洛學傳授一卷朱子八卷每卷各冠以敍文及傳狀發明大義篇中精要處各加評語圈點學者得此講本可窺性理學之門徑矣　振謹案先生此書已刊入茹經堂全書中其各卷敍文並載茹經堂文集卷四第四頁

癸亥五十九歲

正月開館上課余講周易及性理學大義

無錫中學在南門外羊腰灣建築新屋成諸生遷入高生踐四因其尊人所捐建築費尙有不敷並向各處募捐始得告成余爲立碑以紀始末

夏四月孫女孝純生慶詒出

六月無錫中學行第一屆畢業禮畢業生僅七名主任高生踐四教務主任唐君桐侯均

辭職維時余因體弱事煩亦決計辭去學生錢寶鈞韋煥章吳煒庠等來堅留數次幾至下淚余曰噫余對於校務未能盡職諸君感情乃如此厚也爰勉允留任請陳生柱尊兼主任並請堂弟靜之名文壽爲庶務主任靜之在北京就學時向住余家畢業於北京高等實業學校化學專科爲人極靜細

七月編政治學大義成余因中國政治學始自唐虞傳自洙泗而向無專書倘有外人詢及茫然無以對深可愧也爰編是書分奏疏公牘書函本論凡四門而本論十三篇指陳近時利弊尤爲痛切本學期卽用作課本　振謹案先生此書尙未刊惟序文載茹經堂文集卷四第十二頁本論十三篇已編入茹經堂文集三編中亦未刊

選印國學專修館文集初編由教員選擇甲班兩年乙班一年之成績較優者余爲釐定之著於篇　振謹案先生有無錫國學專修館文集初編序載茹經堂文集二編卷五第四十四頁

十月命諸生編輯朱子全集校釋余嘗聞寶應有王白田先生朱子文集注本爰函屬寶應劉生翰臣代爲訪覓旋得劉生復書謂家藏有王白田朱止泉兩先生朱集籤注甲子

完備朱墨爛然惟編纂不易祇可過臨云云余乃命館生王蘧常唐蘭吴其昌吴寶淩戴恩溥五人赴寶應劉家分鈔七日而蕆事回錫後復命王生蘧常悉心編纂得十餘萬言定名朱子全集校釋云諸生之自寶應歸也吴生寶淩贈余朱止泉先生文集四册余細讀之見止泉先生論朱子於乙丑歲悟道後專用力於涵養須用敬進學則在致知二語因之精義入神陽明編晚年定論固非然謂朱子膠於萬物而不事涵養者亦非也乃知止泉先生於朱子之學終身服膺寢饋更勝於白田且編有朱子聖學考略及朱子分類文選二書尤爲精密無倫旋王生購得分類文選示余劉生又訪得朱子聖學考略爲之大快　振謹案先生有朱文公文集校釋序載茹經堂文集二編卷五第五頁

十二月國學專修館行第一屆畢業禮先期練習講演印講演集初編復招新生一班與陸君勤之議設理學社陸續捐資選刻先儒遺集

甲子六十歲

正月開館上課

二月黄氏岳母病歿於余家岳母爲先妣胞妹德性溫良去年七月病寒熱淹纏不止遂

不起遺款洋百元平時所積存也疾革時命余以此款修理外祖父墳墓建築蝴蝶牆門且曰汝母若在必極贊成款有不敷汝當助成之其孝思如此沒後余追憶先妣哭之慟內弟玉儒偕內子扶柩回太倉　振謹案先生有外姑黃太夫人事略已編入茹經堂文集三編尚未刊

寶應劉生來書云朱止泉先生裔孫憶劬名某刊刻止泉先生外集聞之欣慰卽擬序文寄去　振謹案先生所作朱止泉先生外集序載茹經堂文集二編卷五第十二頁

三月刻陳確庵先生周易傳義合闡十二卷是書爲安道先生遺書第一種於程傳及朱子本義多所發明向無刻本前數年聞太倉同鄉陸君星五名鴻曜購得鈔本余借鈔之如獲異寶遂撥理學社捐款刻之逾年告成

纂論語大義定本因初稿本注太簡略刪改二次採李文貞陸清獻二公黃薇香太夫子劉楚楨先生諸家說加以按語較爲精深適施刻十三經成遂附刻於後及後講貫覺意義尚多未盡學問本無止境也

五月與諸同志集貲刻同鄉沈卽山先生文集先生文章爲明七子嫡派咸同間太倉顧

雪堂先生名師軾曾爲排印友人錢君復三王君慧言等建議付梓余爲致書旅滬同鄉會及陸君勤之分捐款項刻成之余爲書後一首頗嗚咽呈諸吾父竟爲心傷落淚乃大驚急撤去嗚呼孰知其爲不祥之兆耶　　振謹案先生所作書沈卽山先生詩文鈔後載茹經堂文集二編卷五第六十二頁

六月無錫中學行第二屆畢業禮

劉生啓瑞又來書云朱君憶劬擬刻朱子聖學考略請爲作序並屬王生蘧常代爲校字大爲快慰謹擬序寄去旋吳生其昌在天津圖書館鈔得朱止泉先生宗朱要法一卷卽寄劉生屬其附刻於聖學考略後　　振謹案先生所作重刻朱止泉先生朱子聖學考略序載茹經堂文集卷四第二十七頁

七月江浙兵事起齊燮元盧永祥戰於劉河黃渡等處此禍醞釀已久余逆知戰事必不能免先期電達曹錕吳佩孚並齊盧兩處痛哭流涕求其和解曹吳未復齊盧復電均稱倘人不犯我我亦不犯人也至七月下旬事益亟江浙紳士惶急主議緩衝乃浙盧派員到會而蘇齊杳然至八月三日遂開戰兵士騷擾淫掠百姓流離慘不忍言幸旅滬同鄉

會設立兵災善後會項君惠卿等主其事救出劉河同鄉人不少旋李生頌韓等來錫避
難靜之弟內姪婦盛氏隨其叔徐韻梅自白鶴港逃來亦暫住余家
九月中旬盧永祥出走北京馮玉祥兵變　淸帝蒙塵避日本使館旋避天津痛心之至
余發二電致段祺瑞請其保護　皇室均未得復
無錫溥仁慈善會赴劉河等處放賑乃命僕人高福偕往探視先塋揚子涇無恙潛漕松
岩公墓旁掘濠溝數道幸未傷及棺木當卽飭人塡平高福歸時帶回劉河避難幼童金
根全名有明其父母均中流彈而死無所依吾父命住吾家入小學讀書旋同鄉會吳君
揖峯來函云劉河難民逃囘者因房屋被焚甚至宿豕圈中度日情形慘極商請陸君勤
之借塡洋三千元放給鄉民令其搭蓋草屋俾得棲止
十二月國學專修館行第二屆畢業禮招考新生一班
是月奉天兵將南來齊燮元又率兵抗拒之卽以無錫爲防守地時慶詒在上海十二日
聞信急歸迎吾父不欲往命內子等赴滬十四日夜三鼓忽聞吾父痰哮聲急起視曰無
妨適起覓火不得耳至十五日早尙食鷄子二枚旋卽病飲食不進卽請錫醫鄧君星伯

診治云老年重傷風宜謹慎余因春夏以來吾父已有神思恍惚不能記憶之症心知其危十七日發快郵促内子等歸乃十八日火車已斷手足無措電促慶永歸時肄業金陵大學二十日慶永乘江輪繞道江陰回而吾父氣喘痰湧病日亟迭延王君子柳華君實甫診治無效二十二日内子等在上海始覓得小輪回而吾父於二十四日巳刻已棄不孝而長逝矣二十三日夜尚問慶詒等歸否嗚呼痛哉午後内子等始抵家嚎哭欲絶衣衾等先由静之弟督飭老僕吴本樹佈置棺木請宗弟申伯購買甫運入城遽聞蘇奉軍開戰城門即閉是夜小殮禮成後鎗礮聲四起亂軍已在城外搶掠矣嗚呼吾父豈因此而急求解脱耶痛哉痛哉檢視篋中得遺囑數頁乃本年二月中所書命不作佛事不刻文集不題像贊不述哀啓其後託沈生健生裝裱册頁以示子孫二十六日行大殮禮時城門嚴閉來弔者僅孫君颺香朱君叔子陳生杜尊及專修館學生十餘人

乙丑六十一歲

正月初二日蘇奉軍戰於惠山礮聲終夜不絶初三日巳刻齊燮元逃奉軍追至崑山秩序安静越三日開城初九夜忽又聞鎗礮聲疑亂兵入城搶掠舉家頗驚惶余命嚴閉門

戶至天明探聽始知奉軍火藥庫失愼也

二月二十八日設奠官紳來弔者百餘人又國學專修館及無錫中學學生亦百餘人無錫縣知事林君幹才名芾楨警察所長宋君靜庭名鎮濤太倉縣知事沈君希白名兆九均親來弔太倉同鄉陸君勤之等來者十餘人可感也

三月初十日扶柩回劉河安厝先靈堪輿劉河李君汝綱擇定明年正月安葬作蔚蒿哭詩四十九首痛心之至旋又作續蔚蒿哭詩十一首

六月下旬到館上課

六月無錫中學行第三屆畢業禮余因居憂未往

作軍箴四卷一法守二戒律三孟子格言四先賢遺範擬作爲陸軍學校課本先是岑宮保雲階名春煊見余所著人格甚好之謂其中軍人格尙慊簡略宜別爲一書後溧陽周君敬甫名仁壽來書所見適相合爰於暑假時茹痛屬稿岑周二君捐貲印行之　振謹案先生此書專以勝殘去殺喚起軍人愛民之心爲主惜倘軍人能篤守之則中國可强世界之殺機亦可稍息矣已刊入茹經堂全書中先生又有周君敬甫墓誌銘已編入

茹經堂文集三編尚未刊

託沈君健生在長沙印性理大義惜校對乏人魯魚之誤甚多可惜也

三兒慶增在美國哈佛大學畢業得經濟科碩士學位至六月杪回國拜謁先靈一堂慟哭

七月二十五日孫孝宣生慶詒出

九月編輯國文經緯貫通大義余初編讀文法次第推廣爲四十四法命名經緯貫通大義口授諸生熟讀之蓋余向主道德教育迨閱歷世變始悟性情教育爲尤急論語陽貨篇詳論人心風俗之本第二章特言性相近其後即言聞弦歌之聲命小子學詩伯魚爲周南召南又答宰我問三年之喪皆性情教育也厥後子思子作中庸孟子作七篇皆本此意故居今之世教授國學必須選擇文章之可歌可泣足以感發人之性情者方有益於世道也　振謹案先生此書已刊入茹經堂全書中

謹述吾父事略一篇並石印手書格言一卷　振謹案先生所作先考府君事略載茹經堂文集卷五第四頁

十一月謹檢先人遺集作家祠藏書謹志及藏救生繩謹志　振謹案先生所作家祠藏書謹志載茹經堂文集卷五第三十四頁家祠藏救生繩謹志載同卷第三十七頁

丙寅六十二歲

正月初五日率內子慶詒慶增慶永等赴滬坐汽車赴劉河爲吾父營葬時連日陰雨初七日懸棺入窆天適大晴劉河親友送葬者二十餘人陸君勤之自太倉來李生頌韓自新塘市來而王君熾甫先兩日自太倉至劉河秤灰督工俱請其主持初七初八兩夜均至三鼓始臥感激之至初九午前圓珠一切工程均與葬吾母同吾母壙起視時毫無損壞熾甫云此上等工程也謹作簡誌命慶詒書方磚上納於壙首午刻痛哭別墓是晚住塘工局初十日赴瀏漕省墓十一日回無錫作再續蔚蒿哭十二首

表弟朱君壽臣名大椿言友人朱君叔湄名錦濤藏有金逸儒先生所撰劉河紀略內有高祖墨池公序余因借讀之內有五世祖南軒公傳節孝志內有四世祖妣周太孺人傳卽在土山旁建節孝坊者也此書深可寶貴惜體例稍雜文字亦尚有俚俗處倘有人潤色而增補之則成大觀矣叔湄壽臣請作跋文謹作一跋附於卷尾　振謹案先生所

作劉河紀略跋載茹經堂文集二編卷五第五十九頁

三月二十日開館上課

刻高忠憲公別集成是書係沈子培師所贈余爲作序已三十年矣至此志願始遂

六月無錫中學行第四屆畢業禮余仍未往

是夏酷熱異常爲平生所未經疫癘極甚孫女孫兒均病延俞甥鳳賓診治始得先後就痊可感也

山東瑯琊道尹溧陽周君敬甫好善士也前曾印余所著人格軍箴各千部及見吾父所書格言手蹟大好之書來囑印千册幷自作跋文景仰甚至爲之感泣

門人金生叔初名紹基刻余茹經堂初集告成李生頌韓以刻二集爲請爰以稿本付之校字者蔣生石渠名庭曜唐生堯夫名景升何生芸孫名葆恩而嘉定友人黄君虞孫與頌韓復爲覆校心甚感之譜弟曹君叔彥寄來茹經堂初集序一篇正大而有曲折之致人之相知貴相知心讀之慨然有動於中也

十二月國學專修館行第三屆畢業禮印專修館文集二編

是月二十四日吾父喪已大祥矣追念甲子年彌留時之苦痛澈於心作三續蔚蒿哭二十八首

丁卯六十三歲

正月編蔚蒿哀二卷作胡吟石公傳略附於第二卷內公諱溶爲吾母高伯祖乾隆癸酉解元應鄉試時聞同舍生語忽有會悟遂得佳文是科第二名吳維鍔亦吾婁人一時傳爲盛事詳傳文內　振謹案先生所編蔚蒿哀二卷巳刊胡吟石公傳略並編入茹經堂文集三編尙未刊

初編禮記大義從祭義篇始

二十日開館上課是月革命軍入蘇

二月二十四日行釋服禮白駒過隙哀痛彌深聊盡情一哭

革命軍之入蘇也有共產黨雜其間錫邑教育局長徐夢影共黨也本不以專修館爲然有朱某者具呈請封閉專修館徐夢影遂令解散館生崔履賓張惟明路式遵等赴縣署力爭不能挽回余卽於二月二十六日辭職又有童某者訐告余把持無錫中學校務余

茹經年譜　一〇一

遂一併辭去維時外間盛傳余爲保皇黨復辟黨又有將封余住屋之説頗岌岌可危余以鎮定處之旋工會解散辦理清黨主持公論者頗多始得無事其後徐夢影逃上海聞已伏法矣

四月二十一日三兒婦周氏四兒婦陸氏來歸均賢孝深可喜也

五月二日館生崔履宸路式遵迎余復職同人咸囘館而沈君健生自專修館解散後常住余家照料一切始終未去尤爲可感館中因軍隊駐紮房屋牆壁頗有損壞此次恢復崔路二生之功居多崔廣西人路宜興人也

五月八日孫女孝端生慶詒出

六月改國學專修館爲國學專門學院添招新生三十名惟經費不敷擬募捐以濟之

是月爲兩新婦授國文課兩婦作文尚優秀

八月行開院禮添聘錫邑錢君子泉名基博爲教授錢君博聞强識品詣亦敦潔英爽陳生柱尊辭職改聘門人馮振心名振繼之

九月門人李頌韓逝世赴至日余適小病家人匿不以聞越數日頌韓子家俊以書來乞

傳余大駭追念舊游於邑不置爲作傳文一首　振謹案先生所作李頌韓家傳已編入茹經堂文集三編尚未刊

冬編紫陽學術發微共分十二類參考書共引用四五十種此後治朱學者當可得其門而入矣　振謹案先生此書共十二卷一爲學次第二已丑悟道三心性學四論仁善國五經學六政治學七論道釋二家八辨金谿學九辨浙東學十晚年定論評十一十二朱學通論上下於紫陽畢生學術提要鈎元洪纖畢備自李榕村王白田兩先生後未有能道此者可謂體大而思精矣已刊入茹經堂全書中其自序並編入茹經堂文集三編尚未刊

表甥俞鳳賓擬排印太崑先哲遺書並請將高祖墨池公詩鈔及先大夫詩賦鈔列入其意甚爲可感謹爲作序一篇　振謹案先生所作太崑先哲遺書序已編入茹經堂文集三編尚未刊

十二月二十二日放寒假二十三日招考新生取十九名

是冬刻奏疏告成　振謹案茹經堂奏疏凡三卷首卷條陳時務與朱子封事後先媲

美二三兩卷則先生在農工商部所作章程條例燦然具備吾國各項要政肇端於此至如創設商會釐訂商律爲功尤鉅已刊入茹經堂全書中

戊辰六十四歲

正月元日輯家譜世系傳狀藝文志告成　振謹案先生所輯家譜中傳狀及藝文志尚未刊

二十日行開院禮

是年余爲諸生講尚書編尚書大義内外篇成外篇考今古文源流内篇發揮每篇精義多有先儒未經道者　振謹案尚書大義分内外二篇外篇敘今古文源流采擇精博斷制謹嚴擷江段王孫諸家之菁華内篇分堯典皋陶謨洪範康誥召誥立政六篇爲政治學湯誓盤庚西伯戡黎微子金縢大誥洛誥無逸君奭多方吕刑費誓文侯之命秦誓十四篇爲政鑑於禪繼大義著作本源闡發無遺尤精者如論洪範八政吕刑刑法費誓軍紀與周秦三代盛衰存亡之故均足以昭示來兹振興世運附尚書應讀書目表則分專門書專篇書參考書三類焉已刊入茹經堂全書中其敘文並編入茹經堂文集三編

尚未刊
五月杪行畢業禮畢業者崔履宸等十二名
六月擬編詩經大義分倫理性情政治學等凡八類因衆説浩繁僅訂序目
七月行開院禮考取新生五十名
是夏四兒慶永在光華大學畢業七月十一日赴美入西雅圖華盛頓大學旋轉入中美
奥海州立大學肄業學經濟科
八月患痰病俞甥鳳賓自上海來診治始獲痊愈甚矣吾衰深爲慨歎
國學院具文請大學院立案迄未覆准至九月間派丹徒柳君翼謀無錫薛君頌華來院
調查二君回京報告謂本院成績斐然辦理完善旋奉大學院批准立案
十月先高祖愛蓮居詩鈔先大夫浣花廬詩賦鈔均印成俞甥鳳賓作跋文厚意殷拳至
可感也
茹經堂文集二編刻成本爲門人張貢九名廷金胡粹士名端行及俞甥鳳賓捐貲刊刻
李生頌韓經理其事頌韓病歿遂停工門人金叔初復出貲續刻始得告成

十一月北方告災前在各部署供職者飢餓不能出門戶甚至闔門自經友人溧陽周君敬甫辦理義賑余與蘇州費君仲深名樹蔚向各處募捐共得一萬六千餘元無錫最出力者同宗保謙申伯昆仲及華君叔琴也

十二月二十日放寒假

己巳六十五歲

正月二日輯家譜墳墓志告成　振謹案先生所輯家譜中墳墓志尚未刊

正月九日挈長兒慶詒回太倉爲鄉先賢葉涵溪先生裕仁先師王文貞公入鄉賢祠事借住陸勤之親家宅中諸親友歡聚十日巳刻送葉王兩先生入祠十二日赴劉河十三日掃墓瞻拜松楸愴然隕涕順道參觀集善堂育嬰極爲完善是晚住塘工局十四日回無錫

正月二十日行開院禮余因病未能往病中作太倉蟹齗記思親不置病十餘日始瘳

振謹案先生所作太倉蟹齗記已編入茹經堂文集三編尚未刊

課諸生禮記作禮記大義並研究法

輯論語大義外篇成嘉慶時有安人崔氏述作論語源流考多引不經之譚謂論語後半部皆後人羼入余特作論語辨疑編入外篇中力斥其謬　振謹案先生此書詳載授受源流極爲精深尤要者辨疑一篇匡謬闡幽足破學者之惑後載師法表篇次章數表研究法表參考書目表元元本本指示學者康莊大道爲治論語入門必讀之書已刊入茹經堂全書中

五月杪行放假禮

六月胡生粹士陳生杜尊暨大兒慶詒鳩貲印李生頌韓養廬詩文稿頌韓從余遊垂四十年感情最厚其平生志事不獲稍一展布僅留此稿吉光片羽流播人間伊可痛已余爲之序悽愴累日　振謹案先生所作李頌韓養廬詩文稿序已編入茹經堂文集三編尚未刊

七月行開院禮考取新生五十六人

課諸生周易編周易十二辟卦消息大義

是秋請蘇州單君束笙名鎭爲國學院教授余以詩經大義授之請其採擇傳箋別作注

釋

九月國學院圖書館告成行落成禮是館爲本邑孫君鶴卿遺命捐建院董蔡君文鑫兼三宗姪炳源星海等竭力贊成共費六千五百元親家陸君勤之捐書壹萬伍千餘册元明精本甚多約共值二萬數千元可感也

九月十一日孫女孝英生大兒慶詒出

十一月教育部令改國學專門學院爲國學專修學校

十二月十七日放寒假

庚午六十六歲

正月二十日行開校禮余仍教授論語及禮記諸經

二月輯陽明學術發微自明季講學之風流弊日甚於是王學爲世所詬病實則陽明乃賢智之過其倡致良知之說實足救近世人心日本服膺王學國以駸强余特發明其學都凡七卷其中四大問題及陽明學通於經學二卷頗爲精審較之二十年以前喜闢陽明自覺心平而氣和矣　振謹案先生此書共七卷一講學事蹟二聖學宗傳三陽明

學四大問題四良知經學五六通貫朱學七龍溪述學髓薈萃菁英鉤元提要實功利派之要藥也已刊入茹經堂全書中其自序並編入茹經堂文集三編尚未刊

五月杪行畢業禮即放暑假畢業者學生許壽平等二十餘人

六月三兒媳患傷寒證頗重表甥俞鳳賓在上海代請朱醫仰高來診治無錫許醫松泉佐之旋愈

七月四兒慶永由美國回慶永在美奧海州立大學畢業得經濟科碩士學位繼入哥倫比亞研究院續讀半年因金價日益昂貴美金一元約中國洋四元以外而在美用度每月需金洋九十元不得已令其回國順道至歐洲遊歷旋即在上海交通大學就教授職

八月考取新生兩班共八十六名

輯紫陽學術發微成初於教授性理大義中朱子諸篇不能挈其綱要後取王白田朱止泉秦定叟諸先生書讀之略事分門纂述粗有成書本年購得夏弢甫先生述朱質疑更覺秩然有條理爰仿其意編輯是書後附陸桴亭顧亭林諸先生之評論朱子學者得九家爲九賢朱子學論頗足發明朱學源流書成後即付印

朱生貫微寄贈余十二朝東華錄因余將輯咸同光宣四朝實錄也意甚可感旋余又購得李氏國朝耆獻類徵一部共四百册

十月表甥俞鳳賓卒痛惜之至鳳賓天性孝友謙謹和平學習西醫留學美國得衛生科博士學位回國後視人之疾如己之疾體恤貧寒無微不至刊印太崑先哲遺書有功鄉先賢不淺先高祖愛蓮居詩鈔先大夫浣花廬詩賦鈔皆其所印其沒也長兒慶詒兒婦慶棠哭之尤慟慶棠即鳳賓胞妹也余爲作墓碑文一首下筆時亦爲之揮淚云　振謹案先生所作俞鳳賓墓誌銘已編入茹經堂文集三編尚未刊

十一月孫女孝慧生慶詒出

是冬教育部令改放陽曆年假不得再用陰曆並不得再放寒假

十二月四日即陽曆二月一日行本校十週年紀念並第六屆畢業禮畢業者學生陸寶和等十七人是日校董穆君藕初名湘玥來主席上午訓辭午后開游藝會頗極一時之盛

辛未六十七歲

正月二十日行開校禮余編禮記大義數篇示諸生

比因家中生齒較繁房屋不敷居住爰與慶詒等謀在前桑區建樓房三楹以舊年售得田價託建築公司江生應麟承造二月初動工慶詒等竭力補助經費迨後遇水災國難心甚悔之

三月無錫溥仁慈善會赴陜州放賑修理陜州召伯甘棠祠余爲作碑記一篇摹仿昌黎頗能駸駸入古　振謹案先生所作陜州召伯甘棠廟碑已編入茹經堂文集三編尚未刊

去年中央軍與閻錫山馮玉祥戰爭曲阜孔廟孔林爲礮火所燬周公顏子二廟亦遭灰燼爰約徐君岡卿名紹楨曹君叔彥等二十餘人具呈政府請撥款修復旋得復不過一紙空文遂致擱置可痛矣哉

五月杪行畢業禮卽放暑假畢業者學生郭則瀜等三十餘人

六七月間大雨滂沱幾近一月楚贛皖蘇各處皆成巨浸始則漢口被災最重繼則江北高郵興化等處因建設局員茅以新開運河堤河水與洪澤湖合流汎濫更甚江北各縣無不糜爛吾鄉劉河寶山海塘沖塌天災人禍相逼而來余急電旅滬同鄉發起救濟會

並撰急救水災議徧告同鄉無錫設立水災籌賑會推余爲理事長有心無力抱愧之至

振謹案先生所作急救水災議已編入茹經堂文集三編尚未刊先生又有續救水災議及學校當研究水利議二篇亦此時所作蓋先生關心民瘼坐議起行非徒欲載諸空言而已

上年閱報章　先朝高宗暨　孝欽后陵寢迭爲盜匪掘竊殉具至是復有　太宗母后陵墓被掘之事慘痛已極爰約曹君叔彥周君敬甫等具呈北京張學良副司令暨于學忠軍長請嚴緝盜犯一面派兵保護旋敬甫寄來復函照議辦理

函聘福建陳君石遺名衍爲本校講師陳君爲余壬午鄉試同年出寶竹坡先生門下佐張文襄公幕十餘年學術閎通著作詩文極夥門人葉長青紹介來校深爲可喜

七月行開學禮考取新生六十名

八月十三日次孫孝威生四兒慶永出

九月東北難作先是吾國内鬩不已寧方與粤方失和而北方石友三起事政府命張學良平之遂飭張坐鎮關内日本乃乘隙而入襲取瀋陽旋攻去黑龍江省師長馬占山苦

戰半月張學良擁兵不救馬退守克山日人又攻取錦州張又撤兵入關喪師失地全國震駭蓋近年以來人心日壞罔利營私無惡不作侮慢聖賢荒道敗德以致菑害並至雖有善者亦無如之何矣余特作廢孔爲亡國之兆論一篇　振謹案先生所作廢孔爲亡國之兆論已編入茹經堂文集三編尚未刊

十月無錫溥仁慈善會赴太倉放賑余先命价高福前往河川毛市等鄉調查旋會中又請藍君仲和赴太主錢君誦三家總計同宗保謙弟捐放四千元余捐放一千二百元棉衣二千件此事之成實賴保謙與淞源宗姪之力淞源爲同宗申伯弟之子同鄉感頌無涯

十一月上海設立國難救濟會由馬君相伯名良等發起推余爲會員余作新六國論一篇痛陳利害並著國鑑一卷共分十三篇即以新六國論冠於首印刷分送藉以警醒人心　振謹案先生此書已刊入茹經堂全書中陳石遺先生所撰先生全書總敘謂與人格軍箴諸書可謂瘏口嘵音惟力是視者也

十二月二十三日上海難作先是日人要挾上海市長吳鐵城取消抗日救國會等四條

款吴勉强應允以爲可以無事矣詎料二十三日夜日人竟冒大不韙攻擊閘北寶山路北四川路等處焚燒殺掠慘無人道上海損失約八千萬以上商務印書館東方圖書館均付一炬十九路軍軍長蔡廷楷與蔣光鼐戴戟翁照垣等歃血爲盟誓師禦寇當夜大敗之而日兵艦縱横海上絡繹而來連日攻戰不已政府遷徙洛陽後患不知所底吾民何幸遭此荼毒蓋數百年來未有之浩刼也

壬申六十八歲

正月十九日開校因國難故學生來者僅三四十人

正月中旬日人遣老將白川來攻上海白川至謀用側擊之法二十五早用煙幕彈由太倉浮橋劉河兩海口登岸其時援兵不至後方僅有上官雲相一軍未經戰陣自顧不暇且風聞有搶掠之事蔡廷楷等不得已退守崑山日人在劉河嘉定大場吴淞等處大肆焚掠十九路軍支部退太倉敵從之在太倉城内擲炸彈數十枚毁民房十餘處軍民慘死者甚多余在無錫二月朔日先有州橋陸姓母子三人來投奔余家余因其時學生甚少暫以校外宿舍爲收容所自出貲收養之二月三日劉河保衛團長黄君頌聲來商量

寄存鎗械事四日太倉門人陸恩溥來述城中親友避難狀余既痛太倉被禍急應救濟
而劉河先塋未卜安否爰與同鄉吳君昆生商量雇定申新紗廠貨船赴滬校中功課請
錢君子泉等暫代於初八日早啓程初九午刻舟抵前山瀏河武帝宫側遇盜放鎗行刦
幸小輪疾駛得脫事詳王申遇盜記初十日抵上海住愚園路愚園坊三兒慶增寓中

振謹案先生所作王申遇盜記已編入茹經堂文集三編尚未刊

二月十二日太倉同鄉項惠卿張綸卿表姪朱愷儔等來商量救濟事因沿途搶刦頗爲
棘手十三日在表姪朱生繼莘家中再會商擬託崇明王君丹揆及黄君伯鈞在崇明設
立收容所一面雇大船六艘在蕩茜等海口往來救接同鄉難友公推黄君頌聲赴崇接
洽旋得覆信悉丹揆伯鈞允代設收容所六處惟錢米概由太倉同鄉會接濟十五日余
往見王一亭君請其收留在滬同鄉十六日往見朱子橋君請助捐款朱允助二千元十
七日赴張君綸卿處會議同鄉救濟會成立推余爲會長十八日致函史量才黄任之王
曉籟杜月笙諸君請在上海地方維持會中撥捐款項旋黄史二君來談許撥五千元可
感之至史君並贈余壬辰年殿試策蓋渠在大内出貲購得者也語詳壬辰殿試策自跋

二十日聞實業廳長何君玉書來滬由愷儔聯合嘉寶兵災救濟會請求撥款賑濟並購棉子等事何君允以去就力請至誠可感一面並電請財政廳長舒君來滬會商旋各救濟會員赴鎮江請賑余委託愷儔代表嗣後請得六萬餘元先後散放　振謹案先生所作壬辰殿試策自跋已編入茹經堂文集三編尚未刊

三月初一日赴徐家匯模範中學演講沈君叔逵沈君同一並舊同學張松亭王叔賢等齊集諸生靜穆無異昔年余在校時深爲可喜

余忽患腰痛連及腿部上下樓見客送客頗以爲苦表姪朱生繼莘來贈藥甚可感後至六月間始愈

初五日劉河墳丁何桂林來見報告先塋無恙喜甚並悉伊家眷住崇明當囑以婦女勿遽回劉惟男丁可由海口還家播種棉子越日王君丹揆朱生貫微先後來滬余幸先塋無恙賑務亦粗有頭緒卽於十一日偕同長兒婦慶棠並僕人高福回錫坐滬杭車啓行是日住杭州西湖飯店四兒慶永來接蓋渠在之江大學教授也十二日早在西湖邊小坐胸襟爲之一暢午後坐汽車至湖州途中景緻清幽惜風極大是晚至湖州住中央大

旅店十三日早乘小舟至太湖口登錫湖輪船舟中魚片風味極佳爲平生所未嘗申正抵無錫西正抵家頗動蒼涼之感十四早到校上課

三月二十日赴保謙申伯兩弟處懇請溥仁慈善會捐助太倉義賑募得七千元余自募得五百元又在上海兵災救濟會撥一千五百元沙溪黃少彭君爲樸丞弟親家善士也亦募捐一千元共一萬元由無錫藍君仲和暨錢天福高福陸續赴湖川毛市新豐及浮橋楊林七丫義橋等處散放賑款高福歸述鄉民被災狀極慘有新豐人包某被飛機彈炸死遺一妻三子慘不忍言急賙卹之迨至六月間余又募得千元命高福赴劉河茜涇新塘市三處放賑詳情載王申救濟錄中

太城被難時文荃弟婦馬氏臥病在北行弄之寓所小樓爲炸彈震死尸附床坍入鄰舍陸君蓮史家慘痛之至余爲作碑銘一篇旋又作太倉軍民殉難碑記一篇在無錫刻石運赴太倉嵌入城隍廟内之公所友人錢君誦三等並爲立主致祭　振謹案先生所作弟婦馬氏殉國難碑銘及王申太倉軍民殉難碑記俱已編入茹經堂文集三編尚未刊

五月杪放暑假維時學生約到七十人畢業者郭則湘等二十二人

七月八月兩次招考新生來試者尙踴躍共取八十六名八月十四日開校學生先後到者一百六十三人別設補習一班春間因時局不靖校董捐款及學生所繳學費均停滯不得已實行減薪教員減三成職員減四成惟月薪三十元以下者不減諸同人辛苦維持至是始得復舊

九月仿大戴禮記踐祚篇銘詞之例作民性等箴共五十六首自尊孔教致良知旁逮婚喪祭禮下至衣食住行莫不有箴箴者針也將以針人心之疾病也嗚呼七年之病三年之艾苟爲不蓄終身不得孟子早言之矣厥後編爲一卷名曰國箴　振謹案先生此書已刊入茹經堂全書中

九月八日孫女孝慈生慶永出

九月杪大兒慶詒患目疾網膜脫落勢極危殆急赴北京協和醫院診治有奧國醫生披拉治目爲世界第二人惜已將回國僅施手術一次約愈十之三四繼之者爲中國畢姓醫生效果甚遲頗爲焦慮

十一月日人攻陷山海關並襲取九門口海軍在秦皇島登岸河北岌岌可危詩曰日蹙國百里可痛矣哉

十二月下旬放寒假時適大雪積五六寸因整飭校風令退學者十三人

癸酉六十九歲

正月中旬開校學生到者一百四十餘人日人攻熱河主將湯玉麟逃避熱省淪陷日人卽由山海關進攻京東寶坻玉田等處襲取京北高麗營距北京城僅五十里當道遣黄郛赴津議和並派何應欽駐紮天津吾國門戸洞開何以善其後乎

三月清明節偕三兒慶增回劉河掃墓住表姪朱愷儔宅中歸途赴蘇州訪譜弟曹君叔彦暢談並購孫氏周禮正義一部

四月重印陸桴亭先生遺書因版片收藏家祠中着地潮溼以致霉爛一百八十餘版卽寄蘇州王慧言君處交手民陳海泉重刻糜去三百餘金印費因之短少僅印八十部後人藏書版者務宜置高燥處按時檢點

五月放暑假畢業者俞振楣等十九人

自正月間大兒慶詒由北平回即偕兒婦慶棠赴英國治目疾慶棠並赴丹麥倫敦各處考察鄉村教育至六月間回國慶詒目疾依然未愈天道求闕祇可委心任運耳

六月與錢君子泉商議將國學專修學校校舍改建兩造共十四幢計費共一萬二千八百元落成後佈置膳堂懸王文成高忠憲顧亭林陸桴亭四先生遺像並摹刻先師左文襄公所書楹聯並改建忠義孝悌祠計費三百四十餘元祠費錢君與余分任之

七月招考新生投考者極踴躍錄取一百餘名八月開校實到新舊生二百六名請湖南陳君天倪名鼎忠爲教授品行篤誠學問淵博著作極夥真良師也

八月初蘇州國學會李君印泉名根源金君松岑名天翮等約余赴蘇演講爰於是月二十四日到蘇住福州同年陳君石遺家講論語孟子並性理大義二十五日早訪叔彥一談傍晚返錫講義印入國學論衡中　振謹案先生在蘇州國學會演講錄並編入茹經堂文集三編尚未刊

本年七月間颶風爲災海口冲決崇明首當其衝淹沒田戶數千畝倒塌房屋數百家災民流離極慘在蘇晤譜兄王君丹揆請爲勸募發賑余向溥仁慈善會紅卍字會兩處盡

力設法幸宗弟申伯極爲出力共捐得三千元丁君梓仁捐得一千元上海同鄉會捐得三百元先後匯崇散放太倉亦受風災情形較輕由朱君愷儔顧生公亮募款散放

玉儒表弟爲張君亮生介紹請題其九世祖張天如先生遺像余作記一篇歷敘吾婁掌故適慶詒等爲余購天如先生漢魏百三家集一百册讀其題辭門徑釐然文氣亦醇厚有味旋又作先師福建林孌軒先生墓表並同鄉畢君枕梅傳因悟文章變化法全在承轉提頓處有令人不測之妙爰編茹經堂論文一卷示諸生　振謹案先生所作張天如先生畫像記林孌軒先生墓表畢君枕梅傳俱已編入茹經堂文集三編尚未刊茹經堂論文一卷亦未刊

余前編詩經大義分倫理學性情學等共八類吳縣單君束笙同鄉朱君叔子爲之注釋每篇後並標詩旨頗爲精覈金山高君吹萬名孌來索閱因寄去高君大嘆賞出貲爲印入葩廬叢書極可感葩廬者高君書齋名也　振謹案先生以孔門之教學詩曰興觀羣怨事君事父多識而已事父事君倫理學也可以興可以怨性情學也可以觀政治學農事學軍事學也可以羣社會學也多識修辭學也倫理性情之精微義理學也於是作

詩經大義九卷卷首綱要卷一以下分選詩篇爲各學倫理十六篇性情十六篇政治十六篇社會十六篇農事六篇軍事十五篇義理十篇修辭八篇其詩經大義自序及八分類序並編入茹經堂文集三編尚未刊

十二月放寒假畢業者吳德明等十二人

寒假後整理禮記大義助余繕校者高君涵叔也共四十六篇分四卷而以類別提要表等別爲首卷　振謹案治禮記者多重考據名物而不知修己治人乃其基本先生此書掃盡支離獨標真諦專以反躬實踐爲主其中如曲禮內則樂記學記大學中庸哀公問孔子閒居儒行諸篇尤爲廣大精微允救時之良藥矣已刊入茹經堂全書及無錫國學專修學校叢書中

甲戌七十歲

正月中旬開校學生到者二百餘人

大兒慶詒因目眚未愈抑鬱成疾驚怖恐懼夜不能寐請錫醫鄧惺伯先生診治在家休養

二月禮記大義整理完竣又修改周易消息大義加入讀易反身錄一卷並應讀書目表一併交馮生振心校正付印　振謹案周易消息大義發明十二辟卦消息凡政治盛衰國家存亡人事吉凶得失進退之道靡不兼賅其中反身錄箴砭痛切書目表說明漢宋家法不墮空虛允爲學者必讀之書已刊入茹經堂全書及無錫國學專修學校叢書中

三月門人太倉胡粹士及無錫張貢九以余七十初度發起醵資在錫邑建築茹經紀念堂辭之不得由薛君明劍等相地於五里湖之琴山腰購地十畝許昔俞曲園先生在西湖建築俞樓自謂有玷湖山余不及曲園令望抱慚益甚矣

四月間教員太倉朱君叔子在錫寓病卒臨歿前一夕在余家小飲相敘甚樂不意翌晨猝患中風口不能言午後即卒朱君品端學富文采斐然與余自幼相識五十年交情不勝慘怛遺著有莊子新義馮生振心暨諸同學爲之校印行世　振謹案先生有朱君叔子墓誌銘莊子新義序均已編入茹經堂文集三編尚未刊

校中增建盥洗室訓育吳君漑亭名良澍布置校景略種花木築一亭以茹經名同年陳

石老撰聯云栽培林木如名節枕葄詩書此息游

五月放暑假畢業者李步青張尊五等十五名

月杪上海交通大學行畢業禮校長黎君曜生名照寰堅請余往演講爰赴滬見舊同學相與執手歡甚余離校已十有三年矣旋赴華東電氣公司灌留聲機片音讀文四篇

本年自春徂夏迄未得雨旱既太甚禾苗盡槁讀雲漢之詩曰嗚呼何辜今之人痛心已極余家特開一井遍勸錫邑鄉人開自流公井無應者

教員常熟徐君管略名景銓在錫寓病卒身後蕭條錢君子泉與余設法募捐爲之料理而教員陳君天倪又辭職赴粤爰先後聘湖南劉君柏榮名樸廣東楊君鐵夫本校前畢業生錢生仲聯名萼孫分任教科

七月招考新生錄取一百餘名開校後新舊生到者二百七十二名

本學期余講授性理大義於周子太極圖說通書張子西銘程子論性篇及明儒王龍溪錢緒山王心齋諸先生學派皆有詳論擬編爲性理學發微　　振謹案性理學發微先生正在屬稿約明年可以成書云

八月十三日孫女孝綵生慶永出

高君吹萬函薦滬醫王君仲奇爲慶詒療病慶詒兩次赴滬至秋間逐漸痊愈

本省省政府督促民間申報地價將征土地稅余與邑紳迭次呈請緩辦未能邀准

十月十六日爲余生日因思程子有言人子於父母歿後生日當倍增痛豈宜張筵作壽余恐親友來祝爰於是日赴劉河掃墓過滬時再赴華東公司灌音講演孝弟廉恥及讀詩經左傳法

同年陳石老欲爲余作壽序再四辭之乃集余所著書爲總序洋洋數千言深可感謝惟揄揚過當心殊不安耳

十二月放假畢業者鄭高崧等十七人

自朱子纂伊洛淵源錄後明薛方山應旂作考亭淵源錄陸清獻三魚堂集嘗徵引之余訪求數十年不能得今冬忽得之於上海富晉書肆共二十四卷編輯精詳宗旨純粹乃東人翻刻明板其卷端徐階薛應旂序亦係手蹟翻刻洵可寶貴因歎外人尊崇理學如此國安得不興盛哉

除夕追思吾父爲善之訓敬撰一聯云目前福澤何來謹留有餘上對吾祖考此後善源易竭急培不足申儆我子孫亦可以作家訓云

茹經先生著作年表

門人北流馮振謹編

例言

一所編先生著作以年譜所及各專書篇章與文集奏疏所載者爲限凡先生置諸外集暫不欲布之文概不列入

一凡專書中篇章有兼載文集中者亦並列之但見年譜不載文集者則不再列

一文集所載篇章其著作年歲有與年譜出入者概以年譜爲準

一凡專書非一年所成者以成書之年爲著作年歲

著作年表例言　二

茹經先生著作年表

門人北流馮振謹編

甲申二十歲

禮記月令習五戎義 茹經堂文集二編（以後簡稱文集二編）卷一

原情 文集二編卷二

乙酉二十一歲

陸象山言先立乎其大辨 茹經堂文集（以後簡稱文集初編）卷三

宋明諸儒說主一辨 文集初編卷三

樂無大夫士制論 文集二編卷一

丙戌二十二歲

易豐配主夷主義 文集二編卷一

讀焦禮堂孟子正義 文集二編卷一

丁亥二十三歲

陳同甫與朱子辨論漢唐治法論二篇 文集初編卷三

易屯二爻辭義 文集二編卷一

易訟大象傳義 文集二編卷一

易蠱先甲後甲巽先庚後庚義 文集二編卷一

易升上爻消不息義 文集二編卷一

易既濟東鄰西鄰義 文集二編卷一

讀書湯誓 文集二編卷一

禮酬爵奠而不授辨 文集二編卷一

惡圓篇 文集二編卷二

戊子二十四歲

易師履臨大君義 文集二編卷一

易觀六四爻辭義 文集二編卷一

易坎九五爻辭義 文集二編卷一

易解朋至斯孚義 文集二編卷一

易渙渙汗渙血義 文集二編卷一

詩皇父考 文集二編卷一

魯詩有傳無傳考 文集二編卷一

禮親歿不得爲人後議 文集二編卷一

釋子玄 文集二編卷一

漢書藝文志爾雅屬孝經說 文集二編卷二

賈生深於禮述 文集二編卷二

叔孫通所著書考 文集二編卷二

鄭君述漢律考 文集二編卷二

汲黯論 文集二編卷三

己丑二十五歲

著作年表 三

著作年表

思親詩 十月作 未刊

庚寅二十六歲

書嘉慶太倉州志後 文集二編卷五

辛卯二十七歲

祭李母王太夫人文 文集二編卷九

壬辰二十八歲

禮經校釋序 自注代程序東太夫子作 文集二編卷五

張海民遺集序 文集二編卷五

書左傳考釋後 文集二編卷五

書翁雲樵先生文集後 文集二編卷五

癸巳二十九歲

太鎮官紳義勇殉難瘞骨碑 文集二編卷八

甲午三十歲

四

請挽大局以維國運摺十一月 茹經堂奏疏 以後簡稱奏疏 卷一

郁夫人家傳 自注庚戌改定 文集初編卷五

送嘉定徐季和先生視學浙中序 文集二編卷七

乙未三十一歲

與李生頌韓書 文集二編卷四

王葆卿先生六十壽序 文集二編卷七

顧廷一先生墓志銘 文集二編卷八

外舅黃浚之先生誄文 文集二編卷九

丙申三十二歲

上沈子培先生書 文集二編卷四

吳粵生先生六十壽序 文集二編卷七

丁酉三十三歲

高子外集序二篇 文集初編卷四

著作年表 五

著作年表

劉毋郝夫人傳 文集二編卷六

戊戌三十四歲

謹殫竭血誠以維國脈摺 二月 奏疏卷一

請停止搜括之政片 二月 奏疏卷一

敬陳管見以固人心摺 三月 奏疏卷一 自注代沈子封師作

己亥三十五歲

與友人書 文集二編卷四

庚子三十六歲

紀徐桐崇綺事 文集初編卷六

紀庚子六月寃獄 文集初編卷六

寶夢蓮先生詩集跋 文集二編卷五

五忠詩 十月作 未刊

辛丑三十七歲

奉使日本記 自注代那大臣作 文集初編卷六

東瀛日記一卷 隨那桐使日本時作 未刊

游日光山記 隨那桐使日本時作 未刊

壬寅三十八歲

英軺日記序 自注代載大臣作 文集初編卷四

鄭公孫揮能知四國之爲論 文集二編卷三

陶母金夫人傳 文集二編卷六

英軺日記十二卷 代固山貝子載振編九月成 光緒二十九年文明書局印行

癸卯三十九歲

議覆張振勳條陳商務摺 七月自注代載大臣作 奏疏卷二

擬商部章程摺 九月 奏疏卷二

聲明商部辦事權限摺 十一月 奏疏卷二

重刻周忠介公文集序 文集初編卷四

著作年表

七

著作年表

二叔母徐孺人墓誌銘 文集初編卷五

正誼堂逸書序 文集二編卷五

甲辰四十歲

訂立商勳摺 正月 奏疏卷二

請設農工路礦各項公司片 正月 奏疏卷二

請設立商會摺 十一月 奏疏卷二

陸庚星遺稿序 文集二編卷五

于玉峯遺稿序 文集二編卷五

乙巳四十一歲

請設立勘礦總公司以保主權摺 七月 奏疏卷三

請籌撥勘礦總公司官股片 七月 奏疏卷三

請改定官制摺 七月 奏疏卷三

請立憲摺 八月 奏疏卷三

丙午四十二歲

請辦商業模範銀行摺 三月 奏疏卷三

請調用人員設立儲才館摺 閏四月 奏疏卷三

請遣派學生出洋片 閏四月 奏疏卷三

請設各省農工商務監督以興要政摺 六月 奏疏卷三

議覆北洋大臣政務處奏路務議員辦事章程不無窒礙摺 六月 奏疏卷三

署農工商部尙書謝恩摺 九月 奏疏卷三

丁未四十三歲

劉君葆真傳 文集二編卷六

太倉方烈女傳 文集二編卷六

陸貞烈女碑記 文集二編卷八

蓍艾篇二卷 五月成 未刊

曾子大義 七月成二卷第一卷孝經大義已刊入全書中第二卷論孟中曾子語未刊大學大義別爲專書餘未成

著作年表

九

戊申四十四歲
陸文慎公墓誌銘 文集初編卷六
彙刻太倉舊志五種序 文集二編卷五
知止盦文集序 文集二編卷五
國粹教科書續編 序文集二編卷五
女甥俞慶和哀詞 文集二編卷九

己酉四十五歲
孟子大孝終身慕父母論三篇 文集初編卷一並附孝經大義後
重印文文山先生集序 文集初編卷四
學校培養人才論 文集二編卷三
中學國文讀本序 文集二編卷五
國文大義二卷 十二月成 全書之一

庚戌四十六歲

說龍 文集初編卷二

箕子論 文集初編卷三

曾文正公日記序 文集初編卷四

王考府君事略 文集初編卷五

先妣胡太夫人事略 文集初編卷五

歸高陽姊氏墓誌銘 文集初編卷五

外祖古愚胡公家傳 文集初編卷五

安雅堂文稿序 文集二編卷五

陸文愼公奏議序 文集二編卷五

三省樓賸稿跋 文集二編卷五

金竹庭先生傳 文集二編卷六

國文陰陽剛柔大義緒言 茹經堂文集三編（以後簡稱文集三編）卷一

辛亥四十七歲

古人論文大義二卷 十二月成 全書之一

壬子四十八歲

四兒孝長字說 文集二編卷三

陳硯香先生傳 文集二編卷六

朱湘舟先生傳 文集二編卷六

憶苓女姪哀詞 文集二編卷九

人格一卷 六月成 全書之一

國文陰陽剛柔大義八卷 十二月成 已刊未再版

癸丑四十九歲

論語鄉黨篇大義 文集初編卷一

論語微子篇大義 文集初編卷一

論語子張篇大義 文集初編卷一

駁學校不祀孔子議 文集二編卷二

論語大義二十卷 十二月成後又修改爲定本全書之一

甲寅五十歲

孟子滕文公篇大義 文集初編卷一

釋氣 文集初編卷二

與曹君叔彦書 文集二編卷四

工業專門學校國文成績錄序 文集二編卷五

沈君竹礽傳 文集二編卷六

祭表姊俞室顧夫人文 文集二編卷九

乙卯五十一歲

孟子離婁篇大義 文集初編卷一

穀梁傳選本跋 文集二編卷五

哀二薛文 文集二編卷九

孟子大義七卷 十二月成全書之一

丙辰五十二歲

大學大義自序 文集初編卷一

中庸通義序 文集二編卷五

黃君闇伯傳 文集二編卷六

贈陳柱尊序 文集二編卷七

大學大義一卷 十二月成 全書之一

丁巳五十三歲

書洪範言無黨論語言不黨論 文集初編卷一

中庸大義自序 文集初編卷一

孟子善戰者服上刑論 文集初編卷一

謁孔陵文 文集初編卷二

外舅郁銘軒先生家傳 文集初編卷五

外舅黃浚之先生家傳 文集初編卷五

姨母胡孺人家傳 文集初編卷五

祭和碩慶親王文 文集初編卷六

與陳生杜尊書 文集二編卷四

頑潭詩話序 文集二編卷五

工業專門學校國文成績錄二編序 文集二編卷五

工業專門學校雜誌序 文集二編卷五

許文肅公遺集跋 文集二編卷五

陸成甫先生傳 文集二編卷六

劉佛卿先生神道碑 文集二編卷八

內姊郁氏儀貞殉難記 文集二編卷八

孫君子鈞墓誌銘 文集二編卷八

黃君幼亭墓誌銘 文集二編卷八

龔君紹康墓誌銘 文集二編卷八

祭尤母趙太夫人文 文集二編卷九

先儒靜坐集説一卷 六月成 未刊

近思録劄記思辨録劄記各一卷 八月成 未刊

中庸大義一卷 十二月成 全書之一

戊午五十四歲

許文肅公外集序 文集初編卷四

唐樊紹述先生附祀西湖白公祠記 文集初編卷六

祭先師王文貞公文 文集初編卷六

夢游詩經館記 文集二編卷三

示郁兒書 文集二編卷四

中學國文新讀本序 文集二編卷五

讀左質疑跋 文集二編卷五

汪君穰卿傳 文集二編卷六

洪君溦霞六十壽序 文集二編卷七

俞君隸雲墓誌銘 文集二編卷八

己未五十五歲

瓶社詩錄序 文集初編卷四

七叔寄亭公家傳 文集初編卷五

宜興蔣孝子碑 文集初編卷六

記義犬 文集二編卷三

與王君慧言書 文集二編卷四

崇正錄序 文集二編卷五

王君丹揆六十壽序 文集二編卷七

莊思謙先生祠堂碑記 文集二編卷八

十三經提綱十三卷 十二月成 全書之一

庚申五十六歲

著作年表

一七

無錫國學專修館學規 文集初編卷二

讀經救國論序 文集二編卷五

無錫秦二孝子傳序 文集二編卷五

高君秋荃傳 文集二編卷六

顧母秦太恭人墓誌銘 文集二編卷八

祭鄧母廉太夫人文 文集二編卷九

辛酉五十七歲

黃元同先生學案 文集初編卷二

施刻十三經序 文集初編卷四

無錫重建尊經閣碑記 文集初編卷六

太倉育嬰堂徵信錄序 文集二編卷五

王文貞公文集跋 文集二編卷五

宗兄郛鄭墓誌銘 文集二編卷八

壬戌五十八歲

周子大義自序 文集初編卷四

二程子大義自序 文集初編卷四

張子大義自序 文集初編卷四

洛學傳授大義自序 文集初編卷四

朱子大義自序 文集初編卷四

曹月川先生集序 文集初編卷四

陸文慎公年譜序 文集初編卷四

守玄閣詩學序 文集初編卷四

說文解字釋要序 文集初編卷四

東林學校陶齋記 文集二編卷三

記黑貓 文集二編卷三

周易故訓訂跋 文集二編卷五

著作年表

一九

著作年表

錢安之先生傳 文集二編卷六

孫有卿先生家傳 文集二編卷六

邵孝子傳 文集二編卷六

胡母顧太夫人七十壽序 文集二編卷七

黄君公續碑 文集二編卷八

宗姪肇農哀詞 文集二編卷九

不忍人之政論三篇 文集三編卷二

政本審六氣論 文集三編卷二

禮治法治論二篇 文集三編卷二

洪範大義三卷 六月成 全書之一

性理學大義十四卷 十二月成 全書之一

癸亥五十九歲

禮始於男女之別論 文集初編卷一

政治學大義自序 文集初編卷四

朱文公集校釋序 文集二編卷五

無錫國學專修館文集初篇序 文集二編卷五

太倉錢氏寧遠義莊碑記 文集二編卷八

章君琴若墓誌銘 文集二編卷八

王君子雲墓誌銘 文集二編卷八

亡聘媳錢氏瑞坤哀詞 文集二編卷九

地方自治論 文集三編卷二

學校論 文集三編卷二

文化論 文集三編卷二

選舉論 文集三編卷二

財政論 文集三編卷二

兵政論 文集三編卷二

著作年表

二一

表論 文集三編卷二

政治學大義四卷 七月成 未刊

甲子六十歲

天命論三篇 文集初編卷一

書堯典皋陶謨大義 文集初編卷一

周易孔義序 文集初編卷四

重刻朱止泉先生朱子聖學考略序 文集初編卷四

讀文法箋注序 文集初編卷四

紀和碩慶親王事 文集初編卷六

紀翁文恭公事 文集初編卷六

紀王文勤公事 文集初編卷六

紀陸文端公事 文集初編卷六

紀庚子遇匪遇盜事 文集初編卷六

譚叔裕先生墓表 文集初編卷六

朱止泉先生外集序 文集二編卷五

書沈卽山先生詩文鈔後 文集二編卷五

汪君我庚傳 文集二編卷六

陳忠愍公殉難碑記 文集二編卷八

陳君幹丞墓誌銘 文集二編卷八

葛燮生碑銘 文集二編卷八

天地機論 文集三編卷一

外姑黃太夫人事略 文集三編卷七

論語大義定本二十卷 四月成全書之一

乙丑六十一歲

先考府君事略 文集初編卷五

家祠藏書謹志 文集初編卷五

家祠藏救生繩謹志 文集初編卷五
外祖古愚胡公手蹟謹志 文集初編卷五
華君覺堂墓表 文集二編卷八
張生光炤哀詞 文集二編卷九
蔚蒿哭詩四十九首 三月作
續蔚蒿哭詩十一首 三月作
軍箴四卷 六月成 全書之一
國文經緯貫通大義八卷 九月成 全書之一

丙寅六十二歲

與曹君叔彥書 文集二編卷四
柏子俊先生文集序 文集二編卷五
夏文敬公年譜並遺詩後序 文集二編卷五
劉河紀略跋 文集二編卷五

滿洲二友傳 文集二編卷六
邵君心炯傳 文集二編卷六
張君拙嘉傳略 文集二編卷六
王君彬儒傳 文集二編卷六
姚君柳屏傳略 文集二編卷六
許君稻蓀傳 文集二編卷六
李母王恭人傳 文集二編卷六
贈蘇寓庸先生序 文集二編卷七
李君遠甫墓表 文集二編卷八
知覺論 文集三編卷一
溧陽張氏宗譜序 文集三編卷五
吳氏宗譜序 文集三編卷五
一粟詩草序 文集三編卷五

明刻銅板音論詩本音跋 文集三編卷五

蔡子厚先生家傳 文集三編卷七

朱節母陳孺人家傳 文集三編卷七

劉母陶太夫人家傳 文集三編卷七

榮母石恭人家傳 文集三編卷七

顧君伯圭墓志銘 文集三編卷八

再續蔚蒿哭詩十二首 正月作

茹經堂文集六卷 六月刊成 全書之一

三續蔚蒿哭詩二十八首 十二月作

丁卯六十三歲

王文貞先生學案 文集三編卷一

讀朱子仁說 文集三編卷一

朱柏廬先生學庸講義序 文集三編卷三

讀左研究法 文集三編卷五

陳子遺書序 文集三編卷五

太崑先哲遺書序 文集三編卷五

莊子新義序 文集三編卷五

許復庵文集序 文集三編卷五

張毅奩遺文序 文集三編卷五

太倉胡吟石公傳略 文集三編卷七

汪義門先生家傳 文集三編卷七

汪棣圃先生家傳 文集三編卷七

李頌韓家傳 文集三編卷七

無錫楊君翰西商團功績碑 文集三編卷八

金君鞏伯墓誌銘 文集三編卷八

翁君佩孚墓誌銘 文集三編卷八

著作年表

二七

茹經堂奏疏三卷 十二月刊成 全書之一

蔚蒿哀二卷 五月編成

戊辰六十四歲

周易易解序 文集三編卷三

尚書大義自序 文集三編卷三

答胡敬庵書 文集三編卷四

答胡敬庵書 文集三編卷四

沈敬亭先生文稿選序 文集三編卷五

明龔母王太夫人壽詩遺蹟序 文集三編卷五

趙叔寶先生行年紀略後序 文集三編卷五

休寧程氏六烈婦傳序 文集三編卷五

顧辟疆園記 文集三編卷六

華子隨先生家傳 文集三編卷七

郁君佩如傳略 文集三編卷七

秦佩鶴先生墓志銘 文集三編卷八

錢祖耆先生墓志銘 文集三編卷八

孫君鶴卿墓志銘 文集三編卷八

高老愚先生墓志銘 文集三編卷八

殷烈婦熊氏碑銘 文集三編卷八

傳母朱太夫人墓碑 文集三編卷八

家譜世系傳狀藝文志共二卷 正月成 未刊

尙書大義内外篇各一卷 五月成 全書之一

己巳六十五歲

詩經大義自序 文集三編卷三

詩經倫理學序 文集三編卷三

詩經性情學序 文集三編卷三

著 作 年 表

二九

詩經政治學序 文集三編卷三
詩經社會學序 文集三編卷三
詩經農事學序 文集三編卷三
詩經軍事學序 文集三編卷三
詩經義理學序 文集三編卷三
詩經修辭學序 文集三編卷三
婁東孫氏家集序 文集三編卷五
李頌韓養廬詩文稿序 文集三編卷五
勺軒文鈔序 文集三編卷五
杏墩文集序 文集三編卷五
太倉蟹斷記 文集三編卷五
孫君華樓家傳 文集三編卷七
胡君劭介家傳 文集三編卷七

三〇

錢君復三家傳 文集三編卷七

高母李太孺人家傳 文集三編卷七

陳節婦王孺人家傳 文集三編卷七

陳君善餘墓志銘 文集三編卷八

黃烈婦李氏碑銘 文集三編卷八

竇母董夫人墓志銘 文集三編卷八

王蔚人哀辭 文集三編卷八

家譜墳墓志 正月成 未刊

論語大義外篇一卷 五月成 全書之一

茹經堂文集二編九卷 十月刊成 全書之一

庚午六十六歲

急救米荒揭 文集三編卷一

上海交通大學第三十屆畢業典禮訓辭 文集三編卷一

著作年表

周易探原序 文集三編卷三
禮記擷要序 文集三編卷三
贈閔君寀臣序 文集三編卷四
陽明學術發微自序 文集三編卷五
紫陽學術發微自序 文集三編卷五
錫山秦氏文鈔序 文集三編卷五
沈子培先生年譜序 文集三編卷五
郁佩如拙穸詩稿序 文集三編卷五
勤補齋雜著序 文集三編卷五
施襄臣已巳函關秋振圖序 文集三編卷五
國術進化概論序 文集三編卷五
桐城吳摯甫先生文評手蹟跋 文集三編卷五
鎮洋王紫翔先生文評手蹟跋 文集三編卷五

三二

王紫翔先生書函手蹟跋 文集三編卷五
宗伯子良公積善傳家記 文集三編卷五
朱君蓉舫家傳 文集三編卷七
朱君秀坤家傳 文集三編卷七
傅君耐寒家傳 文集三編卷七
華耀廷先生墓志 文集三編卷八
俞鳳賓墓碑銘 文集三編卷八
李胞與先生墓志銘 文集三編卷八
過智修振災死事碑銘 文集三編卷八
薛母施太夫人墓碣銘 文集三編卷八
太倉九曲鎮楊龔氏焦氏暨二女分媛瑛媛殉難哀辭 文集三編卷八
陽明學術發微七卷 二月成 全書之一
紫陽學術發微十二卷 八月成 全書之一

著作年表 三三

著作年表

辛未六十七歲

廢孔爲亡國之兆論 文集三編卷一

克己爲治平之本論 文集三編卷一

急救水災議 文集三編卷一

續救水災議 文集三編卷一

學校當研究水利議 文集三編卷

中庸篇大義下 文集三編卷三

儒行篇大義 文集三編卷三

答曹叔彦書 文集三編卷四

高忠憲朱子節要後序 文集三編卷五

讀經誌疑序 文集三編卷五

史學鉤元序 文集三編卷五

杏墩劄記序 文集三編卷五

重建安我素先生祠堂記 文集三編卷六
陸母吳太夫人入祀節孝祠記 文集三編卷六
清明掃墓記 文集三編卷六
王晉蕃先生生傳 文集三編卷七
傅君曉淵家傳 文集三編卷七
汪夫人吳氏家傳 文集三編卷七
陜州召公甘棠廟碑 文集三編卷八
雷君補同墓志銘 文集三編卷八
蕭君肖甫墓志銘 文集三編卷八
盧君錦堂墓碑銘 文集三編卷八
王君靄亭墓碣 文集三編卷八
鄉謚惠毅施君左盧墓碑銘 文集三編卷八
戴惠蒼哀辭 文集三編卷八

著作年表 三五

著作年表

國鑑一卷 十一月成 全書之一

王申六十八歲

八德詮釋 文集三編卷一

五德箴 文集三編卷一

復胡敬庵書 文集三編卷四

治平統鑑序 文集三編卷五

孔門學史序 文集三編卷五

壬辰殿試策自跋 文集三編卷五

上海交通大學工程館記 文集三編卷六

壬申遇盜記 文集三編卷六

烈士尚吉元傳 文集三編卷七

義士美國人蕭特傳 文集三編卷七

廬江徐孝子傳 文集三編卷七

馬君雲亭神道碑銘 文集三編卷八

王君受尹墓志銘 文集三編卷八

袁君汝舟墓誌銘 文集三編卷八

弟婦馬氏殉國難碑銘 文集三編卷八

王申太倉軍民殉難碑記 文集三編卷八

國箴一卷 九月成 全書之一

癸酉六十九歲

禮記大義自序 文集三編卷三

中庸天命章五辨 文集三編卷三

蘇州國學會演講錄 文集三編卷三

宗嫂吳太夫人七秩壽序 文集三編卷四

黃君伯鈞七十壽序 文集三編卷四

覆陳柱尊論格物書 文集三編卷四

新安講學第二集序 文集三編卷五

風雨勘詩圖序 文集三編卷五

重印婁東十子詩選跋 文集三編卷五

重建忠義孝悌祠記 文集三編卷六

張天如先生遺像記 文集三編卷六

畢君枕梅傳 文集三編卷七

馮母李太孺人家傳 文集三編卷七

林燮軒先生墓表 文集三編卷八

茹經堂論文一卷 七月成 未刊

詩經大義九卷 十二月刊成 全書之一

甲戌七十歲

周易程傳纂注序 文集三編卷五

張豫泉同年重游泮水詩序 文集三編卷五

劉河保衛團紀功碑 文集三編卷八

張子虞先生墓表 文集三編卷八

蔣君伯言墓誌銘 文集三編卷八

竇生海渟墓碣銘 文集三編卷八

周君敬甫墓碑銘 文集三編卷八

朱君叔子墓志銘 文集三編卷八

宗弟婦陳夫人墓志銘 文集三編卷八

淩夫人石氏墓志銘 文集三編卷八

周易消息大義五卷 二月成 全書之一

禮記大義五卷 二月成 全書之一

著作年表

四〇

茹經先生自訂年譜跋

甲戌歲茹經先生年七十同門諸子既謀建紀念堂於太湖之琴山以爲先生壽又請先生以自訂年譜刊布於世先生謙讓未遑未之許也振以旦夕隨侍於先生乘間竊請者屢始蒙付校因就年譜中著作所繫略加案語以當索引又綜先生文集奏疏所載遞各專書編爲著作年表附刊於後既畢業竊僭識其末曰先生八歲即立志爲伊尹顧生丁叔季雖抱堯舜其君其民之盛德宏願不獲見諸功業識者莫不爲先生惜退而講學則以先知先覺覺斯世斯民弟子偏天下著作充棟梁聞風感發斯道之興當不在遠孟子論禹稷顔回同道伊尹未嘗干湯先生雖不得大行其志乎其傳道授徒之盛業亦何媿於伊尹之任今老矣而筋力堅强神明完固講授述作無一日或息繼今以往八十九十以躋乎期頤吾知天之所以成先生之任者蓋未有艾也民國二十四年二月二十日門人馮振謹跋

茹經年譜跋

二

茹經先生年譜勘誤表

頁數行數	原誤	今正
七頁七行	名炳	名以炳
二四頁四行	文鈔	詩文鈔
二四頁六行	年譜一卷	此上脫凌寶齋先生名錫祺所輯十字
三三頁十行	七月杪	六月杪
五三頁八行	貳百金	二百金
五六頁一行	貳千金	二千金
五六頁八行	奏槁	奏稿
五七頁十一行	奏槁	奏稿
六二頁三行	王仲虎	汪仲虎
六二頁七行	吳健侯	胡健侯
六七頁一行	朱家閣	珠家角

茹經年譜勘誤表

七五頁八行	義理	義利
七九頁二一行	病歿後	歿後
七九頁四行	溪山老農	溪山餓叟
八十頁五行	保譁	保讌
八六頁六行	庚申年	是年
九十頁一行	宗懿	宗彝
九五頁九行	借塡	借墊
九六頁一行	慌惚	恍惚
九七頁十行	倘慊	倘嫌
一〇〇頁二行	三月	此二字衍
一一〇頁六行	墓碑文	墓誌銘
一一〇頁十一行	午后	午後
一一一頁十二行	以新	以昇

民國二十四年三月三十一日出版

茹經先生自訂年譜

全一册　實價大洋二角

有著作權

著作者　太倉唐文治

發行者　無錫國學專修學校
無錫城內西溪唐宅

印刷者　無錫民生印書館

茹經先生年譜續編

（民國）唐文治 自編
唐慶詒 補續

《茹經先生年譜續編》一卷，（民國）唐文治自編，唐慶詒補續，一九五六年油印本。

譜主唐文治（一八六五—一九五四），教育家、文學家，字穎侯，號蔚芝，别號茹經。江蘇太倉人，一九一二年定居無錫。清光緒十八年（一八九二）進士，歷官户部江西司主事、總理衙門章京、商部左侍郎、農工商部尚書。一九〇六年致仕後從事教育工作，一九〇八年當選江蘇教育工會會長，曾任南洋大學校長。一九二〇年創辦無錫國學專修館。一九三五年七十壽辰，交大校友、國專同學捐資築五里湖畔茹經堂爲紀念。曾師事張裕釗、吴汝綸。通經學、工古文，主要著作有《茹經堂文集》。

唐慶詒（一八九八—一九八六），唐文治長子，美國哥倫比亞大學外交科碩士。曾任交通大學、光華大學、大夏大學、震旦大學、無錫國專等校教授。著有《南遊日記》、《憶往録》等。

《茹經先生年譜續編》始於譜主七十一歲，至九十歲逝世止。七十一至八十歲，譜主每歲均有紀事稿本。八十以後，所記不過寥寥數則。一九五五年秋，經唐慶詒將存稿整理補充，續編成一卷，一遵自訂年譜體例，遂使茹經先生年譜臻於完善，其資料之翔實豐富，文筆之精煉流暢，堪稱上乘佳作。

本書據一九五六年油印本影印。

（龔近賢）

茹經先生年譜續編

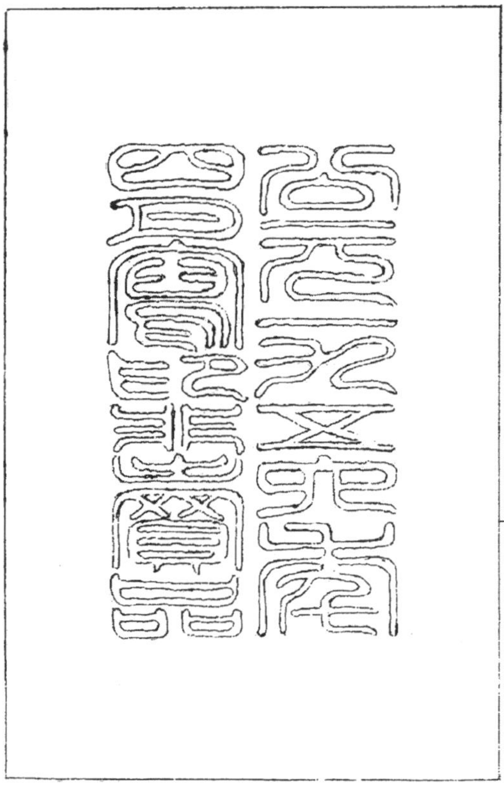

乙亥七十一歲（一九三五年）

正月中開校，學生到者二百餘人。

本校圖書館歷年購書頗多，館屋實不能容，爰與主任馮生振商定，在校地東北隅擴建房屋上下四楹，並造過街樓通至圖書館，由本邑建築公司江生應麟承造。

同年陳石遺先生本月四日八秩初度，上年先生為余作全書總序，余思有以報之，亦為作全書總序，彷徵集其所著關於經史子集者共三四十種，蒐討極為繁重，竭二旬之力，始克告成，約近萬言。

五月放暑假，畢業者歐陽革辛、徐景賢等廿九名。

五月杪，宗姪星海來談，有志研究余學說，余告以方今世局顛類，救國當以孟子心性學救之。余性理學發微已將告成，即以稿本示之，星海欣然願任印費。余乃詳細整理，釐為三卷：一曰理學大原，言性理為政治之本，當嚴君子、小人之辨；二曰學派大同，自宗周濂溪始，至清曾滌生止，詳論學派源流，實事求是，反諸躬行，不存門户之見；三曰讀書大路，先經、集，次專集，為讀書記凡六十二篇。助余繕寫者高君涵叔、陸生脩祜、沈生訒，流汗霡霂，不稍休息。書成，交星海陸續付印。校勘者錢生君白、洪生長佳，總其成者馮生振。此書一出，期有裨於人心世道云。

六月，顧崑山裘翊陳劍剛邀余往聽崑曲，爰赴崑山一游，謁歸震川先生墓，並游遍園，頗舒暢。劍剛亦作一園，名劍園，有白蓮、綠竹，鋪草地，雅潔無纖塵。余贈聯云：「三更月朗蓮花白，萬蓋風流竹葉青。」因劍剛善飲，故用酒名夾寓，兼繪景色云。

七月，招考新生，錄取一百餘名。開校後，新舊生到者共二百四十六名。

去年旱災極重，本年夏秋之交霪雨不止，兼以黃河改道，上游淤塞，水勢南趨，山東濟甯各縣、吾蘇徐州等處及河南、湖北兩省均受其厄。余先後捐募六百四十餘元，交上海水災義振會散放，特杯水車薪耳。至將來黃河為害蘇、魯兩省，不知伊於何底，不勝杞憂。

二

七月間、有漁船數艘鎖在余家門外河干、旋聞因該案株連、男子六人被押監獄、婦女十八口哭泣之聲、慘不忍聞、及詢諸法院中表姪毛淵若證實係被誣、余亟託淵若設法、越數日、先後將被誣之人釋出、又越數日、公安局將漁船全數開鎖放行、一時歡聲雷動、

本年夏錫滬汽車路告成、錫虞往來較便、十月中旬、偕門人錢募孫赴常熟住友人張君隱南燕園中、徐君少達自何家市來歡然道故、越日、偕張君錢生恭謁先師翁文恭公墓、先詣祠堂致祭、即文恭公廬墓處也、守祠周姓導觀公之膳堂臥室、地甚偪窄、追念先師遇我之厚、愴懷不置、旋適墓展拜、規模亦不大、並無碑記、墓前松樹怒龍、境極幽靜、禮成後回城小飲、即坐汽車返錫、

吾校因學生來者日眾、校址不敷應用、諸同人提議另行購地建築、慮無經費、適星海姪來談、願為贊助、爰於十月中託區長虞君循真在寶界橋畔茹經堂對岸先後購地約二十畝、每畝地價並各項費用約二百七十五元、先樹界石作為校產、至建築校舍、為費需十萬之譜、祗可俟諸異日矣、

十二月初十日、茹經堂行落成開幕典禮、錫邑到者華藝三、蔡兼三、楊翰西、榮德生諸君並星海姪、太邑到者吳省三、金俠聞、朱愷儔、錢星揆諸君、金山到者高君吹萬、杭州到者郎君祖平、其他南京、上海、崇明諸弟子、如張廷金、吳端行、裘維裕、朱誦韓、孫昌煊、傅煥光、江應麟、張福祿及新舊諸同學約二百餘人、贈詩文對聯各品甚夥、余深抱不安、未到行禮、酉刻回城、余有演說詞一篇、登載錫邑各報、

閩縣葉生長青編國魂集、選錄古來忠臣義士有關志節詩文都若干首、激勵人心、極有裨於世道、余仿莊子秋水篇為撰序一首、自問詼詭之文不作久矣、放筆為之、頗覺光芒四射、較舊作說龍釋氣二篇為勝、深自喜也、

丙子七十二歲（一九三六年）

正月開校、新舊學生到者二百四十餘人、

二月、孫女孝貞生、慶永出、四月、慶永調蘇州代理上海銀行行長、

三

本年為本校十五周紀念、先期向各處徵文、印紀念冊簡鑑、並印新校舍計劃圖暨禮堂圖、於五月杪擇日行紀念並畢業禮、是日到者南菁舊同學鈕君惕生、專員臧君啟芳、縣長隴君體要等數十人、頗極一時之盛、畢業生六十三名、

放假後、偕內子赴茹經堂避暑、依山臨水、兼有長橋之勝、風景極佳、惜蚊蚋甚多、起居飲食亦稍不便、住半月後回城

六月杪招考新生、共取八十餘名、

七月初旬開學、新舊生到者二百三十五名、教師廣東楊君鐵夫辭職、湖南陳君天倪復來任教、并添聘四川李君後清、安徽魏生建猷為教師、

劉河陶文奎者、醫生也、忽被人誣告販賣紅丸、為公安局逮捕、既押太倉監獄、已五閱月、其妻及子女號哭無措、行將槁餓、黃君頌聲來函乞為營救、余於官場鮮通往來、姑致函太倉溫縣長摶霄、已轉無錫專員公署、適託葉生長卿向公署詢問、經科長崔君提訊、確係被誣、仍羈留四十餘日始釋放、舉家慶更生、頌聲函稱陶文奎將來錫叩謝、余亟阻之、

本學期余為補習班講孝經、覺其經文廣大精深、初學頗難領會、爰摘其要端、別編講義、分十五類、曰孝德宏綱篇、不敢毀傷篇、立身揚名篇、良知愛敬篇、法服言行篇、居則致敬篇、養則致樂篇、病則致憂篇、喪則致哀篇、祭則致嚴篇、移孝作忠篇、兄弟友恭篇、擴充不忍篇、大同盛治篇、不孝嚴刑篇、共分三卷、每篇中皆摘錄群經中有關孝道者為綱、附以淺說、初擬名孝經翼、後因明代辛復元先生已有此名、爰改名孝經救世編、惟因為初學講解、隨講隨編、如朱子所謂急迫之意多、沉潛之味少、質諸譜弟曹君叔彥、覆云、凡立教有為萬世者、有救一時者、君之書殆救一時者也、余深韙其言、

十月中旬、江陰祝君丹卿招赴陶社一游、即祝君與諸同人所設詩社也、余因南菁書院本為舊時肄業之所、光緒之季改為學校、爰偕及門王桐孫、張尊五往游、祝君殷勤款待、邀赴徵存、南菁二中學講學、至南菁、則規模迥異、不勝滄桑之感、往祝氏花園一日、即返歸、余應王生紹曾之請、赴塘頭

橋尚仁中學講學，在徵存講孟子不忍人之心三章，南菁尚仁兼講讀文陰陽剛柔大義，徵存教師及門錢一如記錄講義頗詳。

姊壻許君彌丞患中風病四年，於十月間歿於北京，追維戚誼交情，痛悼之至，外甥鴻逵來乞銘，為作墓志銘一篇。十一月，宗弟保謙辭世，本以經濟重董長也，平生樂善不倦，惠鮮鰥寡，凡遇賑災，所賙先偓渠，而斂藏韜晦，不使人知，惜未克臻上壽，孔子有言，善人吾不得而見之矣，本校為開追悼會，余為作傳一篇。

十二月，開校董會，報告本校下學期宿舍內一律改用二層鐵床，每間容十六人，另闢自修室，編號人數與宿舍同，又購寶界橋旁新校基地，共費一萬一千餘元，得地四十三畝有奇。

丁丑七十三歲（一九三七年）

正月，開校，新舊學生到者二百十餘人。

二月十二日花朝日，寶界橋新校址行植樹禮，適值大風雨雪，余先至茹經

四

堂，午初刻，諸同人同學均會集，餐後雨略止，即赴對岸植樹，約共四百株，半桃半柳，皆傅生煥光所贈，余作頌詞，諸君興致甚高，雨雪更大，不得已雇汽油船歸，途中風烈，頗危險。

五月杪，本校行畢業禮，畢業生三十餘人。

七月，招考新生，錄取六十餘名。

是月七日，中日戰事發生於盧溝橋，天津一帶遂成戰區，大局岌岌可危矣。

陳石遺先生忽於本月初旬患疝氣病遽卒，聞訃電，哀痛之至，後應其孫光度之請，為撰墓志銘。

八月十三日，滬戰突起，三兒慶增自錫倉皇返滬，時錫滬車路已斷，繞道嘉興，途中極為危險。

九月中旬開學，時日機屢經錫地，往襲南京，人心惶懼，學生到者僅五十人。余為遷校計，託高君涵叔在南城外王祥巷覓屋一所，而本校舊同學許生

岱雲來函，欲迎余往居許巷，可感也。

是月，表姊吳作年夫人、表甥王露華夫婦及靜之弟祥伯姪吳君也庵、王慧言世弟等，均因太倉秩序混亂，挈眷避難來錫，余告以此次戰事非九一八可比，無錫恐亦不免，靜之弟等遂借居鄉間，惟吳家表姊露華夫婦住居余家。

十月六日午後，日機轟炸無錫北門車站並及東門，余舉家倉卒避地室內，聞爆炸聲隆隆然，日機投彈二十餘枚，約二小時始去，孫兒女等在校陸續歸，幸皆無恙，傍晚高君涵叔來探望，余竟夜不能睡，決計避鄉間。

七日早，宣佈遷校，略收拾行李並先人手蹟等，次日叩別家祠，偕內子等赴許巷，寓許生岱雲家，並見其弟岱青，厚意殷勤，同時本校教員龍伯純、江武子、陸景周、王慧言、職員吳溉亭、吳亦庵等並學生二十人遷居王祥巷（馮振心及學生二十餘人留城中），兒媳慶棠率教育院學生遷方橋，相距約二里許，慶詒住許巷，孫兒女等住方橋。

五

十月杪後，日機時來轟炸附近周涇港，至十一月十日左右，每日來三四次，在屋頂盤旋，諸生往來上課，心恒惴惴，會教師陳君天倪自長沙來函相招，同人遂議決遷校至長沙，慧言、也庵、靜之等因道遠不能往，相對淒然，余西溪房屋託表甥王露華看守。

孝純孫女患傷寒症，住南門內普仁醫院，十二日午前遭日機轟炸，時慶棠亦在醫院同避地室內，震動幾至坍塌，急雇小船避至方橋，孝純經此驚恐，病勢愈重，憂慮之至。

十四日，雇小船三艇，晚五時自許巷起程，船小人眾，幾無容足之地，途經常州、丹陽，飛機軋軋之聲，難民流離之狀，震耳駭目，不勝悽慘。

十七日午後抵鎮江，寓大華旅館，十九日晨，學生陳洵代雇小輪一艘渡至江心，登德和輪船，舟中擁擠，余與孝純備極周折，困難，幸慶棠尚得房艙，余及內子、慶棠、孝純勉強同往，振心、長卿家眷及四兒婦、諸孫女等在統艙中，人聲嘈雜，浪激風烈，不堪其苦，廿一日晚過蕪湖，二更許舟中人驚相告

曰、日機在扼上盤旋、於是燈火盡熄、約二時始去、廿二日晚過九江、廿四日黎明、抵漢口、表甥俞仲華爲定交通旅館二間、殷勤招待、逾二日四兒慶永來漢、詳告離蘇州及中途遇飛機危險情狀、聞之下淚、即命慶永在旅行社購車票、廿九日午後、乘小輪抵武昌、即行登車、傷兵擁擠爭先、秩序混亂已極、翌日天微雪、經臨湘岳陽汨羅、晚六時抵長沙、長鄉引導住南方旅館、諸同人驚相告曰、鎮江大華旅館、英公司德和輪船、均遭日機轟炸、死者千餘人、聞之惶駭不置、

十二月八日、長鄉覓定黄泥街房屋、時余患感冒、飲食不便、暫時遷往、而長沙傷兵極多、情形如散沙、南洋舊同學譚介甫託其表姊顧畹蘭女士在湘鄉銅鈿灣代覓房屋、十八晚開會議定、余先赴湘鄉、後再遷校、即雇定小舟三艇、一爲余夫婦及四兒婦等用、一爲慶棠諸孫女等用、一爲教育院師生用、次日傍晚登船、湘鄉碼頭有峭壁極高、適天雨泥滑、余坐籐椅、扶抬行半里餘始上船、危險之至、同學陳治安扶持送至船上、可感也、

六

廿五日午後二時、至湘鄉銅鈿灣、起岸、余坐籐轎、轎身狹窄、與江南不同、且透風不穩、内子等均步行、時余疲極、形神幾若相離矣、

戊寅七十四歲（一九三八年）

一月八日、葉生長鄉偕其弟來云、時局一時不定、擬將本校暫時解散、余告以只可疏散若干人、其有願來者、可遷校至湘鄉、照常授課、

十二日晚、錢生仲聯來報告、長鄉急於回閩、已將本校部分疏散、余等經數度周折、暫在銅鈿灣上課、

二月一日爲舊曆元旦、後一日、余爲諸生講格物定論、

八日、顧君惕生來談、蚌埠失守、徐州頗危急、聞軍事消息、敵人或攻沙市或宜昌、再襲常德、則兩湖受其包圍、赴川路將斷絶、可慮之至、

九日夜七時半雨甚、慶棠自桂林來、言桂省政府主席王旭初因黄任之先生介紹、將以大小汽車迎接余等於衡陽、機緣可謂湊泊矣、

十七日晨起程、四兒媳慶蘭送至縣政府、慶棠已偕俞釧文表甥女先到等候、余等五人登車赴衡陽、一時半近湘潭、正欲渡河、忽聞警報、即退樹林内暫避、約半時許解除、即赴河干候渡、忽有軍人自稱馮庸部下軍官、有緊急公事、爭先渡、慶棠云、如此則公安局定章豈不作廢耶、軍人甚怒、立命驅車至岸旁、余命司機人退讓、逾時渡河、陸行過株州、衡山、又渡河一次、六時半抵衡陽、住廣東酒店

十八日晨、日機轟炸衡陽、投彈三十餘枚、房屋震動、翌晨啟程赴桂林、途經祁陽、零陵、全州、興安等地、五時許抵桂林、住樂羣社、省政府招待處也、

二十日午前、雷賓南先生自徐州回桂、來暢談、對於時局、洞見本原、語皆扼要、

二十三日晚、景周及四兒婦等均抵桂林、

二十四日、余偕内子遷入正陽街租屋、旋另租竹園街樓屋三間、是晚遷往、不意門口茅廁污穢不堪、樓上亦臭氣薰人、余戲作一聯云、十年有臭、一夜無眠、

七

二十五日晨、還回正陽街、接孫壓香君來信、悉無錫家中無恙、甚慰、

三月間、因正陽街房屋西向潮熱不堪、託關生文俊覓得環湖路十八號房屋、共計十二間、南向、三月廿一日遷入、諸生約二十人、仍照常上課、

二十日雷渭南廳長來談、贈余行政概論、對於公務人員之選擇修養、均洞見本源、可佩、

四月十日、敵機轟炸岳麓山長沙大學、學生傷兵死者約五百人、極爲慘酷、

十四日、因學生來者漸多、與振心等會商、分爲二組、奈桂林書籍稀少、印刷又不便、僅購得三通序作爲課本、

十九日晚、交大同學在樂羣社開歡迎會、到者四十餘人、主席吕煥祥君、邀余演講、勉諸同學辨析義利、明君子小人心術之分、以正人心、而救中國、

五月十一日、悉四兒慶永任成都上海銀行分行經理、作懷古詩五首寄之、

廿九日晨赴風洞山訪馬相伯老先生、年九十九矣、精神稍遜、余語之云、君年可比周文王矣、先生愀然、云、人生至此、雖千歲亦復何益、先生重聽、語言

由其女公子代侍，暢談時局，相對唏噓。

六月三日，晨報載敵機轟炸廣州六次，死數千人，慘不忍言。

十四日上午九時半，桂林遭空襲，敵機轟炸機場附近，投彈十六枚，死傷十一人，房屋均震動，居民紛紛逃避山洞中。

廿五日，畢業考試畢，畢業生袁步棋等四人。

廿六日，開會議，完請振心代理校務，余即返滬。是晚慶棠回桂林，翌日開會交振心，鈐記存櫥，並託教育院職員李君友松雇定船隻。

廿八日早六鐘，四兒婦挈孫孝威等先啟程，臨別悵然。十時半，余夫婦動身，景周同行，振心因回北流，亦偕伴送，舟行六塘，每塘十里。

廿九日晨，過陽朔，山水奇特，空靈可愛，夜宿平樂。

卅日，舟行逆流而上，挽舟邪許呼號之聲不絕於耳，晚宿昭平。

七月一日，過雷魄灘、松林峽，夜宿纜水，如此以下有黃水，乃流非順水矣。

二日晚宿鄉村，離梧州六十里。三日午前抵梧州，午後南洋同學龍純如及

八

其夫人偕友人鄭君師許及國專舊同學崔生履宸等五六人來迓余等，將行李發交小船，時適起大風，幸龍夫人派人照料，同爲稱抄，連余與內子等亦坐小舟，同登大興輪船。即託龍純如、鄭師許兩君發電致香港南洋同學會鄒君衆士。是晚大雨，兩君伋從登岸，振心將回北流，握手話別，意極惓惓。

四日晨六鐘開船，九鐘抵都城，夜過三水。

五日晨六鐘，過虎門，放零丁洋，頗有風波，誦文文山先生詩，爲之慨然。午刻抵香港碼頭，南洋同學羅錫疃、莊心鼎、鄒衆士等十餘人，又友人電賓南均到舟中迎接，閘港埠檢查行李甚嚴，幸有羅君等照料，並無留難。登岸後，往住雪廠街思豪大酒店，頗覺暢適，羅、莊二君所預定也。

六日下午，南洋同學開歡迎會，到四十四人，俞亮、顧穀同、吳清庠、吳達模等均在坐，羅錫疃、莊正鼎主席演說、攝影，極爲熱鬧。

七日午后，賓南來介紹雷生澤釗執贄受業，纂道情殷至，爲可嘉。五時偕賓南赴孔道學院演講，地在山腰，正鼎爲余另備一車，盤旋而上，至則遇國專

舊同學許壽平、盧元侯，於門亦來聽講。院長朱汝珍號聘三，壬寅榜眼，款待周至。六鐘入坐演講：一經學，二理學，三文學，四品行。聽講者五六十人，秩序肅然。在坐多粵人，請賓南覆譯，至八鐘始畢，即興辭歸。

八日十鐘，余偕內子登康脫浮第郵船，諸同學及賓南澤釗等均登船送行。

十日午刻，抵上海，擁擠不堪，人聲喧鬧，高福扶余走軟梯而下，尚不困難，即乘小輪至新關碼頭，陳柱尊、陸撝文、崔雲濟等均在碼頭迎接，余偕內子赴滄州旅館暫住。

十二日，借定西摩路南陽路四十四號，計房大小二間，客廳、飯廳公用，每月租金百元，房主人亦唐姓，名文愷，號佾充，夫婦均謙和，意殷勤可感。

十八日午前，接慶棠電云孝純、孫女等本日由港起程，坐英公司廣東號船，約二十二日可到，甚慰。

十九日，向張菊老處借顧亭林先生《天下郡國利病書》之原稿本，並坿印年譜，日讀十餘頁。

九

八月六日，接慶棠漢口航空函云：連日救濟避難婦女西行，交通工具缺乏，極爲困難，年少者只得步行。難童救出二千餘人，現定八日坐輪船赴重慶。云余復難童衣服上應各掛牌子，註明父兄姓名、籍貫及年齡，且須設難童學校，分級教授，此事有關國將來種族，切宜注意。

廿日，飭高福回錫。

高福返滬，報告家中房屋書籍無恙，衣物損失約十之六七，茹經堂附近寶界橋被轟斷，寶界飯店等均炸毀，茹經堂幸無恙，器物損失約十之三。黃賓虹名畫、磁器爲日人竊去，寄存許生岱雲家各物幸無恙，不勝滄桑之感。

九月四日，胡生粹士攜黎照寰校長信來，謂交大擬設特別講座，請余每星期講授一小時，以道德文學大綱爲主，許之。

十一日，四兒婦抵滬，孝威孫等均安好。

十一月近冬至節，余患病，熱度一百零三度，請表姪朱繼萱診治，打針後熱勢漸退，惟因避難奔波，困頓過甚，兼發勞傷，疲憊不能起床，至年底漸就

瘥、

己卯七十五歲（一九三九年）

正月初旬甫能出見客、家人以爲幸而不死、余謂際茲國變、不幸而不死耳、

去冬通州舊同學盧生景純議興復國學專修學校、方余病時、常來與陸君景周商酌、至二月間議定、借康腦脫路通州中學作爲校址、通校午前上課、吾校下午二鐘後上課、乃聘嘉興舊同學王生瑗仲爲教務主任、景純充事務主任、景周仍充秘書兼助教、並請嘉興沈君蘇儒助理教務、崑山姜君課生仍來充繕務、

三月三日、正式上課、同學約五十餘人、余講授詩經論語二課、四月赴大夏大學演講、余講王陽明先生致良知及知行合一之學、可以正心救國、聽者蚉爲肅靜、有學生唐敬德記錄頗詳、在報章發表、

六月下旬、放暑假、本校設立暑期班、余教授讀文法、余在交通大學逢星期日演講、已二學期、校中爲印講演初二集、

九月初旬招考開學、新舊同學共九十餘人、錢生仲聯自桂林回滬、並攜來教部補助校費二千元、歎然道故、即請其担任教課、

庚辰七十六歲（一九四〇年）

正月開學、同學九十餘人、合旁聽生共一百零四人、余授宋元哲學及讀文法二課、逢星期日上午仍赴交通大學演講經學、文學、經學講孟子分類文學講、余自作文數篇、以救民命爲宗旨、內以說雪哀民慈幼保種二篇最爲誠摯感人、

三月、四兒慶永在成都患下血症頗劇、養息月餘、幸漸愈、

六月下旬放暑假、

六月間、印交大演講三四集、至八月出版、

九月初旬招考開學、新舊同學一百二十五人、嘉定同鄉高君介人在其六十初度時、招免費生一班、共卅名、作爲紀念、藉以周濟貧寒子弟、誠善舉也、暑期時來商、歸入本校、所有一切費用仍由高君擔任、惜係初中程度、未能

與本校銜接、允其附於本校、另設課堂、請何生雲孫主持其事、

余在本校任課如前、每星期日上午仍赴交大演講、

辛巳七十七歲（一九四一年）

正月開校、新舊同學共一百三十六人、

余昔年長南洋大學、原設附屬小學、請沈君叔逵主持、迨余與叔逵辭退後、崇明沈君同益接辦、擴充爲南洋模範中小學、本年二月二十六日、舉行四十週紀念會、請余演講、余爲講孝經大義、諸生鼓掌雷動、旋在校午餐、孝威孫在是校肄業、有成績陳列、並作校誕記文、理條達、可喜也、

三月、兒婦慶棠患血壓過高症、至一百八十餘度、入上海婦孺醫院醫治、漸就痊愈、

余因牙齒脫落、請鄧法言醫師診治、鄧醫將上排齒拔去、僅留二枚、頗覺痛苦、且精神體魄亦覺損傷、乃知老年人拔齒、實非所宜、飲食祇能進流質、迨裝好後、雖能食略硬之物、然終覺不便也、

七月間放暑假、

九月間開學上課、余因交通大學地址較遠、星期日上午改在本校演講、交大及他校諸生均可入坐聽講、本校禮堂較狹窄、用擴音機傳播、附近教室及廊簷下亦可傳達、聽眾約三百餘人、

十二月間放寒假、

前年余在太倉糾合錢君誦三等諸同志設積善會、開辦施粥廠、至今冬經費支絀、向無錫諸同鄉募捐、約得十萬元、滙交錢君等散放、每天約費五百元、別有住居南門純陽廟中鰥寡孤獨廢疾者共二十一人、皆係隱貧、此外尚有婦孺不能出門者、均須送米送粥、前往錢君暨諸同志熱心任事、同鄉頗沾實惠、

壬午七十八歲（一九四二年）

正月開學、新舊同學共一百十餘人、上海生計日艱、米價騰貴、來學不易、可嘆、余仍照舊演講、並在本校任詩經論語課各一節、均用余自編大義本、

六月一日、當局變更幣制、以二元作一元、而物價非特不能平、且更有加無已、米價每石漲至九百元、小民困苦日增、雖經工部局發給户口米、較市價廉三分之二、然每人每日僅限米二合、雜糧二合、食不能飽、蓋每人每日以煮飯計、需米七合、以煮粥計、需米五合也（小口照上數減半）

秋間本校事務主任盧君景純辭職、請教務主任王生瑗仲兼任、瑗仲提綱挈領、主持一切、深資得力、倩常熟陳君養浩為訓育員、又會計員王君友乾辭職、倩無錫張君仲禮繼任、

八月、聞寶山金君巨山介紹紗號孫君煜峯名壽熙、孫君邦瑞名壽徵、採辦事務所顧君麗江、繆君天行名振董、高君君藩名垣（高君吹萬之哲嗣）電影界費君敬廬名穆（孝行純篤）來受業、每星期課以論語大義及詩經大義各一節、先朝掌故一節、

十月初、余忽患癃閉症、始而小便不通、繼則點滴流出、表姪朱繼萱介紹泌尿科專家陳君邦典來診治、邦典為嘉定同鄉仲達先生之世兄、謂係膀胱炎、遂入體仁醫院、内子陪往、陳君謂須割去攝護腺、惟恐流血過多、老年不能支持、乃施用小手術、使小便改道、住醫院一月回寓、雖無大痛苦、然改道後皮管不能離身、諸多不便、亦無可如何也、

二三

太倉粥廠改施粥為放米、略為節省、同鄉報告口碑頗佳、余並託顧君秉成、邵君孟剛等分赴瀏河、浮橋、楊林、七鴉各處散放冬賑、

本年秋為余重晏鹿鳴之期、諸執友皆通函或賦詩道賀、西安友人王幼農兄亦寄詩來、厚意可感、而瀏河張君綸卿贈余棉衣果二十五套、作為賀禮、散發太倉、救濟貧民、當即請錢君誦三遣人來滬運太仁德熱心、尤可欽佩、

癸未七十九歲（一九四三年）

本年歲朝立春、且在子正交春、極為難得、太平其有望乎、正月開學、學生實到者百餘人、余仍授論語與讀文作文法

孫君煜峯等仍來聽講、每星期二節、余為編讀易入門、接講周易消息大義、其中學易反身錄、於修己治人之道、最為切近、不可不熟讀也、

本校仍復名國學專修館、仍請王生瑗仲為教務主任、陳君養浩為訓育員、張君仲禮為會計員、惟經費拮据、幸金城銀行吳蘊齋先生為補助一萬元、可感之至

六月放暑假、八月開學、余仍上課二節、一孝經大義、一國文大義

太倉粥廠因米價騰踴、購買不可得、幸賴錢君誦三與邵君孟剛、顧君秉成等盡力向常熟及雙鳳鎮分頭購買、該因捐款日艱、米價每擔貴至數千元、祇得買元麥搭放、計貧民約八百五十口、買到米麥存錢氏厥倉中、

甲申八十歲（一九四四年）

正月開學、學生及旁聽生百餘人、

余每逢星期二到校、教授讀文法一節、各親友因余八十初度、致賀者絡繹、至十月、諸弟曹君叔彦贈壽序、以道義相勉、北京張君新吾（若）亦贈壽序、叙述昔年在商部時苦心維持各事、均極可感、

孫君煜峯等五六人仍來聽講、每星期授課二節、一周易消息大義、一孟子大義、

二三

孫君煜峯為余印茹經堂四集、鬮排印費甚鉅、深為可感、

乙酉八十一歲（一九四五年）

入春以來、太平洋英美海軍與日本艦隊作戰、進展甚速、先後收復呂宋馬尼拉、硫磺島等地、

歐洲方面、蘇聯軍於三月十二日攻入柏林、德意兩國無條件投降、聞意大利首相墨索里尼為民衆所槍斃、德國元首希特拉亦自殺、善戰者終服上刑、自歐戰發生以來、迄今五年八個月、人民死者不計其數、誠空前浩劫也、

秋、上海物價飛漲、薪水階級已成涸轍之魚、余於衣食家用、力求撙節、尚能勉强維持、處困乜之境、惟有儉以養廉而已、

六月十五十六二日、美國飛機來滬轟炸、三馬路惠中旅館亦被波及、虹口居民紛紛入市區避難、余家頗受虛驚、余力求鎮定、處理校務如常、

七月三日、日本屈服求和、先是中、英、美通牒日本、提出和平條件、日方置諸

不理美國乃在廣島長崎兩處投原子彈工業精華均成灰燼蘇聯亦對日宣戰擊潰我國東北日本關東軍勝局遂定

七月六日、日本天皇廣播演説令駐華派遣軍隊速即投降上海日人聞之多伏地痛哭者、日本侵略戰爭至此遂告結束、

八月學校開學仍稱無錫國學專修學校添聘舊同學唐生堯夫為總務主任、余任讀文法一課、

冬屬王生瑗仲赴錫籌備復校事宜並籌設附屬中學共取本部及附中新生三百餘人聘定教職員二十餘人

丙戌八十二歲（一九四六年）

正月開學余任課如前、

二月下旬南洋同學會開會議決於交通大學五十週年校慶時建立新文治堂主持此事者為趙生祖康趙生振鈺等

夏屬王生瑗仲赴錫視察錫校並歡迎桂校復員三處生徒合計達五百餘人

七月八日上午交通大學舉行第四十六屆畢業典禮校長吳生保豐邀余到校演講余以敦人品勵氣節為中國領袖人才勗勉諸生、

十年以來國共談判若断若續至本年冬完全破裂國民黨在南京包辦國民大會優孟衣冠不堪一噱而北方戰事風雲日急殷憂無已

十月廿六日國專全體教職員同學贈余紅木手杖上鐫天壽平格四字上午十時舉行獻杖儀式王生瑗仲致辭余答謝並勉同人作中流砥柱云

丁亥八十三歲（一九四七年）

正月開課余任讀文法如舊、

自國共談判破裂後内戰益急本年春國共兩軍在蘇魯冀等省混戰各地物價騰踴人民生活陷入絕境

今歲上海學潮蠭起各大中學校學生紛紛罷課高呼反内戰口號學生集會常被軍警拘捕羣情憤慨四月十五日、余與張君菊生陳君叔通等十人聯名致函當局大意謂學潮近因不過學校内部問題亦有因生活高漲痛至切膚而推源於内戰政府派兵調警毆打逮捕甚至有公開將逮捕之學生送往中共區域之言、似非政府愛民之旨應請將被捕學生釋放由學校自行開導其呼籲并不悖於理者亦宜虚衷采納則教育前途幸甚書上不報

六月廿四日、長孫女孝純長孫孝宣乘美琪輪船赴美留學孝純攻教育孝宣習化學、

八月十九日、余與内子遷居静安寺路一二七四號房屋三間較南陽路故居略寛敞空氣亦佳、

十月杪俞甥頌華在蘇州逝世頌華爲隸云兄次子、尚氣節有父風廿五日上海各界在静安寺舉行追悼會長媳慶棠哭之甚痛余輓以廉行勁骨横幅、

戊子八十四歲（一九四八年）

正月滬校開學余任課如前、是月、有及門諸弟子薛志伊名桂輪謝仲顯名紹祖周志仁名樹懿陸景周名修祜陸汝挺女士馮振心名振及長子慶詒等發起余讀文灌音片之舉由薛生志伊總其成灌音片正集凡十張每張二篇預約出售頗風行一時薛生志伊等為宣揚吾國文化起見復議定發行適用集五張每張亦二篇内有中英文對照英文譯文為慶詒所撰冀可留傳海外灌音片為大中華唱片廠所製主其事者范君式正也

七月間政府頒布新幣制採用金本位每金元券合法幣三百萬元每四元合美金一元未幾價格狂跌小民深受剝膚敲髓之痛而中產階級亦遭殃及蓋政治涙梦至今日而極矣、

八月廿九日、長媳慶棠應聯合國文教會之聘調查歐美兒童教育乘機赴美、

十二月中旬國民黨杜聿明軍隊在蚌埠一帶與共軍決戰全軍覆没未幾北京和平解放同時揚州亦為共軍佔領、

己丑八十五歲（一九四九年）
正月滬校開課、
三月廿九日晨突有武裝軍警二千餘人包圍交通大學、以裝甲車衝進校內、並開槍擊傷學生多人、其他學校亦同時發生類似事變、
四月一日教育部下令疏散上海十五大學、慶詒原寓交通大學宿舍、亦被迫遷出、避居戈登路底中新二廠職員宿舍、
四月十三日、聞砲聲隆隆、然與雷聲相和、蓋共軍渡江後、即攻克南京、分兵東下、如疾風掃籜、方與國民黨殘敵激戰於上海西郊也、廿八日解放軍進入上海市區、居民安堵、
六月四日下午、國民黨飛機在閘北虹口靜安寺等處投彈轟炸、死傷百餘人、
六月廿九日晚颱風襲滬、大雨如注、風勢之猛、為數十年來所未有、積水一片汪洋、交通斷絕、而雨勢有增無減、稻棉收穫均已絕望、

一六

七月一日、難民十餘萬人無家可歸、流浪市中心各處、情形慘極、交大等校發起賑濟、惟募捐之數、僅杯水車薪耳、
八月、無錫國學專修學校呈准蘇南行署、改為中國文學院、分文學、史地、哲學三系、余任院長、聘王生瑗仲為副院長、嚴生濟寬為秘書長、錢君海岳為教務長、蔣生庭曜、朱生東潤、馮生勵青等為教授、
八月十日中華人民共和國成立、毛澤東當選主席、定都北京、
十一日囑王生瑗仲赴錫、代余主持中國文學院改院成立慶祝典禮及補行開學典禮大會、余作演講辭一篇、由瑗仲在會宣讀、當時自蘇南軍管會主任管文蔚以次、皆來道賀、極一時之盛云、
十月十六日長媳慶棠在京逝世、先是慶棠自美取道香港回國、參加新政協會議、旋任中央人民政府教育部社會教育司司長、積勞過甚、驟患劇疾、十六日晨不起、比孝端孫女奔赴省視、則已氣絕、號哭呼不應、醫生謂是腦充血症、噩耗抵滬、家人匿不以聞、數月後、親友有傳聞者、乃知慶棠死矣、慶棠視教育如性命、一身所辦事業甚夥、於家庭之間、常覺依依不捨、乃至是卒死於學、慘痛之至、余為作墓誌銘一篇、
十二月十九日為長媳慶棠營葬於虹橋公墓、余因年邁未往、由內子代表、孝純、孝端兩孫女自京來滬參加葬禮、

庚寅八十六歲（一九五〇年）
正月廿六日上午、敵機空襲龍華機場、投彈五十餘枚、歷一時餘始解除警報、
本月滬校奉華東教育部令與錫院合併、自僑滬以來凡十有二年、先後所聘教授如陸頌襄、呂思勉、郝昺衡、周予同、周谷城、胡曲園、蔡尚志、張世祿、夏承燾、童書業、王佩諍、萬綏成、李長傅、朱大可、鮑扶九諸先生皆一時之選、畢業達三百餘人云、
五月錫院同人鑒於一般私校學生銳減、經費支絀、來滬會商、請求政府併入無錫社橋蘇南文化教育學院語文系、旋奉令允准、教職員工及學生共

一七

一百餘人全部轉往、而余任名譽教授、薪水並未裁撤、虛縻廩粟至為慚愧、
六月間無錫西溪我家房地產、因地價稅負担太重、以後園地三畝餘售與蔣其余、囑三媳蘭徵、四媳慶蘭赴錫、代余簽約、代價白米二百五十石、每石以二十萬元計、後園房屋圍牆走廊茅亭作價均在內、得主允築一字形圍牆、作界兩家公用、
七月中旬、余患重傷風、內子失眠症亦復發、幸得繼孳表姪診治、獲痊、
八月十六日、長孫孝宣自美乘威爾遜總統號返國、於今晨安抵家中、旋隨同內子暨三四兒媳赴錫、佈置祠堂、並奉慶棠神主入祠、
孫女孝端本在外交部供職、十月初申請參軍、照准、即離京赴瀋、編入陸軍部隊、

辛卯八十七歲（一九五一年）
四月間寶山同鄉金巨山先生介紹上海浦東潘生光暹來受業、初受尚書、既受國文經緯貫通大義、孟子救世編等、潘生篤好國學、除攻讀經集外、購

余讀文灘音片正集及通用集、研習讀文法、頗饒興趣、

九月廿一日上午、余繕信稿時、忽覺頭眩氣塞咯痰無數、午後神志少清、旋又患寒熱、體氣虛弱、延朱繼革表姪診治、漸愈、

九月廿七日、長子慶詒承表妹陳佩蘐女士介紹、續娶太倉王廷鈺女士、女士年卅六歲、為吾妻王蘅儒入中堂之後、性情淑慎、治家有法度、過門後夫婦極相得云、

壬辰八十八歲（一九五二年）

二月間、美機在朝鮮北部及吾國東北各地投擲細菌炸彈、慘無人道、近代火器、製造日精、如原子彈、細菌彈、氫氣彈、皆為殺人利器、荼毒生靈、莫此為甚、倘此種武器不加禁止、人民無噍類矣、

三月十三日、金君巨山、陳君仲達暨朱生貫微等發起為余慶祝重宴瓊林、余本以節約為主旨、然因諸君盛意難卻、遂允之、金君等蒞余寓所小酌誌賀、列席者十三人、盡歡而散、

一八

三月中、連接秦生雨谿自錫來信、報告無錫西溪我家房屋後宅有人堆積花生殼投入香煙、以致兩次起火、燒燬房屋一間、顯係有人故意破壞、無錫公安局正在調查中、

六月杪、慶詒夫婦赴錫察看家中情況、旬日返滬報告、西溪後宅樓下房間已租與蘇南行署文教處、琴山茹經堂已於去年劃入風景區、無錫建設局未經業主同意、將堂屋撥交公營採石公司使用、余囑慶詒備函呈江蘇省人民政府報告此事、並申請將茹經堂捐獻於政府、嗣接覆函、指令茹經堂仍歸余為老年休養之用、未幾無錫採石公司即遷出、

十月十一日、內子舊病復發、不能安睡、高福突患中風症、亟延繼革表姪診治、內子漸愈、而高福右臂形成癱瘓、一時不能復原、陳邦典醫師介紹吉君祉輝為余洗滌膀胱、並換皮管、因吉君事冗不能常來、旋聘金君調良繼任、每日來寓一次、

癸巳八十九歲（一九五三年）男慶詒謹述

本年春、吾父精力日衰、上午勉強起坐進餐、下午臥床休息、朱貫微先生時策杖來問候、可感也、

八月中、茹經堂原經江蘇省人民政府指令歸吾父作老年休憩之用、近悉無錫建設局又將堂屋租與無錫慶豐紗廠、吾父囑長媳婦廷鈺赴錫瞭解情況、經迭次磋商、建設局始將茹經堂歸還原主、仍租於慶豐紗廠、此事遂告一段落、

十月十六日為吾父八十九生辰、晚間在寓家宴、

十二月七日晨、吾父小便內發現血水甚多、慶詒廷鈺聞訊、亟往省視、延陳邦典醫師診視、陳醫師囑須勤滌膀胱、使血液不致凝滯、晚四弟婦慶蘭暨金君調良每小時為吾父洗膀胱一次、至翌晨流血漸止、尚能安睡、

甲午九十歲（一九五四年）

正月、吾父神志尚清、惟右腿風癱不能動、

二月廿九日晨、吾父病劇、全身抖動約一小時、亟請俞松文、朱繼革二醫師

一九

診視、呼吸困難、係老弱徵象、情況嚴重、

三月七日（公曆一九五四年四月九日）吾父病勢驟增、脈息下沉、呼吸時常停頓、不能言語、晚間全家侍疾、至子夜十二時三刻、竟溘然長逝、嗚呼痛哉、慶詒、慶增暨諸兒媳等跪哭良久、勉慰萱堂、黎明奉吾父遺體至萬國殯儀館、並迎吾母遷入交通大學宿舍、十二日舉行大殮、四弟慶永由京奔喪來滬、親友來弔者凡二百五十餘人、自太倉、無錫來者頗眾、此次喪事由靜之叔、子淦叔及薛君桂輪等主持、上海市人民政府統戰部、各界人民協商委員會、文史研究館、交通大學、江蘇師範學院等機關均派代表致唁、張菊生、冒鶴亭、姚虞琴、高吹萬、金巨山、吳眉孫、朱貫微先生等七人發起公祭、儀式隆重、嗣張菊生、冒鶴亭、金巨山、朱貫微先生等百一十人復議決為吾父行易名禮、私謚文成、高誼均可感也、

四月二日下午、奉吾父靈柩至江灣第一公墓安葬、吳眉孫、萬漁父兩先生遠道來執紼、吳先生年近八旬矣、公墓面積甚廣、小溪環繞、風景清幽、吾父

坟地在昃字區、松楸蔥鬱、穆榆萬年、

右先君年譜續編一卷、先君原有自訂年譜、至七十爲止、已發刊行世、嗣後每年有紀事稿本、迄八十止、八十後精力日衰、所記僅數則而已、去年秋、慶詒謹將原稿整理補充、完成此編、年月體例、一本自訂年譜、其有關無錫國學專修學校教務者、請王瑗仲兄覆核、瑗仲兄於病中將全稿校閱、爲補入若干條、厚意至可感也、先君生平以宏獎教養爲己任、中年供職清廷、殫精竭慮、擘畫振興我國農工商業、疏屢上不報、旋以親喪去官、遂不仕、在滬主辦南洋大學、即今之交通大學也、掌校務十餘載、設電機機械土木鐵道管理等科、培養科學人材、爲我國工業開闢途徑、晚歲遭丘明之厄、退居錫山、創立國學專修學校、講學著述、風雨晦明、不稍輟、惜乎抱濟世之宏願、爲封建社會所限、未能大展其材、爲可悲也、今先君棄養悠悠已逾兩載、展讀遺書、如聆謦欬、每念鞠育顧復之恩、輒爲之悽愴傷懷、不能自已云、一九五六年春日男慶詒謹述

二〇

苓泉居士自訂年譜

（民國）楊壽枏 自編

《苓泉居士自訂年譜》二卷，(民國)楊壽枏自編，民國三十二年(一九四三)鉛印本。

譜主楊壽枏(一八六八—一九四八)，初名壽棫，號味雲，晚號苓泉居士，出身無錫名門。清光緒十七年(一八九一)中舉，二十三年入其大伯父楊宗濂山西按察使幕府，二十五年，幫助二伯父楊宗瀚處理業勤紗廠廠務。二十七年入京任内閣中書。二十九年，應商部考録任主事。三十一年，以參贊銜，隨五大臣出洋考察，次年回國後率譯員編譯介紹各國政情的論著專書六十餘種，提供參考。三十三年，任農工商部主事，旋升員外郎兼公司注册局總辦、商標局總辦。宣統元年(一九〇九)起，歷任度支部丞參兼財政清理處總辦、崇陵監修官兼鹽政院參議、度支部左參議等職。曾與京官陳寶琛等組織『憲政實進會』，擁護並推進清廷的『預備立憲』進程。進入民國後，在袁世凱政府内任鹽政處總辦、長蘆鹽運使、粤海關監督，總統府顧問兼財政諮議、山東省財政廳廳長等職。民國六年(一九一七)起，任段祺瑞内閣的財政部次長。八年當選國會參議院財政理事，擔任全國棉業督辦，被推舉爲天津華新紗廠經理。十一年，奉派回無錫，任商埠局督辦；年底返京，任財政部次長兼鹽務署署長。次年退出政壇，專事經營華新實業。二十四年後閑居天津，『七七』事變後，他拒不出山，不當漢奸。楊壽枏從政及經營實業三十餘年，忠於職守，多有建樹，家學淵源，世代書香，詩文功底深厚。閑暇時与友朋相互唱和，以詩文自娱；重視鄉邦文物，曾修復惠山貫華閣，弘揚顧貞觀與納蘭性德詞壇掌故。國學大師唐文治曾評其著作『文采斐亹』，『國計民生、蓋謀碩畫，萃在其中，不禁作而歎曰：美矣盛矣』。著有《雲在山房類稿》等。

此譜上卷始於同治七年(一八六八)，終於宣統三年(一九一一)。下卷始於民國元年(一九一二)，終於民國十六年(一九二七)。作者在年譜後記中寫道：『自訂年譜二卷……首尾六十年，世運之平陂，國事之治亂，一身之升沉顯晦，悉具其中矣。』楊壽枏歷經自清末至民國北洋政府時期，歷任重要官職，與上層人士交往頗多，於亂世中的政壇風雲變幻皆洞澈於目，片言隻語，於年譜中時有記録交代。《苓泉居士自訂年譜》雖僅記録了譜主八十年人生中的前六十年，有始無終，但已經涵蓋了他一生經歷的主要方面，不失爲研究中國近代社會變遷和無錫地情、楊氏家族文化的一份紀實類史料。

本書據民國三十二年(一九四三)鉛印本影印。

(龔近賢)

苓泉居士自訂年譜

張啓後書耑

癸未中秋

苓泉居士自訂年譜卷上　無錫楊壽枏

同治七年戊辰八月二十一日卯時余生於邑城大成巷新宅

祖居在下塘旗杆下　六世祖若千公諱度汪以博學鴻詞入翰林故邑人呼爲鴻博第粵寇之亂燬於兵亂平同里

先祖妣侯太夫人營大成巷宅居之厥後鴻博第修復乃稱旗杆下爲老宅大成巷爲新宅　齊次風孫頤谷李蒓客皆以八月二十一日爲孔子生日辨證極詳孫氏讀書脞錄曰公羊襄二十一年十有一月庚子孔子生按經上文云十月庚辰朔則庚子爲十月二十一日蓋孔子以周之十月夏正八月二十一日生李氏越縵堂日記曰襄公二十一年己

酉九月庚戌朔冬十月庚辰朔春秋經有明文則十月庚子爲二十一日之確據公羊作十一月庚子齊氏謂傳寫之誤按陸氏釋義公羊音義於庚子孔子生下云傳文上有十月庚辰則亦十月也一本作十一月庚子孔子生是公羊本與穀梁同今本爲誤也

己巳二歲　先大夫命名曰壽械號味雲小名松生

庚午三歲

辛未四歲　先妣張太夫人教以識字日能記三十餘字二妹浣芬生

壬申五歲　入家塾師杜靜溪先生授大學章句八月大病幾

殆至十月始愈廢讀者四月
癸酉六歲　讀中庸論語二妹韻芬生
甲戌七歲　讀孟子始學爲對偶　太夫人課以唐詩
光緒元年乙亥八歲　師毋舅孫厚齋先生讀詩經尚書周易始學爲詩　太夫人毋家太倉爲天如先生後故最愛鄉先輩吳梅村詩授余以永和宮詞琵琶行圓圓曲諸什皆琅琅上口終身不忘也
丙子九歲　讀周禮爾雅禮記四妹生旋殤作重陽詩曰風雨冷淒淒龍山塈欲迷白衣人送酒跌了一身泥師閱之失笑既而曰此詩甚有思路且能用典可喜也自此益喜爲韻語
丁丑十歲　師族祖簡庭先生讀禮記左傳始閱通鑑余幼時記憶力頗佳　太夫人授以梅村鑿清湖詩我生江湖邊五古一首讀一過即能背誦又簡庭師錄木蘭詞置案上師赴別室讀而愛之默誦兩過師已返退歸已坐而詞已成誦不遺一字至老不忘蓋性之所近易於記憶也
戊寅十一歲　讀左傳清明日放假與羣兒嬉野爲風箏之戲風勁綫斷踣而傷爲　先大夫所見披之歸將施夏楚　太夫人解之罰作風箏詩成絕句云清明時節好風天齊向春郊放紙鳶莫道常偕童子戲青雲得路獨登仙　先大夫笑曰詞雖俚有寄托乃免責

己卯十二歲　讀古文　先大夫手選古文百篇分爲四集一聖賢義理之文二名臣經世之文三漢魏以來家弦戶誦之文四六朝唐宋駢儷之文余受而錄之輯爲家塾古文約選九月　先大夫選授溧陽縣訓導至蘇垣謁撫藩余隨侍寓俞氏園居一月遍遊虎阜獅林諸勝十一月從至溧陽學署衙齋老屋三十餘楹地極幽靜門前古槐一株幢幢如蓋暑月輒執卷坐臥其下西偏小圃頗有花木每於隙地疊石壘土爲樓閣亭沼之狀雖兒戲事至今思之猶有餘味也五妹清芬生
庚辰十三歲　師任伯英先生讀文選作史論嘗作周公輔成王論謂武王九十三而終成王尚在襁褓是成王之生武王已將九十而唐叔諸弟之生又在九十後矣邑姜爲武王之元妃成王之毋生成王之年歲雖不可考至遲當在四十左右與武王須相差四五十歲豈武王五十歲以前並未娶妃九十歲以前並未生子乎考之經史終不能明問之師亦不能答　先大夫閱之曰此子頗有思路乃授以古文義法
辛巳十四歲　始學爲制藝及律賦試帖余性好詩古文詞所爲制義不中繩墨多或千言少或一二百字皆策論體也六妹瑤芬生
壬午十五歲　師吳魯卿先生與蘭樵五弟同學始專力於制

藝是冬同里應縣試取二十一名府試取三十五名
癸未十六歲　五月應院試正場取第九名提覆以疵被擯正
場詩題爲餘霞散成綺余詩有白地光明錦青天頃刻花之
句爲學使所賞蔭北二兄入泮試後隨　太夫人至溧陽學
署六月大病幾殆醫家謂余脈細而靜厥名六陰病雖危而
脈象未變無妨也歷三月始愈七妹瓊芬生
甲申十七歲　二月同里應縣試府試俱列第二五月院試以
第一名入泮古學取闔屬第四名學使者爲瑞安黃漱蘭先
生覆試經文尤蒙賞許評爲經義紛披後二義論宏闊得未
曾有閏五月望試畢同里甫三日接溧署信　太夫人於十

六日棄養五内摧裂卽日偕大姊二妹星奔至溧伏念壽柏生
而多病屢瀕於危賴　太夫人鞠育調護始克成立今爲微
名不及親視含殮痛哉十一月扶櫬歸里暫厝於錫山麓事
畢返溧
乙酉十八歲　在溧陽學舍讀書師竇曉湘先生治舉業從母
舅孫筱坨先生習算學竇師爲吾邑魁儒門牆最盛尤賞余
文每一藝出必令同學傳觀師門賞音不敢忘也
丙戌十九歲　在溧陽學署讀書大姊出閣姊丈爲同邑王芙
伯鏡蓉蘭樵五弟入泮是冬服闋顧夫人來歸　侍太夫人春
秋高　先大夫歲時乞假歸省至是命余夫婦里居侍奉起

居
丁亥二十歲　五月科試取一等第七名補增廣生學使者爲
長沙王益吾先生八妹令茀生庶母馬宜人所出
戊子二十一歲　在溧署讀書　先大夫集高才生立文社於
署中余課必第一頗負時名長女景昭生秋應鄉試薦而未
售
己丑二十二歲　偕經笙叔讀書於惠山家祠五月歲試取二
等二名秋應鄉試堂備額滿見遺鍾石叔蔭北兄舉順天鄉
試
庚寅二十三歲　五月科試取一等一名補廩膳生學使者爲

順德楊蓉浦先生正場覆試兩藝均蒙激賞刻入試牘少時
讀尚書私意舜崩之年已百有十歲禪位之後法宜安居深
宮何必遠狩蒼梧致稗官誣爲野死又舜宗堯而禹不宗舜
亦與前例未符此次試題爲萬章曰人有言至於禹而德衰
不傳於賢而傳於子有諸文卽發揮此意後二比曰隨刊爲
萬古之奇勳功德在民生廟食自應久享則傳子亦天理之
公然出諸禹而似有私心矣夫宗祀配天極郊廟尊崇之典
乃羽陵圮族以游魂而衮玉升壇於情似有未安者告神宗
之廟其有愧辭乎德不足以被後嗣何怪乎洛汭歌游斟鄩
遷徙未百年而祖烈已微揖讓亦兩朝之創舉聖神不世出

神器豈可虛懸則傳子亦人倫之正然行諸禹而反爲變例矣夫耄期巽位正宫廷頤養之時乃蒼梧陟方以暮齒而舉華逹狩於理亦有難解者入重華之宫其有慚色乎德不足以懷遠人何怪乎三苗逆命九扈稱兵不再傳而王靈已替

總覆日宗師面諭曰子文甚佳後二尤瑰奇惜太露芒角吾謂托諸人言亦尚不妨故首拔之若鄉會闈中切不可如此作知己之言令人感佩舉優行生未應考調南菁書院亦未赴余少年志盛氣鋭視科第如拾芥無意於優拔貢也　大伯父京卿公任直隸通永道諭令北上乃於十一月由海道至天津又陸行三日至通州時鐵道尚未成也課翰西十三弟讀書

辛卯二十四歲　四月韻芬三妹出閣妹婿爲閩縣龔宜甫晉義藹人方伯易園之長子也七月長子景杰生是月入都國子監錄科取第二名八月應順天鄉試九月榜發中式第七十二名主考爲刑部尚書許恭慎公庚身左都御史徐壽蘅師樹銘戶部左侍郎廖仲山師壽恒內閣學士慎齋師霍穆歡房師爲翰林院編修豫建侯師泰余首場卷呈薦後豫師即抱病出闈卷出許師手已批中矣因二三場未到撤下填榜前數日收落卷置箱中余卷批有中字獨遺案上許師覆閱數日有文如此何忍棄之適他房一卷以疵撤下房考力爭以余卷示之始服乃搜出二三場卷令他房補薦遂入彀謁許師時談及謂得失洵有命也應保和殿覆試欽定一等第九名卷出翁文恭公手頗蒙稱許仁山兄同捷順天榜場前得關帝籤云十年窗下苦埋頭空戴南冠學楚囚仙桂欲攀攀合得古來投筆盡封侯是科南元爲賀綸夔本房房首所謂戴南冠也賀爲湖北人與楚囚相合前門關帝廟籤素稱靈應故漫記之

壬辰二十五歲　三月應會試未售仁山兄聯捷五月出都回里　汪仲伊年丈宗沂相余曰君形似鶴聲清而步聳是行鶴非翔鶴是園林之鶴非雲霄之鶴然在園林中從容飲啄顧

視清高自是富貴家之物又命爲木命形亦木形命相相合生於秋枝葉不能滋茂故軀幹瘦而鬚髮稀斂華歸根法當晚成利於秋賦不利於春官也果如所言則與去年關帝廟籤相合可以投筆矣汪丈爲歙縣人庚辰進士於學無所不窺談命相尤多奇中語余曰相以清奇古怪爲上格凡豐腴平正者必多庸福此等人得意天下必太平吾近歲歷觀少年人命相與常格不同所謂福相者未必皆貴命而所謂貴命者又未必皆福相恐數十年後世界未必如今日之承平人物未必如今日之華貴吾老不及見子姑識之又曰開國貴人多龍虎之相太平時貴人多麟鳳之相衰世貴人多猿

鵪之相命相隨氣運轉移所言殊有名理院芬二妹出閣妹
婿爲江陰章紱雲廷華十月　祖妣侯太夫人棄養　太夫人
恭儉仁厚御家有法度子孫數十人年八十五而卒修齡厚
福皆盛德所致也
癸巳二十六歲　正月　侯太夫人葬於青暘與　名宦公合
兆六月赴江陰送試書侯七弟森千九弟果臣十一弟同入
泮　是年編輯十年中所作詩文曰紅樹山莊詩文集範甫
兄題其後曰作者所爲詩文清若梅雪鮮若荷露朗若秋月
豔若春花同輩中所見亦罕然吾輩事業尚有大者達者但
以文人自命非吾所望於君也余惕然悟是年起始治經世

學
甲午二十七歲　二月入都應恩科會試未售向例鄉會試多
買謄錄取其書法端正閱卷者易於動目也是科監試侍郎
長萃素嚴厲欲革此風一日於謄錄處搜得二十六卷遂將
二三場扣下余及蔭兄卷適在其中榜後晤翁弢甫太史云
二十六卷中擬中者四本房薦一卷已中第四二場卷未薦
撤去買謄錄者二千餘卷而此二十六卷獨被扣豈非數耶
因明年正科留京俟試住蔭哥寓中七月與日本開戰我陸
海軍屢衄旅順大連相繼失守都城戒嚴大駕有西狩之說
京官紛紛遷避蔭兄僳直樞廷不能離職乃約定事急時兄
當隨扈余則護眷屬擇地避兵是冬朝市蕭條風鶴數警目
擊時艱慨然有投筆請纓之志不復治科舉業矣經笙叔範
甫兄蘭樵五弟舉本省鄉試是年改名壽枏
乙未二十八歲　應會試薦而未售房考爲蘄水陳編修曾佑尤
賞余二三場有通才之目闈中已擬中卒以額滿見遺四月
出都偕宗石叔範甫兄蘭樵弟錢史才偕行出山海關登角
山望海時和議初成戍兵未撤海邊吹角塞上傳烽覩時局
之阽危念名場之蹭蹬自顧身世不禁蒿目灰心也五月抵
里經儒八弟擎宇十弟入泮
丙申二十九歲　是年因　先大夫多疾暫輟遠遊閉戶讀書

奉親課子是年起始屏棄舉業專治史學尤肆力於財政一
門歷史及九通中錢幣賦稅鹽法漕運各門皆分門別類提
要鉤玄纂錄至數十萬言積成數巨冊生平於財政略窺門
徑蓋得力於此兩年中也
丁酉三十歲　四月女秀寶生　先大夫於上年秋冬患咯血
之症　仲父藥之而愈春間復發侍之蘇滬歷謁名醫未能
見效五月間又加脾泄元氣益耗余親侍醫藥餐寢俱輟病
勢日劇竟於六月二十二日棄養呼天搶地痛不欲生視息
人間勉治大事十月奉櫬暫停於惠山家祠翰西十三弟入
泮

戊戌三十一歲　橐筆事畢慨然有遠遊之志　伯父京卿公方以河東鹽法道權晉臬乃於二月治裝西上由海道至津陸行一千餘里歷四大天門之險（詳所著西征前記）三月至晉陽六月　京卿公卸臬篆從至河東　八月接家書秀女殤十月　京卿公署藩篆復從至晉陽時撫晉者爲天門胡蘄生中丞辛卯鄉試監臨師也創辦新政設武備學堂商務局紡織廠皆以　京卿公爲督辦奏疏函牘皆余所擬爲中丞所賞遂延入署中主內文案兼撫藩兩幕杜門治文書不通賓客者數月以遠嫌也石臣十二弟入泮

己亥三十二歲　京卿公於三月卸藩篆復回河東余偕範甫兄送至百里外繞道遊晉祠唐叔虞之祠也在太原西南八里其山曰懸甕山海經曰懸甕之山晉水出焉是也泉出於聖母廟之側流經祠下水色縹碧瑩澈如鏡寺僧甃石爲沼澗若圭若玦若環若帶引泉分流曲折縈繞然後下注山麓漑田千頃祠前多虬松古柏蒼翠四匝酈氏水經注所謂水側有涼堂結飛梁於水上左右雜樹交蔭希見曦景髣髴遇之散策逍遙不忍遽去誠寰中之靈境塵外之仙都也（余著有遊晉祠記及五古詩稿已燬）八月　京卿公升任長蘆鹽運使中丞公開缺余亦以葬親南歸九月行十月抵里十二月葬　先大夫於小婁灣與　張太夫人合兆十一月五妹清芬出閣妹婿爲丹徒朱

清齋（祖愉）

庚子三十三歲　三伯父藕舫公辦業勤紗廠令余主辦廠務先是余以紳富捐獎內閣中書五月將入都供職聞義和團之變乃止八月女靜實生

辛丑三十四歲　八月八國和議成　京卿公以運使駐都門諭令北上十一月抵都十二月就內閣中書職

壬寅三十五歲　壽州孫文正公邀余入幕中主章奏寓後孫公園安徽館相國清風亮德負時重望每日朝退必至余齋中談經史深沐教澤五月　京卿公奉旨以三品京堂候補督辦順直紡織事宜九月請假南歸余赴津送行仍回京供職少平叔翰西十三弟舉本省鄉試九月六妹瑤芬出閣妹婿爲蘭州劉幼軒（思誠）

癸卯三十六歲　二月乞假南歸八月入都應商部考試取列第十七名引見記名七月間奉旨添設商部以貝子載振爲尚書陳璧顧肇熙爲左右侍郎咨內閣各部保送中書部曹考試取者按照原官以郎中員外主事補用余本請假回南適買子咏觀察新簡正太鐵路總辦邀余任總文案屢電催促乃於中秋日到京而子咏已被劾去職商部適於十七日考試孫文正公已將余名保送急遽橐筆入試題爲馬班以下不傳貨殖論取四十人引見記名二十八人余非子咏電

催未必入都雖保送而未必入試各部先經本衙門考試獨
內閣徑由大學士點派冥冥中若有相之者於以知功名得
失殆有天焉果臣十一弟舉本省鄉試伯庚十七弟入泮女
景暉生十一月七妹瓊芬出閣妹婿爲江陵陳叔達名璋
甲辰三十七歲　二月商部傳到分保惠司行走三月得家信
知長兒景杰夭逝兒聰慧劬學縣試取前列試後感寒疾兼
染喉症庸醫投以涼劑遂不起年甫十四也傷哉四月靜女
殤五月補保惠司主事充幫掌印上行走十月眷屬來都僦
居上斜街屋爲顧俠君秀野草堂舊地亭館幽靚花木扶疏
放衙後常邀友朋觴咏其中亦京曹之樂事也

乙巳三十八歲　調補平均司幫主稿又調庶務司幫掌印僦
居順治門內石虎胡同屋爲明大學士周延儒宅國初爲吳
三桂之子額駙第乾隆中爲裘文達公賜第後歸潘河帥錫恩
迄今仍屬潘氏余眷居西院卽裘文達之好春軒院後小屋
兩間封鎖歲久于晦若侍郎過訪爲述此屋向有妖魅見紀
文達公灤陽消夏錄中京師號爲四凶宅之一余初未知居
此三年升官添丁多吉祥事繼居者死亡相踵無人敢居後
乃拆卸改建六月奉旨派鎮國公載澤戴尚書鴻慈徐侍郎世昌端
中丞方紹右丞英分赴東西各國考察政治澤公邀余同行
以病辭八月十九日五大臣啟程登車炸彈驟發紹右丞受
傷未果行徐侍郎旋授巡警部尚書紹右丞傷未愈乃改派
尚方伯其亨李公使盛鐸爲澤公之佐余病已愈澤公調充二等
參贊十月出都十一月由滬放洋抵日本東京余隨澤公住
芝離宮日皇之別宮也在東京度歲余任總文案佐之者趙
仲宣從善後官江西省長劉樸生鍾琳後官湖南按察使姚柳屏明闓後官內務部司長黃次腴瑞麒後官御史也八
妹令茀出閣妹婿爲同邑李滌雲福康
丙午三十九歲　正月次兒景煃生是月杪由東京啟程至橫
濱登英國大北公司達柯達輪船渡東太平洋七日而抵美
國之波湯星海口登陸乘大北鐵路公司貫北美全部行八
日而抵紐約改乘英白星公司波羅的海輪船渡西太平洋

八日而抵英之利物浦登岸至英京倫敦留一月至二月杪
赴法京巴黎留二旬復回倫敦渡加發海峽而至比京留半
月考察事畢至法國馬賽登法郵船公司阿賽布乙克輪船
出地中海紅海蘇彝士河歷印度洋經南洋新加坡等埠以
五月抵滬六月回京覆命七月編書於法華寺余任總纂所
譯東西洋政治書編成六十餘種杏蓀憲政編查館擇其精
要者三十種分撰提要進呈乙覽九月奉旨派澤公及各部
院尚書南北洋大臣釐訂官制奏派余隨同編纂居海淀之
朗潤園同事者二十餘人皆一時名碩以使事勞保侯補員
外郎後以郎中卽補加花翎三品銜

丁未四十歲　改補農工商部工務司主事充幫掌印兼充商
律館纂修十月隨楊杏城侍郎赴南洋各島撫慰華僑乘海
圻海容兩兵艦歷小呂宋西貢暹羅爪哇新加坡檳榔嶼各
島十一月二兒景嫗生余在海容兵艦中得家書乃名之曰
海容十二月事竣返滬回里度歲南洋各島華僑多閩粵籍
雖爲歐美屬地而工商業皆在華人之手商務以新加坡檳
榔嶼爲最繁物産以小呂宋爪哇西貢暹羅爲最富使車所
至萬衆歡迎愛國之心視内地人民爲更摯余著有海南采
風記庚申燬於火
戊申四十一歲　正月回京覆命上考察南洋各島華僑商務

摺頗爲時傳誦二月補工務司員外郎充主稿兼充公司註
册局總辦商標局會辦先後任本部尚書者爲振貝子溥仲
路先生頲侍郎則爲顧康民先生肇熙唐蔚芝先生文治楊杏城
師士琦熙儁甫先生彥皆蒙倚重部中要政頗參預焉余以甲
辰補主事後本部員外郎出缺五次擬陪均爲律要子弟所
躐取同曹皆不平余處之泰然至是始補員外郎逾年遂升
度支部郎中旋擢參議以七品中書六年而至京堂亦可云
速化矣仲春從耕籍田自丁亥後久未舉行考訂親耕儀注
整備如禮購屋於城西太平橋價一千七百兩二月移新居
四月長女景昭出閣婿胡仁鏡入贅十月德宗上賓今上登

極
宣統元年己酉四十二歲　時籌備九年立憲澤公爲度支部
尚書設立清理財政處乃奏調余在度支部丞參上行走充
財政處總辦旋升補承政廳郎中同事者爲陳麓賓左丞宗嬀
傅夢巖右丞蘭泰曾剛甫左參議習經劉聚卿右參議世珩候補參
議則爲晏海丞安瀾管仰山象頤林梅楨景賢余專任清理財政請
簡監理官分駐各省處中設十二科遴調司員之才敏者充
總核坐辦科員是年令各省造送財政説明書報告歷年財
政情形爲編製預算決算之用部中重要奏摺皆余與剛甫
分擬剛甫博雅工文余不及也

庚戌四十三歲　派充崇陵監修官兼充資政院參事是年資
政院成立八月編製宣統三年各省預算册送内閣交資政
院議決余定清理財政程序期以六年竣事第一年調查全
國財政令各省造送財政説明書民國初曾付印第二年試辦各省預
算令財政統一於藩司第三年試辦全國預算劃分國家税
地方税第四年實行預算辦理決算第五年施行會計法金
庫制度第六年各省設立財政司自此事權統一法制嚴明
使全國財政如輻在轂如網在綱度支部通盤籌畫調劑盈
虚而清理之事畢矣　各部書吏之權最重戶部尤甚爲有
清一代粃政余總辦財政處調各司司員兼充總核坐辦科

員辦稽核算均出司員手書吏僅供繕寫自是積弊盡除司員之才敏者皆嶄然見頭角矣

辛亥四十四歲　補度支部右參議應放長蘆鹽運使爲澤公保留八月編製宣統四年全國預算送資政院十九日武昌兵起九月奉旨派充恭謁東陵大臣余素慕盤山之勝欲乘此遊覽而堂官以部務殷繁未便久離奏請改派是月任袁世凱爲內閣總理入朝後改組內閣余轉補左參議旋欲擢爲右丞余力辭時事日亟本部丞參四人辭職者三余曰清室一日不亡當盡一日之責仍逐日到部辦事至十二月二十五日遜位詔下余於先一日請假出都矣（詳見筆記）眷屬先於十

月移住天津余獨留京寓伴我同居者鄧君範青也先是澤公購宅於後圓寺令余移居以政變未果十二月四兒景濂生　京朝官設憲政實進會以虛君共和爲主義蓋採責任內閣制以順四海之望而仍留君主位號以繫五族之心也陳弢菴侍郎爲會長余與馬君雋卿奔走其間會中諸人如勞玉初宋芸子吳絅齋俞志韶等數十人皆輦下名流也鼎革後風流雲散矣　宣統朝親貴用事攝政王（載灃）監國慶親王（奕劻）爲內閣總理鎮國公（載澤）爲度支部尚書肅親王（善耆）爲民政部尚書貝子（溥倫）爲農工商部尚書貝勒（載洵）掌海軍貝勒（載濤）掌軍諮府親貴中惟澤公負時望慶等忌之袁慰庭（世凱）爲慶黨退居洹上遙握中朝線索辛亥春監國將黜慶而用澤慶黨大懼曰如此則我輩連年計畫將成畫餅矣重賄宮監小德張求隆裕后緩頰后乃召監國曰奕劻雖耄終是宗室老成請緩三月待其自退以全體面監國唯唯慶既留乃令湯化龍聯合各省諮議局上呈親貴不得干政意在阻澤公也三月後慶不復退至武昌事起慶力薦袁入朝卒移清祚

十月恭請三代封典京官例得加級請封三四品不得踰二品余入官後屢遇萬壽登極覃恩加級故以實缺四品京堂得請二品誥封

苓泉居士自訂年譜卷下　　無錫楊壽枏輯

壬子四十五歲　是歲爲民國元年居天津七月周緝之總長（學熙）長財部先欲調余爲祕書長余薦趙仲宣自代又欲任余爲首席參事余薦趙劍秋自代至是呈請設鹽政處任余爲總辦堅辭不允始就職調舊僚樓君思誥錢君錦孫李君思浩朱君文鈞鄧君以模爲助規模甫定而張季直殿撰（謇）上鹽務改革案於政府主張廢綱商收場產破引岸朝野大譁項城總統欲反對之而難於置辭余謂此案關於國計民生甚巨張案援古證今言之成理未便駁斥乃另草改革鹽務計畫書大旨爲清場私化引界均鹽稅平鹽價課食兼顧書

凡四五萬言兩案並提交參議院議員討論結果以財政部計畫書籌畫精詳辦法穩慎一致通過而張案乃取消余與季直交誼因此遂離然數千萬之國課恃以爲來源數百萬之商竈恃以爲生計若貿然剷除舊法摧綱掃地以政府專制之威力破數千家商人之產孰敢違抗而海濱雕悍之民果能槁項黃馘老死於萑苻蜃蛤之鄉乎事關國計民生兼權利害不得不倍形慎重也九月簡授長蘆鹽運使即以是月蒞任距　京卿公任時已十年矣景𣉥以是月殤（是年始改陽曆記中年月仍用陰曆蓋欲前後一律便於稽考也）

癸丑四十六歲　在長蘆任六月二次革命事起馮華甫都督率師南征余派緝私統領宋明善以二千人隨行諭以大兵抵錫即派兵駐城保護桑梓未幾南京攻下大局旋定故鄉幸免兵禍十月調粵海關監督未赴長蘆鹽課向用寳銀科目繁碎平色參差吏緣爲奸余併爲一條鞭改兩爲元商民稱便又整理場產分濟鄰銷歲課驟增二百餘萬惟部中不正當提款皆堅拒不應爲長官所不便然以籌餉勞頗爲項城稱許改調粵海關非總統意也財政部奏獎二等嘉禾章

甲寅四十七歲　正月請假回籍掃墓旋請開粵海關監督缺在里三月偕經笙叔遊西湖遍探三竺六橋諸勝過北固登金焦訪瘞鶴銘觀周鼎五兒景熇以四月初三日生余適以

是日在焦山寺得周鼎搨本乃名之曰鼎祥得京電派總統府顧問兼財政委員並充整理舊稅處委員府祕書函電交催乃於四月杪入都項城命在公府設財政會凡財政重要之件均交會核議又核定民國四年預算先於冊中簽註呈總統手自批定民國五年以前財政頗具規模者此會與有力焉八月簡任山東財政廳廳長九月蒞任將軍爲靳翼青（雲鵬）巡按使爲蔡志賡（儒楷）皆相倚重事無掣肘　袁總統問余曰財政如何統一余曰軍政能統一財政自然統一又二十二省之財政廳長皆選有名望之人充之與將軍省長可以抗衡行使職權則財政自集權於中央矣袁躂之至民國三

四年軍財兩政頗有統一氣象袁每語人曰吾對於各省用人軍政外注重財政所用人材財政廳爲第一等鹽運使爲第二等關監督爲第三等蓋關鹽本屬於中央易於整理也使無帝制發生政治已趨軌道矣

乙卯四十八歲　在山東財政廳任是時政府銳意籌款余電部略謂民間不苦稅則之重而苦稅目之繁請擇稅收豐富科目簡單者實力舉辦其餘雜稅均請暫緩於是專辦驗契畝捐公債三項兩年中經常歲入外增收至千萬財政部考核各省成績以山東爲第一奉令嘉獎例應得雙鶴獎章辭不受在山東時考察各縣令之功過以小册記之新正各令

來省賀歲觴之署中即以治績最優者數人列之上坐某令居前列出語人曰今日之議使我汗出如漿稍不慎明歲再來將降居下坐矣此舉雖近滑稽無形之勸懲勝於循例之考課也署中西園擅泉石花木之勝余略加修葺簿領之暇與賓僚嘯咏其中廳前後宋海棠兩株高數丈花時如張錦幄相傳曾子固所植也京師設籌安會將復帝制令各省士民上書公推袁世凱爲皇帝稱頌功德幾有天與人歸之象矣乃勸進之箋甫奏討逆之檄忽來滇黔兵起各省應之項城由小站練兵而起利用軍閥以覆清乃因果相生種瓜得豆今日反對帝制者即當日利用之軍閥也

丙辰四十九歲　在山東財政廳任各省反對洪憲帝制兵戈四起海內鼎沸項城意欲調余內用令人示意楊杏城左丞曰山東爲南北樞紐兵事方亟楊某不可輕動余亦以才不勝任婉辭之四月民黨吳大洲由青島舉兵進攻省城官紳有倡獨立者會議於軍署余曰濟南綰轂南北獨立後徐州張軍蚌埠倪軍必反戈北指魯局危矣靳翼青將軍曰命脈全在財政能籌餉六十萬城乃可守余曰能從我三事則軍餉由我擔任一財政由廳調度軍民兩長勿干涉二中交兩行歸廳管轄三各縣收款即解遲則以貽誤軍需論將軍允准議乃定蓋余已預籌四十萬儲庫故毅然負責蔡志賡巡

按不敢出面政界之事皆余主持民軍每夕攻城槍聲四起拂曉乃止余輒竟夕不寐晝仍從容治事如是者一月項城病故黄陂繼任兵事始解余逆知軍閥勢力漸張時局俶擾事不易爲乃託詞入都籌餉到部即具呈辭職部長挽留堅辭再三並保王小宋（琭芳）繼任方兵事亟時陶文泉（鎔）忽至圍城中訪余蓋張倪兩帥所派也詢其來意則曰張倪兩帥將會軍直取南京唾手可得得南京後撫定江蘇按軍以觀浙閩之變所慮者山東爲後顧憂耳張子治（懷芝）已定山東督軍不敢遽來究竟山東內部有無變化財政能否支持得君一言大計立決余曰將軍深明大局獨立議已取消內部不必

慮財政於二月前已預籌至少可支兩個月陶曰如是大事定矣余問曾見靳蔡二公否陶曰不必見魯事倚君爲重矣陶乃去越三日靳開缺以張代之旋因項城病故會軍之策未果行當日山東獨立張倪兩軍必迴戈北指魯將被兵余已料及故反對獨立於山東不可謂無功然未嘗自表也余辦理驗契公債等皆有辦公經費計八九萬元除提獎各縣知事屬僚及送省署公費外尚餘二萬元呈請繳庫另儲爲本省災振之用蓋薪俸之外未嘗妄取一錢也以在任理財勞績獎二等嘉禾章十月簡放吉林財政廳長時段芝泉總揆欲留余內用令張乾若祕書示意暫緩赴任乃薦高集安翔代理山東歸後寓居天津日本租界之花園街三女景昉生八月在德租界後改爲特別一區十八號路構屋十一月落成

丁巳五十歲　正月移居新宅二月擢財政部次長時財政部以銷燬制錢案興大獄總次長均交法庭乃特任李仲軒世丈經羲爲總長余任次長仲丈因病未到囑余先視事代理部務時承政變之後政府威信漸替各省解款不至中央國庫歲入合鹽餘四千八百萬元關餘一千餘萬兩常關稅六百萬元菸酒稅六百萬元印花稅三百萬元及其他收入約八千餘萬元歲出爲一萬萬元余核定每月支出七百萬元收支適合並通盤籌畫定一臨時預算苟得從容整理財政可復舊觀矣視事兩月國是驟變段總理免職國會通過仲軒丈爲總理於是擁段各督軍會議於津門勢甚洶洶黃陂不能制召張少軒勳入都靖變既至解散國會及督軍團新總理就職國是粗定乃五月十三日忽有復辟之舉余在病假中奉度支部左侍郎之命未幾馬廠兵起少軒兵敗入荷蘭使館余病稍愈即先期出都旋奉署理尚書之命則已在津門矣詳見筆記溯民國建設以來國勢如累卵朝局如弈棋羣龍无首海內鼎沸電諭中所謂名爲民國不知有民名爲國民不知有國語最痛切少軒此舉磊磊落落功雖不成足爲歷史上有名人物矣　黎黃陂就職後段合肥爲總理府院爭權

動生齟齬議院則國民黨爲府派進步黨爲院派時歐戰方亟外交總長伍秩庸廷芳獻策於黃陂謂英法各國運動美國加入戰團美政府欲與中國一致行動今若與德絕交可得外交之擁護總統安若磐石矣黎信之將下令對德絕交內閣反對蓋懼總統之結外援也或語段總理曰彼主絕交我何妨進一步爲參戰段用其策然按照約法須經國會通過民黨議員謂國內兵事未定何能出師歐洲羣起反對相持不下內閣欲解散國會而總統遽下令免總理之職於是北洋軍閥大譁集議於徐州天津以推倒總統爲目的遂定復辟之議立約簽名公推張勳爲盟主蓋張固主張復辟者也

黎以軍閥勢張不能制乃用某某之策召張入都張僅攜衛隊三千人倉卒舉事初不虞爲袍澤所賣也軍人起自行間缺乏政治常識遂爲政客所利用曰絕交曰參戰曰復辟曰護法其中黑幕重重特以國事爲兒戲而已黎黃陂以復辟之變去職馮河間以副總統代行職權段合肥仍爲總理財政總長爲王叔魯克敏始利用公債政策於是七年長期七年短期金融公債次第發行矣按民國初年梁燕孫士詒始獻內國公債之策發行三年四年公債不過數千萬中央財政從容基金皆確實五年春中交兩行停兌金融始紊鈔票之流行於市場者市價漲落不定銀行操縱其間卽成爲投機之

事業余在部時擬以六年關餘千萬兩爲基金發行中交新鈔票將舊鈔票按市價收回蓋舊鈔票已成一種交易品無須整理所以收回者恐奸商操縱牟利紊亂幣制耳適會政變策未果行至是乃發行金融公債收回舊鈔票黠者收買四五折之舊鈔票換十成之金融公債而國庫乃代銀行擔負數千萬之巨債查民國二十年財政支出撥還內外債本息計共三萬四千三百四十萬元蓋自民國六以來專以借債度日積至今日幾占歲入十分之四國家岌岌有破產之憂矣

八月永定河決津埠當其衝租界盡成澤國亦從來未有之災也清芬五妹卒於津門妹婿朱清齋久病未愈喪事皆余營辦遺甥女夢華尚幼傷哉

戊午五十一歲　二月偕內子摯五兒同里二月同遊西湖四月返津六月被選爲參議院議員八月兩院開幕九月舉徐東海師爲大總統　按國會始於宣統二年曰資政院其初流品整齊舉動尚循正軌國體初更召集參議院旋由各省依法選舉議員始分爲參議院衆議院議員皆以賄選流品始雜兩院議員分爲兩大黨一曰進步黨多官僚工於揣摩一曰國民黨多革命份子號爲激烈派氣燄甚張至民國二年兩院爲項城解散洪憲以後法統重光不及一年又被解散河間就職始改訂選法重行選舉是爲第二屆國會大抵議員從田間來學識雖新於政治實少經驗故主張輒與政府相忤又監督政府甚嚴閣員皆須兩院通過爲輿論所擯

者輒遭否決官僚深感不便陰謀搆煽而政府與議員遂勢不兩立矣吾使西時聞彼都人士言各國選舉亦是金錢運動論者每痛心於議員之橫恣政黨之囂張將來代議制之存廢必爲世界一大問題也　同人公舉余爲天津華新紗廠經理先是項城欲振興北方棉業議撥官股四百萬招商股六百萬在北五省設紗廠五處命周緝之總長籌款派周實之學煇爲督辦項城故後議乃中輟部款僅撥百萬而津廠已購機築廠款絀工艱政府以久未開工派員查辦實之力辭督辦乃公推余爲經理添招商股裝置機器於冬間開工於是北方始有紗廠

己未五十二歲　舉充參議院財政理事民國八年預算余手所核定也所著報告書頗爲兩院同人傳誦庚申京寓失慎報告書及預算册均被焚不復能紀錄矣　上年政府特派緝之總長爲全國棉業督辦至是因病力辭政府慰留而命余代理是年紗廠獲利頗厚出手得盧會有天幸自是北方紗廠踵起棉業浡興

庚申五十三歲　四月皖直戰爭起皖軍潰敗段合肥避居津門時馮河間已故直派曹巡閱使（錕）爲領袖吳子玉將軍（佩孚）副之吳善戰略皖軍敗後聲望驟起皖直同爲北洋派皆出於天津武備學堂　先伯父京卿公門下士也項城時代重

年譜卷下　二十六

用北洋派擁節登壇旌旗遍二十二行省權位既高漸相傾軋政客搆煽遂分皖直兩派袍澤化爲戈矛矣總統下令解散第二屆國會靳翼青（雲鵬）爲總理周子廙（自齊）爲財政總長始行整理公債政策每月提鹽餘二百萬充爲金融等六項公債基金不足則以關餘及交通收入補充蓋發行金融公債之時所預定之計畫也自此一方借債一方整理而國庫入千餘萬之歲入悉爲公債抵押品矣十一月京寓失慎燬上房五楹余所藏書籍多被焚平日所著詩文稿及度支部財政檔案二十二省說明書盡付一炬矣

辛酉五十四歲　是年在津專辦實業復偕緝之督辦創設唐山衛輝等處紗廠　自皖派失敗後奉直爭權靳翼青去職梁燕孫（士詒）爲總理張岱杉（弧）爲財政總長葉譽虎（恭綽）爲交通總長皆奉方所推薦也梁葉爲交通系領袖而岱杉又以發行九六公債（仍用整理公債政策）爲輿論所攻吳子玉巡使乃連電力詆政府政府亦挾奉力以相抗於是奉直之釁開矣

壬戌五十五歲　二月奉命特派余清理舊債設局於財政部派員着手清查而奉直戰事驟起奉軍以天津爲根據地直軍以保定爲根據地交戰三晝夜奉軍敗北張雨亭收兵出關梁張葉諸君皆被通緝東海亦下野迎黎黄陂復職王亮嚋（寵惠）爲總理政局一變余亦辭差返津　無錫居滬寧鐵路

年譜卷下　二十七

中心地方繁盛工商發達於是邑人呈請設立商埠公推余爲督辦齊督軍韓省長亦來電推薦九月遂奉命督辦無錫商埠事宜十月回里開辦商埠旋聞内閣改組張敬輿（紹曾）爲總理余至寧晤齊撫萬督軍（燮元）密示閣員名單定余爲財政總長未幾京津函電交催余遷延不赴乃改任劉文泉（恩源）蓋財部屢興大獄腥羶之地實不敢居也十二月回津度歲文泉已通過國會兩次來津浼余任鹽務署長迫於私交不得已允暫時擔任以過陰歷年關爲度命下就職已迫歲除籌款六百四十萬元始得從容度歲近年貪風日熾每至年終發款財政部員司與各衙門領款者明目張膽爭論扣頭至

夜分未了本屆力除此弊隨到隨發毫無留難日暮公事已了黎總統告余曰除夕派人視財政部衙署闃然司員早回家度歲爲數年來所罕見傅沅叔曰本年除夕爆竹聲較多領款者歡聲載途此真好氣象也然舊司員頗多不樂者蓋堂司朋比分肥已成慣例矣

癸亥五十六歲　余自丁巳離部迄今不過五年而財政迥非昔比國庫入九千萬之歲入悉化爲公債抵押品事事皆受掣肘人人各便私圖非具嚴厲精覈之手段不能澈底整理報館要求津貼不應則造謠攻擊議員要求差事不應則提案抨彈非飲狂藥酌貪泉不能自立外度事勢內揣才力所

抱政策終難實行燈節後卽請辭職政府僅允假一月假滿復辭府院不允時以選舉總統問題發生政潮旋有軍警索餉之舉余先有準備卽日由鹽署發餉百萬事乃定然曹社聚謀魯難未已余力勸文泉同退辭呈上後文泉批准余獨慰留乃請假赴津嫁女未幾軍警索餉黃陂出走余亦堅臥不起當道屢託人勸駕至七月始准開缺蓋綦朝籍者半年任事不滿三月政海風高宦途日暮自知迂拙甘爲病木沈舟矣稅務司安格聯上維持內債說帖欲以華府會議定之實行值百抽五新關稅改充金融等六項公債基金（此項新稅於民國十年呈准爲九六公債基金）於是財部人員大譁謂安格聯名爲維持金融公債實

破壞九六公債意在將新舊關餘一手把定（九六公債不歸安氏保管非改作金融公債基金不能把持）部員張心穀（競仁）著說力闢其謬而次長蘇慕東（錫第）則力袒安氏余請假赴津慕東遂提出於閣議遭閣員全體反對因之罷職遂以心穀爲次長局外人疑余袒張而排蘇不知余已知此中實含有政潮力勸慕東勿提而彼不悟也（安格聯一手把定關餘操縱公債積貲數千萬國人漸悟其奸至十五年冬顧少川內閣始毅然免去安職須解任時猶私挪四百萬存匯豐銀行迨財部查明劾治而安氏已遁逃海外矣）自公債政策行金融界操縱財權頤指氣使猶憶前清時法紀嚴肅官商不敢公然交接有不知自愛者彈劾隨之清末此禁稍寬然匯豐買辦到部止坐茶房室候司官接見民國以來總次長始與銀行抗禮餽遺飲博視爲當然六年後銀行權力益尊總次長倒

屣傾衿仰伺鼻息銀行公會傳呼則奔走恐後憲綱掃地而財政之弊亦不可窮詰矣余仍守舊日體制銀行以爲簡傲（西人亦重銀行特部體尊嚴非若我之冠履倒置耳）嘗與稅司安格聯論濫發鈔票之害安曰假如甲手票十元用到乙手折成九元又到丙手變八元緩緩折減並不專使一人受虧似不必慮余曰此但就個人言之耳假如濫發不兌現鈔市面不信用票價跌物價昂久之患籌碼不足再增發愈發愈跌愈跌愈發久之將爲德之馬克而國民破產矣安曰君所言是理財正軌作十年計畫君觀現政府心理能作永久計乎不如濫發一宗巨鈔使若輩分潤姑爲目前計濫發之利現政府享之濫發之害後政府受之

君一年後亦未必在位何暇作十年計平安氏所言洞悉政府心理可歎嘩女於四月出閣婿爲秋浦周明恩緝之總長之子也總統特給一等大綬寶光嘉禾章又給二等文虎章

甲子五十七歲　居天津六月二十二日爲景煃完婚娶趙氏趙琬蓀之女趙劍秋盟兄之姪女本舊姻也七月江浙戰事起蘇督齊撫萬直派也浙督盧子嘉皖派也上海鎮守使何茂如盧系也自六年以後上海幾爲浙屬用人行政動生齟齬烟土利益千萬悉歸浙有積忿已深迨警廳徐國樑被刺形勢暴露政府銳意平浙力主用兵於是浙兵先入蘇境鏖戰於崑山太倉宜興之間奉天張帥舉兵應浙吳子玉巡使

乃連兵二十萬與奉軍戰於榆關勝負未決而馮煥章玉祥自張家口到京迫總統退位通電表示和平直軍後路既失勢遂崩潰於是張馮兩帥公推段合肥入都執政北方軍事始定南中則浙兵敗北盧帥出洋第一次戰事乃畢未幾齊督免職奉軍南下又爲第二次戰爭江南各縣皆被兵災無錫自陰歷臘月二十四日起焚掠十晝夜鞠西十三弟以商團力保危城至直軍潰敗軍事始了蓋臘尾年頭故鄉日在烽火中也

乙丑五十八歲　正月接家鄉諸紳函電卽日入都與京中同鄉組織兵災善後會謁段執政請求內務部分撥振款本邑免攤軍餉均允飭知照行又以奉兵久駐無錫鄉村比戶逃亡恐誤蠶期乃公電張帥雨亭盧帥子嘉力請撤兵卒達目的鄉民均還家育蠶時局粗定余乃返津段執政出山後爲左右所包圍望實頓減又以金佛郎案大受攻擊金佛郎案損失至巨議員報館校長羣起分肥政府獨戶其咎余在部時始終反對願受報界攻擊與安格聯之公債皆爲怨府　奉天張帥欲擴勢力於東南乃以李芳辰景林督直張效坤宗昌督魯以鄭鳴之謙爲江蘇省長楊麟閣宇霆爲江蘇督辦九月浙帥孫馨遠傳芳舉兵討奉直取南京楊鄭出走魯兵又大敗於徐州於是東南五省皆歸孫統轄戰事漸移而北吳子玉起於鄂各軍奉爲盟主馮煥章初與吳孫聯絡皆以驅奉爲名所統者爲國民軍徑攻天津李芳

辰拒之鏖戰於楊村北倉間歷十五晝夜李始潰退國民軍入津以孫禹行岳爲督辦兼省長事稍定未幾北京學生工黨及無賴遊民揭赤色旗游行都市圍政府驅閣員燒報館京師秩序大亂各國公使牒馮詰問乃令警廳取締吳子玉以討赤化爲名轉與奉合鄂軍入豫奉軍入關李景林又收合舊部與張宗昌聯兵攻直大局又入於紛亂矣近年吾國漸染蘇俄赤化惑倡共產主義於是無業游民藉此組織工會到處演說以推翻資本家爲目標實則聚衆斂財收捐款以飽私囊而已工人無知易受煽惑少數桀黠者起而附和多數良懦者不敢抗違津滬等處遂屢釀煅廠罷工之舉涓

涓不塞將成江河設有蹻跖巢闖之徒利用學說實行共產則天下之大亂起矣十二月二十四日𡟖兒娶壽州孫氏文正公之胞姪孫女韻生刺史傳栻之女履安監督多褆之妹也孫氏三代深交故訂此姻余以兵阻不克歸託翰弟代表主婚在上海成禮

丙寅五十九歲　自去臘以來國軍與直魯聯軍血戰於滄景之間鄂軍平定河南近逼保定奉軍入關取灤州國民軍四面受敵勢不支乃於正月杪撤兵退守北京旋派兵圍執政府國務院段芝泉偕閣員避居東交民巷都中惶亂聯軍進攻鏖戰兩旬國軍知不能敵乃退守南口爲負嵎計當退兵

之時紀律甚嚴秋毫不擾吳子玉託遲程九雲鵬贈余小影二對聯一邀余入幕覆函請其聯合國軍張之江鹿鍾麟二部來京開會議勿堅持護憲先推定總統組織內閣劃北京爲緩衝地但設警不駐兵撫恤直魯戰地災民以子玉聲望果以第三者資格出而調停戰事主持大局可以執牛耳而爲盟主惜未能用仍赴前敵督師力攻張家口越一月破之國軍甫退而民軍已取岳州而窺武漢矣子玉回師武昌大勢已去累戰累北退守河南此春夏間事也至七月間南軍遂進攻江西孫馨遠鏖戰兩月至九月九江兵潰勢亦不支矣余以八月初率內子及婧兒昉女回里中秋後移居五福街新居在舊宅之西題曰雲藹別墅擅水石之勝因內室尚未建築眷屬暫居裘學樓此次歸里不問地方公事與諸戚友流連觴詠放浪湖山遊子歸故鄉頗多樂趣十年中最愉適之日也

丁卯六十歲　煃兒夫婦由北京來𡟖兒夫婦由上海來爲余稱觴余堅拒不允兒輩力請始允於立春日設筵接待親友壽儀一概璧謝惟以詩文投贈者不能拒却共收壽屏八堂內以寒山秘園藝園栩樓諸社友所贈駢文壽屏爲最佳陳弢菴太傅授意丁闇公譔文樂旨潘詞一時無兩元宵後聞軍事消息日亟乃以正月二十一日偕內子率煃兒暨媳婧

兒昉女北上抵寧後即渡江登津浦火車二十三日安抵津門旋聞皖軍獨立津浦中斷使遲二日啟行沿途必多阻礙矣民軍由贛攻浙由浙窺蘇先佔上海直取南京直奉軍節節潰退江南郡縣望風歸附孫馨遠退駐徐州民軍乘勝北伐與孫軍血戰三晝夜民軍敗退孫軍遂進窺江北兩軍畫江而守相持數月馮煥章一軍由陝取豫進窺隴海鐵路與孫軍鏖戰旬餘軍力兩疲何應欽軍乘虛直取徐州北軍退入魯境於是江蘇全境悉歸南軍掌握矣𡟖兒於八月間赴美留學十一月長孫世緘生𡟖兒所出也

自訂年譜二卷自同治戊辰年起至民國丁卯年止首尾

六十年世運之平陂國事之治亂一身之升沉顯晦悉具其中矣滄流東逝晷景西馳追念平生如夢如幻今歲皈依道院托趣幽玄悟露電之如如感風雲之擾擾非但無仕宦功名之想並不願落語言文字之詮故吾之年譜即以是年爲止付兒輩寫錄聊備覽觀丁卯除夕苓泉居士自記

榮宗敬榮德生生平事業年表合編

陳文源
葛紅 編

《榮宗敬榮德生生平事業年表合編》，陳文源、葛紅編，二〇〇三年《中國民族工業首户——榮氏家族無錫創業史料》本。

榮宗敬（一八七三—一九三八），譜名宗錦，晚號錦園。榮德生（一八七五—一九五二），譜名宗銓，號樂農。無錫西鄉榮巷人，是一母所生的同胞兄弟。榮氏兄弟早年在上海錢莊當學徒，歷盡艱辛，勇於開拓，從金融轉向實業，由麵粉而至紡織，創辦多家企業，後終於成爲本世紀二、三十年代中國的『麵粉大王』和『棉紗大王』。榮氏兄弟是中國近代傑出的實業家，毛澤東稱『榮家是我國民族資本家的首户』。

陳文源，江南大學原榮氏研究中心主任。葛紅，無錫市史志辦公室方志處處長。

《年表合編》，依據一九九三年無錫市政協編印的《榮宗敬先生誕辰一百二十周年紀念册》中的《榮宗敬先生生平事業年表》和二〇〇二年上海古籍出版社出版的《榮德生文集》中的《榮德生生平事業年表》『合編』而成。這兩個《年表》，均由陳文源主筆編撰，並曾分别送請榮宗敬、榮德生的後人審閲。《年表合編》以西元年份排序，從一八七三年（清同治十二年，癸酉）榮宗敬出生寫至一九五二年（壬辰）榮德生逝世，按年記述兩兄弟的生平大事和創業歷程，並記載了他們的一些重要言論和著作，全文三萬餘字，資料翔實，考訂嚴謹。《年表合編》中『一九五二年』一節，根據通行的資料，有『春，（榮德生）上書毛澤東主席』一句，二〇〇五年五月，在上海市檔案館查到原始記載，榮德生上書毛澤東主席的確切時間爲一九五二年一月四日，應予訂正。

本書據《中國民族工業首户——榮氏家族無錫創業史料》本影印。

（陳文源）

荣宗敬荣德生生平事业年表合编

陈文源　葛　红

公元 1873 **年（清同治十二年　癸酉）**

宗敬 1 岁。

八月初二午时，宗敬生于无锡开原乡荣巷老宅。是日正值秋分。家世务农，并经商。父熙泰，母石氏，祖母袁氏健在。

公元 1874 **年（清同治十三年　甲戌）**

宗敬 2 岁。

公元 1875 **年（清光绪元年　乙亥）**

宗敬 3 岁，德生 1 岁。

七月初四辰时，德生生于荣巷老宅。是日天朗气清，家家正在早餐。

公元 1876 **年（清光绪二年　丙子）**

宗敬 4 岁，德生 2 岁。

公元 1877 **年（清光绪三年　丁丑）**

宗敬 5 岁，德生 3 岁。

德生理应学话，而不言语，祖母、父母均恐是哑子，细看其喉部与别的孩子无异，认定决不会哑。祖母力言：将来必是大器晚成。

公元 1878 **年（清光绪四年　戊寅）**

宗敬 6 岁，德生 4 岁。

德生春初能说话，甚少开口。

公元 1879 年（清光绪五年　己卯）

宗敬 7 岁，德生 5 岁。

大妹生。

年初，宗敬入塾，从读于武进殷省甫先生。父为宗敬取名“宗锦”，为德生取名“宗铨”。德生常由祖母携往念佛，听邻近人说农桑养蚕等事。

十月初三，祖母袁氏病逝。

公元 1880 年（清光绪六年　庚辰）

宗敬 8 岁，德生 6 岁。

宗敬继续在私塾读书，聪颖敏捷，有奇气，先生目为非常人。

下半年，德生跟外祖母学扎黄钱，每万值钱 120 文，以补贴家用。

公元 1881 年（清光绪七年　辛巳）

宗敬 9 岁，德生 7 岁。

宗敬继续在私塾读书。

宗敬、德生见母亲每日摇棉花、织布，从早至晚不歇。晚间，兄弟同在一处，听外祖母与母亲讲述洪杨农民军占领无锡时的经历和见闻。

秋，德生小病。

公元 1882 年（清光绪八年　壬午）

宗敬 10 岁，德生 8 岁。

宗敬继续在私塾读书。

德生本应上学，因少说话，邻里戏谓“二木头”如何上学，父亲信之，缓至明年。每日仍扎黄钱，助母家事，上街买物均不错。九月，父亲教识字、计数、念乘法口诀，均能背熟，父母甚喜。

宗敬以所学之《百家姓》、《千字文》教德生，均能朗朗上口。兄弟每夜以读书为事。

公元 1883 年（清光绪九年　癸未）

宗敬 11 岁，德生 9 岁。

宗敬继续在私塾读书。

德生年初入塾，从读于东邻族伯云章先生，读《千家诗》、《大学》、《中庸》、《学而》等。

宗敬、德生放学回家后助母杂务。晚间，兄弟同读书，习以为常。

二妹生。

公元 1884 年（清光绪十年　甲申）

宗敬 12 岁，德生 10 岁。

宗敬、德生继续在私塾读书。德生读完《学而》，接读《公冶长》、《子罕》、《子路》、《阳货》。兄弟至晚读书，已学抄书。

公元 1885 年（清光绪十一年　乙酉）

宗敬 13 岁，德生 11 岁。

兄弟继续在私塾读书。德生接读《阳货》、《梁惠王》、《公孙丑》、《滕文公》、《离娄》。每日读书写字，宗敬加抄书、珠算等事，并助母家务、农事。

公元 1886 年（清光绪十二年　丙戌）

宗敬 14 岁，德生 12 岁。

初夏，宗敬由父托人荐至上海南市铁锚厂学业。至深秋，起伤寒病，母亲雇船接其回家，延医调治。愈后，头发尽落。明年生出头发稀少，梳成辫子极小，人皆以“小辫子”呼之。

德生继续在私塾读书，接读《离娄》、《万章》、《告子》、《尽心》，是年读完《孟子》。

公元 1887 年（清光绪十三年　丁亥）

宗敬 15 岁，德生 13 岁。

三月，宗敬去上海永安街源豫钱庄习业。

是年开学，德生读《幼学须知》。先生外出行医时，点好书，受命代教。爱好做手工，台中一切刀钻全备。放学在家，仍抄书写字，助母家事、农事、蚕桑、种菜，一切为之。

公元 1888 年（清光绪十四年　戊子）

宗敬 16 岁，德生 14 岁。

宗敬继续在源豫钱庄习业。

德生读《诗经》，每日仍代教，写字有进步，兼学写信。

公元 1889 年（清光绪十五年　己丑）

宗敬 17 岁，德生 15 岁。

宗敬仍在源豫钱庄习业。

德生读《易经》，在塾中为年长学生，意欲学业。八月，由宗敬托人荐至上海永安街通顺钱庄习业，在店学习算法，每月有月规钱 200 文，过年得压岁钱 2 元。

公元 1890 年（清光绪十六年　庚寅）

宗敬 18 岁，德生 16 岁。

宗敬、德生分别在源豫钱庄和通顺钱庄习业。

德生得家信，与无锡钱巷丁伯衡先生第五女订婚。买《九成宫》帖，每日学字，并看沪报。学业认真，办事勤慎，记帐、看银等事，略有进步。

公元 1891 **年（清光绪十七年　辛卯）**

宗敬 19 岁，德生 17 岁。

秋，宗敬在源豫钱庄学徒期满，转至森泰蓉汇划字号当跑街，专管无锡、江阴、宜兴三地汇兑收解业务，并专心学习金融知识。

德生在通顺钱庄办理店中记帐、结帐，每日收入支出，一望而知。因做事勤奋，为同店学徒看重。自谓“一生事业，得力在此时”。

公元 1892 **年（清光绪十八年　壬辰）**

宗敬 20 岁，德生 18 岁。

宗敬在森泰蓉汇划字号，生意颇忙，汇兑不少。年底回无锡。

德生在通顺钱庄每日照常学业，店中各事均学之。银洋帐目，结帐月盘，皆学理。至八月底，习业三年期满，十二月归家，父为其取字“德生”。

公元 1893 **年（清光绪十九年　癸巳）**

宗敬 21 岁，德生 19 岁。

正月十一，宗敬与陈氏完婚。

二月，德生随父赴粤，在三水河口厘金局朱仲甫手下任帮帐，做按号录底、收入、结数、存库单等事。闲暇读书、练字、看尺牍。

公元 1894 **年（清光绪二十年　甲午）**

宗敬 22 岁，德生 20 岁。

森泰蓉汇划字号因受中日甲午战争影响，在天津的存货损失颇巨，年终宣告倒闭，宗敬失业回锡。

德生仍在厘金局任职；并每日看书写字，常请教台州贡生黄君。因看曾文正公（曾国藩）家书，写信重实言。腊月奉母命回家，十二月二十四与丁氏完婚，新房在家中上年所建新屋之中，岳母甚喜。

公元 1895 年（清光绪二十一年　乙未）

宗敬 23 岁，德生 21 岁。

宗敬在家闲居。

二月初德生随父回粤任原职。秋，父患黄疸病。十二月，厘金局差期满，未获连任，陪父回家。

公元 1896 年（清光绪二十二年　丙申）

宗敬 24 岁，德生 22 岁。

一月中，宗敬由父亲陪同，赴申觅职。经友人提议，合股 3000 元，自出一半，在上海鸿升码头租房，开办广生钱庄。二月初八，钱庄开业，宗敬为经理，德生管正帐。三月底在无锡设立分庄，德生任经理，兼营江阴、宜兴汇兑。此为兄弟一生事业合作之始。

春，父与人合伙，在荣巷开设公鼎昌茧行，收购鲜茧。后独资经营多年，颇获利。

父熙泰公病情日见沉重，经多方医治无效，于六月十一巳时，在荣巷家宅病逝，享年48岁。临终遗言，嘱兄弟应循治家修身之道，并致力于社会公益事业。

德生长女素蓉（慕蕴）生。

公元1897**年（清光绪二十三年　丁酉）**

宗敬25岁，德生23岁。

宗敬、德生分别在沪、锡经营广生钱庄，业务有所扩展，汇兑推至常熟、常州、溧阳。收下汇款，不轻放出，占利无多。

德生闲时看地理书，为父寻墓地。年底，代往来客户给乡村穷人

茂新福新申新总公司同人合影（1927年）

分送除夕米，是为代劳善举之始，下年习以为常。

公元 1898 **年（清光绪二十四年　戊戌）**

宗敬 26 岁，德生 24 岁。

广生钱庄营业平淡，少有盈余，合伙三股东年终将原股本 1500 元拆出，自此钱庄为兄弟俩独资经营。

六月，德生为父觅得墓地一块，十月安葬。

宗敬长女卓球生，德生次女菊仙（觉仙）生。

公元 1899 **年（清光绪二十五年　己亥）**

宗敬 27 岁，德生 25 岁。

宗敬自取字“宗敬”，在沪继续经营广生钱庄，业务渐趋发达。申锡汇兑多半为上海增裕、阜丰两面粉厂采购小麦款项，因汇款申出厘大，锡补厘小，盈余日丰。

秋，德生应朱仲甫之邀再度赴粤，任省河补抽局税务总帐房。

公元 1900 **年（清光绪二十六年　庚子）**

宗敬 28 岁，德生 26 岁。

宗敬在沪继续经营广生钱庄，汇款日繁，获利丰厚，年终盈余银 4900 两，为历年所无。

德生在粤，闲时常读《事业杂志》、《美国十大富豪传》等西方书刊，受启发，决心创办新事业。因八国联军侵略，时局混乱，于六月请假回锡。途经香港候船时，目睹大批外国面粉免税进口，因起“堵塞漏卮，挽回利权”之念，萌生实业救国思想。

德生返沪后，兄弟合议，认为钱庄放款谋利，不如举办有利于国计民生的新事业，不但利厚，且有益于民。八月，适朱仲甫卸职还乡，表示无意宦途，遂共商兴建面粉厂，因面粉攸关民食，且可免税。时议定集股 3 万元，各认一半，每股 3000 元，实招 13 股，宗敬、德生以广生盈余各入一股，厂址选定无锡西门外太保墩，取名保兴面粉厂。此为兄弟兴办实业之起点。

宗敬次女卓仁生。

公元 1901 **年（清光绪二十七年　辛丑）**

宗敬 29 岁，德生 27 岁。

宗敬继续在沪经营广生钱庄，并向洋行接洽订购制粉机器，运锡安装。广生钱庄利润甚厚，信用日好，年终盈余 5000 两。因捐款赈晋、陕灾荒，捐同知衔；德生由州判报捐盐提举。

德生在锡办理购地、招股、立案诸事，并得专利 10 年。二月动工兴建。地方封建势力企图阻挠建厂，借故兴讼。官司历经 10 个月，耗资 800 元，经八次督批，遂获胜诉，双方和解，建厂工程顺利进行。

公元 1902 **年（清光绪二十八年　壬寅）**

宗敬 30 岁，德生 28 岁。

保兴面粉厂厂房建成，机器装置完工，二月初八正式开机生产。朱仲甫任总经理，德生任经理，主持厂务；在无锡、苏州两地设批发处。主要设备有一台 60 匹马力引擎、四部法国石磨、三道麦筛、二道粉筛，雇工 30 余人，每日夜用麦约 2 万斤，出粉 300 包。因旧势力恶意中伤，面粉销路不畅，售价低于土粉。

宗敬继续在沪经营广生钱庄，生意颇旺，年终结余 5000 余两；兼理保兴粉销业务，并一度兼营煤业。

二月，德生将西横山父墓改向。九月，至芜湖参观益新面粉厂。

德生三女敏仁生。

公元 1903 **年（清光绪二十九年　癸卯）**

宗敬 31 岁，德生 29 岁。

保兴投产后，因粉销不畅，获利微薄，朱仲甫无意经营，于三月拆股赴粤，重入仕途。保兴厂改组，宗敬、德生兄弟增股至 24000

元，祝兰舫、张石君等入股，股金增至 5 万元，厂名改为“茂新”，德生仍任经理，在锡主持厂务，研究出品；宗敬任批发经理，在沪负责面粉销售事宜。五月，在苏北姜堰设立办麦处。改组后，面粉销路稍好，虽无余利，但脚地已坚固。

广生钱庄汇兑活跃，连年获利丰厚，年终又结余 5000 余两。

年初，德生至杭州参观官办面粉厂及通益公纱厂，将要点一一记下，为日后开办纱厂作基础。

德生四女卓亚生。

公元 1904 年（清光绪三十年　甲辰）

宗敬 32 岁，德生 30 岁。

广生钱庄信誉好，营业昌隆。茂新面粉销路渐畅，但因石磨出粉少，质量低，售价不及大厂钢磨产品。

宗敬潜心研究粉厂管理办法，制订茂新厂规及办事章程。九月，赴南京、镇江等地调查麦、粉产销行情。

德生设法去上海华兴、阜丰、增裕等设备较先进的面粉厂参观，并将要点摘下，为茂新筹划添置钢磨。无锡县商会成立，德生为会员。

是年，宗敬迎娶沈氏夫人。

兄弟与族人共议在乡开办学校，并捐款，以对地方社会稍尽公益义务之责。

公元 1905 年（清光绪三十一年　乙巳）

宗敬 33 岁，德生 31 岁。

年初，德生至靖江、姜堰、泰州等地调查麦、粉产销情况。四月，为改善茂新生产，宗敬、德生兄弟商定，用分期付款方式向怡和洋行订购英制钢磨 6 部。五月新机到厂，辅助机器自行设计仿造，八月装置完毕，投产后日产面粉增至 800 包，粉质亦有改善，销路大畅，年终盈余达 6 万多两。

七月初七，宗敬、德生与荣瑞馨、张石君、叶慎斋、徐子仪、鲍咸昌等，在上海寿圣庵议定集资 30 万两，在无锡创办振新纱厂，在场者各出 3 万两，其余招股。至年底，实际集资 270800 两，兄弟以广生盈余各入股 3 万两。是为兄弟从事纺织工业之开端。

宗敬继续在沪经营广生钱庄，并投资裕大祥字号；同时勤奋学习粉、纱机械常识，虚心向人请教。

德生曾至苏州购地，计划在钱万里桥建造栈房及批发所。

是年，荣氏家塾成立。

公元 1906 年（清光绪三十二年　丙午）

宗敬 34 岁，德生 32 岁。

因麦贵粉贱，外粉竞销，茂新面粉销路不畅，难以获利。

振新厂址在茂新面粉厂东南。二月，动工兴建厂房，德生负责监造；宗敬在沪向洋行洽购纺机。至年底，厂房竣工，引擎、纱机装置完毕。

广生钱庄营业大不如前，获利微薄。

宗敬、德生联络族人，共同捐资，将荣氏家塾改为六年制公益小学，是为兄弟从事教育事业之始。

在荣巷宗祠后购得宅基四亩，准备建新屋。

宗敬长儿鸿元、次儿鸿三生，德生长儿伟仁（鸿增）生。

公元 1907 年（清光绪三十三年　丁未）

宗敬 35 岁，德生 33 岁。

二月初八，振新纱厂开机投产，时有纱锭 10192 余枚，每日夜产纱二十二三件。因主持者不善经营，纱销滞积，至中秋已欠款 30 余万元，改由德生主持厂务，对企业加以整顿。德生每日至厂，详察各部门利弊得失，加以改进，颇见功效。

茂新粉销仍不畅，略有亏损。是年，茂新附设美制打米机 6 部，代客打米。

为缓和同业竞争，抵制外粉，与沪、锡两地华兴、阜丰等七家面粉厂联合发起组织“办麦公会”。

广生钱庄因投资裕大祥等企业，本短汇少，业务渐清淡。裕大祥各股东均营投机，名为营业扩大获利，实则号中暗亏。

在荣巷西首建造新屋，八月动工，年底完工，共 19 间，耗资 6000 元，兄弟共居。

公元 1908 年（清光绪三十四年　戊申）

宗敬 36 岁，德生 34 岁。

三月母石氏患病，医治无效，于六月二十六逝世，享年 58 岁。十月，葬于大池湾。

茂新因美粉竞销，麦收不佳，麦贵粉贱，销售仍不畅，略有亏损。聘王禹卿为销粉主任；分设高邮办麦处。振新照常经营，略有盈余。

十月，宗敬赴天津、北京一带视察粉销情况。

是年冬，遭遇创业以来第一次风险，广生钱庄因受裕大祥字号投机失败牵连和装运面粉至天津的轮船沉没影响，于年底宣告停业，兄弟从此专心经营茂新、振新两厂。

在荣巷设立竞化女子小学；公益小学任费诸君均有事而止，此后族中教育经费由兄弟独任。

德生任无锡开原乡扇董，兼任劝学事。

德生次儿尔仁（尔根）生。

公元 1909 年（清宣统元年　己酉）

宗敬 37 岁，德生 35 岁。

宗敬在沪办理广生钱庄结束事宜。

茂新因连年失利，部分散股股东低价出让股票，宗敬以现金收购 14 股，与王禹卿各半。德生提出“只有欠入赚下还钱，方有发达之日”的经营思想，与宗敬共商扩大茂新生产，再次添置粉机。秋，以分期付款方式购买美国最新式钢磨 12 部，并改进工场设计及厂务管理。在南京、镇江设批发处，购得无锡北塘批发处房产。

振新拟添机至 3 万锭，申锡股东意见相左。董事会改组，宗敬任董事长，德生任经理；设立太仓、常熟何家市、横泾、陈泾桥等办花处。

公元 1910 年（清宣统二年　庚戌）

宗敬 38 岁，德生 36 岁。

茂新改建新厂房，拆去石磨，装置新机，九月投产，资本额增至 20 万元，改用“兵船”牌商标，日产面粉 3000 包，推销甚爽，年终盈余 128000 两。

振新出纱增至每日 32 件，成本降低，质量提高，在市场上可与苏州“天官”、日纱“蓝鱼”并价。但因个别大股东投机失败，将产权私自抵押给英商汇丰银行，无力赎回，汇丰银行通过上海道、商会欲行查封。德生极力挽救，连续往返锡沪 30 余次，经多方奔走疏通，借得 8 万两，始将产权赎回。年终虽有盈余，只因还去欠款，仍不宽裕。

茂新面粉和振新棉纱参加在南京举办的南洋劝业会，均获优等奖。

是年，德生开始收集金石书画及历史文物。

宗敬三女卓霭生，德生五女茂仪生。

公元 1911 年（清宣统三年　辛亥）

宗敬 39 岁，德生 37 岁。

宗敬租办沙头纱厂一年，略有盈余，期满归还。

是年天气多雨，小麦歉收。茂新对收购原料特别认真，剔去受潮发热的坏麦，出品精良，“兵船”牌面粉因而声誉大振。

武昌起义爆发，金融大紧，现银难得，振新自出工资票，以实业担保，指定几家店铺代收，终于渡过难关。

十二月，德生至上海参加立宪公会，欢迎孙中山莅沪。

公元 1912 年（民国元年　壬子）

宗敬 40 岁，德生 38 岁。

茂新在南京下关设批发处。因注意面粉质量，在麦贵粉贱、各厂皆滞销无利的情况下，仍有微利。但因原料缺乏，资金周转困难，几濒搁浅，为创业以来第二次风险。德生想出“三日划条付现”的办法，茂新、振新两厂自相流通资金，既解决了茂新办麦资金不足的困难，又节省了利息。后赊得一批优质川麦，维持生产，勉渡难关。

宗敬、德生商议决定用分期付款方式为振新添置纱锭 18000 枚和 1350 千瓦发电机组，每部细纱机独用小马达，为国内首创，多余电力供茂新使用。十二月，振新仓库失火，花、纱损失严重。

十一月，宗敬、德生与浦文渭、浦文汀兄弟及王尧臣、王禹卿兄弟合作，集资 4 万元，用租地、租屋、欠机的办法，在上海创办福新面粉厂，宗敬为总经理，德生任公正董事。并成立福新面粉事务所，宗敬亲自主持销粉业务。

八月，德生赴北京出席全国工商会议，提出扩充纺织、设立母机厂、资送学生出洋留学三个议案，均获通过。十月，以“乐观子”笔名撰写《无锡之将来》，提出拆城筑路、发展交通、建造大型发电厂和新市场、开发太湖风景资源等建设家乡的主张。同时与族叔吉人、鄂生兄弟商议扩大社会事业，决定在东山购地植梅，是为梅园起点；并决定添设学校，建造图书馆。

德生三儿伊仁（一心）生。

公元 1913 年（民国二年　癸丑）

宗敬 41 岁，德生 39 岁。

茂新营业转佳，“兵船”牌面粉声誉大振，为各地所乐用。添设汉口、镇江两个批发处。

夏，福新一厂正式开工，日出面粉 1200 包。租办上海中兴恒记面粉厂，并在厂东侧购地，筹建福新二厂，计划大力开拓。

振新新机装齐，全开 3 万锭，每日出纱 70 余件。

德生为建图书馆，在上海购买《图书集成》一部及各种诗文集万余卷，并求购其他书籍。为梅园购买山粮田 150 亩，数年间植梅 3000 株及其他花木，园内鲜花四时不谢。捐资所建开原路竣工通车。是年辞去乡扇董之职。

公元 1914 **年（民国三年　甲寅）**

宗敬 42 岁，德生 40 岁。

茂新面粉厂再添新机，改用大马达，每日出粉 5000 包。增设蚌埠、济南、济宁等处麦庄。德生在济南、济宁两地购地，拟建面粉厂。十一月，北洋政府大总统题写“裕食推仁”匾额，奖给无锡茂新面粉公司。

福新面粉厂营业看好，在福一旁添建福三。十月，福新二厂投产，每日出粉 5500 包。设天津批发处。

德生在梅园内建香雪海屋三间，凿涌水处为泉，得一砚，上有“文光射斗”四字，即取名“砚泉”。图书馆已购书 5 万卷，购地二亩八分，除留作女校基地外，划出建馆。将前年撰著的《无锡之将来》刊印千册，广为散发，颇得乡人称颂。

十一月初三，德生迎娶程氏夫人进宅。

德生六女漱仁生。

公元 1915 **年（民国四年　乙卯）**

宗敬 43 岁，德生 41 岁。

购进原租办的中兴面粉厂，改为福新四厂。增设扬州办麦处。

四月，振新股东因经营思想分歧，难以统一，宗敬、德生以所持振新股份调换荣瑞馨茂新股份，退出振新。随后，买下上海白利南路周家桥原织呢榨油厂地基厂房，创建申新纱厂，股额 30 万元，装置英机 12960 锭。十一月开工，日出纱 30 件，注册“人钟”商标，宗敬任总经理。又鉴于有限公司受股东之掣肘，以后一切企业均采用无限公司之组织形式。

梅园楠木厅上梁，建成天心台、东西轩、荷轩等。图书馆建新式楼房40方，二进，能藏书20万卷。

公元1916年（民国五年　丙辰）

宗敬44岁，德生42岁。

茂新租办无锡惠元、泰隆面粉厂，租期均为两年。将惠元改为茂新二厂，整理开车，日产面粉2000包。茂新面粉畅销，年盈余达16.98万元。在济南十王殿购地，拟建新厂。增设杭州批发处。

宗敬提议在汉口设福新五厂，集股30万元，自任总经理，四月赴汉规划建厂工程。在南京辟地千余亩，植棉选种，成绩良佳。后因厂务繁忙，不克兼顾，委托金陵大学主其事。十月，赴广州考察棉纱销售情况。

公益小学、竞化女校均增至四所。图书馆新楼建成，取名“大公”，已藏书9万余卷。

德生手书“梅园”二字，镌在入园处的巨石上；为“洗心泉”题名、作跋，楠木厅取名“诵豳堂”，又建野桥、揖蠡亭、招鹤亭、留月村等景点，并物色奇石、名贵花木，移置园中，梅园粗具规模。

德生撰著《理财刍议》，印200本，分送各省，倡议国家整理财政，实行“金本位”，主张“崇俭立国”，多立工厂，保护民族工业，参与世界经济竞争。

德生四儿毅仁生。

公元1917年（民国六年　丁巳）

宗敬45岁，德生43岁。

一月十三日，宗敬向日本台湾银行借款30万日元；四月十三日，又向中日实业公司借款40万日元，年利率均为7.5%。

三月，宗敬以40万元买下上海恒昌源纱厂，有纱锭9200枚，德生入股四成，改为申新二厂。

年初，福新面粉厂召开股东会议，拟订《关于盈余升股及下脚分配办法》。租办上海华兴面粉厂，改为福新六厂，日出粉4000包。在无锡转租宝新面粉厂，租期二年，经改良后，日出粉增至2000包。增设硖石批发处。

茂、福、申新各厂开始实行练习生制度；宗敬一再申令各厂，保持工场整洁，提高产品质量。

申新一厂设立职工子弟学校，凡本厂职工子弟均可免费入学。

德生七女辑芙生。

公元1918年（民国七年　戊午）

宗敬46岁，德生44岁。

二月，宗敬第二次向中日实业公司借款25万日元，年利率为9.5%。

茂新一厂再添新机，日产面粉达8000包。茂二由租办购为自办，德生亲书厂名，镌砌墙上，并添机扩充，日产面粉6000包。泰隆期满退租。

汉口福新五厂开始建造。七月，北洋政府奖给福新面粉公司“屑玉流辉”匾额。

申新一厂拟购布机，扩建织部，为面粉厂织制袋布。设太仓浮桥和六渡桥两个办花处。

宗敬对厂务管理采取分工制度，并注意培养人才、奖励技术改进，同时将改进办法通知各厂仿照推行。

德生自号“乐农”，取不忘农事之意。当选为江苏省第二届议员，九月参加省议会，被选为预算审查，曾提案资送学生出洋学习小工艺。

是年，宗敬迎娶刘氏夫人。

德生八女毅珍生。

公元 1919 年（民国八年　己未）

宗敬 47 岁，德生 45 岁。

在茂二旁添建茂新三厂，专磨苞米粉。济南茂新四厂开始建造，资本 25 万元，并建济宁麦栈。

福新二厂因走电失火，改建八层楼厂房。十月，汉口福新五厂完工开机，日出粉 6000 包，以“牡丹”牌为商标。福新六厂由租办购为自办，日出粉 3000 包。集股 30 万元建福新七厂，宗敬、德生各占三成。向美国订购新机，拟在福二旁建福新八厂。增设常熟、泰州办麦处。

租办上海元丰面粉厂，产品专销香港，租期二年。

申新一厂以其盈余添美锭 25000 枚、布机 400 台，新老机并入一处，新建合式厂屋。申新二厂添美机。德生在无锡筹建申新三厂，集股 150 万元，着手订机、购地，购地时又备受地方旧势力阻挠。

为加强和统一企业的管理，决定成立茂新福新申新总公司，并在上海江西路购地，动工兴建总公司大楼，所需费用由各厂分担。

企业连年获利，计划进一步发展，宗敬、德生特委派族兄荣月泉于三月至十月赴欧美考察面粉、纺织事业，从英国购买纺机 30000 锭，从美国购买 1600 千瓦发电机组两台，供申三使用；并命其专程赴巴黎参加“人民外交”，向出席巴黎和会的中国代表痛陈利害，要求取消不平等条约。

为培养人才，在无锡荣巷创办公益工商中学，聘胡雨人为校长，首届招生 80 名，经一年预科，分设工商两班，学制均为三年。德生手书校额“公益学校”和校训“和平耐劳”，并设立实习工场、实习商店和小银行，以提高学生的实践动手能力。

九月，德生向省议会提议，在南京下关建造发电厂，经议决通过施行。

梅园内建成“乐农别墅”。八月，南海康有为来游，见园内挂有冒名伪作“香雪海”匾额，即手书“香海”二字赠园主，并题诗“名园自合称香海，伪字如何冒老夫？为谢主人濡大笔，且留佳语证真吾”。

宗敬四女卓如生，德生五儿研仁（研增）生。

公元 1920 年（民国九年　庚申）

宗敬 48 岁，德生 46 岁。

一月，宗敬联合同业，发起成立“中国机制面粉上海交易所”，后改名“上海面粉交易所”，股本 50 万元，任理事长。由于茂新绿“兵船”面粉质地优良，被交易所定为“标准粉”。

五月，济南茂新四厂建成开机，日出粉 3000 包。

福新四厂由租办购为自办；福新七厂建成投产，日出粉 14000 包，规模为各厂之冠；福新八厂建成，日出粉 8000 包。至此茂新、福新所属 12 个厂，共有粉磨 300 余部，职员 290 多人，工人 1700 多人，日产面粉能力达 8 万余包，年产 2100 万包，约占全国机制面粉总产量的 28%，从而获得“面粉大王”的桂冠。

在上海蕴藻浜购地六十八亩，预备造面粉厂；尚欲再购，因战乱而中止。

宗敬、德生捐资万元，赠给上海南洋大学（交通大学前身）建造图书馆，并买书捐入馆藏。校长唐文治为荣熙泰公立铜像于馆前，并撰《荣熙泰先生铜像记》，以志纪念。

宗敬致书美国政府，向世界和平会议呼吁缩减各国军备。

德生参加省议会，被推为全国实业会议代表，赴京开会。在京参加禁烟运动，任监烧委员。

无锡大公图书馆藏书逾 10 万卷，辑印藏书目录 4 册 12 卷，著名学者孙毓修、唐文治等为之作序。

德生九女墨珍生。

公元 1921 年（民国十年　辛酉）

宗敬 49 岁，德生 47 岁。

茂新福新申新总公司正式成立，宗敬任总经理，下设庶务、文牍、会计、粉麦、花纱、五金、电气、运输八部，由总经理统一调度指挥。江西路421号新大楼落成，总公司迁入办公。

汉口福新五厂“牡丹”牌面粉畅销西欧，各国纷至采购，惟英国借口面粉有杂质，禁止进口。经宗敬多方奔走交涉，始获弛禁。

无锡申新三厂于年底建成，拥有纱锭5万枚，布机500台，发电机3200千瓦，规模为内地纱厂之冠。宗敬任总经理，德生为经理。宗敬决定在汉口福新五厂附近购地，招股28万元，动工兴建申新四厂。

在公益工商中学旁购地，拟创农场。

宗敬与同业合作，成立上海华商纱厂纱布交易所，资本200万元，任第12号经纪人，与王禹卿等合伙，经手买卖纱布、证券等业务。

德生当选国会议员。鉴于黄河水患泛滥成灾，专心研究水利，搜集各种资料，拟于国会召开时提出“修浚黄河利用水力根治水患”议案。曾至南通参观张謇所办社会事业，并参加“苏社”，三月在梅园主办“苏社”会议，出席者张謇、黄炎培等160余人，全省分11区，德生当选常区理事。江苏省省长韩国钧创办“教实联合会”，德生任实业界会员。

公元1922年（民国十一年　壬戌）

宗敬50岁，德生48岁。

福新二、七、八厂所订粉机，陆续运到装齐。

无锡申新三厂、汉口申新四厂相继开工。申三棉纱采用“好做”、“人鱼”商标，质量佳，客户乐用。申三为学习日本纺织厂管理经验，委派副经理荣鄂生东渡考察。增设常熟批发处。

因外货倾销，粉、纱市价下降，销售呆滞。申新各厂均无利，茂新、福新各厂产量下降，由盈转亏，遭遇创业以来第三次风险。为渡难关，向日本东亚兴业会社借款350万日元，实得99%，即346.5万元，年利率为11.5%，由横滨正金银行上海支行代理支付。

宗敬辞去上海面粉交易所理事长之职。政府奖给三等嘉禾章，表彰其发展民族工业的业绩。

梅园扩充至浒山，德生在园内建“宗敬别墅”，贺兄五十寿诞。家中添新屋。

德生六儿纪仁（纪震）生。

公元 1923 **年（民国十二年　癸亥）**

宗敬 51 岁，德生 49 岁。

茂三生产苞米粉，因原料、销路两缺而停歇，茂三从此空缺。

本年小麦歉收，粉厂原料短缺，福新二、八厂部分停工，福新四厂停工改良。宗敬建议政府订购洋麦，以供应面粉厂生产，维持民食，调剂市场。

申新一厂布机增至 600 台，织制面粉布袋，颇获利。申三内部调整，增聘楼秋泉、余钟祥等具有纺织专门知识的工业学校毕业生，着手进行管理改革，遭到工头们反对，进展缓慢。是年因花贵纱贱，纱业陷入困境。

大公图书馆藏书增加。公益工商中学学生已毕业两班，多数分送各厂练习，亦有升学后再至外国留学者。

德生因创办民族工业功勋卓著，获政府所颁二等嘉禾章及二等大绶嘉禾章。

宗敬三儿鸿庆生。

公元 1924 **年（民国十三年　甲子）**

宗敬 52 岁，德生 50 岁。

茂新、福新各厂自上年十二月至本年六月，订购外麦 5152000 担，分批运华，以维持生产，平抑粮价。

申新设青岛批发处。申二亏损甚巨，仍勉力维持。

宗敬被推为上海闸北市董事；八月赴西安、临潼等处调查棉花产销及运输、包装等情况；在全国华商纱厂联合会第七届年会上，倡议抵制外国厂商对我国实业之摧残，呼吁当局保护民族工商业。

德生与章百熙、荣尔仁同赴北京出席全国实业会议，并交“保障纱厂营业”和“修整交易所买卖”两个提案，经辩论后通过。

是年冬，军阀齐燮元、卢永祥交战，齐军败退，过锡纷扰，德生遂率全家乘锡湖轮经湖州转抵上海。

公益工商中学工科因招生不足停办，专开商科，聘钱孙卿任校长。

公元 1925 年（民国十四年　乙丑）

宗敬 53 岁，德生 51 岁。

福新一厂失火，以福三改福一，福三空缺。福五建新厂房，添机磨 16 部。

以 60 万元买下上海德大纱厂，改为申新五厂，共有纱锭 28968 枚；六月，租办常州纱厂，改名申新六厂，租期二年。

二月，齐卢战乱平息，德生率眷属由沪返锡。聘请纺织专家汪孚礼任申三工程师，实行日本式的严格管理，改革全面推开。

上海申新、福新各厂工人响应“五卅运动”，相继发生罢工，加上停电等原因，先后停工 3 个月。但因抵制外货运动蓬勃开展，国产面粉、纱布畅销，价格上涨，各厂由亏转盈。

六月一日，宗敬发表《提倡国货宣言》，号召本公司同仁“一律不买舶来品”，“借以作五月三十日之纪念”；向关税会议提议禁止国棉外运；上呈政府《救济纱厂业之管见》、《救济民食刍议》，认为当局给予外商在华设厂以特殊便利，“不啻摧残吾国实业”，再次呼吁政府保护民族工商业；并倡议由金陵大学附设农场，试验改良棉麦种植，培育优良品种。

公元 1926 年（民国十五年　丙寅）

宗敬 54 岁，德生 52 岁。

无锡茂新二、三厂遭火灾焚毁。

购进兴华制面厂，改为福新三厂，以补福三之缺，每日出粉

6000包；福五新机投产，日产面粉4800包，连同老机，达11200包。福新面粉在美国费城博览会获奖。

宗敬上呈江苏省省长《请维护在萌芽时代之实业》，并一再吁请财政部，对外粉进口一律征收关税，以改变外粉充斥、国货滞销的状况。四月间，偕子鸿元、侄伟仁赴日本参观考察。向无锡旅沪同乡会捐款，建造七浦路会所，并当选为理事长。

德生亲拟大纲，延请吴县江霄纬编写《人道须知》，后请丹阳荆梦蝶续成，先后印行数万册，赠送各界，倡导笃信、忠诚、勤俭等中华民族传统美德。捐资重修始建于北宋的无锡南禅寺妙光塔。

德生七儿鸿仁生。

公元1927年（民国十六年　丁卯）

宗敬55岁，德生53岁。

茂新二厂在原址重建，装置美制新式钢磨18部，日出粉1万包；茂三未恢复。

福新因原料不足，部分工厂停工。福五添装1000千瓦发电机组一座。

受北伐战争胜利进军影响，上海申新五厂等曾发生罢工。申二自五月起停工，至八月改组，重排北厂机器。申四连年亏损，宗敬亲赴武汉视察，规划改进，调整人事，继续生产。申六续租常州纱厂两年。新设九江、南昌、郑州、广州、常州等六个批发处和香港办事处。上海纱布交易所开始以“人钟”牌棉纱为“标准纱”。

总公司召开第一次纺织会议，分设机械设备、工务管理、原料分配、物料采购、业务奖励五个组进行研讨。

是年，因外棉进口锐减，花贵纱贱，宗敬联合同业，吁请政府禁止国棉出口；并致函国民政府，要求减轻纱、粉特税。

宗敬被聘为上海市政公债劝募委员。由于纱业经营困难，未完成政府摊派给上海华商纱厂的50万元“二五库券”的认购任务，请求减免，未获允准。蒋介石以荣宗敬“甘心依附军阀孙传芳”为借口，下令“着即查封产业、住宅，通令各军侦缉”。后经吴稚晖等疏通，购足库券，才得以启封。

公益工商中学停办，前后五届毕业生，共200余人，其中不少人后来成为申新和茂新、福新各厂业务骨干。七月，德生与钱孙卿商议，在梅园设读书处，子侄等二十余人就读，初、高中均为二年。后在豁然洞旁建经畲堂为讲舍，办学十年，就读者近百人，留有学生习作诗文《梅园豁然洞读书处文存》四册。捐出南京成贤街五亩地及部分款项，资助建造无锡同乡会会所。

公元1928年（民国十七年　戊辰）

宗敬56岁，德生54岁。

辑印《茂新福新申新总公司三十周年纪念册》，宗敬亲撰《总经理自述》，刊于卷首，翌年一月由上海世界书局承印出版。

在上海创设同仁储蓄部，并在无锡、常州、汉口、杭州设四个分部。

福新增资50万元，定名为上海福新机器面粉无限公司；增设平湖批发处。

申新在无锡公益工商中学旧址设立职员养成所，学员半日上课，半日实习，至1932年结束，先后毕业四届81人，大多在申新各厂任职。

因我国小麦歉收，自本年十二月至翌年八月，向国外购得小麦470余万担，以维持企业生产，平抑市场粉价。

宗敬被聘为工商部参议。倡议“实业救国”说，为世人所称颂。针对日本人制造的济南“五三惨案”发表意见，认为抵制日货，坚持到底，必能获最后胜利。赴武汉视察厂务，转道港、粤，调查粉、纱销售情况，并洽请广东省建设厅长马超骏提倡国货，为以后申新在广东和南洋销售纱布打下基础。先后致函叶琢堂、陈光甫等人和国民政府，呼吁、请求豁免或减征棉类和粉业特税。商请政府购买棉籽，运往旱灾地区散发播植，寓赈于改种，用意深长。

德生与常熟钱昌照、江阴吴汀鹭等集资组织福利垦殖公司。捐出南京成贤街部分地基，资助中央大学扩建校舍。

公元 1929 年（民国十八年　己巳）

宗敬 57 岁，德生 55 岁。

由总公司与有关各厂出资，在福新三厂旁建“福新栈”，将路轨接至栈房，运输极为便利。

年初，集股 50 万元购进英商东方纱厂，改为申新七厂，兄弟各占股三成，一周内即开工生产。在申一旁新建申新八厂，装置英制最新式纱锭 4 万枚。申二、申三均添机。申六再续租常州纱厂两年。增设东台收花处。

就公益工商中学实习工场成立公益铁工厂，修理和研究仿制纺织、面粉机器。

茂新、福新、申新产品参加杭州西湖博览会，获奖。

为帮助青岛日商纱厂罢工工人解决生活困难，特派专人赴青岛招收女工，分派到沪、锡申新各厂工作。

宗敬被任命为中央银行董事；被聘为南通纺织学院校董。再次向政府呼吁免除粉、纱特税，并致函上海市政府为面粉出口请求弛禁。

宗敬、德生与无锡市政当局规划西乡风景区建设。发起组织“千桥会”，成立“百桥公司”，为地方造桥，远及常州、丹阳、宜兴。六年间，先后筑桥 88 座，其中无锡地区 57 座，常州 27 座，丹阳、宜兴各 2 座。经费与地方各半，或由兄弟独任。本年建造蠡桥、鸿桥、宝善桥、大公桥等 10 余座。在公益工商中学旧址设立公益中学，先设初中，后增设高中。

宗敬拟建园，在后湾买地。德生以小箕山为佳，购得荡田 250 亩，为兄规划建筑“锦园”。

德生被聘为无锡国货展览会顾问和评奖委员、无锡市政筹备处市政讨论委员会委员和计划惠山风景区委员会委员。

公元 1930 年（民国十九年　庚午）

宗敬 58 岁，德生 56 岁。

国民政府大幅度提高粉、纱统税，茂、福、申新各厂一年增加税额超过 500 万元，企业负担更为沉重。

申新设徐州、芜湖、长沙、枫泾批发处。申一资本增至 420 万元。申二清花车间失火。申三添机，纱锭增至 6 万枚，布机 900 台，资本增至 500 万元，产量、质量均有明显提高。

宗敬呈请政府“彻底制止日货”。被工商部聘为首都国货陈列馆棉织部展览会筹备委员。参加工商部全国工商会议和铁道部全国商运会议，在全国工商会议上提出“开拓西北，推广植棉”、“缓行棉花特税”、“全国军警机关学校制服均应采用国货”等议案。致函宋子文，请求为上海面粉运往大连及南洋群岛等地一律弛禁。致函海关监督刘纪文，请求税务司准许出口面粉报关。

“锦园”建成，免费对外开放，游人至此，称为“风景不群”。在梅园内建念劬塔，纪念母亲八十冥寿。

德生提议建设环湖风景区，并手订湖滨计划。

公元 1931 年（民国二十年　辛未）

宗敬 59 岁，德生 57 岁。

申新六厂租办常州纱厂期满，退还原主；在上海购得厚生纱厂，补申六之缺。四月，以 40 万元低价购得上海三新纱厂（租地，限三年内迁出），改为申新九厂。至此，申新系统共有 9 个厂，52.1 万余枚纱锭、4 万余枚线锭、5300 多台布机，职员 680 余人，工人 31000 多人，年产棉纱 30 余万件，棉布 270 多万匹，为国内同业之首，继“面粉大王”之后，又获“棉纱大王”桂冠。

9 月，申新在无锡出版《人钟月刊》；增设重庆批发处。

宗敬收购浦东恒大新记纱厂，自任总经理。向政府提出《振兴实业，发展经济，以惠民生计划书》，建议政府借用外锭 60 万枚，纺制细纱、细线，供国内人民需要。呈请财政部弛禁面粉出口，并建议改进国粉包装，使外人乐于采用。致函行政院政务处处长彭学沛，要求减低贷款利率。

德生专心研究工人待遇，申三开始创办劳工自治区。至海州察看连云港地形，拟购地建厂，曾作详密规划。

“锦园”荷池放出一蒂四花，以为瑞征，广征诗文，以记其盛。申三以此绘制“四平莲”图，作为棉纱商标。

公元 1932 年（民国二十一年　壬申）

宗敬 60 岁，德生 58 岁。

日军于一月二十八日进攻上海，爆发淞沪之战，上海申新七个厂一度停工。由于运输受阻，纱、粉滞销，加上苛税重息，企业亏累日深。为保证企业生产，以现金向阿根廷、澳大利亚购进小麦 3 万吨，五月到货，各面粉厂开齐。

申新九厂租地经营，业主促迁，拟在澳门路购地建新厂。受时局影响，除茂一、茂二、申三之外，各厂均无盈余。申新设安庆批发处。

在抗日救亡运动中，宗敬、德生积极响应抵制日货。无锡申新三厂向前线将士捐赠慰劳品，计香烟 5 万支、面包 6000 个、面粉 400 包，于二月一日下午送往前线。解聘在申新工作的日本技师，招收被日商纱厂辞退的职工进申新工作。宗敬与黄炎培、史量才、沈钧儒等联名发表“国是主张”，要求将抗日进行到底，对内结束党治，实行民治，并共同发起募集救国捐，以支持对日抗战。

宗敬被推选为华商纱厂联合会主席委员；被任命为国营招商局监督。倡议改进植棉，派员至海南岛试种，成绩良佳。提出改进浙江省棉产意见，向银行贷款，补助棉农，组织棉业合作社，并制定实施方案，提请浙江省建设厅厅长曾养甫采纳施行。发起组织中国经济信托公司，八月十二日在美国正式成立，任董事。

九月二日（农历八月初二），宗敬六十寿诞，在无锡梅园、锦园、荣巷住宅设宴称庆，并辑印《杖乡导游录》分赠亲友宾客。德生撰写

《为家兄嫂六秩双庆征文事略》，以示庆贺。

德生四儿毅仁考入上海圣约翰大学文科。

公元 1933 年（民国二十二年　癸酉）

宗敬 61 岁，德生 59 岁。

申一因经营困难实行减工，发生工潮。申三另立“好做”牌商标，注重原料配给，德生亲自参与其事，棉纱质量显著提高，各布厂乐用；举办劳工自治区，关心职工福利，设施日见完备。申四厂房失火，损失严重，经保险公司赔款，秋后重建，改用英式纺机，力事整顿革新。申九租地期满，在澳门路建新厂，厂房于夏季完工，六月起旧厂边生产边拆迁，新厂边安装边开工，生产从未停顿，至九月迁完；为申九迁建，向英国麦加利银行借款 520 万元。

公益铁工厂试制纺纱机、织布机、面粉机成功，并能制造抽水机、打包机、小引擎及各种机器零件，质优价廉，订购者甚多。

宗敬建议政府改良我国小麦品种，在青黄不接之际，向美国商借棉、麦贷款，运华接济，维持生产。应聘担任棉业改进委员会委员和农村复兴委员会委员，发表《农村衰落之过程及复兴之管见》。拟《实业救国刍议》，著《一年来之面粉业》，载《商报》纪念刊。发起修筑锡沪公路，开办锡沪长途汽车公司，担任筹备委员。

德生应宜兴储南强之邀，捐款资助修建庚桑（张公）、善卷两洞，并筑公路相通。

公元 1934 年（民国二十三年　甲戌）

宗敬 62 岁，德生 60 岁。

申新九厂迁入新址后，逐步更新改造，装置新式清花机、纺纱机和自动织布机，拥有纱锭 8 万余枚，线锭 5000 余枚，布机 500 多台，规模为申新各厂之冠。

受时局影响，上海申新各厂遭遇建厂以来最大困难，负债超过 6000 万元，一年付利息和交税 1000 多万元，资负相当，各往来行庄拒绝放款，申新搁浅。宗敬请求国民政府予以救济，实业部和陈公博等人借“整理”为名，企图乘机并吞申新，遭到抵制。德生多次赴沪筹划，全力维持；并两次至南京，呈请行政院对申新发行救济公债，未获成议，遂决心自力更生，解救危机：一面拿出全部有价证券，向行庄质押，求得行庄放款；一面调度原棉，接济各厂生产，对内从改进着手，稳健应付，徐图转机。由于申新广大职工和国内同业的大力支持，宗敬、德生的积极奔走和吴稚晖等人的从中斡旋，并吞阴谋遂未得逞。为改变局面，七月中，宗敬一度辞去总经理职务，请王禹卿继任，王托词不就，一周后宗敬复出重任。八月，成立申新改进委员会，由德生长子伟仁主其事，依据德生主张，对企业进行整顿，加强管理，改进经营，严格核算，降低成本，增加生产，克服困难，挽救危机。申新一、二、五、八厂与中国、上海两银行签订营运合同，由银团参与管理；六、七、九厂由行庄垫款营运，勉强开工。后因难于维持，申新二、五厂于年底停工。

宗敬建议山东省广植棉花，并撰专文，刊载于《纺织》周刊。四月，赴港、粤考察南方实业情况。秋后，患偏中风，半身难动，稍恢复，又于十一月赴西北考察棉业。

德生为庆祝六十寿辰，将亲友馈赠寿仪折款 6 万元，捐建宝界桥，二月动工，八月建成，横跨五里湖，长 375 米，宽 5. 6 米，钢筋水泥结构，可通行汽车，时称“江南第一大桥”。

贾茂清、量如和尚推德生发起购地，赠与开原寺，并捐资建寺。

公元 1935 年（民国二十四年　乙亥）

宗敬 63 岁，德生 61 岁。

茂新四厂采用山东所产玉麦制成头号粉，色白质韧，为前所未有。

申新一、八厂整理工务，紧缩成本，改进经营，工人曾因降低工资于七月下旬罢工 3 天。申新二、五厂因周转资金无着，全年停工。申三在无锡火车站旁运河边建成新仁栈，占地 20 亩，可堆面粉 10 万担，小麦 10 万担，还可堆铁粉、水泥等，栈外通路轨，停船上栈，装卸均便。申七向汇丰银行的借款到期，不允转限，欲勾结日商非法低价拍卖，宗敬、德生奔走呼吁，据理力争，并联合同业声援，职工全力支持，保护工厂，遂使拍卖阴谋破产。

宗敬至汉口视察厂务，取道九江、南昌，了解行庄业务；又至济南视察茂四，与苗杏村等晤谈。向政府提出《振兴农业，复兴工业方案》；建议教育部在女校中添设纺织科，培养专门人才。捐款资助兴建新普育堂（孤儿院）。

公元 1936 年（民国二十五年　丙子）

宗敬 64 岁，德生 62 岁。

纱市复苏，申新各厂业务日见好转，渐有盈余；茂新、福新粉销亦佳。申新二、五厂与中国、上海两银行订立委托营运合同，由银行操纵管理，于十一月复工。

三月，宗敬至平、津视察纱、粉销售情况。与交通大学校长黎照寰筹商添设纺织科，培养纺织专门技术人才。应聘担任航空奖券推销委员会委员。

德生着力研究改进和提高公益铁工厂产品质量，计划每年生产纱锭 5000 枚，用于申新各厂更新设备，并逐步做到机器自给。申三劳工自治区声誉四播，参观者络绎不绝，颇得社会好评。

德生聘宿儒杨小荔撰《中国财政史辑要》，印五百部；请朱梦华将大公图书馆藏书的序文辑录成《序文汇编》七十二卷，印一百部；并将两书分寄国内各图书馆。上海复旦大学拟迁往无锡，德生即在间江以东太湖边大雳渚一带购山地 1000 余亩，捐赠给复旦大学作迁锡建新校舍之用，后因抗战爆发，迁校中止。

公元 1937 年（民国二十六年　丁丑）

宗敬 65 岁，德生 63 岁。

纱市俏销，申新各厂营业均有利，为近数年所无。申三实行成本核算，推行天天结帐制，并积一周之日结为周结，积四周之周结为月结，如此一览即知企业盈亏。厂中管理制度亦日臻完备，秩序井然。四月，申三召开股东会议，宗敬提议扩充添机，德生认为可由公益铁工厂自制，不再向外订购。

四月，冯玉祥将军莅锡视察，德生在梅园接待晤谈，于楠木厅前合影留念；并陪同参观申新三厂劳工自治区之工人宿舍、子弟学校、职工医院、大礼堂、养兔场等各项设施，详细回答冯将军关于工人生活状况的垂询。

大公图书馆藏书已达 18 万卷，中外杂志、报章、外文图书等尚不计在内。

七月，日本帝国主义发动全面侵华战争，济南、上海、无锡等地相继沦陷，各厂损失惨重。除在上海租界的申新二、九厂及福新二、四、七、八厂之外，其余各厂均因战事损毁严重，被迫停工。茂新一厂、申新八厂被全部焚毁，新仁栈亦被日机炸毁。

抗战爆发后，宗敬留在上海，坚持企业生产；并联络实业界代表 32 人，联名呈文行政院，敦促政府“力助各厂设法迁移安全地带照常工作，输运务求灵活，捐税或减或免”，但政府未予理睬。十二月十三日，终因操劳过度，患脑溢血，经救治脱险。为维持企业正常生产，宗敬曾参加以工商业者为主体的上海市民协会活动，当这一组织由日本占领军在幕后操纵的真相被揭露后，毅然脱离关系，决定离开上海。

八月，无锡各界人士组成“抗敌后援会”，发起募捐，支援抗战。德生立即响应，以乐农氏名义，向前线将士捐献面粉 5 万包及大批慰劳品。公益铁工厂奉政府之命，停止生产纺织、面粉机器，专门制作手榴弹、地雷等军需品，支援前线抗战。十一月，公益铁工厂和申新三厂部分设备、物资装船西运，途中大部散失。十一月十四日无锡沦陷前夕，德生在儿婿陪同下，乘车离锡，经宜兴、广德，至芜湖，转乘轮船去武汉避难。十二月底，出资购下汉口江边大厦（系英商沙逊所有），准备供来汉避难的职工和乡亲住宿之用。

公元 1938 年（民国二十七年　戊寅）

宗敬 66 岁，德生 64 岁。

一月四日，宗敬在友人帮助下，秘密乘船离沪，六日抵达香港。二月九日，突患肺炎；十日酉时，在香港养和医院病逝。临终仍以“实业救国”告诫子侄后辈。德生在汉闻此噩耗，悲痛成疾，即命三儿一心、长婿李国伟赴港襄助治丧。二月十五日，行政院第 305 次会议通过决议，提请国民政府明令褒扬荣宗敬“提倡实业，苦心经营数十年之功绩和不畏日伪威胁、遁迹香港的志节”。十七日，国民政府颁发褒扬令，全文如下：“荣宗敬兴办实业，历数十年，功效昭彰，民生利赖，此次日军侵入淞沪，复能不受威胁，避地远引，志节凛然，尤堪嘉尚。兹闻溘逝，悼惜殊深，应予明令褒扬，用昭激励。”三月八日，宗敬灵柩搭乘加拿大“皇后”号轮运沪，十日到达，暂厝于西摩路（今陕西北路）186 号生前寓所偏屋。

宗敬去世后，上海行庄纷纷索债。德生致函上海金融界，表示对兄生前债务完全负责，分期归还；并致电总公司，声明不出任总经理，愿扶佐侄辈。

德生在汉口收购古书、文物、字画，以防在战时散失。命荣一心、李国伟赴成都、重庆等处实地勘察，准备日后发展。五月初六，赴香港电疗臂疾，二十四日返沪。

德生到申不久，汉口申四、福五奉国民政府命令，将机器设备拆迁运往重庆、宝鸡等地，建立新厂。共迁去纱锭 2 万枚，布机 400 台，粉机约合日出粉 3000 包，发电机 3000 千瓦。

公益铁工厂内迁设备运抵重庆，依靠随迁的数十名职工在郊外菜园坝租地建厂，于六月间开工生产，是当时内迁开工最早的企业之一。后迁至江北黑石子，发展成为占地 360 余亩、职工 400 多人的公益纺织面粉机器制造厂。

在沪集资组建合丰企业公司，先后所办企业有棉纺、棉织、缫丝、铁工、电机，共 5 个厂，规模均不大，由子侄经营。

申四在战前订购的19000枚纱锭抵沪，因战事无法西运，德生决定将15000锭改装于申九，使之发展成为当时国内最大的纺织厂；其余4000锭售与合丰，另立新厂，规模虽小，而能安排申新同事，免遭失业。

日军将茂新、福一、福三，申一、申三、申五、申六、申七作为“敌产”，实行军管，花纱物料皆被劫用。名为记有帐目，实则无法查对，企业又一次遭受损失。抗战期间，茂福申新各厂共计损失粉磨64部、纱锭207484枚、布机3226台，分别约占战前全部设备的18%、36%、60%；以及大量棉花、小麦、纱布、面粉和其他物资，直接经济损失按战前币值计算，总价值为5281万元。

申新总公司在上海愚园路建职员宿舍，取名“锦园”。八月，德生在上海高恩路购地，拟建新住宅。

公元1939年（民国二十八年　己卯）

德生65岁。

函电指示长婿李国伟等在重庆、宝鸡建立分厂事宜，拟兴办纺织、面粉、电厂、铁工厂、砖瓦厂等企业，并以机物料支持；又函示速在天水购地，以备福五扩充粉厂；并致信熟识的内地知名人士，请他们对兴建企业给予关照。

三月，申四、福五内迁机器在重庆成立庆新公司，面粉厂、纺织厂相继开工；十月，申四宝鸡分厂开工。两地企业均由李国伟主持。

任广新银公司董事长。

六月初四，长儿伟仁在上海病逝。

公元1940年（民国二十九年　庚辰）

德生66岁。

上海开工各厂均有盈余。申新二厂、九厂因在“租界”内，营业畸形发展，获利殊厚。前欠各款，陆续偿还。

申新四厂、福新五厂在成都筹建分厂；在宝鸡拟增设电厂、铁工厂，并在陕西西安、甘肃兰州等地分设办事处。

六月，高恩路新居落成迁入。自居沪之日起，不请客，不访友，不闲游，只以收购书画古籍、历史文物自遣。发起资助溥仁慈善会，周恤鳏、寡、孤、独及补助贫民。

次儿尔仁遭匪徒绑架，被关押58天，方得回家。

公元1941年（民国三十年　辛巳）

德生67岁。

申四、福五成都分厂和福五宝鸡分厂、宝鸡铁工厂相继开工。

日军强占申三后，屡拟“合作经营”，数次遣人接洽，均被德生断然拒绝。

德生在沪着手拟订战后复兴实业计划，规划创办一个规模宏大的“天元实业公司”，带领儿孙独资经营。其范围除原有的纺织、面粉以外，拟扩展至矿产、冶金、化工、机械制造、食品、电力、建筑材料等行业；纺织、面粉工业发展深加工，纺织工业包括棉、毛、麻、丝和人造纤维的纺、织、染整及服装加工，面粉工业包括饼干、点心等食品加工。并立下禁例，专营实业，不做投机买卖。

十二月八日，太平洋战争爆发，申二、申九也被日军管理，全部停工，申九铁工部大部分机械被日军搬走；福新二、四、七、八厂及合丰各厂，均被日军封锁停工。

茂新、福新、申新总公司业务停顿，大部分职工发给维持费。

公元1942年（民国三十一年　壬午）

德生68岁。

三月底，日军解除对申二、申九管理，但只准开锭三成，且配给原棉，品种甚差。五月，日军发还福新一、三、六厂及福新堆栈和无锡茂新二厂，但仍强行定期收取“租金”，租期均定为两年。

福五天水分厂开工；并在陕西白水创办宝兴煤矿，开采近两年，因运输困难停办。

秋，以各厂盈余，将积年陈欠全部还清。

宗敬七十冥寿，德生及在沪子侄亲属友好于农历八月初二在宗敬生前寓所举行追庆，并撰写诗文以志纪念。

德生草拟“西北殖边大农计划”，提出应从农业着手，解决温饱；发展交通，开采矿产；东西部地区依靠各自优势相互支持，实现经济协调发展。开始撰著《乐农自订行年纪事》，按年编写，秉笔直书，真实地记载了自己的人生经历、事业成败和思想变迁。继续收购各种稀见工艺品及历史文物，为日后创建博物馆作准备。

三儿一心遭人诬陷，被日军宪兵队扣押 3 日。

公元 1943 年（民国三十二年　癸未）

德生 69 岁。

农历正月二十，德生抗战以来第一次回无锡探视祖坟、梅园、家宅，从远处察看申三、茂一，见毁损严重，痛心不已。翌日返沪。

六月，先后收回申五、申六、申三。申三由三儿一心和大侄鸿元点收，可开之机仅 1 万余锭，修理不易，但日伪当局规定，不做便要拆去。于是计划先开一小部分，作看守性质。申五、申六因原料无着，稍事修理，未能开工。

日商以丰田纱厂与申新一厂、八厂地处邻近为借口，数次利用敌伪势力威胁利诱，企图强行收买两厂产权。德生断然拒绝，声明“我是中国人，决不把中国的产业卖给外国人”，并撰联“心正思无邪，意诚言必中”以明志。派二儿尔仁去重庆，向国民政府办理企业登记注册，为战后恢复求得合法地位。

长婿李国伟在宝鸡创办宏文造纸厂，利用纺织厂废料造纸，质地好，销售畅，获利厚。

农历八月初二，在沪为宗敬举行家祭；次日，宗敬子女亲属扶柩回籍；十四日，在梅园公祭；十五日（中秋节）中午，安葬于太湖边杨湾张山口。德生说，墓地“乾山巽向，后枕全山，面临太湖，气概雄浑，为不可多遇之地，与吾兄身份、事业亦相恰称。”

公元 1944 年（民国三十三年　甲申）

德生 70 岁。

正月初九，子女亲友在沪、渝两地为德生举行七十寿诞庆贺活动；自编的《乐农自订行年纪事》从出生写至六十岁，请钱孙卿作序，由四儿毅仁刊印 5000 册，分赠亲友；并开始撰写六十岁以后的《纪事》，准备将来时局平定后续印。十二月二十四日，子女在沪设宴庆贺德生和丁夫人金婚之喜。

申新三厂将一部分纺机运至常熟支塘，成立分厂。

尔仁在重庆先后成立苎麻实验室和公益工商研究所。为弥补原棉供应不足，聘请专家学者，从事苎麻纺织研究，试验生产苎麻纺织品，获得成功；并对战时内地工业的发展、战后国家工业建设的重大问题和重庆申四分厂的经营管理等课题展开深入细致的调查研究，写出了一批高水平的调研报告。

德生联络在沪无锡籍实业家王禹卿、唐君远等人，秘密购买救国公债 1000 万元，以示迎接抗战胜利。应唐文治之邀，捐办太仓平粜。

公元 1945 年（民国三十四年　乙酉）

德生 71 岁。

八月，抗日战争胜利。美棉涌到，申新各厂筹备复工。申三在南京设办事处；申二、申五在湖南衡阳东阳渡购地 700 余亩，拟建纺织厂。申一、申二、申三、申四、申五、申九相继增资。

十月二十三日，回锡接收茂新二厂、申三电机间。茂二经修理后开工，出粉良好，市上乐用。申三修好纱机 3 万锭，因电力不足，只能隔日开半班。福新五厂、七厂、八厂也相继整理开工；申新各厂（八厂被毁除外）次第复工，但因原料匮乏，人手不足，资金紧张，仅开一部分。

重庆公益纺织面粉机器厂于一月停工，四月出售。

十一月二十一日，德生委托尔仁在重庆召开天元实业公司股东成立会，股东包括德生及其儿子、女婿等 12 人，共 5000 股，每股 1 万元；并计划在无锡恢复公益铁工厂，修葺家宅、梅园、学校及大公图书馆。

德生见政府措施舛谬，有失民心，于十月间特上条陈三则：一、币制；二、威信；三、官民平等。

公元 1946 年（民国三十五年　丙戌）

德生 72 岁。

四月二十五日，德生在上海突遭国民党特务和黑社会匪徒联手绑架，被关押在黑屋子里 34 天，勒索去赎款、破案酬金等总计美金 60 万元，身心备受折磨。

委四儿毅仁负责茂新一厂复建，订购英国最新式面粉机。茂二亦添机二副，其中一副准备复建茂三，以补足茂新四个厂之数，总计划每日出粉 3 万包。茂新向善后救济总署申购美麦，维持生产。

秋，外汇调整，市场波动，政府指令福新抛售面粉，平定物价，各厂损失甚巨。

申新各厂陆续修复机锭，开工生产，营业顺利，惟申八未复。申六以历年盈余收买芜湖裕中纱厂，接办经营。申二购买英商所有浦东陆家嘴沿黄浦江基地，准备建分厂。申九购买南汇黄家路申久轧花厂。

在无锡购地 20 余亩，拟建天元麻纺厂，所订麻纺织机陆续运到。

被选为江苏省临时参议员，六月至镇江出席江苏省临时参议会第一次会议，提出“疏浚内河要道”和“设立工业技术研究所”两议案。为苏北水灾，在锡、沪两地募集赈灾款，奔走劝募。在沪协助无锡旅沪同乡会，募款建造新会所。在上海撰写《今后之无锡》，提议应利用无锡优越的地理条件和良好的工业基础，把苏锡常“打成一片”，建设一个“雄踞沪宁线”、“人口数百万”、“影响将直接间接远及全国”的“大无锡”。成稿后，即寄给无锡申新三厂厂长郑翔德、谈家栋，请他们作口头宣传；六月十二日，又在无锡寓所接见报社记者，畅谈“建设大无锡”的构想。

公益中学复校，德生前往视察。公益铁工厂原址暂借与国立边疆大学复校，开学之日，应邀出席并致颂词，勉励同学努力学习，将来为建设祖国边疆出力。

公元 1947 年（民国三十六年　丁亥）

德生 73 岁。

租办无锡顺丰德面粉厂，补茂新三厂之缺。

申新六厂收买邻近国光印染厂厂房机器，合并为纺织染厂。申新二、五厂购买闸北潘家湾基地，拟扩建厂房；并在真如和虹桥购地，拟造职工宿舍、研究所和试验植棉育种田。申九在镇江丹徒口购地 580 余亩，备建分厂，并在沪购买永茂堆栈房屋，拟改建为自用仓库。申新各厂合购南通裕通堆栈房屋，准备改建为申新苏北仓库。

七月，申新二、三、五厂和茂新面粉公司、合丰企业公司、天元实业公司联合组织总管理处，德生任总经理，荣尔仁任副总经理，荣一心、荣毅仁、唐熊源、荣研仁分任业务、生产、财务、国外贸易四部门经理。

茂新、福新加入“公记”联合组织统购小麦，面粉实行限价，经营遭受困难。政府实行棉纱议价，联合配销。各厂虽然恢复生产，但因电力、原料不足，常遭停工。

在蠡桥附近购地 40 余亩，拟重建公益铁工厂，后定名为“开源机器厂”。

公益工商研究所由重庆迁至上海；出版《公益工商通讯》半月刊。

正月，赴镇江出席省临时参议会第二次会议，建议“加强江苏省银行及农民银行组织，扩展业务”；与蒋竹庄等提议《请疏浚河道便利运输案》。以省参议员资格致函省主席王懋功，希望政府勿信仰武力搞“戡乱救国”，失却民心；并与省参议会议长冷遹一再呼吁，早日实现和平。

委三儿一心创办江南大学，成立董事会，吴稚晖任董事长，戴季陶、德生任副董事长，儿尔仁、一心、毅仁，婿李国伟，侄荣鸿元等均为董事；勘定校址在太湖边后湾山，聘章渊若为校长，荣一心任校政委员会主任，协助校长主持校政；分设文学、理工、农学三个学院及数理、史地、经济、机电、化工、农艺等九个系。十月二十七日开学，首届招生录取 242 人，在新校舍落成前，暂借荣巷公益中学校舍开课，俟新校舍落成后再迁入。

捐资修缮建于明代的东林书院。

公元 1948 年（民国三十七年　戊子）

德生 74 岁。

四月，茂新一厂复建完工开机，日产面粉 3400 包；天元麻毛棉纺织厂建成投产，两厂同时举行开工典礼。开源机器厂破土动工兴建。

申新一厂购买义品砖瓦厂房屋，扩充厂房。申二部分机器迁穗，成立广州第二纺织厂。申四在沪投资创办宏文造纸厂上海厂和建成面粉厂上海厂。

九月，副总统李宗仁偕夫人莅锡考察，德生陪同参观申新三厂、天元麻毛棉纺织厂、茂新第一面粉厂，游览梅园，并在梅园合影留念。李宗仁夫妇还游览了锦园，参观了江南大学新校舍。

江南大学新校舍建成。十月二日，举行新学年开学暨新校舍落成典礼，德生出席并致辞，勉励“各同学努力勤奋，竞尚实学，课余多参观生产事业”，“学习宜求细嚼缓咽，食而能化，学问以实用为归；将来做事，亦力戒好大喜功，宜脚踏实地，从头做起。”章渊若校长辞职，改聘顾维精为副校长，主持校务，增设面粉专修科。购得旧书十余万卷，准备存入大公图书馆。

八月，政府决定发行金圆券，实施限价，收缴民间金银外币，企业损失严重。仅上海申新各厂从八月二十日至十月底，被限价出售的纱、布两项即损失 2500 万元，折合 1. 9 万件棉纱。九月，大侄荣鸿元被上海警方以“涉嫌私套港汇、囤积居奇”逮捕，关押 77 天，被敲诈勒索去的纱、布、面粉、栈单、黄金、美钞，折合5000件棉纱，总价值50万美元。至此，德生逐渐认清国民党统治的反动本质。

十二月初德生至沪，拟看望刚刚获释的大侄，不料鸿元已离沪去港；又见公司中人心浮动，不少人想移资迁厂，去香港、台湾，甚至国外，德生力加劝阻，明确表示自己决不离乡，希望大家也万勿离国他往。后闻讯申三有人拆机准备运往台湾，立即赶回无锡，严加申斥，责令搬回。并密令各厂：今后方针，以维持原有局面为原则。凡已迁往香港、台湾和广州的设备、物资，应一律从早搬回或出售。

三月二十六日，六儿纪仁在上海寓所自戕。十二月二十一日，三儿一心赴香港因飞机失事遇难。

公元1949年（己丑）

德生75岁。

四儿毅仁被上海地方法院以所谓“军粉霉烂案”起诉，原定五月二十五日开庭审理，后因上海迅速解放，才避免厄运，但已被敲诈去黄金10条、美金5000元。

二月，应中共地下党组织的邀请和安排，德生派老友钱孙卿之子钱钟汉去苏北，实地参观考察解放区保护民族工商业政策的实施情况，受到中共华中工委书记陈丕显及管文蔚等领导同志的欢迎和接待，并就迎接无锡解放、维护地方稳定等问题深入交换意见。钱钟汉返锡后即向德生作了汇报，并转达了陈丕显等同志的问候，更坚定了德生留在家乡、等待解放的决心。与德生一起留下的，有四儿毅仁和七儿鸿仁。

四月二十三日（农历三月二十六），无锡解放。德生真诚地希望人民政府能迅速革除旧时代留下的一切不合理制度，发展工农业生产，改善人民生活。并谆嘱儿辈“要积极生产，为祖国努力，克服困难，争取好转。”

九月，中共中央邀请德生为中国人民政治协商会议第一届全体会议工商界代表，并被推选为政协第一届全国委员会委员，但因患足疾行动不便，未能出席会议。

江南大学董事会改组，由德生任董事长，荣毅仁任副董事长兼校务委员会主任；撤消学院建制，设七系一科。

公元 1950 **年（庚寅）**

德生 76 岁。

在锡学习《中国人民政治协商会议共同纲领》，对人民政府的政策表示衷心拥护，对新中国建设的远景无限乐观。

为集中统一经营企业，五月八日在上海成立申新纺织厂总管理处，德生任主席，荣毅仁为总经理，管辖范围包括上海申新各厂，后加入无锡申新三厂和广州第二纺织厂。申新接受政府加工代纺任务，茂新、福新、天元、开源各厂生产渐趋正常，企业开始由亏转盈。

六月，毅仁赴北京，列席全国政协一届二次会议，受到毛泽东主席、周恩来总理等党和国家领导人的亲切接见，毛主席专门询问荣毅仁："老先生（指荣德生）好吗？"德生感到无尚光荣。

德生被中央人民政府任命为华东军政委员会委员、苏南区人民行政公署副主任，并当选为中华全国工商业联合会筹备委员会委员。六月，抱病出席苏南区各界人民代表会议，被选为苏南区各界人民代表会议协商委员会委员。应无锡市第三届（后改称一届三次）各界人民代表会议之邀请，出席会议并作大会发言。七月，抱病赴沪，出席华东军政委员会第二次会议，并在会上发言。

申新、茂新、天元、开源各厂开展抗美援朝、爱国主义生产竞赛运动，德生、毅仁带头购买公债、捐献飞机大炮，支援国家建设和抗美援朝战争。德生并捐献寒衣 12000 套，扶贫济困。

是年起，德生时感两腿乏力，步履艰难。

公元 1951 **年（辛卯）**

德生 77 岁。

德生目睹无锡解放后发生的新变化，早年拆城筑路、疏浚河道等理想一一实现，感到十分欣慰，不顾疾病在身，乘车循新筑的环城马路，巡视一周。原拟出席十月间在北京召开的全国政协一届三次会议，因痔疾大发，未能成行。

茂新、福新、申新、天元、开源各厂生产情况进一步好转。

以历年体会所得，编写《商余偶谈》一册。

江南大学首届学生毕业，德生题词祝贺："在校求得实学，毕业后到国家社会上向实用而努力。今为毕业诸同学贺前程无限。"

公元 1952 年（壬辰）

德生 78 岁。

春，上书毛泽东主席，陈述解放后企业的经营情况，向领袖致敬；并表示决心在国营经济的领导和大力扶助下，努力向有利于国计民生的前途迈进。

开源机器厂制造的巨型立式车床、重型车床、麻纺机等三种产品，参加在印度孟买举行的国际机械展览会上获奖，为国家赢得了荣誉。

五月下旬，突患紫斑症。七月病情转重，二十五日口授遗命，由七儿鸿仁手录，全文如下："余从事于纺织、面粉、机器等工业垂六十年，历经帝国主义、封建主义、官僚资本主义反动统治的压迫，艰苦奋斗，幸中国共产党领导全国人民革命胜利，欣获解放，目观民族工业从恢复走向发展，再由于今年'三反''五反'的胜利，工商界树立新道德，国家繁荣富强指日可待。余已年老，此次病症恐将不起，不能目睹将来工业大建设及世界和平，深以为憾。毅仁、鸿仁要积极生产，为祖国出力；尔仁、研仁再不可滞留海外，应迅速归来，共同参加祖国建设。毋违余志，是所至嘱。"

七月二十九日（农历六月初八）上午 7 时，病逝于无锡寓所四郎君庙巷（今健康里）八号。三十日，《人民日报》、上海《解放日报》等刊登了新华社播发的荣德生逝世的消息；《苏南日报》还刊登了荣德生的生平简历和遗嘱全文。中央人民政府政务院、华东军政委员会发来唁电，华东军政委员会并决定由曾山、管文蔚、钱孙卿等组成治丧委员会。八月二日大殓；十一日，苏南区人民行政公署在无锡市人民大会堂举行公祭。苏南行署主任管文蔚在公祭仪式上说："荣德生先生是我们共产党的朋友。他的事业遍中国，对祖国建设起了一定作用，在苏南工商界也起了带头作用。""荣德生先生一生为发展民族工业而奋斗，表现了他是一个事业观点很强、有顽强和困难搏斗精神、有爱国主义精神的民族工商业家。"

八月十二日举行家祭，十三日灵柩移厝梅园诵豳堂，翌年一月安葬于开原乡孔山里。

樂農自訂行年紀事

（民國）榮德生 自編

《樂農自訂行年紀事》一卷，（民國）榮德生自編，民國三十二年（一九四三）鉛印本。

譜主榮德生（一八七五—一九五二），名宗銓，字德生，號樂農，無錫人。他和胞兄榮宗敬（名宗錦）創業於十九世紀末二十世紀初，在上海、無錫等地從經營錢莊等商業活動開始，繼而投資興辦麵粉廠、紡織廠、機器製造廠等工業企業，先後建立茂新麵粉公司、福新麵粉公司、申新紡織公司，成爲舊中國民族工業中規模最大的企業集團。一九三八年榮宗敬逝世後，榮德生帶領子侄輩，頂住日僞壓力，拒絶同日僞合作，堅持企業生産，支援抗日戰争。抗戰勝利後，全力修復和重建在戰争中遭到嚴重破壞的機器、廠房，創建天元實業公司、開源機器工程公司等新的企業，爲中國民族工業的發展作出了重要貢獻。一九四九年全國解放前夕，在中國共産黨統戰政策的感召下，他和四子榮毅仁堅定地留在大陸，迎接解放，成爲中國民族工商業者的一代楷模。

《樂農自訂行年紀事》，是榮德生在抗戰時期寓居上海期間，對自己一生的經歷、思想變遷和事業的成功與失敗，所進行的深入反思和系統總結，從出生寫至六十歲，即從一八七五年至一九三四年，按年記述當年發生的大事，較爲完整地記載了他的家世、生平和兄弟倆携手創辦茂新、福新、申新等二十一家企業及其附屬機構，以及在家鄉致力於開辦學校、辟建園林、造橋築路、修復古迹等社會公益事業的全過程。由榮毅仁出資刊印，作爲給父親榮德生七十壽辰的壽禮。該書發行後，發現有脱漏和錯字，曾印發過一張『勘誤表』，但流傳極少。

本書據民國三十二年（一九四三）鉛印本影印。

（陳文源）

榮德生先生第一年譜並爲七十介壽序

德生榮先生者、余民國八年已未嘗於公益工商中學開校祝詞、比之南通張先生謇、謂以實業家、辦實業、教育方不鶩於空談、足爲當世圭臬、梓諸錫山學務文牘者也、於時先生甫逾強仕、銳意實業、而余方少壯、尤視天下事皆若不足爲、豈意歲月如流、國家多難、先生事業半付刼灰、而余棄家轉徙、且垂垂老矣、睠懷往事、誠不能無感於今昔也、今先生自敍行年紀事、實年譜也、已至六十、其令子伊仁、毅仁、昆季、故嘗隸弟子籍、謂余知先生、屬爲點定、余受而讀之、曰此中國實業史也、年譜云乎哉、於是先生明年且七十矣、鄉人之旅居者、咸謀所以壽先生、余迺作而言曰、往者阮文達公年六十、有年譜二十四卷、其門下士謀於龔士珍爲作年譜第一序以壽之、謂信今傳後、莫壽於是、俟公七秩之年、最增十卷之書、當更敍之、故爲第一、余不敏、何敢望龔氏、而阮文達實一代福人也、請師其意、爲先生介壽可乎、吾國古來兄弟齊名者、於宋尤多、以宋氏郊祁科名及蘇氏軾轍文章爲最著、洎乎遜清、吾蘇亦有崐山徐氏健菴、立齋之兄弟、繼相嘉定錢氏竹汀、竹廬之經術名世、是皆國家盛事、於世不數數覯、及後海禁既開、羣知實業富國、而世人鶩於近利、賢哲能舉其大、於是南通有張詧、張謇兄弟、而吾邑則有先生及兄宗敬先生、皆以興辦實業一時名聞全國、故言中國實業者、必曰南通、無錫、而言南通無錫者、必及張氏與先生兄弟、余曩以張先生謇比先生、亦以先生有兄宗敬先生、與南通張氏媲美、爲不易也、然張氏科第鼎盛、不無政治憑藉、其所辦以大生紗廠爲主、亦多囿於南通一隅、未若先生兄弟白手成業、經營幾遍全國、而與先生兄弟相左右者、實爲王堯臣、禹卿先生兄弟、故南通事業幾與張氏兄弟相終始、而先生事業雖至今猶存什一於千百、則先生兄弟能推大之、不私所業之效也、綜先生年譜所述、則事業以實業爲主、而實業以衣食爲先、尤以食爲民天、故首在錫創辦茂新麵粉廠、以爲之基、以次而至於四、次曰申新紗廠、自一以至於九、又其次推廣麵粉廠、則曰福新、自一以至於八、所謂三新公司、是也、其於地方、則本尊人熙泰先生遺訓、所謂立身治家常須推其有餘、實合孔子己立立人、己達達人之旨、而以交通、爲地方命脈、教育尤事業之母、故首道路建設、則自開闢開原路、通惠路、以次而及百橋公司、學校教育則有公益中小學、競化女學、及梅園豁然洞讀書處、社會教育、則有大公圖書館及梅園、凡其犖犖大端、於年譜、可考見者如此、昔太史公稱天下言治生祖白圭、而白圭自言其術、則謂猶伊尹、呂尚之謀、孫吳用兵、商鞅行法、近世東西強國競言經濟戰爭、謂可以亡人之國、朝野上下相與究通其學、而軍事勝負以至國家存亡、亦幾決於物質條件、故學校教育惟此尤兢兢、平日則藏富於民、有事則毀家紓難、吾國白圭之言庶幾於此、而信若先生、殆深知其意者也、猶憶民國十年辛酉、余謬膺省選、于役甯垣、假寓下關鮮魚巷茂新批發處、實以先生爲之主、而先生每來甯、亦必寓此、常徹夜談不休、上自軍國之大、下至閭巷之細、無一不談、無一不精、余竊歎先生爲異人、眞能如白圭治生、推大之至伊尹呂尚之謀、孫吳用兵、商鞅行法者、今讀先生年譜、猶恍見當日夜談精神也、余謂中國今日、於易卦當爲剝、在剝之上九、其象爲碩果不食、而序卦不受剝、以坤而受剝、以復復之、象曰、復見其天地之心乎、剝之上九、非復之初九也、然非此剝、而不盡之一陽、即無以爲復、生一陽之根柢、蓋陰陽之數、剝不極則不復、而剝既盡則疑於無陽、是故剝復之際、消長絕續之間、天心所由見也、今先生神明強固、意氣猶昔、有子爾仁君、與伊仁、毅仁諸昆季、皆嶄然顯頭角、而宗敬先生亦有令子、曰鴻元、鴻三、鴻慶諸君、庶幾、兄弟濟美、能共體、先生之志者、豈非大易所謂碩果也哉、霰雪集而不凋者、松柏之所以待春也、風雨晦而不熄者、膏火之所以待晨也、余將以先生之康強逢吉卜國家太平不遠、而河山再造、地方復興、尚皆有待於先生、所謂復其見天地之心、於是乎在、姑書此以爲異日劵、且弁於年譜、以歸先生、倘亦欣然而爲進一觴乎。

民國三十二年十一月、孫菴道人錢基厚謹序、

樂農自訂行年紀事

吾家自始遷祖水濂公擇壽地蓮花山、卽移居於山之下、生三子、長居上、次居中、三居下、卽稱下榮、在余家舊宅、後由二十五世祖庭芳公改建樓屋、武初公卽分得宏山公、至錫疇公、傳至先父熙泰公、乃時祇分得中造舊屋二間、與祖母袁氏務農經商、母石氏生二子、兄宗錦、次卽余、生於光緒元年七月初四日辰時、是日天朗氣清、家家正在早餐時、則世亂初定、人心和平、故皆安居樂業也、

光緒元年乙亥一歲、

光緒二年丙子二歲、

光緒三年丁丑三歲、　理應學話、而不言語、祖母父母均恐如啞子、細看有小舌、知不啞、祖母力言、將來必是大器晚成、

光緒四年戊寅四歲、　春初能學話、甚少開口、祖母每攜至隣家遊、至今尚能略記人名、

光緒五年己卯五歲、　大妹生、後適項、是年兄從殷省甫啓蒙、實由春泉二先生代教也、余則每日由祖母攜往念佛、聽隣近人設農桑養蠶、並將田改種等事、至八月中秋、祖母往大王廟燒斗香、午後送點心、至將晚、見各人紛紛將香斗盡投大爐中、攜香籃而歸、祖母頗氣悶、因人謠說是邪教、爲此中止、因而祖母遂患癡疾、父母朝夜侍疾、請醫服藥、並買小冬瓜煨熟吃水、多方調治無效、延至十月初三辰時去世、十三同出坟、在鄭巷新圩、父親所覓得也、請章仲山用事、亥山巳向兼乾巽、章君云、此地頗佳、廿年卽大效、開土色黃如赭、祖母之棺正在黃沙中也、用後三四年、家中果稍見順遂、卒如章先生廿年之言、先嚴信風鑑尤誠、

光緒六年庚辰六歲、　祖母故後、家中乏照料、春間養蠶等事尤忙、外祖母戈太夫人家在山北石巷、往來不易、母親遂接至家中常住、於外孫甚愛護、時兒日日上學、余則無事、外祖母嘗言、山北小兒五六歲、卽要學小事、壓壓厭、下半年卽教我學扎黃錢、每萬値錢一百廿文、隣家小兒因而共來學做者二三人、錢橋男女做者甚多、榮巷則少見、

光緒七年辛巳七歲、　閒空無事解厭、一如上年、亦不出門、但見母親每日搖棉花織布、從早至夜不歇、晚上兄弟同在一處、聽外祖母與母親述洪楊逃難時身經一切、形形色色、聽之不倦、至今不忘、秋小病、

光緒八年壬午八歲、　本應上學、因少說話、隣里都言二木頭、如何上學、父親信之、且緩至明年、每日仍做扎黃錢工作、母親差喚家事、一一均做、上街買物均不錯、九月父親由浙江烏鎭回家、見余稍好、必須識字、買方塊字三百、教之、初以五字天地君親師、唸幾遍卽能背誦、再換五字父母伯叔兄、仍幾遍卽背、如此父親試準此兒不木可教、一月餘、三百字皆能背、有一晚教背九九數、一一如一、一二如二、至九九八十一、均能背熟、父親甚喜、安慰母親、謂此兒明年決可上學、父母赴烏鎭、明年正月回來、兄讀已數年、曾讀過百家姓、傳習之朗朗上口、十餘日而畢、再教千字文、過半、如此兄弟二人每夜以唸書爲事、卽從族伯雲章先生、因在東隣也、

光緒九年癸未九歲、　正月十九開學、卽到先生處、拜孔夫子、拜先生、畢、先生聞曾唸方塊字三百、謂拿來理、唸尚識不錯、理畢已屆二月、後初讀千家詩、是月父親回來、月半二妹生、後適尤氏、現存、頗能作家、有提督軍門王青山、在浙江太湖水師、差調廣東省河水師、差將家眷搬錫、住小三里橋西、父親攜余去拜見、並見朱太太、卽姑丈曹竹村之胞姊、亂時失散、得親戚收留長大、配與朱光耀、時在郭嵩林部下、職都司、後隨曾國荃克南京、保至此職、並巴圖魯銜、爲人富有力、號稱千斤、三月往廣東、父親與朱君（卽姑丈之胞兄）先去、租屋桂香街丹桂里、軍門卽往接差、秋間全眷隨去、後調三水河口十餘年、至廿四年補韶關鎭台、竹村姑丈在曹三房治坊任事、長於刻字香爐等翻砂字、均他過手、與姑母住江陰巷

陶謙益內王姓屋、如此不時與兄同去至城、本年、所讀、有大學、中庸、學而、十二月廿日放學、在家幫助雜務、晚間兄弟同唸、書習以爲常、

光緒十年甲申十歲、 正月二十開學、由學而、讀完、接公冶長、子罕、子路、陽貨、是年中法之戰、張佩綸爲欽差、與法交戰於馬江、族叔祖俊業號履吉、以縣丞差支應、在船政局爲張公世交、即委爲掌印、兼一切重要公文令箭、是役戰敗、據實未敗、不善報告耳、張公拿問進京、臨行薦族叔祖至粵督張之洞處、當即延見詢當日情形、頗器重、即委營務處、接差站班都大員、一佐職而當此大差、頗不自安、面請改差爲摺奏、兩院兼之、甚紅、府班同鄉均與往還、有要員往潮州、軍門派兵差船送之、船管帶與父親言、榮師爺問否、船往潮州、可去遊玩、一二日即回、允之、到船、楊姓某員亦到船、船主即引與言、軍門派師爺陪去、乃兩面人情也、途中談榮姓多旗人、閣下何處人、答江蘇、彼安徽、爲大同鄉、督署榮俊業是何人、是族叔、何時到此、尚未見過、但知其有差在閩、答云張薦調粵不久、住丹桂里、不知同里也、船去即回、往見族叔甚洽、路近不時往來、朱仲甫廿四歲以知府到省、是年四十未得過差、時與族叔祖以同鄉之誼往還、因而得到一差、地名磨刀口厘差、差甚小、不便多用人、隨向族叔祖請推薦一二人、答以來省未久、無相當可薦、然再三說之、即以父親對、徵父親同意、答以軍門相待、朱太太人情難辭、推薦妹倩曹竹村、現在錫、待來即薦朱公、不日接差、無人暫去幫理、允之、一面告明軍門、一面信至無錫、來去數月、竹村之父親、因老店事多、不允長子出遠、待商允已數月、至粵何止半年、正待調回、朱太太見薪俸已大、未果、是年十二月廿日放學、在家助理過年、兄弟至晚唸書、已學抄書、

光緒十一年乙酉十一歲、 正月開學、讀陽貨、梁惠王、公孫丑、滕文公、離婁、每月讀書寫字、是年父親已接磨刀口厘金館事、修金卅一兩八錢、後知姑丈結束經手、即于夏初抵粵王軍門處、朱太太留住他處、即告父親、轉呈總辦、竹邨已到省、請來接替云云、太尊謂局中缺人、留父親、並請姑丈同來辦事、姑丈即至局、薪俸

亦同、諸人、無、積習、公事、甚、起、色至年、全省比較、磨刀口最優、即奉文委大差一次、期滿即調三水河口厘金大差、比較十八萬兩、爲省內第一、是年終放學後、在家每夜唸書、兄加、抄、書、算、等事、漸有、進步、

光緒十二年丙戌十二歲、 正月開學、接讀、離婁、萬章、告子、盡心、是年、讀完、孟子、亦、常、抄、書、初夏、父親託陸家石橋舊友（忘其姓名）薦兄至南市鐵錨廠學商、即出學堂、赴申、至深秋起傷寒病、母親得信後、即邀姑母回家商量、往申看病、見頗沈重、僱船回家、路過望亭、稍轉機、抵家延醫調治、愈後、頭髮盡落如光頭、明年生出辮子、極小、人皆、以小、辮、子、呼、之、本年春、父親來信、已在三水河口厘金就館、薪金仍舊、姑丈同去、諸人辦事盡心、無惡習、公事蒸蒸日上、比昔起色、是年共收廿二萬兩、考成仍全省第一、奉文聯差一次、是年放學、仍兄弟唸書、兄病愈在家、不到鐵錨廠去矣、

光緒十三年丁亥十三歲、 開學、讀幼學、須、知、頗有、興、緻、舊學生日少、小學生日進、先生時時出外行醫、點、好、書、即命、代、教、每日、有二、三、人、自讀、廿、餘、行、甚省事、專做、手工、檯中、一、切、刀、鑽、全、備、性、所、好、也、本年三月、兄去申學錢莊、在永安街源豫店、主衛姓、本城人、余一人在家、仍抄、書、寫、字、助、母、家、事、農事、蠶、桑、種、菜、一切、爲、之、父親來信、仍館三水、公事順適、總辦爲上遊器重、年終考成仍第一、奉文委繁缺知府一次、差滿調省、候放缺、父親代卜、必在二月某日、缺在西或如肇慶、後掛牌果得該府、赴任與日亦準、父親派爲總帳、高要縣楊怡慶每日到府云云、此十四、年、事、本年放學、仍如往昔、年終、各、事、獨、做、

光緒十四年戊子十四歲、 開學、詩經、頗、難、讀、不如幼學之易解易背、惟代教每日仍然、自己、寫、字、稍、清、潤、兼學、寫、信、毫無頭緒、兄在店有信尚好、余去信代覓學業、惟父親無命學業之意、因命書載四十五歲有子入泮、連年無暇回家、俟肇慶卸事後、必回家、因出門已久矣、而二月接事、必在明年、方可計時也、太尊接印名譽尚好、相傳府有三怪事、一不開正中門、二不能取書房前端石、當日包文正公

辦差開出、貢餘砌在該處、人人不能私取也、三有一大樹、不能修枝、開中正門、全府必出大禍、此父親目見、端石無少缺、是年起、奉命開端溪、取硯石歸府經辦、款項一切、都由帳房經手、父親亦到坑去看採法、在河底山脚有數洞、在東及西者最佳、中洞普通、出石最多、每出一石、稱見分量、命硯匠琢成方圓、刻花配匣、佳者明年貢入北京、十六年、皇上大婚、所應用也、人人不能私取、辦完私人各買若干、每石在二兩幾錢、亦算貴、琢工亦昂、佳者每只七八元、次者每只一二元、匣如公家買老紅木紫檀爲之、不能私用、太尊買十餘方、父親買大西洞石十餘斤、琢成二硯、嘗言宜寶之、余在宅中、建二硯齋、並請人記之、適遇開坑、不易也、年終、詩經、讀畢、抄書亦完、意欲學業、略作預備、家事一一照常、

光緒十五年己丑十五歲、　開學、卽讀易經、塾中算余年長、所讀諸書亦多、推爲、大學生、代教如前、日有數人、自己寫字、抄書、弄手工、更爲煩雜、先生亦不過問、讀書實無進步、兄有信、本年有同業新開、或可薦成學業、信一到、卽要來、不然、被人薦去、母親已將被鋪備齊、父親仍在肇慶、秋間端坑結束、端硯、進貢、數十、箱、王公、大老、均有外任、督撫亦同、餘下、不整、齊邊、皮角落、聽工匠自琢、出售、佳者、甚少、八月初十邊、接兄信、薦成永安街通順錢莊、方姓所開、徐君爲經手、是時正放中秋學、十二三看戲、十五晚有信船開、船主族人細阿胖、於是、將一切、書本、工作、物、均收、拾、結束、辭別親戚、向學、業、上、着想、晚上船、連夜開行、明晨至蘇州、在閶門隨諸人上岸、穿城走、直至下牽埠頭上船、晚至崐山、十七至周太王廟、十八晨過錫金公所碼頭、沿河盡是荒田、一路有人上岸、余不識路徑、直開至南碼頭、諸人均走開、小胖官自己送我到兄處、卽住在彼處、擇定廿四日進店、見店中先生、一徐錫璋、本地人、又一竇曉山、南京人、學生已有一人、名潘其萃、浦東人、後又來一學生、名楊祥生、引翔港人、三人輪流做學生職務、十月跑馬、其萃約我同去看、三點後一同走、看畢一次、彼卽先走、云有他事去、我再看一次、卽回、路不熟、走錯、不肯問訊、連轉二三次、然後問路到店、已上燈火、徐先生等均在、卽厲聲問你那裏去的、

云與潘世兄同看跑馬、徐云、店中如均去、豈非要請巡捕看門乎、以後切勿自行出外、當時一無回答、自知、不肯問、訊之、誤時也、數日後、竇先生云、學業三年極快、學生、要學、點本事、將來可做先生、若不學着點、反說先生無本事、答云、如何、學法、請先生、教之、先生頗喜、卽云、算法學過否、答云、小九九數學過、打打試試看、卽試、一看還不錯、歸除會否、答云、未曾學過、當晚、卽教一歸、一除、不二遍、卽會、云、尚可教、明日起每日二歸、四十一天、學會八十一歸、後教除法、乘法、飛歸法、開方、積算、推錢、以積算計之、尚準、匆匆已到除夕、大排門外、要貼莊名新紙、對門姓大王君可寫、行單、卽往請寫、王君忙極、連走幾次、尚未寫出、心急、早些貼好、可是後來拿到、已晚矣、自此、思求人、不如求己、明年、莊招牌、必要、我寫、預備、學字矣、年底、先生付我壓歲錢兩元、買鞋、襪、帽子、用去一元、餘尚餘、幾角、常在、袋中、每月有月規錢二百文、足以應用也、

光緒十六年庚寅十六歲、　正月、買黃、自元、九成宮、學字、並看滬、報、有圖、說、易於、明、白、三月中、得家信、已攀親、錢巷丁伯衡公第五女、時有蘇州人汪琴齋、見余品貌、卽云此生佳、日後必成大事業、託竇君做媒、並寫信無錫、不料已定親中止、此君能詩書畫、送我、山、水、摺扇一、把、可感、張元興、亦錫人、開有司賬、鄧君、南門人、時來相敘、彼見、我目、帶近視、將來、吃虧、可以、學爲、遠光、教我每日早、晨望、遠處、青綠色、如無、青綠、色、卽望、對、面屋上、瓦、至看、得清楚、爲進、步、後果、行、行、清楚、並至、數得、清、爲止、約半年、近視愈矣、父親來信、已告假回家、信未至、已到申、住名利棧、在法大馬路東首、卽去見面、稟一切離家數年事、未說學業、及到申學業、習莊內應分之事、並及書算將書字、呈、閱、父親欣慰、云、勿必學商、可一同回去讀書、余命書四十五歲、有子入泮、照汝情形、可讀也、當云、刻已學商、回去讀不成、被人竊笑、不如學商、當留心、亦可上進、父謂亦好、父親卽回錫、數月至深秋回粤、是後、學業、認眞、一一、勤慎、記帳、看銀、等事、略有、進步、至年、莊招、牌、卽、是我、寫、並代人、寫小、春聯、數副、本年店中年結、略有餘、並無、分紅、學生、每人、得壓、歲錢、三元、徐先生另有他就、

嫌所入薄也、方君欲與朱姓合股、朱云先來試試亦可、明年徐去朱來、其餘如前、

是時履吉叔祖已調山東、張之洞調兩湖、李瀚章督兩粵、

光緒十七年辛卯十七歲、　朱春和、本城老北門內人、年五十餘歲、曾在南市彤成爲跑街、與富商朱榮堂爲從兄弟、於門兌錢莊爲外行、不願合資、方君再三商挽、暫爲經理、對學生極客氣、對往來稍注意、差余出外跑、收錢收銀、入批水、南北公估、因此、對批水、頗得經驗、稍有把握、算寫、記帳、出票格式、得益於此、秋間、姑母過滬赴粵、因姑丈出去幾年、無暇回來、催去內助、家中人少、走不開、遲遲至此、姑丈已納妾、所以急去、軍門已調河口、租屋極省、朱家姑母接近也、秋深、朱先生遇到蘇州木瀆某、以薦學生爲名、屢次往來、豈知倒脫靴之流、騙去數百元、頗悔悵、我等、得到、經歷、本年店中生意略忙、年中有薄餘、學生添一、經姓名錫疇、惟不肯多做事、記帳、結帳、一切、由余、所理、二位先生、三個學生、意謂樂得寫意、其實、余之一、生、事、業、得力、在、此、時、每日、收入、支出、一望而知、一年、營業、稍有、成、見後、做、廣生、即此、辦、法、年底、送、我、押、歲、錢、四、元、以此、買、鞋、襪、帽、子、尚有、餘、每月、月規仍然足用、早晨吃粥不飽、不時更買粢飯團三文、或二人五文、莊招、單仍、是、我、寫因平日至晚不輟也、學生、推余、領、袖、先生、亦、無、間言、但聞、俱、評、此、生、學、得、出、是年秋間、兄已學滿、轉入生泰蓉、爲先生、專理無錫江陰宜興匯兌、父親又館三水河口朱仲甫二次到差、本連一年、後調蘆苞一年、又北海鹽厘、父親均同往、

光緒十八年壬辰十八歲、　是時每日照常學業、更加努力、全店、各、事、均、學、之、銀洋、帳目、結帳、月、盤、皆學、理、朱先生每日出外、內事毋勞顧矣、每與友、言、此生、可、做、事、惜小錢莊無由發展、接父親信、已調往後瀝厘務、春末、店中被賊挖洞、偷去三百餘元、賊由巡捕捉到栦號門口、尚言、得此區區、而被捉、到、犯罪、眞不合算、族人榮子文葆泰石軒等均見、子文兄每月必見一二次、和藹可親、問問大略、路過張元與晤、族人也、兄在生泰蓉、時生意頗忙、匯兌不少、是年鄉試、仲甫之弟季新過滬、試後未中回粵、子文兄與兄及余請于德源館送行、講講商情、頗合彼意、到粵

與父親見時、承贊許、二子、學、商情、形、朱世丈即云可招一人來、云大子有業不能走、次子學業已滿、容便帶來可也、不過緩和語、當云不及、去電招來、可以幫理帳房、令彼學學、乃時十月初接電、即來粵就事、正歡喜已可赴粵做事、到各族人往來處及同事執事朱先生等、皆知去粵、不料接到詳示、云切不可來粵、厘務、非、少年、商人、可做、往來、不便、獨身、不合、帶眷、更、不、上、算、年底父回申、另想別業、去電因太尊面說、以此示、爲準、因爾、志、尙、住宜、求實、事也、先有稟上、八月底滿三年學業已畢、如在原店、出俸微末、如何、更調、請父親託友、因知周舜卿等、皆當年同學友也、並有少年、宜竭力、做事、方得老、來、豐衣、此語、父、親、頗、嘉納、明年兄結婚、父親云回里、何時未定、余出外三年餘、決定先回家、於十二月初一趁小胖官船、是夜開行、明日早晨至崐山、大河全凍、積船數百號、是年天氣之冷、爲數十年所未有、冰厚三四寸、至十一日東南風大作、一路順風、晚間抵家、母親一見頗喜、見身材已長、非三年前之孩氣矣、各處親族均往候候、不覺十餘天、父親與兄均回家、盛贊月泉兄、因同船而知、由台灣電報局調鎭江、斯時初次晤面、相敘之餘、與普通商人不同、過年後即數年未見、因各自出門也、

光緒十九年癸巳十九歲、　正月十一、兄娶親、嫂陳氏來歸、各事匆匆、父親與我先回申、住泰安棧、斯時晤到沈淇泉進士、明年補殿試、點翰林、往來都頌爲人才、朱世丈有妾在滬、來信順便帶之回粵、妾名花月舫、本花月中人、候其了理屑事、即坐廣利輪、二月半開、十八過汕頭、上岸遊覽、天熱、與上海、不同、買潮扇、夏布、橘子、十文六只、每斤十四文、扇子二三角、牙柄細極、彼時物價至賤、十九到香港、初見之、如到外國、滿山燈火、可觀者惟三條馬路、名上環中環下環、已有上山、吊車、公園以西、一片荒山、對面九龍、人亦極少、祇划船來往、夜間出外、必執燈籠、路不拾、遺、當晚即開、明廿一晨、抵省城沙面、招商碼頭下駁、即至靖海門香港鴻安分棧住一日、有河口解餉船來、廿二開、即抵三水河口、見姑丈姑母王軍門朱姑母諸人、明日見朱世丈仲甫、即出派事單、派在、幫帳、房、即見帳房程贊甫、蘇州人、粵

省候補府經歷、爲人和悅、派余、爲按、號、錄、底、收入、結數、存庫、單、等、事、閒下仍學字、看尺、牘、父親云、宜看曾文正家書、後看、曾、公、大、事、紀、是時荔枝甚佳、每日買吃、或人送、我發出痔瘡數十年來未愈、河口爲外省大差、每日、收入、六七百兩、十天一、解、各委員每月薪卅一兩八錢、總辦一百兩、會辦知縣班每月一百元、其餘職員十餘元不等、余則、每、月、廿、元、加餘、費、二、元、其實伙食歸局中所開也、一學生忽就此職、心中甚快、如此做去、不難做官同事及外人來往均稱師爺、商人眼光、看之頗覺可笑、七月廣東鄉試、正副考官到省、正爲南京人顧璜、副爲蘇州人吳郁生、吳知程贊甫在河口、即亟招爲內帳房、即將、河口、帳、席、託、余代、理、並不請代、以省費用、明知可以代理、並向、朱、世、丈、說、明、可、靠、即告假而去、余即小心翼翼、收入解出、每旬旬結、每月月結、報告尚無貽誤、至九月出榜、康有、爲第、八、名、即吳、所、取、送對、請客、收入程儀等頗忙、買去端硯數箱、爲送京官之預備、回京復命、程君亦回廠、代勞數月、送我、吳、對、一副、實監生、照、一張、實不敢受、亦不能却、送還捐費、後爲

捐官之基本、是年父親四十五歲、命書載子入泮池、納一監、即算驗矣、同鄉人同事者、候晉三、鄒姓、廖姓、周姓、蘇州太倉均有、委員各省均有、兼有升官者、年輕辦事祇余一人、後有杭州人某、年十八、爲太倉胡也松之壻、就親來也、是年收數長、留辦一年、

光緒二十年甲午廿歲、　父親接辦三水差已三次、總辦心信、三江來去商船人氏、遇困難、懇爲轉請解厄、名譽頗利人口、各分局遇有訐告、時去查理、秉公處之、所以朱世丈遇事詢問、商民悅服、連差之久所由來也、斯時總督李瀚章、善後局多蘇人、信息靈通、招呼亦有、辦事率眞、收數不減、是年恩科會試、會元邑人陶世鳳、狀元南通張謇、江衡沈衛均成翰林、粵中遇會場、公然買闈姓頗盛、四月中日、因高麗釜山之爭、鬧成戰事、清軍節節敗退至奉天、李鴻章至日請和、議成、賠款兩、萬、萬、兩、三年、還、清國中好氣象、至此一變、是時公車上書、領銜、康有、爲、是科中進、士、士人、目、爲、新、派、次年由英法美俄出任調解、將台、灣、割、讓、換回、奉天、半、省、貼

銀、三、千、萬、兩、後來四國各予酬謝、又起糾紛、釀成、日、俄、之、戰、夏間得家信、母親爲余決定十二月廿四完婚、可作准備回家、在局每日看書寫字、學寫信、並時請業文字於台州貢生黃君、從朱一新太史學也、然讀書不多、根底薄、得益無多、心存捐、官、嘗看、政、書、官、階、升、轉、等、書、閱、綱、鑑、易、知、錄、對詩韻無進境、寫信重實言、因看、曾、文、正、家、書、故、也、本年土產豐富、夏秋收數甚旺、月月逾額、九月底已知有聯差希望、至十月知再聯差一年、爲三年、甚少見、至十一月預備回錫、同事有送禮者、十二月初動身到省、住靖海門鴻安棧、候招商局船來、初八上船、十二到申、住泰安棧、至南市望兄、但見門已閉、問看門者、云號已倒閉、因戰事、天津貨失、利頗巨、無法、維、持、所有先生均已回去、即趁信船回家、不數日吉期已屆、頗熱鬧、前三朝至廿五、天天請客、家中上年已建新屋、新房在新屋之中、尚整齊、戌時花轎抵門、大放炮竹、約有半時之久、錫人未見過、參拜天地老式、非今日之簡單、次日廟見團圓後、做女壻稍晚、約在七時、見禮已畢、坐席而陪者嫌晚、風聞微議、岳母則甚

喜、見女壻非鄉人氣概、亦識人、知必佳壻也、喜事了、有族人藉前售產魚池貼絕、似覺惡習、得族人勸、出錢而去、是年、廣、植、桑、兄因號閉無事、俟號事了、方去申、

光緒廿一年乙未廿一歲、　正月至岳家拜年、以姪榮芳作陪、口齒尚清、正月底辭行、二月初隨父親往申、父親拍照帶粵、送給姑母、二月初八、坐招商局富順輪去粵、在香港上岸、去見族人銘三之父、在唐晉記坐莊、陪往各處遊覽一周、到省仍住原處、坐小輪回總局、姑母等均見過、局中如常、仍在幫帳、程君已有府經歷署缺希望、不久署廣府經歷、帳房事未辭、樂得拿薪水也、四月中有舊同事全君、彼爲委員、辦事官、後調廣西邊防蘇元春督辦部下、是年値三年有保舉、所以樂去、有信、託、我、代、辦、白、蠟、桿、五、百、枝、作、槍、用、即、函、申、友、代、辦、轉、河、口、到、廣、西、交清後全君問我開履歷三代、我不知何事、後保、送、外、獎、六品、軍、功、此時、專、看、大事、記大清、律、刑、律、洗、冤、錄、秋、水、軒、尺、牘、無、進、境、是時姑丈已捐巡檢、到省、姑母及朱家姑母、均設法命我亦捐、從九、需款二百餘、而告明父親、說年輕人終要有點小功名、

希望升階、若做師爺、無大生色、父親回戒不可、小官、得贇、不正、不堪、供父、母、大官、無、本事、做如得七品以上之官、亦好、甚不容易、因七品、正、印、即是、知縣、既無、本事、亦不、易、得、也、即中、止、以後報捐、由州判起、加布經歷銜、五月大發水、一夜漲三丈外、辦事均在船上、余獨住一艘、帳房船共有船七八號聯住、在基圍沿邊上下、同事丁步春、在烏石港分局辦事、分局長何敬輿、有一晚、洋燈忽滅、丁君大喊有盜、驚得滿船人出來、查問之、再云是仇人謀殺、何分局長一一查問、均無其事、連二三日、即帶丁君到總局回總辦、總辦面諭、送到帳房船上、因是同鄉也、見余頓亟言求救、長跪不起、說有冤家尋他、已被尋到、決不肯放鬆、倘允保護、鬼六個可不來、余姑允之、以安其心、明知發癡、可望心清、在船數日、離我鬼即來、迷、連日如此、有同鄉周禹臣、自問倘空、即代陪之、不料鬼即來、聲言爾曰過傷彼六命、非討命不可、已上訴、允准、前來捉人、丁再三求饒、不允、要將丁沉入海中、尸不還鄉、爲報復、余言既然如此、何不在錫報復、丁曰云、當時尚未訴准耳、余却不勝其煩、父親往分局查事、姑丈在局、商量之餘、決定送他回申、俟解餉輪開趁去、如此一決定、彼即頭頭是道、收拾行李、與人敘談、一如往日、人問日前何以如此、答云實因思鄉故也、付與船費、由阿春送去、到省住鴻安棧聯號、香港同有棧、主其事者潘子驤、江陰人、粵候補巡檢、曾當差及補過缺、閒時在棧作寓、所以去信託彼到港招呼、隨人送彼上船、渠即回阿春勿必去、答伊票已買、答即退去、出一元酒資、並云謝謝主人、阿春回棧、未及到三水、即有香港來電、丁步春晚飯後、不知去向、必跳海而死、尸無蹤跡、行李寄港、電其子到港了理、尋尸無着回申、後來全局即何君亦相信怨鬼討命、秋令水退回局、稅收不旺、父親時出分局查理緣由、至深秋、因受水土不佳、胃口時減、不肯服藥、余吃黃膳中毒、嘴上生一硬塊、同父親往小塘看病、醫名黃赤、名醫也、因他成市、色色皆有、看後服藥稍好、余立消除、欲再去、父親不肯再看、十月後知難再聯差、因已三年、且收數勉強上比較、至十一月無明文、且無調在何處、決定回錫過年、候信再定、十二月初動身回錫、初十到家、闔家

甚歡、惟見父親有病容、述明在粵服藥經過、必須再治、即往張聿青名醫處診治、據云、患、黃丹、因服污水、起病、定心服十餘帖、依言服數帖稍好、即停止、後又去複診、仍以前言再服、然胃口不起、心常憂之、廿日後住城、一日因有龐姓房屋、租與元大開設米行、典與我家二千文、後來贖去、父親仍請張醫服藥、不數日過年、

光緒廿二年丙申廿二歲　正月初、侍父至馬御醫培之處看病、所言與張聿青相同、惟言不可輕視、認眞吃藥二三次、與言和藹可親、然看病人每次坐滿門庭若市、氣概闊大、門生開方數人、望之極羨、與言欲入門學醫、彼云、須有初等根底、允爲收銀、必須醫宗、必讀、能背誦、粗通醫理、方可收入門下、馬君既允、並指點方針、回家、即買醫宗必讀、及藥書數部、閉門誦讀、預備專心學醫、不作出門就館想、矣、父親過月半、與兄同赴申地、代兄覓事、至申南市、遇友敘談及兄、友均言開設錢莊、於鴻昇碼頭看就、房屋合成、股分三千元、自出一半、招入一半、取名廣生、父調排舒齊、即回錫、兄在申裝修佈置、請人辦事等事、父親回來一再說、既已開設錢莊、兄弟合力、内外同做、不必學醫、醫亦不容易、未必能成、成亦要到中年、不若開店容易發展、引老友周、舜卿、祝、蘭舫、唐、晉齋、楊、珍珊等、得意於商業者、爲證、至二月初、決計去申、仍就所學本業、兄爲經理、余管正帳、尚能勉力做去、二月初八開市、頗熱鬧、收入匯款、每日數千、無錫匯出、託怡昌代收解、不放心、決計設分莊於、錫、派余爲經理、即回錫佈置、如此往來均妥、兼營江陰、宜興、等匯兌、是時三月底回家、見父親病日深、胃口不佳、非香燥不能吃、面黃心憂、仍服馬君之方、每至鄉、父嘗講、治家立身、有餘顧族、及鄉、如有能力、即盡力社會、以一身之餘、即顧一家、一家之餘顧一族、一鄉推而一縣、一府、皆所應爲、並常看曾文正政書、研求國文、俾得應用、每日寫字、以求通體、於是閑時即以父訓爲守、留心講解之師友人即以萬青選先生推薦、因來去無館地可坐、後陳君云、趙藝經先生、即在西鄰、講古文、改文字、頗好、即去投門生帖、去講、講大略不一二月、斯時父病日重、延醫服藥、心緒日紛、不能如期去學矣、五月後、母親云備後事沖喜、至六月初、更重不起

垛、所言皆後事、並極寬心慰兒等、坟事、亦、詳、言、形式、註、在、卦、簿、囑、兒、去、尋、自、得、余之學、地理、即基於此、父親專心學易及奇門卦、頗靈驗、註有書爲人所卜皆驗、自卜廣生創業、建屋坟地、亦驗、後請馬培之到鄉、診之、云舌潤津回、方可延長、否則備後事、不必再請矣、延至、六月、十一日、已、時、去世、如火之一熄、不覺所苦、但云到宜興去矣、後扶乩亦云已投生宜興南鄉、喪葬盡禮、即請、風鑑、照卦、上、形、式、四出、託、熟、山、灣、地方、者、覓之、兄去申理店事、余近家料理一切、閒空即至山中覓地、所請先生七八人之多、皆各執一說、不能決定、因想照此非自作主張、自覓卦註之地不可、先從、借書、看、至借、不、到、時、自買、幾種、朝夜、看之、至附近、各山、看、地、專、心、學、習、並、請、熟、於此者、講解、後買一地、復看不合而廢、是年店中營業尚順、謹愼小心、至年除開辦開支外、無甚餘利、父親去世、老成有言、余兄弟年輕、恐難久持、信用不足、有防余兄弟者、因而格外小心、開支省儉、作事穩重、日久即無邪言矣、十月初四辰時、生一女、名素蓉、後適李國偉、皋秀子、世讀書、唐山大學土木科畢業、後

專事實業、

光緒廿三年丁酉廿三歲、　店中營業如常、空暇即往山中、習以爲常、看地理、書、人、子、須、知、地理、辨正、一貫、堪輿、地理、大成、等看書已多、略有主張、非得如卦之地不可、朱仲甫丈專人來信、已知父已故、自創業、不能出外就館、但云如果在家有暇、仍到粵就館可也、答云葬事未了、店中無暇、日後如有可行、再至前效勞、余月薪八、元、有田產收入、一家、足用、秋間、在大池灣買張姓地、做好未用、姑母由粵回家、住數月而去、余送至申、住店中候輪、坐富順輪、有熟茶房招呼也、店中匯利日好、已推、至、常熟、常州、溧陽、收下匯款、不輕放出、占利無多、平穩過去、至年結餘無多、余分得酬勞、卅元、無錫各往來日熟、各有盈利、提出善舉、託余、代、爲分送、鄉人、除、夕、米、余不、肯、多取、祗數十元、沿路、聽、苦者、送之、是爲代勞、善舉、之、始、下年習以爲常、有善、舉基金之、莊、以怡、昌、爲多、上始相沿已久、存此心者、皆有厚望、沈舫齋、趙蓴齋、趙梧軒、蔣潤之、單蓉坡等、均專心善舉者、

光緒廿四年戊戌廿四歲、　店中營業如常、看書尋地、格外認眞、時閱、報、聞、行、新、政、後康、梁、逃、海、外、當日心竊憂之、恐生大亂、忠心者緣誤會而致殺身、可歎、族伯靄亭管南保康時、請父親卜、稱靈、久無人卜、聞新到有沈君、卜極精、可去試之、即往將父卜未解者請解之、彼閱卦云、爲地事、爻未動地未見、今已夏至、交秋即見、不去亦能自來、尋亦無益、不如守過夏爲自然、於是信之、不出尋地、但看書、專心、劃、兌、等、事、接粵姑母信、云王青山軍門近奉總督委爲韶關總兵、不日前往接任、問余肯去幫理帳務否、事爲隣居族叔培林所聞、云你無暇、薦我去代之可乎、我想薦去必收錄、先復姑母、云父之葬事未了、決難出門任事、茲可否代薦一位、暨、來信允之、即要往粵、六月底、培林叔約余同往坟上、作別去之意、隔日晚、路過西橫山陳姓坟旁、出來一隻虎、被我捉住、見其氣息喘喘、醒是一夢、次日飯後同往、路過該處、心中好笑、意爲先夢今破也、立定一看、見塘中有梗、自舜歌山前而來、力量不小、穿田過埂、眞是到頭、彼處本有記虎向右、與夢相合、一路、跟蹤、至山、後、

自上、而下、細看、無、誤、再至、地上、見一、圓墩、比前、後、高起、數寸、稻葉、色、亦、不同、立墩邊正看之時、來一女人、問之姓楊、男人已故、問他肯脫否、彼云可、問價幾何、云每畝廿五元、明日立契成交、余回家甚快、明日楊女未來、知已變卦、回至、店中、仍看、書、至、深晚、而睡、三更復夢、走路往明陽觀前、有二人云、某地已成、後人問何價、前人云每磅卅五元、即要過磅矣、余醒而思之、決是每畝之數、午後直走西橫山、楊女正出來、問前日爲何不來、渠云討價太小、必要每畝卅五元、方肯做契、余即允許、明日到街做字、二畝地、共價七十元、加費七元、成交、方知地有緣分、此地爲吾祠產、因地高常荒、售與楊姓、不十年而歸余購得、田有稻、九月中請周子貞地師選吉、十月安葬、穴則由余自定、在稻田時已看定、不可更改、後開見不差、三沙三、土、形同、山地、向爲、壬丙、兼亥、己三、分面朝、橫山周地師頗得意、謂坎癸騰騰入亥、乾、丙向、夾、蛇、扦、著紫、着緋、并着綠、寅甲、水來、逐一一、皆合、長生、法、葬事既畢、即滿服、除孝服、兄亦回申、店事照常、粵姑丈來信、招余去粵、不說何事、時已年底、未空、

卽去答云、家事雖妥置、店事無暇、春間抽空來前、然連來數信、因姑丈繼母王氏故後、其弟竹軒忘未報丁憂、姑母在粵、已報丁憂、無從由原籍起服、所得頂補順安司、無法到任、對外不敢聲張、招余代辦起服、余不知內容、信上又不說明、所以在錫遲遲不去、猜不出何事、亦不想出外就館耳、過年如前、並代人送除夕米票、年底店中無甚盈餘、辛俸仍八元、酬勞卅元、一年用之有餘、所以安心也、廣生開已三年、無餘派帳、計算亦不虧、有三股東不願再做、將原本各五百元拆去、如此祇存一半、歸吾兄弟獨開、外面不知、亦無變動、余反爲專心、料必做得好也、九月初八晚、二女菊仙生、母親已望孫、見是女頗不樂、後改名覺仙、適將濬卿早卒、有一子名新一、一女名淑英、仲懷四子、祖靄士世家也、

光緒廿五年己亥廿五歲　店事如前、營業尚佳、自己要赴粵、調張祥增先生卽二姑夫接替、助理李伯萱、已熟習、可放心、二月初由申去粵、坐廣利到粵、姑丈望眼將穿、說明大概、卽寫信張姑丈、轉問曹竹軒、由李伯萱代問裴姓吏房、杳無其事、無由起服、竹村姑丈並託粵藩房設法、亦無方法、祇可補報及起服並行之一法、必須余回錫面託熟人、自己去投、可無延誤、姑丈甚喜、快去快辦、否則順安司被人補去可惜、如挨後補缺、則爲肇慶屬西山司、大不如此缺也、數次過省城、並未游、此次住姑母處、如觀音山、六榕寺、雙門底、濠盤街、將軍府、均去、方知省城之大、爲各省冠、候船卽行、至申已四月初、到錫至裴姓吏房、託爲照辦、送伊費用、不料此人口是心非、遲遲不辦、去數次方辦出、粵信連來、復去後屢來怨言、怪我不出力、悶氣吞聲、無從發火、致生鬱火痰、一面延張亮生診治、一面託友向常州吏房關切、來信云非親自來不可、轉託熟常州往來之西門外荳行、亦如此說、卽趁班船去、住荳行、將公文面交、講好費用交清、住三天、如期辦好、將公文交我帶回、可稱迅速、一面在各地游覽、至天寧寺等處、初次到、並買木梳等回家、再至蘇州、由錫往來素熟之趙蓴齋、介紹藩房馬釆山、坐蘇州信船、族人春福伯、晚卽住在船上、不料馬君往申、由其子出來接談甚洽、彼云將公事掉在他處、決定照辦、與

言要幾日、彼云、決趕快辦完寄去、約須十餘天、因非彼自辦、房科終如此、需費幾何、彼云不必客氣、我處無需、代辦者代付、付入怡昌往來可也、辭出、坐原船回錫、守十餘日、果得信、已寄粵、約半月、粵中必有回音、將此函姑丈、然等人心焦、來信言太遲誤事矣、至六月初來信、已到粵藩房、准其起服、事已辦妥、仍不討好、順安司已被人補去、不及矣、且候下年補西山司、如期補到、做一年餘、無好處、求交卸、此時、巡撫岑春萱、人人自危、故也、此事辦完、安心調治、夢一良方、服十餘次而愈、母親等均不允、卽去粵、仍做本業、張姑丈已回申、自己經理、伯萱幫理、又添顯榮走莊、生意不減、此時、行新銀元、內地押用、每千搭廿元、後爲通律、三七搭匯款、申出匯大、錫補匯小、日有盈餘、本可不想出外、自春去粵後、朱太尊已知、後已回錫、卽關照如來可有事、至八月未見去、卽有信託族兄轉致、快來有後瀝正帳希望、看店事、可放心、九月中、決定再去、在赴粵坐船時、見三僧、皆大寺之方丈、有鼎湖山、方丈小巔、晚年出家、不吃素、住鄰房、能看相及禪語、謂余不宜仕、不宜讀書、將來、可得異路、余問何者爲妙、他云、儒、釋、道、農、工、商、均妙、但要、一心、不二、二十二年、悟道、精深、余後方知有理、廿日後到粵、將起服一一面告姑丈、云萬事有定數、我之官運不佳、被家中誤事也、你此時來甚好、太尊現在後瀝、不日到省、有調省河補抽之說、全省第一差使、現辦王觀察子展、與藩台不協、互控總督譚公、已奏參革職、不日有明文、交卸在卽、數日果掛牌、定日交接、朱仲甫世丈已到省、往公館見面、述家事店事葬事、彼云望你來管補抽帳務、十月初一接任、廿九日卅日去接洽交替手續及帳册、廿九日去見前帳房張君、人皆呼大仙、天天吃酒故也、人極和氣、云我在辦交卸、至卅午後可來點收、問帳房熟手留否、答云未知總辦尚未派人、見單方知、大約必留銀房數人也、龍胡二人卽來敍談、知我是接張君手、可望與總辦前說話、至時往接收帳册捐票、同去各房辦事官各收所管文册、將晚往見總辦、說明接收大概、彼將派各房執事單、問到銀房如何、當說龍胡尚好、可連下以資熟手、允可、當晚發出名單、明日接事、照常收稅、余爲總帳房、黃少卿副

之、在河口老同事也、姑丈爲辦事官、世交厲友梅亦同、熟人不多、此補抽稅局、比較每年四十八萬兩、帶收台炮費、四萬收費、報銷四萬八千、總辦月俸一百兩、每年有四萬元、爲全省第一差使、頗欣慕之、因做錢莊、一年賺幾萬、不易得也、即慕做官好、至十一月、即報捐布政使經歷六品虛銜、同事云、捐實官好、余云、日後望得保舉、接辦後、每日收稅甚旺、十日一解、平日交與票號收存、往來源豐潤百川通蔚豐厚等、每月利息二厘至二厘半、月底月結、開列清單、呈報總辦、余每初一、即將結單送交總辦、頗蒙獎語、云如此快、其實宅無他事、寫寫容易、每日閉門、看書、此時所看、轉爲政治之用、寫字大小皆習、立直寫大楷、一百字、將寫、下之、有字、紙、翻轉、作用、省紙、而同事、不見、諸人見余年少擔重任、俸比委員大、尤其如黃君、一事不幫助、看余做得了否、不料輕而且易、始折服、匆匆已至年終、除夕封關、有公館者、皆回去、過年文案等均不在局、至將晚、錄事即書契來、云、榮師爺你曾預備大堂柱對否、即答問文案、彼云此事以前皆由張師爺預先請人寫好、所以無人預備、新年必須更換、如何辦法、余答、去、買、紙、來、自己、寫、快、磨、墨、紙、已、來、墨、已、好、吃、過、除、夕、酒、即、當、衆、將、老、句、照、寫、尚、不、直、同、事、書、契、折、服、焉、

光緒廿六年庚子廿六歲、　新年、總辦以下、皆看過柱對、從此文案全局、皆稍推許、尤其如厲世伯常來談談、云全局以余最佳、初不知何以出此、隔一二月、云你知某某委員否、答伊、常、對、余、看、每月發薪水必來、他云、彼熟悉風鑑、如名、還是相、張撫台而來、四月半又來、余當即請、他、看、相、當允在會客處談談、他說明年得一子、兼升官、云是實官、異路、氣色已露、不是官、不是商、當時、尚無實業、說不出何名、廿五至卅五可露頭角、四十五大佳、名利雙得、爲得意、且有權、高於道府、惟無印、此後一路風光、當日似乎言之過甚、不敢再多問矣、總督譚爲左參、先調岑去後調譚、來者李鴻章、袁大化調來專辦礦務、隨員江陰程筱榮住小直街都司衙門內、時時往來、云即開辦建縣涌流金礦、約余去辦事、有保舉、此時北方拳匪已起、事南方三督共商東南保境、立約劉坤一、張之洞均允、不一月、聯軍開到、裕祿無

樂農自訂行年紀事　十七

法應付李鴻章、五月十七、調北洋、袁大化同去、自此專心在做一新事業上着想、各種已有事業、無一不想、改看事業雜誌、美十大富豪傳、均看過、常到書店、選事業、可觀之書、當時全國一片戰訊、北方開戰不利、家中天天來信、催余回家、余看前途希望、回申爲妙、且稅務有七十二行商包辦之說、萬一香港牽動、要走不易、私心決定回申、即在總辦前請假一月、由鄒君代理、六月十七坐鯉門船至香港、停五日、天天到皇后大道九龍碼頭等遊覽、至廿三得申電、申安可行、廿六到申、海上風平浪靜、爲從來所未見、至店見兄頗欣悅、並道匯款起色、利益尚佳、還是做、已業、爲是、住數日、即回錫、至七月初十假期已近、得粵信、商包每年四百萬兩已定、卸事已近、勿必來、總辦在八月卸事後、亦要回蘇矣、此時北方聯軍戰事已破天津、兩宮西狩、逃先至山西、後至陝西、滬上風聲鶴唳、一日數驚、商人逃入內地者已十之七、余自南市走至北市大馬路、由大東門回店、未遇一西人、亦無着長衫之國人、市上閉門者十之六七、地價物價大跌、惟小麥、裝北洋、頗好、內地到申、不少匯款甚繁、日有五千以上、占利亦優、日有二百元、心中甚暢、想從此餘利、可向自營實業上注意、各業均平淡、惟麵粉廠增裕阜豐反好、如此看到小麥來源、粉廠去路、粉是無捐稅之貨、大可仿製、正想着、尚無同意者、因南北商人除舊有事業、競競業業外、別無新的思想、余自十九歲至粵、至本年遲港、來來往往、曾見興新業而占大利者已不少、如太古糖廠、業廣地產、火柴製罐食品、電燈自來水、礦業等等、頗欣慕、在粵補抽曾管二百零四種稅、至申照收稅各貨、大都探問、營運狀況、如仿做不外吃着兩門、爲最妥、時朱世丈八月初十到申、即去見敘談粵稅商包經過、並云決不持久、商人做貨則可、若包收稅則難辦、缺保護力也、並問余兄弟事業如何、回答信用尚好、匯款有利、刻正在想做新事業、大先生和卿亦正做毛巾等、惜太小不能擴大、如從食與衣着手較佳、彼云我從事政界數十年、看去乏味、爾兄弟從事商業甚好、余亦欲作實利事業、你看何事最好、答云近日正在考查製粉、聞已成之廠頗得利、仿之不難、彼云、有幾處、答云四家、天津貽

樂農自訂行年紀事　十八

來謀蕪湖益新上海美商增裕本商阜豐問去看過否答尚未如果決辦要去看
看他云正合我意在粵時知無稅者祇此一物載在洋人條約若仿製風行全國
必爽快你我決合辦我答祇可彼此合力分頭招股彼云甚好刻下要將全脊送
蘇再出來詳談我答如要詳談來信約之我到蘇便不數日有信招余去蘇談談
余已知談粉廠事即往增裕參觀請對隣米行經理袁葆生寫介紹信袁君後來
亦開粉廠即與顧馨一合做頗得利余持信至廠四周看過皆在樓下上樓軋粉
間不許看洋人關照至此而止想至阜豐閘從不允參觀訪問天津蕪湖均不知
詳細大約造本三四萬託瑞生洋行尤葛民同鄉介紹初次見甚和藹問爲何事
答有人要問製粉事貴行能知詳細否彼云大班事事可做惟粉機不甚熟大約
美機四百筒十餘萬半數起碼七八萬英機與法磨合用三百包起碼不滿二萬
問有無樣本云無本行大小定貨皆做如確有意請來訂購可也廿日後去蘇早
晨在渡僧橋茶館吃早茶點來一相面人滔滔不絕即與談相彼云不是恭維先
生異路紋已現必定恭喜大有進步必是大富之局也心喜而不問要錢多少與
二角而去隨即進城至大太平巷先見和卿並看代辦之毛巾機正在提花出品
尚好云家父此刻有客少待客即盧少棠也約合資開裕大錢莊未入股僅存款
不多此莊後發達而倒閉不半時送客去問幾時來答昨由申來粉事曾調查否
答如上述之大略彼云大機器無此財力招股不易且從三百包入手集股三萬
元各認一半或自出或招來即此定局我任立案爾任購地決在產麥之區設廠
如無錫可也余辭出即回錫函申商兄同意回信允做惟祇允各入三千元餘下
招股九千在錫熟友問問並各處看地先在北塘即後九豐身下一帶後至車站
貨站一帶均不合意後看西門太保墩最佳繪圖寄蘇說明河道地名太保墩云
議定招股各半出資人未全定大約股名爲朱大興伍永茂取廠名保興具呈立
案蘇省設立商務局局長吳碩卿與朱世丈爲粵省老同寅竭力幫助詳呈督撫
奏明辦理得到專利十年此時十月間地已看定立案未定未立契防不成至此

放心即將附近各地一一講好低田每畝六十元高田一百元十二月初一寫契
共成十七畝中人同族桂馨叔船廠孫金福後來族人桂馨後輩及孫氏入廠成
業者亦有數人是日立契完畢坐船回家至仙蠡墩狂風忽起不能行船上岸走
回家已半夜似爲建築起風潮之兆不幾時過年店中年結餘四千九百兩爲歷
年所無餘利即入股爲投資實業之起點姑丈已補西山司全家到任來信不甚
順手拳亂已平聯軍占北京
光緒廿七年辛丑二十七歲　和約成賠款四萬萬兩四先令結金磅四厘息四
十年分還十一國公分並允擴充租界後美國首先退還用於留學生最後除日
本外均退還余後曾條陳政府集萬金請郭秉文李石曾至英法各國請還賠款
竟告成功店事照常利益仍佳四月生一子闔家歡然取名清和以大局已和而
生於四月也詎至八月病誤於醫九月殤母親興致大壞飲食亦減元氣大傷痛
心事也正月招股族兄秉之一早到家云鬮老弟在西門開設麵粉廠將來必定
興旺問大略及每股如何情形即要搭一股三千元城中零星亦已有兩股至此
完全爲半數此君爲人精明瞭亮惟目有疾失明而心實明白廿二年時爲合股
公鼎昌繭行父親搭入是年虧本余墊款由彼擔保有保信至虧蝕後不允淸還
交涉數月至請出族長小長輩公評被余駁之再三允爲照付當日即云老弟今
日請大家論論吾實被累不能放在心上一笑而散吾今日頗樂意族中已出人
才吾族是必大興族事頗多弟年富力強常來談談有可興之事仍當合辦我之
前途爲目力所阻也此後逢人宣揚熙泰叔有二子余時去講講大局族事頗爲
知己錫購地事招股事蘇立案事均妥即去蘇報告一切至申定機事由兄開始
問價及裝船交貨引擎馬力六十匹磨子四部法國鍊石做成麥篩三道粉篩二
道簡單之極世丈亦去申將以上一切手續說明蘇股亦招齊要者尚多加出三
股爲十三股簽字定單由朱世丈經手完畢回蘇余亦回錫料理建築及租賃事
務所廠房由洋行繪圖公事房由和卿與余酌定作頭樂如記爲周舜卿君所薦

適承建南洋大學校舍完畢，把作趙桂林二月初八破土，整理基地正式動工。閱動全縣地保潘阿昌在正月來云，榮先生曾否到圖董江先生處講講，興辦大略，余因各事佈置諸務冗集忘却前去，已二月初矣。前途以爲有意不顧地方人情，心中不快，即與朱某商量辦法。朱云如此我去告訴彼相知某某等云西門外有鄉人榮某要造磨麵廠，規模極大，曾有所聞否。云皆未知。時正在作葉子戲，有看夢者某云究是何處人。云是榮巷某云，我對榮氏熟人頗多，不知此人，想是商人。當時重仕宦而輕商人也。某某云如何對付。朱云有辦法，祇要如此如此，即妙。大家附和，即由看夢人起稿呈縣。不數日接到諭單，知已有紳士告廠，即派人抄稟底，知某某等具名，謂擅將公田民地圈入界內，諭令飭地遷移。諭單亦以此爲詞。即連諭單函告朱和卿，彼即來錫面商，答復商得立腳點地上確實有無盜賣等情，在內呼地保並招區書看册，一一查對，並無圈人公地，且無築圍工作，祇在地上堆些黃沙，有破土之形式而已。和卿看此來詞，顯有阻擾之意，商量後即呈商務局，請令縣保護。縣中接到後，知不能由縣擅斷，將案稟上峯核奪，外面均傳麵粉廠由紳士反對，不能成矣。在局股東均來問訊，有楊某入股百分之一，亦來問，並述希望地方興旺之意。即去見楊在學校中，問大略情形，即云如此甚好，吾望邑中煙囪林立，學校林立，如有爲力處，疏解疏解可也。不幾日督批已到，有士爲四民之首，立論尤當持平，煙囪既隔城垣，何謂文風有礙，該商將公田民地圈入界內是否屬實，由地方官查明，秉公辦理。知縣孫襄臣，天津人，舉人出身，爲人尚好，見紳士公呈似有偏見，得此批示，明知半批即親送至具呈人處，欲出來查看。具呈人云待我問問各人再復，即傳問區書，如何即復云公地在附近，則有之，恐不在內。某某即決定和解，雙方面談，即作下台。不數日滿城哄傳某某等得廠方如何如何，對面凌姓有楊姓擬到省候補，缺少盤費，向伊商量。凌云你不會想想法子，如某某等即可行矣，我保你得到。祇要如此可也。即請數十人具名再呈縣長如前再詳，此時知爲意外，性質藉風水爲名。上峯又批下，孫知縣見具名人多

再出諭單，仍以遷移爲詞，公司再呈上峯，一面趕速建築機器，六個月要到，必須早造，不能因阻擾而止。諭單亦不問，縣長來勘，已知不聽，再上詳。六月公事房暨屋六月十六日常州府到場查勘各種建造，已有具體，地方紳士反對依然，於是一再推上峯作主，斯時大水，地場一片是河，外面有訟，內則內人有病，因產後起甚危險。新麥已登場，年歲大熟，每石二元三角左右。蘇秤一百五十斤，工人工錢一百二十文，吃飯每客每日三餐八十五文，圍牆連工料每丈三元，木料廿貫，磚瓦每對搭各一萬廿八元，石灰每擔僅四角八分，黃石每船二三元，點心小吃每件三四文，豆腐每塊一文，百葉二文，菜每斤三四文，其餘可想而知彼時生活程度之廉，由今視之何啻霄壤。廠屋及公事房、廒間、街場、駁岸，一切完工，共費不滿二萬元，機器一切共費二萬三千元，股款三萬九千元，用透支四千元，活動歸經理調度。內人五月起病，至七月險極，幸用參蘇飲轉機及病愈，而濟和又病，至九月殤，大致爲造廠少暇兒病不顧，且時正涉訟，雙方不肯放鬆也。至十月第七次督批漸有勝象，再上一稟聲明廠已造成，機已到齊，正在預備，不日開工，其實大體雖完，內容正在配備，動即經月。各件全無，初用機匠杜姓絲廠做過頭目，粉廠外行，所以滯也。上訴第八批又抄到，云知縣辦理無方，先行摘頂，以觀後效。具呈阻擾人查取職名聽候詳參，着刻日詳復。知縣已去頂往各紳士述明情形，切不可再呈，防有嚴飭也。挽出溫君約余面談此案如何結束。答云我本商人，無涉訟意，朱公亦平直，不欲與地方人士爭意氣，祇因業已成，機已定，難於遷移，以致久延。溫云何勿和解。答云如何和法，廠中祇要不遷移，均可商量。彼云我已明白，如此容易，待我與諸人議一辦法。我等再談，隔一日又來招談，彼云大致辦法，一商定廠中不能將駁岸升出，二煤灰不許抛入河中，三不許高放汽聲，餘無別情，所有普濟堂地一畝永遠出租與廠，租金照常。余云此數節均甚近情，俟我告明總經理，即爲答復。商量之後，即允爲和解，雙方具呈通詳了案，得批註銷完案。二月起至十一月，歷十個月，用去來往舟金抄批等共八百元，可算省矣。凌姓用去八

千元賣去當股了案廠中急速將煙鹵暨起由蘇鐵工廠包做派孫阿虎裝引擎
爐子十二月中試車外國工程師裝引擎忘記中間一節正開動即將汽缸蓋打
一洞大怪杜機匠未早說要換機匠於是招孫阿虎接充工程師自賠翻沙配好
將近一月烟鹵暨出後外邊謠言暨時用童男女祭造方暨得起彼時風氣如此
難怪反對有人也店中匯款仍好至年終餘五千兩信用日好如此連數年均同
和約已成兩宮還都人心大定時適山西災荒政府辦賑余即捐款並由州判報
捐鹽提舉雙月用至加二級請封典二代兄則捐同知銜是年店中同事除原有
吳姓外又來蔡履陶崔儀卿林姓辦麥榮壽昌副之向寶大行辦麥八百石價每
石二元八角五分可見初開時物價之小也
光緒廿八年壬寅二十八歲　三女敏仁生母親頗望孫而失望店中如常廠已
完工修件裝好即試機擇二月初八正式開機是日賀客甚多前所未見知縣孫
襄臣亦到具呈反對者雖和解仍未到孫公頂戴未復後即復還調缺他去每日

用麥一百三四十石每石出粉二包有零每日夜共出粉三百包每石開支四角
袋扯二角粉出後銷路未暢不數日積已數千包拱北樓老吃客皆紳士云機器
麵粉不如土粉不可用各點心店聞風附和而乾麵行攙入土粉內價比土粉還
賤二號售一元四角三號降一角四號再小二角祇一元一角麸皮門口有人要
每擔九角麥二元八角一百四十五斤做一石扯扯無大利約一二角蘇州設批
發處於閶門內大街以朱姓爲經理每日約有五十包去路駁駁費事非改在城
外航船必經之路不可於是尋屋在新民橋東坐南朝北沿河上下便利無錫則
在望湖樓烟台請榮杏生去粉由黄遵卿談二官船裝申租蘇州河福來德隔壁
葉氏產廠雖小佈置不小店中生意頗旺兄添營熟煤未能做好專心粉事王禹
卿在蘇油食鍋店時至廣生談談帶銷麵粉抖銷天津幫時總經理住廠中見營
業並無大利益和卿已故心中無大希望左右亦無實業思想嘗與談論云此廠
與我前途似難發展做慣大差使覺得乏味至年底知廣東厘金包商虧蝕甚巨

不能如期繳餉有收歸官辦之手續同寅屢有信來心已活動似有東山再起之
想九月余至蕪湖益新粉廠參觀總辦章幹臣曾任無爲州知州倦勤而創此廠
據云數年以來無甚盈餘回廠後知廣東已收回厘金藩台瞿公常州人上任曾
到無錫面邀朱世丈本是親戚允爲幫忙瞿到粵連有信來決定去粵廠事擬交
與蘆某接任余即勸以廠中現雖不發展但未成熟日後必佳朱丈微笑而蘆君
尙不肯接任恐有虧空也及至年底結帳存貨一切盤點並無虧折亦無盈餘開
辦費已出淸矣店中生意頗好餘五千有零朱世丈回蘇決託蘆君代理總帳房
黄君鎭江人胸有專營之意謂必須大加更動而不敢明說吞吞吐吐而蘆君與
瑞馨頗熟言保興要改做彼云我有股份可以商量云云是年二月十八日將西
横山父墓改艮坤向九曲水出明堂可望富貴尤多丁後頗應驗未改前有楊君
沈君傳言向不合得周君及其世兄章佩之研究必須改今向
光緒二十九年癸卯二十九歲　四女卓亞生店中照常保興仍開朱未來蘆亦

未來余不明何意即至申與諸人商量前途並至杭參觀官辦粉廠莊得之府班
出身開不久已停約余去看有出租之說看後與保興同是石磨日出三百包地
位不佳後未開成欲順遊西湖天天陰雨住通益公紗廠客房定貨出貨者住滿
總辦高懿誠府班爲人勤儉陪觀全廠余將扼要一一抄入日記爲後來做紗廠
基礎住七日天仍未晴即回申豈知至申即晴回錫後停數日至蘇見朱世丈云
粉廠事我已交蘆君欲將股份出讓廠已停由蘆盤點料理不日往粵汝如亦覺
對此無甚希望仍來粵助我管理可也余未答知蘆君有黄君決無好果至申與
瑞馨相敍渠云祝蘭舫頗有意惟須獨購意謂如何余云祇可獨購他股我榮姓
之股不讓必可發展心存爭氣不爭財與蘆意見相左決收股改做如此祝搭四
千張某某搭四千自己增至二萬有零共爲五萬元將保興股了結原呈人朱大
興伍永茂留茂改新即名茂新余仍爲經理兄爲批發經理張某某爲名譽總經
理三月照常開機黄君自去蔡崔兩君往粵正帳爲張熊占將成之寫信辦麥亦

改張介堂出粉稍改良麥機添一只由韓福記造水洗不用因麥潮出粉軟顧客不樂購余時至申蘭舫先生入股後每遇必講意存造廠後在打米廠旁錫金公所碼頭左首建造華興麵粉公司買英機卅二寸六部十八寸四部每日出粉一千二百包爲滬上第三家茂新自改後每日去路稍爽添一粉篩自做仿造也華興成立後匠頭名黑灰略與講講如何形式做法彼云老闆不許說出亦不肯放人看候有機會領去看看可也麥巳漲至三元外粉一元六角一切物價如前烟台莊收去蘇錫申足以銷完祇望加增出數惟石磨時時要停不能多出粉比人小二角所以難於獲利店中匯款甚好龍洋貼水大也至年餘五千餘兩廠中有開支無餘利但脚地巳堅固矣

光緒三十年甲辰三十歲　是年日俄在吾國東三省大戰結果日勝俄敗東省情形大變粉銷甚好微有餘利店中如前信用更佳因思古人云三十而立吾人須對社會地方稍盡公益義務之責故時至家塾中觀察擬改良教育於是華生先生發起捐款開辦小學共捐年費六百元余兄弟共二百元收款歸余管理此舉瑞興子俊永吉華生均贊成助款吉人先生盡教育籌備義務以椿年先生出名時鄂生叔尚在校中也至明年成立榮氏家塾建築新校舍於祠堂之左有課堂二間及宿舍由瑞興任籌款共爲二千元渠任多數光緒卅二年正式遷入立案時公議改爲公益小學校校額由伊知縣峻齋所書開校且親來道賀教席聘嚴堯卿過永葆等該校至光緒卅四年經費全由余獨任吉人先生爲校長並設女學請施獻臣先生主持是年前出款人均不繼續自生經濟問題無暇及此余因覺鄉中族中不能少且已任扇董面子有關繼續辦理廠中粉銷甚好因日本全國已決定對外忍耐對內從事實業幫助人民經營作經濟戰之決勝英人竭力襄助甚至聯盟十年吾國人民有識者憂時興學變法圖強並請頒定憲法清廷雖允成立諮議局究屬太慢國民主在變新而奮不顧身者不少人民紛紛亦主興實業政府特設農工商部主管之各縣設立商會無錫亦成立周舜卿爲會

長過玉書副之華藝三坐辦蔡緘三庶務余亦爲會員邑中漸呈新氣象周新鎮巳發起創辦絲廠紗廠則巳有楊氏業勤絲紗麵三者均巳具根抵教育尤爲先進士人巳無科舉皆入新學於是至日本英美留學者亦不少回來考試奬給舉人進士當時爲父兄者尚重功名均望子弟轉新科舉爲顯揚而所學以法政爲多轉入西洋有學礦政地學者尚無研究絲紗等實業者是年茂新盈餘無多市價因石磨而小華興阜豐增裕則大爲得利欲去參觀不許多方想法與黑炭說允帶余去看上下各處機器均看明並將要點摘下决心改添鋼磨無奈添本不易自己無此十餘萬之鉅款外招更難卽招到亦無同心可奮鬥者廣生營業如前年終無變更是年族叔祖履吉由山東回錫敍談之下頗蒙奬許知余巳創辦實業云前程不可及彼由刑名出任縣丞歷保至知府先在粵督張之洞幕朱仲甫初次差卽彼保舉余父任磨刀口亦彼所薦歷官三品銜曾任堂邑臨淄等縣及張耀摺奏因脚病回家渠嘗以乃子無能爲嘆以長孫茂忠爲託决就實業余允爲提掖後入茂二至今成立

光緒三十一年乙巳三十一歲　各事如前欲至姜堰麥莊由江陰過八圩港至靖江由陸路坐小車過季家市住乾號往來戶甚客氣一早過黃橋至晚到姜堰和泰祥主人宮聘之秀才而商者也爲人和藹調查麥情二三天往泰州至仙女廟坐小輪到鎭江住客寓遊金山當時尚四面如水與今日不同也坐小輪回廠心中仍要添機斯時粉價利厚而穩石磨粉小難跟決計添鋼磨計劃一切就緒祇無資本二月滬甯鐵路先由蘇通錫試車卽去蘇破天荒招客午飯來去二時至四月滬錫全通卽往申商添機兄早同意其他股東難先說卽向怡和洋行機器房毛祝三看樣本定機買辦祝蘭舫副辦葉慎齋由機器部主任講明三個月交貨十八寸鋸英機六部每日可出粉五百包連石磨可共出八百包購定簽字計銀四千兩余手拿合同蘭舫先生適進機器房云連日來此有何事答云定磨子共幾部云六部其他機如何答云自造彼云自造靠不住要上當如果能造外

國人要回外國去了、好到丟落祇四千兩、余不便再說、因渠亦大股東也、再去買、柚木二根、準備、翻沙、造機、購車、鑽床、回廠、各造、車間、分部、定規、建築、匠亦定、五月初五、擇吉拆卸邊房、接造、三層、樓、排機、間限日完工、粉機、麥機、皆仿造、如限、完工、外國、機、亦到、即裝車至八月、初五、試、好、六日、出粉、並無不妥、每日、八百包、裝申銷、行、甚好、六七月時時至申、七月初七、家瑞興請吃素飯、在北京路壽聖菴做打醮、各人、均到、是年裕大祥初開、興致甚好、上海、已發起、振華、一切、成就、頗羨、之、欲在、錫、再、辦、一、廠、所以起草章程、辦法、招股分擔、用手摺寫好、午刻至菴、衆客已到、余即對衆說、你們、做、紗廠、何不、在、無、錫、彼等云、已成局、如早說、確是內地好、候機會再做可也、余即袖出章程、各人云甚好、決再、做、一、局、照此決定、發起、七人、取名、振新、發起人、即張、石君、葉慎、齋、鮑咸昌、（大豐布號股東早故）家瑞、興、徐子、儀、余兄、弟、共七人、各認、三萬、元、其餘、分、招、限日、截止、定機歸石君、建屋招匠歸瑞興、後包與俞姓、共九、萬、餘元、余任購地、不半、日、成局、當日余興致甚好、兄亦同、廣生生意不差、即提出六萬元、入股、爲各人、三萬七人、招股、至冬、均、齊、惟子儀、招人而湊、滿、余更、招得、三萬、餘、由過君、出面至限截止、豈知未曾滿額、共爲廿七萬、零、八百、元、購地、先將、茂新、餘地、劃與、八、畝、外、四邊、購進、及租者、共爲、廿、八畝、以上、余明年派着監造、是年粉廠新機開後、每日、可、餘、五、百兩、心快異常、並在廠邊建屋四間、出入近便、早起晚歸、祇睡、六、小時、粉廠之外、又添紗廠、倍感忙碌矣、而理想不停、嘗至蘇州購地、預備、造棧、房、及、批發、所、於、錢、萬里、橋、取其、近便、蘇批發經理榮漢卿物色地基、共購四塊、至今存在、錫批發、已任、嚴、少蘭、辦麥、請王禹卿、至、姜堰、蘇申往來極便、想着即去、至年、廣生餘數如上年、茂新、餘、六、萬、六千、兩、除去南順泰倒帳八千兩、瑞興經手放去、實餘、五、萬、八千、兩將添機、一切、費用、出去股份、加足、六萬、元、每股、一、百、元、計、六百、股、廠基、實用至八、萬、兩、常欠莊款、營運在外、然局面已大、流動尚易、股東、亦、分、得、餘、利、余分、得花紅、是年年底、母外症頗重、電兄回家、並禱告延壽五年、服人蔘而輕、請鄧星伯診愈、嫂有孕、明年九月生鴻元、

光緒三十二年丙午三十二歲、 一切事業如上年、振新基地已購好、不日破土、即有當地江姓、出而阻擾起訴、後即和解、友人徐子儀同往蘇游劉園、盛氏購自劉姓也、佈置甚好、至西邊一角更勝、徐問最喜何處、以西園答之、將來、欲、自建、此一、角、至申、住店中、早接家中電報、知生一子、歡喜異常、取名鴻增、回家過三朝請客、母親尤爲欣慰、然連年望孫、身體已弱、是年共添三孫、兄得鴻元鴻三、振新破土、從事建築、茂新銷路平、麥貴、粉平、難於占利、外粉競消、全市、充斥、廣生匯兌略減、新創匯源、格外招徠、我則、因粉廠、並、兼紗廠、人力、稍差、占利、已薄、姜莊已換楊少棠、王君被裕大祥招往天津、浦文汀辦麥、李伯塤專事廣生、余則、專事、兩、廠、春間兼營收繭、年年照常、可得二三千、廠旁屋已拆、母親等均回家住、覺得嫌小、於是、欲造屋購地、於祠、後、因每、至、學校、看後、面、桑田、頗、合、託人向秉之季平商量、讓地二畝、出價一千元、時值百元一畝也、祠中一畝亦讓來、計五百元、子蘭一畝、由兄購下、亦五百元、福田禪院代遷、貼費六百元、於是歸正四方、前讓路、明年春破土、斯時、新學、已成、氣象、甚好、並提、議、新義、莊、亦辦、成、惟余、主、張、以、教、育、爲、主、不以、僅、吃、公、帳、米半、升、爲、然、鰥寡、則、養、之、而衆議不合、余未、加入、個人力、行、以期貫澈、此旨、後來各事、歸根、於此、吉人、叔、則、以、余、言、爲、合、於是、隱、分、兩、派、矣、振新趕速造廠、機器至十月可到、齊、各處工房公事房分批包建、至年而完工、引擎招屠阿大裝紗機由楊春榮沈阿虎劉阿榮裝置、至年均完、惟一切小小應用、隨時添備、費時不少、外國工程師、請張君笠江通譯、張同文館畢業、曾在業勤任事、故亦熟手也、茂新年結無餘、廣生利微、大不如前、而無、錫、西、門、一帶、氣象、大、好、火車旅客、上下不斷、廠中、已、自備、小、火輪、來去、車站、極、快、余下鄉亦時乘焉、族議預備修譜、余亦、任、事、主修、歸族中長輩椿年先生任之、至宣統元年散譜、中多爭執、大都立嗣問題、分別、清楚、比較、上、次、爲、明、瞭、惟對坟墓未列圖爲簡、人士有照像、均加入、余父亦加入、惟照我辦法甚少也、後來二次修譜、余出、力較、多、費全任、主修爲長輩華生、協修爲吉人先生、欲補、前、所、不足、多加、文字、擴充、各、省、支、山東、直隸、山西、湖、

北族人不少曾再三商確於接線有隔膜本藉汲上祠圖均刊入不料辦理未竟吉人先生中途去世嗣於民國廿六年散譜至今想之幸而速完不然經此數年模糊難查欲修不克矣學校學生日多然私塾尚多不去干涉自作主張然有識者均主變計也至後盡入新校十年厘查幾乎普及升中學及大學者不少

光緒三十三年丁未三十三歲　茂新照常廣生亦然振新已建完擇日試車內容爲總管張笠江副經理徐子儀經理張雲伯惟常在申余爲監造至開幕可無事矣正月中坐小輪至玄墓看梅花並看四大柏樹即晚回城二月正式開機一切尚安每日夜出紗廿二三件市價每件一百十二三元合八十七八兩無甚利也是年裕大祥營業闊大紗廠二個粉廠油號保險並專做洋布麵粉各人自做橡皮股票火油股票等余時來去但見人人至觀盛里作方城之戰時商業缺乏研究心中爲憂調度欠公允自搭入股份莊中少流動營業減色匯兌清淡他處比我聯絡也王魁元意見相同自怡和出來時至牛莊天津兼申經理講紗廠別具見解余自來往申錫必敘大局兄自開幕回家及余在家均覺老屋太小共商建屋地已平好欲小小範圍簡便造之然連年爲公興造耳目所及仍然不能過小於三月破土六月十六上樑至年完工共爲十九間外加照牆披屋園牆共用六千元實爲省算振新開業至中秋已欠裕大祥卅餘萬兩葉慎齋爲銀錢董事向外欠來即與石君商量若此情形過年必欠巨款如何結束魁元附之經理在申不管營業副經理讀書不知生意一味扳價請爲主張彼云我當日欲德生擔任均爲瑞興等所阻謂已有粉廠再兼紗廠似乎太重照目下情形以能兼理最好二人至錫說明來由余力辭後來再三說之允助雲伯銷清存貨至年不致欠款明年決不再辦由股東解決諸人均云甚好余即去問事存欠存貨一一查明即招紗號以湯漢章素熟也一日售完二月出清並不虧折坐小輪至太倉花行至橫經許大隆號買籽花五千包售紗一百零五元低價籽花八元八角成紗尚有利也每日詳告總經理頗蒙嘉許並囑將工作整理每日至廠看各部分利弊

得失一一明瞭用花若干出紗若干出數如何可以增加開支如何可以扯輕牌子會好數月做過頗見功效於是各散股略爲安心是年裕大祥各人均營投機名爲獲利實則號中暗虧肩任者均憂之茂新至年無利實則略虧廣生無甚利本少匯清放出無力也兄大做麵粉明賺未結振新總帳在申明年報告虧至五萬餘元家宅完工未遷入以兄無暇過年再定是歲茂新附設美國購來打米機六部兼代人打米至改新麵粉機麥間而拆去售與寶新後頗發展是年曾設立戒烟局戒去不少復吸者亦多

光緒三十四年戊申三十四歲　茂新廣生如常惟均難做美粉競消麥收不佳麥貴粉賤兄做粉暗虧有利粉船沉失抛出粉照交棧底損失結虧由莊款調度裕大祥受總經理及各人支虧營業大虧振新尚好有微利正式任余爲經理人事略有調動總管改吳炳奎張至秋間辭去二月遷入新宅妻孕已過十一月心不安三月瑞興父故三月半開吊天天上城至晚而歸三月十四晚張笠江約同遊惠山晚飯後即走至天明方回人山人海一路看會不易走也天明後回至鄉間家中已知二兒生闔家快樂三朝取名爾根比他兒多二個月四月到申橡皮股票等不佳粉賤並沉失定貨一船兄粉有利變無利抛出追討王禹卿經手致涉訟賠錢母親自生二兒時因走至大廳呼僕人招收生受寒三朝起病延醫調治時好時重余多方請醫無效至六月廿六日已刻去世經此大故天熱各處忙極開喪後余即病危吃西瓜轉機病愈各處尋地預備安葬斯時裕大祥將倒無可挽回茂新遷入南市粉小無利兄虧本約五萬廣生資本牽動余祇得竭力設法此爲入市以來最困難棘手之一次往來均欠需用無着岌岌不保僅眾生仍往來庶康收帳裕大祥倒四十萬重要人均避不出幸余將廣生茂新振新均早安排未曾牽入漩渦然往來戶已皆留手矣八月初兩宮相繼升遐繼嗣宣統市面因時局而大壞黃松年見大局危兀即取款而逸帳房無人王禹卿先生自津收束回申即來幫助王君應付有口才遂任帳房兼消粉頗能協力年終庶康楊

松年專至無錫、討取往來、追索照還、否則作倒、余允照還、至年付伊八千兩、皆取、自己、田單、及蘇州、已購之、單、契、作、押、渠尚不允、經理穆君則頗明達、勸手下人謂彼已誠心將已產出抵、其餘決不妨、稍緩老闆說話、我來對付可也、心感之極、後來心存報答、李裕成亦極心照、至今感之、可見萬事當稍留餘地也、再三計劃、茂新、振、新、照、常廣生匯兌已微、放帳無力、不能顧全、祇可、至、年、收、歇、然十分痛心、因是先父所創也、欠出尚有四萬餘、派人收帳、明年收一年、所入與開支相等、兄弟共商、還是向、賺、的、路、走、專心、兩、廠、從此、發、憤、用、力、茂新將批發處遷至三洋涇橋、裕大祥講帳完結各股東均虧折、張君仍任洋行買辦、兼振新董事、瑞興任豐泰後、仍做投機、至宣統二年再倒、得友助而了、余由此、得、經、歷、一味、顧大局、各事、均、得、分、寸、一一、布、置、過年振新小餘無補、茂新虧少許、連三年共虧二萬餘矣、是年三月、伊峻齋知無錫縣事、照會余任開原扇董、兼任勸學事、公益學校任費諸君、均有事而止、此後、歸、余、獨、任、出力、以、吉、人、先、生、爲、多、競、化、女、校、初、辦、施顯臣爲校長、僅學生三十人、後添、至、四、校、十月間、安葬、先、母、靈、柩、於、大、池、灣、蔡龍山主穴立艮、山、坤、向、兼、丑、未、一、分、是、一、鉗、穴、土見五色、水有三堂、安葬後心中大悅、得一大富地、必有成功之日、三年五載可見、周湘泉分金、春間曾至寗、祈請飭商會將棉花放行、准之、

宣統元年己酉三十五歲、　各方皆呈新氣象、茂新仍開、然股東已有不信此廠能轉機者、將股售出、每股見、低、價、十、餘兩、兄購十、四、股、計二、百、兩、與、王、先、生、各、半、王君、有、股、自、此、時、起、振新申錫股東不和、是年、併、股、歸、錫、負、擔、一面招人接替人事改、動、余、爲、總、理、董事選入俞廷元、鄒務生、唐水臣、兄任、董事、長、批發汪子泉股明齋、茂新遷入錢家衖口、後自置、申錫合力、專心做、尚有微餘、可以支持、然紗、已、好、牌、子、起、色、收花吳昆生、帳房劉綬之、辦料家永達、總管吳炳奎、助帳田少梅、人手一時整齊、茂新辦麥浦文汀、外莊楊少棠、上海公司、帳務榮雪梅、正帳查仲康、協豐收帳後、薦來、振新、錫批發經理汪子泉、走莊殷明齋、批發處在財神衖口、太

倉行何家市辦花榮攸春、查初正帳、橫涇分行、後添陳經橋、查仲康爲經理、南市熟友、（後來皆爲紗粉二廠錄用）丁子錦、榮炳泰、學生爲榮浩泰、王永深、浦志達、等、余每至申、物色、雜誌、樣本、餘暇時、加涉覽、夏間向美商恆豐洋行討樣本、據稱、新、代、理、白、乃、里、司、最、新、式、之、粉、機、要、樣、本、可、送、須緩一二月可來、至秋寄到、由兄去取、並談、價若干、抖買、一副、格外、便宜、爲推銷、起、見、可放、款、此言余得知、久慕美機、無力購買、股東力量、決無如許、祇有、欠入賺下、還錢、方有發達之日、窮思極想、建築無力、因需現金難借也、一面、問、明、定、機、方、法、一面、計、劃、廠、屋、地、位、拆、改、一、切、辦、法、石、磨、拆、除、打、米、機、出、售、改、作、麥、間、粉、間、照、樣、本、計、地、方、尺、一一、算、好、彼、時、無、工、程、師、建、築、師、祇、靠、自、己、一、切、預、備、本、屬、籌、謀、深、秋、至、申、將此共同研究、心中懸、懸、不敢即做、金融、上、非、有、幫、忙、不、可、各處、接、洽、尚、有、助、與王禹卿云、我們請王喬松、起一課、即刻過三洋涇橋衖內問課、占得、拔、茅、連、茹、問自做抑幫人做、云幫人做、云甚好、三年中必發財回來、於是共議分頭進行、決定、定機、建、造、財、力、全、無、只靠、人、力、也、後果驗、細想此卦、乃、後、日、接、連、造、廠、之、讖、也、機、器、定、好、先、付、二、成、八成、分、二年、約十萬、房屋、由魏、清、記、包、造、交、屋、後、付、款、計、一、萬、零、二、百、兩、老、引、擎、拆、去、裝、四、百、疋、馬、力、引、擎、價、四、千、兩、爐、子、三、千、兩、其、餘、拆、下、之、引、擎、售、與、南、洋、勸、業、會、作、電、燈、廠、南京鮮魚巷設批發處、以管梓懷爲經理、鎮江邊亦設批發處、後以嚴少蘭調南京、管梓懷調鎮江、李伯塤任北塘、高右銘爲南門認銷處、預備明年出貨、後會場亦分批發、出貨入賽、紗廠亦預備參加賽會、製闔大布、後得獎、學校方面則競化之繡工、余出新木器、先在本邑預賽、時人心頗好、治安亦佳、是年振新茂新均有利、申亦平穩過年、

宣統二年庚戌三十六歲、　五女茂儀生、振新茂新照常、丁梓仁到紗廠任襄理、因怡安棧收歇、我局日事擴充、需人亦多、二月、茂新、新機、落成、外人、福白司偕王星齋、親到、拍照記之、新粉、品質、良好、推銷、甚爽、惟牌子初改、兵船人、尚、壓、低、仍不及華興阜豐爲高、心終不服、質地、粉、色、經、線、分、斤、准、足、外、貌、裝、璜、顏、色、悉、照、外、粉、

及同業發行式樣一一如式如此在市並行振新紗已與蘇天官日紗藍魚等並價每日出數卌二件用花三百四十二三斤開支每件不出廿元如此省法實為人所不及每件紗可賺數元不出十元耳時外紗競消欲多不能也南京勸業會開幕有請帖余因有服未帶衣冠守衛不許入後服闋逢正事必備之至三月底開幕後連去觀三次地場大各省有館一次看不了全國物產有朝氣余得獎牌三等二塊一時榮幸滬上投機極盛某某發財某某失利至六月色色賤大都為外人席捲而去市面空虛三莊倒三百萬道庫出而維持奏明辦理市稍平瑞興又虧巨數振新地產向存董事唐水臣處與瑞興姻親被他借去押入匯豐斯時批發已在三洋涇橋沿浜二樓雪梅為帳房被其將茂新書束刦押在保人字上蓋之而去不知何用至七月發覺追討無着瑞興無錢贖回匯豐交上海道蔡乃鍠轉請商會派王步瀛官派匡鳳儀會同執封條到廠說明原因如無辦法要將廠查封抵償滿城風雨往來均到有欠追討信成銀行經理將晚來出貨余因晚不允同坐至天明一夜未睡裕甯請總督轉縣查封因是押款據理力爭由商會代呈而止於是將進行辦法到申兄弟共商四出請人幫助轉押連三十八日而成余每早至申晚車而回計卌餘次託人借款後由李裕成及信成周舜卿共借八萬兩用莊活期四萬兩廠內湊出四萬兩贖回了事從事說項者朱企臣與友汪君為多至可感也兩委員接申撤回信辭行我卽雇船辦菜送行承奬語有加謂從未見有遇此重要事而從容照辦一切條理井然至辦妥而已將來前程無限余亦感其公正寬容許我設法辦好王君後在教育部為科長民八年遇見重敍舊話自知目力未錯余亦見其與在商會為文案時相去天壤矣匡君後為輪船經理亦誠實人也是年振新至年有餘還去往來仍不寬裕茂新有餘除開辦一切折輕成本內容頗有脚地

宣統三年辛亥三十七歲　兩廠照常開春多陰雨小麥年境本差收場又雨質地平常出新囪戶甚多阜豐興致尤佳錫地已設九豐泰隆惠元均見茂新六萬

元做如許生意皆仿做故不數年粉廠共有五家矣業麥者均存貨於是濫收上棧余則不存見姜堰本地共存百萬擔浦先生亦主不存人取我棄以觀後來且麥貴粉賤並無利益廠多出數巨資本少者競消尤甚各地皆放批發我處杭州湖州有代理時滬杭路已通車矣各地大水為災湖北更鉅至秋武昌起義各地響應人心不安生意大壞金融大緊洋厘大漲至八錢八分從未見過各省獨立無錫亦響應廠遂停工人亦逃散余心中有時覺悶與浦先生至惠山吃茶一日過北塘正夕陽西下日光返照牆上見水漬三四尺高余云麥已變壞受潮復又受熱失晒熱傷與粉色經線均有關卽至接官亭堆棧取樣試驗果然從此得訣棧中熱壞麥不收江北亦同阜豐熱壞姜麥甚多王石泉辭歇後到我處十月後革命成功清廷遜位大局漸定人心稍安是時同盟會會長國父孫總理與胡漢民黎君等到上海立憲公會會員開歡迎會於張家花園安愷弟攝影余亦在內現存者勞敬修振新停已月餘工人有來問訊定期復工惟工資現銀難取得洋厘大無人肯放出也因想出在當地立案自出工資票以實業擔保圖樣悉照鈔票請商務印二萬張歸余簽字每次發工資卽用此票工人照用此難關總算渡過照常開工而各店不收指定幾家代收予以權利車站方面亦然後來用慣欲停不可至明春縣政府稱都督府財政處汪贊卿禁止不能自出卽收回保存本年茂新薄餘料理過年振新因銀根緊歸結往來將貨售空祇備棉花棧單三百包押入聚生除此無貨歸淸各店預備開業調度到太倉開收路頭花送廠可以接用公益競化照開學生已多男校已升至高小開辦至今已七年初辦尚係預備至本年正式招收一二年級生彼時經費甚省所費無多余每至家必以學務計劃進行希望造就人才丁梓仁離振新至申接沙頭紗廠中帳兄有股份租辦一年明年拆帳有少許餘利是年二月底同寶興長號主劉柏生阜豐經理孫履平同遊臨淮關在浦口坐津浦路料車路尚未完工沿路荒涼之極見馮夢華所住之茅屋為行台次日坐小輪到蚌埠見劉葆良觀察任南段局長留午餐陪客

云將來成大商埠可購地孫劉皆買余未買路中談講商業地理教育與商事甚
爲歡洽是年淸廷遜位計九朝二百七十六年以攝政始而攝政終能使才與不
能使才其得失有關爲大局如此人事亦何獨不然
民國元年壬子三十八歲　三兒一心生是年茂新照常開工振新正月初五召
集董事會欲請各董事塡款五千元贖花棧單無一應者一時不能開工棉花已
無是日不拜路頭與帳房李友常同往上海車中商明方法先請李君至聚生見
帳房浩然先生先生問友常何以今日可來申答云振新去年因厘大將貨出淸
各莊往來歸淸未開戶無款取棧單董事不肯墊款恐要開不出來申尋生意浩
然說我處關係極大切不可與老大（即經理孔先生）聽見要嚇壞新年即擱
起如許於我莊不利快想別法李說德生先生同來浩然忽云如此最好請他來
將棧單取去開車約日歸款可也李來說明我計已妥即至莊拜年作新年應酬
話然志在取棧單耳稍待浩然將棧單交我云刻由李君來說如此大致何日歸

來答過元宵如數送還決決不誤後如約送還不失信用棧單取到即出貨裝錫
已初八初九開工無錫各莊轉告殷明齋約余去開往來余答去年如此今年仍
如此何意要我去取摺一再來去彼不送來我不去取雙方擯住車已開即售紗
貼現取款送太倉開秤收花裝廠源源而來已應用每售紗皆貼現送太惟茂新
進麥劃款無往來不便即想出三日劃條付現二廠通融茂新買禪臣德國式大
鐵箱兩只彼等問何以要如此大我云裝銀洋非大不能容已過開戶期人問何
故不開戶我答自往自來試試看一年可省利息不少乃時余已學社會及國家
經濟數年調度異於尋常自己種種亦穩而有備各事安排好茂新牌子甚佳人
人稱贊各廠皆滯惟我獨俏價已超過老車目的已達他廠無利麥貴粉賤消滯
耗利我則無存貨外面祇知新美機之佳王星齋尤爲鼓吹於是各廠添出美機
不少不知我辦麥當心剔去熱壞麥也四月初與吉人先生等同遊杭州香訊已
過人已開住湖邊旅館先在火車站次日過湖住孫直齋公館尙未改惠中坐轎

游玉泉三天竺上山至龍井再到淨慈雷峯塔買蛇放生過湖中彭公祠到雷公
墩欲買之託人問價索千元惟墳高不易再思不宜而罷過樓外樓上小孤山吃
茶過西冷橋見荒草中岳墓後去已修整仍宿孫館次日到劉莊上城隍山吃千
層餅買張小泉剪刀慶餘堂痧藥舒蓮記扇子預備送人是日住城站次日回申
轉錫是年新麥平常仍由江北辦來紗亦平淡無甚利益因開支節省月月有餘
兩廠皆穩名譽甚佳歷過難關立於不敗農商部新立政府已由袁總統當選議
行新政召集工商會議令行各商會推選會員余被推選八月進京同行者華藝
三蔡兼三汪贊卿余並請鄂生叔爲文牘順便同行津浦已通車惟尙分三段南
段至徐州過夜中段至濟南過夜寓十王殿中和棧房次日渡黃河分段坐車黃
河橋尙未全部竣工晚至津晤同鄉華世奎璧臣已入津籍矣次日抵京先住西
沿河行台各處拜客晤唐孚臣留住後生公園醫局主政陸公潤庠唐副之報到
後開會會場在教育部講堂到各省一百餘人主政部長劉揆一幹事數人陳介

蕪靑廖君李靜涵等選出議長胡子笏湖北人後爲福建省長有口才一時推重
王一亭亦到會共提出議案八十餘起余提三案一爲擴充紡織爲第一案通過
一爲設母機廠以六項爲工程輪船火車農礦軍械製造各項母機資本一千萬
由國家發起後招商送學生一百廿人出洋按照工程支配六十人速成回來佈
置六十人專門回來當技師自鑄鐵以利國之鐵中興之煤其利不可勝算通過
部長議長均重視此兩案即送部京各報登全案總理趙秉鈞派祕書長至會談
此事之必行後國民黨二次革命劉部長去職張四先生長部即以棉鐵政策爲
號召亦未實現也三案爲咨送學生出洋學習小工藝以資借鏡而興實業通過
當時學生均學法政或礦其他均缺所以提出得通過也華蔡二君均通過各一
案共計此會通過廿七案錫人有五案亦不負此行不辱推選矣工商會議後有
報告錄全案載入開會閉會攝影連同報告分送各會員閉會後遊各處名勝頤
和園古物陳列所各宮殿建築偉大祈月殿尤高前未見者意想不到昔日已有

如此巨大工程也、袁總統未去見、即與同鄉敍別、至津、在公興存、遇到王堯臣先生長談、知有他就意在華興、空閒難望發展、當知其意、余與鄂生叔坐津車先回南、即晚至濟、路中食物甚賤、二角一只鷄、甚肥大、一元牛肉有五六斤、三天自備伙食、未滿三元、濟住十王殿中、和主人曾爲典史、極周到、陪遊各處、大明湖趵突泉均遊、覺得簡單儉樸、後二年去、新氣充滿、大不同矣、次日至徐州、無甚可看、住車中、直至南京回廠、已九月中、此行心胸爲之稍開、秋間、所擬之無錫之將來、請椿年先生、修正文字、後印行千冊、一時銷完、意欲擴充紡紗機、苦無資本、而所擬方法、仍欲借資、至申商兄、同意、非添機、如茂新、法不能發展、遇電汽友人俞金榮云、彼有信息、德國、禮益奇廠、將派推銷員至申、愛殺理司廠亦有人來待我、見到、有機會、通知浦文汀兄弟、亦有創米廠思想、浦文渭熟手也、余不主張造打米廠、做過無利、宜做麵粉、王先生、贊成、兄亦同、決從、租地、租屋、欠機、由小至大、方針既定、至十一月、定名、福新、余與兄各出一萬元、浦氏兄弟出一萬二千元、王出八千元、合成、四萬元、託人向鄭培之租地、並建屋出租、推選職務、兄爲總經理、請堯臣、爲經理、浦文渭副之、文汀、兼辦麥、余爲公正董事、因無暇兼職也、函津請堯臣回錫、十二月接手進行、振新事、禮益奇及愛殺理司經理均到申敍談之後、極合彼意、開出條件合理、決計添之、回廠商之董事、不添資可行、各人均無財力、余因曾爲茂新冒險添機、解除困難、今天天有利、大局轉安、振新必須加添機器、減輕開支、解除困苦、爲此用最新最省計劃、添錠一萬八千、只脫而賓發動一千三百五十啓羅華特、每部細紗機獨用小馬達、連用於老機之大馬達、共計英金一萬零五百鎊、紗錠共計英金三萬三千二百五十鎊、當時每鎊約計十元、上海碼頭交、貨六個月交貨、先付一成、其餘九成、每三個月交一成、約至四年十月交齊、十二月初五簽字、晚間九時、正請外交部參事施君（翰香老先生之子）順道進京、正上大菜、忽聞棧中起火、急往救視、已不可收拾、搶出花衣不多、其時正堆滿有值十萬元之花紗、祇保險四萬、拍買火燒棧底、挽回兩萬、損失四萬元、設先一日

失慎、此字不簽矣、新廠基本在南面、棧房燒去、即計劃在此、請西人馬勒打樣、南面備作後添、本年無莊往來、茂新營業至年餘十二萬八千兩、付還各欠尚餘數萬、明年付與股東六萬元、作爲還淸股本、後來有餘、分有薄利、亦分振新本餘十萬元、除去失火收回、祇餘六萬元、福新一廠決定後、定美機二百筒、寬裝齊出貨、一千二百包、籌劃建築、是年余興致甚旺、至鄉、或在廠、與吉人叔、鄂生叔計劃社會事業、決定在東山購地、植梅、爲梅園、起點、明年二月、先種一千三百棵、於中段天心台一帶、競化決添二校於河埒口、蔣宅、化新、即其後也、公益兩等、已有考入南菁中學者、小學決添於徐巷、資助他校不止一處、擬開馬路、明年實行、擬辦圖書館、次年買書、至五年開幕、藏書九萬餘卷、分頭進行、頗有朝氣、馬路進行手續、由蔣遇春去辦、實行時亦由彼主持辦理、招工、限七日完工、所有土方費歸余擔任、鄉人不明大利、反對者多、因是稟縣呈省批准動工、然鄉人尚多怨罵者、不數年後、全路完工、加鋪石面、至今無人不稱便利矣、

民國二年癸丑三十九歲、　茂新照常營業頗佳、牌子、最好、已比老牌升至二分、處處、樂用、上年得訣在進高麥、本年、仍本此意、在申買川麥、兵船牌經此兩年從此立、住腳地、後來發展、皆用此牌、佔利不少、振新出數立定、卅二件、用花、仍輕開支、仍省、牌子尤佳、同人齊心出力、添機資本亦不爲憂、圖樣出來、招工建築、造價以俞錦棠最少、以一萬元包定自辦料、至八月完工、共用六萬餘元、月月備還機款、建築由茂新借用、外面不知、茂新月月有餘也、茂新方面則專心計劃用電、設備引擎、改電氣爐子、仍用老烟囱、事事從省、算下手、圖書館已開首買書、先在上海買圖書集成一部、一萬卷、各種詩文集約萬餘卷、以後無法下手、鄧君傅若由湖北張望屺處回來、略明目錄之學、爲余云、先看書目答問、即明經史子集依目、購辦、自有頭緒、余即從此旨辦書、鄂生先生在城看收、吉人先生在校收理、如此者三年、收集已五萬卷、並聯絡書店、如遇未有藏本者、必購之、於是書販陸續取來、然外人不明此意、以爲粉廠要如許書籍何用、不知購存爲大衆計也、時縣圖、

書館、亦、發、起、創、立、從本年起、學校添辦、公益已由一至四、競化亦由一至四、梅園盡力擴充、先後、購地、計山糧一、百五十、畝數年、種梅三、千、枝其他花木、四時不謝、時自城、至鄉、已有、開、原、馬路、不一小時、可達園中矣、夏間、德商禮益奇派來工程師、查看底脚已妥、機到即裝、工程師樸克德人也、其夫人爲法人、和靄文雅、夫婦謙和、望之欽仰、半年中、未見高聲疾呼、分寸恰好、夫至工場、妻不前去、去亦不講話、恐分心也、彼能英語、鄂叔通譯、談談甚洽、對接手人愼之又愼、備接手人屠阿興、切實指點、卒至能開機、半年如一日、頗佩其人格、八月後紗機亦到、房屋大體完工、開始裝機、以楊春榮沈阿虎劉阿榮爲工頭、引擎屠阿大、電機屠阿興、阿大爲領袖、老成可靠、事事放心、宋案起、國民黨二次革命、銀根尤緊、調度不易、幸粉銷、好、尚不、停頓、親聞製造局大炮之聲、火光不絕、南敗、北勝、袁之大權、日增、十月後、電機紗機到齊、將裝就、車中遇蘭舫先生、問外傳添機有否、答已裝就、問房屋在何處、答新建鋼骨水泥、新式打樣、動力用電機、自發動、獨只馬達、問共需費幾

何、答約五十萬、云甚便宜、未聞招股、何來資本、答欠來、股東仍爲老股東、彼云、我久有此心、緣未能辦者、今爾已先辦、我明日同開福來看、此人英籍、紡織專家、怡和紗廠工程師也、次日果來、一一看過、頗贊賞、謂日本、中國、以此爲、初創、祇英、有、每部、車、單、獨馬達、運轉、也、問何時開齊、答明年正月、他云、那時我再來、即辭去、我將、紗機、裝齊、試好、逐部、開、用電機、省、煤三萬、錠、祇用、廿三、噸、連拖、茂新、共廿、七噸、茂新、定第二副、四百筒、明年、裝齊、夏間福新一、廠、裝齊、余派孫阿關等幫助、並代開戶往來、出粉、粉色、安排相同、俾新廠、與老廠、無異、辦麥、亦同、當心人力、整齊作事、不外行、頗覺靈巧、即時有利、福新二、廠亦然、蓋福二、租用、中興、由錢少伯等說成、以丁梓仁、爲經理、夏初開辦、余派人幫助、修整出數及粉色、試靈、與茂新相同、每日、可出、二千包、集股、三萬元、立時、成就、瑞興再三欲加入股、未着、頗不快、知衆人、皆有避彼之意也、麵粉方面、申有、工場、是年、爲始、到年皆盈、茂新、更好、與上年相仿、振新、老機、亦餘、商業如此、學校社會事業、色色布置、過年氣象一新、樸克裝

機完畢辭去、試靈鄭重道別、絕無工人氣、本鄉改鄉董制、余扇董、至此脫肩、

民國三年甲寅四十歲、　是年六女漱仁生、茂新照開、春添第二副機、已用大馬達、合輕成本、其他一切舊式機器拆去、每日共出粉五千包、修理機應有盡有、振新裝齊、全開三萬錠、常出七十餘件、開支扯輕、連官利不滿廿元、經理與職員薪水共四百廿元、祇用卅三人、每日可餘六百元、十一日蘭舫先生與英人開福來參觀、已全廠全用電力、別開生面、有一種新式整齊氣概、不若公益紗廠怡和紗廠之老式樣、開福贊美不止、蘭舫先生素不服人、至此似覺心服、但云我國人也得如此、於是到處揄揚、開福友誼有加、後申新三廠設立、託彼辦機、裝運得力、不少、二月後、茂新添蚌埠濟南濟甯等處麥莊、余由濟而津回來時、晤苗杏村於濟南、時商埠初開、人心振作、與元年來此情形不同、欽佩山東人士興業之速也、余因之、而對於粉廠、亦有分設內地之意、先在濟甯購地、並擬在濟南購地、興業、但不欲在商場內租地、其後購在十王殿界外兩路之中、時福一營業好、決添三廠、

福二租中興後買下、是時申有福一二三、振新開三萬錠子、利益已穩、計劃欲添、二萬、遂購廠對岸地八畝爲棧房、取其謹愼也、是時梅園開闢、粗有規模、建香雪海屋三間、鑿湧水處、爲泉得一硯、上有文光射斗四字、即取名硯泉、請藝三先生書篆焉、建議由榮巷西街起築路至梅園、先成土方、鄉人樂於從事、因坐車可快、至西街下車、步行較苦也、圖書館已購書至五萬餘卷、購地二畝八分、留建築女校基地外、劃出建館、次年動工、造新式房屋四十方二進、能藏書二十萬卷、祠西亦建三課堂及先生住屋、東西共開五課堂、並作十周紀念、闢大操場、吉人先生計劃爲多、本鄉學務、爲中心也、開會時各鄉參加、余撰一聯云、二校六百生生生、不息、十周一紀念念念在茲、後來廿周卅周皆用此句、惟校數生數改之、秋間至鄭州、住金臺旅館最後一間、招繪圖房常州人看定下站西首空地四十餘畝、擬日後作廠基及棧房之用、講定連費每畝四十三元、約共二千元、回來商董事會、未能通過、而止、申錫氣象已大、董事會目光不遠、還款將半、欠款輕鬆、瑞興已有

異心、余不知也、見渠連絡各董事、時時請客、至秋、忽謂余太忙、總經理讓某某、改余爲廠經理、余覺有異、不敢說、尚有鉅款負重任、須賺下還輕爲是、永達等心中不滿、卽予戒勸、後董事會有調去永達昆生之說、余見二人無不是之處、却之、再三、似有意見、董事會已露瑞興聯絡不相干人、有取代之意、余說明、欲造振新廠四、所二廠在申、三廠在甯、四廠在鄭、董事會聞之大駭、謂若此卽賺錢、股東永無希望拿得現錢、余謂、要拿大錢、所以要大量生產、照三萬錠能賺幾何、彼時內地無過三萬者、所以看得大、余料愛殺理司遠東經理口氣、照我所做、深得彼、交易信用、一次、還淸欠二次、三次決能辦到、所以如此先定計劃也、余每晚必看書至十時後、各人若之、總管吳炳奎尤不安、彼時時偷閒出外應酬、我不離帳房、彼必陪我閒談、其時十月間、云有世家女子、一時中落、父母已故、願作側室、余聞甚合、託人說允、於十一月初三日進宅、是年茂新餘十二萬兩、振新餘廿萬元、付官息、未分、餘還機款、茂新亦同、福一、二、三、均有餘、名譽日起、作事較易、思想寬大義務亦增、得政府、奬給匾額、一方、政府預算出入、餘二千萬、事事上正軌、人民安樂、到處行走、無意外風險、人民企業心不少、各省皆然、余已自有主張、逐步進行、兄意亦同、選用、同事、取勤、儉、練、達、初無、惡習氣、雖各廠均餘、尙覺安然、無爭執之象、惟振新董事會、已知難合作矣、

民國四年乙卯四十一歲、　茂新振新照常工作、申福一、二、三廠亦然、將開業佈置、舒齊、有劉葆良太史、陪同年湯壽潛來錫一遊、時湯君方由浙路局長卸事、因政府遣解散費、氣悶出遊、以解煩惱、住茂新、陪遊梅園、時規模粗成、樹小石黃、不堪邀客、而渠甚爲贊許、謂大體風景甚好、是晚住廠中、下雨不止、藝三、先生、畫梅、一、枝、題一、宵、春、雨、釀、梅、花、之、句、作手、卷、請名、流、品、題、次日天晴、遊惠山、湯君取泉水云孝敬老太爺、余欽敬不已、因只知湯君爲國是忠臣、而不知於家尙是孝子也、二月、董事會已露無現金分紅不滿之意、連絡各董事、命査帳員唐屏周査帳、余候査不能出游、四十天始畢、登報召集股東會、四月初一開會、未開前、董事會降余爲副經理、卽答云、目前機款未還淸、負責尙重、雖命余爲小工亦不辭、責任使然也、乃時知已難合、決辭去、另立、惟辦事調度照常、賺錢、還債、還淸、卸肩、不患不、能、再、做、近我者均以爲然、惟以存客氣爲主、不知彼方不明此意、以奪到手爲目標、料我不肯輕棄、所以一月之中、聯絡無謂人及股東、用功夫不少、余目笑之、但、知有限公司不可爲、初一開會、近余者不知余意、尙欲補救、余謂不必開會時、査、帳員、應、報、告、而、不、開、口、安排不相干人、但知擾亂人心、余備、好、辭、職、信、請通過、照、行、余退至茂新、後知選出新經理張叔和老先生、隨卽到余處云、今日之事、你知方針否、余答不知、云我之接手、請你帮我做代理、余大笑曰、我以代理張雲伯始、而代理老先生爲終乎、決不可却之、連走三次、打恭不起、余云、老先生命我代理錯矣、不如向董事會辭職、彼云、我有道理、君尙擬、再、創、紗、廠、否、答學業初成、如何不做、他說對、對、擬設何處、本地乎、余未答、曰然則上海、無疑、上海我熟、園中地皮掮客、將晚日日敍會、託擇合式者買之、七天可有回音、答如此甚好、拜託拜託、

候信可也、彼云、無此省事、要互助交換、君爲我代理振新、至董事會物色得人爲止、且、你、們、既、然、不、合、是、否、各、做、或、歸、併、我、可、作、中、間、人、是、語、甚、合、我、意、又、曰、吃、花、酒、我、要、跟、瑞、興、薦、勝、做、生、意、要、跟、你、穩、可、賺、錢、君、創、新、局、我、必、入、股、不、可、却、我、到申後、至十一日信來、薦一意國人掮客名雪爾佛尼多者、有程殷兩君辦織呢軋油廠未成、押入教堂沒下、願收原價四萬、一千兩不折不扣、余卽往申觀之、步見、可裝、一萬、二千、錠、與兄共商買地進行辦法、均洽、決定、買、下、十七日付定洋、約日交割、心中頗合、同日又同愛殺理司經理同去細看、改用、極、合、公事、房、物、料、間、在、十、八、間、馬、達、裝、引、擎、間、棧、房、設、油、廠、內、若此計、劃、無需添屋、當時、復步可裝一萬、二、千、錠、決定請開帳速行、彼云、榮先生、我到中國、未遇如先生者、勿必開、帳、發一、電報至、英國、廠中、裝現貨、來四個月、交淸、連原淸單收款、余亦信之、卽此定規、並、云、我對他處、不肯如此、湖南四萬錠、至今尙未開箱、實爲不快、與君交易已爲二次、廠中樂聞也、至八月、貨到、裝至十月、開車、未到前、將一切地事屋宇配備齊全、

佈置、舒齊、股本定、卅萬元、分二次、收、余兄弟、占六成、張叔和、附股二成、潘調卿、一成、華、衛中、榮、永達、惠卿、陸輔臣、嚴裕昆等、各若干、餘戶、要者、已無應矣、十月初一開工、本余爲經理、因不能住廠、讓推、惠卿、經理、永達、副之、裕昆、總管、昆生、收花、兄爲、總、經、理、劉、阿榮、爲、工、頭、試、靈、出紗、卅、件、每月、能餘、萬元、振新、將股份、割讓、作一百、五、十、元、互、換、粉、廠股、五、百、二、十、五、兩、振新、歸、瑞、興、管、餘三、萬、元、仍、留、茂新、全、歸、余、管、全、數、換、清、各、事、交、割、尚、欠、萬、元、約十、餘日、歸還、錫事較少、與藝三先生同赴京看開會、回來至濟小住、楊味雲先生任財政廳、同鄉熟人不少、許彝庭、嚴堯卿孫蔭午、周季梅、顧麐農等均在廳、林虎侯在外差、張晉階辦鹽務擴大、等運使、苗杏村亦正合辦粉廠、名惠豐、商場初開、已整理矣、沿路改觀、蚌埠尤甚、回廠已十餘日、豈知一萬元交不出、遲遲失約、至不還而止、是年、茂新仍餘十二萬、福一二、三、皆餘、申新、餘二、萬、餘元、未分、機到、齊、股收足、付機款、十七萬、餘兩、連地、卅萬、元、調度、裕如、時巴爾幹戰端起、半年息戰、雲南起義、反對、君主、各省、獨立、牽動市面、我全局、照、做、是年、夏籌安會起、十月十六、洪憲登極、八十三天、梅園楠木廳上樑、及建天心台、東西軒、荷軒等、公益校址、亦動工建築、福二、決、添四廠、可出四千、包、附近垃圾堆已收下、每畝、價一千、四、五百、兩、已收至、四十、餘畝、沿河一百廿丈、頗闊大整齊、爲蘇州河之冠、餘地後讓與申九、大發展胎伏於此、時戰時適在中心、避免風險、

民國五年丙辰四十二歲、　四子毅仁生、庶出、茂新照開、至同和、與吳方二君談、彼云、你們、粉、廠何以、年、年、賺、我處、惠元、停工、賠利、可以、教、我否、我云我開錢莊關門、你可教我復開否、彼此互笑、彼云便宜、點、租、與你、祇合利息可也、問眞否、他云、明日答復、問過董事、卽眞、次日允租、出、租金、每、年、二、萬元、改名、茂新二、廠、整理開車、由一千、六、百、包、加、增至、二千、包、月月、有利、袁退位、馮任、總統、市面安定、申集議、在、漢、設、五、廠、集股、卅、萬、購地、在、橋口、卽日、招工、建、築、兄爲、總、經、理、福新一、二、三、四、均、開、有利、故、興緻、好、少棠在漢辦麥、余因漢口廠麵粉不能吃、多石沙也、如設

廠、改、良、營、業、必、佳、余意、湖北、河南、山東、皆須、分廠、以占、地位、卽與華楨臣兄以出游爲名、經、開封、鄭州、新鄉、看茂新分廠、廠基已託人租定車站邊地、擬設廠、小清、河、水、清、道口、辦、麥、近、卽往、道口、一、遊、認爲、合宜、已稟部立案購機、正進行間、被該省紳士王君稟部立案、並專利、使我不能造廠、後至京、與部員商量、俱云可向平政院起訴、余意不可、明知可勝、人地不宜、營業必敗、後改、爲山東、濟南、提前建設、買地決定十王殿、是爲茂四、南行至漢、看橋口建築、塡基、見牆脚太淺、電申、與工頭交涉、加固、至七、年、完、成、時歐戰已起、對外停頓、匯票稍長、外貴內賤、無戰時經驗、余認、爲、可、放手、做、紗、粉、必需品也、學校、添創公益第二、在梅園、第三在大渲、第四設上虞巷、榮文卿家、又設競化分校在徐巷、租、賈茂青家、競化四校在吳大城、時圖書館屋已建好、擇日、開館、取名大公、已購書九萬餘卷、開幕之日甚爲熱鬧、叛舉也、余著有、理財、芻議、印二百本、分送、各省、以北京、來取、尤多、以說明、幣制、爲主、余留心社會經濟、而主、多立、工廠、推至省用國用、而至世界經濟之競爭、尤以自、立、生、存、對外、相等、爲、比、較、於是國人皆以大實業家目之、然余謙隱如前、毫不自誇、勤儉、不改、事事、親手、爲之、稍熟者有推崇之意、振新自歸瑞興經管之後、出數、少、出品、次、售價、小、開支大、月月、虧、折、心有悔意、託葉君來說、欲言歸於好、股份換正、仍歸余管、當却之、有壞主張者、將帳册送入商會、以匿帳未清算、爲恐嚇、不換、卽起訴、余不理、卽正式在縣政府起訴、知縣楊畦九偏聽商會諸人之言、卽受理傳訊、方知內容、草草斷結、使我上訴、卽上訴高廳、延沈楚青等律師辯護、屢次出庭、至民國七年、前途知必遭敗訴、已無挽回、於是請劉柏生出來和解了之、其中延長、因爲電力關係、急待補救、申新惠卿故、以永達爲經理、泰隆亦來議出租、以馮屺懷、爲、經、理、二年後、原主孫姓收回自辦、十月、長女于歸李國偉、世家子、唐山土木科畢業生、知爲大器、不論家況也、申新至年、餘十一萬餘元、福一二三四均、餘、同業、均不、甚、佳、牌子、進麥、開支不同、也、茂一、二、尤、好、到年、餘十、六、萬、八、千、元、梅園、二字、爲、余、自、書、洗心、泉、亦同、園中並物色假山奇石、一卽米、襄陽、拜石也、八

十一、空大可容拳、小僅納指、驗之不差、天心台邊、開河建橋、名野橋、西建揖蠡、東建荷軒、西北一帶建留月村、北建招鶴亭、駁路四通、游人不絕、開西鄉之新遊處、正廳名誦豳堂、取詩經五月豳風章、余自擬也、乞李梅菴書匾、邑人孫寒崖有贈聯云、七十二峯青未斷、萬八千枝芳不孤、爲一時傳誦、其餘時流碩彥贈句甚多、南海康有爲來遊、爲書香海二字、並誌一匾之、爲廳事四壁、砌以碑帖、大都爲孔氏之玉虹樓、大紅楓一棵、來自蘇州、百夫移植、種已逾抱、石之大者名嘯雲、高可二丈、梅之貴者有骨裏紅、與重台、外國花之貴種、如黃、綠、紫之雙台櫻花、均當日所加意物色而得者也、

民國六年丁巳四十三歲、　七女輯芙生、茂新及所租惠元均開、申新、福新一二三四照開、元宵後至同和、吳方二君又說笑話、廠租與你大賺錢、要分點來、余說可、但交還你、即勿賺、不信看振新、如何、彼云、你買去、將餘利交我可乎、余說可、他說眞否、余然之、於是正式談判、彼即問董事云、決脫股份十六萬、照票面可也、後經商會、經手交割、正式改爲茂二、門外牆上所砌廠名、余所書也、余有意建紗廠、此時已歐戰、愛殺理司經理已故、申新一廠無法添錠、祇物色到二部、舊貨生意轉佳、月月大賺、不肯拋售故也、於是先行購地、託溫君在西門茂新附近、以大新名義購地、至申聞恆昌源亦有出售意、惟余意在錫、力言舊機不合、兄云地好、余言僅地好無益、製造尚不如地偏而機新、立時可造、自成一局、在錫爲佳、至三月間、仍談成、四十萬元、有紗錠九千二百、只地廿七畝、屋破、機舊、後來吃苦不少、余不違兄意、入股四成、是爲申新二廠、請丁梓仁爲經理、不久、丁君知難而退、歷換經理之多、以此廠爲最、又租華興麵粉廠爲福新六廠、以查仲康爲經理、此時昔年相從老友、都爲經理、少棠在漢辦麥、亦兼福五經理、癸正月、二女子歸將濬卿、仲懷四子也、旋入茂二爲副經理、夏初有人欲將寶新粉廠轉租與我、再三商量、允租二年、延月泉兄爲經理、月泉曾任交通部電政督辦、電政司司長、隴海路總收支等職、宦游雖久、清廉無錢、余先知其有棄仕之意、遂聘爲經理、余並將已股

之餘利讓與、虧則由余獨負、故乃欣然出就、並由余及陸君輔仁相助改良、由一千五百餘包增至二千以上、月月有餘、該廠原爲張觀衡所轉租、遂謂余曰、此財只派你發、小麥多做點、分潤分潤、二年到期後、被大豐陸維鏞買去、計十三萬八千元、最後以四萬餘元售與馮岵懷、拆赴蚌埠、斯時無錫共有麵粉廠五家、除九豐外、均歸我辦、時正歐戰、粉銷不患不暢、但粉價維持平穩、以原料核計、不求厚利也、至年各廠均有餘、申一餘四十萬、申二微餘、福一二三四均餘、福五則尚未完工、福六小有利、因人手未齊耳、茂一急辦引擎料、振新訟事終結、必割電力於是、商由愼昌電美特別通過、許裝出口、計引擎五百匹馬力、爐子全、至民七年裝完後、來仍用申三電、該機遂讓與福五、一出入、吃虧不少也、是年過年、與緻高梅園學校皆進步、馬路修築、加石片橋、加闊加固、爲新市場氣象、遊人至鄉山清水秀、久伏城市中者、心目中豁然、

民國七年戊午四十四歲、　八女宜珍生、茂一二三四均照開、利益穩、申新一二照常、申一利優、申二利薄、議添機一萬、物色中、福一二三四照開、當選省議員、得五等嘉禾章、辦實業獎勵、先是錢君琳叔到商會、約余談話、云二屆省議會即要初選、有心省政人士欲物色文學、經濟、實業、正方人士五十名、余亦在內、答無意於此、與緻正在工廠實業、不宜分心、爲辭、不數日又來云、決不可辭、實業方面人少、不妨推一、幫助者同去、余推鄂生先生出面競選、余爲後盾、初選均落選、復選四面有友幫助、各以二十票當選、是年本邑選出獨多、有薛育津、錢湘伯、蔡君植華、調甫、楊濟如、周肇甫等、吳建昌當選、即故、未及到會、候補吳侍梅、朱雲泉、第六次開會補入、是年九月初六日開會、行開會式、鄂生叔因父故、翌日即回籍、後遞補吳建昌缺者、爲靖江范君、本選時退讓、不料即補也、議長競選頗烈、分江南、江北兩派、錢強齋當選議長、孫敬人副之、余爲預算審查、決算亦審查、曾提案以咨送學生出洋學小工藝、最得力、通過、屢向實業廳催辦、始識張君翼後、亦正方人也、各縣同席、均知余辦實業、紛談設施之況、然有毅力者少、既至省會、方知省中提

出、議、案、均是、瑣、屑、無、補、祇一預、算、稍以、範、圍、省、中、用、度、耳、與、余、意、動、即、屬、全、國、者、不、同、至對、外則時正歐戰、無從說起也、是年福二失愼、改爲公事房、在旁改建七樓大廠、每日、出一、萬五、千、包一切建築圖大處處有利、眼光放大、購地見方沿河有八十丈、與旗昌源油廠齊、過去即是阜豐、西過東京路、即是內外第五紗廠、沿蘇、州、河、以此、廠、占地、爲最、佳。後面仍在收地、至澳門路、即今之申九、申一擴充地皮、加添、布、機、以作、袋、布、欲添紗機、無買處、後穆藕初添得美機、亦定、二萬、五千、滯滯方到申二、定、到、英、機、一萬、先將老機拆散、坐守新機到達、大失機會、無錫本取名大新購地遲遲、未得完善、有英機一萬五千、欲購苦無裝處、且無動力、被天津人買去、是年、福五完工開機、國偉入廠、余去見小麥多石沙、命偃工、揀、出、以顧、牌、子、取其優勝、後、來、得力、於此比他、牌、多賣一、角年、年、有、利、並爲申廠兼代辦麥、茂二、議、添、美、機一、副、兩共、四、千、袋、接長廠屋、加添棧房、是年茂一二三四廠均有盈、福一三有利、四尙好、二則無利、申一餘八十萬申二無利、因拆機故也、福六利薄、因人手未熟耳、茂一引擎已裝好、振新訟事、由劉柏生從中勸說了結、將大馬達作訟事損失補償振新、營業轉機、想起前人之添機不差、換回思想已無、辯論終止、不和必敗、亦要賠損失也、然電已割斷、幸得自開引擎、果爲預料所及也是歲正月十七日父親七十陰壽、元宵夜、見神燈、萬盞、照耀、如白晝、余意湖邊日後當大興之兆也、

民國八年己未四十五歲、　五子研曾生、茂新三四租期到、均未續租、一爲原主收回、一爲大豐買去、春秋至甯開會、決建申三、加快買地、至秋歐戰停、在法凡而賽講和簽字、斯時請月泉兄至英、函託英友開福、配備一切、定到好華特紗機三、萬錠、計十萬、零八千鎊、匯去三萬磅以五先令八辦士結價、電機託德國靄益奇廠、撲克渠回答無貨、不能裝出、條約未妥、勢難照前辦理、轉向美國、購發電機一、千、六、百、企、維、華、脫、兩、副、家志惠監造、馬達、由英、配備、每機一只裝箱、運回均由怡、和、洋、行、擔、任、一切備齊、月泉兄卽赴法參加人民外交政府派施顏顧三公使爲

主、梁汪胡諸先生爲人民領袖、各國以美爲領袖、威爾遜有仗義之言、結果和約成、德賠、款、一千、二、百、萬、萬、馬克、四厘、息、卅年、分、還、未、還、淸、前、軍、隊、看、守、實、業、一不、許、養、軍、一不、許、鑄、軍、火、一出、品、抽、値、百、卅、分、德人、一、一、簽、字、早知此約太過日後不妥、後開華府會議、補救無效、月泉兄由政府派爲勞工代表列席、因丁憂急由美回國、購地方面、再三不妥、由薛、南、溟、先、生、讓、出、工、藝、傳、習、所、等地、沿、河、十、八、畝、反對者四面買地阻礙進行、然均一一購底於成、集股、一百五十萬元分三期、收每期、五、十、萬、元余爲主、動、招工建築、俞錦棠包工、自辦料、事事省儉、以華昌買來之平屋爲辦事處、以粉廠、廠屋爲公事房、造橋連絡、三面地築路通大路、規劃便利、茂新二、添、機、合、爲、五千、包與、茂一、三、共、日、出、萬、包、福一、三、共出、五、千、包、福五、三、千、包、福六、買、下、正式自產日出、三千、餘、包、惟屋小機老、占利不多、福添、七、廠、買德產、波爾文洋棧打包廠十八畝、定機造屋八層、工部局特別會議、議決許出樣建築、底脚先開深打椿、上蓋極厚滿堂、三和土、一切棧房仍舊、集股、卅、萬、元、余與兄、各、占、三、成、堯、臣、兄、弟、各、占、二、成、成立、後、以禹、卿、爲、經、理、因各友均任經理、專以待之、堯、臣、爲、駐、廠、經、理、張、春、霖、副、之、余、爲、公、正、董、事、買、麥、爲、浦、文、汀、造、成、成、本、計、一、百、十、七、萬、兩、每、日、出、粉、一、萬、八、千、包、於是福、自、司、競、爭、必、欲、以、最、好、機、造、於、二、廠、再三計劃、允之、即爲、八、廠、造、一、年、餘、實、未、添、本、茂、新、決、添、苞、米、粉、廠、爲、茂、三、附、入、二、廠、不、添、本、一年後成、申、一、添、美、錠、二、萬、五、千、布、機、四、百、台、織、粉、袋、布、自、用、爲、數、甚、大、也、新老機併入一處、新建合式廠屋、規模已大、管理稍難、職員已生二心、余已知不便說穿、軋數已明、混於布輕袋次、祇能糊塗、然事業之大、亦由此而成、新老、機、共、爲、三、萬、八、千、錠、申二拋紗四千件與邊文錦、二百廿八兩、買進棉花每擔廿八兩、計算每件可餘一百兩、計四十萬兩、因出數無紗不解、花由毛鑑淸反悔結、磅、花價加大、兩相比較、成本合大、及至出貨、祇買見二百六十八兩、未有餘利、申二、添、美機與老機、分裝、廠房未打樣、不甚合至今苦之、新老機共爲三萬四千、錠、不聽余言、硬幹無利、然成本已大矣、福五正式開、月泉兄回來、結束、實、新、事、分

與五萬餘元、入股福五、轉任、經理、以少棠爲批發處經理、國偉爲廠長、余又至漢、看揀石沙尚未停、來麥石沙已略少、皆常常、勸說之功、九月後、省會開會、議及下關建電燈廠、已否決、余挽回復議決可行、使黑暗之老廠、由單廠長用權力發爲光明、人人贊美、省長見實業議員之功、金君尤甚、後凡建設、每必預聞、實業廳長張君亦常敍、然限於經費預算、一事無成、於是專心本業、心思之多、作事之鉅、以本年、爲、最福新各廠均盈、茂新一二尤佳、申一餘百萬、皆用於添機、申二微等於停頓、拆機、未復添機、已巨、欠款已不少、議建總公司、余託人向鹽務署買新開河地二畝一分餘、以其風水好、兄因電話不便、再買、江西、路二、畝八分、建築總公司、款由各廠分擔、是年、公益工商中學建築已完、聘胡、雨人爲、校長、請教員、招生一百名、實收八十名、開工商兩班、中有商店、銀行、爲商科、練習、有工場、爲工科、實習、校額、爲余書、並書校訓、爲和平、耐勞、建築、設備、共十、萬元、基金九、六、公債、五十、萬、元、六厘、計息、每年、三萬、元、以保、開支、學校至此、自幼稚生入校、直至高中分科畢業、薦入工廠或商店就業、至今各班畢業生、蜚聲於工商界者、頗不乏人、果不負種瓜得瓜之一番苦心也、茂福新粉銷之廣、嘗至倫敦、各處出粉之多、無出其上、至是、有稱、以大、王者、自維愧悚、不足當此盛名、仍思力謀擴充、造福人羣、此點、於、美、國、雜、誌上曾有記載、然細思申一爲爭氣而創、申二爲地段好、該處一帶以我爲最多、次爲日廠、申三爲余在錫設廠之初衷、至此、紗、錠、亦已在三萬、錠以上、各廠之陸續添設、既無大資本、更未嘗依賴人、完全余、與、兄同、心合、力、靠思想、勤勞、耐、苦、一味、專心、事業、爲社會、造福、非爲自己享福、一切待遇與同事工人、共甘苦、所以、無、不、敬服、即人有誤錯、如小出入、每多原諒、處處、以放、開、心胸、放大眼界、俾底、於成、延請教員、專託吉人先生、亦勤、苦耐勞、以物、色良師、爲目標、鄂生叔、則於社會事業、分任助余、建築方面、請得、朱、梅春爲工、匠中、難、得之才、其餘瑣屑之事、賈茂青亦助理不少、梅園、中、已建、樂、農、別墅、加添、泉、石、盆、花、花、房、中外、花、木、雜、陳、一年統計、納稅、於國、家、者、不、少、資助、於、社、會、及、學、校、者、亦、多、至、此、而、信、外、國、培、植、

人、才、專心、實、業、之、效、如、此、是、年、鴻元、鴻、增高小畢業、轉入交大中學預料、至十六年大學畢業、由華衛中送去、年幼出外似有難色、霞飛路、尚未取名、但見農田荒草、不、知、有、今、日、之、繁、盛、也、至廿七年夏避居滬上、四出覓地、以貝當路一帶爲佳、買得高恩路、地七、畝半、建屋、居焉、

民國九年庚申四十六歲　九女墨珍生、各廠照開、申三正在建築中、尚未完工、春秋省會照開、徐總統登位、余以本、省代、表及、實業、會議、代、表、至、京、鄂生先生同往、是年禁烟、買盡印土、一千、三百、箱燒之、余爲、監燒、委員之一、係張季直領銜、電京批准、當時政府確具最大決心、不料至今尚未禁絕、是年、南洋大學募建圖書館、余兄、弟捐、資、萬元、紀念、先君、立銅像、於館中、余並、買書捐入、福七建成出粉規模、甚大、爲各廠之冠、八廠亦完成、廠屋無七廠高大、機則優勝、出數最多、沿河棧房、外觀整齊、申三、電機、亦續、到、電機間房屋已完、愼昌派來工程師、名白郎、一看之下、即云不合、須重改造、余力爭堅固、可以排機、渠不允、費時許多、並向、美、國、添購、備、件、至年終而完工、紗機英國有到、不能開、正心焦、間、在火車中遇謝繩祖、云有、人、原、定、美、錠二、萬、將、到、肯出、讓、價每、錠卅、八、元以、匯、率一、百、六、十、五、萬、元、合一、百、兩、計、算、尚合、輕、余至申、與兄商酌、買下、兄允可、由申接洽、先云三月可到、後云五月、最後簽合同時、云八月到齊、定下、滯滯不到、育津過美、順便調查、悉羅惠爾廠中簽出合同、爲廿八個月交齊、明知上當、價尚合、輕、到下時美金大縮、祇六、十、元、左、右、成本、大、增、英機因工人罷工、至九年冬始亦續到、金磅價、吃虧、同時花漲紗跌、已無餘利、裝至年將齊、各處房屋造完、大廠、全、水泥、鋼、骨、包工、自辦、料、合銀、元、廿、三、萬、元、與開、標、相、比、便、宜、十、五、萬、元、馬勒打樣師不信、後查果然、再添英布、機、五、百、台至、造完、共有、紗錠、五、萬、枚、布、機、五、百、台、電機、三千、二、百、啓羅、軋花、廠八、十、台、規模、爲、內地、無二、同業側目、佈置就緒、先行試車、至年試好、至申、與申新部分、福新部分敍談、申廠事、不、能、兼、顧、祇任、公正、董事、有紛爭、歸余、勸解、不取董事、費、申總經理費、全歸兄收入、無錫麵粉盈餘利息、總經理收入、照規定分派、麥灰

作酬勞、分與吾兄弟者、另立學記、助入公益中學、每年、共有、萬餘、餘爲德學記、自出、至十九年、而止、以有蜚語、余收下、轉申、不取、幫助、後兄仍有意辦學、另行立養、成、所沈、泮元、爲主任、每年、貼費七、八千元、畢業、後派各廠、錄用、頗得力、爭相邀請、是年茂一二大有利、茂四尚在建築、福新一二三四五六七均有餘、福八在建築中、申一大餘一百十萬、申二無利、身重難周轉、辦法不合、故也、換朱長清、爲經理、亦未轉佳、學校添辦各級、完全梅園佈置、益備、四時遊人不絕、馬路四通、全鄉生色、圖書館、備印目錄、藏書、已逾十萬卷、兄又在工商中學校旁購地、擬創農場、余由錢印霞經手、買進、蘊藻浜地、卅餘畝、計三萬八千元、預備造粉廠、獨自置備、後添買、至六十八畝、尚欲再購、世亂無從下手、尚未建築、後自申三創辦、遂致力於紡織、無暇、及此矣、

民國十年辛酉四十七歲　當選、國會、議員、全省平均爲第一、以四十票爲本位、余得五十、一票、茂新一二三四照開、福新照開、申一二照開、申三正式開車出紗甚好、惜反對人已不及見矣、定美花、五千、包、甚合、輕拚入本花品質、甚佳、收齊股本、已不甚踴躍、市面已不佳、召開股東會、推兄、爲總經理、余爲經理、鄂生、叔、副經理、薛明劍、紗廠總管、李迪先、布廠總管、兼總帳、布甚佳、到處樂用、濟南茂四建完開工、請張文煥、爲經理、孫蔭午、副之、出粉三千餘包、粉爲各廠之冠、火事上餐室用之外、人亦極贊美、銷行、京津、甚盛、至此、茂新一、至四、全開、惟苞米粉既乏原料、去路因風氣未開、申銷極微、祇天津稍有去路、故不久卽停、無利、福新一至八全開、戰後、利薄、英國、藉口、有雜質、禁止入口、請外國律師作呈文無效、化驗、微有皮屑、爲主、因實則戰時、樂用、戰後、自有粉到、保持權利耳、茂新、尚好、因各處設批發、尚有去路、漢口、福五粉、銷、尚佳、因用袋不便、擬設紗廠、先購、一萬錠、余力勸稍緩、財才兩缺、不聽、兄已允集股、創申新、第四、余未、加入、福五資本祇卅萬元、已做至、五千、包、皆吃款轉運、申四再做、招卅萬、實收廿八萬、左右不敷、甚巨、由申墊、出、斯時、上海交易所風起雲湧、業業皆有、紗花發起人徵余意見、余力勸、至再成立、後、

與我、權利、不、納、麵粉交易所亦同、後來共有一百零五種、收歇、止剩五種、烟酒交易所主任錢強齋、約余談此中關係、力勸、非彼、所宜、採取、辭去、周肇甫爲黃沙石子磚瓦交易所主任、約談招股、答伊、以何物、爲標準、以黃沙石子堆存交貨乎、因而中止、無錫亦有人主辦交易所、余力勸、壞市、不宜做、當日似乎殺風景、至失敗、時、均謂、幸而未做、也、曾至南通、見各種社會事業、張四先生年六十八、並開蘇社、次年在揚州、余亦去、蘇州亦去、後在無錫、由余主辦、於梅園、開會、全省人物、共集一堂、選余爲常區理事、全省十一區、以舊府屬爲單位、韓省長又創教實聯合會余任、實業界會員、兩年、曾條陳令禁紅頭自來火、因有毒而人服之以自殺也、至今火柴、已無紅頭者、實業廳長張君主辦之功、年終、茂福新均有餘、申一餘六十萬市面已現壞象、申二無餘、申三餘五十萬、通市大都虧、折紗價已跌、且爲交易所、拋出、壓低、花則抬高、是年總公司購地建築完成、地二畝、八分、連建築、共用卅、五萬、左右由各廠擔任、以無錫派得最多、規模闊大、當時辦實業有如許、卽南通、亦不、能、過、用人既多耗費日加、進此屋、後、從此、多事、口舌、時現、反不、若三、洋、涇橋、爲、靜、金融調度、被人注意、歐戰時、所得已擴充、於事業中也、

民國十一年壬戌四十八歲　六兒紀震生於小除夕、因生時、適雷震、故取名、正月各廠照開、名振全國、得獎、頻頻、嘉禾章、兩年、已得、三等、吉人先生調至總公司庶務主任、大公圖書館館長由嚴肖蘭接任、公益學校校長胡雨人辭、聘蔣仲懷接任、梅園擴充至滸山、全山開闢、將山頂削平、眼界又放一層小羅浮、已覺小矣、家中已添新屋五間大廳及後樓、繭行拆去不做、改爲廚房、西邊造一畝半園、有兩宜軒、對面戲台、競化兩等自建、亦放大、有五教室、祠中亦放大、共爲五教室、四年級在祠內、五年級在中學、因地位而改也、茂新仍一至四、福新仍一至八、申新一至四、均開、惟拖款累累、已爲金融界看透、至九底、咸縮手、常欠、市款、三百、萬、斯時常欠者、福二福七、申三申四、漢口亦要幫助、共想辦法、因粉紗均有交易所、市面、已被操縱、難於自主、卽難獲利、金融方面因受交易所股票失敗影響、歐戰時、

所得、大都、非、擴充、事業、卽、爲、投、機、損、失、一場春夢、至此而醒、謹愼者格外小心、不肯放款、我廠範圍既如此之大、自己力量已用入實業、決非空言可集、於是、託人、尋覓、押、款、十月起、決心、要、做、遲滯無着、各莊同爲着急、與事實更遠、余至此、有暇卽至申設法、二王先生亦同、因有關係、非設法不可、棉紗、部分、皆、無、利、茂福新雖有微利、無濟於事、收縮、存貨、略爲、減、輕、至十一月、已知、實、缺、二百、餘、萬、至十二月廿日、借款成功、簽字、人人安心、喜形於色、兄因各莊不幫忙、且有蜚語、決心、至、大除夕、照、還、急、急、跑、街、先、生、跑街先生見面孔已露不急之相、卽用好言說早還、明年有點感情、廿三、照、還、透存、廿餘萬、此、爲、余、等、入、實、業、界、第、三、次、風、險、卽光緒、卅四年、民國、元年、及、本年、也、李迪先辭職、厚生紗廠請爲經理、蔣漢槎調申二爲廠長、朱長清已辭、駱乾伯爲申一二工程師、美國紡織科畢業、後爲永安請去、又是年、與金佐臨張四先生共買田一千二百畝左右於黃浦江附近、余兄弟合買三之、一、分、得、三、百、九、十、畝、有、圖、有、部、照、張君出面、金君之力爲多、余條陳最先、主動、也、該、處、地、位、亦、宜、設、工、廠、今後必見、

民國十二年癸亥四十九歲、　茂三因原料銷路兩缺、遂停工、福新二八亦不全開、四停工改良、其餘紗粉各廠均照開、申三內部調整、加添余鍾祥等一班新人、後請、汪、孚、禮、決、心、變、法、因工頭已不如前、沈阿虎等學時、不切實於工作、出品、稍降、時紗布交易所日日開拍、價漲落靡定、市無把握、紗業大敗、德大紗廠欠款六十萬、被債權人以六十萬拍去、歸錢莊經管、以六十五萬、售與、我處、遂改、名申、五、余去看、眞便宜、老廠、一萬八千錠、新廠、一萬錠、尚未開過、請唐紀雲馬潤生兩先、生、爲、經、理、屢改易、得失無常、紗業至此、除內、地、廠、或有、立、脚、上海、天津、均、不振、惟我局則因粉廠小小幫助、尚堪存在、時存競爭心、余因上年金融界露出如此境界、心存、緊、縮、不敢浪費、力勸各廠、整理、革新、申一等亦改良、永達生意見而辭、由嚴、裕、昆、爲、經、理、布廠、尤、加、注、重、出布、做、袋、占光、極、鉅、機數、漸、加、至六百、台、此時新舊職員不融洽、工人已有異心、防生意不穩、躍躍欲生意外、背後已有人唆使也、風傳、已、有、第三、國、際、在、滬、漢、行、事、紗廠已視爲險事業、常州紗廠欠銀錢業之款、欲將廠拍賣兩次、無人過問、大成亦如此、無錫、稍、穩、然人心浮動、申三仍不免打、職員、使余鍾祥等不肯入廠、余左右爲難、爲面子計、留余等休息、一面勸導工人、未露顏色、至後、未、受、大、累、否則、至、下、年、不、堪、矣、社會事業、急急進行、梅園種樹建屋、亭台布置、別墅亦完工、時有名流高人、來園借住、如汪、岑、馬、皆、是、哈同亦樂住甚久、並於其、愛、儷、園中、亦、建、一角、取名、爲、馬路全鋪石片、直通車站、通惠路闊至四丈、路面時加煤屑、圖書館、藏書、日、加、學校中學已畢業有二班、分送各廠練習、亦有升學、後再入外國遊學者、蔣輯等、入銀行者如朱王龔諸生、總之、中等、實、學、歸中、等、實、業、學、不、虛、用、至今、校與生均明此理不差、後之辦學、除法政海陸空軍之外、均、應、稱、事、務、班、分中高大學畢業、隨所、學、而、入、事、業、學、用、相、當、不、患、無、事、不憂、無、才、合、吾、國、人、多、之、社、會、事、業、也、尤、以、國、文、譯、文、爲、主、附、以、算、農、工、商、化、聲、光、電、總、稱、事、務、至、後、轉、入、大、學、始、分、科、備、入、外、國、認、淸、所、學、不、走、錯、路、此、時、余、已、得、

獎、二、等、嘉、禾、章、又、二、等、大、綬、嘉、禾、章、教、實、聯、合、會、時、往、開、會、欲、設、化、學、工、廠、籌、不、出、資、本、而、罷、工、程、師、趙、君、常、州、人、頗、有、學、問、經、驗、後、到、天、津、用、其、所、學、之、一、部、份、卽、見、大、效、余、個、人、本、有、意、因、曾、云、不、能、放、大、經、濟、以、誤、他、事、耳、申、各、廠、歸、兄、專、管、余不如從前常來去矣、款項出入、錫濟、歸余、漢、歸、兄、至年平穩而過、通扯有薄利、

民國十三年甲子五十歲、　各廠照上年開齊、申二蔣漢槎調總公司、廠經理、請顧、淵、若、擔、任、虧、本、已、至、二、百、萬、不允接事、將二百萬劃入總公司、以輕利息、允之、常州紗廠創辦時、入股、兩萬元、總公司代保運機入廠六千錠、該廠停久、無法料理、拍賣無人問訊、惟有、做、之、一、法、擬商余同意、余因人事困難、無法兼顧、辭之、時花貴紗賤、交易所有人抛紗、收花花價最高五十兩零、紗則一百六十餘兩、余處、由、產、地、收、花、勉、敷、成、本、廣東國民黨開第一次代表大會後、各地、工、廠、潛、伏、共、產、性、人、心、不、安、防、不、勝、防、善、用、寬、洪、優、容、之、道、勉、強、相、安、申三共有男女工人六千、職員一百二三十人、男工之年輕者、易被人利用、又因市面不佳、時時留心花紗

布之成本、開支減省、勉能維持、申各廠則停歇過半矣、夏秋間、齊盧政爭、上自徐易黎易曹、下自權利攘奪而至戰、蘇敗至白鶴港、數月而和、申錫隔斷、北政府召集實業會議、無錫三人、華叔琴亦在內、余因交易所擾亂太甚、帶市單爲證、並與章君百熙及二兒爾仁同去、斯時兵車紛紛、來往客車、無一定時間、守至將晚、甫上車、人人謂不必去、余不聽、午夜至甯、車站闃無一人、問訊知爲拉夫、無人敢出來、自背行李、至鮮魚巷批發處過夜、次日坐津浦車至濟南、到廠、張文煥孫蔭午蔡履陶等均相敘甚歡、數年未到、南北情形大異、北方仍如太平氣象、至普利門批發處、正肥桃上市、二角買十只、各吃二只、至今尚覺甜蜜異常、紅棗之佳、南方所無、梨與柿亦好、大明湖旁、栄館清雅舒適、黃河鯉魚兩做亦擅長、泉水之清、各省所無、趵突泉、珍珠泉、黑虎泉、爲最奇、各處游覽畢、即坐車赴京、住長安街西長安飯店內進二間、黃任之袁觀瀾因英國退還庚子賠款開會而來、此事余曾發起、集款作盤費、請郭秉文轉請李石曾諸君向英法諸國、商退還賠款、竟成功、而

商保管之法及其用度耳、余至部報到、並交議案、一爲保障紗廠營業、一爲修整交易所、買賣使其歸實、在開會時、再三辯論、先敗後成、惜乎政局大變、未及實行、斯時曹錕選得總統、曹張起釁、吳馮戰至九門口、幾進幾退、元氣兩敗、余所抱方針已達、與章百熙及二兒各處遊覽、戰事風聲日緊、津浦已不開、九月十八坐京漢車、沿路過保定、路傍生雪梨、接連已成熟可愛、至彰德、適吳佩孚北上、以居仁堂爲辦公處、即清慈禧皇太后辦公處、無人可到、足見地位之高、權力之盛、十九到漢口、住批發處、見諸君、側室已避難來漢、一家團敘甚快、月泉兄少棠兄國偉瑨因余正五十歲、爲余吃麵、拍照留紀念、聞齊盧戰已由紳士調解、各自退回、廠已開工、即趁怡和鯉門輪船回錫、此船於廿六歲時、六月十七坐過、九天尚認識、然已老矣、不久毀於火、到家已十月初、經此一場戰爭風波、幸錫地小小整理、復爲常態、學校照開、茂一二照開有利、申三復開尚好、惟人心不如前、赴申沿路所傳毀壞至如何云云、其實公物依然、頻添幾處坟墩而已、傷人不多、申市仍然工

廠亦未停、十二月廿四、楊宇霆孫傳芳到、齊軍退、過錫紛擾、人民逃避一空、城閉、余率全眷坐錫湖輪、預備由湖州轉申、連日船不開、至夜看城中火光燭天、心中懸懸不安、不知燒去何家、每至船頭、見空中掛有紅燈兩盞、心神稍定、廿九將晚、將過春及船上諸人來云、遠遠有兩船並肩直開、向輪船來、快預備抵抗、余出去看見果然、惟船中空無人形、或無多人、與船老大說生火拔錨、如果近來即開行、加速力逃得開、老大允預備動輪、諸人云來船忽不見、余出看果然、見神船望南、即時開船往湖州、開後即有人欲圖輪籌費、幸得神示早開船、出拖山風大起、幾乎出事、所拖之船、關照切切不可放、平安至大錢口、進口已午後、是日大除夕、在船中過年、略購年糕花生等物、船中敘談、忘却逃難中也、余則由錢味青邀吃年晚飯、頗不寂寞、再至岸上、走各街、湖州風俗收店早、滿街無燈火、行至城中新闢馬路而止、張公橋高大、由此回船、上海方面已知余在湖州、有訊招余至申、於是女眷由錢君代借得福民醫院預住、和平回錫、家中看守均謹愼、一無損失、晤有

仙友相助、守人已知、而余未知也、是年公益工商中學、因工科招生不足、決停開工科、所餘學生、轉請南京大中橋高工代教、完畢、本校則專開商科、至此仲懷辭職、請錢孫卿先生爲校長、未接事前、余自兼、以張杏村爲教務主任一年、

民國十四年乙丑五十一歲　元旦、坐茂新小輪船開往長安、預備坐車赴申、與二三兩兒同行、開一日、屢次迷路、至晚請人帶路、深晚至石門戴鹿岑家中、胡湘甫陪去、稍坐仍回船、天微明開至長安站、上街尚早、店家正開門、接路頭、余等即進門吃茶點、車到即上車、赴申至梵王渡車站下車、到公司、諸人見到甚歡、即派船放湖、接全眷到申、住申二樓上、數日遷至福二、即中興老公事房樓上、余欲自造住宅、與命錦堂四處看地、價尚可、無隣無風俗、一味洋氣、教育不合、久住不相當、住慣鄉而聚族、守望相助、出入皆知、學校近而樸實、與此相較、決作罷、二月回家、茂一二三照開、申一二四五三六均照開、各有微利、戰事風潮停、鄭謙爲省長、本省溧水人、頗好、所以民能安居也、四月長子結婚、娶孫蔭午三女、石塘灣大族、

累代善門、彼此相知儉約者、有一晚、余在房斷五關消閒、小女與施鳳英先生以請門春姑娘爲嬉戲、忽大書吾非門春姑娘、乃主翁老友派來救護宅門之保護仙靜海師也、速請主人來、余不知亦不信、但云不要兒戲、不去彼等、即請問各人年紀、均對、余去行禮、即書昔老友同寅雲南修道成仙、現在太行、知友歷次下凡現在有難、特派弟子靜海來宅保護、幸勿誤會、如此方知從前老友誼、即設香案茶點、詳問一切、皆蒙預爲指示、恐不深信、點化頗多、明示仙之來去風雲現狀、請來諸仙師尊雲蓮雲康文康李祖及客仙、並書對書鎭邪書扁額、筆力甚佳、歷年指示不勝枚舉、至廿六年逃難而止、惟云天機不可漏、守口爲主、仙師素業醫、屢出治病、並熟悉風鑑、常出看地、示我五星捉脈考驗、周詳何者爲穴窩鉗乳突、一一指點、點錯複查、能無誤、加獎語勸余修道、勸坐能行則喜、余屢蒙考、由四分起、漸加至七分、如欲再加非從修道起、有慧眼不可、有理氣相輔、始能再進、仙師因教導目力、有指點而購者數處、有界載明有緣無緣時時示及、不可違天、不能

違心、不能害人取利、如能以此助人、代天行道、亦有陰功、並示凡地有三等、上中下皆有神守、高則四名三名二名、中下則一名、無緣不得亂指、陰謀更不可也、謀則變、有緣易得、神人相助、以福善人、以孝最易得天佑也、時常州紗廠創辦時、入股二萬元、總公司代保運機器入廠、計六千錠、款因廠停久無法料理、拍賣無人問訊、惟有做之一法、錢君琳叔于君董懷徐君果人到錫請余幫助、却之因人事困難、無法兼顧、一再來商、以租廠分拆利益至了清欠款爲度、立租約、先以兩年爲期、以鄂生先生代經理、吉人先生副之、王式臣總帳、余鍾祥一班新人去做、工場總管開齊、一萬八千錠不算租息、尚無餘、因花貴紗賤、交易所有人拋紗收花花價最高五十兩零、紗則一百六十餘兩、余處由產地收花、勉敷成本、福新一二三四五八亦開工、收買興華製麵廠、由中國銀行經手、分十年還淸、後改福新三、六廠老六廠機器拆併福一三、改名福一、將三與六合併、名之茂一、照做二三、被工人加油疎忽、致遭焚燬、茂四照做茂二、建新廠格外改良、每日可出粉八千包

後又加二千包、每日能出一萬包、用馬達轉動電力、申三放線直達茂三未復至今空缺、工人不穩、心存戒備、凡拖重款均留意、孫總理在北京逝世、馮吳內戰未了、是年平穩過年、各廠均有盈餘、二兒爾仁請江太史衡專課國文、荆夢蝶先生教小學、時入廠學習紡織、

民國十五年丙寅五十二歲　七兒鴻仁生、庶出、九月初七、長孫智鈞生、十一月二兒娶媳王氏、王家素業木行、後兼業絲、家世亦好、正月各廠照上均開、有利、內容雖有出入、力主不拖款、且因戰事已起、北方力弱、漢口福五廠來信、月泉已爲工人壓制、種種不合理、殊覺難處、上海無錫均受影響、惟有謹愼小心、立定脚頭而已、廠事謹守、社會事業陷於停頓、各地不肯多往來、防生意外、家中有特請之看守人、

民國十六年丁卯五十三歲　正月各廠照開、南京定都、北伐軍一路由申錫而過、京分路北上、商市淸淡、交通有阻、工商中學無形停止、小學照開、二兒已在廠

實習、認眞、則工人側目、同事不敢有爲、工業退化、余明知短時祇能忍耐、然計劃復興、以此時決定、爲多出品、退化牌子跌落、作工者不爲怪、初上海募公債、兒言實業仗政府幫助、決買百萬、秋間與錢孫卿先生商酌變通章程、開辦豁然洞讀書處、錢先生爲主任、訂定課程國文英算國術爲主、聘請朱夢華先生主教國文英算、許心魯國術、侯敬輿收生、念餘名、住於梅園、中早夜但聞讀書聲、初高中均縮成二年畢業、考升大學、都取、有習學外國者、南京政局已固、北伐日見勝利、余時去京見同鄉、正議創立錫金同鄉會、捐出成賢街轉角沿街地五畝、更捐資建築、立碑記其事、蔡孑平、俞仲還均主之、最初發起、實王啓周、然未及見也、是年大局已平、茂一二四均有利、福新各廠不全開、麥與銷路有阻、申一二三四五六雖市面爲難、通扯不虧、兒與余共商、不可有現錢、還如向添機上走、余主張立銀行部、中催實業儲蓄、即決組織、並請人、是年租辦之常州紗廠、至四月兩年期滿、略有分餘、續租兩年、惲禹九約余談出賣、却之、決幫助至還淸而止

民國十七年戊辰五十四歲、　二月十四、二兒長子智明生、各廠均開、各學校照常、北伐成功、各業轉機、儲蓄部成立、在錫申三成立分部、收款歸余簽字、總部由鴻三幫理、鴻元鴻增補畢業於交通大學、實習紡織、乃時從事整頓、汪孚禮等皆奮發、學生隨之實習者不少、氣象甚佳、茂四張文煥辭廠停工、茂一二開有餘、付茂四四十萬元、結平欠款、粉廠總結無利者、祇此一個、鞭長莫及、去人外行調度不合所致、福一、二、三、六、八、均有餘、漢福五亦好、申一、二、三、四、五、六、大都有利、多少之間、全屬人事耳、出品頗競爭、尤其對外、永安已添新機、號召顧客、吾局各廠加意、工程師廠廠有、均從添機、改良、爲條陳、經濟有餘、利有儲蓄、不憂無着、凡屬申新、個個非革新、即添機、三廠亦動心設計、求其進步、三六專管、茂一、二、同、申各廠由兒請工程師調度、文牘處亦上條陳、起草三十周紀念册、余因尚未實在、不主即辦、對錫事所以不詳細耳、余素主實際、不尚空談、盡力做去、以事實對付競爭、三廠對職員主教以實習、對工人主恩威並用、兼顧其自治及子女教養有出路、待遇適合、平心和氣、不加壓力、又留心衛生、居住適宜、與學校無異、一經進廠、有不願他去之概、終日辦事與觀察、不能兼顧他處矣、心中常存無紡織、眞知識、爲慮、三兒一心在豁然洞讀一年、國文進步尚好、有高中三年程度、五堉熊源與姪堉王雲程、均擬留學美國學紡織、行有期、余亦命同去、可互相照應、九月趁輪至美、入羅惠爾大學、畢業得工程師學位、至民國二十一年回來、熊源等早一年先後回國、均在申三任事、得力頗多、從此出品佔優勝、人人樂用、公益校中請沈泮元爲補習教師、教紡織專科、並到廠實習、由汪孚禮帶同指導、後各學生多感其功、以師事之、是年五女嫁唐熊源、係唐紀雲長子、世家也、十月三女嫁宋美揚、中國銀行總理宋漢章次子、家業儒而轉入經濟界、有名人物、是年以百橋公司名義、爲地方造橋、請賈茂青任其事、

民國十八年己巳五十五歲、　七月十二日、二兒生次子、名智寬、茂福申總公司卅周紀念册出版、余無主張、然亦有用處、採臚聲者多也、申一、二、三、四、五、六、七廠、

皆開、福一、二、三、四、六、七、八、均開、茂一、二、開、茂四未定、人才不足、永安建新機、兒亦欲添新式、潑辣、脫錠、風聲一播、洋行卽來抖買、價格極克己、覓地無合意者、卽在申一傍建屋、名八廠、余見才財兩缺、必欲競爭、祇可二萬錠、多錠不如少錠、查內地一二萬錠者、皆管利易而生利厚、我局錠多利少、人才與資本關係耳、兒不願示弱於人、仍購四萬錠、申一拆去一切布機、及地上已建各屋、造鋼骨水泥廠屋二層、頗整齊嚴裕、昆任經理、兩廠兼顧、工人無訓練、出品不佳、百橋公司成立、各地均請幫做、先由附近胡埭、雪堰橋一帶、再至常州南北各處、本縣各鄉、凡有需要、均合募建成之、比造路爲宜、願盡義務、五年、申一既添八廠、申二亦主添新機、先從老機增加、再添六十支、燒毛等機、申三添新電機、加瑞士式紡錠、申四楊少棠辭、月泉先生相繼赴申廠中、以李國偉任經理、華棟臣任批發經理、兼金融調度、茂四照開、秦芹生爲經理、兼營打包廠、濟南產花頗多、銷布亦多、後另派專任、申五亦改良、俱有進步、福三傍空地甚大、施伯安爲兩路管理局要職、商將路軌接至棧房、由濟南、河南等處來貨、直接卸本棧、無錫更便利、不必上棧、省費而無損失、兒亦同意、卽照進行、買地價小、比路局略大少許、華衛中時去接洽接軌事、棧房成、另立營業組織、名福新棧、就便由福三帶管、股東由總公司與各有關係之廠出資、無錫茂、新、申三各佔一股、建橋開河成立後、爲上海各棧所無、惟因資本小、尚未佈置盡善、生利無多、申六餘利尙佳、原主分得、還債將淸、申新各廠均有餘、福新茂新亦餘、是年各廠氣象甚洽、所定新機尚未付款、且有同仁儲蓄收入存款、政局已平、過年比歷年寬展、秋間有德國實業考察團到錫、招待之、頗知其蓄意、於報復、領袖者曾爲財長、滔滔于口、賠款一千二百萬萬金馬克、四厘息、卅年分還、開支六十萬萬、貨稅抽百分之卅、眞難受也、學校如前、造橋十餘處、兒有擴地造園之意、曾在後灣買地、余以小箕山爲佳、託朱毓麒買蕩地二百五十餘畝、由朱梅春建築之、上海楊樹浦英商所有之東方紗廠、原底由香港遷申、添至五萬錠、布機四百張、織機全副、定價一百七十五萬兩出售、葉君琢堂一再來

說、余力阻不宜買此老廠地段不合工廠、工人難立脚、開支必大、出品不出色、銷路難去、兄因葉君有意一定要買、取其沿浦地好、買下押入匯豐、集股五十萬兩、余兄弟各出三成、葉君佔四成、以乃郎葉達明爲經理、鴻增在廠實習、不久達明遇綁匪在車中遇害、聞訊痛惜、此廠經此波折、用人困難、屢屢虧折、葉君灰心將股脫去、由總公司照原本分年付還、租常州紗廠爲申六、兩年又滿、年年有餘、分與原廠主、還欠尚未淸、續租兩年、

民國十九年庚午五十六歲　長子生一女、名智福、正月各廠齊開、政府有議加紗布麵粉統稅、楊樹臧條陳各同業請減、不允、粉稅由四分加至一角、紗稅由一元五角、包稅加至八元以上、吾各廠全年增加稅額五百萬元以上、知被收稅實業加困、必須愼重將事、五壻唐熊源畢業於美國羅惠爾紡織大學、歸國即來申三後任副經理、頗得力於改良牌子、漸漸轉佳、申一添機後、資本加至四百念萬元、申三亦由盈餘加至五百萬元、紗錠六萬、織機九百台、決心改良出品、生產雖加重稅、盈餘不弱、開支較各廠爲省、余從克己做起、以前一種惡風潮、均無矣、彼時、物價已小、印染之布、祇値每尺六七分、十磅布五元左右、十二磅細平布六元以內、余歷次受經濟困難、而解除之、推而社會至省、省至國、國至國際、均密察盈虛消長、記之於心、對市面升沉頗有會通、凡吾所管、即得此旨、嘗思陶朱公憶則屢中、非偶然也、每以此語與同人及學生講之、陶公商學、購進如草芥、貴出如糞土、我以勤儉爲主、附以平心守古語、所以經管之事業、利多害少、隨意指揮、驕奢用私心、患得患失、所以事業之易於變動、我局事業大半手創、小半購自他人、小箕山連年建築、余代計劃、款由茂新兄名下出之、至完工共用十一萬元、有荷花池四只、花廳一座、洋房一宅、嘉蓮閣一座、馬路、環湖平台幾處、馬路由蕩田中築出、建橋二座、通之工程非易、頭門一帶頗壯觀、遊人至此稱爲風景不羣、有渡船南通黿頭渚、楊翰西築園其上、規模宏大、亭台樓閣應有盡有、遍植花木、四時不謝、再上有廣福寺、量如僧靜修處、有陶朱閣、念范蠡遊五湖、亦爲沿湖生產之先

尊、過此有園林、直通至寶界山、明朝王仲山築琴隱園故址、遺跡尚多、後造橋通至蠡園、王禹卿所築、湖光山色爲地方生色、吾邑湖邊政府有築環湖路、路基已成、以湖爲公園、爲滬寗路中心、中外人士遊息之區、再道路四通、各園林皆沿路、以便遊人、余民國元年理想之將來、已過望矣、城內外路皆通、工廠林立、如楊範甫先生所說商市繁盛、上海以外無出其右、有小上海之稱、經濟流動、奢侈不免、老輩望之生嘆、時長住鄉、八時出、六時返、有暇至園視察花草樹木之種植、與工人商量造橋造路、各種社會事業、或至學校及公益工場講造作或添配機械、每日但覺日短、不知空閒、是年茂新一、二、四照開、有利、福新各廠亦同、申新各廠有得有失、稅重已知困難、利益無多、下半年平常、物價日賤、競爭日顯、人才不敷、用養成所練習班年年分送各廠、亦不敷、三廠留用最多、廠固多益、各生後至各處任要職、實始於此、由練習而成資本家者、比比皆是、種瓜得瓜、種豆得豆、洵非虛語、實力辦事、實心幹事、應得成功、空言無補、至晚請仙談風鑑及造橋等事、

民國二十年辛未五十七歲、　次孫智謙生、長子出、二兒生智憲、儲蓄照常、茂新福新各廠齊開、或有原料不足、少開、美花美麥賤、大都不符成本、申新齊開、花賤紗小、美花每磅由二角二分賤至一角、另再由一角跌至五分二厘、洋麥由一元三角跌至九角八分八厘、後跌至五角、另此二項虧本甚巨、全市吃虧不少、或有因而牽動公司者、加以重稅、認眞收股、實者漸漸空虛、王雲程學畢回來、入廠練習、後爲申一執事、大兒二兒受兄命、先後到申助理各廠、亦從自治入手、廠以五六先仿鄂生先生常州已先試行、次及申一、大二兩兒先後主辦、雲程入內、照新方針同做、申二朱仙舫汪孚禮皆主改良、惟在添機器、改方法、爲主、未從人工入手、余在三廠所經營、所請人非專家、以有誠心管人、不嚴以德服人、顧其對家、對子女、使其對工作不生心、存意外、即算自治有效、自信可以教範圍內各廠仿行、是年茂新各廠有利、福新各廠亦有利、申新各廠有利無利參半、重稅之果、造橋各方來請、一一應之、是年漢口大水爲災、廠幾淹沒、全仗國偉等人力搶救得免、

時申六將到期、已盡義務六年矣、惟辦事員似乎做熟、談合或可續租、屢談無成議、至期交還、將申六臨時合資、分拆、解散、余照以前投資、以後塡款、一分錢息、餘款四萬、代原主還入總公司保人虧累、鄂生先生亦出一萬、以代付不足、于君投資資本、送與原有股東、折合四千、送與琳叔、以照幫忙之說、始終其事、原主、改廠名、爲民豐、至後大發展、各事清了、徐于錢三君到舍致謝、並承贈送余一聯、唐君書也、厚生紗廠薛君等、因營業無利、租與杜君等、正待開機、見稅重不欲做、讓出、竭力幫助成局、孔君亦設法、余因常州六廠卸肩、人手有一班、立時可做、贊成、租下、不一月、卽開車、久停之廠、如此迅速開出、頗受關心人贊許、仍名申六、後議買下、其時申七八皆在前、緣常州而排入六也、楊樹浦三、新紗廠中國最早第一發起奏辦之廠、總辦楊耦舫、不久失火燬而改此名、歸盛公營理、收入巳產、辦理多年、小輩無心經營、將廠及餘地、脫與李君、然祇愛地而不做廠、將地面之物、作價四十萬兩、招人收買、兒決買、余往看、亦贊成、買下分與各廠、看到、淸花、機、尙是新添、拆之、可惜、且先試、做、漸漸、分、拆、當時人手已缺、欲請唐君、未允、卽請吳昆生爲經理、請來陳吳諸君、開後有薄利、取名申九、至此申新有廠九個、共有錠五十萬、布機三千餘張、國內無出其右、外人側目、粉廠、一時、亦、佔、最、多數、

民國二十一年壬申五十八歲　孫女智祿生、長子出、孫女智壽生、二子出、儲蓄部照常、茂新一二四各廠、福新及申新一二三四五六七八各廠、均開、各廠除申三以外、均用印度棉、紗色平常、客有煩言、紗有存積、放莊至廣東、湖南、重慶、銷路均淸、價不如申、交易所抛空、紗壓低、有外國人操縱、市呈不安、余日日通訊、說此中上落、心常擔憂、外力日漲、內力日虧、欠數日巨、收稅日加、盈餘難望、所欠機款、逐日到期、帳房嚴少蘭、調度力竭、熟人亦多維持、如此習以爲常者有二年、三兒一心畢業回來、得工程師學位、命在三廠任副經理、與熊源同、頗有興緻、四兒毅仁、考入約翰大學文科、外孫蔣新一亦考入、本年爲兒六十周甲、同仁擬於八月初二日正生日稱慶、推二兒爾仁籌備、陳品三爲提調、佈置一切、將六十年來事

業、大略記之、各友朋送壽屏九堂、詩畫對聯無數、壽堂設家中及梅園誦豳堂、小箕山等處、均招待來賓、凡邑中備菜之船、載客之輪、來往之汽車、與大小旅舍、俱先包定、禮堂所在、裝滿電燈、園門及山頂兩處演戲、壽事共、費五萬、零四百元、當時物價尙賤、菜一席十元、送下禮物、由聞君估値、兒出資捐入各善團機關、對聯裝箱存起、壽屏三堂選入家譜、以備流傳、十一月十六日爲三兒一心結婚、娶華藝三先生次女、是年茂一二有餘、福新各廠有利無利、申一平平、申二虧、申三小有利、申四無利、申五六平平、申七小虧、申八與申一同、申九預備拆入新屋、因地主催出地屋、商不允、議買不成、非遷卽拆、其勢不能在原地工作、其實居心要出重價、買其地一大方、以百畝爲最少、當時無此財力、先看自己衣周塘地、無屋爲助、一時無立足、再看福二後地五十餘畝、自己地易辦、議價作欠、陸續還、決定、搬至、此處、擬以一、百、萬、造屋、一百、萬、改、造、修理、遷移、先向、英、商、麥加利、銀行、議、借款、成、立、再與營造廠主、張繼、光、開、帳、卽於、年、內、動手、至、次年、造成、裝機、一切、完備、先後、約、二年、共需、建、築、費、二百、四、十六、萬元、電氣、裝置、一、百、萬元、有、奇、添、配、機、件、及、一、切、用、場、完畢、時、共、計、五、百、念、萬、左、右、內而棉麥虧折、外而借款用出如許、所添機器、欠人者到期要付、大部紗機未先集資、至此稅重市壞、花小不足、紗小更甚、無利可圖、盡力調度、專心同仁儲蓄、稍有收進、外匯縮、還款加重、拆息大、日積月累、常欠押款及票頭已逾千萬、余則盡力於收入、留心工作如常、並日常無嗜好、不食、煙、酒、來、客、不、備、同事、亦、不、吸、烟、習以、爲、常、廠中研究工人待遇、自治設備日臻完備、進、廠、先、教、識、字、落、工、習、副業、非實、習、不、能、派、事、女工、非由、養成、班、學、過、不能、工作、班、班、皆、教、導、宿舍亦有室長、辦理漸有聲譽、是年造橋最多、正月有美參贊安諾德派一人、忘其名、陪來美女士、在銀鑛委員會會長處爲祕書、現爲要職某某貴婦人、因銀錢虧本、調查世界用銀元情形、至我國、由北而申、各處到過、安君囑其到余處談談、問上海商業銀行如此之大、爲世界第三、何以存銀、祇三千萬、周轉可活動、若此、彼國內存銀四十萬萬、仍不足用、物價跌落、若此、余扼要書

大旨、與之、由熊源譯英文、頗蒙採許、

民國二十二年癸酉五十九歲、　孫女智美生、長子出、儲蓄部照常、茂新福新各廠、申新各廠、除九廠外、均照常開齊、申九建屋將完、正在裝機、添備各種革新工作、至秋始完備、用費已巨、押款已足、將福二道契爲擔保、用完後、由無錫接濟總公司應付、收少付多、出品不俏、押匯裝出、墳頭不資、越轉越緊、往來銀行、屢屢幫忙、看看數大、即商改押款、秋間鴻三子智海痛殤、兄最愛此孫、大爲傷感、致生偏中風、半身難動、由葉愼齋針十餘次、漸愈、脚稍有不舒、至冬復原、余一再來往、外顧調度、內憂兄病、近乎兩月、九廠正在開車、總公司嚴少蘭屢屢來信、乃時將錫款解出應付、見九廠已開出、心定、此時機款解淸、花款常調、裝紗於各莊、墊頭皆爲虧去、銀行款歸結、均爲押款、申新一至九無不抵押、茂一二四亦押款、申三爲總公司押出、惟麵粉廠福一三七未押出、而活動、有自營能力、且有私產、信譽未損、兄將麵粉廠總理、歸禹卿專管、俾易調度、茂新至年、有利、抱穩做、年年、如此、濟

南則無利、盈盈虧虧、扯下無餘、福新有利、申一至九、惟申三、有利、其餘牌次、貨積耗息、好者少、有機多、心不齊、收花走樣、洋行解花、已有惡習、總公司爲經濟套輕起見、不如號家、漢口打、包夾破子、陝西打、包夾雜、印度花、等級降、次不照原樣、出品、色暗、太緊、客人不樂用、永安及其他各紗廠、則辦好、花出品、不同、相形之下、自然、貨積、申三另立好做商標、用花、拚花、用料、事事、親爲、配準、拉力顏色均高、各布廠樂用、價提高不與交易所出入、所以年年有利、十餘年已有三倍、有人條陳政府、設立棉花統制會、以陳光甫李升伯唐星海爲常務委員、宋公有借美花成功、分與各廠、以救內弱、不料爲忌者所阻、未成、兄上借機再添之條陳、政府已採、對外佈置就緒、亦未成功、勉強調度過年、申三廠自治區、日見完備、副產研究、如養兔之類、單身女工工房可住至一千餘、布機已至一千、五百、台紗錠七萬、另動力、老、發電機三千、二百基羅瓦特、新電機四千二百基羅瓦特、茂一二專線全用、再有餘力可添機、因申經濟未裕、不添、陸續購地預備、因工作好、進花出品有把握、越大越有利、資本已、定足五、百、萬元、心已放大、主客雲集、出品時時不敷、申一二五六九、均有改良者、以一五九爲略好、餘則正在機上想法、未及用料自治、是年因兄壽、各方、來、請造、橋、皆以、鋼、骨水、泥、建、造之、行人以平面階級、過橋爲快、大者、十、餘、丈長、闊一、丈、二、尺、小者、長三、四、丈、闊一、丈、此時鋼條每噸九十餘元、木料每寸尺七八分、水泥每桶四五元、人工八角、石子每方丈五六元、黃沙每方丈五六元、監工義務、設計義務、五年如一日、競化女學略併、公益小學四處、高小初中及讀書處各一、幼稚可直至考大學、此旨未改、學生則少矣、一心兼管公益鐵工場、仿美式改良、添人加機、以能、自造、紗機、織機、麵粉、機、爲目標、物色人才、先從打樣、注重小、學、從、工、爲、出路、調施之銓爲主任、職業教育畢業生、招人稍易、一班打樣由此而來、原有房屋、不適用者翻造之、翻砂間、特別、擴大、專攬、翻砂、生意微有薄利、興緻甚好、局內麵粉廠紗廠鐵工、不假他處、快而妥當、天天有人來接生意、一換前人面目、小小出品甚多、抽水機、軋麵機、打包機、小引擎、車水機、絲廠用品、布

廠用品、搖紗機等、凡東西、來、路、出品、均能、仿、之、自造、是年三月漢申四廠遭回祿之災、保險賠款領到後、決於秋後復興、余始、加、入、股份、定英機、照新式建築、至明年始裝齊、仿申三工作、

民國二十三年甲戌六十歲、　長房三孫智鑫生、二房四孫智祥生、三房長女智瑞生、儲蓄部如常、茂一二四如常、福新各廠如常、申新一至九照開、惟花價不小、紗、祇、售、一、百、六、十、元、不俏、布尤、賤、十二、磅、細布、大都、五、元、二、三、角、十三、磅、十、四、磅、海、昌藍、布、祇、售、八、元、左、右、可謂賤極矣、外埠如重慶、紗亦售一百六十餘元、貼去水脚九元、押匯九折、廣東河南亦相彷彿、生意眞是難做、加稅、三年、約已、抽去、增稅一、千、五、百、餘、萬、元、政府毫不覺其多、商已受苦難言、申三則靠實銷、通州太倉漢口陝西山東各地、自己辦花、常州織廠及本埠襪廠連絡、出布多印坯、定貨不斷、正月十六日爲余周甲、兒姪輩邀親友稱觴、余不欲鋪張、力主從儉、與親友故舊謀一日之歡、敍堂會張治兒班子、演戲、張演老萊子、頗工、張半途習此、不易、一

舉一動、無不引人捧腹、送來壽屏六堂、對聯尤多、三堂已印入家譜、無錫紅卍字會有壇、李祖師降筆壽序一堂、謂是初次賜出、勉余爲善、有一仙賜余松年二字、筆力異常、而壽序命錄二份、掛兩處、不知何意、後存一堂、一則失去、半數不全、始明白戰事也、諸友中、集款、爲余造一紀念橋、因余在各地造橋而起、再三辭、已有送下款者、余謂如果諸君要造、主人如吃酒先吃一杯、我先造一橋、爲陪、十七日晚、請仙指示及破土日、雲蓮仙師降壇、擇二月十七日破土、八月完工、地方在寶界山、再請爲期太迫、各料未備、示云要造祇有此時可成、否則無成、無期可改、隨決定照做、招工備料、上海託永吉兄辦木鋼、本地定黃砂石子、龍潭定水泥三千筒、各事預備齊全、惟擇地未定、連日至寶界山西頭測量、至再難造、有一漁船云、要造橋、祇有東頭老渡口、兩頭有硬脚、引我等到地一看、果好、船則望東而去、兩頭定橋、至期破土動工、用三班共一百零六人、再請仙指示、示云、此地爲妥、請問有浪如何、示有仙監守、決無浪、保爾工人無病、每日飲缸中清水解暑、雖天熱無妨、是年天熱異常、果無病人、八月十一日按龍門、橋通行人雲集、茂青量如和尚等推余發起購地、贈與開原寺、捐資建築之、蘇州乾元寺、山頂無水、請雲蓮仙師指泉築之、得水甚清、三底金融、余處生意尚順、過三底、兄設法、請禹、卿、兄贊、助紡織、六月二十八將晚、大兒回來云、到期、款五百、萬、非有現、數二、三、百、萬、不能、解除、曾託宋先生云、如果有物、必設法救、空言無效、余即、電申問、情形、決定、補、救、託宋先生向公權處商量、回云、有物可商量、答云有物若干、宋先生候公權至午夜未見、但云決照此辦、通夜共打十一次電話、說明一切、一面將份內存各處物件拿到、晨四點上車、與大兒同至申、已七時、知宋先生已與公權商明、中上、共做、押款、五、百、萬、元、一切、票、面、照、兌、即、關、照、總、公司、照、常、收、解、人、心、爲、之、大、定、九時、將、有價、證、券、攜、至、中、行、點、交、立契、簽字、說明由王先生經手簽字、付出、並謂此款乃維持性質、必須提前先各款歸還、余云當然、有款即先還、後未食言、連日與王先生陳光甫、張公權、李升伯、會談、余意仍舊由兄主持、兄照我方針、設改進、委員會、各廠、

經、理、爲、當、然、委、員、余則主其事、由偉仁聽余調度、款付至二百五十萬元、二行停付、再三商酌、再付三十萬、因王先生聲言不負調度責任、余因其不熟此中得失、聽之、再與各莊領袖會商、聲言兄仍舊主政、由改良至能賺錢、而百事解決、人人以爲然、余即回錫、將各、廠、應、行、各、事、一一、每日、函示、大兒、分頭、辦理、各廠、先、由、辦、花、收、花、入、手、各、花號、已、不肯、送貨、各廠、用、花、均歸、余、代、辦、有信請我主政、即函漢口大倉、直送交改進會處、分派、通州與劉達六、陸魯柯、顏樂三、訂專辦合同、半年、送錫、代收、每日輪拖至申、分交各廠、外面不知、但見廠中用花不斷、廠中用此好花、出紗色白而條分均勻、銷場頓起、已有微利、再從省費省料、教工一一照改、頗有效驗、大局爲之稍定、初八光甫約余至南京、見行政院長、彼由滬坐飛機直去、我由錫上車、遇唐君有壬、張君公權、吳君震修、略談、無要言、吳君略詢、余駭怪、至甯同見院長、問我近日辦理情形、一一答之、頗蒙採納、袖呈請發公債節略、院長云、有此辦法甚好、交部長、部長云、且俟派人查、查可行、准發、即派委員至申查覆、云無着之款若干、愛莫能助、然感某某之熱心愛護不淺、押款雖成、未全收用、欠款尚多未了、各方希望難應、仍要設法、余再度至甯、請發公債、仍無眉目、余從此不想此路、專從、處、處、改、進、漸漸起色、陳君便在梅園問余方針、即照辦法答之、彼云若此甚好、彼亦安心、改進會收花解款、被人移與洋行、致將漢口及六廠所墊款交不出、由余分頭調度、通州各款、吃開期劃平、是年茂一二均餘、申三亦餘、福新微餘、申新其他各廠早虧、改進後略抵、從此、轉機、改進、停止、辦花、由各、廠、自辦、申行號亦肯送廠、是年之多事、爲生平未遇、思想正大、立論未錯、垂危之局、卒保平穩、教育義務亦未稍停、余至今尚津津樂記、後之辦事業者、必以誠心爲心、富貴豈難事哉、是年三月六女嫁楊通誼、爲楊味雲次子、世家出仕、前吉人先生發起修宗譜未竟、是年推福霖先生主修、余亦協修、經費不足、余任之、聘劉、玉成、主其事、大公圖書館嚴辭、由子俊先生任之、競化女學校長施顯臣作古、由殷彥恂任之、

勘誤表

頁數	行數	字數	誤	正
序（上）	三	二四	梟	臬
一（下）	七	二五		章仲山「之子」
二（上）	一二	三一	母	親
二（下）	八	二六	朱	王
七（上）	九	三一	悵	恨
九（上）	五	一三	餘	飯
九（下）	六	一	氏	民
一一（下）	九	三	士	土
一二（上）	四	一三	文	元
一二（上）	八	四	銀	錄
一五（上）	一	八	妥	安
二三（上）	七	二五	店	廠
二三（下）	三	二四	士	土
二五（上）	五	九	灰	炭
二六（上）	一一	二九	溜	澑
二九（上）	一	一九	汶	汝
三一（下）	三	二五	祈	訴
三六（下）	一二	一六	月	年
四八（下）	一〇	二二	二	一
五〇（下）	二	二八		除「萬」字
五一（下）	四	二八	事	車
五七（下）	五	一五	董	董
五八（下）	六	一四	習	留
五八（下）	一二			脫去「是年四女嫁龔曜，美國密查理大學畢業，係李靜涵次子，」一節
六〇（上）	四	九	利	理
六一（下）	五	二三	購	賤
六三（上）	一〇	二三	營	管
六四（下）	一〇	八	錢	賤
六四（下）	一一	一三		上海商業用銀如此之大
六四（下）	一二	一三	銀	金

樂農自訂行年紀事續編

（民國）榮德生 自編

《樂農自訂行年紀事續編》一卷，（民國）榮德生自編，二〇〇一年校訂合編《樂農自訂行年紀事》本。

譜主榮德生（一八七五—一九五二），名宗銓，字德生，號樂農，無錫人。

《樂農自訂行年紀事續編》，上接《樂農自訂行年紀事》，從一九三五年寫至一九四九年，特別是有關抗戰前的『申新危機』、抗戰期間侵華日軍對榮氏企業的破壞，抗戰勝利後國民黨政權對民营企業的掠奪和堅持獨裁、内戰、忽視民瘼的反動政策所造成的惡果，修復、重建老企業和創建新企業，以及他在解放前後的重要活動和思想變化等方面的記載，尤爲珍貴。全書篇幅與《樂農自訂行年紀事》相當，榮德生在世時没有刊印，手稿保存在上海申新紡織總公司。一九五二年七月二十九日榮德生在無錫逝世，三十日薛明劍就到總公司向朱復康等人提議，盡快將榮德生六十歲以後的『紀事』整理出版，流傳後世。直到一九五七年一月，方由上海申新史料研究委員會將這部書稿定名爲《樂農自訂行年紀事續編》，收入《申新系統企業史料》第六編第二期，油印數十本，供内部參考。這部著作的原稿早已散失，當年的油印本，較爲粗糙，僅在上海社科院中國企業史資料研究中心、上海市檔案館等處尚有收藏。

二〇〇一年六月，榮毅仁通過其辦公室，委託江南大學陳文源和上海大學胡申生，依據油印本和相關資料，對《樂農自訂行年紀事續編》，連同抗戰時期出版的《樂農自訂行年紀事》，重新標點、訂正，合爲一編，仍以《樂農自訂行年紀事》爲書名。出版後，尚發現《續編》個別差錯，此次特製『勘誤表』附後。

本書據校訂合編《樂農自訂行年紀事》本影印。

（陳文源）

樂農自訂行年紀事續編

(一九三五年至一九四九年)

民國二十四年乙亥(一九三五年)　六十一歲

五孫智善生,次子爾仁所出。

茂新、福新各廠照常開齊。申新一、八廠照開,已有轉機;三、四、五、六、七、九亦均開,僅申二未開,因周轉困難,未得後盾故也。

申三上年因資助申事,自己迫得頗緊,以耳爲目者似已在注目,雖有往來,限定數目,户頭又少,斤斤較量。余弄得不明白,自思廠中有餘,實力不弱,何故如此,惟有另想别法,預爲防備。每日用度,先事預算,差幸人力已足,一心、熊源、明劍,遇事均能想法處理。

上海各廠自改進以來,已加整頓,似覺轉機,廠廠不虧,唯無餘資。申七匯豐借款到期,不允轉限,日方覬覦,私擬歸其接受,幾次議定假拍賣,由律師過手拍定,我處竭力反對,無效。至京陳明當局,函申設法,一面託地方公團據理力争，於是匯豐始知輿論可畏，轉商前途，解除拍賣，改爲正式押款，後來贖回。

申三倉庫貨物押款，向由中國銀行經做，本年到期後，余意欲改變方針，然實不得已而出此。余數十年經營，未嘗失信，今手頭雖緊，皆由接濟申廠關係，但若不別想一法，恐將無由解圍，於是託友向部租地，計劃建造倉庫。有貨來，先上外棧；有款來，出貨到廠應用。不數月建成，取名“新仁”，請熊源經營，江君爲賬房，賈士培爲棧房主任。

但當時外人尚不明底細，交通銀行唐君首先談成押款二百萬元，函報總行。事爲中行所聞，即函錫行經理鄔君志和責問，函復並無其事。總行云：“已知確訂合同。”於是鄔君邀問，余答：“此非廠内之事，係新仁棧代客業務。”鄔報總行，更被責難。余於是説明：“因貴行所定條件不合而出此自衛之計，貴行如果有意，還留有頭寸，即照做可也。”鄔君至此得一落場，反感我留交情，報申照訂。旋上海銀行亦聞知，錫經理談君森壽問余：“如此大棧，何時所建？”答：“三月前。”曰：“何以從未聽人説過？”答：“小小事業，無人注意耳。”談謂：“申新事，我行例應優先。今中、交已做，我如何辦法？”余答：“恐貴行無意，故不敢問，倘真願做，尚留頭寸。”談君謂：“棧有多大？已做兩家，豈尚留我頭寸耶？”余遂約其到棧看看，坐輪同去，見佔地二十畝，可堆棉花十萬擔，小麥十萬石，還可堆鐵、粉、水泥等。棧外通路軌，停船上棧，裝卸均便，面積頗長，觀後嘆服。銀錢界某君私謂人曰：“余初不知榮某有如此調度，今始知之。”

本年所受經濟上之苦況，筆難盡述，但至此已一掃而空矣。上海各廠除申二外，均好，天天生利，出品白浄，出數加多，成本合輕，積貨漸減，否極泰來。花款、機款，陸續還清；莊款雖欠，但已放心。

申二設法開工，但遲遲未有辦法。中行鄔君因往來頗熟，余時至行小坐，始知其自幼聰慧，十四入泮，旋遊學日本，習經濟，頗有根底。一日由滬返錫，問余：“申新各廠現均已上軌道，天天生利，惟二廠獨壞，至今尚停。”余謂：“凡事皆有運，上好紡機，到了二廠，就是最壞。試問六十支雙股，上海哪家能紡？申二老錠九千二百枚，新錠四萬餘枚，如何會壞？惜余不能兼顧，若經余手，必不如此。”鄔君忽問：“你世兄均能做紗廠，哪位最好？”余答：“二兒在申一比較活動；大兒在申二、五，兼有倉庫，但因乏經濟周轉，所以停耳。”不知其暗中留意，至滬與總行説及。不久，二宋①約兄談，如調爾仁至申二，决放款組織銀團，可開工。兄允照辦，即調大兒至申一，二兒改申二。

申二開工以後，大加改革，二兒一切秉公，辦事有條理。後來莊款幾獨任還清，大押款亦分擔不少。大兒接

① 二宋，指時任中國銀行董事長宋子文和總經理宋漢章。

任申一，頗有頭緒，口碑甚佳，天天有利。一二年内，紗錠添至十二萬三千枚，粗細各支紗線，應有盡有；布機一千一百臺，計劃擴充至一千五百臺，規模宏大，爲申新各廠之冠。

是年，茂一、二均有餘。陸輔臣調福新二、四、八廠經理，因丁梓仁虧空巨款去職，禹卿兄主張商調陸先生到滬也。茂新有四兒助理，通誼副理，並由余兼管，所以無妨。福新各廠均餘。申新除二廠外均有餘，改進後已得法，走上正軌，心中欣然。

漢口申四細紗間一段，上年回禄焚毁，保險賠款，擬訂購紗錠，準備恢復，由國偉、棟臣來申，報告各股東，共議未决。返漢過錫，時已黄昏，吃過晚飯，留住長談，對經營管理、利弊得失，談得頭頭是道。因思昔年長江大水，竭力救護，未遭淹没，足見辦事精神，余曾書“力挽狂瀾”四字匾額爲贈。今毁於火，不復興可惜，兄雖贊成，而各股東不允，以後如照我主張，改進辦法，余可加入股份，設法恢復，如照申三做法，必有成績。二人欣然，决依照方針，翌日去觀三廠，持我信再至申，兄亦同意，俟賠款收到，即定機及建築，於是定局。二人返漢，即派章、瞿①諸君進行練習，余親自指授管理方法，並學習“女工自治辦法”，明年成功出貨。詎部份股東不願加入復業，注册時

① 章、瞿，即當時漢口申四廠長章劍慧和總工程師瞿冠英。

拒不簽字，商量再三，用反簽字方式决定，方才辦好登記，鄂財廳始發運單，否則不能運銷。辦事諸君，經此挫折，深得教訓，以後工作，分外奮勉。復建廠房，較申三聯絡一氣，當時固經煞費設計也。

民國二十五年丙子(一九三六年)　六十二歲

是年，三房次孫女智誠生。九月初七，爲四兒毅仁結婚，娶同邑楊幹卿先生次女，亦世家善門也。

春初，因上年各處順手，焕然有新氣象。茂新一、二、四照開，福新除四廠外均開；申新一、二、三、五、六、七、八、九亦開，僅申四在後來裝齊，遲開。各廠均有盈餘，洋行暗中前來兜售添錠，陸續稍有購進。

余則專心於公益鐵工鑄造，進步甚快，添機用人，建築工場，無日不在此中計劃。一心亦有興致，在外國學過，回來仿造，究非盲目可比，出品漸多。申三自治區辦得好，聲譽四播。各處學校、工商界來參觀者不少，政府要人亦來參觀，頗加稱道。所辦識字班已有一千六七百人，醫院、禮堂、子弟小學、幼兒園、托兒所、公共花園、合作社、合作飯店等等，應有盡有；工餘還有副業，如養雞、養兔等。動力除本廠外，仍兼供茂一、二，自用新電機後，比老機省煤，開支減輕。雖有特税之加重，亦不覺矣。可見萬事必磨練而成，不經困難奮鬥，成功少也。

族譜稿成，余主管印行，至明年春散譜。楊筱荔先生著《中國財政史輯要》，屬稿凡五年，成書四十卷，余爲代印五百部，由殷彦恂校對，並寄國内外各大圖書館。我國對財政經濟方面，素少專書，楊先生歷任大幕，兩任太守，經驗極深，八十以後，慨然著述，成此巨著，爲吾國財政傳其統系，日後必可傳世。豁然洞讀書處諸生選讀古文，余與吉人先生等屢議，在圖書館存書中，擇有關學術有用之書，彙輯各書原序，提綱挈領，便於讀者，使一覽即知某書之精華所在，及某種學術之流派，朗然在目。特請朱夢華先生任選輯，諸生協助抄校，凡閲兩載，成《叙文彙編》七十二卷，内容包括經、史、子、集，以至各種叢書，搜集代表作品數千篇，以前無此大彙輯也。余爲印行一百部，木刻活字，亦由殷君校讎，分寄國内各圖書館流傳；並擬選輯續編，已得千餘篇，嗣因戰事猝起，未果。

公益中學添建校舍，聘葉志青先生爲校長。吴、鈕①諸君議將復旦大學遷錫，勘定新校址在閶江以東一帶山地，約一千餘畝。由余託朱毓麒去購買，至明年購齊，正將動工建築，爲戰事已起而止。

余初嘗發願建築太湖風景區，擬在湖邊山水之間，建無量殿、水屬池、博物館、大會堂，屋頂均蓋各色琉璃瓦，點綴環湖景色，築路植樹，並將其它園林聯絡一氣，藉以

---

① 吴、鈕，指吴稚暉、鈕永建，他們提議將復旦大學遷往無錫，得國民政府教育部批准，榮德生即捐資購地，作復旦遷校之用。

吸引遊客，爲地方增加財富。余並擬在民國二十八年從業五十周年時，開一盛大紀念會，將余兄弟所營工廠企業，與所辦學校及自治慈善事業，各項經過歷史與各種紀念實物，一一陳列，請人參觀指教。於是陸續購地，準備設計建造，路基已在動工，樹已栽植秧苗，一面增加企業生産，一面努力社會事業。預定計劃：食品工廠由麵粉而擴展至各種主要食品；紡織工廠從紗、布而擴展至印染、絲綢、麻葛、呢絨以及有關衣着；機器從翻砂、鐵工而擴展至重工業，能自造各種母機；辦學則自小學而至大學、專科；築路則接通環湖，使吾邑不僅成爲工業之中心，並爲各地市政建設之模範。湖濱風景幽美，更可供國内外人士業餘遊憩之所。不意此願耿耿，爲"八・一三"戰事猝起，至今未償。

申四復建，至夏車已開齊，欲去一看，預計路程，五日可以往返，即抽暇與尤甥廷坤同行。先去徐州，再至鄭州一帶，觀察粉、紗銷場。數年不去，大非昔比，道路整潔，市面繁榮，住中國旅行社招待所，旋搭午夜下行車抵漢。先至批發處與棟臣相叙，即赴礄口廠中。先看福五，大有改良；再至申四，各處看過，排車方面有尚未完全妥善處，余親爲指示。廠房建築整齊，轉出方便，余所書匾額，懸掛正中。工人工作專心，與前大不相同，四周看完，並無一個工人如從前之探頭探腦、擘擘拍拍做在人前，故獻殷勤之態。再至宿舍、自治區參觀，亦佳。全廠人人上正軌，從事業務，無一遊蕩者。旋至大女處，抱出新生外孫，甫七月，肥碩從未見過。數年不見，相叙欣然，是晚即宿大女處。次日，至批發處與各友相叙，即晚上輪，經寧返錫，來去果未逾五天。函告於兄，知此廠日後可望佔利，其優點在買花、銷紗均便，人人有朝氣，兩廠聯絡，工場内多熟手，肯練習研究，廠基大，日後發展，不必周折矣。

此時，余兄弟所辦企業，除所營之二十餘廠外，在全國各大都市均有支店及聯絡站。在浙省則杭州、寧波、紹興、温州、台州、楓涇、平湖、嘉興、湖州；在粤省則廣州、汕頭；閩省則福州、厦門；沿長江則鎮江、南京、蕪湖、安慶、九江、南昌、武漢、沙市、宜昌、萬縣，而至重慶；平漢路則駐馬店、許昌、鄭州、新鄉、開封、彰德；隴海路則由海州、徐州、靈寶、西安，而至咸陽；津浦路則浦口、蚌埠、濟南、德州，而至天津、北京；在關外則瀋陽、營口、旅順、大連；在魯省尚有青島、煙臺、濟寧；在湘省則有長沙、衡陽；在本省則蘇北之東臺、南通、高郵、泰州、溱潼、姜堰、海門、揚州，江南之太倉、江陰、常州、蘇州、宜興、溧陽、川沙、崇明，以及浦東之大團、周浦等地，非辦麥即銷粉，非辦花即銷紗、銷布。海外，近則港、澳，日本、南洋群島，均有交易；遠則英、德兩國之機械與零件，美國、坎拿大①、巴西、澳洲之棉、麥，時有進出。不幸戰事猝起，事業半付劫毁。

① 坎拿大，即加拿大。

余未戰之前，望其不戰，既戰之後，望其早停。人民渴望和平，中、日同在東亞，允宜敦睦鄰邦，不料輕啓干戈，終致兩蒙損傷。

本年，紗、粉銷場均佳，價格步漲，二十支棉紗至每件二百四十元。我處從改進以後，開支省，出品好，銷路廣，因此貨無存積。申新一、三、五廠，且已客等貨矣。各廠餘利頗優，惟以陸續添機，支用亦大。除稍還去零星陳欠外，大筆債款却未還去，余深以爲慮，特函兄注意。

民國二十六年丁丑（一九三七年）　六十三歲

長房四孫女智南生於香港，時方避難在港也。

正月初，扶乩請仙指示，問及局内情況，欠款如許，何時還清。乩示云："三年内還清，且可有餘。"當時自忖，偌大欠款，還清不易，莫明其故，不料後來竟能實現。

茂一、二、四均開，實則近年粉廠往往在春間時開時停，夏、秋則可開足，至冬則幾乎全停，所以一年衹扯七八個月可做。如粉價有餘，則採辦外麥補充，澳、美及坎拿大均有，因此粉廠可以不虧。福新亦照此方針，除福四外，其餘各廠照開。

申三亦照常開齊，實行成本核算，天天結賬。余發明先行"日結"，繼則每星期行"周結"，積一周之"日結"爲"周結"，積四周之"周結"爲"月結"，如此一覽即知，是月盈虧若干，不待月結結出，心中自能有數。收進原棉，扯見成本，抛出紗、布，扯見收入，一進一出，除却開支，即知盈虧以及存貨扯價，通盤上下，比較即知。廠中管理制度日臻完備，秩序井然，自經理、副經理、工程師、總管、副總管、雙領班、單領班，以至各車間分班人員，一切分工負責，均有統系，收付皆有手續，進料辦花與售出紗、布、廢花，皆有專人負責，使無流弊。由知萬事皆在人爲。

申新各廠在未改進前，衹想爲自己打算，不知樹立方針，建立制度；改進以後，有了競爭心，逐漸革新整頓，頗多仿照申三辦法，大、二兒本在三廠出去，自多採用。余雖非工程師，然理想所及，實行後頗有效驗。遠地各省新創紡織廠，常有派人前來觀摩學習，或在我廠調去職工指導者甚多。養成所畢業生，後日大多出任各廠高級人員，聲譽四播，始信“種瓜得瓜，種豆得豆”，此言非虚。凡事衹要實做，將來必有成就。

回思余兄弟所營企業，試爲評騭，則茂一實爲起點。麵粉廠以茂二最爲完善，茂四中等；福新以福一爲起點，中中，福二完備而最大，福三改建而成，中中，福四未改好，福五上中，福七完備，上等，福八與福二合。申新以申一爲起點，上中，申二上中等，申三爲改進及創造各事之起點，申四改建後中上等，申五中中，申六中等，申七中等，申八與申一合，申九屋新機雜，上中等也。

本年營業，承上年之後，紗銷俏利，價漸高，好牌子已逾三百元大關。花價未漲，扯四十元之譜，各廠有利，氣象極佳。兄力主添機，洋行紛來兜售，公司門庭若市。四月，申三開股東會，兄特由申來錫，余早知必要提議添機，但因財力未充，尚非其時，必須還清前欠，再謀擴展，始可輕鬆，否則肩責太重，防有不測。然未便明違兄意，即以預備自造爲言，各股東亦以余言爲善，決定加股至七百萬，候年終盈餘，提出若干，明年即可造矣。兄會後退至我辦公處，與各股東至各車間看看，均樂意。鴻元陪同前來。當時對企業前途，都抱有絶大希望。

隔數日，祝月涵君與余談："日前見到一預言家姚君，能前知，談時局，戰事將起，無錫不佳，沿江沿海均非可居地，僅上海稍好，而華洋雜處，宜早預備。"余怪其言，不聽。逾月，漸覺外交日趨嚴重，戰端已露，余心殊憂疑，知一經發動，非短時期内可了。近二十年間，世界各國强弱不均，日益顯著，强者利用傾銷政策與侵略勢力，以弱者爲殖民地，弱者不甘屈服，起而反抗，遂成戰禍，實此故也。

此時我各廠營業日佳，出品有利，每件可餘七八十元，爲歷年所無。原料、物料，積存充足，紗、布銷路甚好，紗改大盤頭、大筒子，布則坯布，均係實銷。鐵工廠尤好，訂購絡繹，人人歡迎，工作分日夜兩班，並已添建公事房、工場、打樣間、翻砂間、工人宿舍、教室、飯廳、平車間等屋，準備開始翻製細紗、粗紗、鋼絲、清花等機，預計每月可出紗錠五千枚。先由申三試用，如果良好，則擴大進行，首先自己换去老機，改爲一式大牽伸新機，布機均换“公益式”。從此物料可省，祇要備一式者可矣。筒管木錠，亦均自造。次則推行各廠，拆舊换新，如此可少買許多外國貨。余自創辦實業，至此已四十餘年，終能做到自造自用，雖年逾花甲，而對事業之心未衰。正欲覓礦開採，從小爐冶鑄做起，計劃能達每日百噸爲止。工場通小鐵軌，直至大河，上下駁卸，小件則用汽車裝運。種種設施，分頭辦理。正在勘探鐵礦，着手進行。大公圖書館藏書，已達十八萬卷，其它中外雜誌、報章、外文圖書，尚不計在内。

時忽有軍隊到鄉駐防訓練，軍事長官，常川來往，似有戰事準備，余不得不心存謹慎，防生意外。至七月七日蘆溝橋事變猝起，當時江南尚稱安定，無錫各業照常，惟北方阻斷，麵粉堆積，無法銷運。茂新至八月底已代福新做存麥。申三則紗價步漲，達三百二十餘元，估計若至年終，餘額必巨，可代總公司還去本廠押款矣。當時職員也多抱很大希望，年終分紅不在少數，皆提起精神，努力工作，出數激增。不料風聲日緊，牽動南方，至八月十三日上海戰事發生，交通隔絶，後方軍事戒備。余於是先將茂新欠款九十二萬，設法將粉出售歸還，祇剩中國銀行一家，已不滿五萬矣。如果蘇、杭各莊歸來，即可全部還清。如此，則所有存粉存麥，即爲廠中淨益。於是申三亦同樣辦理，行莊欠款，祇剩合同之底數。外堆新仁棧約近百萬元,廠内紗、布、原料約二百萬,車間物料約五十萬。余將“街面”了清,已無掛牽。開支預備、小小往來則照常,或有勸余何弗將款結存外匯,余深不以爲然,决以還清欠款爲上策。當時,但望戰事早平,顧全信用,仍可往來。

詎意十月九日日機肆炸無錫車站,鐵片飛入新仁棧内,突然起火。余接電話,前往察看,派人搶救,救火車亦來施救,以火勢猛烈,滿棧存貨霎時全成灰燼,僅留麥棧。棧屋存貨,原均保險。當日無錫尚處後方,非戰區範圍,正向保險公司交涉賠償,十九日日機又炸無錫城内各處,申三雖未礙及,因各廠皆停,工人全散,祇得亦停,酌留看廠及保管人員數十人。

余各事一一處理清楚,每日赴梅園與朱夢華先生品茶清談,至傍晚始歸,如是者接連兩星期。至十一月十二日,日軍又在金山衛登陸,國軍防線逐步後退,知事勢已急,不能再留,再三籌思,避往何地,過遠恐經濟難繼,消息隔膜,細觀地圖,尚以漢口爲宜。十三日,將廠事一一託付留守人員,十四晨乘汽車西行,七時許已抵宜興,欲與儲南强先生通電話一談,未果。取道長興,至湖州福音醫院,换乘小車。是日僅進點心,未及午飯,再走泗安、廣德,而至宣城。沿途問訊,農家正在田間操作,似不知有戰事者,告以上海情況,頗覺駭怪。一路向北,即抵蕪湖,至旅館方擬下榻,聞江邊有輪船,即馳赴碼頭,上船不半小時即開。何致中仍留蕪湖,並曾再至無錫家中一看,據云情形尚好。余在船中，覺秩序尚佳，有空軍駕駛員數人分踞頭等艙位。十五日過彭澤，附近已在佈備。過小孤山，水道改傍北面，靠南已圍築田畦，始知近年漢口水患，即爲下游阻塞之故。經九江，仍若平時。十六晨八時抵漢，國偉及華、張①諸君已在迎候，相見歡然，無殊往昔，胸襟爲之一寬。並爲余置備寓所暫住，即在批發處後面鼎安里宿舍，出入極便，供膳極豐，家俱物件均備，殊不覺避難之苦，至可感也。

當時料知同鄉亲友避難來漢者必多，宜早租屋預備，先後共租八處，最後並租得沙遜大樓後面洋棧，專供避難來漢之同事居住。長婿及華、張諸君大起忙碌，一切佈置，均極周到。

次日，至廠視察，工作情況已不如上年，廠中主持者鑒於戰事岌岌可危，不能無防，暗中拆機，内遷上游安全處所。余力加闡釋，使各人安心。當時紗、粉均有利益，仍望多産，方可多餘，早日歸清行莊欠款，一如無錫辦法，不願結存外匯，國偉等照余意而行。

連日晚間電詢無錫情形，大局日壞，十九日後錫城已無警備，廠棧存貨爲人運去，家中三、四兩兒新房已被人開啓，城鄉居民大都避往鄉僻之區。二十三日國軍撤退，自將寶界橋炸斷，縣長等均退鎮江。二十四日日軍到無

① 華、張，指漢口申新四廠批發經理華棟臣和營業部主任張棫泉。

錫北門,二十五日進城,並未大燒殺,以後即訊息不通。

每日聞蘇、錫一帶避難來漢者談及,沿途水急風狂,人多船擠,吃盡苦楚,爲之惻然。余家則四兒毅仁、六婿通誼、外孫新一,均乘小輪先於十一日抵漢,團叙一處,心中稍慰。然余身雖居漢,而心懷家鄉,念及半生事業,全付劫毀,深用悵惘。

上海情況每日電詢,知損失已重,大略謂:申一、八已隔斷在火線中,申五、申六、申七在楊樹浦,適在戰線,無人看守,在閘北地區之福新各廠亦同。如何結局,不能預料。至此,惟有聽天由命而已。

十二月八日後,天天有消息,報紙亦有登載,無錫北門一帶市房全被焚毀,豫康、廣勤、業勤皆燒去。十二日後,茂新一廠燒,振新老廠磚木建築亦燒,新廠則因水泥建築無法燒也;申三棧房、軋廠、布廠、摇紗間均被燒,粗、細紗間及電機間均留,亦因水泥建築故也,廠中房屋已所存無幾。余得此消息,心中焦灼,亦無法可想。報載滬、錫一帶,被毁紗錠有六十萬枚。如此破壞,實非文明國家所應有也。

無錫居民大多避赴南方泉、許舍一帶,約有數萬人;在馬山者亦不少。漸聞已有人出來組織"維持會",保護地方,維持秩序,但因與日軍隔膜太深,未見實效。上海亦有人發動組織,擬挽余兄加入,外間謡言日甚,各友暗暗通知,勸其不便在内,兄亦以滬上未宜再留,决定離滬去港，藉息浮言。

時大兒偉仁夫婦已先在港，擬接余同往，余因漢廠諸事方有頭緒，正待進行改良，增加生産，不願前去。初未想及請兄到漢同住，至今爲恨。蓋因港地濕熱，老年極不相宜，余怕去，此亦一因，但未想及兄亦不宜也。兄到港，諸友畢集，酬應紛煩，所聞言語，間有雜以誹謗者，心中大爲不快，便秘數日未通，實因心火鬱結，同去家人亦未想及，詎竟如此得病，同時舊恙復發，二者交攻，寒熱不退。余在漢得悉，即命三兒前去探視，並時電詢，旋得復云："熱度已退，無妨。"三兒回漢，亦云已愈。不料感受風寒，忽又反復，飲食太多，冷暖不均，港地又乏名醫，延至次年正月初九日，竟與世長辭，嗚呼傷哉！余在漢得悉，痛失手足，愴懷曷極，悲雁行之遽折，憂事業之摧殘，百慮交集，終宵常至失睡，惟有把握大局，慎重將事耳！

十二月底，傳聞英商沙遜自國外來電，擬將漢口江邊大樓出售之訊，余與華棟臣兄同往察勘，時已晚飯以後，決定購下，如果公司無意，可歸我承買，日後大有用處，隨即成交付定。次日即有人願意加價要求轉讓者，幸我捷足先得也。

是年，五兒研仁、外孫丁宜生，均在梅園讀書處畢業，與外孫李志方同時去美留學，侄婿薛壽萱全家亦同去。五兒學紡織、印染，宜生學化學，志方學理化，均至畢業後歸國。

民國二十七年戊寅(一九三八年)　六十四歲

三房三孫女智怡生,四房大孫女智和生。

香港兄喪,即命大婿、三兒同去襄辦,余則在漢呈報政府,由行政院轉呈國府明令褒揚,並函告滬金融界,余決定扶佐侄等,照舊守業,以免摇動。武漢方面政界、金融界亦多電港慰唁。時諸侄及大、二兒,禹卿、輔臣兩君,均在港辦理喪事,扶柩回申,停櫬偏宅,大事辦妥。

余得電告,心始稍慰。而上海金融界紛紛索債,十六家錢莊約同起訴,法院批准傳人,情況嚴重。余再三籌商,聲明分期歸還,逐件和解,滬決定照此辦理。有關心公司者,屢來電,促余回申,主持總公司業務,余力辭,説明扶佐諸侄而已。再來電,即命大、二兩兒會同大、二兩侄共同料理。余在漢因各事正在進行,增加生産,多得餘利,拔還欠款,預計至五月中可還清,因此不願離漢。余在錫如此,在漢亦如此,債務清了,方可安心。營業在二、三月後更起色。

惟余自正月起,迭接噩耗,首悉錫廠被毀,次聞香港余兄病逝,三則滬行莊訟事,接連三次拂逆,心緒紊亂。自思一生成敗,即在此時,萬一弄錯一着,如何得了。朝夕縈慮,寢饋不安者纍日,即患右手難舉之症,心境鬱悶,體氣漸衰。當日朱夢華先生同住寓中,睹此情況,時加勸慰,横逆之來,更當百事看開,沉着應付,養好身體,方可擔當一切,余深韙其言。

不久得申函告，各莊訟案漸見轉機，法庭諭令和解。余心稍定，一一佈置，函申照辦。爲養好身體起見，每日出外遊散，常至古玩鋪觀看，買些舊對聯以解煩悶，大多爲前清翰林所寫，以後即專收翰苑對，在漢購得五百餘副。斯時，各地避難來漢者甚多，因此漢口市面反比以前熱鬧。同鄉亦有數千人，遇困難者，余必勸募接濟，終待事平後還鄉耳。

旋得滬函，詳告各廠情況：茂一全毀，僅存瓦礫；茂二尚完，茂四亦存。福一、三、六在閘北，被日軍佔用；福二、七已設法開工，可有薄利。申二、九亦開，有餘。其時花紗均賤，紗價二百二十餘元，尚有微利。於是知申各事已有安排，甚好。

漢則福五照開，利厚；申四亦開，出數增加，花價三十五元，紗售二百四十餘元，尚在看漲。余對廠中同仁屢講做法，三兒亦將三廠心得一一指導演習，産量竟加出四分之一，每日可出一百二十餘件，利潤既優，欠款可以不愁，心中爲之一寬。

仍每日與朱先生瀏覽書畫古董，擇優收買。在漢共購得古銅鏡二百餘件，頗多漢、晉、六朝之品；銅器數十件，彝、鼎、敦、卣、盤、匜均有，不乏三代之物。内有一件，形式奇古，鐘鼎文内外刻滿，高近三尺，方二尺，惜當日無暇考據，但據朱先生鑒定，决爲漢以前物無疑。磁器則有明窑黑地三彩梅花大瓶一對，頗稀見。此外，有唐壺一柄，質地在陶瓷之間，外塗緑釉；又得鐵硯一對，漢鑄也；端硯八對，皆出大西洞，頗宜實用；其餘碑帖書畫，稍買若干。余之購此，非欲附庸風雅，實鑒於戰禍一起，中國古代文物必遭兵燹散佚，若不能收集保存，日後存者愈少。常此解悶，而右手酸痛未減，聞友朋中同患此病者有三四人，實則皆心火鬱結之故也。

申四訂購紗機一萬九千錠，外洋到貨抵滬後，無法内運，洋行欲我處退交，歸還定銀。余考慮不允，决在滬改裝申九廠内，知其有空處也。函大兒與昆生商定，允裝一萬五千錠，其餘四千錠，因非同一式樣不允，遂照一萬五千錠訂妥合同，盈餘分配照十一份分派，申四得一成，同事扣花紅一成，訂期五年，期滿照原價作與申九，藉免裝拆周折。當時以爲戰事决不致拖延如是之久，五年後，不患無更新機器可以訂購也。申九至次年裝齊，尚餘四千錠，作價售與合豐，另立新廠，規模雖小，而自紡自織，爲舊日申三同事叙一小局，免致失業，兩得其宜。

其時，時局日緊，戰事沿江而上，總公司屢函催余回申。余因手痛加劇，聞陳君在香港電療得愈，亦擬赴港醫治。於是將漢事一一佈置，漢廠債務已還至祇剩四十萬，行方不允收清。余先囑國偉與三兒同赴渝、蓉等處察勘，準備日後發展，俟返漢後，即於五月初六乘機飛港。機中尚平穩，惟兩耳但聞隆隆之聲，下機時幾聽不出人言。上午十一時啓飛，午後三時抵港，氣候已熱如盛夏，即住“勝斯”。親友相叙頗歡，談及先兄病逝，均各悲痛。因思兄若無戰事，决不離滬，而遂致作古也。感傷之餘，更謝親友襄助之勞，簡、郭①二君盡力尤多。

在港稍事遊覽，回憶二十六歲六月間過此，忽忽已三十八年，景象大異往昔。當時，九龍尚係荒山，除少數漁人外，並無商旅，辛丑條約租與英國，逐漸繁榮。租界期限，例應九十九年始滿，則尚須五十餘年始可收還，所以我國人民在港、九置産，祇是租契，不過逐年減短耳。香港則沿海填出數百丈，高樓大厦，建築整齊。銅羅灣一帶，昔日均是荒山，常有虎傷人，故山北無人敢行，沿山脚亦漁人不多。但今則馬路四通，商市繁榮，尤其淺水灣一帶，整潔幽美，景色秀麗，遊客至港，必往觀光。簡君並約余遊其别墅，佈置甚佳。此地以前不能到，因汲水門山嘴不能行，後經鑿出一道，始能通行。“勝斯”即昔日之菜場。海中輪渡亦改良，汽車亦可渡往對岸。吾邑環湖計劃如果實現，北犢山大可以此爲法。

在港兩晤親家宋漢章先生，漫談時局，對我見地頗加贊許。後遇陳君，問臂疾電療後之情況，據告並未痊癒，於是余對電療思想亦就打消，决定到滬診治。先分一部份家屬到滬佈置住處，余等坐郵船於五月廿二回申。船上設備甚佳，使旅人不感航行之苦。二十四日抵申，船中

① 簡、郭，指榮宗敬生前好友簡東浦、郭順。

見沿黄浦建築物頗多毁損，恢復不易，古語“兵凶戰危”，洵信然也。申七棧房尚完好，沿浦已不多見矣。船至新開河碼頭登岸，兒輩已來迎接，至華業大厦五樓，大兒預已代租賃房屋。兒侄等久不見，難後相叙，愈覺歡慰。

知總公司各事料理安排尚合，惟債權催迫，無法應付。余思維至再，今兄已逝，一副重擔應由余來肩任。欠款不能少還，若照一般辦法，七折八扣，不但有損名譽，且亦不願如此。況我事業雖損，而未損者尚多，如能轉機，盡可料理有餘，决照漢口方針做去，不難逐步還清。

次日至總公司，同仁及諸友畢集，年餘未見，倍形客氣，深覺滬上一切無異往日，惟事權全非，遠異吾兄在日，心中暗覺神傷。是時，福二、七已開，有利；申二、九亦開，有利而希望甚大；訟事尚未解决，待余决定方針。翌日，往訪中、上兩行主事者，述明漢廠分期還欠情況，尚有四十萬，漢行不肯收清，擬請轉知港行照收，得復，再收三十萬，契據仍存。再商銀團，將每月盈餘分爲三成，一成還銀團，一成還訟事和解之各莊欠款，一成還無抵押之零星欠款及維持總公司開支。當事者初有難色，經説明理由，如此則彼此可以安心營業，始允照辦。於是，總公司開支始有着落，否則必將减薪裁員，無復有今日之氣象矣。各莊請嚴少蘭分向商量，按月以申二盈餘提成陸續歸還，訟事因即了結。粉廠股份押款，即以粉廠盈餘歸還。

申四裝申九紗錠合同訂妥，由余簽字，其餘四千錠售與合豐者，亦完成手續。到滬不數月，諸事漸上正軌。儲蓄部款，亦一一照付。

余手仍酸痛，先請葉慎齋針五次，未愈，渠云"實屬心火，非靜心不可"，勸余每日靜坐一二刻鐘，可以養心。一面再請朱棄塵用身電治療，仍未愈；改請謝劍新推拿，亦未愈。後有古董商張君云，乃兄張雨龍，早年因病習拳術，曾學擒拿推摩諸法，即請來試推。自九月起，每日來推，並教我每日行易筋經三節，半年後漸已復原，但有時心火一起，舊病即發，屢試皆然。

公司調度安排，余既一一佈置，外人不明事理者，以爲我欲擅權，實則不過盡我扶植之意，全無權利思想。然小人之心與君子不同，暗中讒言，猜疑遂生。余力持鎮定，防小人煽弄誤會。大兒見此情形，忿火中燒，先是頸間生一鬱火痰，請醫調治，内外兼理，痰塊已散，忽然鼻内出血，有人介紹耳鼻科王某治之，詎心存圖利，遷延不爲治愈，鼻内日久受傷，據云已成癌疾，非照鐳錠不治。余力阻，囑安心靜養。然偉兒求治心切，每日仍去照愛克司光及鐳錠治療，於是越照越傷，余痛心疾首，無法解厄，儘管沿醫調治，但藥力終不敵電力也。

到申不久，即得漢電，申四、福五奉命撤退，指定重慶、寶雞兩地，一再電商當局，非拆不可，否則炸毁。於是遵令一部份裝渝，一部份遷陝西之寶雞。在寶圈地四百餘畝，遷去紗錠兩萬枚，布機四百臺，粉機約合出粉三千包，電力三千啓羅瓦特。運到後，因材料缺乏，裝置不易，恐遭日機炸毁，建於窑洞之内，籌備經年，始獲完成。至今爲我國西北最早最完備之工廠，屢經挫折，亦不易也。

戰事延長，知一時不能回錫，在滬所住大樓，電梯上下，至感不便。大、二兩兒另居“莩園”，亦非久常之計，終以合住一處爲妥。擬自建住宅，四出覓地，無當意者。八月後，尋到高恩路地，買成四畝餘，有“通和”打樣，招標建築，訂定造價八萬一千元，限六個月完工，過限議罰。當時地價，每畝連費用合一萬四千元。其後到此購地建屋者漸衆，地價遂高，余家後來再添三畝許，已漲至二萬元矣。當日因戰事關係，市面蕭條，避難者多抱暫居之想，沿街店面，空屋尚多，物價不漲，生活未高。曾至十六鋪一帶看看，南市一片焦土，瓦礫遍地，再看閘北亦如此，損失綦重，誠浩劫也。

無錫茂新，尚有未做麥九千餘擔，運滬出售，得價八萬餘元，除一部分還欠外，餘作維持費。申三寄存南方泉及石塘橋籽花，在淪陷時稍有損失，餘均裝申，售得十五萬餘元，亦作維持及看管費用。惟申三存煤四千二百噸，已爲電廠擅自取用。後來情況日漸不佳，指茂新、申三爲敵産，歸軍管理，花、紗、物料，皆被取用，名爲記有賬目，實則無法查對。上海申五、六、七亦均如此，遭受壓迫，不敢申辯。

是年，福二、七、五均餘，申二、四、九亦有利，申二盈餘，按月分拆，還去零星欠款不少。然環顧大局，則戰事未能結束，人心日趨險惡，投機操縱，囤購居奇，人欲横流，直道難行。縱有經濟長才，亦難展其抱負。事業無法恢復，惟有靜待轉機，暫對一切世事不聞不問，希望早日和平，重返家鄉，安居復業。

民國二十八年己卯（一九三九年）　六十五歲

三房四孫女智安生。七女嫁華伯忠，繹之先生長子，而子才先生之孫也，留美學儲棧科，甫畢業回國。

年初，福二、七均開，申二、九亦開。時外洋尚通，物價漸漲，匯票日縮，影響國外來貨。時局則意大利與阿比西尼亞戰爭，引起世界大戰，德、意、日聯合成軸心國，於是東方戰事一時更不易結束。

偉兒病甚，仍用電治，因其求愈心太切，遂走險途，余力阻不聽，心甚憂之。高恩路住宅已動工建造，材料價格較往年高出二倍，磚每萬塊一百三四十元，木材每尺二角八分，鋼筋每噸二百八十元，黄沙每方三十餘元，水泥每桶十七元，水木工資每工二元。時米價每石十三四元，魚、肉、蔬菜未漲。地價已步高，因避難到滬者日衆，市房租空，住屋亦滿，遂覓空地興建。此時，投資房地産者，獲利倍蓰。市上缺現，已有升水，每千元由數元而數十元，至六月間漲達二百五十六元，真是曠古奇聞。投機者日多，紗由三百元零漲至四百八十元，旋降至三百三十餘元,後又回升至四百餘元。上落漸大,紗、布客銷均起色。

申四所裝申九錠子,正在排車。運渝部分,已開二千八百錠,爲内地各廠之先導。寶雞已圈地建築,廠屋圖樣、位置,皆由余函示,並爲日後擴充計,囑多放寬用地,預料該處將來必須發展,自成商市。所以最初去電,即計劃興辦磚瓦、鐵工、麵粉、棉紡、棉織、印染等工業,蓋衣食住三者,爲各地人民所不可缺。寶雞僻在西北,以前未曾建設。昔年陝省人士,曾約余前往創辦興業未成,當時余謂:"諸公且待陝省交通運輸暢達以後,較可易於爲力。"至此,竟踐前言,達到目的,因去函請多予照顧,協助完成。

偉兒疾益加劇,爲電治所傷,竟至鬢髮盡脱,胃納亦減,諸醫無效。余目睹此狀,束手無策,惟默禱上蒼佑兒速愈耳。當時初夏,屋小人多,欲遷住一處,可照應方便。租得福開森路一宅,五月初搬去。此時原已購得海格路李姓房屋一所,建築堅固,佔地二畝七分六釐,價銀九萬三千二百元。本擬遷入,因係舊屋恐對病人不利也。

偉兒之病,誤於電治,後來自己亦未嘗不知,惟爲安慰父母起見,從不自言不起,恐傷老人心耳。最後但屢言上當,不意竟至於此!延至六月初四日辰時亡故,嗚呼傷哉!兒生於光緒三十二年正月二十八日,余在申,接家中來電,心甚喜,因先育四女,已望子矣,母則望孫更切,常情皆如此也。養而教,至十四歲送入交通大學,畢業後,隨余在廠學習。旋由其伯父調申，初在總公司，後出任申二、申五，最後任申一等廠經理，均能盡職。爲人誠實勤懇，不作非分之事，不想意外之財，待人接物，一秉正理，深得唐師蔚芝訓教之力。民廿三總公司困難時，出力尤多。當危急之際，來錫告我，取全部有價證券至滬救急，並謂："否則有今日無明日，事業若倒，身家亦去。"余見其詞意堅决，再三考慮，時方飲茶，執壺在手，因思譬如茗壺，一經破裂，雖執半壺於手，亦復何用！决至申挽救大局，通夜未眠，通長途電話十一次。黎明，乘車抵申，甫七時許。幫助者知余到，事已無妨，押款成，總公司照常收解，風頭即平，亦偉兒之功也。後擔任改進委員會主任，照余指示，對各廠安排佈置，逐漸好轉，頗得效力。民國二十四年後，出任申二、五，再調申一廠經理，頗著成績，兄常稱許。抗戰事起，申一尚照常開工，渠正在廠，突然被炸，在工場逃出，險遭不測。伯父作古，傷痛尤甚。請余回申，至爲懇切。其後微聞讒言，知事權不一，擬出遊外洋，余勸且宜安守，遠遊我心不安，遂止。不意得此絶症，竟至不起，遺下三子四女，囊無餘資，任經理數年，而無一私蓄。長媳痛不欲生，家人勸慰，撫孤教養。余不意晚年竟遭喪明，然死者已矣，無法復生，祇有放大目光，養好身體，徐圖轉機，恢復事業耳。

平居仍日以收購書畫、古籍消遣，人或以余爲消極者，實則聊解心事而已。此時，匯票大縮，美金至八元以内，各物大漲，米每擔二十三元，麵粉十二三元，紗七百元外，五金漲尤甚，建屋作頭要求加價，祇得允之。所租福開森路寓所，因屋主擬出售，限日遷出，祇得將所置海格路屋修理暫住，十月一日搬往，居之甚適，七女喜事即在此處辦。

重慶申四、福五均有利，寶雞廠已開工，亦有利。但事事草創，物料尤難購，而瞿君心意甚堅，决心做好，克服一切困難。後將申四所裝申九錠子物料運去接濟，得力不少。否則内地買不到，上海無錢難辦，均是苦處，此皆彼此聯絡、互相扶助之效。所以，凡事當知層層相因，不能但顧一方也。

是年，福二、七有餘，申二、九有餘，福五微餘未分，申四有利，擴充再生産。余函告速去天水購地，備福五擴充粉廠，該處將來必可發達，從早興辦爲妙。

民國二十九年庚辰（一九四〇年）　六十六歲

四房二孫女智平生。

福二、七照開，分得上年餘利，福五亦開，無利；申二亦照常餘利，還欠已輕，申九餘利，大部還欠。股東方面僅收得官利少許，股東會雖開，盈餘並不公開。此時，各部分能公平合理而得利均分者，祇福二、七耳。所以押款等皆已清了，事事上正軌。麥從外洋來，粉向北洋去，平心靜氣，有點薄利，不想在民食上面謀暴利。當日米價已高，幸有人出而維持平價，存心甚善，窮人得以渡過。若照後日之群起推波助浪、囤購居奇者，不知要餓死若干人也。收音機中唱滑稽者痛罵"米蛀蟲"，淋漓盡致，天天諷刺，但唱者自唱，聽者自聽，人心大壞，廉恥道喪，亦復何用？

孤島分子複雜，隱患暗藏，凡有事業而稍知名者，輒謡言獲大利。二兒爾仁任職申二，雖爲經理，但業務由銀團管理，並無實權。有人前來開紗，不曾開到，心存抱怨。一日，甫出寓所，忽遇匪徒，挾上汽車，不知去向。四出託人設法，初無音訊，後悉匪徒謂其有巨貲，旋查得不實，事遂稍鬆，經五十八天，方得回家。脱險歸來，見渠面色已不如往日，憔悴不堪，静養月餘，始漸復元。以後遇事退讓，防患未然。當被綁時，余與内人朝夕不安，常默禱上蒼，保佑歸來，已飽受一番驚恐矣。

詎不久又發生内侄丁春舫自殺事。春舫小有才具，任合豐營業，不料膽大妄爲，投機失敗，虧數極巨，自知不了，吞煙自盡，可爲好事投機者之殷鑒。然若過此難關，即是暴富矣。其後百物大漲，伊具此膽量，焉有不大獲其利者乎！惟其不聽老成言，出事又不聽急救法，終至身敗名裂，人之命，家之運乎！

余目擊世途險惡，因此一切不問，每日惟收購破書舊畫當作正課。此外，閲讀古人格言、宋人語録及靳五關，藉資消遣，以度歲月。不如此，則覺日長似年。做慣正事，一旦閒散，甚爲無聊。若别圖進取，則小不稱，大不易，馬齒漸增，非其時，非其地，且守爲佳。所以不請客，不訪友，不閒遊，數年如一日。所望早日和平回鄉，免在是非場看機械變化。每晨但禱告闔家平安，即是福矣。

平居省儉如在鄉時，看得洋場習氣，奢靡成風，教育無方，殊非久傳之道。歷觀富貴之家，無傳二三代者，十年三反覆，於今尤甚。余自幼習金融，後學經濟，省儉勤奮，得有今日，屢遇風險，均得友幫助，終幸轉危爲安。三十年來見人家經營之廠，屢易其主，皆由小不慎起。上代好，下代未必能守，此何以故？實由小不慎耳！吾族自始遷祖水濂公明初至錫，累徵不仕，務農守分，至庭芳公業商致富，至余兄弟，實由商轉入實業，而逐漸擴充，事業幾滿半天下，然余未嘗忘農，故取别字曰“樂農”，不敢忘祖業也。望後世子孫亦不忘農，事事勤儉，始能久傳，切弗因余兄弟創有事業，遂心生依賴，托庇餘蔭，誤卻前途。然或有人問：“何以要如此擴大？”曰：“對外競爭，非擴大不能立足。況吾國人口衆多，而工業生産落後，産品不敷供應，仰求外洋。近年失業者增多，無法找到工作。如此一想，非擴大不可。在别人看來，貪心不足，力小圖大，風險堪虞，實皆不明余志也！”

六月，高恩路新居落成，不久遷入。外觀壯麗，然非余所樂住，實犯“營華屋”之訓，左右鄰舍亦皆華樓洋屋，否則工部局核不准圖樣。余家三年中已遷居三次，捨祖屋而弗居，實以戰事所致。新居離市太遠，出入不便，非汽車不可，日後如無大收益，不能居也。秋後，滬上物價之昂，空前未有，一尺布價，過於昔之一疋，一磅粉價，過於昔之一袋，實則幣制貶值耳。

無錫茂一經兵燹燒毁，未燒盡者又被拆去，磚瓦亦搬，僅存圍墻及煙囱、水箱，餘屋及馬達則爲鄰居拆去。茂二被軍管理，内部尚完。茂四在濟，已押與銀行，余所經管各廠，惟此廠無利，常告虧折，鞭長莫及，人事不當，始知地段雖好，亦無益也。

申三軍管理，内部多遭拆毁，修復不易，何日收回，但看時局。嘗讀《易》卦《剥》、《復》之《象》，剥極則復，盛過則衰，消長絶續，實自然之理。余早歲習商，讀書不多，記憶差，看書但記其大者，於唐、宋以下諸史及清之先正事略，均曾涉獵。明代中葉以前，並無邊患，而朝廷之中，小人道長，君子道消，内政不修，國事日非，終於傳至崇禎而天下大亂，遂亡。夫陽明先生公正廉明，闡揚理學，削平宸濠，厥功甚偉，門生半天下，方大有可爲，而被小人讒言所中，謫遷廢黜。如當日果能重其人而用其學，則明室必不至於亡也。古之聖賢，其言行不外《大學》之“明德”，《中庸》之“明誠”，正心修身，終至國治而天下平。吾輩辦事業，亦猶是也，必先正心誠意，實事求是，庶幾有成。若一味唯利是圖，小人在位，則雖有王陽明，亦何補哉！不自勤儉，奢侈無度，用人不當，則有業等於無業也。

本年福二、七有盈餘，美麥來價日高；申二、九有餘，花價日高，紗亦昂；重慶、寶雞兩地之申四、福五分廠皆開，有微利。余近年收入，均爲意外吸去，幸得各處略有盈餘，堪以彌補耳。

民國三十年辛巳(一九四一年)　六十七歲

四兒生一男，取名智健。

是年，福二、七照開，申二、九亦開，申四、福五亦開。

戰局擴大，沿江沿海皆陷。歐西大戰，英、法失利。國内則汪精衛組織南京政府，各物統制，商業束手。但統制後物價更高，外匯縮，紗漲達一千五百元，粉三十八元，日用品無一不昂；地產大漲，業此者皆獲大利；此外，如紙業、香煙、西藥、絲綢等皆漲，鐵業獲利尤巨，吾錫同鄉業此者甚多，平添不少富翁。惟大來大去，開支浩繁，叫苦者亦不少。尤其避難來申，而無職業可以有收入之人，痛苦之極。隆冬嚴寒，凍死道途之難民，日數十起。普善山莊天天收屍，亦善舉也。此時棺木亦貴，聞有以囤購棺木而獲巨利者。眼見各種形形色色，記不勝記。

居滬三年來，冷眼閒觀各方各事，漸趨日暮途窮，人心愈下，世風日壞。環境若此，何時始可重睹光明！嘗嘆俗諺所云："不識字好吃飯，不識人没飯吃。"此語不虚。余祇得立定主張，從抗戰後避難出外，兄避難作古以後，即另成一新時代，從前一切告一段落，計劃另創一個規模宏大的企業，取名“天元實業公司”。先將余名下茂、福、申新資金劃分股份，余任總經理，七個兒子副之，年長者日後得代替總經理。經營範圍專營實業，不可做投機買賣，立下禁例。依余理想，經營項目可分下列種類：(一)屬於“土”的方面：凡煤、石灰、水泥、磚瓦等類皆是；(二)屬於“金”、“木”方面：如開採礦苗、冶金、鑄鍛、鐵工、化學、塑膠，以至筒管、棉條筒的製造均是；(三)屬於“食品”方面：如麵粉、餅乾、點心之屬皆是；(四)屬於“水”的方面：如漂粉水之類；(五)屬於“火”的方面：即電氣等是；(六)屬於“紡織”方面：包括棉、麻、毛、絲、人造纖維的紡、織、印染、整理、裁製、紉縫等等。均須分工合作，地點應審擇相當處所，並選産地近、運輸便之地區，不必取熱鬧，工人採自治辦法。如在熱鬧地，不能有副業也。培養人才，從訓練入手。如此做去，始雖艱難，終必有成。凡事厚實則基礎穩固，取巧必終致自誤，可進則進，不可進則守，自己度才量力而行。如無此力，萬勿猛進，否則不但徒勞無益，且恐盡棄前功。以上方針，待時世和平，興辦事業，即以爲法。但不能牽動原有老股，因先有老而再有新，並非爲革老换新也。此非敢好爲奇想，實因環境使然，不得不自立系統，方能實行余之主張。回想先兄在日，余無一不推兄爲先，由兄總攬全局，企業得有今日之擴大。不幸兄歿，現侄輩皆能自立，但須防小人離間，發生誤會，故不得不設法也。

秋間，日、美有議和之説，野村與美總統同學，但未實現。滬上百物又漲，米亦漲，開支大，事業難做。居申無聊，惟日望太平，早歸家鄉，重整事業，即食粗糲亦甘。吾局各廠皆有存貨及存料，時聞人言，可盈幾何？可餘幾何？真如俗諺所謂姑且“暖肚”而已。

十二月八日，珍珠港事變，太平洋戰爭發生。初時，日方勝利，上海日、僞軍進入租界，英、美産業悉被視爲敵産，非英、美者亦多牽入，申二、九亦在内，被軍管理，同業五家相同。老友錢琳叔知此消息，前來安慰，共議辦法，提出聲明：我申二、九企業爲華商所有，中外皆知，應予歸還自營。詎至年終，未見動静。粉廠則未波及，以無存貨故也。如此措施，通市危懼。總公司在事人亦感不支，意頹心餒，遽而解散大部份職工，至明年纔恢復，工人則解雇甚多矣。

旋經琳叔挽江上達出爲設法，相約彼邦熟悉人士疏通解釋，未將廠内物件搬去，但衹得暫時停工，静待解决。後傳聞情况已稍緩和，有理可説，於是稍覺心定，希望解除軍管理，收回自營。

是年夏季，得五兒研仁由美來禀，已與劉吉生次女結婚。在外一切從儉，侄婿薛壽萱幫助照顧甚多。劉女在美留學，原由七女介紹，係浙江寧波人，爲劉鴻生先生侄女也。

年底，福新二、七有分餘，均還欠；申二、九亦分餘，還欠。莊款全部歸清，祇欠押款及倉庫損失等費二千萬有零。余則所得極微，祇能撙節彌補耳。

民國三十一年壬午（一九四二年）　六十八歲

三房五孫女智愉生；五兒在美生一男，名智堅。

年初，福二、七不開，申二、九未解除軍管理；內地申四、福五之分廠均開，有利。

春間，凡關懷申新者，無日不以設法解除申二、九軍管理爲前提。至三月間，始得發還。此時物價大漲，傳聞幣制將改，余擬定還債辦法，與大侄等籌商，决定出貨全還，所有申一、二、三、五、六，均如數還清；僅申七因另有押款，未談妥，至秋後始還訖。積年陳欠，至此全掃，可謂無債一身輕矣。

福一、三，茂二，亦有發還訊，再三協商，還是收回後租與原辦人，以省周折及拆壞毀損。商訂租約，經數月之久，一面發還，一面訂租，期限兩年，自本年五月一日起，至三十三年五月一日前爲止，每半年收租一次；福一、三、六及福新棧則按月收租，微有不同。數年無利，至此稍有微利可分。茂新每股分三元，即五分息也。福新開股東會，議定分配盈餘，而股東意見紛歧，發生誤會，口舌紛争，足見人心之難平也。

五兒在美任事染織廠，尚能自給。戰事發生後，無法匯款，音訊難通，外孫等亦均如此，一就水泥，一就紡織工程。三月間,六兒赴渝進商船學校,讀一年後,患病輟學,改入他校,空費一年時間,欲速則不達。凡事當穩步前進,如三心兩意,屢易其業,必致一事無成。無論賢愚不肖,莫不如此!九女亦同行。古語謂“女子無才便是德”,雖非正論,然余所希望之才,以能治家、知大體、明事理、教子女、睦家室者爲上。古今中外偉大人物之成功,得力於母教者甚多。母教賢良,其行爲必孝悌,其任事必誠篤,其待人必忠信,對社會義務必肯盡力,經營事業,不圖居奇,不取意外之財,謹慎從事,勉爲良善,庶幾不上辱祖宗父母,下損自身及兒女聲譽。余十五歲以前,多得母教,父親旅外時多,無暇内顧也。余母幼遭太平軍之役,家散人亡,常追思往事,痛心下淚,對余兄弟督教之切,期望之殷,殊非尋常。不如此,恐不上進,不能興業成家也。十五學商,十九赴粤,隨侍先君,朝夕訓導,讀書交友,待人接物,一一指示,並一再誡以“小官不可做,大官無此才具,安心商業,亦能發達”,凡中外名人之如何成功,如何失敗,一一説其根源。回憶前塵,如在目前。余一生行事,創業發展,悉照父訓,因此深知人固不可以不教也。余自知無教人之方,然主張對女學重在治家,男學重在治事。三十年來,明其得失,今後希望有心人參照余志而行,弗好爲新奇,朝三暮四。否則,學小聰明而自誤,終至一事無成者,比比皆是。

初,原在公益鐵工廠有一木匠,忽起異想,意圖謀利,更受人暗中唆使，至日憲兵隊誣陷三兒一心，突遭拘傳，合家驚詫，旋經訊明不確，釋放歸來。誣告者坐罪被押，旋又逸去，心有未甘，竟再上控，亦未獲准，始告心死，可爲害人者戒！此時人心大變，江河日下，若不挽救，道德淪亡，勢將無法收拾。余昔年印行《人道須知》，旨在重振舊道德，原期振聾發聵，啓迪人心，今則更非昔比矣！

族中創立"族益會"，發起捐款，余贊助之，並題"合力爲之"四字於《緣起》卷首。族事先從治標做起，希望逐漸推及治本。治標如修葺宗祠及資助族中鰥、寡、孤、獨；治本則必先注重"族教"，凡族中子弟，不論有錢無錢，一一教之入學，從高小畢業再入初中，優秀者資助入高中肄業，凡高中畢業考得前五名者送入大學，畢業後名列前茅者送外國留學，以專門技術爲主。如此，則貧寒子弟亦有上進機會。

吾國人才不多，實由教育之不普及故。回想三十年前，如不興辦小學，吾邑工商界今日尚無若許人才也。近年工業逐漸發達，農民頗多轉向工廠，長此以往，恐將影響農事。最好工農兼顧，如工廠在農忙時，得任工人輪班請假還鄉，從事農業生產，俾可獲些副業收入，一年四季不爲閒遊，鄉間更可安謐矣。

余自幼在鄉，對農村生活有親身體驗。今遷住滬上，深覺與鄉居不同，一人工作，舉家坐食，開支綦重，而無副業可以輔佐。於是富裕之家收入有餘，終日無事，則聚賭游戲者有之,跳舞娱樂者有之,反致家政廢弛,子女學業荒墮,置之不管,反以爲天生幸福,應有享受,何必自討苦去做事及教子女乎！類此者甚多,滬上富貴之家,絶少久傳,實因不肯勤儉故耳。如聶雲台先生家已傳七代,其太夫人爲曾文正幼女,自幼得父母之教,至老不忘,更能身體力行,事事爲子孫表率,子孫亦恪守家法,專心事業,居家守舊,而學識維新。可見教育勤儉,實爲傳家持久之根本,切勿視爲“老生常談”。生於富家,即認爲有産可恃,有房産利息收入可吃用不完,遂不事勞動,終至坐吃山空。要知“凡事預則立,不預則廢”,不顧後來,傳必不久也。

得寶雞信,已在蒲城、白水之間領有煤田四十方,並以“天元”名義申請立案,祗待日後時平,即可投資開採。

是年秋後,因交冬時感受不快,小有寒熱,延醫調治,一月許始漸復原。病中終日静卧,嘗思昔年爲兄備有壽地,在無錫富安鄉華藏西首張山口,下起公路,上至山頂,廣五十丈,前臨太湖,後座如屏,氣概闊大,形勢雄壯,頗合余兄身份。惜戰事數載,未曾下窆,耿耿於心,深盼早安窀穸,以慰泉下。大兒葬地,决定在蘇州西跨塘七子山白塔圩梅樹下。並曾爲長嫂備地,在武進新塘鄉陳灣山口前亭山,坐北朝南,廣數十丈,下自山麓,直至山頂,佔地幾達全山之半,屢經名家相度,均認爲可取。

地理一道,余積數十年經驗,又得高明指示,所謂龍真穴的，屢鑒不爽。五十歲後，每遇春秋佳日，輒與精於青烏之知友數人，出外尋地，江南名山，幾遍足跡。嘗得佳壤數處：一在宜興張渚南石門園，地勢壯闊，下自山脚，上達山巔，計凡山糧田五百餘畝；一在武進陳灣殷家旦，山落平陽，東向遠望太湖，直對嶂嶂山；一在江陰南閘里觀山，坐東朝西南。其餘尚有多處，不一一記也。本邑亦不乏佳地。蘇州則近年時時往遊，諸山皆曾到過，以穹窿山東首一地爲最奇，七子山梅樹下一地整齊平秀，天平後山一地中正恢弘，龍蟠塢一地巧密幽邃，鹿山一地爲奇壯，鱔塢一地爲韶秀，徐墓一地爲挺拔。以上各處，經再三復看，確切研究，决爲吉地無疑。僅七子山南向一地，雖亦覺可取，但未經確實研究耳。余自弱冠以後，爲父營葬，尋訪吉壤，經兩載餘始得。後又爲母尋地，凡三閲月，覓得大池灣地。以後雖專心企業，而常四方奔走，凡經名山勝地，無不留心風水。所閲堪輿典籍，不止數百種，見過名地圖形數千，莫不心領神會。並延名師指點，及參看名手點穴。所謂巒頭理氣，陰陽老少，均能辨别微妙，自以爲有信而不迷之概，尚望我族中之人有好此者，繼續研究。吾族自始遷祖水濂公尋地至錫，興吾一族，冀我後人更能發揚光大，使族中之人多臻上流，子孫繁衍，實厚望焉。

是年，申二、九奉准開錠三成，原棉配給，品種甚差，通市一律，幸底子尚好，勉可敷衍。但存貨日薄，而售價日昂，開支有餘，派得薄利，等於行莊拆息。福新一、三、六,收得租金分潤;福二、七開工爲日無多,但停工日之開支甚大,暗暗損失,工人爲要求待遇,幾乎鬧事,後經貼費了結,一場風波,始告平靜,股東分餘則無着矣。申四分廠已有四處,均有利,因在内地,路遥不知其詳。福五各處分廠亦如此,大概均以盈餘擴大再生產。天水分廠已開工。該處原屬邊荒,日漸發展,將來成爲甘肅、四川、陝西三省必經之要道,日後交通便利,可成一大商埠。近年,避難同鄉至陝、甘者不少,創此企業,使同鄉有噉飯之所,將來定不乏有立住脚跟不再回鄉者,即成始遷祖矣,亦猶吾南方之“隴西郡”、“天水郡”也。

年來,時聞有全面和平消息,余更私心祝禱之,但冀早日實現。市上糧食如此昂貴,小民糴米而食,工作終日,不足一飽,況一家數口,恃以爲生者,不將餓死耶!有職業者,但靠固定工資,尚不能維持,因物價高漲,而收入有限。政府天天高喊“增加生產”,無奈食客衆多,何濟於事?吾蘇人口三千萬,並無荒地可耕,而生産衹敷自食。甘肅地大人稀,青海大於江蘇三倍,人口衹一百二十餘萬,地荒人少,大可開墾。如以此兩省論之,即移千萬人去不爲多。在人口稠密之地,不致發生供不應求;在人稀地廣之區,得利用餘地生産,小民得免飢餒,賦税亦可不缺,誠一舉而兩得也。

余曾擬訂“大農計劃”,其辦法如下:每户授田五十畝,十户爲一村,十村爲一鄉,十鄉爲一鎮。每鎮有小街市，爲供應近處人民日用品之需要，及買賣交换之所。十鎮爲一區，區有區長，管理行政，有街市互易有無，有交通電訊，有學校、圖書館，有工廠企業，並有農業機械（以坎拿大式爲佳），全區人民均得輪流使用耕種，毋失其時；且教之副業，如植樹、育蠶、養雞、養兔、養猪，以及西北各地所慣養之馬、牛、羊之屬，各擇所好，分頭進行。由一區推至四區，四區成立一縣，設縣政府管理賦税、司法及一切行政。由一縣而推至十縣，設行政專區，派高級長官管理之。由十縣再推至全省。先從甘肅荒地辦起，再及青海各地，擇宜於耕種之荒地而施行之。每歲生産有餘，則輸往下游各地，無論南北，不使糧食缺乏。如此，既可解决我國積年糧荒，更可養活流離失所之貧民，不勞武力，自能措置裕如。人口繁密之省，則以工爲輔，製造一切應用什物，以及衣、食、住、行必需品之機械，供應邊區。現在吾國關於“衣”之機械，如紡織機等已能鑄造；“食”之機械，尚須分原料與製品兩種；“住”則北方偏僻之地太苦，都市中太好，均應改善；“行”之關係最大，凡移民之區，由小路、公路，而至鐵路以及運貨車、小鐵軌，均須相互聯絡。沿路如有礦産，可集合投資開採。各縣培植人才，由小學、初中、高中而至專科、大學，總以適合當地應用爲前提，高中即宜分科，畢業後，即可應用於社會。

陝省近年大修水利，已築至十八個渠，生産增加。甘肅必須仿行，寧夏河套應節節築閘，至龍門爲止，利用水力發電及灌溉，使下游無水患。以前河北、山東、河南、安徽、蘇北等地，如遇黄河泛濫，田廬淹没，受害非淺。即如吾邑而論，每逢水災，估計損失總在二百萬以上。昔年胡雨人先生思弭水患，多方研究。錫邑地勢，東北較爲低窪，如楊家圩、芙蓉圩一帶田畝，大水必没，有心人應得設法。後來余當選國會議員時，準備於召集時提出“修濬黄河根治水患”議案。經兩年之準備，搜訪參考書籍，請教先進專家，實地勘察，研究築堰、護堤等工程，草定計劃，不料議會始終未召集。但因研究日久，所以至今未忘。近年黄河又因戰事决水，河流改道，由中牟經河南東部流入淮河，轉入運河，入長江，因此常有水患。又若上游水低，則下游成旱。水旱之災，時所不免。後自開封築一大堤，通鐵路，直達新鄉道口，水流已不向山東直冲，將來可分段修濬，由壩東直出海口，用人工分段挑泥，規定河底平面若干丈，起出泥沙，堆積兩岸，每面五十丈，堤用⋀__⋀角尺形堆積，使水力不容横决。通年積水，可行輪船、民船。兩岸可種植樹木、雜糧，則藉以保障成爲平田者，何止數百萬畝，下游得免水患者，更不可勝計。先將壩外修好，再開壩放水，直流出海。南北運河，亦須修濬，並作啓閉閘，以通舟行。再修河南冲壞之地，以至淮河各地。開封以上，照下游之法修之，從洛陽節節向上。二十年後，中國黄河水患可永免矣。若再將長江水流擇扼要處用機器疏濬，如南通以上至江陰一帶，鎮江附近及焦山後面，彭澤附近之小孤山後面等處，近年多有阻塞，加以開濬，則沿江低窪之地可無憂水患。更以下游攔阻，上游水高，此武漢一帶所以屢有水患，上溢下游，焉得不災。如能疏濬，使歸入正道，上流下瀉，來去順利，何至淹没。庶幾農商兩利，且亦所費無多。

雖然，一事之成，得人而已；一業之興，亦何嘗不如是！

民國三十二年癸未(一九四三年)　六十九歲

三房生一男，名智儉，已望子矣。兩年中，三、四、五房均生子，房房均有，爲之快慰。

茂二仍租出開，福一、三、六亦同，申二、九開三成，申四分廠三處均開，福五分廠三處亦開。物價日昂，開支又大，駭人聽聞，不知止於何底？

正月，諸女以余今歲六九，循俗例釀金治面，集親友於一堂，暢叙頗歡。是月二十日後至錫，抗戰後尚初次返里也。因據人告知，先人墓木被人截去，急須前往一看，果係事實。先母墓上柏樹全去，僅留小者；鄭巷祖墓，松樹大者悉去，小者尚存；先父墓則墓前者尚存，墓後已去十餘樹。祇得囑守墓者，須當心設法保持。梅園則門口大梓樹一對已不見，其餘花木尚存；大廳及兩軒，門窗俱無，匾對皆空，惟老梅花發，分外精神，暗香疏影，含笑迎人，不見六載，重逢格外可愛，且較以前長大不少，蒼老多姿，殊勝昔日矣。園內四周無恙，直至山巔，環顧湖光山色，依舊美好，時適微雨，凝望徘徊，不覺衣之濕也。出園至家中，樹木也較前長大，門窗略缺，塵穢滿目，無一坐處。至壽增嫂家午飯，飯後閒步，見門前河水清澈，漏道已塞，一水單纏，山環水帶，日後族中或更能鼎盛也。

傍晚回城，沿途樹木已少，更覺馬路分外寬廣，難怪行人稱便。當日成此巨工，今則無此材料，亦不易辦也。至四郎君廟巷，住辦事處，爲長婿宅。晚餐於福新辦事處，諸同仁多年不見，相叙甚歡。次日，城門未開，在城訪問親友，並至溥仁慈善會，知經辦善舉及補助隱貧，比前有加。安君邀余午餐，晚由程君敬堂約宴於公園後之酒樓，戰後新設，主事者亦榮姓，族人也。

翌日，城門仍未開，設法出城。至茂新，從外望入，祇存圍墻一圈及煙囱、水箱，因無法取去，所以尚存。再至申三，自治區房屋拆去一座，其餘七座尚存，門窗皆無。布廠則剩新布機二百臺一段，原共六百臺，已去三分之二矣；英機五百臺一段全毁，美機夾英機四百臺一段尚存。其餘小工場，但見一片空地；貨棧兩處亦無，方棚尚好。紗廠水泥鋼骨車間未損，三層樓摇紗間已毁，二層樓細紗間小有移動，機器大件尚存，小件已無，修配不易，四邊熱水管上面之透風管，概被拆毁；底層粗紗鋼絲車間尚好，清花車部份已移動，少去最新式清花機一部及打紗頭機，另由樓上搬下松花機補入填滿，所以驟視之下似無空缺處也。觀來現在所做的日本人,對廠務管理尚有條理,開一萬錠,日餘甚厚。對面電氣間内發電機三座尚存,餘則一片空曠,連磚石亦無存矣。看畢,至車站,遇戒嚴,不能隨便行走,祇得逕行登車返滬。數年積想,得觀大概,爲之稍慰。

月中,曾與柏雲族叔同赴蘇州,爲大兒卜葬,地在七子山白塔塢梅樹下。先至西跨塘徐亞大家,由其妻陪往,點定一穴,二月初破土,十一日登位,大兒從此永安於此矣!山向坐丙朝壬,四山環抱,藏風聚氣,爲形家之上取,開見淨土,龍真穴的,爲此山北面之正局,選吉取未年卯月亥日,乙亥文昌在午,水火既濟,扶龍生旺。登位時,太陽照穴,雨中現日,亦"既濟"之意也。柏雲先生爲點穴、定向、分金,屢次勞動,至感!

申一、八廠産權,政府派人來説,日方欲購買,余不允。據星相者言,余於本年四月屬巳,恐有口舌,祇得留意。至四月初三,忽有部分小股東要開股東會,余以雲程[①]之邀,稍坐片刻,即先退席。後聞小股東别有懷想,大鬧而散,余幸得早退,否則將多生一番口舌矣。余頻年坐守,對外一切不願聞問。申一、八産權,日方既無意還我,我亦無財力可接,人才亦缺,主張太散。回想創辦時,何等爽快,至今厄運重重,不知何日得見光明也!

---

① 雲程,即王雲程,榮宗敬三女婿,原任申新一廠經理。

六月初，在鄉扶乩，乩内忽示云："申三在八月間可收回。"斯時，對收回事，久未提及，心思已灰，亦未置信。至六月十七日，對方來催接收，我云："修理費無着。"謂："無妨，可在申六餘額内扣算。"於是二十四日接收申五、申六，二十七日接收申三。余於二十六日午後返錫，二十七日由三兒與大侄等前去點收。細看内容，可開之機僅一萬餘錠，而拆去物件，比正月間看時，又少却不少矣。修理不易，確實難做，但不做又不可能，因上面規定不做便要拆去。於是計劃先開一小部分，帶作看守性質。

是日，又至茂二視察，内部尚完，正在開工。順道至惠山，七年不到，已非昔比，戰事毀損痕跡仍未修復。吾錫工商事業素以紗、布、絲、麵粉爲大宗，今則大部停頓，祇麵粉一業尚能開工，但亦非由原主經營矣！翌晨，至榮巷家中及先人墓上觀看，與春間來時又不同矣。

七月初一回申，初四余六九生辰，俗有"做九"之風，諸女請余吃麵，頗熱鬧，外孫男女已共三十七人矣。

申五、申六收回後，未曾計劃開工，因無原料，只得稍事修理，派人看守。

八月間，爲先兄告窆。先於初二日家祭，到客不少，即日移櫺柩上船運錫，十五日午時安葬於富安鄉華藏西張山正結，乾山巽向，後枕全山，面臨太湖，氣概雄渾，爲不可多遇之地，與吾兄身份、事業亦相恰稱。後人來此瞻仰憑弔，必能嘆賞也。

申一仍未收回，因修理費太巨，我無此巨款可貼，且股東内有不明大體者，但圖自己目前利益，不顧國家民族，余不願與此輩論是非，故仍擱起。申三則借款收花，備料修理，十月十二日試機，出花卷十二個，至十二月初正式復業。賬房改在原來電氣間，因本年九月間被軍部拆去發電機兩部，計三千二百啓羅瓦特，運往淮南煤礦及繁昌煤礦兩處使用，深爲可惜。

九月，二兒爾仁赴内地，臨行前囑三兒等明年爲余七十稱觴。余力阻，國難家憂，遑論稱慶。然同仁多力贊其成，並由四兒毅仁將余六十年《行年紀事》付印，備贈親友，留作紀念。六十以後"紀事"，待時世平静，再續印行。

本年，茂新部分或出租，或停辦，無營業；福新部分一、三出租，二、七軍管理，其餘在内地；申新部分一、三、五、七廠或停或租出，申三試開一部分，申二原料限制，不能做，申九亦同，股東得些官利，已是不易。惟余力主不改爲"有限公司"，不加入投機買賣，不想發非分之財，不肯害窮人故也。然人各有志，或以爲如此做法不合時流，失却良機，殊爲非是者。因此，對此等人衹能遠而避之。余固非欲好爲奇特，不肯隨俗浮沉，實因投機害人，興風作浪，貧民受苦非淺，亦"匹夫不可奪志"之意也。而大侄終於徇其他股東要求，將申一改爲有限公司組織，徵余同意，余志仍不改，亦不取津貼，後王君①等則照收，不取者則余一人而已，皆衹顧目前未考慮到日後利害也。

民國三十三年甲申（一九四四年）　七十歲

歲月易逝，年齒漸邁，行年七十。如仿古語，可稱“今年紀事古來稀”。

年初，茂新停頓，福新、申新均如上年。申三開工後，出紗亦不能大大方方做營業，可見不自由之苦處。人心雜亂，各自爲謀。三兒與熊源籌劃尚合有利，爲照顧股東生活起見，實行按季發息。此時工人待遇亦與前不同，住廠供給伙食，買米買柴，宛如一大家庭，職工無掛無慮，始可安心工作。故余以爲創辦工業，積德勝於善舉。慈善機關周恤貧困，尚是消極救濟，不如積極辦廠興業，一人進廠，則舉家可無凍餒；一地有廠，則各業皆能興旺。余以後對社會盡義務，决定注重設廠興業。余年雖老，雄心未死，惜世局未平，不能大舉創業，他日時平若健，此志不改。

正月初九，爲余夫婦雙壽七十稱慶，到客甚多，熱鬧異常。堂戲有俞振飛、童芷苓、王吟秋等，王學戲甫二載，已極老到。壽序九堂，將余平生事業及經歷一一叙入，獎飾逾分，殊覺愧恧。但各有特長，爰分别志之，以示感謝。

① 王君，指王堯臣、王禹卿二人。

孫北蘐先生序，文平語切，所舉多犖犖大端；錢孫卿先生序，歷叙古來昆弟馳名者甚詳，並比余兄弟於南通，亦可作《行年紀事》序文也；唐公蔚芝序，以人爲體，以事爲輔，心存勸世，凡事不磨之本也；朱夢華先生序，爲華繹之親翁所書，交深文切，詞暢意新，脱盡恒蹊，書法亦端凝道勁，類《多寶塔》，允稱雙璧，至堪寶貴，將來石印行世，可作臨池規範；楊小荔先生序，立言高古，别有心得，老年作此，尤極難能；鄧範青先生序，將數十年來人所不知之事，人所不叙之語，不嫌瑣屑，一一記入，可感可感；楊掌甫先生序，以慈善爲主，事業爲輔，寫作兩佳。此外，如孫敬人先生所作序言，典雅切實；楊幹卿親翁詩聯，詞意清新，書尤挺秀。其餘書畫，尤多名作，後輯成《壽言彙編》，擬俟時平印行。年最高者小荔先生九十四，藝三親翁八十四，勞駕親來祝嘏，可感之至。二兒在渝，亦設筵慶祝，並特令六兒趕來拜壽，路遇陰雨，到已逾期，便有所詢，余作復帶去。

夏間，溥仁慈善會舉辦平糶，邀余墊款，允之。

至九月，謡傳煤斤來源將斷，宜早預備。三兒等恐電力發生影響，决分一部分紡機至支塘，成立分廠，以顧全局開支。秋後開工，並自購小引擎，計造屋、裝機共費一千二百萬以上。此時，各地企業“化整爲零”之風大盛，太倉新創小型紗廠六家，常熟十六家，無錫亦十餘家。

此時，百物昂貴，滿市漲風，金融利息常在一角左右[1]，銀圓每元值二百五十元，黄金每兩六萬元，銅元每枚十二元，棉花每擔四萬元，二十支棉紗每件五十萬元，藍布每匹二萬八千元，白布一萬八千元，蠶絲每擔四十萬元，綢緞每尺自七八百元至一千五百元，毛織呢絨尤昂，每碼一萬五千元，煤每噸十萬元，柴每百斤二千元，米每石二萬元，油每斤三百元，鹽每斤四十五元，醬油每斤一百元，肉每斤三百元，魚每斤三百五十元，青菜每斤二十八元，金花菜每斤六十元，梨一隻一百元，柿一隻四十元，蛋每個二十元，便飯每客每月一萬元。普通一家之開支，過於前清皇室之費用；一廠之開支，等於以前一省之支出。後人必將以爲奇談，實則皆幣制貶值關係耳。(清西太后每日膳費一百二十兩，慶親王五十兩；民國八九年間，江蘇全省預算一千九百萬元，内除軍警費一千一百萬元，全省僅八百餘萬元，是時省長預備費全年僅四萬元。)

中秋節，前蘇省議會同席爲余祝壽，攝影紀念。太倉平糶，仍捐款繼續舉辦，因唐蔚老之請也。大局紛紜，物價飛騰，余以往常主穩定堅持，不隨俗流趨，嘗勸同仁宜靜守，過此難關，再圖進取，切弗冒險，貪得無益，奢侈可怕。然至此時，已覺難於堅持下去。

本年十月，恰遇“月雙圓”。“月雙圓”者，公曆十月一日爲農曆之八月十五，而月終之三十一日又爲農曆之九

① 指月利率10%。

月十五。一月之中，兩度月圓，不易遇也。西人謂遇此吉祥，亦猶吾國人之“百年難逢歲早春”耳。

十一月六日，申三又發第三期股息，共已十二期矣，照原本十二倍。惜物價過高，百不值一，如縮計之，八年中僅收息一分二釐耳。

鴻元兄弟前年組織三新銀行，意欲茂新投資入股，余不贊成。因無限公司股東負有無限責任，不容他人代表作主，一股有一股之權，凡有改變投資等重大事務，須經全體贊成方能辦理。我國工商界深明法理者不多，憶民國三年與蔡緘三至京，同見張部長①，談次，謂吾國商人多不研究法律，故與外商訂立契約往往吃虧，遇到交涉時，自己立場亦多不合，以後商會應對此注意，倡導研究。當日祇作平常語，時歷三十餘年，今日思之，實有深意。余數十年經營，未嘗觸犯刑章，二十餘歲讀刑、民法，三十歲後始有商會，遂習商法，凡事依法而行，至違法取巧之事，萬不可爲也。

冬來時聞空襲警報，傳説南京被炸，三牌樓一帶傷人不少。物價又漲，申三又發息。開工將一年，時停時開，原料、電力均感不足，幸籌劃未曾失措，工人、股東共同生産，恃以度日者在五百户以上。若以申三全部設備，本可容職工八千人左右，將來修復後，仍當繼續生産。經此波

① 張部長，指北洋政府農工商部總長張謇。

折，格外顯得實業較其他商業爲穩固可恃。如但消極救濟，衹是一時，未若興辦實業，積極生産，爲治本之要圖也。夫社會經濟建設，必農業生産、工業製造、商業運銷，三者缺一不可。今之所以物價昂而建設遲者，即三者不能相輔聯繫之故也。

物價既高，於是有事業者大來大去，尚能支持；其升斗小民及無職業收入者，往往凍餒，即有慈善救濟，亦無補於事。更應物價騰漲，牽及金融，幸紙幣發行不需準備，濫印濫發，毋虞匱乏。無論家庭及企業，開支均感激增，盡量節約，猶難久持。

申三於去歲冒險欠債，勉强開錠，經一心、熊源等之竭力設法，改善經營管理，至今大不相同，還清債務，並留出日後修復整理費用及股東生活費，四面八方，處處顧到。無錫一地，有工廠數家在市流轉，因此紗號、金融皆大爲生色，商市始覺滿盤生氣。於是益知工業與社會之息息相關，單恃農業，不足發揮也。

本年各廠，茂一毁，茂二出租，茂四停；福新一、三、六出租，福五内遷，福二、八自營，時開時停，福七停多開少；申一仍爲豐田所佔，申二、五停頓，陸續售些物資，藉顧全局開支；申三開一小部分，幸存有材料，以物價高漲，頗有潤色，股東得有生活；申四内遷，申六停，勉開部分下脚機，藉資開支；申七出租如上年，申八毁，申九開一小部分，並代人織襪，略得餘潤，然内中存貨逐漸枯竭矣。

各廠人事行政，漸趨分歧，各顧其私，破壞大局，以隱瞞爲巧，以狡猾爲敏，以正直爲笨拙，以誠實爲愚陋，此風流行，何日方除，思之可恨。嘗聞洪楊亂後，執法維嚴，余在粵時，曾知設有善後局，由按察使主其事，用法嚴峻，人民有所畏而不敢爲惡，至清亡後始撤。昔諸葛治蜀，亦主嚴懲。今後世治，亦須嚴法，方能知所改乎。

殷伯雝世兄來申面告，乃父殷彥恂先生於十一月間作古。殷君爲競化校長，曾校《叙文彙編》及《中國財政史輯要》二書，爲人儒雅，文墨之外，亦能作畫，誠君子也。長校之老成人又弱一個，爲之神傷纍日。

中秋後，物價漲風又熾，至臘底爲極，柴每斤四十元，米每升四百元，豆油每斤六百元，食鹽每斤二百元，糖每斤一千二百元，白布每尺六百元，棉花每斤一千元，青菜每斤四百元，蘿蔔每斤三百元，魚每斤七百元，猪肉每斤七百元，與春初之價又相差十倍矣。水電價尤昂，且常斷電斷水，此滬市之怪現象也。

本年十二月二十四日，爲余結婚五十周年，俗稱“金婚”，子女爲設宴紀念。自丁夫人來歸，丙申冬生長女以後，陸續生兒育女，漸長則連年婚嫁，不勝辛勞，至今孫男女凡二十五，外孫男女三十七。回思昔日，余致力事業，妻主持家務，流光匆匆，忽已五十年。當日結褵時，爆竹之聲，猶在耳際，今則頭童齒豁，已成老朽矣。（余結婚時，方館廣東三水河口釐金總局，同仁送余佛山鞭炮二串

"一萬響",計銀十二兩。佛山鞭炮夙有名,長二丈,須搭竹架燃放,經一小時始畢,故最易記憶。)

本年田賦之重,爲歷來少有。民國二十六年前,每畝不過一元左右,至上年每畝達四十八元,今則每畝增至二千零三十元,軍稻則租田由業主、佃户各半負擔,自種田與房屋基地每畝另出二千二百七十元,連正税共需四千三百元矣。人民不勝負擔,然亦不得不照納耳。余本年共完去一百三十一萬餘元,可謂巨矣。而收入田租,若以抵田賦、軍稻,不足尚多,況尚有學校及梅園等,均無生息者,賠累更多也。

去年十一月,五房生一女,因在美,得訊已遲。六兒紀仁於十二月間赴美留學,由内地動身,余命學麵粉師及製機工程,不知能有成否。八女毅珍嫁胡汝禧,爲杭州慶餘堂後人穆卿先生之子,厚重温文,頗好學。

民國三十四年乙酉(一九四五年)　七十一歲

正月初三,禹卿提出辭函,因福新内外困難,身體不如從前,經余勸慰挽留,始打消辭意。茂新、福新、申新各廠一如上年,但覺開支浩繁,責任綦重。

初六日,三侄鴻慶結婚,爲蔡惠民先生長女寶瑚,廣東中山縣人,本係同學,由媒説合。是日,證婚人顏惠卿先生致詞,勉勵有加,至可感紉。新房另宅居住,類小家庭,與余宗旨不同。茶點禮堂,半日之費三百餘萬,拍照費近五十萬，其餘一切共五百餘萬元，可謂巨矣。

此時物價又漲，米每升九百元，黄金每兩三十一萬元，銀圓每枚一千四百元。市上投機囤購，形形色色，倏富倏貧，層出不窮；所見所聞，無非發財思想；通貨濫發，猶如脱韁之馬；地産之昂，動輒千萬；上下交徵利，不顧平民生活之能否負擔也。總公司文牘處一桌飯菜，民國二十七年每桌八元，後加四元，陸續增加，至今每桌一萬二千元，菜比以前少而差。四菜一湯，照民國二十六年祇值八角耳。物價既高，人的利欲心更大，終日但聽得某業賺錢若干，某人獲利幾何，一片發財聲，真足驚心駭目！其實水漲船高，徒有虚名也。

元宵，前蘇省議會同席金巨山等二十餘人宴集"通園"，最長者季龍圖，以錢孫卿年最少，朱德軒(紹文)議論風度，仍不減當年氣概。

二月間，分得申二、三、四等廠餘潤，較前爲多，惟支出亦大，明增暗降，物價使然耳。清明節後，各物更高，余全家上下共約七十餘人，每日伙食費即需十萬以上。自來水每立方尺一百二十元，用過限度罰五倍，電力亦如此，余家時時受罰，每月約需水電費一萬元。全家一月開支，等於民九蘇省兩年之支出。幸得各廠時有分潤，不然難乎爲繼矣。自思我尚如此，其餘中小貧苦之家可知也。

至五月，申三分得餘利已四次；申二，福二、七，亦有分潤，申九最晚，分得已所值無幾。此時物價瞬息萬變，真所謂"市價早晚不同"也。市上銀幣每枚一萬元以上，舊制錢每個四元，通貨膨脹，幣制貶值，已達經濟崩潰之前夜。

四月初五，外孫女蔣淑英適青浦朱家角陳氏，爲名醫陳蓮舫之後。七兒鴻仁畢業於光華，暫在三新銀行學習，俟外洋通航，再赴美學麵粉管理。余因業此垂五十年，不可不謀根本辦法，日後始能奠定基礎，發揚光大；六兒亦望業此。紡織已有二、三、五諸兒，麵粉則欲四、六、七諸兒繼承，始不失墜也。

本年四月二十五日，中、美、英、法、蘇在舊金山召開會議，討論永久和平方案，出席者四十六國，輪流任會議主席，中國亦在主席團之列，任執行主席最多，至六月二十六日閉會，國際地位增高不少矣。

七月底，申三又發股息，因股東賴此生活故也。

八月十日(農曆七月初三)晚九時，聽得重慶廣播，敵人無條件投降。八年抗戰，至此全勝，人民一片慶祝聲，爆竹騰喧，歡呼達旦。雙十節國慶，與老妻同出觀燈，但見人山人海，欣喜若狂，勝利後第一個國慶日也。

没收大批敵僞産業，原皆我國人民血汗，被敵攫去，轉而向我榨取傾銷，作經濟侵略之資本，今我一旦獲此，洵屬可喜。但日本紗廠接收後，全部改爲國營，亦是與民争利，以後民營紗廠恐更將不易爲也。若論國家經濟，統治者富有四海，祇須掌握政權，人民安居樂業，民生優裕，賦税自足，制定預算，量入爲出，發行通貨，準備充足。如是，則威信既立，措置自裕，對内努力建設，對外争光壇坫，國家局勢自有日新月異之效。若措施一差，誤入歧途，雖千方百計，終難平穩。因知富强非難事，衹在用人之當與不當耳。能用民力，不必國營，國用自足；不能使用民力，雖一切皆歸官辦，亦是無用，因官從民出，事不切己，徒然增加浪費而已。

申二在十月間發股息兩次，幸得早有收入，不然米貴，柴更貴，油、糖價格尤駭人聽聞。人心難測，欲壑無底，人人衹思抬價謀利，殊不知到底終是不了。國家政費無着，全靠印鈔發行，票額頻增，漫無止境。余近見政府措施舛謬，有失民心，特上條陳三則：一、幣制；二、威信；三、官民平等。婉曲進言，密陳採擇，是否納諫，不敢知也。

十月二十三日，回錫接收茂新二廠，手續之煩，過於創建。當年興辦，三言兩語，即告成功，今則周折多端，來往公文，奔走聯絡，接收到手，時逾三月，用去車旅費、看守費等，已不貲矣。次日，接收申三電機間，曲折重重，同於茂二，層層推諉，官説官話，不顧民瘼，比之日人，不相伯仲。數年之間，變質至此，大可慨嘆。

旋有善後救濟總署前來調查，派員陳君邑之，胡家渡人，交大畢業，人極明白爽直；另一坎拿大籍，由美方派來。余陪同視察毁損情況，茂一全毁，申三損六成，公益則機械全去，房屋被毁甚重，看後惋惜不止，謂：偌大工廠，如此肆意摧殘，不但違反國際條例，亦有失文明國家之人道主義也。

再至鄉間，巡視先人墳墓。先母墓尚完好，樹木全去，即於十七日補植柏樹八株，聊表心意。祖墓上松柏只賸八株，餘均伐去，可恨之極。憶余五歲時，祖母卜葬，次年先父母即在墓旁植樹，數十年來已喬木成蔭，今被砍伐，雖可補植，而成林固非再經二十年不可。先父墓上則完好如前，僅墓後伐去柏樹十餘株，皆看守者保護之力也。全山南之墳墓，樹木大都被伐，惟章山張姓墓柏樹數百株，依然青葱蓊鬱，無一損伐，余深以爲奇，趨而問之，據云："屢有人來伐樹，總是切實懇求，設法阻止，故獨能保留。"此看守者，可謂竭忠盡力，足以風世矣！

公益中學已破壞，工場尤甚。適復旦大學東遷復校，擬假爲校舍，遂允借一學期，到期收回自辦。但後來又被國立邊疆大學借用甚久。梅園花木亦有損壞，房屋則門窗已無，聯額盡失，即準備稍加修理。開原路路面頗有損壞，一並從事修築。家中房屋屢經駐兵，破壞不少，亦加整葺，俾便回家居住。

此行直至十一月初一回申，沿路瀏覽景物，農田尚能保持原狀，其他無一不較戰前退步，蠶桑尤甚。工業不求改進，但謀利潤；手工藝日趨衰退，利益既微，人亦不甚重視也。不知勞工神聖,實爲物質創造之母。此次美、蘇之戰勝日本,即因其工業發達,科學進化,利用原子氫氣,終能穩操勝算。今後我國欲圖獨立富强,非使國家社會速走向工業化不可。然美國當局對企業生産成本均能掌握,因此出品競銷世界,吾國實應效法。但其制度各自爲政,盲目生産,不能通盤籌劃,往往商戰競争,此勝彼敗,“大魚吃小魚”,終非持久平均之良策也。

至我國目今金融界放款利率三分六釐,尚謂“優待”,美金黑市每元一千元,如此抬高物價,放出重息,“爲叢驅雀,爲淵驅魚”,真是市儈作風,非執政者所宜也。余爲復業,負此重息,深慮將來如果外洋來貨涌到,價必低落,則兩頭吃虧矣。

競化女校房屋因曾駐日軍馬隊,柱脚損壞,頗難修理,無此材料也。大公圖書館館内書櫃隻隻翻亂,拋擲滿地,少去若干,未及查點,價高稀見及書品較爲整齊者,大都已無,損失之重,以此爲最。此館創辦以來,二十餘年,逐年添購物色,頗費一番心血,尤其孤本絶版之書,更爲難得。夫看書爲增進學識之根源,學識爲人才培養之基礎,天生人才究屬少見,全恃書籍吸取經驗,故歷來凡藏書之家,後裔必出人才。人才之興,良師、益友、書籍,三者不可或缺。余有鑒於斯,緣吾鄉僻處農村,貧寒子弟縱有天才,無良師授業,所以興辦學校;無圖籍參考,故建立圖書館,今被毁損至此,可恨可痛！由余觀之,毁去有用之書，等於摧毁人才，即置之重典，亦不爲過。此種文化上之損失，實較企業上之損失更嚴重也。

十一月二十二日，再度返里。茂二已收回開車，八年不做，一旦復業，爲之心快，出粉粉色如前，市上樂用。申三修理已完三萬錠，惟因電力不足，隔日開半班，市上供不應求，時感缺貨，計劃多開錠子，鼓勵職工積極工作，同心協力，提早修復。然經此八年，人心變易，大異往昔，自私者多，直道者少，必須在上者大力倡導，重振紀綱，恢復舊道德，人人以“正心誠意”爲本，始克挽既倒之狂瀾，作中流之砥柱，此世道邪正之所由分也。吾局歷經患難，創造不易，規模爲國内民營企業之冠。抗戰軍興，捐資救國，未落人後。今日事平，猶幸能招集舊日同事，照常生産，私衷自慰。

申三利潤之厚，實爲前所未有，而開支之大，亦爲前所未見。不獨我處，通市如是。然厚利少做，非余所願，能回復昔之薄利多做則好，非但利人利已，亦以利社會也。

入冬以後，僞幣調换，二百作一，致將售去汽車價款存作教育基金者三百七十餘萬元，及另存善舉基金五十餘萬元，均折至極微，等於虚擲，此皆過於信任政府之故也。

一月十二日，即農曆十二月初十，又至無錫，赴梅園及榮巷家中，察看修葺，並對茂二及申三計劃修復，進行補充。十三日，爲親翁楊幹卿先生點主；十七日，爲老友浦文汀先生點主。十九日回申。臨行前，蘇省監察使程中行（滄波），到廠視察毁損情況，聽民隱頗詳。

是月起，福新五廠（漢口）、七廠、八廠均開；申新一至九廠次第復工（八廠被毁除外），但均開一部分，因原料缺，物價高，熟手少，資金不足周轉故也。申三增資至三億五千萬，另發付股東現金三千五百萬；申九增資至五億，原額一億，加至四倍，發付股東現金二億；申二、五增資至三億，申一增資至三億，均發股息；申六增資至五億，余爲三成，並得股息，此廠十餘年來，從未得過利益，今亦照發股息；申四增資三億，並發股息四分；申七則十餘年來迄未上軌，仍無利可分，至爲可惜。回想昔日，曾爲兄言“地段好無用，還須人事好”之言驗矣。若但逞已意，作僞蒙蔽，不思企業前途，不顧股東利益，終歸失敗，無益也。在英、美，大公司對内有國家法律保障，不患人之侵佔，可以全心全意致力國外，開發利源。至若我國，在國内即管理不周，稍遠即有鞭長莫及之嘆。余經辦各廠，大多有利，惟茂四例外，即犯此病也。

國家主政者對工業不肯放手投資，對礦業更無意過問，尤其重工業不發達，國家從何而富强？余獨怪今人，但知争分利之權，而不知争生利之權，青年無力經營，老年無意於此，一誤再誤，不知何日走上正軌！余收入以本年爲最巨，然支出亦最多，全年通扯，不如戰前也。

民國三十五年丙戌(一九四六年)　七十二歲

元旦,天朗氣清,象徵勝利後之重見光明。初三立春,申新各廠,福新二、七廠,茂新二廠,次第均開一部分,因大多正在修理,尚未竣工也。

十三日,福二、七發付股息,並升股,爲征收所得税按纍進計算,不得不如此應付也。最高所得税纍進至百分之八十五,如此重税,各廠毀損部分永遠無法修復,更何從擴大再生産。生産量不能滿足全國人民需要,衹得仰藉舶來,增加輸入,漏卮日大。所以中國要富强,非急速變成一個工業化國家不可。如果一味衹知取財於民,不啻"竭澤而漁"、"殺雞取蛋",使百工百業皆抱消極主張,無意進取,國何能裕?民何以安?中國人口多,物産富,正宜利用人力物力發展生産,使人人有工可做,有飯可吃,自然安居樂業。並且今日中國生産之缺乏,不是雇不到工人工作,而是因爲工廠太少,在政府正宜因勢利導,積極鼓勵投資創辦企業,始能"人盡其才,地盡其利,物盡其用",不應苛税重疊,致投資者望而却步。余自日本投降、吾國抗戰勝利後,心懷興奮,方期政府給予協助,庶幾東山再起,復我被毀事業,不料恰恰相反,對進行復業至感棘手,興致爲之減退不少,但願從速轉機,改變方針,國家方能久長也。

十二日回錫,茂二、申三均開。翌日至鄉,梅園草草修理,已用去法幣六十餘萬元。梅花正含苞待放,二十四日再度觀梅，花已開齊，樹亦比昔蒼老不少。九年不見梅開，倍覺心神怡暢，各地来遊者甚多。回想三十年前闢園植梅，今日竟成爲蘇省名勝，初非意料所及。惟無知者往往攀折花木，爲之可惜。重臺三株，花發尤見精神；骨裏紅一株，則已不見；其他紅緑萼，亦損去不少。遊客之外，車夫、船婦及吃食攤販，遠道而來貿易者亦不少。楠木廳前，幾類一小市集，雖覺不甚雅觀，但附近貧民得藉以營生，亦可喜也。

元宵，參加無錫公園公壽楊映潭、朱子文兩君八十，其他七十者一人，六十者三人，錢君孫卿亦在内。二十五日爲徐菊粹母點主。二十七日回申，車中甚擠，無法佔得坐位，半立至滬。車政混亂若此，皆無調度故也。

五兒研仁自民二十六年十二月赴美留學，入羅惠爾紡織大學肄業，三年畢業，得碩士學位，後在美入紡織印染工廠爲職員，曾習人造絲，自稱略得門徑及業務經驗。二月二十二日由紐約起程回國，至陰曆二月十六日抵吴淞口，十八日抵家。八年在外，一旦相叙爲慰，偕五媳劉氏同歸，已生一子名智堅，一女名智中。余自從事紡織，已歷四十餘年，至三兒始習紡織工程，畢業回來，改進經營，稍勝未學。今五兒因戰事滯留彼邦，從業五載，略觀各大事業門徑，將來如能脚踏實地，謹慎做去，庶幾不虚此行。深恐或隨時流轉移，虎頭蛇尾，一事無成，或希圖虚榮，誤入仕途，則學非所用，非吾所望也。

吾國數十年來貧弱原因，以政治腐朽、生產落後與國際市場之經濟侵略，實爲主要因素。但所以貧弱，所以無新事業發展，則缺乏人才啓發之故耳。

二十九日得申一分潤，三分息，爲本年第二次矣。目下經營順利，估計尚可續有分得也。三月初二回錫，初四祭家祠，九年離鄉，此次專程返里與祭。初六掃墓，共到六處，以父墓樹木最爲完好，看守者得力故也。十一日，吊百歲族姑母之喪，其子郁榮寶叩請點主。十三日，祝楊映潭八十壽，並賀重遊泮水，特書聯爲贈，以紀盛事。十四日，錫俗是晚有"鄉會"，相傳謂之"報娘恩"，提倡忠孝節義，亦隱寓勸善之意。淪陷八載，一旦勝利，人心大快，各鄉盛行至惠山東嶽廟進香，四鄉麇來觀看，熱鬧異常，他處無此盛況。十五、十六兩日均有，余未看，午後回申。

正擬在滬料理諸事，停當就緒後，再於二十六日回錫，二十八日看盛會，因錫俗鄉人迎神賽會，以是日爲最盛，而本年爲勝利後之第一年，故尤特盛也。不料二十四日上午十時許，乘車至總公司，甫出家門，在弄口高恩路轉角，突來匪徒綁架，將余劫上另一汽車，直駛至中山路，轉入小路，經數里，停一小舟，將余送入，踡卧艙内。至廿五晚八時後，始有兩匪挾余登陸，在申新一廠前半里許之小浜上岸，轉入馬路，駛來一車，開約刻許鐘，至南車站貨站旁下車，改乘三輪車，至一石庫門，入内上樓，藏余於一小室，時約九時許矣。室内漆黑，有一人與余同卧，亦不辨其面貌，蓋看守者也。此室四無窗户，因此白日無光，亦無燈燭，真黑暗世界也。次日，即有人來問話，後去調查，回來再三盤問，勒贖巨貲。余正言答之，且告以無此財力，匪不信，再查，認爲確實。擬通訊至家，但四處有軍警密佈，恐遭逮捕，無辦法。至四月初二日，爲送一信，以安家人之心，連日不得要領。至十二日又送出一信，開口頗駭聽聞。十五日又送一信，始大殺其欲望。至十九日，匪徒知外間風聲頗緊，事已鬧大，防被破獲，始漸遷就酌減。至廿四日後，屢聞嘆氣，似有弄僵之意，並陸續將室内器物運出，有遷移之狀。至二十八傍晚，聞人聲躑躅，謂去看影戲，晚飯後，諸匪皆去。至十時後，陪余上三輪車，轉汽車，送至姚主教路三角地，另雇人力車，至麥尼尼路五婿宅門外，入内，再通知家中諸人團聚，歡喜萬分。

余在匪窟共歷三十四天，心中尚能鎮定。在黑暗斗室中，終日無事，思潮時涌，從世界、國家、社會，而至事業、家庭，無不一一思之，惜乎欲記無紙筆、無光線，自念平生經驗，如萬一不幸，未能傳至後人，爲可惜耳。並想得壽蔣主席一聯，聯云“戰績空前廿四史，勝利聯盟五大洲”，因今歲爲主席六十壽辰也。又想得爲自己刻印章兩顆，一曰“曾入地獄”，一曰“再生之德”，緣在匪窟，所聞種種，悉是害人之事，實與地獄無異。余夜中不寐，屢見白光，知有神護，諒不至無救，故心中較定也。

歸來後，始覺經此折磨，骨瘦如柴，腿酸不便行走，在家休養。至五月初五，即赴鎮江出席蘇省臨時參議會第一次大會，各縣選出參議員五十人，到會出席四十二人，餘八人因地方不靖，未能到會。初六開會，省主席王懋功、議長冷御秋、副議長張久如，均致詞，頗動聽。張君昔年曾任我處公益二校校長，相隔七載，未知其才長若此，識見口才，爲全會冠，前程未可量也。連日大會報告，余骨瘦怕久坐，遂告假去京觀光訪友。南京本舊遊之地，此次重臨，覺氣象一新，國民大會堂建築弘廣，馬路寬整，爲全國冠，下關市場尚毁而未復。

十二日返錫，爲捐募江北水災賑款得一千三百二十五萬元，先行解出。休息數日，至六月初九返申，聞綁案已破，匪犯逮捕，指使者起意離奇，可見人心險惡，但恐猶非真相。上海，萬惡淵藪，正義直道不易立足，至爲可慨。實則起意者爲黑心商人，利用匪徒，原擬將余滅口，幸匪以金錢爲重，余尚得以生還。此次破案，積匪治死罪者有八人，然起意者以行使賄賂，反而逍遥法外。但此種人天良已滅，日後終無好果。余爲心存忠厚起見，不肯發人陰私。嗚呼，天下無公道久矣！

連日爲募捐賑款，奔走勸募，推余爲"實業領袖"，决不敢任，募款則自應效勞。事由吳、杜①二君主持，得款

① 吳、杜，指吳國楨、杜月笙。

即直送彼處收轉，共捐得紡織業三萬萬元，麵粉業五千萬元，餘由楊君①擔任集滿足數。

二兒於八月三日乘機赴美考察實業，兼爲採購紡織機件，是月五日即抵舊金山，三星期已至紐約矣。六兒入海軍後，體弱不合，請假養病，以後祇可改做他業，同樣可以盡力爲國家社會服務也。

此時外匯匯率改縮爲三千三百五十元，對修復建築，又影響延遲一步矣！進口物資，大多爲水果、食物及無用之消耗品，與虛化之奢侈品，其中手錶與玻璃品亦佔一部分。外匯均爲這方面化去可惜，國家漏卮日大，全國各地城市倘有一百萬人購用外貨，通扯每人一百萬元，即爲一萬億元，與没收敵産價值已可相抵。然敵産尚未全售，而漏卮則悉係現金也。

無錫事業一時不能恢復，爲之慨嘆。然尚懷有希望，草成《今後之無錫》一書，寄錫廠鄭（翔德）、談（家棖）諸君，藉作口頭宣傳，鼓吹興致，或可達到目的。昔年撰《無錫之將來》，今則寫《今後之無錫》矣，回憶前塵，不勝傷感！

申六、申九均分派股息，抵補欠款，用費之大，過於往昔。稻柴每百斤八千元，白米每石六萬五千元，肉每斤三千元，白布每匹六萬元，棉紗每件一百五十萬元，麵粉每

① 楊君，指楊管北。

包一萬四千元,國産棉花每擔十五萬元,美棉十八萬元,煙煤每噸十八萬元。工資亦增,成紗一件,約需工繳六十萬元;做麥一石,約合費用五千元以上。各廠有原料可做,尚能應付,萬一停工,殊屬難處,每月損失在五千萬元以上。

九月二十二日,九女墨珍、七兒鴻仁及孫兒智明乘飛機去美留學。余頗不放心,臨行再三訓迪叮嚀,在外不必以學位爲目標,祇要在事業上學會實用本領,一生受惠矣。余歷觀留學歸來致力於事業者多有成就,走入政治者多學非所用,一入此途,與猾吏無異,不但無益於社會國家,且亦自誤,至爲可惜,反不若做一農工有裨於生産也。

申三升股三倍,亦爲應付所得税纍進關係,付出股息一倍。收入之巨,本年爲最,但以意外支出及應付添購機款,反感入不敷出。重陽返錫,視察修建工程,時隔三月,已進步不少。申三紗錠修完七成,布機四百臺正在修理,年内可開,倉庫已動工復建,需費在十萬萬元以上,毁之易復之不易也。大禮堂已整理,雙十節全廠職工共聚一堂,余略致勉詞數語。

同時,茂一計劃復廠,先將焦土瓦礫扒平,拆除煙囱,想及建廠時爲此而久訟,今日拆去,反化巨款(五百萬元),對比之下,不勝今昔之感矣!亦可見萬物萬事,合用則存,不合用則必爲時代所淘汰也。擬先復公事房,需費至兩億五千萬元,建復大不易,四兒努力之功也。定購英國最新式磨粉機，因此廠爲我局各廠之起點，不得不特加注意耳。茂二亦添機二副，其中一副備日後復建茂新三廠，俾仍可補足茂新四個廠之數，總計劃每日出粉三萬包，以後看營業如何，再定方針。

公益中學已復校，校務主任榮漢成，余前往視察，並與諸位教職員一叙。公益鐵工廠正擬計劃復業，但母機一時不易購得。原址暫借與國立邊疆大學復校，開學之日，余列席致頌詞，略謂："吾國遍地物産，尤其西北邊區，大多未經開發，祇因缺乏人才。諸君學成回去，大可從事開發。事業之成，祇要用心與動手，徒恃大資本無益也。歐西各國大企業皆從小資本做起，余亦如此，以前有餘力即事擴充，今則有餘財即事修復，修復之後，能多餘則再事擴展。凡事用心則無難事，祇恐無堅心毅力去做，則百無一成也。諸君前程無限，將來爲國效勞，尚希勉之。"

天元麻機已到一部分，而廠址尚未决定。余心中以本鄉爲佳，但缺少贊助人，購地則處處居爲奇貨，因此至感躊躇耳。麻紡事業在吾國尚是新創，决定先從試驗做起，然後逐漸擴大，此爲余晚年唯一之理想，不足爲外人道，待成功後，人人可效法繼起矣。余之令二兒遊美，七兒留學，皆與此事業有關，希望得些經驗。國内人士均目余爲大實業家，實不敢當，倘再盡力十年，各事創齊，理想各點一一實現，庶幾或可言大。所苦近年收入款項常遭用散，難於積纍，而國人大多無遠大目光，以爲余飽暖坐食，終生盡可足用，何必再需若許錢財，不知余别有遠見，另圖大規模之事業也。所望政府倡導興業，具遠大目光與偉大氣魄，不斤斤與民争利，删除苛雜，保護方在萌芽之工業，並將此旨載明憲章。若照目前捐税重疊，即原有企業尚難立足，遑論新興。殊不知做官爲一時權勢，不宜予取予求，任所欲爲，致萬民陷於痛苦之境也。

十五日立冬，返申，各事如常。余離滬日，諸務均有人代爲處理，大事則函告於余，便利不少。

十一月十五，國民大會行開幕典禮。中山先生民初制訂約法，即擬於最短期間召開國民大會，還政於民，實行民治，此創造民國先覺者之公心也。不料擾攘紛紜，延至今日，無論在政在野，吃苦不少矣。今雖開成，惟中共問題尚未解决，所望化干戈爲玉帛，早日協商，共謀人民幸福。大會制定憲草，此爲國家根本大法，萬世基礎，能善用之，則富强東亞，指顧間耳。對經濟事業，先將地下地上應興之利一一啓發，有礙民生之弊一一革除，税宜簡而易征，法宜决而不亂，通貨穩定，信行中外，政府、人民通力合作。對文教事業，首先做到無文盲、無遊民、無盜竊，選舉真才，爲民服務。人才正，議論自正，興革亦正，孰賢孰聖，出自民心。古語云“王道不外乎人情”，此即“天下爲公”之道也。萬萬不能因一己的偏見，而選出不正派者，即無“公心”之人，否則人民吃苦不淺。社會貧困，國力不振，國防不周，天下多事，治安不寧，工廠凋蔽，事業難發展，皆由選舉不得其人也。古云“得人則興”，旨哉言乎。

近日百物尤貴，柴每擔至一萬五千元，肉每斤五千元，其他日用必需品隨漲，幸申二、申九又發股息、餘利，得此兩款，始可還去欠款及機款。余之事業，皆由日積月纍始成，如果用於吃着遊戲，與社會生產無補，事業亦無從建設。故一地必須有人提倡事業，開闢風氣，人人節約勤懇，以有餘之資投入生産。如此由一人爲倡，而影響一鄉，由一鄉而影響一縣，由一縣而影響一省，以至全國，如今之美國即是。記在清甲午以前，中、美社會水平，初無大異，近五十年來，事事入正軌，人民安居樂業，因此科學發達，事業發展，國勢自振。我則内争紛擾，年年多事，賠款及入超二項，流出資金不可數計，生産不上正軌，地上有荒蕪，地下未啓發，藏富不用，漏卮日大，民智未啓，即有稍能從事生産之人，反被視爲目標，此耗彼用，浪費虚擲，資金不能投入正業，社會尤多叫苦之聲，不知興業之道，事在人爲。《大學·序》説“治國必先齊家”，然“齊家”還要有經濟，如果無以養家，必難修齊也。

日在鄉間，與農夫談談，頗有意思。與市井中人談，常恨少真意，遇有真意者，即是成大事業而明理之人。今戰後社會各級混亂，如何收拾人心，使上正軌，必從農工開始，逐步使商業流通，教育普及，政治清明，民生安居，正氣日充，邪氣漸消。此時，青年未染惡習，日思正經事業，過去墮落之邪佞分子，逐漸年老衰亡，二十年後，必見真太平。

十月二十九日回錫，專爲天元購地。麻機已陸續運到，但廠址未定，心中焦急。鄉人不思生利事業有益地方，互助玉成，反遇到建廠需地，視爲奇貨，扳價不售，再三托人，勉强購成二十餘畝。

申三已建倉庫二百五十方，造價十一億；摇紗間二百方，造價二億；修復紗機已開五萬錠，布機二百臺。雖尚未完全恢復原狀，而一切建設氣象焕然，工人福利及應有設備均復。工資甚高，工人亦滿意。惟有一般遊手好閒之徒，煽動工人要求年賞，共付出四億以上，尚未滿所欲，此風若長，將來不了。茂二等亦均付出。茂一已建公事房二十五方，需費二億半以上。幸本年營業尚順利，皆相助者努力之功，别家尚未修復開工也。北塘辦事處新建房屋，需費一億以上。

初二在家扶乩，太行師尊及各位仙師指示一切，兼賜丹方，可救急病；並示時局可平，且獲豐年，請王德超（雲軒）繪圖以記之。

十一月十五日國大開幕，至十二月二十五日始畢，通過憲法，至明年一月一日公佈實行。

年終，申二、三、六、九分得股利。茂二開工後，有餘即還機款。如是，不難逐步恢復。

是年十一月一日亥時，二房添一孫。爾仁在美未回，九女、七兒等均由渠爲之安排。九女入大學；七兒進愛理司粉廠，並在夜校讀書，每日工作九小時，工資每月一百九十元，藉補學費；智明亦已進高中。

本年，茂二營業尚順利；茂一除復建公事房之外，打平基地，拆去煙囱，已一千萬有零；茂三已定機，方準備恢復；茂四亦在整理，因路遠未開工；希望明年四個廠均可開出。福一照開；福二、八時開時停，原料、職工都有問題，上級管理者心灰不積極，所以如此；福七亦同。福五漢廠開一小部分，其餘待訂機運到，始可開出；渝、寶兩處分廠照開。福三、六，本已修好將開工，以大部分化於修理費，無力辦麥，内部工人又多問題，明年若再如此，開工尚無期也。申一先開二萬錠，下半年陸續修復至五萬錠，連借進四千錠，共開五萬四千錠，營業順利，惟修復費用頗巨，餘利不如以前。申二開至六萬錠，營業亦有利，得資時分。申三由二萬錠修至五萬錠，修理費甚巨，僅修屋、建棧已十三億，其他零星建築尚不計在内，連同修布機、添電機、紗錠等費極巨，希望明年新機到後，可復舊觀。申四重慶、成都、寶雞照常有餘，漢口廠房雖收回，外洋定機未到，電機裝四千啓羅瓦特，需費十二萬萬以上。申五開至三萬餘錠，申六開至五萬錠以上，亦均有餘。申七以用人不力，無報告，亦無分餘，自投資至今，分文未得，所謂“同本不同利”也。申八已全毁，未復。申九最佳，未受戰事損失，常開十二萬錠以上，惟電力供應不足，無形之中少賺不少，然已佳矣。餘力添購新機，預備改新去舊。明年營業若穩，各廠有進步之新希望。惟工人要求太高，僅年賞一項，爲數即在五十億以上，似覺寒心。大股東所得，遠不及此數也。經此大支出，新計劃大受打擊。余自思，何苦負此風險，自討苦吃，尚望今後賢明政府有以改善。

福二又加資一倍，並付股息五成；福七亦有，然不合法，將來糾正。本年各企業皆有分潤，照前增加萬倍或七八千倍，而所得反不及戰前爲多。然支出之大，遠過以往，即從數字觀之，已足駭人。尤其納税之巨，更屬可觀，照民廿六前全國歲入歲出之數增加三十餘倍。因此知發展企業，一方面亦可培養税源，若一味節制資本，扼住企業發展，等於藏富不用，造成漏卮。資金不往正途生産，必將流弊叢生，或重利盤剥，或奢侈浪費。故國家對於有關國計民生之企業，急應獎勵扶助而振興之。如美國今日財力富足，爲世界冠，國内各專一業之大富豪，共有六十餘家，但在數十年前，祇有十大富豪耳！

本年因經濟關係，擬添新事業無一完成，當日最大之理想縮至最小而止。物價高漲，工資、物料無一不昂，以致成本頗高，幸原棉早辦，尚能有餘耳。然年賞支出超越預算，結果借入款項，方能應付。美國生産發達，傾銷世界，但對國内工資有一定尺度，不肆意抬高，亦爲維護企業故也。我國行憲有期，深祝亟亟改良。

本年形形色色，收入巨，支出亦巨，修復稍有成績。余歷年向以“生産迷”自命，今日方知實爲不迷也。

民國三十六年丁亥（一九四七年）　七十三歲

元旦陰，百物昂貴，負擔頗重。初二，爾兒由美乘機返滬，中途因多雲退還，頗念。迨抵家，甚欣慰，近來乘機時有出事也。備述美國狀況，可羨可喜，五十年前所聞，不知有今日之大進步。坎拿大三十年來進步亦快，農業大可效法。

茂二已開；租辦順豐德爲茂新三廠，亦開；茂四正在修理。福一、二、五、七、八，均準備開，福三、六停。申一至九廠均開，大多在修復或添設。如營業平穩，本年爲建設之年，所定粉機、麻機，均可運到。

年初六返錫，因蘇省臨時參議會十一日開會，即於初十赴鎮出席，住中央飯店，到各縣同席四十三人，以老友爲多，年最高者鮑勤士，八十一歲，相聚一堂，共話平生，互談各地情況。會上連日由行政長官報告，值此諸事棘手之際，處理誠亦不易，然尚不能盡如人意，頗多起而責難者。余此次未曾提案，僅建議“加强江蘇省銀行及農民銀行組織，擴展業務，即以售出大生紗廠官股之款入江蘇銀行，以售出官地之款入農民銀行，生息流轉”，不知能採納否？

十四日，因體力不支請假返錫。旋又與蔣竹莊、胡尹皆等提議《請疏濬河道便利運輸案》，因蘇省各地大小河道年久失修，淤塞阻礙水利，且關航行，應先就江南各幹河着手進行：(一)自鎮江經丹陽、武進及江陰以達無錫，導入大渲，出太湖；(二)自溧陽、宜興經無錫而貫運河，經蘇州出胥口入湖；(三)自蘇州經昆山出吳淞，入海。人力財力，則利用國際救濟物資中之挖泥船，及利用失業苦工、各地難民從事此項工作。並指定湖濱淺灘入圩田，予以堆積疏濬所出之淤泥，使成良田，增加生産。

在錫，曾至大池灣母親墳上，樹木又被伐去，松柏蒼鬱之區，變成童山濯濯；祖墓上祇存五株，父墓竊去五十餘株，可恨可惜。梅園正在修理，春寒梅花滯發，較往年晚却半月，至二月望後方開，茂盛則勝於往昔。近日來園遊覽者，日必數千人，頗多不惜遠道而來者。前人不知利用風景園林，可以吸引游資，振興商市，歐西如瑞士，即用此法，每年收入可觀。

月初，因金價提高，百物昂貴，引起政潮，宋下臺，紛紜擾攘。論其爲人，抗戰時期籌劃財政，不無勞績，無奈勝利以後，衝昏頭腦，忘了民生疾苦，不顧人民負擔，一貫其高物價及重税政策，以致民怨沸騰，迄今辭職，猶爲晚矣。然如果政策大體不改，無論何人上臺，終難博得民心。吾國缺乏真正經济人才，即有一二貢獻意見，而執政者不加採納，終至焦頭爛額，屢易其策，而百無一是也。

抗戰前，全國每歲預算十萬萬元，一切税收尚簡，人民安居。經八年抗戰以後，幣制混亂。今抗戰勝利，内戰未停，國家歲出預算不能正確，用款之大，門類之多，均需從税收上來，疊床架屋，仍不敷用。於是，衹得增發紙幣，通貨膨脹，而物價愈昂；物價愈昂，則紙幣愈不敷用，層層相因，伊於胡底，終必整理，今其時矣。減税節用，爲戰事平定後必經之過程，所望國大代表爲人民解除痛苦，核定國家歲入歲出，何項收入，歸何項用。總之，必須分利人少，生利人多，一款有一款之實用，一人有一人之生産，社會自能上正軌矣。幣制若改，必用金本位，時機已到，不容再緩。如將民間所藏金銀，以代價收歸國有，作爲準備，國際信用既固，人民亦可易以生息，利國利民，此經濟轉移之要着，富强之捷徑也。

二十六日回申，一切如常，惟物價又漲，柴每百斤二萬四千元，米每石十一萬元，油每斤三千元，肉每斤五千元，一家開支，不易維持。事業均謀進步，非修復即擴充，在在需費，因此，竟感左右支絀，調度困難，進境殊緩。内戰不了，民困難甦，民怨益深，青年因無生計，走入歧途。歷觀前代，凡物貴税重之時代，無一不亂。王道無他，省刑罰、薄賦斂而已。今反此道而行之，且事事限制，不啻無形之梏桎！層層苛税，何異萬民之鎖鏈！社會何能安謐？事業從何發展？國家何由富强？當國政者，務望三致意也。

申九分得股息，申六亦有，該廠近購進國光印染廠。

吾局紡織而能印染者，昔有申四，今爲申六矣。申五訂購紗錠已到，添裝最先。福五、申四交到上年官息，宏文紙廠亦有，該廠爲增設滬廠，余加資二千五百萬，餘爲他人認去。

閏二月初六日回錫，督看復建茂一廠房，初八破土。回想四十六年前二月間，建廠動工，今已改造，能無今昔之感！十四日清明，至鄉祭宗祠，至梅園看修理，瞥見櫻花盛開，爛漫如雲，今睹此花，尚未能忘昔日之痛耳。

誦豳堂匾額已重行裝上，四周稍稍修復，各地來遊者甚衆。翌日，復到惠山一看，樹木多爲駐軍及地方宵小伐去，培植不易，十年不能恢復舊觀。二十五日掃墓。

申三已動工復建，橋亦改闊，發電機再添二千啓羅瓦特。天元地已購妥，麻紡、綿紡均在一起，不日興工，秋後可望建成。然事業之不易，立業之艱難，非身經者不能知。但差幸余積年理想一一實現，人生晚年，能從事於自己所計劃之事業，亦樂事也。公益鐵工廠復業，事在必成，缺乏人才，尚在物色中。

二十八日回申。福一上年復業，至年有餘，分派官息，收到五百餘萬，加股一千一百二十五萬元。福三未做可惜，反而用去修理費甚巨。申五添機二萬錠，已恢復戰前設備矣。

初四日，爲長孫智鈞結婚，娶恩施樊氏，爲樊山先生孫女，久居滬上，由徐、楊二君作伐，誠屬天緣，賀客盈門，余心彌慰。

初六日回無錫，孫科副主席蒞臨，過寓叙談，陪同遊覽梅園及湖濱風景，翌日返京。孫君福澤甚大，四世同堂，沉默寡言，無政治習氣，其夫人衣着樸素，類平民家庭，隨侍子女，無絲毫貴族氣，至可欽佩！

茂一已建好一層，全部共爲五層，水泥鋼骨，工字鐵大料，頗堅固。預計廠房部分至九月底可完工，公事房已落成。申三廠屋八百多方已在建築，六月後可完工；賬房間亦在動工，男工宿舍方在興建。若至秋後，氣象當又不同矣。

天元棧房、公事房均已完工，爲節約起見，皆用外國流動房屋。廠房平屋近四百方，六月中可完工。因事誤時數月，致物價又高，成本合重，吃虧不少，幸在事者並不灰心，必底於成。天元廠址在西門外沿梁溪，惜因當地産權所有者用心居奇，高抬地價，未能擴大進行。此風自昔已然，不意數十年後，仍依然故態，將來若由政府訂立專章，興辦工業可用圈地法行之，則省力多矣。

四月，申三發官息；五月，申九亦發。余近半年收入，全移充天元投資。在滬料理諸事，至六月初六日至錫，觀看粉、麥。本年小麥豐收，粉廠或可佔利，惟吃本太重，全藉借款流轉，高利可怕，同時出路被禁，如能放開閩、粤一路，粉銷即可不致積滯，人民亦可得有供應。近年政府中堅分子太多，但均祗有新學識，對實際問題似不能面面顧到,往往甜者甜,苦者苦,會議終日,名爲出自公議,實則一意孤行,假名欺衆,其結果不良耳。

爾仁由光華大學贈與榮譽法學博士,因其對社會經濟事業有所貢獻,亦以鼓勵人心也。

五月十二日回無錫看麥市,勸同業收價平穩,保存大體,自能有利。申三新建築進行甚快;茂一廠房已築至二層,公事房已完工,均照原定計劃建造;天元公事房已完成,棧房亦竣工,廠屋正在進行,亦快。

分得申六股息。指數更動,工資加高,無論舉辦一小小建設,代價極大,得者浪用,出者喪氣,互不實惠,殊非人民之福,實爲社會事業失敗之根源。八年戰争,得此惡果,意所不料。推原其故,亦受日人侵略之遺毒也。非改革幣制,穩定物價,降低成本,無法恢復,遑論發展。

七月初二回申,初四生日,諸子女及親友等相叙頗歡。分得申二股息。二房次孫智寬赴美留學。余家有七兒、九女及二房兩孫在美,每月共需費用一千美元;外孫中則五女所生美生、三女所生能倫,亦均赴美留學。由此觀之,每年流出甚巨,余意國内大學應以實用爲主,如果辦得好,較外國爲便,且免漏卮。因與子侄友好輩談之,均同余宗旨。復經吴稚暉、戴季陶、章若淵諸君力贊其成,余雖覺時間尚嫌略早一二載,但遲早總要辦,决計進行。擇定校址後灣山,呈請備案,批准建築。先行招生,分設三院,暫借公益開課,俟校舍落成,再遷入後灣山。惜地方不大,衹能將來徐圖擴充,或可伸展至寶界山一帶。

六月後,雨水過多,蘇北十六縣水災,舉辦捐賑,成立委員會,紡織方面聘余爲勸募委員。

七月十二回錫,天元廠基三百三十方,配裝一萬錠。奈物價又昂,廠房全建平屋,至九月完工。訂購紗錠,運到已遲却數月,海關對進口物資頗加留難。此次創造,大吃苦頭,小企業化却大資本,造成亦無大利益,若照拆息計之,大虧本矣。最不合理者,指數增,工資漲,原定預算計劃一一打破。安裝麻機,發現缺少頭道脱膠部分機械,不能紡麻,改紡羊毛,但毛條不准進口,祇能俟有機會代做,略取工資,以免虧累耳。幸紗、粉營業尚好,略有分潤。

八月初六日赴鎮,參加省臨參會第三次全體大會,出席四次,體力不支,告假返里。鎮江地方情形較前進步,馬路開闊,比前不同,水流改道,北固山下將來可成商場。申九在丹徒口①購地五百八十餘畝,備建分廠,當地人士渴望興辦,惟目下物昂工巨,無此能力,日後有機會,必能大興。車過丹陽,該處已成立丹陽紗廠,爲友人胡君皆、束雲章在一年内所興辦完成,地方頓見繁榮。各地多思效法,奈物力太貴,不易舉辦,已成事業,尚徒存虚名,況初創者乎!我局兩年來擴充事業,大吃苦頭,幸有以前老

① 丹徒口,在江蘇鎮江、丹陽之間。

廠統扯，得以彌補。天元先從毛紡試做，尚好，因機械不全，代人做毛冷，藉得工資。機件不久即可進口，約在明春裝齊。

十月二十七日，江南大學舉行開學典禮，吴董事長、戴副董事長①均因體弱未到，由余代表任主席作報告，略謂："吾鄉最先有小學，尚在前清光緒三十一年，高小尚在清宣統元年，中學則至民國八年始辦工科、商科兩班，至民國十三年改爲商科一班，民國十七年以後注重工場實習，至二十六年每日可出新式布機八臺，較日本之豐田式、英國之狄更生式爲佳，價亦便宜五成以上，其他如麵粉機、紡紗錠亦可做出。正在準備大舉製造，而抗戰事起，工場機械均被拆毁，所存生鐵五百九十噸、紫銅百餘噸、鋼條及各種材料悉被劫奪，至今未復。以後擬在蠡橋邊購地，創建鑄造機器工場，工科學生可以藉作實習，造就人才，爲國效用"云云。

茂一廠房已完工，正在安裝麥機，所開水池無法築住，費工甚巨。此廠昔年建造，基礎堅固，後來出粉至每日八千包，年年有利，且爲吾局一切企業之發源，不幸被毁，余最爲痛心，時刻以籌備恢復爲職志，命四兒計劃復業，以吾心爲心，經兩年之久，始見完成開工，堪以稍慰。

① 吴董事長、戴副董事長，指吴稚暉、戴季陶。江南大學董事會成立於一九四七年八月，由吴稚暉任董事長，戴季陶、榮德生任副董事長；一九四九年七月改由榮德生任董事長，錢孫卿、榮毅仁任副董事長。

事關社會建設，且與民食攸關，固不獨爲余一人一家計也。今之青年，往往喜空言理想，不切實際，生産日落，生齒日增，若不迅速改弦易轍，亟起直追，永無富强之日。余雖創有區區事業，但滄海微塵，殊不足道，總望政府提倡，加以維護事業，前途庶幾有望。

申三接收，連年修理，先後由河東工場、自治區、宿舍修起，陸續整理，織廠開至五百臺以上；河西大部毁損，祇剩大煙囱一座，電機一部被佔用，猶未大損。去年先從棧房復建，至今完工；再整理電氣間，添裝二千八百五十啓羅瓦特。舊電氣間房屋改爲公事房，更延接而擴充之。河上橋梁亦改寬橋身，又添膳廳、門房，並加建新機間八百餘方，均鋼骨水泥樓房，可裝四萬紗錠，再裝新式軋花機四部，連同修復老機五萬五千錠，共有九萬五千餘錠。此項資金，皆由近年生産盈餘，除去股息外，其餘即用在再生産。修復添建，未嘗由股東增資，全出同仁合力運籌之功，大部分則爲三兒與五婿共商進行爲多，廠中實幹則談君家棖、鄭君翔德之力爲最。得此成績，彌深欣慰。所望以後賡續既有基礎，群策群力，和衷共濟，聯合職工，努力生産，遇有機會，再圖進展。更望社會人士知生産之重要，對事業應愛護，俾事業易興，收效更大。回想四十五年前，篳路藍縷，創業伊始，由小做大，以至今日，自思亦甚可笑。有此成就，殊出意外，深愧既非實學，又無財力，事業但憑誠心，穩步前進，雖屢遭困厄艱難，均想盡方法應付,終告化險爲夷。抗戰八年,初意以爲無望,秉我誠心,唯求勝利,竟得如願。凡我各廠,一一收回,逐漸修復,再過一二年,或能恢復原狀矣。

報界人士對我事業每作鼓吹,但事非其時,謬採虛聲,實不相宜。收税人員,忠於職責,加緊征税,不知負擔者之苦痛。尤其多收多用,減弱生産能力。若得急公熱心之士,條陳政府,減收減用,使國家經濟走上正軌,事業日進,人民幸福。余作此言,緣今日事業與余勝利前所定方針,實已縮至最小限度。計劃未成,抱負未抒,深覺痛心! 但事屬實在,非怨言也。

十月後茂一裝機,大約三個月可畢,試車當在明春。二月間,此廠重建,機力設備過於從前,事事堅固,務求勝人一籌。天元麻機大都裝好,刻下正裝紗錠,明年完工,資力不足,勉爲應付。申三新工場建築牢固,新機亦佳,已開始安裝,明年可完,出品當更能出色。此廠全從生産盈利,群衆合力,復建而成,甚非易事,幸動工尚早,否則難成,因物價高、資金過重也。公益鐵工廠已在蠡橋附近購地四十畝,建造新廠。江南大學校舍將完工,明年可遷入開校。

十二月五日,即農曆十月二十三日,老友鄧範青特邀集年在七十以上諸友小叙,最高者俞三暎九十,次鄧静伯八十六,楊映潭、朱子文、宋楚珍各八十一,錢西林七十九,蔡松如、陶伯方各七十六,余七十三,連主人七十七,十人共爲八百齡，誠盛事也。余擬七律一首，以紀其事，由主人録下，謂可傳後。詩云：

事業區區豈足豪，鄉評似未識吾曹。
綿綿生齒自天錫，轆轆飢腸遍地號。
課税横征猛於虎，金融詭計狡如猱。
和平國運何時轉？十友合年八百高。

結句表明十人合成八百歲之意也。明年擬更集十二人爲一千歲，於新春作千歲宴，當爲盛世佳話。

十二月二十九日，蘇省臨時參議會開會，選舉江蘇省監察使五名。余先一日到鎮，寓上海銀行。次日上午九時集合，全體實到五十七名，依次投票，余選劉平江，不待開票，即登車返錫。劉君，徐州人。一月二十一至二十三日爲立法委員選舉，競選熱烈，開票以薛明劍爲最多。惟此次立委選舉，改採直接選舉辦法，以致紛紛擾擾，勞民傷財，實則不如以前用復選辦法之簡單實在也。

余於陰曆十二月二十一日回申。不二日，申九發生風潮，因工人要求過高，廠中不允，即行罷工，至三日後，事益擴大，並有人從中煽動。市政當局派警彈壓，如臨大敵，死三人，傷數十人，捉去二百餘人，始告平息。廠中損失甚巨，闖禍如此之大，實爲從來未有。①

廿七至申五看裝好之新機二萬錠，已開，甚好，現紡

① 指發生在一九四八年二月二日上海申新九廠的“二・二事件”。

三十二支、四十二支紗,即二十支紗亦拉力甚强,在八十分以上。新老相比,出數不可同日而語。我處各廠機新舊不一,出口標準亦各異,生産率相差甚巨,因而成本、餘利亦互相不同,出入甚大。此皆主其事者只圖近利,不致改善經營、取法進步之故也。

是年茂一復工後,平穩有利,茂二亦佳,福新相同。申新各廠則好次各别,添機擴充,進行甚滯。自一月至十二月,開支大却十倍,存棉用薄,無法補進,原料昂,工資大,物價貴,利息高,捐税重,周轉無力。今年勉强維持,明年如何,殊未可逆料也!

民國三十七年戊子(一九四八年)　七十四歲

元旦晴,物價更貴,與昔相比,不啻十餘萬倍。上年茂新一、二廠時開時停,扯有薄利;福新相同,僅四、六兩廠全年未開。申新一、二、三、四、五、六、九,均尚有利,惟通扯微薄,不過二三釐。外强中不實,虚有其表,外間傳説如何如何,均不實也。照此物價高,成本大,利息重,本年營業未可樂觀,祇有苦守堅撑,或可立足。正月初六,各廠均開,但政府實行統制,原料不足,捐數頻加,無異置工廠於絶地。六個月後,自見分曉也。

初六午車回錫,一切如舊。開市百物又漲,比年前高一二成,米近二百萬,麥一百二十萬,粉每包八十七萬,油百斤四百五十萬,金每錢一百四十餘萬,其他可以推知。

然則何以造成此不可收拾之狀況？漲風之起，金價爲首，米價接踵而起，工資、利息亦隨而增加，入不敷出，人人道苦，希望迅速調整，人民庶幾可以來蘇有望。但非枝節問題，若不從根本徹底解決，仍難見效，數年以後，勢將無法收拾。

今年，學校方面公益照常上課，初中全辦，高中僅一、二年級。江南大學理工、文、農三院照開，惟費用過大，不易維持，新校舍建築未完成。梅園整理，因費用太巨，祇能擇要修葺，自園門至誦豳堂已初步修竣。入春以來，遊客如雲，各地前來春遊者過於以前，鐵路特掛遊覽專車，地方商業受遊人引起繁榮者不少。元宵後，梅花盛放，如霞蔚雲蒸，加肥以後，茂盛不少；櫻花亦爛漫如雲，雖屬外種，園中得此，亦添遊興不少；園門紫藤棚今年亦特茂。清明左右，天氣晴朗，遊園者更衆。

茂一被敵毁盡，余以此廠爲吾事業起點，决心復建，四兒等全力擘劃，二年來差幸恢復，定到英機，日出粉三千四百包。適值物價日昂，財力不足，一再躊躇，於前年先建公事房，次於去冬完成廠房，今春三月初九試車出粉。停却十年，至今復業，四兒用全力促成，六兒任監造，亦不易也。

當抗戰時期，余在滬空閒無事，又嘗籌思勝利後創建新興事業，以代我國失墜之絲業。二兒在重慶曾作麻紡試驗，五兒在美亦嘗留意於此。因於前年（民三十五）春發起在錫購地設廠，至去夏完成，續又購地百餘畝，可毗連至申三附近，彼此呼應較便，先裝麻機二千四百錠，兼可紡毛，又紗機一萬零六百錠，如此一廠之内，麻、毛、棉三者均可紡製。麻紡品盛銷於南洋及熱帶各地，應用頗廣，原料年産三熟，紡成出口，外人難於競勝。昔擬挽救失敗之絲業，今已有新發展代替，故命五兒等决定先從此事入手，將來準備逐漸擴充，至能紡織人造纖維，供給社會需用。亦於三月初九試車，理想多年，至今實現，差堪欣幸。

同日，並爲開源鐵工廠舉行破土典禮，地點在蠡橋下，佔地四十餘畝，建築至夏間，安裝機械。計劃銜接公益之後，製造紗錠及織布、磨粉等機，達到自造、自用、自修之目的。現在吾國所用機械，多係向外訂購，漏卮甚大，故造此廠，將來創造成功，亦一基本工業也。因命名曰“開源”，顧名思義，即知開發我國工業之資源耳！

處此二十世紀，各種生産大部運用機械，單恃人工生産，决不足解决人類需要。一切物質資源，實爲人類生活必需。物質生産豐富，人民安居樂業，社會自能安定。管子所云“衣食足而知榮辱，倉廪實而知禮儀”，的是確論。現在世界各國競做機械，大量生産，我國則瞠乎其後，若不亟起直追，前途堪慮。欲使足食足衣，國家富强，工業發達，運用機械製造，首先必須解决下列諸問題：(一)充分開發礦藏，如銅、鐵、鉛等金屬及煤炭燃料，方可鑄造機器，發出動力；同時努力增加農業生産，使需用原料無虞匱乏。(二)對人事安排及勞動思想有合理措施，如職員必須用忠直勤懇之人，避免諂諛進讒之輩，實行科學管理，發揮技術能力，工人進行教育，勤勞工作，不事浪費，工資合理，不任意抬高，使企業窒息。(三)政治方面，維護實業，關懷民生，減輕捐税，使企業有餘力擴大再生産。(四)主持得人，運用有方，經營得法，出品精良，人人樂用，成本扯輕，産量增加，國内有餘，運銷國外，换取外匯。富國之道，不外如此。

然總之人才爲先，一切得人則興。昔南通因有張四先生，致地方事業大興，號稱“模範縣”。如各縣都能有張四先生其人，則國家不患不興。余以一介平民，何敢謀國，衹能就家鄉做起，逐步推廣耳。

入春以來，百物又昂，政府雖力主抑平物價，但金融方面主事者掛高美金牌價，推助物價漲風。現下柴每擔二十萬元，米每石四百萬元，肉每斤十二萬元，麵粉每包一百四十萬元，棉紗每件一億五千萬元，木工每工四十萬元。衣、食、住三者，無一不貴，通商大埠已漸見不支，況窮鄉僻壤無所進益者，痛苦豈更不堪言耶？聞蘇北各縣人民因連年受兵燹水災，竟至啃樹皮、食青苗者，惻然憫之，爲籌食物以救濟焉。

國大開會，已定大選，静觀行憲有期，五月五日大總統就職，余仍以老套爲慶祝之辭：國運大轉，人民安樂。

初，茂一復業後，人事發表，余事前未知，事後知已有誤。六兒紀仁身體原非素强，兩年來專心致力於茂一復建工程，歷經種種困難，費盡心力，如打樁植基，遇到從前堅底；建築麥倉，遇見開穿水井；費工、耗資、誤日，想盡辦法，卒底於成。去冬勞瘁過度，大病纍月，幾瀕於危，其母日夜調護，多方治療，幸得轉機，休養至年，已告痊愈，但精神未曾復元，赴滬度歲。開春回廠工作，見外洋機器已到，而廠房尚未建築完成，一再拖延時日，心中焦灼，督促再三，亦尠效用；電氣安置，亦遲遲未能竣事，上面屢催，限期完成；復有一班無賴之輩，依藉背景，要求入廠工作，不顧正理，一味胡搞，無法應付。同時，目擊經濟周轉不易，僅每月薪工已在十億以上，且在不斷增加，回顧後日，如何得了。以一個初出茅廬之青年，血氣方剛，看到四方八面，種種棘手相逼而來，内心煩悶，日夜籌慮，體益羸弱，但口中不言，勉强支持。至二月以後，尤日甚一日，胃納不佳，飲食漸減，然仍照常工作。余觀其食少事繁，深爲憂慮，其母及友輩均勸其暫行赴滬養疴，並爲解其煩憂，陪同赴杭游覽。詎彼游興全無，謂微聞廠内發生派別，且對彼無信心，因此時用憂危。返滬以後，又聞廠事未當，遭受刺激，竟生絶念。三月二十六日午後三時許，在高恩路家中，遽自舉手槍對太陽穴開去，自戕畢命，嗚呼惜哉！當日下午四時，其母在錫得長途電話，趕奔去滬，已回生乏術矣！兒存年二十七歲，爲事業遭受挫折而死，可謂愚矣！方其童年，聰慧勤讀，理解力特强，研究心亦富；在中學時，余常爲延師補授課外讀物，手不釋卷，所閱書籍甚多，學業輒冠其曹；畢業後考入交大，每自恃所學，常對教師問難，爲校方所不喜，余常以此訓之。後來曾習海軍，嘗至國外諸要塞，足跡幾遍半歐洲，嗣因體弱歸來，决心向實業前途發展。其在茂一，治事精勤，而性急少涵容，公正爽直，同仁有過誤，輒加糾正，平日主張工作不在人多，而在精簡。如其性情，若在承平之世，固堪肩任要職，無奈值此叔世，人心蕪雜，不易掌握，遽竟出此，實爲非計也。其諸兄弟均深爲痛悼，余本擬端節去申，亦恐觸目傷心，不願多見，而未成行。兩遭喪明，悲痛靡已！

余艱難創業，所望諸兒成就，能繼承衣缽，發揚光大。民二十八，大兒鴻增因事業而病逝於前，殷痛未忘。此次六兒紀仁，亦爲復興事業而犧牲。可見天下之事，不能盡如我意，彼蒼天者，何其酷耶！六月初七日，五兒生一男，名智超，余命繼嗣六兒名下。

五月大選完成，從此走上憲政，人民可以安居，國家漸趨富强。選出蔣爲大總統，李宗仁副之。今後政治清明，兆民有慶，所望早日穩定幣值，制止物價漲風，果於是月十九日發表實行金本位制，俾可與國際直接交换，互惠互易。但求人心上下一致，堅持信心，富國强兵，在此一舉。並盼保護工業發展，增加生産，使與吾國人口繁多之需要相適合，至禱至禱。

五月後，物價如瘋狂上漲，生活指數逐日頻升，工資亦高，支持困難。此時物價已臻最高峰矣！米每石六千萬元，油每斤十五萬元，麵粉每包二千四百萬元，原棉每百斤四億元，棉紗每件二十四億元，利息每萬元每天六百元，木工工資每工七百五十萬元，普通女工每日亦在五百萬元以上。申三每月職工薪工共五千億元，税款亦在千億左右。就是會計方面，也覺麻煩不堪，難以計算。紙張、筆墨、人工消耗均極可觀。如此數字，真是癡人説夢。通貨膨脹，達於沸點。不久，金圓券發行，金本位實現，從此物價下降，人民均應遵守，庶幾可以擴展事業，振興市面，生産發達，務使市無游民，野無曠土，實萬民之福也。

江南大學遷入新校舍，章校長辭職，改聘顧維精任副校長，主持校務，但人事紛紜，初創不易，一切全靠主持得人。余昔年辦學，自小學、中學而至專修，皆持此宗旨：教育貴在實學，若虛有其名，無裨實用，不如無學。造就人才，如良玉美璞，必細加琢磨，方能成器。古云"十年樹木，百年樹人"，即謂人才造就之不易也。且人才之盛衰，實關係國運之隆替。昔日科舉時代，全賴主試者之精鑒，審别真才，選拔賢能，庶幾爲國得人，治國平天下，王業之圖，庶有賴焉。故俗謂"秀才爲宰相之根苗"，又謂"宰相必用讀書人"。可知事業之成，必以人才爲始基也。然人才之興，必有良師導入正軌，傳授心得，諄諄啓發，即有駑駘劣質，亦使其潛移默化於不知不覺之中。今之大學畢業，等於昔之鄉試中式，但日後走上社會，或則飛黄騰達，壯志干霄，或則人才寥落，淪入邪途，皆教育之得法與不得其法耳！余歷年所辦學校，以工商中學得人爲盛，次則梅園讀書專修班造就亦多。工商畢業生都能學得實用技術，今日各工廠、各企業任技術員、工程師、廠長者不少，尤以紡織界爲最多。豁然洞人才大多精研學理，品德優良，從事社會事業，或自創企業，頗不乏嶄然露頭角者，雖非純粹技術，亦能有裨實用。其餘公益、競化諸校，所出人才亦不少，絶鮮走入異途，或作非分之事，及成爲社會之渣滓者。推其原因，皆爲“實學實做”而已！余意今後大學課程，除却政法、軍事等專校以外，其餘應在實用門徑上着想，使學有所用，而將來“所用”亦始能不虚“所學”。如果無用之學，即可不必需要。難於造就之才，任其從事農工等粗作，不再浪費教育時間與教育費用。否則，空多一班無實學無實用之大學生，浮沉社會，安排固難，不事生産，徒多浪費，反而非社會之福。今江大初創伊始，基礎未固，日後成果如何，尚未可知，望主持者多加注意。

天元自三月間開工以來，成效漸見，棉紡出品，行銷市上頗俏。將來麻紡成功，必有希望，深盼社會人士勸導鄉村種麻。吾邑如能植麻十萬畝，即可抵昔日全縣之蠶桑生産，此係真正土産，出口可换外匯，挽回漏卮。若僅恃商業貿易，不過如掮客媒介，終非生利之道，不能挽回利權而成殷實也。

金圓券自各物限價以後，漲風稍戢，但恐憑壓力，終難久持，總算月餘以來，市場安定。連日省主席王懋功、副總統李宗仁，先後莅錫視察生産狀況，至申三參觀新建棉紡工場及天元麻、毛、棉新出品。茂一復業後，出品精良，廠房建築輪奂，頗得社會佳譽。蔣經國督導亦來參觀，頗加贊許，并至江大訓話。

十月一日，江南大學本學期開學典禮，因設備未完全，未曾招待來賓。余略談籌備經過，并説明"在三十年前，即認爲湖濱興學最爲理想，後因種種關係未剋實現，以至於今。深盼各同學努力勤奮，競尚實學，課餘多參觀生産事業，不必好高騖遠，貪多務博，學習宜求細嚼緩咽，食而能化。學問以實用爲歸，將來做事，亦力戒好大喜功，宜脚踏實地從頭做起，自有成就"云云。

近日遇空仍收買舊書，先後所得，又已十餘萬卷，其中頗多鄉賢著作，稿本凡百餘種，最爲難得。如顧端文遺著及評注《漢書》手稿、秦蕙田《足征集》稿本及嵇留山、嵇文恭、浦起龍、嚴繩孫、秦松齡、楊蓉裳、顧貞觀、孫爾準、秦維業、薛福成等手稿與邵文莊、王孟端、秦鳳山、華鴻山等先賢著作之初刻本或珍藏本，以至吾邑明代安氏、華氏之精刊本，搜羅甚備，實較以前大公所藏爲勝。將來大公圖書館恢復，即以補充，抵補抗戰中之損失。

近更發願擬在圖書館之後，闢建小型博物館，取平時所收一切稀見之物，無論金、石、竹、木等手工藝品，有關文化藝術及具有歷史意義者，及動、植、礦物與各種化石之標本，均分别陳列展覽，藉以啓迪兒童及青年知識，使不致鄙陋無識，經常開放，任人參觀，對鄉村教育可大有幫助。余諸兒中如爾仁、一心、毅仁等，均對鄉村生活有着深切體會，頗知啓發民智，不如此不爲功，故對余意志皆樂爲效力，願助成之。因彼等在國外時，亦鑒於各大企業之經營管理、規模設施，莫非得力於人才，始有今日之成績。

吾國工業發展首先注重重工業，因必先有重工業，纔可利用機械，從事種種生産，故籌辦"開源機器工程公司"，由鑄鍛、冶煉，而至修理零件，先將基礎鞏固，日後發展自易。所望勞資合力，和衷共濟，團結一致，精心擘劃，努力生産，分工互助，共同創造。

蘇省臨參會議長冷御秋兄來錫，余陪同參觀各廠，頗蒙贊許，并計劃推廣植麻，擬在鎮江、丹陽等處大量種植，數年之後，必有可觀。

是年雙十節，各地來錫遊覽，比往年增加幾倍，地方設備不敷供應，宜設法添補，如拓寬道路，增加橋梁，急應闢築環城及附郭一帶馬路與環湖路聯絡，增設店面，以壯市容，並備遊客休息、飲食、住宿之所，使賓至有如歸之樂。

十月下旬，大侄鴻元忽爲蔣經國以私套外匯、囤積居奇名義逮捕，初被拘押，經申訴後，判處徒刑一年半，緩刑二年，在獄用去費用不貲，精神、名譽、物質大受損失。侄之不慎，法之不法，可嘆亦復可恨！天下之亂，自此始矣！余因久未晤見，思念頗深，釋放以後，特於十一月初二至申，擬與一談，并加勸誨，詎已去港，不剋見面。

余到滬後，但聞公司中人一片離滬聲，非香港即臺灣，或竟出國，紛紛攘攘，終日惶惶，幾若大禍臨頭，并勸余去港。余力加勸阻，堅持鎮定。“余非但决不離滬，並决不離鄉，希望大家也萬勿離國他往！”但言者諄諄，聽者藐藐，僅宋漢章太太與李國偉老太太均聽余言而中止。

翌日至公司，忽聞申三有拆錠二萬運往臺灣設廠之説，余初不置信，旋得悉確有其事，並擬乘余在滬，定初七裝箱啓運，余遂即日趕返無錫。至廠，果見正在拆運。余大加申斥，不准移動，已拆卸者裝上，已下船者搬回。余表示决心留在祖國，生平未嘗爲非作惡，焉用逃往國外！當時雖有人勸余，政局不穩定，宜審慎考慮，爲自己打算者，余不聽。

不久，三兒一心爲擴充海外業務，曾去粤、港、臺灣等地察看銷場。十一月初八，接渠來稟，詳陳所見，但言外似有去港、臺發展之意，余深爲懷疑，何故如此？即就來信詳爲批注，諄囑不必離滬，我等始終服務工商界，從未參加政治，一切可以毋礙。詎竟不聽余命，妄擬向海外擴展，維持大局，於二十一日上午十時乘“霸王號”客機赴港。此行渠本不願坐機，爲彭學沛堅邀同行，不料港、粤氣候變化不常，該機在下降時誤觸岩石，失事殞命，同行者均慘罹不測。余聞訊之下，如遭霹靂，痛何可言！此兒性温厚，體魁梧，幼就讀於公益小學，復入公益工商中學肄業；工商停辦，即在梅園讀書處專攻國、英、算學科，課餘常至申三等工場實習；旋即赴美羅惠爾大學攻讀，歸後，助余改進廠務。抗戰以後，無錫淪陷，在滬另創合豐紗廠、經緯麻廠，規模雖不大，但爲勝利後奠定復業之基。又曾親赴重慶，創辦公益鐵工廠。抗戰勝利後，助余復興申三，創辦開源，對發起籌設江南大學，尤竭力擘劃。不幸死於非命，可爲長嘆！

余迭遭三子之喪，痛摧心肺，抱痛西河，無以自解。昔曾文正攻太平軍，於三河鎮及安慶之役，國華、貞幹兩弟均遭死難，由此知立功創業，必有犧牲。余所喪三子（偉仁、一心、紀仁），自其表面觀之，或由於病，或殞於非命，或出於自戕，然溯其遠因，皆爲事業而死。余老年遇此逆境，萬念俱灰，衹得假以自譬，不知後之覽者，亦將以余言爲然否？

十二月二十六日午時，爲紀仁卜葬於無錫大池口，坐東朝西，主穴卯山酉向。

本年臘底，即在錫度歲，各事由二兒調度，安度年關，余一切不問不聞。計自丁丑抗戰後避難赴漢起，十二年未曾在錫過年。今年度歲，一切情況猶如往昔，惟火車擁擠，行旅者無不叫苦，老年人則不可乘矣。

一九四九年己丑　七十五歲

農曆新年，申三、茂新、天元各廠同仁前來賀年，往常舊例也。頗熱鬧，一派新年景象，余未出門。正月初五，無錫申茂辦事處開市，各廠祇申三、天元開工；茂新至廿四方開，因原料缺少，候到貨稍積，擇吉始開；開源亦開，上海各廠均開。物價日高，人工尤大，指數上升，發付工資，籌措不易，工人祇知利於多得，不知困難，余爲之憂。目今有業之工人，收入固佳，而失業之工人，則難於覓事矣。苦樂不均，非國家社會之福。渴望改善，協助事業，擴充生産，增加物質資料，若照現狀，難望發展。投資於工業，人人將視爲畏途，甚至資金流向國外，社會經濟匱乏，農村日趨崩潰。國貧則舉借外債，民貧則作亂之始基，初皆誤於人心之貪得也。

正月二十日，至梅園觀梅，花已盛放，遊客滿園，惟尚有因愛花而折花，以致毁傷樹木不知愛惜者。此種公共道德，不知何時方能提高程度，普遍改進。

近日百物又漲，生活指數加至六百四十三倍有零，人工若此，製品更昂。於是，有收入者固可無虞，無職業者支出頻增，生活將受莫大威脅，不免飢寒起盗心矣。在承平之時，物力充足，富裕而有善心者，往往鑒於糧食昂貴，即舉辦平糶，但在今日，則無從爲力矣。

二月初一晚，得滬長途電話，本日上午九時，三媳在港分娩，得一男，爲之欣慰，取名“智慰”。三朝祭告祖先，並爲治面，以誌喜。

市拆①極大，各物市價日漲，人心愈形不安，凡有事業者，莫不慮難久持。一方面戰事不息，大局日壞，和談雖在協商，成就恐難有望，中共軍事活動漸由蘇北逼近江南。天元、申三存花無多，一再函申加購，至二月間，已知購定遠期若干，始稍安心。此時工資忽又大加，爲數殊駭聽聞。

時局漸緊，本鄉自衛團團員聚集近千人，人民具有戒心。清明祭祠，余未去鄉，心爲歉然。梅園去過兩次，每次有人遞送消息，内情可知。戰事日近，民情惶惑。至農曆三月廿六夜，解放軍到錫，國民軍退却，外間謡言雖多，地方尚能安静，廠内一切如常。斯時，人心有兩派，一則以喜，一則以憂。旋有指導者來，連日曉以大體。十餘日後，人心稍安，然工資大增，産量減少，略有損失。幸上級主持者具有徹底改良之决心，經此變革，前途或能漸見光明乎。

解放軍紀律嚴明，精神可佩，對民間財帛秋毫無犯。不數日，過錫抵蘇州以下各地，近日已將抵上海。國民軍

① 市拆，即利率。

經抵禦半月,至陽曆五月二十五日全滬解放,蔣軍撤退。據聞,此次戰争頗烈,毁損極重。安民開市,使用人民幣,舊金圓券"十萬作一"。自民國二十六年改用紙幣以後,屢經改革。舊法幣原由中央、中國、交通、農民四行發行;其後抗戰期間,南京僞政府發行儲備券,"兩元作一";勝利以後,儲備券换回老法幣,"二百元作一";去年老法幣改金圓券,"三百萬元作一"。屢經改易,人民血汗所得,剥削不少,元氣大傷。今政尚解放,對舊時代種種一切不合理者,應速改革,有利於國計民生者,應亟興辦。首先應注重國民經濟,發展生産事業,并應力予扶助獎掖,使人人走上生利之途,充分發揮我國物力人力,增加産品,供應需要;同時輔導金融,運用資金流轉,加强交通運輸能力,穩定幣值,堅守信用,薄賦斂,整吏治。如此,則生衆食寡,貨暢其流,物盡其用,然後量入爲出,謹守預算。閲盡一部《九通》,經濟方策,不外收付相平。經濟基礎既固,國力自足,不患外國之侵略矣。

此次滬錫各廠均幸無大損,人口平安。曾憶民國三十四年七月初三,聞日本投降之勝利消息,人心振奮,歡聲如雷,爆竹喧天,數日不絶,人民盼望自己政府來臨,猶若大旱之望雲霓。及至重慶政府派員來滬,人人以戰勝者自居,忘其一切,接收類於劫收,勝利冲昏頭腦,驕傲自滿,識者憂之。迨乎三十五、六年,每況愈下,民不聊生,税率之重,税法之苛,人民幾同剥膚之痛;官吏私囊之飽,品德之壞，不顧民心，肆無忌憚，官僚氣息之重，人民莫不寒心。至三十七年後尤甚，視民力若牛馬，等民意如敝屣，剥盡民脂民膏，終至自棄於民，可不深長思哉！

解放以來，人民歡騰，六月二日至八日爲慶祝解放，各團體、企業單位均各參加，晚間舉行提燈會，熱鬧異常，頗有從此可以昇平之氣概。惟不數日間，物價又繼續上漲。然人心興奮則可，不應抬高物價，加重民困，致蹈覆轍。望其早日回降，平定漲風，庶幾四民相安，生産日增，足衣足食。然後事事可行，從而統一天下，世界安静，民生樂業，實爲至快。余嘗謂：人生强顔作笑，不若正經苦幹爲佳，况欲求日後永久幸福，必須眼前刻苦，勤勞儉樸，相習成風，天下事始可爲矣。

公益中學創立至今已三十年，本届畢業生特推代表六人前來，請余致訓詞，并題紀念刊，余以"實學實用，不枉國家之栽培與家長之期望"爲詞。今各校畢業同學，均在覓取出路，頗覺皇皇無所適從，實則出路祇有一條，就是"從事生産，有裨實用"而已。至於學校課程，余反觀以前教部所定學課，似乎迹近八股，普遍重視英文，蔑視國文，置古代典籍於高閣，而奉外國之一鱗半爪爲秘寶，無異墨子所云"捨文軒而竊敝輿，捨粱肉而竊糟糠"，可笑孰甚。吾國文藝，西人尚知寶重，不乏優美之作，爲外人移譯以去，而我國人反不知閲讀。總之，無論科學技術，一切皆須有國學爲之根底。國文如能通暢，自然能説、能寫、能著作，以教後人。否則，縱有大本領，尚是皮毛。本國人讀外國譯本，縱極精通，總有些隔靴搔癢。國文基礎，不外“四書五經”、“諸子百家”。聖賢之所以成爲聖賢，幾千年來顛撲不破，終身讀之不盡，歷來先儒講解不完，一時有一時之解釋，一代有一代之講法。今欲繁榮經濟，改造社會，重振人心，若照《大學》做起，必能成功；即照首章“序言”辦去，亦能治國平天下。平天下者，即世界大同之謂也。世界大同，必先從個人做起。如能人人照此做去，今後或可走到。

解放已二月餘，勇者望前，健者從衆，愚者迷，弱者懼，偏重農工。重農必能增加生産，工則一時不易全面達到。工廠全歸工人主政，究尚在試驗時代。財力困難，設備增加不易；政令新行，辦事水平尚淺。以我處各企業而論，開支較前增多，産量反而減半。人人抱有莫大興奮與期望，不從脚踏實地做起，高級者未能瞭解具體實況，下級者缺乏改進精神，下情壅於上聞。常此以往，必致富力大減，貧困日增，若不亟改，難望轉機也。

茂二、茂四至今未開，心中頗以爲憾。新麥已見，而尚未湧到。大廠難做，金融枯竭，力不從心。余盡力想法，準備開工，深知天色若晴，原料必可多到，此時須盡力多開，以資挽救。而下級瞶瞶，尚抱無底之欲壑。余唯一困難，即在人人心目中以我爲“大老闆”，“一切不在乎”，即此一句，便壞事有餘矣！須待將來大家明白了此種觀念之不當，足以阻礙事業發展，停止社會前進，此時方能進步。

數十年來，歷觀世界先進國家，如蘇、美、英、日諸國，科學發達，工業擴展，惜屢因世界大戰，致遭阻滯。吾國地大人多，若不進步則已，若能進步，走上生利之途，則人多手多，生產勃興，必可預卜。一切事在人爲，成敗關鍵即觀其是否走向積極與消極、生利與分利、能進與不能進而已。但社會進步亦不能過分逾越界限，否則進之不已，人心無底，必起争端。所以吾國將來工業發達，生產大增以後，必須保持知足，提倡古訓，人人勤儉，衣食自足；地上生產，地下啓發，生活物質，無虞匱乏。同時，人人安守本分，知足樂業，篤於忠信，崇尚道義。國力既强，並須敦睦鄰國，輯和萬邦，扶助弱小國家，絶無武力侵略之想，此時即成大同世界矣。以上爲余期望祝禱之理想。

目下工人興奮，農民觀望，商人落後，農工商三者名爲協調，實則僅屬表面。勞方視資方如敵對，工人以商人爲剥削，如何能望其協調？新政初行，此時一切尚在試驗，但下級頗多趨於極端，不問合理與不合理，一反從前所爲，慾望過奢，進步减退。如能各盡其力，各安本分，量能力或技術之高下，爲收入酬報之多寡，社會自可安定。

我國以前由於生產落後，不敷供給需要，人口冠於世界，而生産企業能有幾處？由余數十年閱歷觀之，興辦事業不過盡我能力，依理而行，節約開支，降低成本，自己勤儉建業，不事浪費，如無意外阻礙，逐年增加，即成現狀。但在一般人目光中以爲異乎尋常矣，實則普通事耳。由此斷定，世界物質生産必須與人類生齒相適應，否則，人口頻增，而生産不足，則天下難安也。解放二月，人事紛擾，興奮過度，浪費金錢，既不自愛，亦少愛人，視余若“銅山金穴”，盲呼盲從，不知進退，余心中煩悶，無法應付。

五月後，背上生一小瘡，初不以爲意，詎料隔數日成爲外症。六月初四請西醫夏子和診視，知不合，即請楊亭諸竹生診治。諸君三代世醫，精於外科，看後，云“已無法消散，衹能箍住，不使擴大，每日敷藥兩次”；並請鄭際青中醫診脉，内服湯藥，清火消炎。内外兼治，安心調理，至八月初始收功結痂，然氣血大虧，繼續調理。而事業經營，未嘗去懷，每日略問。茂一、二業務，調度尚順，至八月前，已扯平，心爲之安。天元織麻、紡毛泠、紡棉紗，數月中尚不虧本。申三則連月虧折甚大，資金與存貨均將虧完，盡力調度，更换方針，至八月後始漸形轉機。

全國人民政治協商會議推余爲委員，舉行大會，余因病不剋出席參加，殊爲遺憾。或有疑爲規避者，余亦不强辯，氣血衰，精神壞，無力於此。專心維持事業，雖病不輟，責任所在，未能諉卸。人民參加新中國政權，爲無上光榮，何必規避？時囑兒輩“要積極生産，爲祖國努力，克服困難，争取好轉”。至九月間已稍轉機，然因採辦原料，欠款龐大，調度困難，日夜爲經濟周轉而奔走於金融界之門,余屢作書加勉。經此一番艱難,日後必有成就也。

九月下旬,物價又漲,米每石八萬元外,柴每擔一萬元,棉花每百斤五十萬元,棉紗每件二百六十萬元,坯布每匹九萬元,麵粉每包二萬八千元,小麥百斤六萬五千元,利息高達四角。高物價、高利貸、高開支、高税率,此國家社會經濟之所以陷於困境也! 紡織業又呈困難狀況,當局不知如何措施耳。

十月初二日,爲七兒鴻仁訂婚,女宅汪氏,上海人,父爲紡織同業,秉性和善。明年,余兒女婚嫁已完,向平之願始了。今後餘生,更當盡我之力,爲人民服務,以此身貢獻社會,鞠躬盡瘁,此吾志也。

《樂農自訂行年紀事續編》勘誤表

頁	行	誤	正
142	19	沿醫調治	延醫調治
173	11	去年十一月	本年十一月
176	13	是否納諫	是否鑒納
183	6	祭家祠	祭宗祠
185	16	積匪	刦匪
189	23	凋蔽	凋敝
197	13	綿紡	棉紡
199	20	章若淵	章淵若
211	4	油每斤十五萬元	油每斤一百五十萬元
213	20	薛福成	薛福辰

錫金談丹崖先生年譜

前江南高中兩等商業學校學生 編

《錫金談丹崖先生年譜》一卷，前江南高中兩等商業學校學生編，民國二十三年（一九三四）鉛印《談丹崖先生紀念册》本。

譜主談荔孫（一八八〇——一九三三），字丹崖，無錫人，生於江蘇山陽（今淮安）。祖父談静山曾任四川夔州知府，一八九一年回淮開辦『談氏東文學館』，談荔孫幼時在此學習日語。一九〇二年入南京江南高等學堂讀書。一九〇四年留學日本東京高等商業學校，讀銀行經濟專業。一九〇八年回國後，考中商科舉人，先後擔任度支部主事、大清銀行稽核、中國銀行計算局局長、國庫局局長、中國銀行南京分行行長、中國銀行北京分行行長。一九一九年，談荔孫争取到代總統馮國璋的支持，在天津創立大陸銀行，自任董事長，次年又兼任總經理。此後陸續在各大城市設立分行，投資綏遠毛紡織廠，並在上海南京路建造大陸商場。一九二二年與鹽業、金城、中南銀行組成四行儲蓄會，合作建造上海國際飯店。一九三三年病逝於北平。

談荔孫去世一年後，前江南高中兩等商業學校的同學爲他刊行紀念册，包括遺像、像贊、題詞、年譜、治家、言語、處事、待人、興業、理財、教育、慈善、總述、哀詞等十四項内容，年譜叙事起自光緒六年（一八八〇），止於民國二十二年（一九三三），記録譜主從事金融、財政活動之簡歷。

本書據民國二十三年（一九三四）鉛印《談丹崖先生紀念册》本影印。

（朱　剛）

談月崖先生遺像

李經畬拜題

談丹崖先生留學日本時遺像

江南高中兩等商業學校銀行科銀行實踐室師生合影

錫金談丹崖先生年譜

前江南高中兩等商業學校學生謹輯

清光緒六年庚辰十一月十二日寅時

先生生於江蘇淮安府城内城隍廟巷寓中是時　先生大父靜山觀察由四川辭官東歸僑寓淮上　太翁篤生太守方隨侍遂卜家於此

七年辛巳二歲

八年壬午三歲

九年癸未四歲

十年甲申五歲

是年秋何太淑人口授方字每日四字以爲常　先生記性甚强兩月後增爲

1

日授八字未及年終　先生已識字逾千

十一年乙酉六歲

是年入塾從山陽王德甫先生讀

十二年丙戌七歲

十三年丁亥八歲

從安東朱學英先生讀

十四年戊子九歲

與胞兄味秋公從淮安馬鼎三先生讀初習爲試帖詩吐屬不凡馬師極爲稱賞

十五年己丑十歲

從侯官龔志南先生讀龔爲　先生表叔督課甚嚴　先生之學問乃大進

2

是年春　太守公奉差遠遊隴右

十六年庚寅十一歲

是年秋　先生初習爲製藝文　先生大父靜山公學問淵博晚年家居以課孫爲樂每晚家塾散學後必召諸孫詳詢日間所習并手訂晚課章程或誦或講或命題爲詩文月終親加審核定其次序成績最優者酌予獎品以示鼓勵其時　先生年尚幼頗知勤奮以故靜山先生特鍾愛之

十七年辛卯十二歲

十八年壬辰十三歲

從淮安顧先生讀

十九年癸巳十四歲

是年九月　先生大父靜山觀察逝世

3

二十年甲午十五歲

從淮安程左田先生讀

二十一年乙未十六歲

二十二年丙申十七歲

從丹徒魏幹青先生讀

二十三年丁酉十八歲

從盩厔路山夫先生習治古文及經世之學

二十四年戊戌十九歲

先生自甲午中日戰後慨國步日衰政變議起即欲近法日本明治中興之道乃禀承太守公命與從兄勤生公糾合上虞羅君叔韞於淮安城内創設東文學堂以爲留學日本之預備當時風氣未開來者甚少　先生躬自入學以爲

4

倡攻讀最勤每試輒冠其曹蓋　先生以學救國之志即立於此時矣
二十五年己亥二十歲
肄業東文學堂
二十六年庚子二十一歲
是年正月元配王夫人來歸六月北方拳匪禍起東文學堂因外國教員職去
遂停辦
二十七年辛丑二十二歲
是年三月長女英生
二十八年壬寅二十三歲
先生自東文學堂停辦後即知專習外國文字不足以向海外求高深實用之
學乃於是年二月考入南京官立江南高等學堂肄業

5

是年十一月長子光曾生
二十九年癸卯二十四歲
三十年甲辰二十五歲
是年三月　先生以優才生由兩江總督端忠敏公派赴日本入東京高等商
業學校肄業注重經濟銀行之學當時我國實業未興國貧民弱　先生抱經
濟救國之素志攻讀極殷學績亦甚優
三十一年乙巳二十六歲
八月元配王夫人歿於淮安
三十二年丙午二十七歲
暑假歸國省親六月葬王夫人於陳家集湖灘新塋
三十三年丁未二十八歲

6

是年六月自日本假歸七月繼配丁夫人來歸
三十四年戊申二十九歲
是年夏畢業實習於日本銀行旋回國應江督端忠敏公暨張季直先生之聘
任江南高中兩等商業學堂教務長兼教習於高等部設銀行稅關保險師範
等科創設銀行實踐室開國內商業教育之紀元延聘東西洋回國學生爲教
習教科完備管理綦嚴海內稱譽當時諸教習皆爲現代經濟界名賢畢業學
生亦多服務各省實業機關俱有相當成績　先生建功於我國實業即始於
此
八月應學部試列優等授商科舉人
九月遭何太夫人喪
宣統元年己酉三十歲

7

二年庚戌三十一歲
三年辛亥三十二歲
是年春補應廷試以主事籤分度支部　先生志不在官適當時大清銀行正
圖改革延攬人才乃調派大清銀行充稽核　先生之學遂得略爲展布凡改
訂規章之處　先生建議獨多大都採用未幾軍務倥傯鼎革財政艱難迥異
常軌南京臨時政府財政部長熊秉三先生以　先生供職大清銀行時素副
幹才之名乃延往南京命管理軍用鈔票事宜時人多難之　先生昕夕規畫
手定章制卒能上裕軍用下利民生
民國元年三十三歲
南北統一　先生奉命與時賢籌備中國銀行成立後任計算局長建立銀行
會計規程改訂新式簿記並感會計人員缺乏另設簿記傳習所教練與革規

8

模大立至今銀行界仍沿用不衰
二年三十四歲
先生以前清度支紊亂爲整理財政之最大障礙建議組織國庫由中國銀行代理被任爲中國銀行國庫局長外採歐制內察國情於數月間創訂一切法則中國之國庫乃成綱舉目張粲然明備海內頌之並條陳整頓稅收嚴稽支出裨益財政尤非淺鮮
三年三十五歲
調任南京中國銀行行長維時政府正採用金庫制度勵行收回地方財政以蘇省爲我國南方富庶之區又值屢經變故之後責　先生肩此重任　先生亦毅然前往籌備設施備嘗艱苦卒告成功
四年三十六歲

9

先生籌設蘇州安徽等處支行辦理國庫軍政當局多以變更成例非之　先生殫精竭慮從容應付次第成立蘇皖財政得由紛錯之中歸於統一
五年三十七歲
是年秋政府有令中交兩行鈔票停止兌現之命　先生以事關國信民生力與當時金融界諸鉅子合陳利弊維持鈔信南方得免停兌之害
六年三十八歲
七年三十九歲
調任北京中國銀行行長時中國銀行規模宏大北京又爲政府所在地本行總管理處亦設立於此當局以　先生爲創辦人之一功績最多乃調任以備就近咨詢　先生整飭行務贊襄財政不可勝紀
八年四十歲

10

先生志在振興國內實業助展社會經濟力謀金融界與工商業溝通深知國家銀行基礎已固僅事於此不足發抒抱負得遂初衷爰集合同志創辦大陸銀行於天津北平
九年四十一歲
先生辭中國銀行職務躬任大陸銀行總經理明定以服務社會輔助實業爲宗旨設總經理處於北平事無巨細悉出親裁並以天津爲華北商業重心地定天津爲總行
十年四十二歲
先生致力於大陸銀行營業日形發達遂擴充資本增設分支行行譽頓起竟與國內各大銀行相頡頏
是年春　先生被選爲北平銀行公會常務董事與辦公益贊襄財政厥功甚

11

偉并辦慈善事業如難民婦孺救濟會粥廠等事市民曾製匾額以頌之
十一年四十三歲
先生以國內銀行單獨營業資力嫌薄乃與鹽業中南金城等行聯合共組四行儲蓄會準備庫營業更大進步時人以美國聯合準備銀行目之
十二年四十四歲
四月奉　大總統令派充全國財政討論會會員財政整理委員會顧問教育基金委員會會員北京民國大學聘任常務董事通才學校董事九月遣女英于歸餘姚曹氏
十一月丁　太守篤生公憂回淮哀禮備盡旋奉葬於淮安陳家集湖灘新塋
十三年四十五歲
是年三月受北平銀行公會公推爲代表出席全國銀行公會聯合會會議於

12

漢口建議全國各銀行不得任意借款以息內戰全體通過時論稱之

十四年四十六歲

二月奉執政派充善後會議財政專門委員北京公民大學聘任董事又聯合江淮同鄉創辦江北慈幼院於淮安救濟貧苦兒童數百人

十五年四十七歲

子光曾留學美洲十四年回國娶合肥李氏是年一月受教育部聘爲教育基金委員會委員

十六年四十八歲

長孫沅生

堂兄仲武公之子慰曾於是年春畢業於上海復旦大學　先生甚慰蓋慰曾自幼即受　先生教養於是乃慶成材

13

十七年四十九歲

受國民政府財政部之聘爲經濟會議委員並受湖南明德大學北平郁文大學北平貧民救濟會等處聘爲董事

是年八月國民政府發行津海關二五附加稅國庫券　先生被推爲庫券基金保管委員會常務委員主任

十八年五十歲

次孫永生

受教育部聘爲教育基。金會委員北平特別市繁榮設計會委員自治討論會會員公益產科醫院執行委員江蘇同鄉救濟會委員新爾學院北平中學董事河北農田水利委員會委員

十九年五十一歲

14

北平武定侯住宅修葺告成接胞兄味秋公於平歡聚諸子姪輩不許稱觴祝壽誕晨爲大陸銀行同人所知設筵演劇　先生不可却乃命入夜聚歡力戒鋪張糜費午間仍到行親理行務一如平時

二十年五十二歲

受國民政府主席聘爲北平市政設計委員會委員整理北平文化委員會委員及北平民國學院校董

堂兄石衫公之子希曾畢業於北平燕京大學亦　先生培植所成也

是年十二月津海關二五附加稅國庫券基金保管委員會改組爲疏濬河北海河工程短期公債基金保管委員會　先生復被推爲常務委員主任

二十一年五十三歲

受國民政府主席聘爲全國財政委員會委員國難會議委員財政部聘爲平

15

津高等教育經費保管委員會委員江蘇省主席聘爲江蘇戰區救濟會委員前國務總理熊秉三先生聘爲中國國際聯盟同志會理事　先生積勞已久體質漸衰是年血壓增高手足麻木中西醫咸囑靜養親友敦勸家人環請先生每日事業上之責任太重安可畏死仍扶病治公未嘗一日自逸是年陽歷十二月十五日正在總經理處批閱文件忽感頭眩心悸左肢竟痿乃遷德國醫院就醫臨上車時覺神志復清尚與行中人員商酌行事入醫院後雖呻吟牀褥不忘公務每日必約重要職員相見裁決要件至此心血已耗盡矣

二十二年五十四歲

是年仍居德國醫院間延中醫調治終鮮起色二月廿二日以後神志陡變舌強不能進飲食延至二十五日下午八時壽終無遺言蓋　先生一生有公無私家務悉交丁夫人處理沒後清理財產與債務有負無盈經營銀行廿餘年

16

身後如此談者奇之

是年十月歸葬於淮安城東丁小社新塋並遷王夫人柩合葬焉

17

孫庵老人自訂五十以前年譜

（民國）錢基厚 自編

《孫庵老人自訂五十以前年譜》二卷，（民國）錢基厚自編，民國三十二年（一九四三）鉛印本。

譜主錢基厚（一八八七—一九七五），字孫卿，以字行，晚年自號孫庵老人，無錫人。早年擔任過家庭教師和小學教師，一九一一年肄業於南京兩江法政學堂。一九一二年當選爲無錫縣議員，以後擔任無錫市（當時無錫縣十七市鄉之一）教育會會長等職，一九二四年任無錫臨時維持會會長。一九二八年底當選爲無錫縣商會主席。抗戰時期，避居上海租界。抗戰勝利後，復任縣商會主席（後改稱理事長）。解放前夕，因不滿國民黨統治，接受中共無錫地下組織的意見，做榮德生的工作，組織『無錫縣人民公私社團聯合會』，保護無錫工商業。還派其子錢鍾漢到蘇北解放區與中共商談，達成配合無錫解放、籌集軍糧等協定，爲支援解放戰争、解放後迅速恢復無錫經濟，作出了重大貢獻。無錫解放後，任蘇南行政公署副主任、無錫市政協副主席、省政協副主席等職。一九五四年當選爲第一届全國人大代表。一九五五年當選爲民建中央委員。一九五七年，被錯劃爲右派，撤去本、兼各職。『文化大革命』期間，他身心受到嚴重摧殘，於一九七五年去世，中共十一届三中全會後得到平反昭雪。著有《錫山學務文牘》、《中國文學史綱》、《公言别集》、《衣缽集約鈔》等。

《孫庵老人自訂五十以前年譜》叙事起自光緒十三年（一八八七），止於民國二十五年（一九三六）。譜前有《孫庵老人自訂五十以前年表》，分年歲、國家大事、地方政情、本身事迹、親友備考五欄，係年譜之撮述，頗便省覽。譜後附《潛廬自傳》，係譜主孿生兄長錢基博之自傳。譜主自民國肇始，即參與地方政商兩界事務；而譜主之兄錢基博、之侄錢鍾書、之子錢鍾韓，可稱一門俊彦。故譜中所記地情、家事，均有可觀。

本書據民國三十二年（一九四三）鉛印本影印。

（朱　剛）

卷頭語

孫庵未六十而遽自稱老、何意也。少時侍先君子、見鄉先輩吳松雲先生、望之年五六十矣、談笑詼諧不減少年、時以西學在家講授、及後爲竢實學堂都講、其自語人、不論老少、亦必曰我老少年也。心竊慕之、以爲殆神仙中人也。清季地方開運動會、先生則糾其所謂老少年者、亦與羣少年在場作賽跑運動、而角逐焉、不甘後人、至今思之、猶歷歷在目也。其後年逾老耄、似其歸道山、尚不過四五年事耳。有子曰震修君、蜚聲於銀行界、爲當代專家、此吳先生老而不老、實爲後日福壽之徵也。有友曰病驥老人者、則吾邑名教育家侯保三先生、亦人所知也。其自稱老人、當在民國初元、計其年甫四十左右耳、未足言老也。余時在其所創競志女學執教鞭、頗怪之。先生則笑曰、驥雖病、志不衰也、老何傷。而侯先生今亦七十外矣、此可見志氣不衰、雖老無傷。在侯先生有明徵也。余年未老而志已衰、孫之爲言順也、有無用之義焉。哀莫大於心死、而身死次之、真乃吳先生之所唾棄、而侯先生亦將不許以爲友者也。金聖嘆序其所批西廂記、曰慟哭古人、留贈後人。余憂患餘生、自維生平親故存者若而人、歿者若而人、歿而有德於我者若而人、存而我不相負者尚若而人、世變滄桑、萬事刼灰、惟親者無失其親、故者無失其故、庶幾寃親平等、不失我佛之旨、則余之此書、實爲感念故人、留貽生交而作也。其猶聖嘆之志也。夫其猶聖嘆之志也夫。或問五十以後何如。則將應之曰、余老矣、無能爲也已。其亦將以此爲春秋之絕筆乎。

民國三十一年七月孫庵老人自記

目次

孫庵自訂五十以前年表

年歲	國家大事	地方政情	本身事蹟	親友備考
清光緒十三年丁亥一歲			與叔兄子泉學生於無錫城內連元街吳氏宅	父祖耆公母孫太夫人兄子蘭仁卿姊素琴
光緒十四年戊子二歲				仲父頌眉公中江南鄉試副貢後從學。叔兄天花幾危
光緒十五年己丑三歲				妹月琴生
光緒十六年庚寅四歲				叔兄被匪誘拐在西門外爲人截獲送還
光緒十七年辛卯五歲		北門外法國天主堂被燬地方紳耆賠修	始由母授識方字五百旋讀孝經完畢	仲兄仁卿卒年十六
光緒十八年壬辰六歲			遷中市橋吳氏宅。由母及伯兄子蘭授讀大學中庸論語	伯父葵生公選授長洲縣學教諭
光緒十九年癸巳七歲			讀孟子禮記	
光緒二十年甲午八歲	中日始有戰事		延從兄子紹與伯兄分授叔兄及余讀禮記及尚書。秋有病似輟讀	長嫂毛夫人來歸
光緒二十一年乙未九歲			遷東門睒岸上錫氏宅。讀毛詩爾雅周易	伯兄生女乳名梅安。從兄子紹娶曹夫人
光緒二十二年丙申十歲			延同族心葵先生講授四書並讀左傳。秋病瘧	伯兄子蘭補金匱縣學附生
光緒二十三年丁酉十一歲			讀左傳畢五經粗完	伯兄初應江南鄉試實爲制藝末科
光緒二十四年戊戌十二歲	康有爲梁啟超變法未成清光緒帝被囚瀛臺慈禧太后重垂簾聽政		初學作史論由父批改伯兄爲點授綱鑑易知錄未從師	
光緒二十五年己亥十三歲			始從仲父頌眉公問業仍學史論	
光緒二十六年庚子十四歲	京有拳匪之亂翌年詔行新政是爲中國一大轉變		仍從仲父問業間亦課作制藝。應周葆蕃先生家會	

			課以論說時事命題常前茅始嶄為人刮目	
光緒二十七年辛丑十五歲			還岸橋衖秦氏宅。從邑孝廉胡捷三先生學作制藝。初應縣府小試院試因病未與試	妹月琴殤年十三
光緒二十八年壬寅十六歲	科舉始改策論		從邑孝廉許彝庭先生問業始識徐君徵生與叔兄同自戲擬為師門三傑。閱讀資治通鑑讀史方輿紀要經世文編等書	姊素琴卒年二十二
光緒二十九年癸卯十七歲	清廷詔停科舉各省開辦學校		復從仲父問業專習四書經義好多稱引未合時解應蘇州江蘇師範學堂考試亦試四書義未錄取	
光緒三十年甲辰十八歲		城內連元街崇實學堂因抽提米行廟捐為人搗毀並焚主辦人楊模宅其他學堂亦多波及於是地方遂有學務公所之組織規劃善後辦理一切在蘇省實為創舉地方亦自治先聲。北門外錢業公所借設商會舉辦演講會及商餘補習夜校	時往商會演講會應作義務演講聽者常百數十人多商界是為早年與商會發生關係之始	
光緒三十一年乙巳十九歲			始治算學以製造局所譯筆算數學及代數備旨等為課本在家自習不假師承	叔兄約集同志組織理科研究會共為學員延華實甫先生等為講師。畢業後更組織理科學堂
光緒三十二年丙午二十歲			應錫金學務公所之聘任城西小學堂副教習是為出外任課之始	叔兄應邑人薛南溟之聘為其子演授查理斯密小代數學譯本
光緒三十三年丁未二十一歲			仍在城西小學堂任職並兼城內序成小學等校課及南門外伯瀆港商餘學校夜課	三嫂王夫人來歸
光緒三十四年戊申二十二歲	清光緒帝及慈禧太后先後崩宣統帝繼立父載灃攝政		應蘇州木瀆兩等小學堂之聘任數理教員	父母為聘邑副貢高映川先生之長女為室

宣統元年己酉二十三歲	清廷詔各省籌備立憲江蘇諮議局成立	邑人俞君仲還等七人當選諮議局議員是為地方有選舉之始	應南湖廉先生之聘至上海曹家渡小萬柳堂為其子女授課	叔兄應江西臬使陶大均之聘為記室。室高夫人來歸
宣統二年庚戌二十四歲	清廷詔各縣籌備自治	無錫城自治公所成立邑人秦君效魯實為副議長後地方光復首義有功	仍館南湖先生家	母孫太夫人卒年五十九葬開原鄉徐巷賓字三千五百四十九號。季舅孫振烈撰墓誌銘意尤摯。吳縣張一麐更為墓表。叔兄生無子姪鍾書奉父命攜伯兄室乳養
宣統三年辛亥二十五歲	武昌起義江蘇巡撫程德全宣告獨立孫中山先生自美返國至南京就任臨時大總統以黎元洪為副總統成立臨時政府	邑人秦效魯等亦於九月舉義驅逐清廷官吏成立軍政分府叔兄有光復志記其事	應南京兩江法政學堂考試錄取在姅班肄業武昌變起余適假歸校亦星散	長子鍾韓生
民國元年壬子二十六歲	始定陽歷為國歷。南北議和清廷遜位袁世凱繼任為臨時大總統首都移北京	無錫成立臨時縣議事會後江蘇頒行縣市鄉制復成立正式縣議事會。邑人蔣君哲卿當選參議員顧君眉貝孫君曜青當選衆議員孫君北普等六人當選省議員。縣議事會議決分城鄉為五學區每區設高小一將城區原有兩高小擇一停辦添設乙種師範講習所而停辦女子師範學校一時教育界羣起反對亦地方小小議教風潮也	余當選為臨時縣議事會議員後併被選為臨時縣參事會參事員復被選為正式縣議事會議員是為余問地方事之始。地方成立國民黨秦君效魯實為部長共和黨亦設支部則推余為部長似為在野黨後與秦君同赴鎮江主持第一屆國省兩會選舉事。余任縣署學務課長呈省將城區原有兩高小改編為第一第二高小別就議會所定學區於鄉區分設四高小添辦乙種師範講習所女子師範亦續辦蠶業是為余任地方教育行政之始。余初名基復後應縣府試時父為易名曰基厚字心卿至是始更易字為孫卿為文以告親友	叔兄應援淮總司令邑人顧君忠琛之聘為軍佐後改編第十六師隨同駐鎮。次姪鍾韓生。次子鍾漢生
民國二年癸丑二十七歲	黃興挾蘇督程德全在南京宣告討袁獨立安徽江西及前迴軍都督均響應所謂二次革命也北軍南下寧	邑人秦效魯氏亦逐知事嚴偉取而自代張勳來蘇秦遂被逮委鄂人朱某來錫任知事攜密令逮多人	辭縣署學務課長任競志女學國文教師。秦氏再起余致書攜報嚮諸其勿禍地方後朱來錫意有株求將	三姪鍾英生

孫庵年表　四

民國三年甲寅二十八歲	局不支。張勳任江蘇都督，泰縣韓國鈞氏爲民政長		興黨獄，余更引袁令勿究脅從及刑律經告犯罪規定，請呈都督、省長明白宣布，於是黨獄斷熄，地方稍安。仍在競志女學任課，並兼縣立女子師範校課，復席邑人秦潤之先生之請，爲其長、次兩子補習國文。復任縣署學務課主任，後奉令改三科	長女鍾元生
民國四年乙卯二十九歲	北京籌安會倡言帝制，袁遂改元洪憲，授意地方勸進。梁啓超密贊蔡鍔潛赴雲南起義		遷大河上侯氏宅。在縣署三科任職，擬具四年度教育計劃呈省	伯兄長女出適秦光甫
民國五年丙辰三十歲		江陰砲臺兵變，蘇督馮國璋派兵馳錫，轉澄討伐，中途挫還，後滬軍盧香亭師繼至，與澄兵戰於城郊，敗之	澄兵之變，余密語知事王君居先須作他備，爲地方計。後王君以鎮地方有功，大獲民心。更動城鄉校長，打破城鄉觀念，召集學務委員會議，定誠儉勇敬四字爲	長姪鍾書與子鍾韓，姑由伯兄授讀。三子鍾穀生。姪女鍾霞生

民國六年丁巳三十一歲			國民學校校訓，奉部特獎，膺嘉禾章之錫，是爲地方教育人員獲膺中央獎勵之始。仍在三科任職，召集學務委員會議及縣立校長會議，訂每年學校休業日期表及統一教科用書等。輯印衣鈔集、從政錄、公言別集、詹詹錄、中國文學史綱及錫山學務文牘等書	
民國七年戊午三十二歲		江蘇教實兩廳成立。邑人榮君德生等十人當選第二屆省議員，較歷屆佔額獨多	地方經費，歲有虧缺，教育實佔大宗，呈省請將原征省附稅所減五分及忙漕征收費減收一釐照舊起征，留作地方經費，以資抵補，於私心實未慊也。蘇教廳令各縣組織勸學所，余就地方情形頗有論列，擬具無錫縣勸學所暫行辦事綱要，呈廳並請	父七十稱觴，詩文多名作

孫庵年表　五

民國八年己未三十三歲	北京因青島事學生發生罷課運倡抵制某貨風潮，蔓延商市，所謂五四學潮是也		縣保秦君頌石爲第一任勸學所長。省令各縣修志，廷叔兄爲總纂，余以三科兼提調，草修志大綱呈省備案。輯印學務文牘續編。遷流芳聲巷朱氏宅。滬倡抵貨，錫亦影響，旅外學生多歸里，組織聯合會，余特往演說，告以明恥乃能教戰，且序其刊物，詳論歐戰後外交趨勢。並邀集省縣各校教職員議話，提出意見，公決照辦。事後輯學潮存牘，梓之。擬訂無錫籌辦義務教育施行大綱，呈省備案。輯印學務文牘三編	縣視學孫君仲褒卒，邑人張君杏村繼之
民國九年庚申三十四歲			縣立女子師範前經省議事會公斷，將既招學生續辦終業，至是頓招第二班將畢業，省議會已恢復，須照案執行。余擬呈省就原有經費改辦女子高小，並照部章添設高小補修科兩年畢業。忽有以新舊學生名義反對者，余發表兩文，告學生，詳切曉以經過及利害，後邀集地方會議徵詢意見，仍再續招一班，呈報省署備案。秋病，讀王陽明全集有得，於病後心理頗多變化，自是即未甚病。輯印學務文牘四編，余離三科，即未續輯，亦以是爲終編	四子鍾儀生。伯兄子蘭卒，年四十八。叔兄撰述略，爲誌行誼，載兄弟孔懷錄
民國十年辛酉三十五歲			縣立女子師範更聘顧穀綏女士爲校長，學生又反對。余以女校學生無拒絕女性校長理，卒堅持之，令顧到校。余旋奉教育廳委爲無錫勸學所長，辭未就，並自引	先母世壽七十，叔兄爲輯北堂永感錄

孫庵年表　六

民國十一年壬戌　三十六歲

咎謝三科事，自是不復問地方教育行政矣。余與邑人華君叔琴等六人當選爲第三屆省議會議員。因選舉議長，與華君等時有論列，表明吾邑立場，後武進徐君果人當選爲議長，副議長未選出。

省會召集臨時會議。民國十一年度預算，余先通電表示主張，開會後先行議事，俟會期將然，再選副議長，並詳述蘇議會過去政黨之歷史。後副議長卒公決綫選。省署交議預算案不數一百七十五萬，余以積病之故，不盡由於地方提議，單政各費，凡蘇省人民負担不論中央地方一律分編預算交會議決，並提出對於省預算案意見書。後預算以收支不能適合，無法成立，而督省兩署別召集所謂[illegible]政會議，決定發行蘇省有獎債券，指丁漕作抵，有一部份議員在會外爲張目。報載蘇省治江會注意在設山南夾築弱果，有人組畿福利公司，且言南通亦知其事，請督省兩署保護。余以無錫水道須經江常分浪入江，塗江爲田，江必受病，特電督省兩署反對之，並致書張南通，切論潮江團田與水爭地，僅圖一時小利，必貽地方大患。泰縣韓國鈞氏重任江蘇省長，議會同人電韓，推余代表歡迎，余當亦電韓，請其衡量事勞，無庸他人促駕，未往也。省會召集第二次常會，續議十一年度預算。

五子鍾魯生

孫庵年表　七

民國十二年癸亥　三十七歲

總統黎元洪被迫離京，國會選舉曹錕爲總統。

無錫商埠局成立，邑人楊君味雲爲督辦，蔣君鍾春爲會辦。

余於是因教育經費發生所謂議教風潮，轉而及於省長問題。余乃函與吾邑華、楊商君發表告省咬諸君及議會同人書，並言韓公蘇人之整宜爲蘇人給蘇稍留體面。

始奉父命在城內七尺揚建新居，吾父自署廳事曰繩武堂。余別在吾父寢室後自建棲屋居之，顏曰孫庵。省會召集臨時會議，省長交覆議之十一年度預算案。余約吾邑華、楊諸君發表其對於預算之主張，並言農商教育會爲法定團體，如有主張，同人宜盧已以聯後根據商會聯合會主張舉辦捲煙特稅，預算始得勉強成立。余由錫電省長韓氏請勿助。

民國十三年甲子　三十八歲

江浙齊盧作戰，孫傳芳襲浙取之，盧氏敗走，齊孫會師上海。北方奉直兩軍又在山海關開戰，齊孫則直系也。

北京大選費。余被聘任不無錫商埠局參議。

省會召集臨時會，余被推爲教育審查會召集人。下年度預算成立。吾邑人榮德生先生之聘爲私立公益商業中學校長，首以嚴格管理、嚴格訓練、嚴格教育三者揭告學生。齊盧戰起，地方組織臨時維持會，余爲會長，協助當事，應付一切。無錫市議事會選舉余爲無錫市總董，主會事者爲副議長陳君淮如。於十一月十五日到市公所任事，宣言一切公開。董事爲高丈映川。

民國十四年乙丑　三十九歲

直軍戰敗，奉軍入關，總統曹錕離京，段祺瑞出任臨時執政，盧永祥以蘇

齊部秦洸在蘇州獨立，委邑人某君來錫任稅所長，強欲接事，未就。

齊氏敗兵來錫肆搶。余函閉城，與邑人士相保護，君翰西任商團長，在城

六子鍾彭生

民國十五年丙寅　四十歲

皖宣撫使名義南下奉軍來蘇齊氏敗走旋孫傳芳又潛師襲蘇經奉軍而北自任爲蘇浙皖贛閩五省總司令以蘇人陳陶遺爲省長

國民革命軍北伐下長沙攻武漢別道趨江西孫傳芳由九江敗逮南京

外齊氏更委徐景華爲無錫縣知事亦在城外由余主城中事後齊氏派其趨參謀長入城索鯨十萬悉索應之旋奉軍來齊氏始走在圍城共九日奉軍張宗昌留其所部旅長畢庶澄駐錫而自赴滬並更委隨從邵官王冠軍爲錫水嚮區長與地方向相治未多求事後省長蘇國鈞氏特書梓里蘇麻四字區額相貽。省長韓氏特准在征起什潛省稅項下撥款抵償地方借墊一切用組鐵清貸委員會余爲委員長主其事末半年悉數淸貸

滬商會組議赴日參觀團余與薛君明劍以無錫工商業關係亦往參加薛君有徃記寄示

父祖耆公卒年七十八太倉唐蔚芝先生爲作墓誌銘

民國十六年丁卯　四十一歲

奉軍南下援孫國民革命軍已下武漢克江西分兵入皖浙擣南京奉孫均敗退國民革命軍在南京建立國民政府

地方一度入無政府狀態邑人某君爲舉少年所接改組市公　爲市政廳自任廳長縣署亦改組爲縣行政委員會由邑人秦效魯氏爲委員長

聞報發表

余謝事赴滬研習國共諸書頗有得。無錫商界依照國民黨綱自動組織商民協會推余爲執行委員及常務委員函促運錫在旨商會成立余錫事必根據三民主義及國民黨宣佈黨綱以爲從建。秋立公益商業中學校停辦校主榮德生先生又商余組織梅圖幣然洞讀書處以家塾組繼參書院精神余則爲延朱君夢華主其事而以許君心魯輔之

民國十七年戊辰　四十二歲

商民協會改選余仍被選爲執行委員及常務委員名第一常首署

七子鍾達生。次子鍾廣錄取江蘇省立第三師範入校肄業

民國十八年己巳　四十三歲

北方閻馮戰起南京下令討伐

京滬甬市及江南北各縣公同發起在錫開商民協會聯合會余被選爲主席團是爲民十六後商人團體自動集會之始。商民協會又改選余仍被選爲執行委員及常務委員旋奉實業部令依法改組商會余又被選爲執行會員及常務會員並爲主席。秋偕僚胥秦君瑶延儕北平見京劇多以旦角歷軸認爲陰感陽痰而生角馬達頁等奸以衰音作態真乃亡國之音不免伊洛之感未十年而竟驗

長嫂毛夫人卒年五十七是歲爲父營葬與先母孫夫人合兆伯兄及嫂亦均柑葬於父母之墓。長子鍾韓在無錫輔仁中學畢業第一名錄旋取北京清華大學及上海交通大學在上海交通大學電機系肄業

民國十九年庚午　四十四歲

閻馮戰亟後方偽兵在鎮江者則衛省府在無錫者亦不甚安縣長孫君祖基斷然處置未驚地方邑人多頃之。蘇省擬辦營業稅江南北各縣商會特在鎮江集議是爲江蘇全省商會聯合會之發軔

膺邑人江蘇民政廳長繆君丞成之招赴鎮任第一科長司縣長考核約僚胥秦君瑶延佐筆札甫一月而繆君去職繼者爲胡樸安先生仍留相佐僅二月而辭職歸里任廳職百日。秋立無錫中學校董會推余以常務校董名義代理校長繼太倉唐蔚芝先生之後也越一年由朱君文沅羅其任。省令組織無錫市公款公產管理委員會委員七人余被聘爲委員並膺選主席

八子鍾錢生執友徐君徵生撫以爲子至民國二十三年甫三歲而殤。執友徐君徵生卒叔兄爲撰行誼狀。次子鍾廣在江蘇省立第三師範畢業旋錄取上海光華大學國文系肄業余爲聘江陰奚氏女賽珠首用訂婚書並附有對於子女婚嫁之意見

民國二十年辛未　四十五歲

九月十八日瀋陽變起

中央召集國民會議余與鎮江于君小川等六人同被選爲江蘇商會及實業團體代表在京開會余提裁釐損失已有關稅抵補現辦統稅營業稅應明定爲補助稅性質並確定原則案後來各省爭議營業稅尤多以此爲根據其通過議案較有歷史性者爲中華民國訓政時期約法及

民國二十一年壬申四十六歲

一月二十八日淞滬戰起

地方組織國難會。銀行擠兌紛紛停業商會辦理公兌風潮旋卽平息

實業建設程序。江北大水爲災余發起聯合各界在商會組織水災籌振會親主其事請難民由省安插不可任其四出後各縣亦紛起仿辦。江蘇全省商業公會聯合會成立余被選爲執行委員及常務委員實爲蘇省同業公會有聯合會之始。商會改選楊君翰西當選爲主席余被選爲監察委員

江蘇全省商會聯合會成立余被選爲執行委員及常務委員聯任一次

民國二十二年癸酉四十七歲

余被聘爲無錫縣公款公產管理處主任備員而已聯任一次同時又被聘爲無錫縣救濟院院長。商會改選余又被選爲執行委員及常務委

外舅高先生卒叔兄爲作傳。長子鍾韓在國立交通大學電機系畢業成績爲全校冠獲國內外著名獎學金多種保送江蘇省第一屆留學生

民國二十三年甲戌四十八歲

員楊君翰西聯任主席

蘇省頒行城市地價申報辦法發於南通無錫兩處城市舉辦地價申報完竣後卽開始徵收地價稅及土地增値稅余根據總理建國大綱約集地方呈請中央于以糾正後經行政院飭由內務財政兩部特閱審查會轉行蘇省政府不得遞行征收地價稅余轄有城市地價申報主張經過印佈地方

公費考試錄取第一派赴英國倫敦大學選習機械特奉部准注重實習至民國二十六年同國任國立浙江大學教授後兼機械系主任次子鍾漢應江蘇省第一屆高等文官檢定考試及格三子鍾毅錄取國立交通大學土木系肄業

次女鍾華生。次姪鍾韓娶同邑秦氏女溶方婚後赴英留學在曼卸斯脫波耳校紡織工程專科學攻肄業。七子鍾達以痧疾殤年七歲余爲基碣以自抒哀。三姪鍾英在上海光華大學以英文系第一名畢業得金牌獎

民國二十四年乙亥四十九歲

蘇省通過各縣房捐章程不論自產租屋店鋪住房一律征收余以蘇省房捐爲收益性貧故照房租比例且僅限於店鋪向係縣地方費依照中央監實地方財政暫行法處由縣公開討論。省所可代議而上年中央召集第二次全國財政會議議決廢除苛捐雜稅特設各省市捐稅監理委員會呈可轉於此時重司新章加收房捐由縣商會及縣款產處通電國省當局請求停止施行而各縣旅京同鄉會及各處商會亦均紛紛反對後蘇省捐稅監理委員會議決已辦者照舊未辦者緩辦而行政院亦飭據財政部呈復事關人民負担應將新定章程暫緩舉辦事後由商會

長姪鍾書在國立清華大學畢業應第三屆英庚款留學生考試錄取第一派赴英國牛津大學後轉赴法國巴黎大學均得學位娶同邑楊老圃先生之女季康亦同出國。次子鍾漢在上海光華大學以國文系第一名畢業得金牌獎四子鍾儀在無錫輔仁中學畢業經江蘇省教育廳會考及格錄取國立同濟大學機械系先在德文補習班肄業。九子鍾泰生。長女鍾元建嫁同邑許景淵余輯議婚集以貽吾女並假與儀爲文以告景淵

民國二十五年丙子五十歲

西安事變

輯印蘇省房捐要牘備覽分送各縣備查

商會改選余復膺選爲主席楊君翰西爲監察委員。江蘇全省商會聯合會同人以余年五十公醵稱祝讌集於嘉興煙雨樓知爲[illegible]吳越錢氏遺蹟可謂巧合

次媳奚賽珠來歸余爲婚字說以勗吾子

孫庵老人自訂五十以前年譜卷上

老人錢氏，吳越武肅王三十二世孫，祖籍金匱（舊無錫分邑）名基厚，字孫卿，年五十一而膺世劫，遭國難，翌年棄家而來滬上，孫庵其現行別字也。時民國三十有一年，實五十六歲，七月在滬寓憶記。

清光緒十三年丁亥夏曆二月初二日午時，與叔兄子泉孿生於無錫城內連元街吳氏寓廬後進東偏之左室，與孟子同生日。

祖榕初公，諱維楨，廩貢生，已前卒。生五子，余父次居四，實爲祖書公，諱福炯，附貢生，時以課徒自給，又有祖遺租田數十畝在江陰璜塘，人咸尊之曰錢四先生，七十後自號曰傳叟。

母太夫人，系出石塘灣孫氏，邑名族也。有兄二人，長曰基成，字子蘭，年十五，次曰基恆，字仁卿，年十二，時亦在家，父自授課。姊一人曰素琴，年七歲，先是尚有姊二人，因病同殤，母頗傷之，翌年而余兄弟孿生，故初名叔兄曰基來，小字曰博，余曰基復，小字曰餘，取易經七日來復之意也。時父年三十九，母年三十六，余由母自乳，叔兄則由大姨母適楊者爲薦一乳傭楊姓乳之。

光緒十四年戊子，二歲。

仲父頌眉公，諱熙元，中是年江南鄉試副貢，與六舅孫祖烈同榜。六舅中第五十五名舉人，仲父與伯父葵生公諱福煒者，均早歲有文名（伯父中同治丁卯補行辛酉科舉人，甲戌考取咸安宮教習，議敘知縣，因不習吏治，未請分發。光緒庚辰復大挑二等，改教職用）。其時教授邑中，余父早歲亦從學。初仲父卷在闈中已擬魁，後出榜時因謄錄硃卷誤有遺脫，遂改副貢。余與叔兄後皆從學，余兄弟初解文字，實仲父之教也。三舅孫鼎烈亦中順天鄉試第十九名舉人。　冬間叔兄忽患天花，不透，已不起，置門板上，名醫汪藝香來，以鏡置口邊，尚濕，謂有生氣，煎桂枝湯，先以濕鼻，旋用竹筆管灌之，而花大透，病亦愈。

光緒十五年己丑，三歲。

十月十二日，妹月琴生。　三舅連捷，中第一百二十五名進士，殿試二甲，得翰林院庶吉士。

光緒十六年庚寅，四歲。

鄰近有僧寺曰上壽庵者，洪楊兵燹後，借作無錫縣署。一日縣官早衙理事，叔兄隨僕往觀，爲匪誘拐失蹤，數日後在西門外見一煤炭店夥誤呼爲大哥，拐匪驚逃，有人在城門口見所揭招帖，始轉輾詢悉送還。時北門外有天主堂，法國教士實主之，地方訛傳洋人迷拐小孩，遂爲衆所焚燬，後經交涉，地方賠修，則翌年辛卯之事也，因類及之。

光緒十七年辛卯，五歲。

清明節後，始由母授識方字，共五百，時有間斷，至近重陽而畢。試以孝經授讀，第一日即授開宗明義全章，自仲尼居至聿修厥德，約一百二十字，母口授三遍，而居然成誦，自讀二十遍而背無躓字、父母頗喜、謂其尚有讀資也、　時長次兩兄均出就外傅、師爲同族叔楙孝廉、亦仲父頌眉公門弟子也、仲兄仁卿年十六、早慧能文、出語驚其長老、伯舅孫勳烈嘗官京朝有聲、見之曰、此無愧吾甥、孝廉爲其師、尤寵異之、是年秋、忽病亟、孝廉爲筮四書課、得辭曰子哭之慟、蓋先進顔淵死章第二句、於師弟尤切也、心惡之、而仲兄昏瞀之際、輒高聲誦左傳文選諸書、琅琅不已、醫者陳姓方診視、出曰、病不起矣、儒者之誦詩書、猶賈者之權子母、皆平日意念之所經營、精神貫注之所在也、一旦病起、或以是爲譫語厥徵邪入心經、而心失所官矣、庸有幸者、後果以九月二十九日卒、偶稍清醒、猶詔叔兄及余至牀前、爲理方字、正其音讀、可傷也、

光緒十八年壬辰、六歲、還中市橋、租吳氏宅、

讀大學中庸論語、父間經商、不恆在家、伯兄子蘭因仲兄病亡、亦不外從師、在家伴母、余與叔兄由母及伯兄親自授讀、每日飯前讀、隔日所授生書、帶書帶熟書、熟書均二遍、皆以能背爲度、飯後由母與伯兄各背一人、有躓字、必令重讀、再授生書、讀二十遍、始許散學、　伯父葵生公選授蘇州長洲縣學教諭、挈眷赴蘇、

光緒十九年癸巳、七歲、

讀孟子及禮記、仍由母及伯兄授讀、

光緒二十年甲午、八歲、

續讀禮記及尚書、母家事日繁、不能親授讀、始延從兄子紹於家、與伯兄分授叔兄及余二人讀、從兄三伯父星乙公諱福熉子、父母均故、　長嫂毛夫人於三月來歸、　秋間、余與叔兄似均有病、輟讀、余左腿生癰、今尚遺巨疤、　是歲中日始有戰事、

光緒二十一年乙未、九歲、還東門駁岸上、租湯氏宅、

讀毛詩爾雅周易、叔兄讀周禮、余未讀、仍由伯兄及從兄授讀、有譽叔兄及余讀書多爲聰慧者、伯兄曰、季較敏、日誦百十行、二千五六百言、叔似魯、僅八九十行、千七八百言而已、　伯兄生女後適秦者、余以其梅雨時節生、爲戲取乳名曰梅安、父亦笑而仍之、　從兄娶曹夫人、爲名醫曹少琴之女、在余家婚、

光緒二十二年丙申、十歲、

從兄別館仙蠡墩馮姓、嫂亦隨遷外住、而伯兄專心舉業、亦不再授讀、延同族心葵先生於家、爲叔兄及余講授四書、並讀左傳、初講論語半本後、即豁然貫通、不煩言而自解、因從前讀已爛熟、所謂熟極生巧也、　余秋間似病瘧、壯熱甚、譫語誦書、一如仲兄病亟時、醫均束手、父以大碗西瓜汁加姜汁少許飲之、而熱驟退、病亦漸愈、　是時伯兄治重力汽機之學、頗開風氣之先、江陰院試、以條對汽學詳明、見拔於江蘇學使攸縣龍湛霖補金匱縣學附生、吾父頗喜、勖余兄弟謂能繼家聲不替也、有楊翰西先生與伯兄爲同案、後中

光緒二十八年壬寅補行庚子辛丑江南鄉試舉人、實民國甲子以後與余同在地方共支危局者也。

光緒二十三年丁酉十一歲

仍從心葵師讀左傳、始畢五經粗完。伯兄初應江南鄉試、父伴之往。是在制藝實爲末科、初場首題爲論語文學子游、凡以道南立義者、無不雋、文極典皇禽麗之致、或亦謂之迴光返照。吾邑胡殿均中第五名經魁、闈墨中以長淮屏蔽乎南北、及大江橫貫乎東西分比、尤爲才氣無雙、傳誦一時、聞出桃源張某手、實名筆也。以後即改策論、旋科舉亦停矣。

光緒二十四年戊戌十二歲

心葵師別就鄉閭戈姓館、弟子爲戈子才子祺兄弟二人、余初未謐、後三十年、在商會相識、知爲心葵師同門、相得甚歡。余初學作史論、伯兄每夕爲點授綱鑑易知錄、未另延師、作文由父批改。首作孟子見梁惠王論、中有迹孟子見諸侯、先遊梁、次遊宋、再之齊、之薛之魯、而獨未一至秦。其不先遊宋遊齊遊薛遊魯、而獨先遊梁、以秦出師必先過梁、故先遊梁、而謀使梁足制秦。其不一至秦、而歷遊諸侯、將使諸侯助梁、而梁不獨受秦之兵、均本孟子推論。父謂讀書頗見心思、並足其意、謂春秋時晉足制秦、故秦未嘗一出兵害東諸侯。迨三晉分而晉弱、魏又適當其衝、范睢所謂天下之樞、秦圖富強、必言利、惟仁義爲足制利、結之以主約縱者必先趙、而言仁義者必先梁。是年康有爲梁啓超變法未成、清慈禧太

后重垂簾、京有六君子之獄、康梁出國、光緒帝被圈瀛台、將行廢立、江督劉坤一特電軍機處問帝安、知人心未附而罷。

光緒二十五年己亥十三歲

始從仲父頌眉公問業、仍學史論、二月發筆、題爲蕭何薦韓信論、仲父批改甚勤、謂作文須尋題間、讀書貴有特識、如此論、要知何動漢王、實在一追、且安知信之亡、非何因屢言不用、故使之而故追之、不薦之薦、更深於薦。並授以評點東萊博議、及明張溥歷代史論、今劫後楹書攜出者、中有張氏史論墨批本、即其手跡也。至是年冬、仲父又以論語道不同不相爲謀命作論、余中段以行同而志未必同、志同而業未必同、引孔門四科爲證、作翻案、隨釋以道有體用、用雖有別、體無不同、末更引昌黎原道、老泉辨奸、爲道不同不相爲謀作正證、仲父謂其能自出機杼、頗徵進步。後民國六年七月、余輯兄弟幼年父師批閱之文、爲衣鉢集、並自作序、述父師傳授本末、而於仲父略云、集中所載經義史論、以仲父點定者爲多、余兄弟當日爲之、深識文章體要、貴在有用、故雖經義史論、非秖援古實宜、證今意在使人得所取法、談經說史、不過借以托諷、譬之詩人比興、亦在能近取譬耳、非真嚼死人也。賈誼過秦論、爲後世史論之祖、其末篇必上推先王、下述秦衰、又引野諺前事不忘、後事之師、而極之於君子爲國、觀之上古、驗之當世、參以人事、察盛衰之理、審形勢之宜、其意斷可識矣。此余兄弟當日得之仲父、即後粗辨事理、不輕俯

仰、隨人亦自少時學作史論、獨抒己見來也、

光緒二十六年庚子十四歲

是年仍從仲父問業、間亦課作制藝、意不喜也、邑有周慕蕃先生者、家居授徒、倡爲會課、獨以論說時事命題、余與叔兄潛往應之、年較幼而時列前茅、始漸爲人所刮目、　京有拳匪之亂、八國聯軍、兩宮西奔、江督劉坤一特電各省聯保東南、粵督李鴻章奉調入京與各國議和、翌年兩宮回鑾、始行新政、此中國一轉變也、

光緒二十七年辛丑十五歲、還岸橋街、租秦氏宅、

是年初應小試、父爲改名、叔兄曰基博、字子泉、余曰基厚、字心卿、從邑孝廉胡捷三先生學作制藝、先生早歲獲雋、以治名家稿爲制藝名手、應縣府試、仍籍金匱、縣試首場題爲論語富而好禮者也、子貢曰詩云如切如磋、府試題爲孟子彼將曰敬叔父、曰弟爲尸則誰敬、彼將曰、均鈎搭題、未諳作法、無從措手、未能獲雋、江陰院試因病未與、聞金匱首題爲孟子孝弟而已矣至夫道若大路然、亦鈎搭題、邑有孫某者、全篇集四書語成文、余今僅記其入手出題云、堯舜之道何道也、仁義之道也、夫仁人之安宅也、義人之正路也、仁之實事親是也、義之實從兄是也、堯舜之道孝弟而已矣、頗覺渾成、不愧名作、從兄基烈工雜藝、善小楷、有名士風、年三十餘而縣試作未冠題、爲論語質直二字、得陳文直錄之、獲前列第五名、亦未應覆試、至院試則忽錄鄭板橋漁樵耕讀四詞於卷而

出、人或驚怪、而兄自若、其風趣可見、金匱縣府案首均陳君作霖、院試亦第一人、戲稱爲小三元、即後與余屢共患難、邑人稱爲湛如先生者也、　妹月琴因喜事隨母赴石塘灣、以三月一日暴病卒於仲舅家、年甫十三、仲舅字仲雅、諱昌烈、爲余寄父、和易近人、在諸舅中鄉里推爲善人長者者也、

光緒二十八年壬寅十六歲

是年科舉始改策論、余與叔兄從邑孝廉許彝庭先生問業、先生爲丁酉江南鄉試舉人、門下一時稱盛、余與叔兄始自閱讀資治通鑑、讀史方輿紀要、經世文編諸書、兼及諸子百家、而叔兄點讀尤勤、自是好議論古今人物成敗得失、以及兵事形勢險要阨塞、每屆作文到館領題、輒與先生上下古今、不可一世、抵掌而談、旁若無人、不僅文字請益也、同輩咸目笑之、而先生輒優容之、且於所作多獎借之、仍應小試、不甚措意、余縣試似終覆、叔兄縣試初覆作李忠定上十事論、陳古刺今、凡千數百言、以語多傷時不錄、而先生特賞之、謂可作名臣奏疏讀、始識徐君微生、亦從先生學、而不應科第、視同輩意蔑如也、以余兄弟爲差可與語、雖口吃而於古人學問得失、輒往復不肯相讓、間不能竟其辭、則隨繼之以書、時余兄弟戲取古人名音讀相近者以自號、叔兄曰潛夫、余曰孫卿、而君獨自字曰夷吾、有孔子微管之歎、其意念爲尤深矣、後民國六年三月、余自梓從政錄、叔兄爲作序、頗及余三人在師門學問短長、特錄之、詞曰、從政錄者、余季孫卿辟

椽縣教育、哀所治官中文字而作也、余與孫卿年十四五、偕同里徐子夷吾師許儀庭夫子學爲文徐子長余兄弟一歲、研經治子、矻矻不肯休、而余兄弟喜讀史、辨古今事當否、譏議成敗得失、譚王伯之略、雖所尚各不同、而意氣浹洽、戲以師門三傑互期許、而余於三子中、資實最駑下、爲文頗傷塡砌、故實窘拘、氣不舒、徐子之文、樸肅典奥、浸淫於古人者深、而吾孫卿文則磊犖英多、洸洋姿肆、以適已、久癖自喜、署印記曰天馬、以自明其不羈、余每讀二人之文、未嘗不汗流沾背、慚勿如也、無何、余長弱冠、驅役江淮、治獄參軍、所如齟齬、退然放廢於文、以自娛戲、而文日益有名、徐子讀書養親、無意文字、曰且讓潛夫出一頭地、潛夫余字、余戲爲語曰、惟君能之而不爲、乃天下之至勇也、徐子則笑不應、惟吾孫卿慷慨敢任事、頗不欲僅以文字見、排難解紛、居鄉有所盡力、鄉人士亦雅重之、既辟椽縣教育、能分決不爲依違、主者倚畀絕隆、不僅僅教育行政而已、四五年來、再更國變、凡地方大利害、主者有所設施、不知於地方人士意如何、必曰、且以咨錢某、地方人士於主者有所建白、亦必曰、且以語錢某、綰官民交通之樞、宜主者意而導地方人士之隱、實惟吾孫卿是賴、孫卿暇頗研討文字、顧獨自喜所草公牘文、以爲雖鄉先輩薛庸庵先生莫已過、儕輩推許以爲知言、雖主者亦信之、於上官有所建請、必屬孫卿削稿、而於他文字制作、邦人朋從必又期之余、以爲孫卿不如也、即徐子亦云然、顧吾獨念

兄弟擅文章者、於古莫如蘇子瞻子由、人人以爲子瞻文雄放、子由不如、而子瞻則稱曰子由之文實勝僕、而世俗不知、乃以爲不如、其爲人深不願人知其文字、如其爲人、故汪洋澹泊、有一唱三歎之聲、而其秀傑之氣、終不可沒、作黃樓賦、稍自振厲、若欲警發憒憒者、而或者便謂僕代作、此尤可笑、是則文章得失、權衡寸衷、雖徐子、烏足以測吾兄弟之淺深耶、吾孫卿固非能如子由匿情自掩蔽、然吾文少不逮孫卿、比以孫卿不自振勵、制作他文字、世人遂以爲不若余能、儻一爲焉、尤烏知不妄意僕代爲、如子瞻所云可笑者耶、他姑勿論、即孫卿治官中文字、實亦能剖析利害、如曉事人語、洞澈中邊、使余爲之、便不免姚桐城所譏、有傷雅、不能簡當之病、此尤余甚愧勿如孫卿、而他人亦與吾勿如者也、孫卿每日晨起入公署、勤厥職、晚炊歸定省、老父一二語、即退入婦室、據案攤左邱明太史公書、發聲誦、老父呵呵之曰、書癡、余假歸、所居室與孫卿連、往往中夜睡醒、而孫卿琅琅聲猶未輟也、此其意味、尤豈世俗尋常在官者所能解也耶、余故特爲發之如右。　姊素琴、實佐母以撫育余兄弟、以長、自少小提抱、以迄盥櫛飲食、無不是賴、而視余尤摯、是年二月二十五日以疾卒、年二十二、叔舅孫鼎烈作聯輓之曰、親甥耶假女耶、塵世因緣都結束、生寄也、死歸也、泉臺姊妹話悲歡、蓋前年妹月琴殤、而姊又叔舅寄女也、故聯云、

光緒二十九年癸卯、十七歲、

以屢試不利、奉父命、復從仲父頌眉公問業、專習四書經義、然以所作好多稱引、未能盡合時解。是年江陰院試、首題爲子謂衛公子荆善居室章義、余作大旨謂子荆爲衛公室宜與國同休戚、而夫子僅稱其善居室、豈國而忘家之義。且苟非美詞也、而夫子不憚再三言之、譏衛政也。後領落卷、濃圈甚麗、學使唐景崇親筆加批、謂見解老到、不類少年人所作。遂擯之。旋奉詔停科舉、各省開辦學校、而江蘇亦設優級師範於蘇州、余與叔兄前往應考、題亦四書義、爲孟子親親而仁民、仁民而愛物二句。余謂爲儒墨之辯。墨子愛無差等、未免厚其所薄。孟子闢楊墨、故於親曰親、於民曰仁、於物曰愛、所謂以其所愛、及其所不愛、正施由親始之義也。監督羅振

玉賞其文有特解、而口試時詞氣甚厲、有圯上老人之意。余不爲屈、謂孺子非能受教者、亦置之。是皆遇而不遇、或亦有數存焉。

光緒三十年甲辰、十八歲。

城內連元街有竢實學堂者、即前借作無錫縣署之上壽庵原址也。邑人楊模實創之、延名算學家華衡芳之弟世芳授算學、其他教師亦多名彥、規模粗具、經費不足、由學董孫贊堯等呈縣、以邑中廟宇向由米行就客戶抽收廟捐三釐、迎神賽會、徒貲靡費、請將各廟米釐一律撥入學堂。後經恆善堂顧景璐等調停議覆、抽撥二釐、暫濟急需。而米業中人意有未慊、常州知府德元素嫉視學堂、無錫知縣陳詒金匱知縣汪鳴鳳亦依違其間、遂有人乘機挾忿、聚衆搗毀楊氏宅、並毀竢實學堂、而崇安寺之三等學堂、及東林書院所改之東林學堂、以至北門外貝巷上之錫金公學、咸波及焉。總計各學毀失之數、竢實不下二萬元、東林約五千元至七千元以上、三等公學約垂二千元、錫金公學亦達千元以上。而楊模及其同居族人房屋共焚大廳三間、側屋二間、樓房七間、後偏平屋四間、衣物器具搶毀無存、估計約值庫平銀二萬餘兩。蘇撫端方先派前金匱令王念祖來錫查辦、以其前在地方官聲尚好也。並撤常州知府德元、以許星璧署其事、緝兇多人、分別懲處、勒令兩縣賠修學堂、廟捐撥提二釐以充常年經費、並由米業自認集款二萬元、賠償楊氏虧損、又二

千元、捐建錫金二縣學務公所。於是地方遂有學務公所之組織創舉也。設名譽籌款學務稽查四項經董、公議以地方之財辦地方之事、必使人人曉然於斯事之原委、而財政一事、司入者不得司出、尤爲緊要關鍵。蘇撫端批謂經理財政、司入者不司出、尤足以昭大信、而杜藉口、摺開章程各條、採擇可以通行者、分飭各州縣一體仿辦、而薛南溟丈及學界耆宿裘葆良先生實主其事。竢實東林均歸公立、並將錫金公學改辦簡易師範、及設城東南西北四小學於四郊、實爲後勸學所之權輿、亦即地方自治之先聲。而城外錢業公所亦設商會、坐辦華藝三先生有儒者氣象、創設演講會、及商餘補習夜校。余與叔兄時往應作義務演講、同講者宿儒則

有黃君淡如、蔡君持志、侯君保三，時賢則有周君銘初、鄒君同一、竇君孟幹及族姪鏡生等，多商餘夜校教員，而余兄弟年最少，輒預擬講稿，常能殫見洽聞，出語驚其四座，聽者多商界，往往百數十人，咸以小演說家目之。是爲余早年與商會發生關係之始，而地方自此亦氣象一新矣。

光緒三十一年乙巳，十九歲。

是年始治算學，以製造局所譯筆算數學及代數備旨爲課本，每書必演習數過，至能盡演算乃止。在家自習，不假師承，而叔兄治之尤精。余習代數後，即輟學，而叔兄則幾何、三角及微積分，似皆肄習，且與黃君星若合譯有書。然余自信一生得力在遇事能耐心苦思，其功夫實自演習算學而來，故

嘗勗子弟以學算，謂可鍛鍊心思，所謂科學頭腦，愈練愈細，於凡事皆有益也。叔兄並約集同志吳君錦如、幹卿昆季，沈君西苑、趙君挹清、曹君仁化、黃君蔚如、孫君燕賓、蔡君栽涵、張君佩紉、秦君卓夫、黃君星若、許君瀑如、高君涵叔等八十餘人，組織理科研究會。理科研究會者，原爲理化研究會，邑人蔡松如先生等實首倡之，延日人藤田幼彥爲講師，專講理化、博物、生理、衛生諸學，頗傳吾邑先輩講學遺風，而自爲學員。兩年畢業，至是叔兄等更繼續組織之，其辦法一如理化研究會，亦自爲學員，延華實甫先生爲都講，任物理，顧紹衣先生任化學、博物，華純甫先生任生理衛生，兼授日文，均爲講師，皆邑名流，而理化研究會之俊髦也。兩年後，叔兄及

吳君錦如、秦君卓夫、沈君西苑、孫君燕賓、蔡君栽涵等，更招學員，自任講師，組織理科學堂。余均未參加，然亦購書自習，頗明其旨，未敢怠忽也。

光緒三十二年丙午，二十歲。

是年春，由同族季常先生紹介，受學務公所之聘，任城西小學堂副教習。距家不半里，而母督令住校，非假期不許歸，謂作事須專心，乃成；住家則心紛雜，不專一也。正教習爲張君佩紉，約余任下午課，爲高級國文、地理及全班算學，而張君自任低級國文及高級歷史、理科，在上午，因下午張君須往理科研究會聽講也。余自訂日程，早晚自修，晝治校課，學生三十餘人，頗相親。歲脩百元，按十二個月致送，惟六月十二

月各送十元，餘均每月八元，以一元自留零用，一元預備買書，餘六元均呈堂上，有特用必以告，不敢私留也。叔兄亦膺薛南溟丈之聘，任算學教師，爲其子育津、匯東兄弟演授陳文所譯查理斯密小代數學，講解明晰，南溟丈聞之，許爲良師。其先算學教師爲邑人楊章甫先生，授常數，而國文教師則桐城吳摯甫先生弟子嚴翼之先生，故古文家也。是爲余兄弟出外任課之始。

光緒三十三年丁未，二十一歲。

仍在城西小學堂任副教習，歲脩增至一百二十元，並兼城內序成小學等數處校課，及南門外伯瀆港商餘學校夜課，均有俸給，月入稍裕，課務極忙，而伯瀆港去城西尤遠，往返

十餘里、均步行、雖盛暑大雪、未敢缺課、遵母教也、然每日讀書鮮暇、亦頗以爲厭苦。　三嫂王夫人來歸、邑先達王莘鋤先生之姪女也、莘鋤先生者、嘗爲福建副考官、同邑薛叔耘先生爲作墓誌銘、稱其以制舉文雄庠序、並述其語曰、生平不競進取、有師在樞府、而未躋華秩、有師在戶部、而未獲優差、庶幾死可以爲銘者也。

光緒三十四年戊申、二十二歲、

由吳君錦如紹介、膺蘇州木瀆兩等小學堂之聘、任數理教員、歲修三百元、外貼川資六十元、有總理爲前裁缺臺灣道顧緝庭先生、年已七十、不甚到校、校長即其子聰生先生、戶部主事、甚蘊籍、監學爲崑山朱嘯虎先生、是爲實際在校負

行政之責者、隸長元吳三縣學務公所、學生二百人、同事十餘人、均相得、而國文教員葛仲深先生、名覃、江陰顧山人、好講程朱之學、尤視余若弟、以敦品勵學相勸勉、歷史教員張闓如先生、年長於余幾倍、熟於中國歷史、好爲別解、與余有同嗜、輒抵掌而談、意偶有會、相視目笑、引爲知己。圖畫教員袁培基先生、頗自矜貴其畫、則實蘇州名畫家也。　父母在家、由吳君錦如作媒、爲余聘邑副貢高映川先生之長女爲室、余未知也、余兄弟嘗無禮於先生、而先生不爲以意、猶以女相許、真所謂日在覆載而不知可感也。　從兄希蘭楠庭、爲伯父葵生公輯丹桂書屋賸稿成、計詩古文詞一百十六首、梓之、伯父制舉文、貽息名家、風格特高、而詩古文詞亦有

師法、時距捐館已三年也。　是歲十月十九日、光緒帝崩、二十一日、慈禧太后亦崩、十一月初九日、宣統帝立、名溥儀、光緒三十二年正月十六日生、年僅三歲、實光緒帝之姪、父醇親王載灃攝政、抱之登極、驚啼不止、識者謂非吉兆也。

宣統元年己酉、二十三歲、

膺南湖廉先生之聘至上海、曹家渡小萬柳堂授課、學生三人、一爲其子劭成、二爲其姪相成、三爲其長女紹華、程度均高、小又有紹華之妹、年極幼、識方字、附讀而已、專以國文爲主、間及算學、理科、用教科書、多文明書局本、先生名泉、字惠卿、官部郎、因有別莊在杭州西湖之南、故自號曰南湖、小萬柳堂、則其上海所居也、娶桐城吳摯甫先生之兄女、世號曰

芝瑛夫人、以浙撫張曾歇因安徽徐錫麟案、大興黨獄、殺女士秋瑾、而先生夫婦獨義其事、爲斂其骨、葬之西湖、被京御史彈劾、幾去官、一時義聲震朝野、先生早歲親炙吳先生之門、故習桐城家言、尤善小詩、有宋人風、余交先生、始聞古文派別、及桐城義法、時叔兄已治古文有名、膺江西臬使山陰陶大均之聘、爲記室、喜讀昌黎文、於碑版尤有得、一時贛省碑版、多有出其手者、而人亦推服之云。　是年八月十三日、室高夫人來歸、年二十、觀前街吳出也、吳君錦如、實其表兄、幼而失恃、繼母丁氏、有姑母適秦者、及其外家吳氏、常顧育之、時母寢疾、恐不起、故急爲余完姻也。　清廷嘗詔各省籌備立憲、至是成立諮議局、江蘇諮議局、設於兩江總督治所

在南京、吾邑當選議員、爲俞君仲還、胡君和梅、蔣君遇春、孫君子逵、顧君藹人、蘇君高鼎、而秦君菁華以候補當選遞補、共七人、多洽人望、秦蔣二君並先後當選常駐議員、是爲地方有選舉之始、議長爲南通張謇、副議長則寧屬仇繼恆、蘇屬蔣炳章、均極一時之選云。

宣統二年庚戌、二十四歲。

仍館南湖先生家。　是歲冬、母病革、叔兄因居停陶大均卒於官、已先歸里、伯兄亦在側、余亟自滬馳歸、隨兩兄侍疾、至十一月十三日午時、而吾母卒、年五十九、自是不孝兄弟、長爲無母之人矣、嗚呼痛哉、翌年四月、葬於開原鄉徐巷賓字三千五百四十九號、土名東山上、坐落大墳頭、父爲誌其碑

陰、其後吳縣張一𪊲更爲墓表、而季舅孫振烈所爲墓誌銘、意尤摯、文曰、余妹歿之次年、卜兆將葬、甥等以墓志請、且曰、母之懿行、甥等十不獲一、知而在室之事、又惟諸舅知之詳、而舅氏之存者、今惟吾舅、吾舅不志、誰志之者、余無以辭、志之曰、余同胞八人、妹實居七、生時先妣已中年、不能自哺乳、僱乳媼、又不得力、常乏乳、以故身體孱弱善病、猶憶咸豐某年、邑大疫、十人九病、死逾半、余家亦俱病、妹病獨後、前病者半已愈、一日病亟、目直視、牙關緊閉、似無復生理、有鄰媼來視之、曰、汝家大好福氣、全家病而結果於此女也、適有延名醫某者邀診、視按脈久之、曰、是或可治、姑試之、乃一藥而目合齒開、且鼾睡、漸即愈、前媼復來、詫異曰、此女可治、疫者皆

錯、死矣、抑知後有福澤、固不同尋常染疫者乎、稍長、整潔不好弄、寡言笑、嘗從余先室戴恭人習針黹、頗相親愛、余長次兩女、常相提攜、抱哺食飲、如依其母、年益長、則不假師傅、能通字義、辨句讀、蓋其秉性勤敏、不自暇逸、有過人者、同治某年、適同邑錢福烔、字祖書、余同案生也、吾妹于歸、已不逮事姑、而皇舅榕初先生年已高、吾妹事事能盡婦道、敬禮有加、故就養時多、而考終後、自殯殮以及喪葬、皆中禮、吾妹贊襄有力焉、祖書故寒士、遭大故、家益落、吾妹操家政、不改常度、惟自克苦節省、烹飪浣濯、無勿任、十有餘年而家稍裕、吾妹之持家、猶如故、惟戚族中之不給者、輒週卹、如其力之所能、曰、此即所以培子孫、祈福壽、不如他人之佈施佛氏、以求福

佑也、平居倡隨雍睦、閫以內無違言、有時閫外疑難事、反取決焉、御下嚴而有惠、子媳亦然、平日飲食寒暖、無不默察、提撕、稍有失、雖成人不寬貸、故諸子終歲在外、不敢妄費一錢、一切嗜好、毋敢染、數年來吾妹盼抱孫甚、長孫之生也、病已篤、而襁褓之屬、纖悉料量、靡所不周、至不謂甫彌月而身已逝、又六月而次孫始生、使吾妹尚存、更不知若何歡樂、而二孫之得叨庇蔭、又何如也、生子四、長基成、縣學生、次基恆、聰穎異常、年十六而殤、三四基博、基厚、同胞生、皆向學可望有成、女二、素琴、月琴、皆殤、吾妹之病也、亦由二女、蓋女皆婉順、得母歡心、相繼殤、故抑鬱傷肝、病眩暈、年益進、血益枯、而病亦益甚、以至於亡、孫二、鍾書、基博出、鍾韓、基厚出、孫女一、基

成出字秦氏妹生於咸豐二年四月二十四日卒於宣統二年十一月十三日得壽五十有九以某年月日葬於某原某阡之穆穴虛其左以爲壽域銘曰自女學興而壼範廢譚文學技能之無弗精遂不妨堤決而防潰惟我季妹率禮守舊思不出乎門以內故能以育以長以教以誨以昌熾其後代

十月二十日申時姪鍾書生叔兄出也時毋彌留猶望抱孫得之大慰適有人遺父以常州先哲叢書者故爲命名曰鍾書小字阿先以伯兄無子奉父命由伯兄夫婦攜室乳養云 是時清廷詔旨各縣籌備自治城鎮鄉自治公所先行成立無錫城自治公所在城内崇安寺前恆善堂設議董兩會議長爲史問耕先生副議長則秦君效魯後地方光復首

義有功者也總董爲裘葆夏先生董事則高丈映川時余不在錫故僅能誌其槪云

宣統三年辛亥二十五歲遷胡橋租韓氏宅

五月初二日午時長子鍾韓生時移寓胡橋韓氏宅而余又適讀昌黎韓氏文故爲命名曰鍾韓小字阿文特爲名子說以發之 是年夏南京兩江法政學堂招考余往應焉試三場獲錄取秋季開學遂往肄業分官紳兩班官班多同通州縣佐雜亦有實缺人員發往學習者不知何意余隸紳班免學膳宿費監督爲署提學使江西吳某僅憶其字似爲康伯總教爲湖南何某官僚習氣甚深實司校政教師多日本法政速成畢業講義皆勤譯東文錯誤百出余時亦稍習東文往往執原書及引證他本相詰難教師苦無以應頗多側目於紳班中識江陰孫君祝齡詢知爲子祥從嫂弟而常州費君四橋尤所謂英爽之氣現於眉間相得甚歡至八月而武昌起義南京戒嚴余適中秋假歸學校亦暫星散余於是頗識官辦學堂有名無實教師學無根柢學生習氣尤深不能收相觀而善之益後同班多復學而余未去也 邑人秦君效魯嘗留學日本故與孫中山先生相識爲同盟會會員與余兄弟亦素稔時爲自治公所副議長與余表兄孫君審懿及吳君錦如等密謀潛約北門商團爲助亦於九月舉義驅逐清廷官吏地方大水爲災人心亦頗怨憤金匱知縣浙江何某甚庸懦而無錫知縣山東孫某故健吏頗倔强幸甫抵

任未習地方事故不爲患旋成立軍政分府秦君自任總理而以華君墨林爲軍政部長裘葆夏先生爲民政部長時去錫俞仲還先生以總務科長代理之余表兄孫君鶴卿爲財政部長薛南溟丈爲司法部長從民望也未幾華君去錫軍政部亦取消總理易號司令仍秦君自任而以孫吳二君密贊首義有功副之其三部部長如故佈告均用黃帝紀元余兄弟初亦參佐後聞定薪給乃引去以革命宜爲人民非可自計衣食也有叔兄所著光復志紀其事時張勳方據南京清廷實授其爲兩江總督並縮江寧將軍篆勢張甚而江蘇民軍實有四都督一江蘇都督程德全駐蘇州邑人顧忠琛實爲其總參謀長二滬軍都督陳其美駐上海三鎮軍都督

林述慶、駐鎮江，四淮軍都督、駐清江，佚其名，後與浙軍、朱瑞會師攻下南京，似吾蘇實顧君忠琛親赴前敵主之。方議北伐，而孫中山先生自美回國至南京，就任臨時大總統，以黎元洪爲副總統，成立臨時政府，南北各派代表在上海議和，定清室優待條件，乃由袁世凱勸請清廷下詔遜位也。

民國元年壬子，二十六歲，始定陽曆爲國曆

南北和議成，袁世凱以勸清廷遜位功，繼任臨時大總統，首都復移北京，無錫成立臨時縣議事會，由城鎮鄉自治公所議員組織選舉會，各就所屬公民中選舉之，余在城，當選爲臨時縣議事會議員，後併被選爲臨時縣參事會參事員，是爲余問地方事之始。議長爲胡君雨人，而議員多知名之士，如蔣君哲卿、孫君曜青、楊君少雲等，尤其一時卓卓者。時城鄉因析併區域，意見甚深，議員鄉多而城少，余爲鄉人所屬目，而城人於余亦不能無望，余謇諤不爲衆屈，常能自持其主張，蓋以全縣利益爲前提，不復稍參城鄉之見也，故後縣議事會選舉縣參事員，余卒亦被選，以性坦直，人多諒之也。未半年，江蘇頒行縣市鄉制，縣議會重行改選，正式成立，議員由市鄉公民直接選舉，余仍被選爲縣議事會議員。召集之初，城鄉活動議長者紛紛，而余絕不置問。楊君少雲在臨時議會，故政敵也，是時忽於邑報揭其評論，援三國志、彌正平語，謂大兒孔文舉，小兒楊德祖，蓋意指余與蔣君哲卿，謂可膺議長之選也。後議長當選者爲孫君曜青，副議長則浦

君湧泉，皆鄉人云。　舊同盟會會員及軍政分府有職者，在地方成立國民黨，秦君效魯任部長，而蔣君哲卿爲之副。共和黨者，故統一黨與民社、國民協進會、國民公黨、國民公會、共進會等所合併也，在無錫成立支部，章太炎先生實爲理事長，曾一度涖錫演講，吾邑參加者頗多，碩及商學先進，則推余任其部長，余當時亦不知何意，或以余年少氣銳，足與秦、蔣二君相頡頏，蓋國民黨自負革命有功，方用事，而共和黨性質，頗近在野黨也。後衆議院及江蘇省議會在鎮江選舉，余以共和黨部長資格，爲同人約往主持，秦君效魯亦前往，在鎮江相晤，則詢余以選舉意見，余告以自爲部長，決不參加競選，方可亭平黨員間一切爭議，兩黨在地方究非因政見有何差異，必要時，仍望彼此保持相當協調，庶不致多投廢票，而地方得保相當選額，秦君則大韙之。同黨競選甚力，而城鄉意見尤分歧，余爲剖析利害，常至連宵達旦，輒能消息盈虛，各得其平而去。後吾邑衆議員當選者，國民黨爲顧君眉叚，共和黨爲孫君曜青，省議員則孫君北萱、顧君冰生爲共和黨，高君秀岩、華君友廉、唐君聲伯爲國民黨，楊君幹卿似無黨籍。翌年省議會選舉參議員，邑人則蔣君哲卿當選，國省兩選，皆得其人云。　是時縣議事會議決分全縣爲五學區，以無錫市、開原鄉、景雲市、天上市爲第一區，新安鄉、揚名鄉、開化鄉爲第二區，泰伯市、南延市、北上鄉、北下鄉爲第三區，天下市、懷上市、懷下市爲第四區，青城市、萬安

市富安鄉爲第五區、每區設高小一、於城區原有竢實、東林兩高等小學擇一停辦、以便將經費推廣各市鄉。又遵省令籌設乙種師範講習所、而停辦女子師範學校。一時教育界羣起大譁、非不贊成分劃學區、而不贊成停辦學校也。縣議事會又以案經議決、堅持非執行不可、而主持教育行政者實爲縣署學務課長孫君仲襄、因謝事不到署者已數月矣。知事丹徒張君鵬新涖任、已將學年結束、各校例須改聘、勢且一切停頓、爰商請縣教育會出而維持。余時以縣議事會議員、並膺選無錫市教育會會長、於議會方面及城區學界均有相當同情、而議長孫君亦謂其事已僵、非余莫可週全、遂以縣教育會之推轂、議會同人之默契、出任無錫縣知事公署學務課長、而以張君杏村、周君耀西二人爲課員副之。涖事後、即語知事張君、以無錫在地方教育爲先進、推廣高小事屬正辦、但停辦已成之校、爲四鄉推廣之計、未免其言不順。依照教育部公布小學校令第六條第二項、第六項及第八條、高等小學校之設立、變更、廢止、縣行政長官應有全權處理。又女子師範亦經臨時縣議事會議決創辦、未逾一年、亦豈宜出爾反爾、遽行中途廢棄。遂爲草牘、呈江蘇都督、請改編舊竢實學校爲縣立第一高等小學、東林學校爲第二高等小學、而別就議會所定學區、於東港、梅村、張涇橋、石塘灣添設第三、四、五、六各高等小學、女子師範續辦終業、並遴聘縣立各校長、以孫君北萱爲乙種講習所長、程君頌嘉

代理女子師範校長、楊君懷谷爲乙種實業校長、許君少仙、黃君淡如、莊君友三、過君冠生、孫君筱荃爲第一、二、三、四、五、六各高小校長、其事遂定、是爲余任地方教育行政之始。　余少字心卿、後諧取古人名、亦自署曰苟卿。又私念余孫出也、苟卿者古實謂之孫卿、至是始爲文以告親友、遂易字曰孫卿。末更引孫卿逃讒於楚、著書自見、似爲今日遜滬發之兆者、蓋滬瀆一名歇浦、亦曰春申江、上實古楚地也。而表兄孫君鶴卿則以孫出二字、謂余爲不忘外家、特覆書讚許其意云。　叔兄於是年春膺援淮總司令邑人顧君忠琛之聘、爲軍佐、任少校參謀、後改編爲第十六師、並加中校銜、隨同駐鎮、而次姪鍾緯適於是年夏曆正月二十二日辰時生、故取名曰鍾緯、小字阿武、爲經文緯武之意、余亦以是年夏曆十月二十四日卯時復得子鍾漢、則以民國首元、實取大漢光復之義也。

民國二年癸丑二十七歲

知事張君涖任未久、即辭職引去、儀徵嚴君偉來繼其任。嚴君字覺之、金壇馮煦嘗爲虛閣遺稿序、所稱儀徵嚴子六溪、詩古文皆有師法、其弟子偉覺之、爲掇拾於鼠嚙蟫蝕之餘、故名裔也。習吏事、但不免名士結習、與秦君效魯初見即大牴牾、雖於余有加禮、而於他僚曹則亦訑訑聲色。余意不平、以爲嚴君自居名士、乃不能以禮待士、何也。遂留書引去。繼余任者爲邑人蔣君仲懷、與前課長孫君仲襄、故皆前勸學

所總董也後十年與嚴君相見於金陵則出其所爲心太平齋筆記及嚴山政論者專以屬余曰子爲我序吾不復他求矣余特稱其伉直不懾上官並引其語謂官無錫僅六月而最盡心民事吾固不負錫人也亟以應之似皆於前事不能無動也　余辭學務課長後卽膺侯君保三之請在其所辦競志女學校爲中學國文教師並有一時爲其女教師講授史記似幾兩年　是時國會參衆兩院已在北京召集將正式選舉大總統而國民黨在南者意皆不慊於袁謂其必覆民國遂於七月由第一第八兩師在南京發難挾江蘇都督程德全宣告獨立討袁旋程自脫避滬主其事者實爲湘人黃興故國民元勳也一時響應之者有安徽都督柏文蔚江

西都督李烈鈞及前滬軍都督陳其美而吾邑亦由秦君效魯率衆入縣署逐知事嚴君偉而自爲之代謂可適應環境維持地方余於是亟草一書致秦君揭諸報端略謂以名義言之已非軍政分府而爲縣知事縣知事則地方官宜以保全地方爲主請其勿輕招兵整理地方靜候大局轉機言甚切直頗爲地方贊同旋北軍南下寧局瓦解張勳以戰伐功復被任命爲江蘇都督遂逮秦君於獄繫蘇三年乃釋邑人士多波及焉代其任者先爲蘇州所委之吳縣陸君清翰時蘇民政長應德閎方避蘇也後張氏以都督名義易委一皖籍少年孫某來錫一宿而去復更委鄂人朱某則其名嘗一見於邑人張逖先氏所著之清代野記故猾吏也攜密令將

逮多人興大獄方國民黨用事時邑人多依附爲重至是則不平者修怨報復其黠者且乘機獻媚投井下石無所不至而朱氏意有所承更多株求余於是復約集侯君保三孫君北萱程君頌嘉秦君卓夫等十數人聯名具呈朱氏引七月二十二日及八月四日兩次袁令內有脅從之徒勿究前罪並援刑律第一百八十二條及一百八十四條關於誣告犯罪規定請爲轉呈都督省長明白宣布切實施行以折之當時見者相顧驚愕莫敢應也而泰縣韓國鈞氏已奉命爲江蘇省民政長於地方善類頗知保全於是人心大安黨獄漸息　夏曆八月初五日辰時三姪鍾英生小字阿牛叔兄出也

民國三年甲寅二十八歲

夏歷正月初十日酉時長女鍾元生適屆立春又爲首月故取春秋元正之義名之　是時仍在競志女學任課並兼縣立女子師範國文歷史等課似均在上午而下午則膺邑人秦潤之先生之請爲其子孟奏秉衡補習國文適皆在常州府中學畢業也　縣署組織奉令變更原有課長均改主任蔣君仲懷主教育行政先後任課長及主任者逾一年至是又因教育經費削減驟去職佐理張君聯嗣而去亦不復顧戀課內闃其無人者凡半月時孫君仲襄爲縣視學在鄉視察亟來城與知事丁君方轂及地方教育知名之士謀所以維持之者余於是復以教育人士之推挽與知事丁君之委

任、繼蔣君後、爲縣署學務課主任、旋奉令改三科、約執友沈君西苑爲佐理、鑒於前次任事太鋭、未能委曲求全、不免重負邦人、故一出之以漸、爰將積牘先行清理、而根本計劃尚有待也、

民國四年乙卯、二十九歲、遷大河上、租侯氏宅、

余二月間、就地方財力所及、並參酌當時情形、爲知事丁君擬具四年度教育計劃、草牘專詳江蘇巡按使、計共四端、（一）縣立學校、分別擴張、（二）校外教育、注意輔導、（三）社會教育、切實整理、（四）教育經費、劃定成數、並於文尾慨言今論行政於教育、必曰維持現狀、顧維持云者、非止而不進之謂、譬諸物理、必先有向心力、然後不爲離心力所動、故所

謂維持現狀云者、積極之謂、非消極之謂也、聞省當事見之、頗動容、批覆照准、　是年冬、伯兄長女出適秦光甫、邑人秦琢如先生之長子也、　先是北京有倡籌安會者、湘人楊度實主之、袁有帝制自爲之心、遂令各省投票勸進、並選舉國民代表、製造民意、大封公侯、改元洪憲、於是梁啓超、密贊蔡鍔潛赴雲南、起義聲討、而朝野上下、又自此騷然不寧、無錫亦受其影響矣、

民國五年丙辰、三十歲、

知事丁君奉令調省、王君用先來繼其任、王君字召前、直隸人、清季在直隸學務公所任省視學、與邑人顧述之先生故相稔、人伉爽而有肝膽、與余一見、即大相契、余時宿署、每夕必過余大談、謂余議論明快、敢任事、不類南人、頗與其性情相投也、未幾、江陰兵變、傳將襲錫、時錫駐軍有憲兵、有陸軍警察、均北軍、而不多、有蘇軍、爲南軍、訛言亦多、殆岌岌矣、江蘇都督馮國璋、突自南京派兵抵錫、似爲禁衛軍、多河間人、馮子弟兵也、露營車站、謂將進討、主兵事者、似爲營長郗姓、遇蘇軍營長於途、則批其頰、意氣張甚、來縣署索輪船運兵甚急、知事王君特邀令晤、余知其虛憍無能爲也、則詢其爲兵幾何、需船若干、遽云軍事機密、不能告、旋諷以錫距江陰不百里、亟宜由陸疾趨、否則我取水道、彼或陸來、須防中途掩襲、我兵無法應戰、且傾師而出、錫爲後路、亦宜有備、則怫然努目相向、曰汝何知、而喋喋若是、豈意欲阻擾耶、當承王

君命、即邀輪商、令將停班之江陰輪數隻、並由警所封雇民船大小二十餘隻與之、始去、旋語王君、此兵不可恃、宜速集在錫軍警、密作他備、爲地方計、命人瞷之、則兵皆登舟、方喧囂也、未半日而敗報至、謂兵至石幢（在錫邊境、屬青城市）未出錫境、與澄兵遇、未由陸來、不及登岸、即爲澄兵開炮轟擊、兵皆落水、船有沉者、軍官某狼狽隨至、衣履盡濕、有慚色、謂澄軍方向錫疾趨、敗兵亦續續而來、連呼奈何不已、王君當命閉城、並自乘馬出巡、咸相顧驚愕、一籌莫展也、適滬軍盧香亭繼至、亦北軍、與澄軍戰於城郊、敗之、後王君以鎮地方有功、大獲民心、並膺保道尹、而有嘉禾章之錫、惜未半年、而卒於官也、繼任楊君夢齡、字畦韮、吉林人、自常熟調錫、

抵任相晤，卽謂夙稔子賢，余事且悉，以相委，幸無棄我。余時進言於當日地方利弊，論列頗詳，且謂某承謬採，辟佐教育，然警察不良，則無以言社會；教育實業不振，則無以言普及。教育地方不靖，則人民救死不暇，更何教育之可言。凡某之所望於賢長官者如此。楊君頷之。　是年暑假，於城鄉校長略有調動，以縣立第三高小校長朱君鏡澄，及第五高小校長辛君柏森，調城，分任縣立第一、第二兩高小校長，而以原任縣立第一高小校長顧君子靜，調任爲女子師範校長，意在打破過去一切城鄉觀念，稍有波折，後召集學務委員會議，計交議諮詢案五件：（一）推廣學校，宜通盤支配；（二）學務委員宜實行考核；（三）定國民學校校訓爲誠、儉、勇、勤四字，並規定其意義：曰真實不欺曰誠，制節謹度曰儉，奮發有爲曰勇，勵進圖修曰勤；（四）教員缺課，宜分別整頓；（五）國民學校應於每日課餘，增加覆習鐘點，以資純熟。佐理沈君赴滬他就，而繼其任者，則許君少仙也。以地方教育卓著成績，奉部特獎，與江蘇省立第三師範學校校長顧君述之同膺嘉禾章之錫，是爲地方教育人員獲膺中央獎勵之始。長姪鍾書及子鍾韓，始由伯兄授讀，余子先由室人於五歲時，每日清晨，在牀授以方字，謂早起精神好，口齒清，記憶真也。至是已足一千，伯兄首以爾雅授之，叔兄爲重訂次序，蓋父意欲令於幼時能正音讀、辨字義也。　夏曆十月九日午時，三子鍾毅生，小字阿龍。十二月十三日子時，姪女鍾霞生，亦叔兄出也。

民國六年丁巳　三十一歲

仍在縣署三科任職。特再召集學務委員會議，及縣立校長會議，計學務委員會議交議學校放假限制一案，並訂每年休業日期表；而縣立校長會議，則交議統一教科用書，實施職業教育，主要科目提出注意各科教授預定標準，課外服務與課內教科酌劑適宜，分掌校務設施，實行假期修學各問題。是年教育統計，學校爲二百九十二所，學生一萬六千餘人，較上年學校二百六十六所，學生一萬四千餘人，所增均十分之一而強。其經費則縣爲三萬三千六百二十七元有奇，市鄉爲十萬零六千九百八十四元有奇。並於公園對門，設通俗教育館也。　是年三月，始輯少時父師批閱之作，爲衣鉢集；歷年官中文字，爲從政錄；其在地方，以公民名義發表者，別出爲公言別集（後經補輯，擬易名爲諍民集，並自敘其旨曰：曩余以事力陳省府，不得請，再上書，以諍民自居，略言民政長，今之名傭，而古之民父母也。古者父有諍子，竊不自揣，敢自附於諍民之列，爲誦所聞。凡茲所編，皆當日自附於諍民而爲之者也）。小品文字，爲詹詹錄（後經刪補，擬易名爲今是集）。及中國文學史綱，同梓之。後別輯楊君蒞錫之日起，至是年歲終所治牘，爲錫山學務文牘，及政牘，由楊君分序其端，亦梓之，並爲分呈省廳，略謂教育行政爲助長行政，有積極之輔導，有消極之監督，輔導使有進步，監督使無越畔皆助長中應有事也。

民國七年戊午三十二歲

父七十爲稱觴、一時詩文皆名作、叔兄甄輯成巨軼、欲梓之、未果也。　前學務課主任蔣君仲懷以教育經費削減去職、瞬三年矣、歷任知事雖皆勉徇余請照舊維持、然積虧日多、漸難爲繼、當函地方教育款產處籌補、旋經議覆由縣籌集、至是余商楊君以無錫地方經費向藉忙漕附稅爲大宗收入、而歲征忙漕就成熟年分而論、該額征忙銀十四萬四千兩、漕米七萬五千石零、所有附稅一項隨正帶征、忙銀每兩三角、漕米每石一元、共該收銀十一萬八千二百餘元、然向來忙銀僅得八成有奇、漕糧則九成以外、實計此兩項附稅歲入不過十萬數千元、且須逐年套搭、延至三四年之久始能收起、而查近年支出之數、每年竟達十三萬元有餘、即剔除特別臨時各用、經常所支亦須在十二萬元之外、歲計虧缺二萬元上下、無可彌縫、而無錫歲出各款、教育實爲大宗、核其年來報册、大都實支實銷、恐亦無從縮減、况地方事業以積極進行爲上、安可以經費不支、作因噎廢食之計、是論情形、祇有設法開源、查向章每兩忙銀帶征省附稅三角、尚無窒礙、近奉減征二角五分、擬請將省附稅減下五分、照舊帶征、作爲地方經費、又無錫忙漕征收費向係帶征六厘、自民國四年減征五厘、然江蘇如武進等縣亦尚仍征六厘、即無錫減征五厘、亦未能有何實惠及民、蓋合之雖多、分則甚

微、擬請自民國七年起、無錫亦仍徵六厘、以一厘撥作地方經費、如能照額征足、約可合得銀一萬三千九百七十四元、教育經費占總數百分之六十五、餘百分之三十五、即以支配縣實業等經費、或可抵補虧缺、已呈省廳核准啓征矣、市鄉董事忽有八人聯名電控、復奉省令重行邀集地方籌議、卒以經費無可削減、而地方又無其他辦法可以籌集、仍行照案起征、雖教育經費得免削減、而人民負担忽有增加、私心實亦未安也。　各省教實兩廳新成立、江蘇教育廳長符鼎升遽令各縣速就地方教育款產處另行改組勸學所、並重保縣視學、教育款產處者、自治取消後專管教育經費者也、余以在縣署三科任職、將來與勸學所同在地方輔助縣知事辦理教育行政、其職權應如何調整、並函覆如皋沙君元榘、詳論其事、大旨謂教育既以勸學所爲專管機關、則縣署原有三科職掌、可於一科添一股員、專司文書承轉、其規劃設施、一由勸學所負責、而今日實業行政、官廳地方均無專司其事者、實亦不成事體、原有三科可以改司實業行政、庶職掌分明、而事權統一、且以符廳長初任外吏、誠欲爲江蘇教育謀進步、先宜周察各縣、而教育官廳尤非如從前方面大員可以高視闊步、深居簡出、必須開誠布公、與地方常相接近、或多開會議、使各處情形周徹胸中、各地意思常相溝通、然後有所設施、不致窒礙難行、爰根據勸學所規程第一條規定勸學所輔助縣知事辦理教育行政及就教育款

產處改組意義爲楊君擬具無錫勸學所暫行辦事綱要草牘呈廳撮其要義(一)勸學所既係輔助縣知事自應協同三科秉承辦理以免隔閡(二)勸學無具體辦法其有原爲縣視學及學務委員職掌者應暫照舊辦理以免紛更(三)勸學原有誘掖獎勸意味而勸學所又係教育款產處改組故以勸學所規程施行細則第一條第一款第十二款第十三款及教育款產處原管之縣屬教育經費屬之而第一條第十五款及第四條亦均附焉其他各事項則由三科秉承縣知事核辦以專責成而清權限(四)勸學所經費有限且既輔助知事自應照警察所辦法暫行附設縣公署以便接洽而省開支並保秦君頌石爲第一任勸學所長至縣視學以現任孫君仲襄實心任事屢奉嘉獎無庸另保適有控孫君於省廳者並以無錫學界自前清歷經二十餘年未有訟訐即任事之人亦皆整躬率物數月以來屢見控訐且不於他處而於省廳應否處以鎮靜使任事之人不稍驟氣地方胥小無所利用呈覆辦理

叔兄治古文日益有名吳縣張一麐爲先母墓表稱曰才士引南通張謇之言謂江以北無敢抗顏行者吳江費樹蔚則曰豈惟江北即江南亦豈有第二人楊君夙欽其名時省令催修縣志甚亟必欲延叔兄爲總纂親見敦迫又以省縣修志中央通咨係教育部會銜省署轉行亦由三科主稿余任三科屬爲提調余兄弟堅謝不能也余當草修志大綱其關涉體例者凡五條(一)原志修

至前清光緒六年今擬自前清光緒七年起至宣統末年止定名爲無錫金匱續志其民國以後別出爲新志(二)續志體例一準原志其從前原志所載與以後並無出入者亦即仍之不再重修其民國新志體例由總纂與駐局協纂邀同分纂另訂之(三)原志如有錯誤擬即於續志後別出刊誤記以資訂正(四)志書以事爲經以人爲緯與列傳專述個人行誼者體例似有不同今擬原志所載類似人物各門與地方無涉者續志新志應否酌量從闕俟總協纂另商定之(五)藝文不載詩文以省卷帙奉省備案並稱辦法甚善而叔兄更草修志說明書於邑志沿革及其體裁言之尤詳且表示不受薪給頗多成稿隨時呈省並邑報披露後以地方意見不洽叔兄謝事屢易總纂亦迄無成書也

公共體育場始在西門外大倉餘地成立延薛君明劍爲場長

是年教育統計學校三百十四所學生一萬八千二百六十六人其經費則縣爲三萬八千六百六十四元有奇市鄉爲十三萬一千六百零五元均較上年爲增進續輯學務文牘仍由楊君序其端梓之

江蘇省議事會改選第二屆議員吾邑有榮君德生榮君鄂生薛君育津周君肇甫蔡君君植華君調甫華君衡卿錢君湘伯吳君建昌楊君濟時諸人當選候補則吳君侍梅朱君雲泉二人較歷屆佔額獨多云

民國八年己未三十三歲遷流芳聲巷租朱氏宅

北京因青島事學生罷課風潮甚烈教育總長傅增湘北京

大學校長蔡元培、均匿避、滬倡抵制某貨以應之、所謂五四學潮者是也。於是學生查貨而風潮蔓延商市矣。余以傅蔡以愛國號召國人而臨事走匿、不知責任、陽托高蹈、陰行規避、上負國家、下玷士林、當爲楊君草稿、電江蘇督軍省長、請呈政府明令整飭、並由教育廳通行所屬各校教員、宜共體時艱、不得率先離校、以明責任、而維教育。無錫商業、於京滬沿線最爲繁盛、滬罷市、錫亦影響。吾邑在外學生都一千一百三十四人、多歸里組織聯合會、並發行刊物、余特往演說、望以自治之紀律、發揮自由之精神、並以明恥乃能教戰、國人咸知以不用外貨爲抵制、而調查國貨可以相抵者甚少、卽日用之物、仰給外貨者亦多、此則工商不振、我國興學二

十餘年、凡我同人、首當引以爲恥。今日被人罵爲賣國賊者、溯其二十年前、則皆以賣國賊罵人者也。吾儕幸而身非當局、不可不先自反省、他日身臨其事、能不被人罵爲賣國賊否。卽今日所爲、亦確能自信、葆其良知否。今日稍不能自信、葆其良知、卽他日被人罵爲賣國賊之張本也。庚子拳亂、不可謂非國民愛國表示、而操術不愼、謬以千里、徒禍國家、殷鑑不遠、且序其刊物、詳論歐戰後外交趨勢、謂歐戰導線在巴爾幹、我國不自振、將爲巴爾幹第二。而我國土地人民、什伯倍於巴爾幹、則其影響世界也、亦當什伯倍於巴爾幹、存則世界享其安、危則世界蒙其禍、言甚痛切。時叔兄在省立第三師範任講席、亦發表其所謂抵制評議、示同學者、以爲

學生者、當以學問爲主體、而感情在所輕、故一事之起也、必以學問之道出之、衡量得失、議論衷於一是、而後可示國民以準繩。吾國所謂抵制外貨者、卽英人所謂暴哀考脫也。實創自我國、始於一千九百零五年之抵制美貨、吾邑楊老圃先生於一千九百十二年俄蒙事起、嘗詁釋暴哀考脫之義、以詔我國人、詳引暴哀考脫之國際先例、及其發生之國、對於國際上之責任如何、而結以暴哀考脫者、雖爲一國人民與他國相當之懲戒、然未嘗不留本國政府以尊俎周旋壇坫轉圜之地、此實我愛好和平之國民所最適用者也、並爲無錫中等學校草宣言、凡調查勸告諸事、不踰越學生範圍者、均任之、附以二大建議、(一)研究國民外交必要之常識、

(二)促進國國民外交相當之注意、及自編輯國民外交常識、凡六目、灌輸地方以國民正當外交知識、與時議多不合、而地方學生饜余兄弟之真誠、亦皆安之。余方寢疾、臨時邀集省縣各校教職員至縣署談話、首告以此時余宿署、諸君勿離校、以期休戚相共、並提出意見公決照辦、(一)各學校受地方付託之重、應以學生家屬意旨爲意旨、非各該學生家長過半數以上、對於各學校有切實之聲明、不得爲消極之表示、如有少數學生自由行動、應由學校通知家長、隨時領回、(二)學生出外演講、須先在校有規律之組織、由本校教職員負責隨同監護、(三)無錫工商繁盛地方複雜、尤防學界以外不良份子、嫁名學生、擾害商市、應由各中等學校

童子軍自行聯合協同地方警察出外維持秩序有傖父梁某者當道嬖人也嘗爲無錫稅務所長時任省署諮議於此事有誹言對楊君且不利余以各地學潮本由教官溺職官廳麻木稍有人心無所逃罪特函梁謂罪責一人當之不敢以累楊侯事後輯學潮存牘梓之凡布告一首電稿十首附錄兩首亦當時得失之林也　籌辦地方義務教育爲楊君擬訂無錫籌辦義務教育施行大綱分總則規劃學區調查學齡兒童規劃設學督促就學籌劃經費附則共七章十二條呈省備案　縣視學孫君仲襄以疾卒縣保張君杏村繼之孫君性懇摯自任視學克勤厥職每歲必週歷城鄉對於視察學校尤取善善從長之義多指導而少督責余性近嚴

毅爲人所憚而君常能以和柔濟之其卒也邑教育界有垂涕相向者　是年教育統計學校三百廿六所學生二萬一千零四十八人仍輯學務文牘爲三編由楊君序其端梓之

民國九年庚申三十四歲

夏曆二月初八日辰時四子鍾儀生小字阿滿邑俗所稱張大帝生日正大享狗肉時也　縣立女子師範者民國元年臨時縣議事會議決開辦未及一年而第一屆正式縣議事會即議決停辦者也余繼孫君仲襄任學務課長時以議會代表地方自宜尊重其意思而既招學生必宜使之卒業庶不負當日來學之意當商前知事張君呈請省署將既招學生續辦終業後省議事會公斷亦即據此定案及民國四年原招第一班畢業適省縣兩議會均在奉令停止期間復經原提議人侯君保三力請前知事丁君續招一班照舊維持至是第二班又將畢業而省議事會已奉令恢復且改選第二屆正在召集期間則從前省會公斷公佈之案勢不能不照案執行且無錫地居京滬中心蘇寧兩處均設有省立女師縣校學生程度較差實由優秀學生多爲省校招取縣校招生不能不有遷就而每班學生均未足額尤其明證是在地方已無專設女師之必要與當日提議辦理時情形迥異擬商楊君呈明省署將現有學生辦理畢業仍就原有經費改辦女子高小並照部章添設高小補修科兩年畢業爲兼籌並顧之計校長顧君愿人也來相問詢余當以是意正告

之未幾忽有以女子師範新舊學生名義發表反對者並於四月春假學生散歸之時宣言罷課亦用新舊學生名義其實舊生已早畢業無罷課之可言也聞其時皆由校外策動校長顧君不知也後余以議會代表地方縣會雖未恢復而地方仍可徵詢意見非根據地方意見不能變通省會公斷之案當商楊君委托無錫市公所及四鄉公所於四月十五日邀集地方會議徵詢意見旋經議覆仍再續招一班呈報省署備案實非正辦也余並先於四月三日及四月十日發表兩文告學生詳切曉以利害風潮亦即平息　知事楊君仍調常熟趙君汝梅來繼其任趙君字雪岑直隸玉田人故蘇督府祕書也頗有儒者氣象仍留余在三科任職年終輯

學務文牘四編自序其端梓之余明年離三科亦以是爲終編云　余近年屢病今秋病尤亟時囈語皆邑事方宿書齋意其不起也將移之寢室余笑語家人曰吾自知大有事在可無傷卒不移也後轉愈病將起自覺心理忽有不安理學家所謂身心無擺佈處是也以丁仲祜先生所貽佛學諸書閱之無所得邑人某君聖公會牧師也來問疾以聖經授之則尤淺俚不愜於心後執友徐君微生以王陽明先生全集見假至謫龍場日從者皆病自計得失榮辱頗能超脫獨生死一念未忘因念聖人處此更有何道忽中夜大悟乃爲石槨自誓曰吾惟俟命而已又平宸濠後頗爲權豎嫉阻及門多不自安而先生成功不居語及門曰何不講學又曰無辯

止謗並作啾啾吟以解之有曰東家老翁防虎患虎夜入室銜其頭西家小兒不識虎持竿驅虎如驅牛真乃聖賢襟懷全書翻讀一過所謂動心忍性不覺矜平躁釋自此身心俱泰以後二十餘年卽未嘗多臥病意者中山先生所謂意志治療歟故後有知友或疑余將爲外教所動者似未嘗識余心理之過程也特識之　夏曆九月二十一日伯兄子蘭卒年四十八方病亟叔兄亦爲筮四書課得論語鄉黨杖者出句初不解後吾父因事甫出門而病忽急卽卒蓋吾父正乃杖國之年也痛哉余與叔兄粗能讀書皆兄之教是時姪鍾書年十一余子鍾韓十歲已卒論語孟子毛詩禮記左傳諸書暇則涉獵子史能握管作二三百字論文亦吾兄督教而

成而今已矣無子以叔兄子鍾書嗣奉父命從所愛也後十年與嫂同祔於父母之墓叔兄有迹略一首載兄弟孔懷錄爲誌其行誼云

民國十年辛酉三十五歲

夏曆四月二十二日先母世壽七十叔兄銓次誄德之文爲北堂永感錄以追憶之並附兄弟孔懷錄內載春申君里墓碣一首則惠山春申君里吾仲兄及長姊幼妹之葬所也用併識之　暑假時縣立女子師範又因更易校長發生風潮控訐不已先是校長顧君辭職邑人秦君于卿繼之未一年與女教職員多不洽余以女校能任女性校長爲宜當商顧穀綏女士得其同意聘之已呈廳核准加委矣而學生忽倡

言反對又欲以罷課爲要挾外界亦有推波助瀾者余以女校學生無拒絕女性校長理堅持之反對者無以難也後顧女士卒令到校任事余旋奉教育廳委爲無錫勸學所長辭未就並自引咎謝三科事自是不復問地方教育行政矣繼余任者許君少仙也　江蘇省議會改選第三屆議員余與邑人華君叔琴楊君蔚章唐君肇農華君衡卿蔡君君植六人當選余未問也有人特貽書約赴滬與南通張君孝若相見亦本屆當選議員也恂恂美才而旅舍賓朋雜沓均非直諒之友心竊爲危亟去之歸未幾而議長運動興然塵上且傳有金錢問題矣時有爲公子名流之說者公子者張君孝若也以南通名父之子故尊之曰公子名流則吳縣張一麐

人尊之、爲仲老者也、滬報亦紛載議員主張、不免黨同伐異、余以議長由議員互選、議員同出選舉、名流公子、初未嘗自有所異、而非名流公子、亦何必挾以爲重、彼持名流公子之說者、皆其人無以自重、而欲挾他人以爲重者也、議會爲集議體、議長不過議員之一、其對外名義、亦以議會而非議長人、亦何所利而必爲議長、亦何所不利而不欲爲議員、若如報紙所傳、果有金錢運動其事、而在議員固是自蔑人格、若由他動、其侮辱議員人格爲何如、同人處此、宜必有道、特約華楊諸君、亦電滬報、表明吾邑立場、及開會選舉、而其事已偃、捧公子者更大張旂鼓、成立所謂金陵俱樂部、自號多數、而意不慊者、則謂金陵俱樂部爲金錢之組織、相約不出席

以抵制之、爲少數派、然金陵俱樂部、亦不能令議會遽足法數、可以選舉議長、固無如何也、余約吾邑同人、於兩派均勿有參加、並發表論選舉議長書、大旨謂政黨運用、重在政策、若爲議長而啓紛爭、是不啻示人以組織政黨爲個人之意味多、爲政策之意味少、可以犧牲政策以殉個人、而不能犧牲個人以全政策、歐美各國議會政黨第一流在議場中多不願自爲議長、以其常受身份拘束、不能自由發揮政見也、愛孝若者、正宜使有以自全、不可令身當其衝、是時會外忽有以蘇教育界名義聯名電會、提出余爲議長、在會刊發表者、余不知其何人也、於是又發表爲議長問題告同人及再告同人兩書、主張除去兩張、另舉第三者、其理由爲議長選出、開首第一篇文字、就在調和兩派、兩張反感太深、恐此篇文字不好做、而余爲主張第三者之人、應自聲明迴避、不與當選之列、且以議員日子短、做人日子長、議員可以不做、人不可以不做、勗勉同人、後議會卒捨棄兩張、而由武進徐君果人當選議長、則亦屬於金陵俱樂部、張君孝若即電會辭省議員、始終未到會、而吳縣張先生則出席依然、絕未介意、固知名士有真、不愧落落大方也、副議長卒未選出云、

民國十一年壬戌、三十六歲、

四月十五日、省會召集臨時會、議民國十一年度省地方預算案、時議會已因議長問題、形成兩派、一爲金陵俱樂部、議長徐果人氏之大本營也、後易名爲正社、金壇王景常實爲

謀主、一爲反對金陵俱樂部之少數派、後更組織、定名曰仁社、以鹽城朱紹文爲首領、余以臨時會爲期無多、設再因選舉副議長不能議決預算、則人民代表之謂何、依照省議會法第十二條規定、副議長祇議長有事故時、得爲代理、本不重要、特先通電表示主張、請於開會後先行議事、俟會期將終、再選舉副議長、並詳述蘇議會政黨之歷史、謂吾蘇議會成績、清末諮議局及民國元年臨時省議會、實爲最著、其時未聞有黨派也、至民國二年第一屆省會召集、即以共和國民兩黨而有議長之爭、當選者雖以隸籍國民黨而獲勝、亦不能久安、議長屢有更易、兩黨互爲水火、直至取消而後已、吾蘇議會之見輕於社會、實以此爲嚆矢、其後民國五年第

一屆省會恢復及第二屆省會門戶之爭不顯則亦以無純粹黨派之故不幸本屆省會更有以政黨相號召卽以選舉議長開其爭端吾蘇議會之有政黨實爲不祥物誠不敢強同人以不黨然無議會何有政黨卻顧始終以個人純潔之心不涉黨派不事貨利一本公理奉相周旋亦望同人犧牲黨見勿以議會爲孤注後開會副議長卒以同人公決而緩選省署交議民國十一年度省地方預算案收入支出不敷至銀一百七十五萬之鉅余以本省財政可於省預算略窺省地方一部底蘊而積虧之故不盡由於地方實以蘇省表面上雖有國家地方兩稅之分而實際則已混爲一談上下從心莫可究詰非將本省擔負國家經費一律公開無從議

措提議自民國十一年度起所有軍政各費凡由蘇省人民負擔者不論中央地方一律分編預算均交本會議決並提出對於省預算案意見書內務約可裁節七萬一千八百三十一元財務約可裁節二萬二千一百二十元教育約可裁節十二萬五千四百七十一元（根據省行政當局最初核各校十一年度支出預算表）實業約可裁節四十五萬一千九百七十四元後省預算以收支不能適合在此次會期卒無法成立而督省兩署別召集所謂財政會議蘇議會不與其列也然金陵俱樂部則以蘇議會一部分議員召集談話會爲之張目決定發行蘇省有獎債券指定丁漕作抵仁社議員則朱君紹文等發表寒日代電反對之並開大會時多數否認似金陵俱樂部亦非全體贊成也　長江下游治江會者實由省長兼任會長據部文宣佈原以游沙叢聚籌疏濬之計乃有人組織福利公司欲利用之以收築江圍田之利當時申報有治江記事一則謂蘇省治江目前注意奔走者不在將來整理之計劃而在段山南夾之築壩第一先於段山南夾築一與水爭田之壩以冀灘之範圍日益擴大第二照沙田原估十四萬畝放寬畝數作三十萬畝招人承領總計約可得洋一百八十萬元九十萬歸軍費餘九十萬元以三十萬津貼江常兩縣三十萬津貼通如三十萬留作治江經費祗待南通一允卽可安然築壩有人代表南通謂須得六十萬元方可允許等語余以無錫水道均經江常分

洩入江壅江爲田江必受病江常宣洩不暢則無錫必有水患特電督省兩署反對之並依照省會暫行法第十九條之規定對於省長提出質問而於張南通則致書論列援馬徵麟長江圖說痛言瀕江圍田與水爭地僅顧一時小利必貽地方大患後張南通公開表示謂南夾之說萌芽於治江其說必先測量而後治江其法必先於江流之間築楗楗定流順而後築楗於通常之間關河於江常之間而後閉南夾楗以東流以攻沙然福利公司則尅日興工築壩並請督省兩署會飭軍警保護聞其內幕亦多數金陵俱樂部議員故置南通治江之說於不顧也　泰縣韓國鈞氏重任江蘇省長繼王瑚氏之後也時京內外均倡蘇人治蘇之說以爲蘇賢

而歡迎之會內同人吳君鴻璧等聯名電韓謂推余及喬君國楨代表歡迎蓋江南北代表各一人也余以論鄉老宜修後進之禮爲省吏則不敢輕造言偃之室當亦致韓一電文曰吳君等虞電計達蘇人望公如歲以公之明衡量事勢又豈待他人促駕晤教有日恕不趨承未往也　七月輯議會一年間發表文字爲讜言第一集並自序其旨略曰讜言者忠讜之言也發於心之謂忠無所私之謂讜吾邑同人互相夾輔差免隕越而華君叔琴楊君蔚章唐君肇農尤賴切磋宅心貴忠發言宜讜不敢不勉　秋後省議事會又召集第二次常會續議上次臨時會未成立之十一年度省預算案於是有所謂議教風潮發生轉而及於省長問題議教風潮者省立各校因教育經費對於議會之一種公開衝突也議員則有劉君文輅應各校長邀請首先被毆爲蓋省預算案教育審查會之召集人也而金陵俱樂部主持人王君景常寓所亦被學生搗毀焉且有議員多人被傷焉省議事會宣告休會余於是與吾邑華楊諸君亟發表告省校諸君及議會同人書大旨謂僕亦議員之一而夙昔從事教育生涯者也謹以第三者資格爲省校諸君近事作一亭平可乎諸君校長也而僕輩議員也諸君以預算與議員衝突而僕輩乃以第三者自居非不同情於劉君也議會以機關而見運用劉君非可以代表機關故諸君與劉君個人交涉僕等雖欲不以第三者自居不得也諸君之與劉君衝突爲預算也則

僕輩請進而一研究諸君之於預算是否有與劉君衝突之必要其在劉君是否有以個人應諸君邀請談話之義務查省會法第三十八條省議會之議決省行政長官如不以爲然得聲明理由咨交覆議諸君如不滿意於所議決預算自可依法呈請省長咨交覆議如仍執前議而諸君果有窒礙難行之處則教育預備費於冊內本列有專款依會計法第八條第二項預算內所生不足之數係必不可免者得以預備金充之亦未嘗無救濟方法僕輩知其於學校決不生若何影響今預算尚未見省署公佈而議會亦未有如交覆議必須仍執前議之表示是諸君之於預算尚未直接發生關係而皇皇然向省署辭職爲邀請劉君談話焉以致發生衝突焉毋乃庸人自擾乎議會以機關而見運用議案以公佈而生效力近日各界多好與議員私人接洽而同人亦自忘其地位以私人活動爲自眩其能力此劉君所以召侮而諸君亦有未合者也諸君之藉口爲教育費多删減也則更請進而研究所删減之程度據劉君函佈上年度教育預算總數爲一百八十餘萬元十一年度教育預算總數爲二百八萬餘元比較增加二十餘萬元本年教育並無若何擴張試問此所增之二十餘萬元謂非用之各校其將焉往故删則有之減則未也至所删減者如師範學生伙食一項原係十個月計算後以按照學校學年學期及休業日期規程全年休假約七十日除去假期以九個月二十日計算於事實當

無困難級任一項據報載劉君語各校多辦選科級任儘可裁去有以各校選科未必各級皆辦其未辦選科各級應否酌留級任爲言劉君答以前添設級任原擬裁去學監今各校學監或多依然而反添級任未免前後不符且省署原交各分册各校亦不盡列有級任可以證其有無於事實更無問題諸君無以難也雜費一項據原交分册同一學校而所列多寡不等是原案辦法已不劃一似宜酌定一標準於某程度以上者酌減某程度以下者不減方足以昭公允今劉君普減五之一於事實稍欠妥善若謂一無可減恐亦未必盡然凡此諸端在學校情形不同或有特別爲難之處主管官廳之於預算負有專責應如何竭誠向議會磋商以免執

行時發生困難而主管機關於開審查會時從未見有人足跡蒞會僅據劉君口頭語人曾向省署三科接洽甚矣官廳所接洽者私人也校長諸君所邀請談話者私人也而私人亦儼若可以代表議會居之不疑宜其釀成今日風潮也而教育廳更自開會以來無論議何案件從未見有人出席一次主管官廳之於本管事務淡漠若此及既發生問題又不負責妥爲辦理任令各校長與議員個人交涉一籌莫展以致演成今日事故試問職司之謂何無論對於議會對於學校均不可不負相當責任爲校長諸君計者宜速自行返校約束學生專心學業預算如有困難應由主管官廳負責依法辦理議會儘多熱心教育之人僕輩不材亦當竭其力之

所至以相周旋焉知無再商量餘地機關之與機關宜互尊重其地位相激相盪各趨極端青年逞其血性或所不免以校長諸君之明達豈宜出此至議會近事最足貽人口實者莫過於改日給制查日給制之設錫同人主張原爲缺席扣費有原提議案可證同時亦有人提案主張出席給費即今日所行日給制僕輩即慮其重滋口實曾發表意見登載會刊事至今日勢非取消對於社會無以自明對於預算不能發言幸同人亦有以善圖維之時叔兄仍在省立第三師範任講席亦發表其省校之經費與訓練孰重敬告我們省校諸位先生一文略曰小子現在要說幾句話請我們省校諸位同事先生垂聽就是說學校之經費與訓練孰重小子對

於這個問題敢於大膽下一答案說所以要爭經費就是辦學校所以要辦學校就是要訓練學生成一合法的公民我們因爲省議會減我們省校經費就縱容學生去搗毀省議員家庭毆傷省議員這種舉動是不是表演我們省校無力量訓練學生成一合法的公民一九一四年歐戰開始法國社會黨議員有句名言說戰爭是罪惡何以對德戰爭便不算罪惡小子現在就套他的調子說打人毀物是罪惡何以打省議員毀省議員家物便不算罪惡不要說我們在學校裏上公民課總是滿口好名詞沒有把打人毀物標一個德目的道理并且刑律第三百十三條三項明明規定着說致輕微傷害者三等至五等有期徒刑閩縣陳承澤先生這一

條的註釋、就是說僅傷害毛髮爪甲者、亦應以傷害身體論、又第四百零六條規定損壞傷害他人所有物者、處四等以下有期徒刑拘役或三百元以下罰金、照這樣看傷人毀物明明是犯罪呀、現在因爲經費不夠、就縱容學生去犯刑律第三百十三條第四百零六條的罪、就是明明對着社會宣告。說我們省立學校的訓練、跟着經費一同破產。小子還記得幾個月以前、蘇州某校因爲學生鬧風潮毀壞物品、就向檢察廳提起刑事訴訟、省教育會也認爲合法、總不能說學生毀學校物品是罪、無故侵入人家、搗毀物品、就不算罪呀、小子也明知今日上無道揆、下無法守、法律等於具文、然而人民尊重法律的習慣、不能養成、我們中華民國的人民、就永遠沒有民主立憲的資格、所以他人儘可不守法律、我們辦理學校的人、不可不訓練學生成一合法的人民。換句話說、我們江蘇議會政治、儘管根本搖動、然而我們學校訓練、不能隨着議會政治一同搖動。張南通者、一時名流宿望、蘇教育界推爲鉅人長德者也、於此亦發表其主張、謂議會職在裁判省用、義應量入爲出、正不得謂一涉裁減其主張、卽可一筆抹殺、故輿論於省立各校、亦不直也。旋金陵俱樂部又發表八十五人公啓、謂省校暴動行兇、省長坐視縱容、同人避險四散、應卽集合對付、並皓電中央請罷蘇長、余仍約華楊諸君、銑微兩電發表聲明、謂省會法第十七條、省議會對於本省行政長官、認有違法行爲時、得以出席議員三分

二以上之可決、提出彈劾案、是明明以此職權、付予議會、而非議員議會宣告休會、何能行使職權、官吏無絕對之賢否、江蘇今日之環境、尤難乎其爲賢官吏、議會宜自尊重其職權、官吏非甚不賢、不可輕施彈劾、韓公蘇人之望、應否爲蘇人治蘇、稍留體面、請諸公有以明教也。　夏歷八月二十七日戌時、五子鍾睿生、與孔子同生日、按孔子八字、爲庚戌乙酉庚子甲申、而此子八字爲壬戌庚戌戊午壬戌、時適應某校孔子聖誕演講方歸也、故命名曰鍾睿、小字阿多、

孫庵老人自訂五十以前年譜卷下

民國十二年癸亥三十七歲叔兄奉父命始在城內七尺場建新居尚伯兄在日佐父所置也前屋兩進第一進七間中爲大門東西各三間以東偏間爲家祠西三間由大嫂及長姪鍾書居之第二進大廳三間東西書房各兩間西書房內間最寬大爲父寢室以外間爲會客宴居及歲時祭享之所叔兄住東書房並以前進東三間之西偏間及中間爲讀書會客之所尚有傍屋爲井竈吾父自題廳事曰繩武堂省長韓國鈞氏爲書額蓋吾父諱福炯與曾祖觀濤公諱若浩者同生日實取左傳與吾同物之義所謂繩其祖武也余以子女多別在吾父寢室之後空園隙地建樓屋三楹及餘屋居之邑知事馮君祖培爲顏其楣曰孫庵樓下書室曰慎思齋西樓爲余寢室其牆隅可望惠山一角因前假館南湖先生小萬樓堂時有樓曰岫雲一角故亦擬假名之以誌舊思云

夏初省議事會又召集臨時會議省長交覆議之十一年度預算案余當電會請先取消日給制文曰本屆開會擬提撤消本會日給制並另訂缺席扣費辦法緊急動議案請編列議事日程第一案提前討論某等不肖將以此決個人之進退焉連署者有華君堂楊君景煥華君彥銓蔡君君植錫人全體也後復約華楊華蔡諸君公同發表其對於預算之主張略謂議會職責首在預算本屆同人任期過半而十一年度預算尚交覆議厥故非一而財政無辦法實爲主因歷年

預算表面上收支適合實則入款項下如大小郎河地價及各項行政收入半係虛列人所共知加以十年度水災短收省附稅五十餘萬元截至十年度終了省款已虧一百二十餘萬元十一年度預算將以前虛列之款概行刪除另於貨物稅項下附收四十七萬七千元藉以抵補詎預算公佈商人反對迄未實行省長交覆議之十一年度預算又因支出增加三十二萬八千三百十九元於臨時收入項下虛列業經否決之帶征畝捐四十八萬七千五百七十元年度已過未及起徵兩共九十六萬餘元而支出方面預算雖未公佈事實早已施行據省長所交之覆議案共三百三十七萬五千零四十七元按照說明業已無可刪減是十一年度預算虛收實支淨短九十六萬餘元合之前欠當達二百十六萬餘元已苦無從結束至十二年度預算雖尚在編製之中而據報紙所載僅教育一項因施行新學制結果計中等專門各校除三農外共添招新生五十九級第一第二第三第四第五各師範農村分校及籌添之師範專修科六師之擬添女子部併入三農之添招各級當又不下十餘級衡以往例平均每校增一級需費四千元計卽此一宗已非三十萬元左右不可矧加以籌辦專修科及因增級而起之臨時費用恐又非三十萬元不可合之十一年度預算原列教育費二百十四萬二千九百五十五元已非二百七十四萬餘元不辦而收入照十一年度預算除虛列兩款九十六萬餘元實

僅二百四十一萬餘元，即全數撥作教育經費，亦尚短三十餘萬元。似此收支情形，蘇省破産之期可立而待，非僅預算不能成立已也。去年議教潮起，各界輿論均責難議會，對於教育應謀發展，此其義同人亦多知之，而學界同人或更倡確定教育經費，應佔成數，及成立特捐，以漸謀基金獨立，其用心亦良苦。試問全省確定歲入僅有二百四十餘萬元，而教育費十一年須二百十四萬餘元，十二年須二百七十四萬餘元，若論成數，應再如何分佔？特捐一項，據省長所交覆議案，亦僅四十八萬餘元，即使成立，亦復何濟，而况各縣教育經費近日同一困難，義務教育經費無着，據義務教育期成會提出之請願書，畝捐即其一宗，應否爲各縣稍留餘地，故此後本省一切事業，非僅紙片上預算成立問題，而財政有無辦法問題，此非僅本會同人應有之職責，亦全省父老昆季所宜平心静氣共加注意者也。農商教育會爲法定團體，果有正當主張，發表同人亟宜虚己以聽。旋根據商會聯合會意見，以捲烟爲奢侈品，在人民尚非直接負担，舉辦捲烟特税，於是預算始得勉強成立云。　秋間總統黎元洪爲直督王承斌迫而去職，北京國會選舉直魯豫巡閲使曹錕爲大總統，時省會在閉會期間，余當由錫特電省長韓氏，文曰：大盗竊國，蘇省一片乾淨土，國會議員連翩南下，足徵人心不死，報載蘇助大選費，大選何費，與蘇何涉？如有助以寸絲半粟，雖罄揚子江之水，不足以濯此耻，公負蘇望，勿隳省格，旋申報載北京電，稱蘇復大選費，因韓氏不允籌款，已難照撥云。　冬月，無錫商埠局成立，中央任命邑人楊君味雲爲督辦，時楊君在北京，返錫後發表重要職員，以高君集安爲參贊，楊丈筱荔爲秘書長，孫君子遠爲坐辦，余亦被任爲參議，尚有多人。後中央又任命蔣君遇春爲會辦，因區域警權與錫市當局頗多爭議云。

民國十三年甲子三十八歲

夏季，省會仍召集臨時會，余往出席，似成立下年度預算。金陵俱樂部議員已均不願身任折衝，特推余爲教育審查會召集人，余約各校長均在議會教育審查室公開磋商，謝絶私寓任何接洽也。　暑假，余膺邑人學德生先生之聘，爲私立公益商業中學校校長。公益商業中學者，原有工商兩科，爲工商中學，創辦於民國八年，後以工科學生不多，停招工科，專辦商科。第一任校長爲胡君雨人，第二任校長爲蔣君仲懷，第三任代理校長爲張君杏村，甫一年，余膺聘後，即首以嚴格管理、嚴格訓練、嚴格教育三者揭告各舊生家屬，贊成者重行報名，不願者不必來校，並組織招生委員會，招考新生，一時投考者頗多，其不録取者，即將各卷寄還學生家屬，俾知錯誤所由，仍可別謀補救。舊教員留任者爲袁君佩青、鄒君巽以、顧君子静、錢君季常、曹君仁化、蔡君虎臣、蔣君再可、錢君聲一、宋君泳孫、朱君正心、華君季瑞、朱君承洪等，新教員添聘者爲顧君嶠若、朱君夢華、陳君天一、許君心詹、丁君超雄、劉君春蘭等，以袁君佩青爲教務主任，顧君嶠若爲訓育主任，蔡君虎臣爲首席級任，朱君正心爲小學主任，王君子程爲會計主任。余在校時，每日清晨必邀集全體教職員及學生在大禮堂作一刻二刻許公開精神講話，並矯正一切偶發事項，全校精神似頗振奮云。　秋初，蘇督齊燮元因淞滬警廳事與浙督盧永祥有違言，戰端將啓矣。江浙和平公約者，蘇人張一麐氏主之，而江浙名流和之，亦上年秋間由齊、盧兩氏同意簽定者也。有自滬來約錫人以維護此項公約爲言者，余以此公約而有效，則不應有今日事；既有今日事，則此約已成廢紙，不必再以爲言。惟齊氏在蘇察其志意，猶欲強爲善者也，而張南通尤其所嚴事，吾蘇大吏自省長以至財、教、實三廳，均蘇人，如能聯合，以去就表示態度，而張南通更以大義責之，必可稍動齊氏，即不能，亦可自保省格，爲蘇人稍留地位。但未知浙人於此如何耳。或謂三廳長意見未必與韓一致，遂未有結果而去也。未幾，齊氏親赴崑山督戰，在黃渡、劉河間與浙軍苦相持，而寧滬車亦停駛矣。邑中過兵絡繹，城鄉騷然，時地方自治已恢復，錫市地尤衝要，總董爲薛南溟丈，正謝病，於是城鄉在縣議事會集議，組織臨時地方維持會，推余爲會長，而以縣議長浦君湧泉副之，協助官廳應付一切也。後閩軍孫傳芳襲浙，與齊氏故有約，躡盧軍後至松江，盧氏由滬敗走，齊孫會師上海，而報紙又紛傳北方奉直兩軍將在山海關開戰矣。固知江浙

禍未已也。　十月之末，無錫市議事會以總董薛南溟丈久謝病，負責無人，特開會選舉余爲無錫市總董，時議長爲錢君鏡生，而此次主會事者則副議長陳君湛如也。余方在學巷校中得息，頗躊躇，蓋隣邑江陰亦因改選總董致公所付一炬，頗成疑案也。而公所中人及城市各界紛紛以電話相告，並詢余何日可以接事。余復以材力不及，擬不膺選，後地方敦迫不已，至十一月十五日，始於清晨赴市公所，請董事高丈映川邀請全體職員談話，及即日下午臨時召集董事會，並請正副議長列席，宣示余既膺選，必每日親到治事，經濟以公開爲原則，賬目自即日起由會計另立新賬，與舊任劃清，請董事每日查看，並稽核捐務收入，月終必造報，以每月十五日爲董事常會期，審查月報，並報告會務，及議董會執行各案，遇有議會開會，亦必親自出席，並望諸君隨事見教。至舊任移交，儘可從容辦理，一俟造册就緒，當即交付議會。時董事爲高丈映川，名譽董事爲孫君鶴卿等，新選則秦君琢如、楊君懷谷，雖名譽董事，而亦實參佐一切者也。職員則余所約請者，爲文書華君鑑淵，捐務秦君向陶等三數人，而華君人極忠實，余尤引爲臂助，餘多舊人留任，至余終任，尚少訾議云。

民國十四年乙丑，三十九歲。

奉直戰起，蘇州秦洸故齊部也，忽宣言獨立，不服從齊氏，邑人某君則稱奉秦委來錫任稅所長，強欲接事，舊所長徐景

華、亦齊屬也、則避赴寧、將訴齊、邑當道頗難其事、特邀地方人士會議於車站華盛頓飯店、商之、座有秦部軍官彭某、則率兵偕某君來錫者也、余告某君、以蘇非用兵地、秦氏欲何爲、凡事宜度德量力、齊氏在寧餘部尚多、百足之蟲、至死不僵、寧車朝發、不半日至、豈將以錫爲孤注耶、君錫人、宜爲地方計、且稅所旺月在夏秋間、茲非其時、亦不可不自熟權利害、在座者咸和之、軍官彭某悄然離座、使瞯之、則率所部乘夜登車返蘇矣、某君驚愕、亦倉皇去、翌晨得息、謂此軍回蘇出秦不意、知有變、亟出走、蘇已取消獨立、而舊所長徐氏仍來錫任事也、徐與余故不識、聞以此謂錢某能主張公道、心頗德余、時直軍戰敗、奉軍入關、總統曹錕去職離京、由段祺瑞出任臨時執政、盧永祥氏又以蘇皖宣撫使名義南下、而齊氏真難安於寧矣、　臘月二十三日祀灶夜、齊軍敗退常州、派人來錫、將設兵站、翌晨聞有兵車將至、亟出城、未抵車站、則敗兵已紛紛下車、公然肆搶矣、余亟往鄰近小商肆、以市總董名義、分接電話至光復門及老北門兩處警察、命速將城門關閉、以其離車站甚近也、而自繞道西門進城、並請警察所將東西南三處城門、亦隨關閉、城內始獲倖全、真間不容髮也、而吾父夥開質肆、在光復門外曰永盛典者、尤當兵衝、其來者大抵戎服攜槍、以至襲裘囊金以去、而戎服之蛻遺於典者、卒事檢之、且一百七十五襲之多、殆洗刼靡遺、爲余未及抵家、即至市公所、上下騷然、邑人問城外消息者、

亦靡然至、亟當衆宣告、實逼處此、無可逃避、惟有保衛地方、或可相依俱存、余不去此、諸君如何、則皆紛然應曰、惟命時地方武力、除警察外、祇有商團在城外、余亟商邑人高君崇山、陳君子寬、請其主持、慕選地方志願者、組織臨時自衛團、維持城內一切、蓋高君係湖北速成武備畢業、故知兵、而陳君則歐戰時留法勤工儉學回國者也、並請警察所嚴令城外各分所、無論官警、均須留所、有擅離者、查出嚴懲、於是內外互保、城內人心稍定、是夜光復門外大火、麗新批發處悉付一炬、損失最甚、邑知事林君幹才望城外火光熊熊、方與余相持而泣也、商團者、前佐地方光復有功、皆商家子、而團長楊君翰西、其尊人藝芳先生、嘗佐李文忠軍幕、並爲直隸保定武備學堂監督、尤軍事世家也、時駐北門外竹場巷錢業公所、深夜電話相慰、謂光復門外已矣、老北門爲吾邑商業菁華所在、余駐此、適當光復門外至老北門必經要道、余必力保、君可速覓城內銀錢業中人、告以明日必來城外、設法將銀錢悉數移城、以備地方緩急、余事畢亦進城、與君相保、余未明即遍覓城內銀錢業中人至市公所、翌日上午、相偕出城、由楊君命商團保護、將銀錢悉數移城也、至是齊氏抵錫、以車站附近舊漕運局爲其司令部、駐焉、前稅所長徐景華以齊氏命電話邀余與華君叔琴出城相見、蓋省議員在寧晤識、故欲見也、余告以華君不知何往、齊爲蘇督、錫乃轄境、不能庇錫、無顏相見、徐云、告帥必有辦法、旋聞派軍官

持大令巡街、將在途刼物者、槍斃十餘人、然未入夜、又肆刼矣、蓋軍紀蕩然、無可收拾也、後徐奉齊命委爲無錫縣知事、以前事頗德余、電話相告、謂余在城外、專侍大帥、城中事請君主之、余乃商舊知事林君、請其移第三師範校內暫住、將印送市公所、由余出城代交、並由地方爲徐強浼邑人顧君冰生任一科、勸以須爲地方屈、主署中事、迨後徐乃隻身進城、在四鄉公所、與城中人士相見、邑老華藝三特爲屈膝、謝其保全地方、卽隨怱怱而去、亦未問署中事也、舊歷除夕、楊君約余出城慰犒、與齊相見、卽云不意聚首於此、言外大有感慨、旋問地方秩序如何、余當實告、以仍未見佳、某等出西水關、繞道至此、途遇多兵、任意攫物、家有質肆、洗刼多次、恐靡遺矣、齊氏則大聲呼叱從者、命召高級軍官某來、謂汝等不知愛惜、令我無顏見人、時同往者多躡余足、而所召高級軍官某、亦未來也、翌日、其總參謀長李廷玉氏欲進城、請其繞道西門、開城延之、乘輿而入、索餉十萬、面目頗猙獰、地方悉索應之、未及一日、奉軍抵錫、與齊部相持於城郊、徹夜鎗炮如爆竹聲、黎明齊軍敗退、徐將縣印送城、仍請舊知事林君出而維持焉、其時日則自齊軍抵錫、爲甲子盡月之二十四日、至是乙丑春正月初二日、都九日在圍城中也、邑人楊楚孫、有甲子圍城紀事詩六首、詞曰、笳鼓隨秋盡、殘冬復戰爭、黃羊方祀竈、青犢忽鏖兵、烽燧編氓屋、金繒列將營、覆巢猶戴德、完卵有孤城、一 徹夜連郊火、嚴城八日圍、地窮螻蟻

穴、天懾虎狼威、世亂身安寄、憂深命轉微、千家聞野哭、風雪苦無衣、二 維吾家叔子、披髮救鄉鄰、匹馬短衣夜、寒風朔雪晨、縋城師燭武、守土慕張巡、賴有婆留氏、同心此二人、三 軍書連夜下、捧檄使君來、城北公誠美、河陽花亂開、摸金須置尉、避債莫登臺、終讓林和靖、天心數點梅、四 數典不忘祖、將軍說闖王、壓驚雖有酒、續命竟無湯、蔀屋錙銖盡、瓊筵劍戟張、忽聞旗轍亂、車騎走倉皇、五 錫也何曾有、山靈亦自疑、我生多難日、天靳太平時、寒角吹宵迴、春鐙入夢遲、雲霓翹首望、破涕見旌旗、六

奉軍在錫、需索彌甚、兵士亦到處肆刼、所部白俄、尤縱恣多不法、幸城門尚閉、而其主軍事者張宗昌氏亦隨至、其時偕來者、有常州惲禹九先生、於楊君故有連、而與張有舊、能進言、頗爲錫先容、知所部在錫縱恣、嫁名逃兵、鎗斃多人、白俄亦鎗斃一人、地方稍安、出示手令、以縣知事林君爲齊黨、欲易一王姓爲之、經爲緩頰、告以乃省長韓氏所委、與齊無涉、亦卒取消、並囑林君安心任事、聞在張氏實爲特別優容、他處所未有也、後張自赴滬、留其所部旅長畢庶澄氏駐錫、並令其隨從副官王冠軍氏爲錫水警區長、王頗尊事余、畢亦修名節、而邑人周君寄湄爲畢副官長、實左右之、有鄭君松亭者、邑西鄉人也、嘗於張有恩誼、時在滬、與張晤、亦常爲錫周旋、故於錫事均無苛求、是役也、余與楊君專心地方、不問他事者、殆越月、楊君主商團、實保地方有功、邑人馮雲初佐楊君最活躍、尤出力、余則所謂落落因

人、愧無成事、時余岳高丈映川、副議長陳君湛如、名譽董事秦君琢如、楊君懷谷暨全體職員諸君、與余同在市公所、實能患難相共、乃事後省長韓氏徇邑人請、特書梓里蒙庥四字扁額相貽、令縣公爲懸掛、更覺惶愧無地、不敢不爲地方勉也、　清償軍用委員會者、錫兵燹後之特別組織也、以當時財政、公私赤立、地方軍用、悉出借墊、爲數甚鉅、而商家尤多、余在地方實主其事、商由地方公團合出借據、爲憑事稍定、余即敍明用度、開具借數、特赴寧謁省長韓氏、時蘇財廳爲常熟曾孟樸氏、亦由韓電話邀至省署、以錫地衝要、應付不易、手批在是年征起忙漕省稅項下、特准按數指撥抵償、隨征隨還、交財廳令縣遵辦、余當同錫邀集原出據各公團及借款有關係人、組織清償軍用委員會、余被推爲委員長、而以縣議長浦君湧泉副之、商明縣署、逐日查數、隨收撥攤、未及半年、悉數清償、時邑人蔣君哲卿、又呈省請在地方組織兵災善後局、以余爲會辦、亦奉特准在絲繭捐項下撥款、則主救恤之事、後鄰邑江陰等處、亦多援案呈請、均未獲准、乃知錫實異數、亦以事能核實也、　夏歷正月二十六日丑時、六子鍾彭生、小字九六、箇呼阿九、在余實爲第六子、而乃命之以九者、蓋以吾父有九孫、而是時在圍城中、九日適乃陽九之阨故云、　是年秋、浙軍孫傳芳潛師襲蘇、長驅至寧、又逐奉軍而北、自任爲蘇浙皖贛閩五省總司令、以蘇人陳陶遺氏爲省長云、

民國十五年丙寅、四十歲、

日本在大阪開電氣事業博覽會、滬工商界組織實業參觀團、余與邑人薛君明劍、由地方公推參加、全團共約四五十人、滬商會長虞洽卿氏實爲團長、抵日後、識邑人孫君新吾鄒君景衡、孫君攻經濟、頗活躍、鄒君治蠶絲、尤篤學、余皆識其尊人譯事頗獲助力、時駐日公使爲蘇人汪榮寶、各地歡讌極盛、曾膺澀澤子爵在其邸第讌請、親見澀澤以九十餘老人作一時許之演說、而神明不衰、未有失辭、歎爲不可及、在東京並有數次膺日本金融界及工商重要份子邀請擯絕讌飲、專作經濟會談、均在晚間、深夜始歸、雙方各約十餘人、余與薛君以無錫工商關係、亦往預焉、由薛君日草筆記、寄國內新聞報發表、余同國返錫、膺地方各界讌請、與薛君公開演說、均發表其對日感想、余結論則謂在日所見社團領袖多五十以外人、而地方官吏則大致三十左右、其國內著名元老及經濟重要領袖、則皆七八十歲人、實居幕後策動一切者也、可見日本老少之於國內政治、頗能協調合作、吾國人最不可忽視、政治惟中性爲能成功、一地方欲謀發展、亦必老年人能多注意少年意見、而少年任事者、亦宜常向老輩請益、方可協謀進步、其演說稿、似曾由蔡君虎臣整理登載公商校刊云、　夏歷七月初四日吾父祖耆公卒、去年齊氏之禍、吾父夥開質肆及所修建惠山宗祠、均燬燼焉、時抑鬱不自適、迨冬稍患不食、至是臥病五十餘日矣、吾父

曉方藥，於余年幼患病，飲以西瓜汁而愈，可知也。醫者之至，輒與究論方劑，嘗曰：吾無疾，病而已，老病或可愈，而老不可藥也。臨歿延醫者程仲甫至，曰：請君下針於我胸，可乎？仲甫曰：不可，公之疾亟矣，此針不下，幸緩須臾，無絕。吾父煩懣甚，詔不孝兄弟曰：此針於醫書大有徵，其盍檢以示程君。垂絕而神明不衰如此，痛哉！余兄弟奉諱家居，叔兄則輯喪禮，今讀記閱三年，而太倉唐蔚芝先生始徇余兄弟之請，爲銘墓也。詞曰：錫邑錢祖耆先生既歿之三年，其子基博兄弟踵門來請曰：吾父性剛，不喜標榜聲華，以迎媚當世，子素韜晦者，銘幽之文，敢以屬之於子。嗚呼！余何敢以銘先生，顧念與基博昆季居同里閈，以文章道誼相切劘，且銜恤之咸，彼此同情，維誦行狀，有大恫於厥心者，其何敢以不文辭。謹按：先生姓錢氏，諱福炯，祖耆其字，江蘇無錫人。吳越武肅王三十一世孫。曾祖諱士鏡，祖諱若浩，能文，精八法。武進李申耆、吳縣馮敬亭、無錫泰湘業諸先生數稱之。考諱維楨，廩貢生，受業申耆先生之門，夙爲士林推服。維楨公生子五人，先生居第四。生而聰慧，奉維楨公命業賈，居停子爲文艱苦，不得通，先生曰：是何難，繩削之，爲塾師所覺，察曰：此大器也。遂送先生歸，從仲兄熙元君學，補博士弟子員。甲午秋試，歸伯兄福煒君，擊節嘆賞曰：是非解元，即下第耳。已而主試者果擬元，而副主者謂其聲稀味淡，竟黜之。顧先生不屑屑於此，當乾嘉而後，扶輿靈秀之氣，往往鍾於家庭，吾吳則有惠半農父子、

高郵則有王懷祖父子，閩侯則有陳左海父子，皆務立言，當世藝林奉爲矩范。先生既紹承家學，兼尙力行，孔子曰：善人吾不得而見之矣。又曰：吾未見剛者。先生生平不獨勤於學，問稱爲善人，剛者殆無愧焉。某年江南饑，穀價騰湧，先生隻身赴皖購賑米，雇舟裝載，舳艫數百，銜尾行，而舟子魁數登先生舟，鴟張狠顧，蓋窺其篋中金也。先生覺之，即召諸舟子謂之曰：若曹良苦，此舟金例至本處方得給，吾今先予若曹以償勞。衆皆感激，其魁遂不得逞。迨舟抵金陵大勝關，魁告先生曰：舟無米，將斷炊。諸舟子助之鬨，舟立停，蓋窺其艙中賑米也。先生從容懷雇券詣善後局，舟子至，請登舟。先生曰：吾不復登若舟矣，若曹蠻悍，幾投我於江流，吾將以狀檄無錫縣，若曹能上九天乎？即出雇券示之，蓋諸舟子之姓名籍貫居處，先生于雇舟時皆一一詳載於券尾。於是諸舟子皆愕然叩頭曰：今而後不敢無禮矣。先生乃返舟，賑米得無恙。光緒戊戌歲旱，民艱食，先生建議出積穀平糶，推前署浙江臬司鄉仁溥總其事，而自主東城糶局。一日薄暮，有奸民圖掠穀，聚衆百餘人洶洶入，諸員紳倉皇避。先生當門坐，察其意氣炰烋指揮跳盪者，則闖然一秃者也。先生徐語之曰：若明事理，好勸衆歸。秃者意恒率衆歸，先生遂告邑令，捕秃者，事遂定。客問先生：曩者君何恃而不去？先生笑曰：若輩亦人類，迫而爲此，其心寧無所怯？若吾去，糶局毀矣，非所以全吾鄉民也。然先生性雖慈，於地方事利害，不稍假借，目睹積穀

弊竇日深、有某孝廉某進士都事侵漁、廉得其實、盡發其覆、衆爲側目、而先生不顧也、己酉冬、江陰璜塘鄉有奸僧用債貸壟斷斂財、鄉民憤燬其屋、遂鬬巨紳有氣力者、以白晝焚刼白江陰令、令故武健、逮數十人、將興大獄、先生往爲解說之曰、果盜也。劫財而已。怒及於其屋。物何邪。令亦悟、笞一人、架二人而事解、鄉人至今稱之、蓋先生之濟衆也、智仁勇皆全、而其立教本也、則惟以孝、嘗殫畢生精力、積萬餘金、拓建宗祠於惠山之麓、甲子歲、齊燮元興兵構難、舉其祠一火焚之、先生大慟曰、吾祠燬、吾將以身殉矣、用是悒悒以卒、永盛典者、先生家所設也、地處光復門外、齊軍至、予取予求、不遺錙黍、亂稍平、先生以爲合夥之股金、力出有餘、而存戶之寄資、家非優贍、雖兵災例不任償、而吾心不可負也、然劫餘所存不足什二、乃盡罄所積金、並基博兄弟館穀所入以償存戶所寄百分之五十三、蓋邑中所僅有焉、昔孔門編論語學而篇首以孝弟、繼以忠信、又繼以慎終追遠、夫民德涼薄於今爲烈、如先生者、豈非人倫中之模範哉、而文治更有感慨低徊不能已者、當齊軍之掠無錫也、寒冰凜冽、天地爲愁、汽車聲嗚嗚然、槍礮聲隆隆然、四郊居民震哭聲嗷然嚎然、慘慘然、齊復勒索巨資十萬、不者、且攻城、時先生季子基厚任市總董、惶急與諸紳多方羅掘、得二萬金、夜半縋城出、納諸齊、齊曰、嘻、曉暾起、遁矣、城賴以免、方事之殷、文治甫丁先大夫憂、挈子婦倉皇出走、途遇基厚、慰之曰、城中必無恙、君盍

歸休、文治乃泣告先靈、嗚呼、孰意相距歲餘、而基博基厚昆季亦同鮮民之痛邪、哀哀蓼莪、巷歌雨咽、如文治與基博昆季、既不能如鄭君之高行、黃巾不入其鄉、又不能如陸桴亭先生之避地浮家、爲未雨綢繆之計、坐視吾親憂鬱悲憫以沒、嗚呼、彼軍人之過惡、天下自有公論、如文治輩不孝之罪、其可逭哉、此文治作先生之銘、不禁投筆長號、淚雨落而迸之以血也、先大夫有言、君子之澤、五世而斬、惟爲善者可繼續於無窮、然則文治與基博昆季所以相勗勉者、惟有讀書爲善、以期無負先人之志而已矣、先生生於道光二十九年七月八日、歿於民國十五年八月十一日、享壽七十有八、德配孫宜人、嚴內則、訓以孝以慈、相夫教子、不踰禮法、治家整肅、習勞執勤、其嘉言懿行、具詳於吳縣張君一麐所撰墓表、中某年月日、合葬於某鄉之阡、子四、基成先卒、娶毛氏、基恆殤、基博娶王氏、基厚娶高氏、女二、素琴月琴、孫九人、銘曰、龍山之陽、湖水湯湯、猗歟先生、道德精剛、遺澤孔遠、山高水長、賁爲人文、八龍兟兟、玉昆金友、英時高翔、儒林掞藻、如驂雁行、我銘以貞、援契傳章、明德之後、長發其祥、

方奉諱家居時、獲悉國民革命軍已下長沙、方攻武漢、並分軍由湘別道趨江西、余讀清季曾胡諸家集、習洪楊事、不覺遽然曰、此清咸同間湘軍殲太平天國之道也、意者大有人在東南、事其殆矣、時縣知事爲張君厚穀、字修甫、直隸南皮人、爲張文襄姪、故家子也、讀書有肝膽、慷慨喜任事、尚信重余、亟邀至家、

密語之曰、洪楊起自金田、由湘疾捲而趨、與今日略相似、惟其不能成功、徒以長沙屢攻未克、而即別道由江東趨湘、軍得憑以犄其後、今長沙已下、高屋建瓴、武漢殆不可守、所謂羽翼已成、孫在東南、舉足輕重、倘能應天順人、自全以保東南、尤爲策之上也、公稔孫氏、能言之乎、若長持首鼠、必進退失據、公在地方保民爲亟、亦望先安人心、勿以黨獄殺人、即上有取、必令僕知、否則無罪而殺士、則大夫可以去、無罪而戮民、則士可以徙、僕不能留此爲公助也、君聞之、則慨然曰、君出肺腑相示、上者非吾所及、邑事恭已以聽、外事吾任之也、遂與余結金蘭契、以示不相背負、余亦以須共患難、亟允之、此在余生平、實爲惟一事也、後軍事當道果有所取、則多地方知名之士、邑人趙君子新亦其一也、君特約余親往請調、力剖得釋、有錫社者、皆邑中青年子弟、平日好爲大言、地方尤多側目、經人密訐、幾興大獄、亦賴君調護、而倖免於禍、後來地方新進、或不知之、故特識於此、非爲私感也、

民國十六年丁卯、四十一歲、

奉軍南下援孫、時國民革命軍已克江西、分兵趨皖浙、則又曾下江南、左宗棠入浙之道也、張宗昌氏又抵蘇、命其所部畢庶澄氏先驅來錫、約地方人士相晤、有勸其駐此者、余告以錫非用兵地、太湖之險非可與浙相持也、宜他圖、畢遂率兵赴滬、不踰月而敗也、後奉軍驟退、知事張君亦去錫、邑人某君故錫市議員也、年亦六十餘矣、忽爲羣少年所挾、乘夜來市公所、欲相襲、云被公推、改組市公所、將爲市政廳廳長、睨其傍、則前在日本所識治經濟活躍之某君、亦赫然而在、後即取以自代、故知某君傀儡、而其人亦不久敗也、余遂舉手相示曰、吾之出、君所知、欲去已久、君來甚善、一切相授可也、時地方已入無政府狀態、縣署改組爲縣行政委員會、由邑人秦效魯氏爲委員長、學校罷課、工商輟業、余與楊君遂謝事赴滬也、抵滬後、在旅邸研習國共諸書、頗有得、時意大利法西斯黨方萌芽、余謂友人曰、左派以極端而獲勝、右派將一效其所爲矣。鹿死誰手、未可知也、而世變亟矣、非一國憂也。縣行政委員會教育委員徐夢英忽至滬、來旅邸、強邀返錫、其人固自詡爲共産黨也、余告以主張中性政治、萬難與君等絕端派共事、竊宿望、禍地方、未之許也、

商民協會者、依國民黨綱所組織之商人集團也、無錫亦由商界自動組織、聞集各業千餘人、在商會大樓公開提名推選、得多數贊助者獲選、有一人異議則否決、余過去於商界、自問夙鮮關係、而亦獲多數贊助、被選爲執行委員、且與陳君湛如、蔡君有容同當選爲常務委員、亟促還錫、至是縣行政委員長秦君亦派人持函相邀、同鄉在滬者亦多勸余返錫、余遂同錫、與陳蔡諸君在舊商會召集第一次執行委員會、並請監察委員全體列席、將商民協會組織成立、以鄒君同一爲總務、李君柏森爲文書、季君頌箴爲庶務、相佐十年、實爲主幹也、時地方少年頗有依黨護符、而稅務官吏尤多黨軍委派

均凌轢商界、余每事必根據三民主義及國民黨宣佈黨綱、以爲從違、不貿然輕諾也。一日有外籍少年某亦駐錫黨軍代表也、忽來會、因言事不洽、厲聲對余、謂汝與商界有何關係、而爲張目、余亦厲聲相報、謂余爲商界推選代表商人利益、有無關係、非汝所能過問、且黨治以主義爲根據、汝爲黨代表、果何根據而來、以此詰余也、此外籍少年遂爽然而去、所事亦置不言也。

於時公益商業中學已停辦、余主之、而請校主榮先生決之、蓋以革命初定、青年騖於速化、學生高視闊步、不復安心承教、余告教員諸君曰、逢蒙盡羿之道、而殺羿、猶爲善學者也。諸君之道、尚多未盡、而學生今日躍躍欲試、是學生非逢蒙比、而諸君亦不如羿也。盍共休乎。吾亦從此逝矣。而請於榮先生曰、吾邑興學最早、而今乃食其報、不有犧牲、無以保全、蝮蛇螫手、壯士斷腕、爲其所全者大也。先生之於此校、其亦以犧牲者爲保全乎。先生則喻其意、曰諾。余遂亟遣學生而去滬也。及回錫、先生告余曰、學校可停辦、而子弟不能不讀書、其以學校教科、而參家塾辦法乎。子仍爲我謀之。余曰、其可。吾邑東林講學、相傳以爲美談、其以家塾組織而參書院精神乎。先生則大稱善。於是有梅園豁然洞讀書處之組織、延公商舊教員朱君夢華主其事、而以許君心會副之、專治國文英算、自然諸科。朱君任國文、許君任英算、分甲乙兩組、甲組當高中程度、乙組當初中程度、組各兩年、學生第一屆甲組、錢錫安、榮伊仁、馬廉泉、胡友聞、胡

國安五人、乙組過賡先、榮毅仁、蔣元基、榮玉德、榮韌初、榮鑑金、高兆驤、錢天達、楊世堅、諸啓粱、吳慰田、尤定鉉、丁祖耀、張景勳十四人、後余三子鍾毅亦往肄業、於民國二十年、在甲組畢業、與過賡先、榮毅仁、蔣元基、榮玉德、榮韌初、諸啓粱同應江蘇省第一屆中學甄別考試、全省二十餘人、共考八科、每科須滿六十分、方及格、讀書處及格六人、完全及格者、則余子鍾毅及榮玉德也、旋余子又錄取國立交通大學、在土木科畢業、五子鍾曾亦在乙組畢業、旋錄取私立無錫中學校、並轉入上海私立肇和中學畢業、又錄取國立交通大學、在機械系肄業、現亦二年修習完畢、似其程度尚在水平線也。余初辦時、亦每週前往作精神講話、並查詢功課、後以在城事冗、一以委之朱君、朱君在讀書處、輯印文存四集、嘗自序其國文教程、謂分五階段、四年畢業、第一年授短篇國策、以牖啓其思路、是爲一階段、第二年授史記菁華錄、以發舒其筆調、是爲一階段、第三年選授姚編古文辭類纂、以裁整其體例局度、是爲一階段、第四年選授昭明文選、短賦樂府、書箋彈檄、楚辭、以藻飾其筆采、並選授周秦諸子文字尤雅馴者若干篇、以開展其思想識見、是爲一階段、由是而至於今日通用文字、懸此以樹鵠的、所授經傳、則有孟子、孝經、禮記、詩經、左傳、文集則有國策、史記菁華、古文觀止、古文關鍵、正續古文辭類纂、昭明文選、史鑑則有通鑑輯覽、西洋史、近代史、諸子則選錄老子、莊子、韓非子、荀子、墨子云。

民國十七年戊辰、四十二歲、
夏歷二月十八日丑時、七子鍾達生、適當達摩渡江之日、故命名曰鍾達、小字阿寧。　商民協會任期一年、期滿改選、余與陳君湛如、沈君錫君同被選爲執行委員及常務委員、余名第一、故常首署。　次子鍾漢在縣立初中畢業、錄取江蘇省立第三師範入校肄業。

民國十八年己巳、四十三歲、
夏歷二月十一日、長嫂毛夫人卒、年五十七、是年、余兄弟始爲父在開原鄉徐巷賓字三千五百四十九號營葬、與先母孫夫人合兆、而伯兄子蘭及嫂卽祔葬於穆穴焉。　京滬及江南北各縣商民協會公開發起集合來錫、開商民協會聯合會、余與滬會駱君文韶、寧會杜君哲庵同被選爲主席團、開會三日、內外影像極佳、是爲民十六後商人團體大規模自動集會之始、滬地報紙傳載、頗爲當時領導黨團者所驚視也。　商民協會又任滿改選、本屆常務委員經大會議決擴充名額至五人、余與陳君湛如、蔡君有容、程君敬堂、陳君品三同被選爲執行委員及常務委員、余名第一、故仍首署。旋奉實業部令依照商會法改組商會、計執行委員十五人、監察委員七人、不分業別、代表統選、執行委員人數大減、余與陳君湛如、蔡君有容、程君敬堂、陳君品三同被選爲執行委員及常務委員、余被選爲主席、監察委員以楊君翰西得票最多云。　長姪鍾書及子鍾韓在私立輔仁中學校高中

畢業、鍾書國英文有特長、而鍾韓數理較好、各科成績亦平均、故畢業時名列第一、與鍾書均獲優獎、旋鍾書錄取北京清華大學入校肄業、而鍾韓則北京清華大學及上海交通大學均錄取第二名、在上海交通大學電機系肄業云。　中秋節後、偕僚婿秦君瑞延同作北平之游、由過君接三紹介邑人沈君崇三及妻弟高君昌運在平招待、時居國慶故宮開放、遍歷各處、耳目一新、並游西山及潭柘、戒壇諸寺、邑人楊味雲先生僑居天津、特來相晤、掃榻留宿、暢談邑事、舊居停廉南湖先生適在平、亦相過、均極歡、而南湖先生自此一面、卽歸道山、不復見矣、傷哉。在平日間往觀劇、見各戲園以旦角壓軸、尤喜捧坤角、認爲陰盛陽衰、而生角如馬連良等、好以衰音作態、眞乃無病而呻、所謂亡國之音、以爲大非佳兆、嘗與味雲先生書論及之、不謂未十年而言竟驗也。聞正陽門外關帝廟籤極靈、嘗見清人筆記、特往求之、先得八十八籤、爲壬辛上吉、詞曰、從前作事總徒勞、纔見新春時漸遭、百計營求都得意、更須守己莫心高、復得六十六籤、爲庚巳上上、詞曰、耕耘只可在鄉邦、何用求謀向外方、見說今年新運好、門闌喜氣事雙雙、而戒壇寺觀音洞亦得一籤、爲第二從革上上、詞曰、舊迹宜更改、新事好進程、龍門魚化躍、凡骨作神靈、似均關會、後皆有驗也、是時閻馮戰起、歸途又謠言紛紛矣。

民國十九年庚午、四十四歲、

夏歷正月十四日未時、八子鍾錢生。時執友徐君微生方臥病、意欲撫以爲子。僚婿秦君瑞延徐出也，特託爲言。余以良友意不可違，矧在病中，亟許之。不意徐君遽歿，而余子亦於民國二十一年夏歷正月初二日甫三歲而殤，去徐君之卒方逾年也。其夫人悲不可遏，則又來乞余六子鍾彭攜往，暫爲撫養，以慰一時岑寂云。　邑人繆君丕成任江蘇民政廳長已有年，忽同錫相過，約余任第一科長，謂已告主席鈕先生，將提出省府會議，呈薦中央任命矣。余以繆君初任民廳，卽辟余爲秘書，未就，意頗惓惓，不可再却，當約僚婿秦君瑞延佐筆札，於國歷二月十五日同赴鎮，謁繆君就職，與同科諸君相晤，知廳內所屬有秘書處、視察室及一二三四五六各科，一科司縣長考核，至余任事，繆君並命視察室改隸一科，尤所謂勢要之地，實非譾陋所敢居。余囑秦君須慎交接，余於是每日清晨偕秦君赴廳治公，至夜同寓，則一燈擁書相對，賓朋僚佐私寓不見，仍一守書生本色，未敢稍涉官場陋習也。外縣縣長亦有以私書相投者，余於地方事則師曾左之意，必舉余所知誠懇作答，並連原函附卷備查。其有涉及私人請託者，概置不答。同廳秘書譚君靜淵及五科賈君仲偉本舊友，二科長吳君壽彭及三科長張君中立則到廳後相識，頗尚意氣相投。同宗錢君養吾爲一科股主任，深得臂助。舊弟子廉劭成亦在一科任職，與秦君同佐筆札。甫一月而省府改組，新任胡樸安先生，故文學家，在上海各大學

教授有名，當代名宿也，與余叔兄彧有稔，特留余相佐，仍畀以一科。時省府主席爲蘇人葉楚傖氏，夙蜚聲於新聞界，而邑人孫君揆伯爲建設廳長，則國立交通大學唐山分校校長也，一時有清流之目，頗銳意欲有爲，而所隨門生故舊，不無窺伺意旨，毛舉前任細故以爲迎合自炫之計，視察密查紛然四出，地方下吏惴惴不安。余以爲此非政體，一日主者問余，謂欲借重出任某縣長。余當質言某固無意，且縣長分發甚多，似宜就此簡拔廳署職員，當避外任，以杜奔競，非爲某一人言也。時建設廳長孫君欲取消舊江北運河工程局，而由廳直轄，以爲地方把持積習甚深。余謂茲事體大，尚宜斟酌，越一年而江北大水爲災，孫君果竟以是排擊而去。余乃於五月三十一日結束科務，留書返錫，任廳職適百日也。

是時閻馮戰亟，傷兵紛運後方，在鎮江者則衛省府，在無錫者，別有企圖幸安置惠山，尚在城外，而縣長孫君祖基剛毅有爲，不動聲色，乘夜率警親往惠山，斷然處置，未驚地方。余主商會，頗悉其事，邑人亦多頌之。　私立無錫中學校者，邑人高君踐四乃安昆季奉父遺命捐資創辦，組織校董會，而延前南洋大學校長唐蔚芝先生爲校長，規制課程，均照南洋附屬中學辦理，余爲校董之一。唐先生屢以年老乞休，今年校董會議決推余以常務董事名義代理校長。時余在鎮，未及知也。及是顧君述之代表校董會來相接洽，謂時已促，不容諉讓，君可於教職員中物色將來替人。余於是着手

組織，以黃君蔚如爲校長，室秘書，余不在校內，即攝行校長職務。朱君文沅爲教務主任，洪君息龕爲訓育主任，舊教員多留任，酌補充新教員。學生尙發達，余每星期一到校，領導全體教職員學生舉行總理紀念週，必向學生作精神講話，並就偶發事項指示一切。一年後由朱君文沅繼余爲校長也。　城區自治行政自市公所爲暴力接收，改爲市政廳，未幾降爲市政局，旋又改爲市政籌備處，市政廳最紛亂，市政局及市政籌備處均由縣長兼理其事，然屢經變更，支用浩繁，財政尤不可爬梳，於是特奉省令組織無錫市公款公產管理委員會，委員七人，以縣長及建設局長爲當然委員，別聘地方紳士五人參合組織之，余與陳君湛如、蔡君兼三、秦君琢如、李君惕平實膺其選，而余又被選爲主席。余以所在地區長當然亦有其關係，應請第一區長於開會時列席，聽取意見，每星期開會一次，整理收入，檢查支出，月印報册，公佈地方實則一官廳委託之籌款機關也。　執友徐君微生卒，叔兄爲撰學行誼狀，文曰：君無錫徐氏，原名泰來，一名士奎，更名彦寬，微生其字也，自號夷吾，又號商隱。世居邑之盛巷，自五世祖杏林公諱鼎，精熟名法家言，遂遊安徽，於時興縣康公紹鏞及吾邑孫文靖公爾準，皆世所稱名大臣，先後爲巡撫，而相欽重，辟置於府，用世其家。五傳而至棟雲公諱世璟，子英公諱世瑜者，同產競爽，騈佐藩府，紹休于前聞。君子英公之所自出，而棟雲公早世無子，君又獨產，無他昆

季，遂兼祧焉。妣陸太夫人，本生妣吳太夫人。君自小通敏，於書罔所不誦覽，一日十行下，尤憙鑽治子史雜部書，嘗深究前代治亂往復所由，以達於當世之務，發爲文，高華自矜，不可方物。子英公既歿，君年十二歲，則稟承吳太夫人之教，以自力於學。十五歲師事同縣許彝定夫子，受詞章經世之學。基博基厚年十四歲，亦來執業許夫子之門，許夫子方匡獎基博兄弟，以爲能文章，異日必有名於世。基博兄弟亦以沾沾自喜，而君一見則歷斥所治之非，然又爲文章詁訓不衷諸經，理趣不澤以子，桴響憍氣，好議論人長短，徒以譁世取庸俗人譽耳，奚當於古作者？所以摧抑盛氣者甚至，基博面赤齗齗，持不下，而君益反覆開譬，爲指證所不然。基博舌橋不能應，卒降心從焉。基博兄弟之知詁經、治子，以有事於古學，其機緘蓋自君發之。君爲人恂恂，罔長少執禮無不恭，而內實狷傲自許，必爲名宰相。基博常笑之，謂吾輩章句小儒，能自立弗爲公孫宏曲學阿世足矣，奚以矜爲？而君彌自負。題語案間曰：讀盡天下有用書，纔是福幹完男兒，應作事方算人。崛強嶔崎，遂自署號曰夷吾，蓋以管仲自况也。顧君意量恢廓，常極八荒之外，而專精於學，則又邃密周至，謂惟此可以求放心，儻高瞻遠矚，而思匪入微，徒麤材爾。既與基博定交，以基博有鄂本百子全書，遂假與所藏子部諸刻，彙鈔成六十四子，每一子畢，則蒐采總家異同，字榷句讎，爲校勘記附於後。如阮文達公十三經例，又假基博藏學海堂經解

及南菁書院續經解輯錄爲經解菁華畢一經輒爲題記發問起難都出慮表神明過人而書法尤捷疾揮號數紙日課一冊三年之間堆几積案基博過從覩之奪氣計所繕錄垂千冊矣而君意且蕭閒縝致箴規謂基博讀史易麤心當留意校勘非相期爲考據家也校勘則不得不全覽逐字逐句不滑過磨鍊此心自然入細天下事固有致力在此而所期在彼者基博謂以君劬力乃爾何如自著一書君則應曰唯唯不然著書不如鈔書昔者顧亭林先生嘗從事於斯矣何乃不足於君所乎君之著書不過見小欲速之徵爾奚足以當古人之一吷哉基博遂以雙然基博少君一歲而君其時則未逾冠爾逮基博冠而之四方所覯當世學人衆矣若論

鈔書几千冊校經逾百帙精心劬學罕有君比也君志在經世而不肯趨避形勢揣摩風氣爲巧言覩者輒以儒生迂闊少之年二十五一出謁山東濟南道某公某公父執也厚遇以故人子禮既落落無所合遂盡讀山東圖書館藏書自春徂秋擷其精要撰讀書記一卷曰此可以壓歸吾裝矣會國變以介入陸軍第二十四師師長黃郛司令部爲書記官兼理陸軍醫院文書徒以末秩代耕無補至計而又不欲自炫暴忽忽尠歡用是暱就於基博遽以書告曰比來已不號夷吾改署商隱昔左文襄督陝林壽圖爲藩司一日燕見譚某軍事文襄歷告所佈置俄而捷報至林譽之文襄掀髯擊案曰此諸葛之所以爲亮也遂大笑既而文襄又歷數時賢之

輕材薄植且輒亦妄以諸葛自許林因亦顰蹙擊案曰此葛亮之所以爲諸也文襄大怒今日江左夷吾遂已鯽魚成市不佞不敢更從而附益之是以亟亟更名昔諸葛年廿七而出廬今不佞年廿七而商隱無雙佳話各占千秋古今人正未必不相及也辭至詼調若用寄慨基博得書大笑報曰君今如猢猻入布袋矣自是君絕意用世既而同縣侯保三先生主邑圖書館以君精校讎目錄之學延主編目君則以爲新籍日富舊用部目既難周該而或者乃瓜析古籍以隸新目削足適履尤曰未可於是罔羅羣籍辨析舊新總爲二部用挈宏綱舊部五目曰經史子集縢以叢書蓋用張文襄公書目答問例也新部五目曰政（政治法律財政軍政教育

交通之類屬之其專論學理者應別隸學部）事（歷史之類屬之報告亦附入）學（政治通論法學原理及教育格致醫學之類屬之教科書亦可附闕一門）文（文學小說圖畫外國文之類屬之）縢以報章（雜誌日報之類屬之）則君別出手眼自用我法而特立鄉賢撰述部以崇邑獻又設金石書畫部以章人文都十二部綱紀畢張而後館籍之編次有法於時顧述之先生實爲江蘇省立第三師範學校校長欽君學行請主任國文函授部君則讀書課文胥有定程文卷評乙濃抹整圍狠藉行間朱墨溢目而眉批灑灑多者千言少一兩語箴廢起疾辭兼莊諧讀者感奮如親奉手而今十紀師道已替學僮呈課都不點抹其尤甚者擲棄字

簏廢紙不如何用細批先生既無正業之教弟子何望說解之功追君之劬如在羲皇教之不刑彌可矜式已基博嘗以父老之督教俾纂邑志就請益焉君則以爲漢志藝文簿錄羣籍辨章甲乙而覩邑志濫采詩文薄附著述固由古法蕩然抑亦名嫌混淆宜正名曰經籍旁咨鄉彥簿次遺著分經史子集如隋書經籍志例然而古籍放廢經目有幾可參用朱竹垞經義考之例分注存佚闕未見四目至於存者則用解題甄采敍錄略如晁氏讀書志馬氏經籍考義例而解題則於每人初見條下宜略考仕履寧啻以供讀者知人論世之資抑亦拾遺補闕以匡列傳之所未備其有著者係聞人而本書佳話逸事可附見者并師唐宋詩紀事厲詞箋等之意酌量蒐載又欲 常昭合志之例甄錄長洲葉昌熾藏書紀事詩注之涉邑獻者而旁蒐所未逮爲藏書家傳以附經籍志之末又謂宋而后金石之學蔚成鉅觀邑志墓碣以古磧不該不備通人所哂宜增立金石一門分爲上下兩編以屬賞鑒者入上編屬文獻者入下編所錄各碑分注年月行款所在都圖概錄全文稍附考證略如訪碑錄金石萃編等例而唐以上碑罕而見珍則用珂羅版縮拓本原文並影攝全形遵金石圖金石苑等例庶幾成一家之言垂後來之法徒以基博謏聞動衆召鬧取怒中輟不爲遂無成書而君詔宜已足暴視天下後世君子立言豈爲一時昔睹亭林縉遺君也三十以後傭書養母飄泊淮徐搶攘兵火而意氣振厲

未嘗一日釋簡策輒以其間入南京盋山圖書館蒐讀罕本撰爲提要既知亡當世用留心著述以垂後世端居坐論每謂馬遷史記班范漢書皆出獨裁而勝衆修欲草創清史別名一家發凡起例得如干事論取材之法曰本紀以十一朝東華錄及光緒東華錄爲本書志以清會典事例及三通爲本列傳以滿漢名臣傳李氏國朝耆獻類徵錢繆兩家碑傳集及中興名臣傳爲本而旁采諸家文集碑誌紀事輔焉論立言之法曰紀志及傳辭尚體要而一事之下詳註條證自著史而自註之用班固漢書例也（漢書年表十篇及地理藝文二志皆自注）至儒林文苑列傳之指貴能辨章學術尤宜分科如經學治易者爲一科治書者爲一科治詩者爲一科以及禮春秋說文諸科莫不準此而文苑則按治詩治古文治四六文治長短句等部居別白卷首弁以總論敍述傳衍原流以挈綱要馬班儒林自古然爾列女創於范書寧以節烈爲斷蒐載亦宜按類如瑰奇爲一類（如沈文肅夫人等者入之）翰藻爲一類貞孝爲一類節烈爲一類因事增目所貴通方又如疆臣節帥謨議所咨實在幕客遂筦政樞唾咳風雲至洪楊軍興而極其尤著者如左宗棠李鴻章之徒皆以上佐起家爲名將相蓋前古之所未有是宜特立幕客傳若乃列傳正文可以一家碑傳之信達雅者爲主儻有異聞別見裁爲史贊以匡闕違奚取汎論以裴松之之注仿太史公之贊可謂生面別開作古自我者矣自謂驅遣鬼

靈、來我腕下、名山藏業、可操券也、顧等身之書、而欲成以一手足之烈、未審茲事之體大、而又緟爲飢驅、將毋不皇、鬱陶在心、而君不自暇逸、昕夕伏案、神氣以耗、殤生右胸、方未劇急、著書彌驟、前年吳太夫人猝疾以死、基博固私心憂之、而君彊容墨色而瘠同於枯腊、幾不可識、基博詣弔、爲睹君之自拄撐口不言、患附棺附身、必誠必謹、玄宮告已、而君沈哀蝕心、積瘁消肌、瘵遂內潰、漸用不支、基博方患氣疾、亦以杜門、每一詣視、自慮不起、獨君神識恬然、仰天大言曰、君何患於死、吾兩人在鄉邑、粗解文章、明制作之原、苟天不喪斯文、吾兩人寧有死理、語已、拊掌大笑、基博亦爲氣王、而詎知君荏苒歲月之卒不起也、以今歲八月二日卒、實爲中華人民建國之十九年、距生於前清光緒十二年、春秋四十有五、方疾之革、基博詣焉、而君喑不能言、疾苦萬狀、強起把臂、畫紙作書、如科斗文、不可測識、細認末一成字、意謂著書未成也、於戲傷已、都君所著者、曰舊學書目舉要、曰集錄十三經、二十四史新注、曰校寫六十四子、曰古文辭類纂校注、曰清史稿、曰清文苑、曰念劬廬叢刻、曰直省金石今存表、曰梁溪碑傳集、曰梁溪名賢象記、曰培風室讀書題記、曰夷吾日乘、（絕筆今年舊歷三月三十日）蝿頭細字、梱作牛腰束者數十、驟不可爬梳、謹最其目、以俟董理、配陶夫人、婉娩解文史、能助君著書、發篋出遺稿、爲言古文辭類纂校注、差成書、獨柳河東、歸震川無注、爾中有增竄、皆夫人手筆也、顧賢而無

子、今歲二月、君疾既甚、基博往問狀、君則太息而道曰、余著書無一成、又傷有志無時、功名不立於天下、後顧孑然、終不有子孫、行踐東阿所歎、墳土未乾、而聲名並滅者、嗚咽不自勝、予季基厚、新得一雄、遂子之、以慰其意、焉君則命名曰祖武、字以孫詒、蓋以昭此子之祖武肅王、而孫卿之所詒也、乳名曰錢寶、彭錢吾宗得姓之祖也、曰世世子孫、毋忘所出云爾、末命之日、基博馳候、陶夫人迓之於堂曰、望君之來亟矣、基博入見、而君一息奄屬、直視久之、呻吟欲言、迸一小字、違呼錢寶、遂以瞑也、基博自定交以來、迄今三十年、薄竊時譽、十倍過君、而咫聞尺獲、胥自君之有以啓牖、我奇與賞、疑與析、交君爲獨久、知君爲獨深、敢狀學行、詭之焯焯者、以著於篇、中華人民建國之十九年八月、同學弟錢基博揮涕謹狀、

蘇省擬辦營業稅、江南北各縣商會特在鎮江集議、根據民國十七年中央召集裁厘會議議決營業稅大綱、呈請中央有所建議、是爲江蘇全省商會聯合會之發端

民國二十年辛未、四十五歲

中央召集國民會議、江蘇代表三十名、余與鎮江于君小川、南通李君升伯、江都王君敬庭、銅山藍君伯華、常熟張君守一、同被選爲江蘇商會及實業團體代表、而吾邑工會代表則有惠君紀之、教育會及自由職業代表則有秦君聯奎、秦君鳳翔、當選後、卽召集赴鎮集合、由省府招待備車送京、自五月五日開幕至五月十七日閉幕、共開預備會兩次、正式

大會八次、主席團、爲于右任張學良張繼戴傳賢吳鉄城周作民林植夫陳立夫劉純一九人、其通過議案較有歷史性質者爲中華民國訓政時期約法八十九條、及實業建設程序均政府交議、余提我國裁厘損失、原議以關稅爲主、要抵補所有現辦統稅、及各省營業稅、應請政府明定爲補助稅性質並確定原則案、其理由大旨謂我國裁厘之議、始於前清光緒壬寅、所議抵補款項、其主要者爲將進口稅加至值百抽十二有半、現在關稅增加、自民國十八年二月一日起實行、依照財政部十八年度財政報告、國家裁厘損失、約計八千餘萬元、加之每年補助各省裁厘之損失、約二千萬元、其一切類似厘金之關稅、如鐵路貨捐郵包稅落地稅通過

稅及進口稅常關稅等、俱在撤消之列、此項損失、亦不下二千萬元、統計不過一萬二千萬元、而最近三年之關稅收入總數、民國十七年爲一萬三千三百二十二萬三千元、民國十八年爲二萬四千三百九十六萬六千元、民國十九年爲二萬九千一百四十四萬四千元、是關稅增加至民國十九年、較之民國十七年未加以前、實增一萬五千八百二十二萬一千元、抵補裁厘損失、有盈無絀、最近政府舉辦統稅、及各省營業稅、原爲抵補釐金損失、現在釐金損失既因關稅增加抵補有着、則所有現辦之統稅、及各省營業稅、應請政府明定爲補助稅性質、並注意於不擾民、及不妨害商業發展兩點、分別確定原則、甲、統稅、現在特種消費稅、雖政府已

於四月三日明令宣告免予舉辦、而裁厘後歸統稅署舉辦之棉紗火柴水泥等新稅、實仍爲消費稅性質、依照民國十七年裁厘會議議決消費稅大綱、綜其要旨有八、(一)爲一物一稅、(二)爲一稅之後通行全國、力避節節設卡、不再有留難重徵等弊、(三)爲裁厘改辦消費稅、其稅額不得高於原有之稅額、(四)必爲所轄境內大宗出產之品、其出產不多之零星物品、必須免稅、(五)民生日常之必需品、如米麥雜糧土布柴草木炭等、必須免稅、(六)農業所用肥料、必須免稅、(七)農業工業所用各種機器、必須免稅、(八)教育及發揚文化用品、必須免稅、乙、營業稅、論其性質、係行爲稅、祇能就其行爲之有無、均等課稅、且裁厘以後各種重要物品、

均在改辦統稅、如就其營業另行徵稅、又係複稅性質、自更不能不力求減輕、計其要點有七、(一)稅率用千分法、均等計算、無論營業資本至多不得超過千分之二、(二)徵收時期、依照民國十七年裁厘會議議決營業稅大綱第一條營業證改每年領換一次、而應徵稅額、又按全年計算、應照忙漕辦法、分爲上下半年、每年兩次、(三)滯納罰金、應照忙漕辦法、逾限兩月以上、加收滯納罰金十分之一、其有漏稅應課罰金者、除令分別補稅外、應適用違警罰法辦理、(四)依照民國十七年裁厘會議議決營業稅大綱第一條、營業稅爲地方收入、自應省縣分配、各得一半、最低限度、亦宜暫照忙漕辦法支配、其所支配之款、並應先儘因裁厘而致經費

不敷之事業、不得專充省地方經費、而另由縣地方添設附加稅、(五)依照民國十七年裁厘會議議決營業稅大綱第一條、已向中央徵收特種捐稅者、不在各省徵收營業稅範圍之內、則凡販賣已納統稅特稅之貨物、及其直接製成品、自亦不能徵營業稅、(六)整賣業係屬批發性質、應請免稅、如有零蘼兼售者、祇能按其零賣營業課稅、(七)營業證係商民納稅後公家給予一種納稅憑證、與忙漕由單相同、不能再貼印花稅、後來各省辦理及爭持營業稅、實皆以此案爲根據、而當時提案審查委員會報告第二號、竟悍然決定、謂不必提出會議、不知何意也、此外江蘇工商提案、則有于君小川所提制定印花稅法案、經財政審查委員會審查、報告第七次大會、決議交國民政府立法院妥慎審議、又李君升伯所提請政府厲行保獎政策、取締外人設廠以挽救國貨案、經提案審查委員會報告第二號建議、於主席團交國民政府核辦、李君又提工廠法應由政府先就國營事業併租廠實施、以示倡導而利推行案、似亦未有下落、其於工商不必有直接關係、而與江蘇確亦有其利害者、則有王君敬庭所提導淮入江、有害無利、擬請仍舊江海分疏、以免下游淤墊案、余亦亟贊之、其要點在從來言治淮者、與治其他水利不同、治其他水利者、專以去水之弊害爲已足、而治淮則須兼留其利、即下游之運輸及灌溉是也、又治其他水利者、專以疏濬該水之本身爲已足、而治淮則須兼顧運河之來

源及盛漲是也、故江海分疏、實爲古今不變良策、宜以疏濬歸海爲驅除淮水之大患、歸江濟運爲保留原有之水利、時導淮委員會計劃、欲自三河壩起高築長堤、經過下游之六閘東水出江、入江爲主、入海爲輔、故王君特提此案、經提案審查委員會審查報告第三號建議、於主席團交國民政府核辦也、　次子鍾漢在江蘇省立第三師範學校畢業、復隨叔兄至上海、錄取光華大學國文系肄業、時叔兄方在光華任國文系主任、後又兼文學院長也、旋由江陰吳誕南表兄及枘庭從兄作媒、爲聘江陰奚氏女賽珠、蘇州滸墅關女子蠶校生也、以其少而失恃、與室人早歲處境相似、故聘之、自定訂婚書式、並附有對於男女婚嫁之意見四條、大致主張儉婚、男宅不行聘金、女宅不用裝奩、删除一切靡費、而對於女子承繼權、亦有論述、似曾轉載滬報、在當時用訂婚書、實尚爲創見者、　江北大水爲災、難民大批南下、有東來就食之意、余亟電省、以宜先由省安插、不可任其所之、紛然四出、歸耕爲難、並親赴鎮、謁民政廳長胡氏、請其主持、時江北各縣方以責難建廳、紛推代表、大舉向省府請願也、余回錫後、報告各界、非各地大舉籌賑、不能請省府主持、且救災卹鄰、亦誼無容辭、於是發起聯合各界、在商會組織水災籌賑會、親主其事、募集鉅款、源源報解、京滬沿線蘇常各縣、亦皆紛紛發起組織、後難民卒未東下、而由省府在鎮江安插、未來地方驚擾閭閻也、　九月十八日、瀋陽變起、舉國皇然、朝野

責難政府、聞其時東北當局、尚在北平恆歌酣舞、驟聞驚訊、莫知所措也、方開國民會議時、見其人忽留微鬚、風采已非昔比、有善相者、適傍余座、竊謂此公墨色滿面、意者將有奇禍、乃未半年而其言竟驗也、 江蘇全省典業公會聯合會在鎮成立、余與鎮江姚君滌源、江都周君穀人、吳縣潘君子起、鎮江孫君似松同被選爲執行委員及常務委員、余得票最多、復被選爲主席、邑人秦君琢如、徐君漢臣亦均被選爲執行委員、無錫佔額獨多、先是全省典業因讓利事有所集議、不期而會、無錫者數百人、余於事前無所知也、以同邑典業秦君琢如之介、臨時借縣商會開會、後會場主張不一、意見紛歧、余又被秦君拉往維持秩序、即被推爲臨時主席、余

謂論典業、不能不顧成本、論民生、不可不有退步、故同業自宜力陳艱困、而官廳或亦有商量餘地、不可不努力、不必太認真、全場咸贊其說、遂以瀝陳商困、請求體恤、得議決也、至是成立全省典業公會聯合會、實爲蘇省同業公會有聯合會之始、姚君滌源、周君穀人、秦君琢如三人者、均典業先進、且亦各地耆宿、余於典業、實門外漢、幸有三君匡輔不逮、兩年後任滿改選、余與姚周二君、均聯任爲執行委員及常務委員、余仍被選爲主席、秦君則爲監察委員、至民國二十四年二次改選、依法不得再連、余與姚周二君、均被選爲監察委員、秦君則當選爲執行委員及常務委員、姚君遜清孝廉、爲人剛正不阿、詞壇推爲祭酒、與名詞家朱古薇、況夔笙諸

先生相唱和、有詞集、周君則江都拔貢、尤善治牘、同業建白、皆出其手、嘗於清季膺選爲江蘇諮議局議員、與秦君皆七十以外人也、余常往來鎮寧及蘇杭各處開會、則邑人吳君邦周實佐筆札、得力亦不少云、 商會兩年任滿、依法辦理改選、有以時事方亟、宜緩改選來言者、黨政當局亦有此意、余以選舉所以覘衆意、商會爲商人集團、其運用全在依期改選、何可因故延緩、抹殺衆人意思、卒如期改選、果楊君翰西當選爲執行委員及常務委員、並被選爲主席、而余則被選爲監察委員云、

民國二十一年壬申、四十六歲、

一月二十八日、淞滬戰起、余時在滬、當急端歸、地方組織國

難會、余任總務組、協力應付一切也、時以滬車已斷、適屆結賬需款、地方擠兌現幣、銀行紛紛停業、余乃邀集銀錢業、調查錫存總數、實尚足敷周轉、商請楊君主持、由商會辦理公兌、不一日而風潮平息、後鄰近蘇州等處、亦皆仿照辦理、旋中央亦在洛陽召集國難會議、則行政院汪院長實主之云、

江蘇全省商會聯合會在鎮成立、余與鎮江于君小川、吳縣施君筠清、江都王君敬庭、銅山藍君伯華同被選爲執行委員及常務委員、以于君爲主席、執監陣容、頗爲整齊、時蘇省舉辦營業稅、商界不免煩言、余與同人商請于君主持、根據民國十七年裁釐會議議決營業稅大綱、代表商人、頗多建白、當時幾以此爲中心工作、以余於現行稅制粗有研究、

均推主稿，並定江南北各縣輪流開會，計無錫蘇州揚州共兩次，江寧常州江陰宜興吳江常熟崑山太倉青浦銅山各一次，各地意見頗爲融洽。兩年後抽籤改選半數，吳縣施君被抽而去，余與于君小川、王君敬亭、藍君伯華仍被選爲執行委員及常務委員。其施君所遺之缺，則由吳縣程君幹卿當選，以于君爲主席。至民國二十五年二次改選，依法不得再連，無錫重推代表，則邑人程君敬堂與吳縣程君幹卿、江都郭君蘭石、高郵王君允之同被選爲執行委員及常務委員，而鎮江冷君禦秋爲主席云。

民國二十二年癸酉四十七歲。

外舅高先生卒，回憶甲子冬夜，圍城相守，不覺泣下沾襟也。

叔兄特爲作傳，文曰：先生諱汝琳，字映川，晚年別號眂广，無錫高氏。先世自忠憲公以大儒直節講學東林，結有明一代儒林之局，而明陽公孝乎惟孝，友于兄弟，翔譽族黨，以濟厥美，是則忠憲公之伯兄也，實爲先生十一世祖。考月洲公諱光照，附貢生，樸學弗耀。妣顧太夫人，繼張太夫人，生二子，長蘊甫公諱汝璞，顧太夫人出；先生負異稟，爲張太夫人出。外祖端甫公諱岳駿，廩貢生，受詩古文義法於上元梅郎中之門，詩嗜山谷，文學震川，高潔深邈，梅郎中矜許諾，獨奇賞之。至性篤行，殄瘁於厥衷，不欲以文章自見，客死京師，梅郎中爲點定遺稿，得詩四十二首，文三首，敘而刊焉，曰張端甫遺稿者也。張太夫人胚胎前光，而先生生長食息，不離於典訓，四歲教之以方名，十三歲卒業五經，二十二歲而以府試案首補諸生，才名藉甚，二十七歲中式光緒甲午鄉試副舉人，所與礱切皆一時方聞之士，而終身誦說無間於死生者，曰顧眉叚先生棟臣、秦晉華先生瑞玠。以爲晉華溢才意繁，體疏文多，兼善辭少。眉叚慮詳而力緩，故不競於先鳴。而才欲窺深，辭務索廣，迭用短長，亦無憯焉。至如余者則思銳於爲文，而筆滯於發奧，縹渺浮音，奚當作者。蓋所爲博常常稱道云爾。既而秦顧發聞，顯仕於京國，而先生則服勞鄉邦，幹局隱然，尤以兼綜諸務爲一邑依賴。前後三十年，創建學校，籌辦自治，暨於贊襄革命，凡所以開一邑之風氣而度閎規於久大者，先生皆與有力，而所嘗共事則有若楊範夫

先生模、裘葆叚先生廷梁、薛南溟先生翼運，皆邑之所謂鉅人長德也。楊先生閎雅以果，裘先生厚重而文，而薛先生則睥睨一邑，予智自雄，張弛競絿，異施溫肅，緩急異齊。先生以一身委蛇其間，拾遺補闕，維匡劑和，無所不得於理。眦邑政久，亦時以召鬧取怒，怨詬用集，然而索瘢摘尤，久而莫迹，人諒無它事，亦以解。如是者數年。六十五實爲中華人民造國二十二年一月十七日，時加午，以疾卒於里第。方其寢疾彌學勿怠，日誦鄉老秦澹如都轉虹橋老屋遺稿，蓋生平宗敬所在，琅琅上口，必欲背誦無躓字，以勖於諸子，精敝氣嘶而疾以革，生有涯而意無窮，嗚呼，可哀也已。娶吳夫人，有女曰珍，余娣也，實歸余季孫卿，繼丁夫人，生二子，曰昌煒、昌運，女

曰琬，同縣秦瑞延其婿也。又繼周夫人生四子，曰昌瑞、昌路、昌宇、昌夏。昌宇早慧而殤，先生蓋慟之甚。而運昌則畢業國立北京大學西洋文學系。先生嘗使受業於博執弟子禮，博愧無以益之，而未命之日猶諄諄曰：吾以汝委子泉先生。昌運爲博言之如此，感其意，勿固却也。錢基博曰：余早歲以與先生論事有違言，而先生大度容之，稱其文章而不怪其悖直。及晉接之日久，乃愧嚮者測先生之淺。先生剛中狹腸，疏於世故，而故與人爲翕翕熱。在先生以爲無沾直無斂怨，而人則疑其孰軟不能自樹立。先生介取予，未嘗以財自汙，而書生短會計，往往無以自明，在先生以爲毫釐不侵欺，而人則疑其脂膏以自潤。先生彊勉爲善，好行其德，而疏直罔避忌，在先生以爲不市德，而人則歸之以怨，疑之以欺，此亦先生之三反也。嗚呼！忠無不報，信不見疑，昔嘗以爲然，徒虛語耳。此鄒陽之所不能以自明，而先生之吞聲於積毀者也。先生每爲余言立身處世之難，未嘗不聲情激越，感慨言之。余故發其意而爲之傳云。　縣公款公產管理處者，縣地方財政之經理機關也。設正副主任各一人，主計員若干人，由縣聘任之。是年縣府聘余爲縣款產處主任，吳君侍梅爲副主任，楊君翰西、程君敬堂、李君惕平等爲主計員，任期一年。時蘇省已行金庫制，以江蘇省農民銀行爲代理金庫，每日收款，由省派會計主任一人駐縣查明歸數解庫，凡有支用，均須縣長會計主任及縣款產主任會同核明簽發支票，而會

計主任職權尤重。實則省府集權，地方不過備員而已。一年後，余與楊、程、李三君均聯任，副主任則易陳君湛如。至民國二十四年卸職，由陳君湛如繼余爲主任，而倪君翔青爲副主任云。　同時，余又被縣府聘任爲無錫縣救濟院院長，以蔡君兼三爲副院長。繼楊君翰西之後也。所屬有舊慈善機關恆善堂、同仁育嬰堂、溥濟堂及平民習藝所等。亦至民國二十四年卸職，由陳君湛如繼余任云。　長子鍾韓在國立交通大學電機系畢業，成績爲全校之冠，獲有國內外著名獎金多種，以成績特優，未經服務，保送應江蘇省第一屆公費留學生考試，成績亦冠全軍，錄取第一，而年最少。由江蘇省公費送英留學，選習機械。時閱國文卷者爲丹徒柳詒徵氏，故江南名宿也，得卷亦以爲老師宿儒，及拆彌封，乃知年甚少，且攻實科，歎爲中西淹貫，實不易得。由江蘇教育廳召集赴京，至教育部聆訓。鑒於博士頭銜不盡適於國用，特奉部准注重實習，不讀學位。故到英後在倫敦大學肄業二年，即由校紹介瑞典著名工廠實習，亦二年。方於民國二十六年夏回國，任國立浙江大學教授，後兼機械系主任也。三子鍾穀又在私立無錫中學校高中部畢業，經江蘇教育廳會考及格，亦於是年錄取國立交通大學在土木系肄業。次子鍾漢則以光華大學二年級生應江蘇省第一屆高等文官檢定考試，亦及格云。　商會改選，余又被選爲執行委員及常務委員，楊君翰西則仍任主席也。

民國二十三年甲戌、四十八歲、
癸酉夏歷十二月初九日丑時、次女鍾華生、小字阿英、計其時已在是年國歷元旦後也、　叔兄爲次姪鍾緯娶同邑秦氏女溶方、舊友秦君頌石之次女也、婚後卽赴英留學、在曼卻斯脫波耳敦紡織工程專科學校肄業、有附屬工廠、後以成績優異、亦得江蘇省公費補助、至民國二十六年畢業、回國、在慶豐紡織廠任職、　五月二十五日、七子鍾達殤、年七歲、余爲墓碣以自抒哀詞曰、阿寧錢氏、余七子也、於諸子爲最幼、年七歲而亡、已入學、就傅、識千字、書能頊頊上口矣、余婦甚悲之、以民國十七年戊辰夏歷二月十八日子時生、方生時、久不舉、近半夜、長嫂毛夫人來視余婦、有所見、卽生、豐額、燕頷、耳巨有輪、眉目如畫、貌甚俊朗、長嫂一見、目爲英物、術者推其命、必早達、叔兄子泉爲名小字曰阿寧、亦冀嘗保康寧之意、詎知未成年而殤也、兩歲時、偶爲婢跌、誤創其額、縱裂一痕、適當眉間、中闊上下微狹、乃類世所稱聞太師之目、見者或異之、三歲後、母姊爲授唐詩短句、頗能成誦、余嘗聞其晨睡初醒、於母枕上誦春眠不覺曉、處處聞啼鳥、夜來風雨聲、花落知多少句、喃喃不休、問母有誤否、母輒破顏爲笑、至今思之、風雨花落、或詩讖也、叔嫂王夫人有妹適鮑、嘗寄余母作義女、時來余家、余子女多從問字、隨從兄弟稱曰六姨、兒五歲時、亦從識方字、語母曰、吾今乃爲六姨學生、應稱以先生矣、母笑頷之、自此卽不再呼六姨、間隨余寢、同被

而臥、嘗抱余背、挽頸笑曰、娘有乳吃、故臥其懷、爺何無乳、我乃抱背、聞之失笑、每晚聞余戶外車鈴、必自先趨門、調爺歸、速家人婦啓戶、顧諸兄曰、吾先迎爺、爲孝子、以此自詡、咸莫如何、甚畏長姊、而親其母、故母每外出、必令隨其長姊、而姊亦時爲督課、兒服其教、無稍忤、今年春試令就三皇街小學肄業、以其生當俗傳達摩過江之日、故爲命名曰鍾達、每見客、必以告、自謂達字響、較寧尤佳也、凡兒之可憐念者類此、其病也、實始於民國二十三年四月二十八日、僅感時氣、患紅痧、余有兩子均先患此得愈、兒亦自謂無患、乃寒熱不退、竟以翌月二十五日內潰劇痛、汗出不已、至夜十時半而夭歿、其翌日、余商叔兄、祔葬於惠山廟巷余幼妹月琴之墓右、卽余叔兄昔年爲撰春申君里墓碣者也、爰系之曰、爾病自謂不欲醫藥兮、今乃急之以速其死、天發殺機、龍蛇起爾其倖免於斯世、自今爾違父母之懷兮、寧依爾姑以息茲土、　三姪鍾英在上海光華大學以英文系第一名畢業、得金牌獎、旋膺中央銀行行員考試、亦錄取、派保管科任職、蘇省設立省縣土地局、頒行城市地價申報辦法、欲於南通、無錫兩縣城市先行舉辦地價申報、其辦法第十六條、且規定地價申報完竣後、縣政府應卽開始徵收地價稅及土地增值稅、余以地價申報及徵收地價稅、載在先總理建國大綱第十條、第十一條、明係訂在第九條完全自治之後、而以第八條以前劃爲訓政時期、文曰、每縣開創自治之時、必須

先規定全縣私有土地之價、其法由地主自報之、地方政府則照價征稅、並可隨時照價收買自此次報價之後、若土地因政治之改良社會之進步而增價者則其利益當爲全縣人民所共享而原主不得而私之土地之歲收地價之增益公地之生產山林川澤之息礦產水力之利皆爲地方政府之所有而用以經營地方人民之事業及育幼養老濟貧救災醫病與夫種種公共之需等語是其必要條件實爲開創自治之時及其土地歲收與夫地價增益當爲全縣人民所共享而用以經營地方人民之事業原其用意係爲專供縣自治之用而亦必須縣自治實行開創方得規定全縣私有土地之價由地主自報照價徵稅明以此項權能付之地方自治且必地價實因政治改良社會進步有所增益方得另收增值稅其義甚明故立法院擬定縣自治法草案第二章第五條規定縣自治事項內有全縣地政事項而其第七章第四十四條規定縣財政各款並及全縣地方稅收似卽根據先總理建國大綱第十條第十一條所擬定尤其明證蘇省土地甫在清丈依照總理建國大綱第八條實尚係訓政時期政府派員協助人民籌備自治之工作乃忽訂單行辦法遽令南通無錫兩縣城市卽行舉辦地價申報是否確認兩縣城市已達完全自治時期似宜明白規定付以自治權能卽辦地價申報亦應劃歸自治否則地方自治完成需時依照約法第二十五條人民非依法律無納稅之義務而遽

以省訂單行辦法既於中央法無根據竟欲變更總理遺訓是豈訓政所宜蓋建國大綱所以規定地價申報及徵收地價稅爲開創自治時工作者實以開創自治時之人民依照建國大綱一方面對於地方須盡地價納稅及土地增值之義務一方面亦有直接選舉罷免官員及創制複決法律之權論其權義實爲對待似三民主義之真精神在此而革命工作之重要意義亦卽在此且其征之地方者亦仍用之地方故一則曰全縣共享再則曰地方所有而自治以縣爲單位故規定地價亦必全縣始地方享有可及全縣實現總理遺教斷在促成自治決非城市偏隅所宜提前獨辦時地方旱災極重正由縣組織救荒會當卽約集地方代電呈請中央、明令予以糾正並以事關地方函京滬兩同鄉會一致努力主張後經行政院飭由內務財政兩部於十月六日在行政院特開審查會計出席者行政院陳念中內政部鄭震宇財政部高秉坊結果以蘇省各縣市未經正式測丈登記卽行舉辦城市地價申報核與法定程序稍有未符據該省土地局長祝平說明蘇省舉辦城市地價申報係屬試辦性質其目的僅在使土地有明確之價值並無於地價申報完竣後卽行征收地價稅之意如無錫錢某等亦已表示諒解報告行政院令由蘇省政府將原辦法加以修正其主要之點卽在原辦法第十六條第一項規定地價申報完竣後縣政府應卽開始徵收地價稅及土地增值稅其條文過於剛性

宜改爲地價申報完竣之區將來徵收地價稅及土地增值稅得參照此次地價申報之結果確定其稅率余時輯有城市地價申報主張經過印佈地方可覆按也

民國二十四年乙亥四十九歲

蘇省通過各縣房捐章程不論自產租屋店鋪住房城鄉一律征收租屋照每月租金住房月收百分之八店鋪百分之十五自產照鄰屋估價住房月收千分之零・八店鋪千分之一・五並定卽日實行征收當以蘇省房捐肇自清季原爲收益性質故照房租比例無錫現照月租實收百分之十且僅限於店鋪而未征及住房實以住在人生不可或缺住房非比店鋪內地不同都會求或過供可多收益依照總理建國大綱政府尚當與人民協力共謀建築大計劃之各式屋舍以樂民居豈有人民住屋轉忍加以誅求甚非黨國重視民生之意上年五月中央召集第二次全國財政會議以廢除苛捐雜稅爲重要議題而行政院汪院長訓詞中諄諄致意於農村十分凋敝社會十分窮困如果再征捐稅榨取百姓脂膏實在於心不忍亦幾垂涕而道財政部長孔部長開會詞更以規劃興復端緒繁多緩急輕重尤當審量以謀減輕經費支出及租稅附加之負擔爲言特於大會中通過各省市設捐稅監理委員會監督苛捐雜稅廢除之設施並發表宣言剴切聲明以後對於各省收入中有涉於苛雜擾民者必芟薙之釐剔之果能先去其太甚亦可使民力小休

其各項支出中有無益者不急者必罷緩之有過度者浪費者必減節之能節流便無異開源能減費自無庸加稅言之深切著明閱時尚未一年蘇省轉訂新章征收房捐店鋪加半遍及住房是豈中央力謀廢除苛雜減輕人民負擔之意依照中央監督地方財政暫行法第三條各省及直隸行政院之市遇有變更稅目增減稅率或募集公債時應依法由省市政府擬具計劃咨由財政部審核簽註呈由行政院轉立法院議決呈請國民政府令行又第四條各縣市非依法律不得變更稅目遇有增減或募集公債時應依法由縣市政府擬具計劃在縣市參議會未成立前召集地方各法團公開討論呈報財政廳審核簽注呈請省政府議決令行並咨送財政部備案又第七條各級地方政府變更稅目增減稅率或募集公債非經本法第三第四兩條之規定經核准後不得執行並不得列入預算規定至爲嚴明現在蘇省房捐既爲各縣經費卽使果有增減必要似亦應依法一聽各縣公開討論不宜在省徑行決定而在未經合法手續以前無論在省或縣自均不得執行此爲法律所明定當亦官民所共遵際此農商交困地方難增負擔秪有各仍其舊未可輕事變更而蘇省捐稅監理委員會依照中央賦予職權對於違法捐稅宜有舉發之責能否實行監督當以此事爲斷由縣商會通電國省當局請求停止施行而余任縣款產處主任以縣款產處職司地方收支對於省縣政府宜服從合

法監督實未敢上下相蒙增加人民負擔徒爲官府分謗轉
受地方責難於事未宜於心尤不安復與副主任陳君湛如
逕電中央院部及蘇省捐稅監理委員會略謂省縣財政應
須劃分中央早有辦法而上年第二次全國財政會議復經
確定原則三項又於大會宣言中更詳言本會議議定自今
以後省縣地方收入支出之標準必須詳細劃分如第一次
全國財政會議劃分國家稅費之前例蘇省房捐向係縣地
方費應在各自整理之列宋明稅及間架實爲末世秕政清
季警費無着暫以房捐抵充稱捐而不稱稅仍有臨時之意
縱難卽行蠲除豈忍再有加重時蘇省捐稅監理委員會委
員如韓紫老張雲摶冷禦秋江問漁于小川陳少芸顧子揚

諸先生確亦一時蘇賢爰於三月十日特以此事在鎭開會
而鎭錫各報登載財廳負責人談話則謂各縣公安經費之
預算向由各縣事先召集地方法團士紳公開討論確定征
收房捐既充公安經費之用其征收數目自以適符用途爲
標準其間正有待於捐稅監理委員會方面發表意見詳訂
細則且言所收地丁農民負擔城市居民並無義務余與楊
君翰西復以地方士紳名義特函蘇捐監會有所聲明謂無
論蘇省地丁城鄉一律負擔絕無豁免城市之事而且在鄉
田畝住城業戶不少租由佃繳稅歸業負近年每遇歲歉田
租縱有疲欠地稅仍事催迫是豈無義務者此實不明政情
未可遽作依據旋蘇捐監會議決根據各省市捐稅監理委

員會章程第三條第二三項之規定建議省府已辦者捐率
照舊加以整理未辦者暫行緩辦而報載省訊又發表財廳
負責人談話對於蘇捐監會建議認爲殊欠公允適江蘇全
省商會聯合會亦於三月二十一日召集執監會議余往出
席商請主席于君根據宜興鎭江武進無錫青浦高郵奉賢
太倉吳江碭山嘉定崇明各縣商會意見分電國省切陳民
隱略謂省政府組織法第二條省政府於不抵觸中央法令
範圍內對於省行政事項得發省令並得制定省單行條例
及規程但關於限制人民自由增加人民負擔者非經國民
政府核准不得執行蘇省房捐既係各縣經費省縣財政亦
各有其系統卽使果有變更或增加必要自應依照中央監

督地方財政暫行法第四條規定由縣公開討論再行呈省
決定方合法定手續且亦以昭鄭重蘇省密邇京畿拱衛中
央對於中央規定宜如何特示尊重藉爲各省倡率而作地
方模範豈有中央明白規定而蘇省當局夙號賢明可以省
府會議通過遽行悍然置之不顧蘇省大災之後重以金融
岌岌農村日就崩潰工商無法維持地方流民載道社會窮
於救濟政府日夜籌思方期出民水火而蘇省忽於此時變
更稅目辦理房捐查及住戶未經合法手續並遽強施調查
談者色變聞者卻走試聞蘇民感想爲何如且置中央法令
於何地各縣商會屬在地方見聞較切上意豈敢遽違民隱
不能不言同時雲間蘇州武進揚屬無錫宜興江陰泰縣各

旅京同鄉會亦皆一致力爭。於是行政院飭據財政部呈復、以事關人民負擔、當此農村崩潰、商業凋敝、蘇省復遭災祲之餘、應將新定章程暫緩舉辦、以恤民艱、一面查明現在原有征收狀況、由省彙核、就不增人民負擔原則、擬定整理計劃、依法辦理。遂由無錫縣商會輯印蘇省房捐要牘、備覽分送各縣備查也。　長姪鍾書於民國二十二年在國立清華大學畢業、至是國內服務期滿、膺英庚款第三屆留學生考試、得分獨多、全榜第一。以西洋文學系派赴英國牛津大學留學、旋又轉赴法國巴黎大學、均得學位。至民國二十七年始歸國、膺聘爲國立西南聯大教授。同屆紡織系錢寶鈞亦新瀆橋族人也。其第二屆錄取之光學系錢臨照則鴻聲里

族人伯圭之子。至是及余子姪、公費留英者、計無錫同族有四人、而吾家實得二人焉。叔兄爲姪娶同里楊老圃先生之女季康、蘇州東吳大學畢業、而在北京清華大學研究院者也。婚後同出國、亦赴牛津留學。次子鍾漢在上海光華大學以國文系第一名畢業、得金牌獎、留校任附屬中學國文英語教員。四子鍾儀亦於是年在無錫輔仁中學高中部畢業、經江蘇教育廳會考及格、旋錄取國立同濟大學機械系。先在德文補習班肄業。年甫十六耳。　夏歷七月十二日卯時、九子鍾泰生、小字阿安。　十二月二十七日、長女鍾元遣嫁同邑許景淵。余輯議婚集、以爲媵、而自弁其簡端曰：有女鍾元、二十學成、以勤補高內嫂之言、而由吾兄子泉與鄒頌丹

先生作介、於民國二十三年十二月二十三日與許氏子景淵訂婚。蓋勤補內嫂實出許氏、而景淵尊人建人先生之兄瀑如先生與吾兄故理科會同學、本舊識。重闈在堂、系出長安橋錢氏、又吾宗也。父母愛子、爲計深遠。君子之道、造端夫婦。訂婚之月、余既於兩姓親屬會宴之時、詳曉兩家子女以近今夫婦之道、苦男女居室之不易、惟識性爲能同居、須相諒乃可永好。人性互有短長、宜知所以相成。舊時兒女婚姻、一憑父母作主、而夫婦未必仳離。現代青年結合、半皆自由戀愛、而男女中道相棄。物忌太過、美盡則絕。君子交淡、淡乃彌永。小人情甘、甘實難繼。朋友之道、義通夫婦。冀缺野耨、夫婦賓敬；孟光富女、舉案相莊。寓愛於敬、愛乃不敝。女子從一

之謂貞、男子不二之謂義。義貞相守、金石同固、當已共喻其旨矣。茲由兩姓家長、詹於民國二十四年十二月二十七日爲吾女遣嫁之期、施衿結褵、誼當申戒。爰自訂婚之始、以迄涓吉有日、議婚函札、輯爲一集、將以永證嘉盟、並詔兩家子女、咸體父母之意、勿貽老人憂也。集中有余致景淵書、大致謂吾賢與小女覿面多次、通信半年、未卜有何認識。平仲善交、尤在久敬、識性同居、亦古名言。君子知人之長、尤貴悉其所短、知長乃能善用、知短可期相諒。莫知子惡、自古爲善。小女生性短長、極盼詳實見教。景淵覆書則謂素性愚昧、雖與元過從半載、實不敢言已能認識、惟於往來函札中觀察所得、深覺其人胸襟高潔、識見明達、在在令人心折。曩聞三伯

伯言其稟性稍剛，自病優柔寡斷，誠得稍剛者為侶，則潛移默化，於性格上或能有補等語，而叔兄於瀕嫁時，有復元女一書，辭亦摯，曰：昨午接汝信，極慰。阿伯以教授為業，所見青年不下數千人，景淵勤於所事，而以文史自怡，吾見亦罕。所見男女婚姻，或永以為好，或歡好不終，悲歡離合，所見亦多，而要未有孤行己意之能永以為好者。從前宣哥訂婚，吾見季康與宣信云：現在吾兩人快樂無用，須兩家父母兄弟皆大歡喜，吾兩人之快樂，乃徹始徹終，不受障礙。此真聰明人語。現在許氏祖孫三代，皆極歡迎汝，只須汝一切受商量，勿自託大，許氏又礙汝父面，決無不敬汝愛汝之理。汝父母在，此等說話，非阿伯所宜出，然吾兄弟少小同心，今皆垂老，汝又素聽我話，故亦不恤盡言，幸深思之也。余於景淵親迎時，更為覿儀說，以告之曰：吾女遣嫁許氏，婿景淵戚屬相告，謂新婿宜有覿儀，例亦得用金錢。微人言，余幾忘之。金錢萬惡，君子不道，男女居室，人之大倫，而以金錢始之，非所以示訓也。古者初見必有贄，棗栗榛脩，不求備物，禮云而已。下敬上也。後世乃有覿儀，轉為上施乎下，豈所謂若要好，老敬小，亦有說焉。習之所安，即禮之所宜，有其舉之，何可廢也。結婚必用證書，而證書例必蓋章，故為仿古漢印，特治結婚名章，夫婦各一，銅質龍紐，銅取質堅，義比夫婦，龍寓飛騰，乃祝新婿，此其為義一也。舊藏翠綠古銅文星一座，塍以吾女青田石王母騎鹿及百年陳墨魁星各一座，合貯一篋，庶幾文星金

母，福祿偕老，此其為義二也。牙碗一對，友人舊贈，象牙性潔，蓋以象徵夫婦愛情之淨潔焉，此其為義三也。議婚集一百冊，係吾新刻，專證嘉盟，亦欲雞鳴戒旦，夫婦百年永好，此其為義四也。婿者，推女之愛以及焉者也，故亦願其推吾愛女之心，而有以受吾愛焉。

民國二十五年丙子，五十歲。

商會又改選，余與陳君湛如、程君敬堂、吳君侍梅、薛君壽萱、同被選為執行委員及常務委員，余為主席，至是余再膺選為商會主席矣。自維楊君翰西、陳君湛如在地方共事最久，庶幾患難之交，而余於商事夙所未習，其能久主商會，則蔡君兼三及程君敬堂二人贊助之力尤多。蔡君故於地方有宿望，其母太夫人系出江溪橋楊氏，則嘗執經問業於余先祖榕初公及伯父葵生公者也，故與人無町畦。前於民國初年，與余表兄孫君鶴卿同任商會會長，光復門外商會新廈，即其任內所規劃創建者也。年長於余幾二十，以通家世誼，視余若弟。程君與余年相若，尤習商事，能明大體，悉皆推心置腹，凡事能以誠告，固非僅匡所不逮已也，故余私心尤感之。江蘇全省商會聯合會同人，以余年五十，特為稱祝，讌集於嘉興煙雨樓，知為我吳越錢氏遺蹟，而錫人重建者也，若有意若無意，可謂巧合，非執監委員亦有參加者。十一月五日，次媳奚氏女賽珠來歸，延高君涵叔為證婚，則余子鍾漢之從舅氏，且寄父也。余以古者既冠而字，字而始婚，特

爲婚字說以勗吾子曰余有次子適生於民國肇造之年爰爲命名曰鍾漢同時昆季資實最魯而先君子鍾愛獨深余每默體親心而時寬假爲漢當識之生二十年而余爲訂婚江陰北渚奚氏女曰賽珠婉娩有容庶幾淑配時民國二十年十月二十日也越五年而鍾漢年二十有五賽珠年二十有三男女適皆學成余諏吉於民國二十五年十一月五日爲之完婚古者既冠而字字而始婚所以示成人之禮也緬茲二十五年國家政治時有艮窳鍾漢學業亦多進退若云其道大光似均尙有所俟而鍾漢適又行次故余爲命字曰仲光意者自今以往有緝熙光明之一日乎人生過程實以結婚爲一大轉變漢幸勉旃抑在昔女子曰嫁男子曰壯有室嫁者適人而已然而孟光事夫舉案齊眉非僅義取相莊亦示甘苦同嘗可與安樂難共患難非所論於男女平等之真諦也壯則成人之謂有室云者詩曰刑于寡妻至于兄弟以御于家邦則更大學宜其家人而後敎國人之義也賽珠訂婚數過吾家余夫婦察其語言安詳舉止有度實能寵辱不驚或可相與有成行而宜之家人安之其在吾子責莫大焉漢其勗哉　十一月某日晨讀報知西安忽有事變最高當局某公爲東北要人刼持余占諸葛神數得詞爲中有玄機賦雞鳴方顯露猛然悟禪關打破君門路四句曰雞鳴狗盜孟嘗出關事在關中意者君門有路其亦尙出險乎但細玩詞意曰中有玄機曰猛然禪關國家將有他變固知禍

不止此時邑最高當事亦東北人一時人心頗不寧余語地方際此國家有事宜官民一致以鎮靜相持不可庸人自擾將爲奸人所乘至是月二十五日而某公脫險莅京地方幸無事也

潛廬自傳 附

錢基博字子泉又字啞泉別號潛廬江蘇無錫縣人生於民國紀元前二十五年以廢曆二月二日生與孟子同生日兄弟五人而次居四與弟基厚孿生五歲從長兄子蘭先生受書十一歲畢四書易經尚書毛詩周禮禮記春秋左氏傳古文翼皆能背誦至十三歲而問業伯父仲眉公教爲策論課以熟讀史記儲氏唐宋八家文選而性喜讀史自十五六歲時讀司馬光資治通鑑畢沅續通鑑而於歷代地名必按圖以索積久生悟因以精貫顧祖禹讀史方輿紀要一書下筆纚纚議論證據今古草中國輿地大勢論得四萬言刊布梁啓超主編之新民叢報又以己意闡發文章利鈍倣陸士衡文賦撰說文一篇刊布劉

光漢主編之國粹學報意氣甚盛而父祖耆公以家世儒者約敕子弟祇以樸學敦行爲家範不許接賓客通聲氣又以科舉廢而學校興百度草創未有綱紀徒長囂薄無裨學問而誡基博杜門讀書毋許入學校毋得以文字標高揭己沽聲名也顧江西提法使陶大均覩其文章駭爲龔定庵復生招之入幕從容諷議而不責以治事大均早年受業遵義黎庶昌於湘鄉曾文正公爲再傳弟子好詩古文詞獨許基博文以爲得曾文正所謂陽剛之美月薪白銀百兩尤爲優贍而基博悉以奉父衣冠敝舊不改於初或問何自苦乃爾或亦譽爲少年老成而基博則嚬之曰余年少又自知嗜欲過人稍一縱恣思回頭不得今手中不留一文錢欲束身自敕以不入於慆淫耳同幕作客

咸有所歡或逢宴會挾以娛嬉合尊促坐男女同席而基博捧杯微飲神志湛然一日夜半睡酣大均使召入見以爲有所諮也亟披衣起至則幕僚紛侍大均指一粲者語曰「此花榜狀頭馳譽舊矣晝招則人言可畏故不卜晝而卜夜君不可不一盼睞基博默然徐曰公以風憲官而長夜召妓豈所以儀刑百僚遂趨以出同座譁笑以爲迂儒大均止曰毋然此君子明日詣謁長揖謝曰君少年如此乃令我輩愧死然微君不能諍我亦微我不能容君自是不復召妓休休有容於大均見之爲時爲民國紀元之前三年也迨辛亥革命軍興同縣顧忠琛方以蘇浙聯軍總參謀攻克南京延治軍書歷任援淮軍司令部陸軍第十六師副官參謀授職陸軍中校調江蘇都督府戎馬倉

皇未嘗廢文史吳祿貞傳席地爲草文出一時傳誦咸以爲傳神阿堵如見生平也時革命新成功同事者罔不恣意聲伎以謌舞昇平迨日之夕軍部寂無人焉基博獨留守挾册吟諷中宵璅璅衛兵值守門外未嘗不闞而怪焉或指語以爲笑樂既而民國二年第二次革命敗直隸都督趙秉鈞江蘇都督馮國璋知其素長者無與又有諍議皆以祕書爲招基博自以奉職南方軍府丈夫立身豈容反覆議論異同祇以救世難而非以圖身利又目睹世亂方興飛書走檄不過以文字爲藩府作口舌文章不以經國而薵言亂政匪所思存謝不往也會無錫縣立第一小學國文教員缺校長顧祖瑛欲以延之而月薪二十元每週任課二十四小時祖瑛以基博文章有高名而自二十

歲奔走江南北、月薪常在二百金以外、又知其有趙氏馮氏之招、若以爲不辱也、辭頗囁嚅、基博笑曰、君何淺之乎測我也、吾家三世傳經、爲童子師、何所不足於我乎。既莅事、祖瑛又慮其才高意廣、或不屑意於此也、而基博孰講勤改、諸生翕服、在職二年、未嘗一日曠課、祖瑛則大喜過望、而基博亦怡然有以自得也。每語人曰、吾從前月薪二百、往往蕭然塊處、時有遐思、而今則嘵口瘏音、自朝至於日中昃不遑、乃益以此收放心焉、於戲、吾知免矣。自此委身教學、二十二年以來、歷任無錫縣立第一小學國文史地教員、吳江麗則女子中學國文教員、江蘇省立第三師範學校國文經學教員及教務長、聖約翰大學國文教授、國立清華大學國文教授、第四中山大學中國語文學系主任、私立無錫國學專門學校校務主任、光華大學中國文學系主任及文學院院長。其爲教也、必誠必信、以爲卷懷不可以宏道、乃開誠以示物、顯言不可以避患、故託古以明義、務正學以言、無曲學以阿世。徒以二十年來、學潮激蕩、長傲縱欲、大師或相詭隨、以與爲亡町畦、而基博所至、則常思樹立師範、以矯一世之枉。每太息曰、昔人媚道、以千時君、人知其佞矣、而今之大人先生、乃不屑枉己以容悅不學之後生、我其謂之何哉。獨嚴氣正性、不與諸生爲翕翕熱、每莅講室、危言激論、大聲發於座上、時亦雜以詼嘲、呻其佔畢、多其訊、從學者初憚其嚴、久則相說以解、雖持論侃侃、而歷小學以至大學、未嘗有扞格之學生焉。基博論學務爲浩博無涯涘、詁經譚史、旁涉百家、抉摘利

病、發其闇奥、自謂集部之學、海内罕對。子部鉤稽、亦多匡發。而爲文、初年學戰國策、喜縱橫不拘繩墨、既而讀曾文正書、乃澤之以揚馬、字矜句鍊、又久而以爲典重少姿致、敘事學陳壽、議論學蘇軾、務爲抑揚爽朗。所作論說、序跋、碑傳、書牘、頗爲世所誦稱。碑傳雜記、於三十年來民情國故、頗多徵見、足備異日監戒。論說書牘、明融事理、而益以典雅古道之辭、出之跌宕昭彰。序跋則以生平讀書無一字滑過、故於學術文章得失利病、多抉心發奧之論。湘鄉曾廣鈞讀其文而詫歎焉。既則貽以書曰、吾子上說下教、雖強聒而不舍、然而僕覘子之學、必不大。何者、鎔史鑄子、裁以昌黎、從前惟孫淵如有此萌芽、錢竹汀略創輪椎、吾子益運以豪氣、扛以健筆、四十歲後、篇題日富、必能開一文派、特惜言皆有物、較空言格律及虛神搖曳者、有難易之分。造詣雖宏、徒侶必不能廣耳。南通張謇以文章經濟爲江南北士流所歸重、及讀基博文而歎曰、大江以北、未見其倫。吳江費樹蔚曰、豈惟江北、即江南寧復有第二手。而謇尤廣爲延譽、聞者或疑阿私所好、而不知基博未瞻一面、未通一書、興化李詳論文不囿風氣、好稱子部雜家之學、顧於並世文人少所許可、尤力詆林紓、以謂觀其所譯小說、重在言情、纖穠巧麗、淫思古意、三十年來、胥天下後生、盡驅入猥薄無行、終以亡國。昔人言王何之罪、浮於桀紂、畏廬之罪、應科何律、畏廬既以此得名、可以已矣、而又高論文章、因擇舉世所宗、又爲時貴意旨傾嚮、復起桐城之餘、鼓以爐鞴、勢令海内學子從風而靡、一與其小說

等、而其富厚之願始畢、此僕所爲不平、而獨甚推基博、貽書謂所重足下者、能多讀書而下筆輒古、畏盧僨於豚上、可畏耳、若足下之虎、且相率而辟易、弟自此不敢輕量足下矣。基博則復之曰、博生平論文、不立宗派、在曩時桐城之學滿天下、博固不欲附桐城以自張、而在今日、又雅弗願摧桐城已死之虎、取悅時賢。拙著古文辭類纂解題、固嘗微申厥指、桐城之文、尚澹雅而薄彫鏤、而畏盧則刻削傷氣、纖穠匪澹、於桐城豈爲當行。而氣局褊淺、十五六年前、徒以博偶有掎摭、見之不勝憤憤、無端大施傾軋、文章化爲戈矛、儒林淪於市道、屬商務不印拙稿、而不知博本勿賴市文爲生、有友人介紹博任北師大國文講座、其時畏盧在北京文壇、氣焰炙手可熱、亦作臧倉、致成罷論、知

者多爲不平、然博以爲真讀書人、正當化矜釋躁、徵其學養、何意畏盧六十老翁、不能宏獎後進、而黨同妒道若是、勝我不武、不勝見笑、博苟卓然有以自立、畏盧尸居餘氣、文章真賞、來者難誣、身後千秋、尚賴博爲論定、而畏盧乃必欲窮之於所往、博豈遂爲所窮、徒見其不自量耳。當日固已如是、豈在今日、博轉欲拾其唾餘、藉以自重、及畏盧身僨既倒、博撰次現代中國文學史、平情而論、胸中既未嘗有不平之氣、更何必加以尋斧、效惡聲之必反、故博前日於畏盧、不肯降心以相從、而在時移勢異之今日、亦不敢助長者張目、作尋聲之罵、呵禁不祥、而於是詳服、其有度也。侯官陳衍以文章娛其老、壽年八十歲、稱一代宿學、而謂基博曰、四部之學、以能文爲要歸、而文章獨以昌明

博大爲上、題事繁多、而措之裕如者、畫家之層巒疊嶂也。後賢可畏、獨吾子爾。其徒以簡潔幽峭稱者、皆力之有未逮、抑或其題之衹以止此也。基博謝曰、雖不能至、不敢不勉。基博既以文章教學後生、而著述之刊布人間世者、曰周易解題及其讀法、曰四書解題及其讀法、曰讀莊子天下篇疏記、曰韓愈志、曰韓愈文讀、曰明代文學、曰國學文選類纂、曰模範文選、曰版本通義、曰國學必讀、曰經學通志、曰後東塾讀書記、曰現代中國文學史長編、曰文史通義解題及其讀法、曰古文辭類纂解題及其讀法、曰老子解題及其讀法、曰駢文通義、其它散篇雜見新民叢報國粹學報小說月報東方雜誌教育雜誌新教育清華學報甲寅週刊青鶴雜誌、自署其著書之室曰後東塾、蓋讀陳

澧東塾讀書記之作、而以明竊比之意、題楹聯云、書非三代兩漢不讀、未爲大雅、文在桐城陽湖之外、別闢一塗、則固有以自信矣。蓋商務印書館出版宜興張振鏞所箸中國文學史分論論次之如此。顧基博獨自謂所著文章、取詁於許書、緝采與蕭選、植骨以揚馬、駛篇似遷愈、雄厚有餘、寧靜不足、密於綜覈、短於疏證、文之佳惡、吾自得之、後世誰相知定吾文者耶。生平無營求、淡嗜欲、而勤於所職、暇則讀書、雖寢食不輟、怠以枕、餐以飴、講評孜孜、以摩諸生、窮年累月、不肯自暇逸、而性畏與人接、寡交游、不赴集會、不與宴飲、有知名造訪者、亦不答謝、曰、我無暇也。文章衹以自娛、而匪以徇聲氣、學道斬於自得、而不欲騰口說、不爲名士、不趕熱客、剛中狹腸、孤行己意、而不喜與人爲

爭議。人亦以此容之。飽更世患。又欲以寧靜泯聖知之禍。長沙章士釗善持政論、有天下大名。而基博則規以書曰、昔人連稱名德。名者公所自有。德則願以交勉。獨念民國肇造。談士蠭起。尚集權。則兆洪憲之帝政。言聯邦。又啓彊藩之割據。民亦勞止。汔欲小休。而文士之筆桿。乃與武人之槍枝。同惡相濟。禍國殃民。然後知諸葛公澹泊明志。寧靜致遠之爲高識。老子曰天下神器不可爲也。往者已矣。來者可追。倘少主張。即少紛紜。公熱心人。願獻此一服清涼散。蓋素所蓄積者然也、與物無競。而律已則嚴。年二十六歲、入進德會。會之成立。其大旨以革命必先革心。人有不爲而後可以有爲。相約以不爲自律。最高者八不。降殺以次至三不者爲末級。而基博則卑之不敢高論。祇以不吸烟。不賭博。不狎妓。不納妾。四事自約。敕其署名之發起人、曰吳敬恆、蔡元培。其徽章爲白銀心。懸當胸、銀以徵其純潔。心以警其良知。斬於精白乃心而已。當日以大力者登高之呼。而紛紛藉藉者。胥以入會爲榮。迄今二十四年。而澹與相忘於無何有之鄉。諸公衮衮。納妾者不可以僕數。其它細德出入。更無論矣。獨基博齷齪小儒。乃不敢犯戒耳。每謂君子之道。闇然而日章。小人之道。的然而日亡。而今之所謂名流者。亦既沆宕忘返。鶩名而不課實。言滿天下。而有遺行。適見其爲小人之的然而已。吾畏之遠之。而不欲接之。瞻顧朋儕。獨多君子。自以爲節性之和。不如太倉唐文治。制行之謹。不如同縣顧倬。治事之勤。不如上海王寶崙。識度之淵。不如同縣徐彥寬。學問之密。不如慈

孫庵年譜 附錄 七

谿裘毓麐。而文事則差有一得之長。人固不易知。自知亦未易也。弟基厚少相狎長相愛。同居數十年。祇行論學。往往面爭至發赤。而未嘗言財產。顧基博性急不耐事。基厚常以知計寬之基厚治事精整。服勞地方。內苦其心。而不求諒於人。而基博則肆志爲文章。以有聞四方。行事不同。而兄弟相戒。勿取非分之財。勿好不虞之譽。世極其變。我踐吾常。世肆其亂。我養吾和。抱樸守醇。毋汨其性。不忮不求。何用不臧。云時在中華人民造國之二十四年四月十日、錢基博自述、

孫庵年譜 附錄 八

跋

跋之爲言足也、足者足其意也、同邑華君鴻濤閲余年譜稿竟、爲簽誤字數處、因已付刊將竣、故均照識原稿、餘尚無關大體、惟民國十二年、小萬柳堂、誤作小萬樓堂、又民國十六年、縣教育行政委員徐夢影、誤作徐夢英、又民國十七年、江蘇省立第三師範、已改名爲江蘇省立無錫中學、此稍有、乖史實、又民國二十四年、蘇省捐稅監理委員韓紫老、謂宜逕稱韓紫石、與以下、諸委員、用字、一律、準以古人臨文不諱之義、亦自有見、余年譜關涉諸人、凡相、識者、以從、平日、稱謂、多用、字、其有、稱、名、者、則皆、無、甚、深交、或竟、未、謀面者、也、將來或將書內諸人別撰姓字錄、略載名號行歷、以資考證、此華君所簽者也、又按民國二年七月十二日、李烈鈞據江西湖口獨立、組織討袁軍、自任總司令、蘇皖粵閩湘繼之、是謂二次革命之役、十五日、黃興始入南京、强都督程德全宣布獨立、並任黃興爲總司令、十七日、柏文蔚入安徽、組織革命軍、二十五日、革命軍敗於湖口、二十八日、南京革命軍總司令黃興出走、都督程德全電告取消獨立、八月八日、何海鳴復據南京、宣布獨立、旋被第八師長陳之驥擒下獄、再取消獨立、十一日、駐南京第一第八兩師內鬨、何海鳴越獄、爲臨時總司令、再宣布獨立、九月一日政府軍克復南京、此則偶檢舊報、月日鑿鑿可考、余書謂事由第一第八兩師在南京發難、黃興主之、而安徽都督柏文蔚、江西都督李烈鈞、前滬軍都督陳其美、爲其響應、於事、實、前後、亦有、出、入、用併識之、

書以爲跋、倘亦有合於足之之道乎、

民國三十二年五月刊竟、孫庵老人又記、

孫庵私乘

（民國）錢基厚 自編

《孫庵私乘》二卷，（民國）錢基厚自編，秦翰才鈔本。

譜主錢基厚（一八八七—一九七五），字孫卿，以字行，晚年自號孫庵老人，無錫人。早年擔任過家庭教師和小學教師，一九一一年肄業於南京兩江法政學堂。一九一二年當選爲無錫縣議員，以後擔任無錫市（當時無錫縣十七市鄉之一）教育會會長等職，一九二四年任無錫臨時維持會會長。一九二八年底當選爲無錫縣商會主席。抗戰時期，避居上海租界。抗戰勝利後，復任縣商會主席（後改稱理事長）。解放前夕，因不滿國民黨統治，接受中共無錫地下組織的意見，做榮德生的工作，組織『無錫縣人民公私社團聯合會』，保護無錫工商業。還派其子錢鍾漢到蘇北解放區與中共商談，達成配合無錫解放、籌集軍糧等協定，爲支援解放戰争、解放後迅速恢復無錫經濟，作出了重大貢獻。無錫解放後，任蘇南行政公署副主任、無錫市政協副主席、省政協副主席等職。一九五四年當選爲第一届全國人大代表。一九五五年當選爲民建中央委員。一九五七年，被錯劃爲右派，撤去本、兼各職。『文化大革命』期間，他身心受到嚴重摧殘，於一九七五年去世，中共十一届三中全會後得到平反昭雪。著有《錫山學務文牘》、《中國文學史綱》、《公言别集》、《衣缽集約鈔》等。

《孫庵私乘》爲《孫庵老人自訂五十以前年譜》之續編，自民國二十六年（一九三七）起，續記至民國三十八年（一九四九）。首記『七七』事變後滬戰及汪僞政權在錫狀况，繼叙抗戰勝利後國統區通貨膨脹，地方民族工業『虚利實税』；解放前夕税尤增，無錫組織商會、農會、總工會等二十餘個公私社團，『自覺自救救國』等情形。後附小傳，自云『採録邑報各種特寫及評論』。譜主自民國肇始，即參與地方政商兩界事務；而譜主之兄錢基博、之侄錢鍾書、之子錢鍾韓，可稱一門俊彦。故譜中所記地情、家事，均有可觀。

本書據秦翰才鈔本影印。

（朱　剛）

孫庵私乘

目次

孫庵私乘卷上

余自寫五十以前年譜既印佈後冀並因五十以後山河獵忘㳘鄭鄭非亦烏可以無記歟鄉賢高忠憲公王厓祠而無記言嘉靖間何立春等三十八人殉義事而獻不絶於余心余歸園忠憲裔也安敢不繼其志以爲吾歸羞乎惟是乘一家之私言而寓國家之痛史吾友名畫師胡君汀鷺國變後在錫作畫均自署大殚道人可悲也故仍前體而名之曰私乘云民國三十二年春日記時年五十七歲

民國二十六年丁丑五十一歲

國難次亟後予女眾多採讀無可爰商叔兄別在居室之東偏後園空基上建樓一楹及後平屋一間而于樓後庭中列闢月形門以通之適當梅花樹下故名之曰梅花書屋由邑人高某要氏爲題其楣云

余得猿子於祖後世自武肅遷爲吳越武肅王三十二世孫世系可尋吾具前譜我祖武肅奄有吳越功在生民宋蘇軾表忠觀碑所謂三世四王與五代相終始其民老死不識兵革有德斯民甚多者也故我錢氏均以吳越武肅王爲始祖而江浙爲吳越分野蓋自大宋杭州錢王祠可謂表忠觀者則自宋以來錢氏世守先全國之所宗非僅江浙已也是年春應杭州宋人士青君等之邀特赴杭爲我祖吳越武肅王春祀主祭事積祖德忝爲宋盟自頗原薄愧而負荷士青君者名文選亦武肅王三十二世孫前清以宗師譯學館畢業獎給舉人曾爲英國留學生監督及美國舊金山領事而民國以來尤以熱悉外務一時有赫昭之余於其七十壽言曾稱爲謹究利弊不事苟安爲國籌謀爲商行周者也　中央又令省縣地方辦理國民大會代表選舉仍采用職業選舉制余主商會例須辦理商會及實業團體選舉有

微余意昔余所告以余爲辦理選舉人員理須引嫌迴避不在當選之列幸勿重及免
重羅庚壬公開推出薛君明劍爲無錫商會及實業團體候選人一時商界翕然
投票贊同一致時中日戰後紛紛而地方競選尚殷余更對切相曉謂國家禍亂無
日地方明達宜以大局爲重須謀團結一致代表有無在今日無關大計定可因此遂
居讐端亦皆釋嫌謂議選舉幸得暫事果未啟嚴而戰事起地方得協力應付也
月七月七日蘆溝橋啟釁至八月十三日而滬戰又起中日軍事南北並發矣時
長子鍾璋適自英返國商於家而滬事漸亟亦間不容髮也地方一切組織咸均委重商會
縣長龍體要氏一日携肩電相邀告余曰地方保衛糧食調節處已奉省令委君爲
處長以土地局長丁松林爲副余笑應之曰待罪地方義無迴避事清宮以責歸某
負何必瀧氏歉然應然相喻於無言也時地方重要組織尚有軍運代辦處及難民
救濟會亦均以商會同仁由余主之而農本局者忽有委員來錫大事買米云供軍
用與收來查接洽頗欲壟斷糧市而軍政部亦特派員來錫常駐專辦軍米糧
商搆辦其間以致頗有齟齬余以軍運代辦處及糧食調節處關係地方頗致責
望當請縣府邀集農本局及軍政部委員並糧商諸人公開商洽以委員供應軍
米應有公文爲憑軍部委員則遞出張中稱示雖近有據而農本局委員僅一稱
特言無可爲憑余當正告謂農本局與軍政部均中央機關當此非常時期何可稍
口舌爭此互相競買致重地方糾紛凡事因紛而敗諸君義則軍米亦以由軍部派員
採辦爲正其既任糧食及軍運均負有當爲負其責盡其天職不能聽諸君假託利用在
此任意糾紛也當據實上陳勿致有誤時長龍氏亦贊其說從農本局委員即將從離
錫而軍米採辦始歸於一糧商不能利用地方投機採辦乃開農本局委員即以此點言

相中謂余把持有與其人以爲鄉邑常人聞雖被職則尚書生面目而若此可謂也余則乘間
吳王榮毛木君蔣仲吏陳茶泉等約集城鄉開堂收受米子庶幾可謂豪傑之士者數十人在
商會公開談話告以大局未可知而地方不可自亂諸君素以豪傑行義自負正宜有以自效爲
地方留體面異日功罪均在此時余知諸君各有智規此時宜嚴爲執行余在地方無負諸君深
望諸君幸俯受言則皆唯唯應曰唯命時地方開堂收受米子者有數大派一爲李雲卿以陳荣
泉亦隸弟子籍成大齊一爲陸連奎則蔣仲良以爲其間係人有外籍而吳王榮則在地方性亦起
領湧有年已七十餘子此輩有宿望尤所謂老輩列有所謂鎮江來之麻幫若顧毛木君在城
實爲之魁乡小警中人初鄉閒李伯琴黃英白亦其支流也至余離錫而地方有事悉輩均出力
相助無有非分滋事者可嘉也時過王祥氏以軍事委員會副委員長兼第三戰區司令長官名
義赴前線指揮來錫小駐聞前方戰事頗不利滬友有自前線聞軍事祭議會將遷往錫
相過者爲言蘇大使奉令返國久未來華而英大使許閣森適于是時在赴滬途中爲日軍
機飛掃射致傷其時中央有代表在新疆與蘇代表接洽飛機事因中國境可汽油始由中國
月造抑或代運及外蒙古新疆一切懸案頗紛紛不易得要領外交軍事均暗淡心極憂之至
十月六日而無錫車站及其附近工運橋一帶被炸有一洋式堆棧名德新者新建被毁焚燒竟夜十
三日而戚墅堰電廠被炸錫城內外電燈一時均告斷大米殘廢豐豐新各廠亦屢被炸光復門
外亦炸商會遷城內惠山有傷兵大炸至十月二十七日而我軍在大場者退而自上月起無錫城內亦屢
被炸余宅在西門外前有李氏宅亦炸前街學前一帶被炸尤甚又廟明倫堂及前生布之師範學
校均被毁十一日而前方潰兵紛紛至知青陽港已不守人心望延地方秩序一切秩序不易維持矣先
是我軍既退江灣而日軍不急追退後之兵始撤至松江余時見日甚乃乃東擊西避實搗虛時時由
蘇嘉路而迴襲我江灣之兵矣蘇錫危在旦夕我軍其難維持不幸至是而竟驗也翌日余于身

離城至西鄉新濟橋，省視吾母之爲孫人漢街接往其家暫避者，余久未問家事，至此亦不能
不藉此理料。叔兄子泉及長子鍾麟已早赴杭，在國立浙江大學任職，四子鍾儀則先期遠往浙江
嚴州國立同濟大學肄業，次子鍾漢、三子鍾毅則在杭[?]無礙中學[?]任教職，与五子鍾晉均隨
從遷南[?]府積山寺，其在新濟橋者，則有叔嫂王夫人及其撫養幼女玉璧、次媳[?]鍾濟及[?]秦
滌芳、妣女鍾蘭、余妾高夫人、次媳吳寶珠、長女鍾元及外孫許翀翀、六子鍾彭、九子鍾泰及次女鍾華，
外親則有叔嫂之妹[?]及[?]与其子榮華、女備頑[?]瑪及其保姆等共十六人，隨次子鍾漢亦來西鄉，
而三子鍾毅則奔赴金華[?]桐柱路就職矣。余於鄉收先集上下家屬，告以大局劇變，將家事略作
處分，並分寄叔兄及在外兒女信告邑中事，亦皆指示難中方針。聞[?]慶[?]鄉人來詢城見者
紛紛，四匪長朱傑、十匪長瑪復孝及石塘灣孫克明、洛社劉邦孝等先後相遇，余均告以政府
已將棄我鄉間，須有組織可先聯絡，如豐圍、新濟橋、陸區橋、張舍、邢港等鄉近村鎮聯作

時間情形，處[?]傳達情報，並定守望相助，以備應付。至十四日，鄉間亦有潰兵，而吾[?]至十五
後而大集。余爲鄉人所留，未能再行，因城至今猶心悅之。新濟橋孫人輸大批船隻於泉[?]圍避難，遂
余之宗祠徵詢意見，余告以戰局所變，此去如由宜興直通大兵之衢，進退俱阻，將無歸難，可
倒進而不宜遠避，此地幸不甚衝要，可以避居，若全局戰爭，逃亦安之。吾人一息尚存，不可不爲國家
保此殘餘，以爲萬一復興之計，方（待）成寧氏所謂不有行者誰捍牧圉，不有居者誰守社稷，其意可
師也。衆意咸贊之，遂堅約与余相保。于幸倚[?]債在鄉者，亦隨地分散。勞城人王嶽三已先在鄉，屢居保
三亦從此知。十五日城內又炸屢居所，[?]大私宅亦被燬害，下胥[?]政府承閔[?]多來西鄉，爲同
從計，一時形勢危急，其外甥華益雁[?]夫婦待[?]其[?]遲及子女等亦由萬口來新濟橋，与余相保，收
鄉人以宮府貿城來者均覓余相約而行，於僻吾處，鄰村羅橋、佳薛莊、郭窩、儀宗[?]、西城等亦
於此鄉詢知城內四門均閉，僅有塞兵，雖將已無政府[?]所，機關遂召入吉墓[?]兵，討令丁某實於二十三

日夜率其所部來新濟橋暫宿而去，則真僅一空城矣。至二十四日而潰兵大至，自旦達暮，行者不絕，凡
兩晝夜之久，所過田間泥土均成蹊[?]，棄墜戰物狼[?]，可想見其人之衆，計其前後爲數不下二十餘萬，最後
有一高級軍官乘一藤轎爲人所舁而去，則云上官雲相氏也。余在豐橋頃爲所擾，又由左人[?]語
悉，然[?]年見李桐[?]公於二十六日晨潛陽湖圍[?]，往家內暫住城內，消息當以僅見大兆[?]蜀大[?]和
敵軍突于二十四日下午由南門進城，先頭部隊不過百數十人，因係空城無人敢待，遂于城內外大肆
燒搶，北塘河市尤甚，長街數里悉爲墟。常州、鎮江一手而下，幾乃席捲，南京亦于十二月十四日相繼
淪落，自是江湾甫月餘耳，而吾東南人民亦爲東北之續，政府相棄乃遺禍之如是，國亡可痛
也。聞城人死事，頗有慷慨殉義者，得數人焉。一曰解君慕莉[?]，故江蘇高等法院清江第二分院長
也，倉皇回籍，眷已他避，則暫借住城中紅卍字會，見其中婦孺甚多，一日有敵軍數人破入索
婦女，君奮身[?]東瀛，以日語与之爭辯，及之不稍屈，而婦女已他避，所保全實多，敵軍大怒，不得

則更怒而殺之，西外[?]蔣巷河口以死焉。又有胡仰[?]銘者，住大婁巷，爲邑人楊味雲先生之館甥，
其父胡啟均，前清光緒丁酉江南鄉試第五名經魁，閒里傳誦一時，未他避，有敵軍官
強入踞其家，因其亦能日語，尚相得。一日鄰居龔姓爲敵人迫去所殺，則大罵，謂敵軍官曰：吾
之客汝居此者，爲欲保此老鄉鄰也，今若此，不能復与汝共戴天矣。且撲之，則爲敵人殺而後燔
火。史裕及同居之劉蓋臣[?]殿李雲与女備二人併殉焉。徊嫂毛夫人有養女曰周珍者，嫁西溪匠華
喜寶，有福未豐，惟嚴正住中市橋巷口龔氏宅，城陷日恐被辱，由其姑命大而子媳及其子女与
兩孫男女凡七人無一苟免，闔室焚以殉焉。尚有婦人女十數事，尤壯烈也。時城人多避南鄉，一時名
流咸集，余在西鄉亦消息隔絕，至十二月八日而楊翰西氏專足函促余速往南鄉，其函則楊氏
親筆署名，而余鄉於奕庭大子所書也。余覺頗躊躇，而陳君榮泉在西鄉聞之，力勸余往，並
自任伴護之責，余携[?]五子鍾晉及姪觀多在南鄉亦願相從，遂于九日晨偕陳君自新濟

橋登竹繞道徐巷崇巷由陸井上宝界橋渡河過大橋多被炸燬時正見西門外中彈之處
大僑晚抵南郷許舍首晤曹存衡之知識人在陸君鳴予宅叩渡有臨時接洽處留住宿焉晤許燮
庭師及陸君鳴蒨諸人知仁巳舍錢孫伯與張仁山及李仲昌楊蔚章范蘄之孫伯嘉均已赴城望
日往訪楊蔚西氏詢問常蓬校校長事余以過去立場不宜再有過問未幾偽自治委員會在城
成立以錢孫伯為委員長孫鵬嘉為秘書長張仁山錢桐楊蔚章范蘄之李仲昌楊仲濂多人
為委員聞下惟蘭財務警務工務四股一切皆仿蘇州之而廣勤紗廠亦于是時被毀廉遺為
無錫實業之致命脈今皆為灰燼維其為人主持也才荀則丈射丈西氏及寶梧班長向澤
茂也余在南郷晤季蘭從已竟袁挺烱觀秦琢如父子及大侄女外孫高太太及陳靖秦瑞廷夫
婦西邑人頌庚仰王郷侃翔青鄒岡一李柏森王峻崖孫人爵高彥等亦偕過從焉亂離相
逢刮目數襟其餘姓名不能悉記也余偕陳君仍迴西郷則判取道張舍胡瀆晤陳廷英
瑞人由陸區橋而迎陽湖往迎皆步行渡犁春偶仍移新瀆橋計前南郷共十日後偕戚人
有桐迪者剛要易姓名為孫少卿越境而出常州戴溪橋朱翁竹筠家暫避焉朱翁老儒
阿多長者其次子威池君顧衛學為常州名宿錢名山進士弟子能識中國線裝書有於喬
與雪溪橋吳氏女每于燈下日問其為斯禪故瑕古文觀止呼喝不休中宵未已庶幾守人呂
東萊蔣博議之遺風焉雖千兒問富以此事為最有風趣聞閱焦焰不覺破涕為笑也

民國二十七年戊寅五十三歲

余住戴溪橋一月深荷朱翁款如家人少設太史少李甫傳正李為人亂鉗督米家大侠
心知是李甫所匿之将甘李甫猶剛為柔而朱家終以此聞名當世未嘗不歎朱家實有
今世安得有是人也西是朱翁固不知余而乃佯為不看喜有漢朱家風將攬余實非李甫
不從為朱翁重再五萬賦將老我人漢鈞以郷間秩序日壞各懷人心渙散有竟新瀆
橋砍肆殺前又條余往打質橋仍住其家以國人心暮偶在郷多居殺處未敢回郷敵人大隊
來郷余又避往西汙程郎人在打漁橋住一夜尚無大擾後往陸區橋及張舍胡瀆等處則不
甚住旋城中有惠之正始離去時偽自治会在城同人竟不慊謂其無能力已改組孫楊蔚西
氏出任委員長而以張秉彝為秘書長委員則張孫伯高集安許燮庭秦亮工楊高伯秦琢
如王亮循諸人也有渺時甯其改剛單留完陳間未及西徽集戲部附[illegible]今在溧將剔穀
偽自治會長陳某以其為漢奸也至實興則張邑各流某為縣長大約高山常神遊此者頗為
可憲然道人對其若皆為之而欲相見余固不欲用其間但亦不能輕施孫人後各義捐挹了
究難安于郷也因思西之而暮偶衆多不能悉行遂留次子鍾漢夫婦及次子鍾影九子鍾泰
北西郷而先偕叔嫂及其所繼幼女玉雲与大姓鍾濟夫婦及幼女鍾寅並余婦与長女鍾之妹
子及次女鍾華於二月十七日晨与王君嵩三暮偶同由新瀆橋雇舟繞道江陰出十二圩港取道
南通天生港乘輪而来滬也　二月二十日下午抵滬偕長女鍾之遂論[illegible]祖野金神父路花
園坊十八號許時暫已于事變前由海關奉調赴湘在岳州關任事當由其
尊人達人翁夫婦招待蔣王樓及其子閣偕余女買春庵晤之推鍾英並各處由滬轉
信知叔先子景及長子鍾翰已隨浙江大學自杭州輾徙江西泰和三子鍾毅則在廣西全縣
湘桂路任事恨將水陸順及流離之苦同濟大學亦遷江西而四子鍾儀無消息後知其離
孫恐留浙江任事將作舊職之唐白居易詩所謂田園寥落干戈後骨肉流離道路中不
意乃于我及身見之矣楊蔚西氏自偽組書畧去自免家櫝業織弃身一無所遺所以遂之在
此者外人共命無告相依更一念遺稿未埋錢筆滿目縷煙終夜往往以放角枕淚如我為君
其不忘其遇而憐其志乎竟尤牢落滬同郷龔友詞錫事者紛紛當約以此書為之時南京
成立偽維新政府以梁鴻志為主腦副叙有次長顧淦外交次長秦鴻及主法委員張桐張士

梁谿邑人也，而華此已先，敵主偽臨時政府以王克敏爲主，繼与偽維新政府南北迭峙焉。蘇州
敵主偽江蘇省政府，則隸南京偽維新政府，以偽蘇自治會長陳則民爲省長。無錫偽自治会
亦改組，則由偽蘇省府委偽自治委員邑人秦亮工氏爲縣知事，敵主偽縣府，其人遂專肩其
者，余亦自錫略籌劃作事，一本良心，事事以顧全小民生計、救度小民痛苦爲主，唯強者所可
從和利己者，則不敢稍假，乃吾民雖刺而苟可挽回者，亦無不舌敝唇焦，多方奔走以維護
之，乃私人痛苦憂鬱而來，入此獄而不能救，衆生可見，内心之苦痛也。合偽氏前書觀之，亦可見
事變後地方政情之複雜焉。 江浙間鄉在滬，敵主聚餐會，初訂簡則，每月聚餐二次，於江
浙兩省旅滬府縣中每縣公推一人主持，召集表兄孫君希俠等集邑人之在滬者發起，無錫
茶園先在錦也，約後從屬鄉均以縣治鄉賢爲主，余亦時往參加焉，而隨亦敵主同鄉會，則邑
人薛明劍氏發起之也。 四月四次子鍾漢夫婦及五子鍾魯、六子鍾彭來滬，暮四日多友
人毛君本存焉，多殊斐德路五百零九號沈姓賃屋而從居之，自此長爲僑滬之人矣。
幼子鍾泰尚留西鄉，至五月始來滬也。 知主無錫中學校長周君真甫來滬，商復校事，復
主高君殘四乃安見李及原擬加入唐蔚芝先生同遷避，余乃主席校董，議無可據，當約
集在滬校董及教職員會商，決定之。旋高君自九龍路普晴禪院移錫中在滬復校，學生
雖不在校，仍聚職員對於學生品性之陶冶，特爲之指導，係良好慣之養成，仍當十分注
意，与蔡堂同功課並重。著兒亭服膺蔚老，以先人遺命，復起斯校，專爲求育英才於社会
与青年，凡能推進此目的者，仍宜不避嫌怨，不多被此積極爲之，深可味也，特識之。 七月杈
兒子泉甫(?)江西泰和，由吳(?)弟高君品運相偕，繞由湖南取道粵漢路至香港，乘輪來滬，長
子鍾韓則爲浙江大學聘留，遂同未能相偕，僅來函(?)人在金之至十月而長(?)鍾壽(?)偕歸
揚李康亦自歐回國，就大新家傷之要(?)音圍(?)，緣與叔州兄及齊(?)關文卿(?)鏡(?)學院之聘，赴湖

南藍田未再往浙大也。 八一三滬戰紀念，特由無錫遷滬銀行略去前以錫邑淪陷，商会
饬(?)令各款均係人民爱國表示，現雖事過境遷，迭未可盡沒其意，當于本年六月二十六
日先由遷滬各行分別調查，並另列一表，查清數目，真當另由商界各在滬會計遂(?)暨達(?)旋
據各行先後復稱，計中國銀行存抗敵後援会各界救國会户四千一百九十一元一角四分一
日貢獻國家偕(?)尊委員会户九十元零一角九分；又交通銀行存救國捐一千八百十五元六角七
分一日貢獻一百八十三元二角九分；又江蘇銀行存一日貢獻捐款七千四百零四元八角五分，救
國捐二千五百九十四元三角八分；又上海銀行未詳救國公債四百六十元，另公園路抗事處
救國捐金四百零五元四角九分；救國捐一千二百八十二元八角二分，另公園路抗事處八百六十元零
七角二分，一日貢獻一千零十五元四角三分，另公園路抗事處一千八百九十四元二角二分；又准江蘇銀
行抄本各行尚有未解者，數計江蘇銀行救國公債二百八十元，江蘇農民銀行救國公
債一百五十五元，一日貢獻三百六十三元五角九分，救國捐一百五十八元，存於八一三滬戰紀念地
方已淪異域，集亦不易，遊適人民無可表示，於將前存各款由某商会主席名義自
賣代表地方，統作國家獻金，仍請原存各行悉數代爲繳解，如有存摺及印鑑處理，即
遞此間一律作廢，現在錫邑地方戒嚴，惟商会抗照多數在滬，以某過去歷史，亦自信尚能
代表地方也。以後政府有類似性質之款，亦當一律照此處理，從據中國銀行、江蘇農民銀行
先後轉奉總處復准，並將上項存款解存江蘇鄉統籌主辦(?)而先遣人遺處，去無錫
七人，僞亦即于此時爲日寇兵隊查封，俾國家储蓄遂遭物一空，著(?)從化名救國，識之。
是款能保從克其有相提(?)倫德行保靖政策，要兒一時戰禍，坐視其亡而不能救國，
際敵坐困，數奮(?)頤(?)參年也。 某君自江北以鄉冠貴(?)夜見過，商談錫事，余告之
君蘇人，須爱地方政府，當我東南寓先有以應(?)付之，無可爲亦無可言。後，友人某君返錫

介西鄉周某此鄉董某亦來候問余均告以余雖離錫而慈善救濟未嘗一日去懷既
荷諸君相念深望維余亂（昔）後地方之心勿輕殺異己勿多禍人民亂世救應最快當
聞先人遺訓戰亂時發橫財者無傳代諸君異日功罪全視有無餘財爭各自愛可
相見也言時聲淚俱下聞者亦為動容時中國第二戰區司令長官為顧祝同氏遣領
江蘇省主席駐屯蘇江北對有前保安處長韓德勤氏以蘇民政廳長名義屬氏首之
席為省府所在地而二區督察行政專員兼保安司令為邑人華氏在宜興張渚
書蘇常各處也

民國二十八年己卯五十三歲

敵二村張縣邑人為多來為相見攻錫宜應班長調遣往事者也詢余以安定地方及工
廠復興事語甚多不甚記余遽告以前國家戰事未已地方人心難一要先國家有國
有國之而後地方可以謀安定國也若人民一切之保障也試問中國今日國憂安在乃若
亦不能有者也人心安定一乎人心不能收拾地方無從安定無錫工廠燬于兵事中國今日
無人可以保障不致再燬者則生產乃人本位亦即賴之以生其待他人相助乎此余對於
所問之意見也若論中日戰事將為第二次世界大戰之因日本為維持資本主義膨脹
國內經濟而戰而其結果乃已摧毀一切實業破壞兩國經濟兵連禍結勞師糜餉已
中日親善而出于戰事無可必有生路漁人之利者豈日升余誤錄等觀某君即知所言必
先有其他保全也是時滬錫淪陷多於余頗不利者人有勸其速避滬較之閑具為往旅
費者余則謝之以余無官守不甘逃政遂流亦不能無須自援去錫所以明我素志留此則
仍望其為人民不致離道政治不致遠勉從衛某有非分無可避罪後亦無地也　以錫
商會主席名義說人將電軍事當局向晤謂錫邑未毀各廠國家復興命脈廠可殷

從國家政策未聞有自毀實業政府係念戰區實業應居代當由其拔為戰後復興計為敘餘道
民計務飭可在都隊非有軍事必要者勿輕加摧毀並懇擇要保護滬澄疏洞不知所云而
非錫邑工廠亦無何等關係也　六月三日（夏曆四月十六日寅時）孫女錦法生次子鍾漢女也
德分波蘭英法宣戰歐亞風雲日益亟矣

民國二十九年庚辰五十四歲

長女鍾元春甘肅治命赴滇時清許景澗在雲南蒙自關任事又調滬蠶縣閘令適
赴滬外孫稱、剛以年幼留滬暫通省婚而為撫養焉　汪精衛氏來滬召集國民黨
代表大會自稱國民黨主張中日和平遂于五月三十日遷返南京將南北兩偽政府合併改組
敵主偽中央政府邑人參加者則有孫祭院副院長領悉深宗業部次長蔡洛社會部次長
頌德氏外交部次長周隆庠而褚氏死言不欲多問政治願為社會盡力故就任水利
委員會委員長為曾載表其治水主張謂統全國水利而論目前可為力而亦尤切
要者莫如豫南黃泛區之堵塞一事蓋黃水奪淮不能容納由洪澤湖而連瀉及于裏運積
自黃決中牟而截分來禍僅豫東皖北而蘇未受重大影響者由上年黃水流量水道
數年來北趨為獨小也然天津爭予屢遷一旦黃淮並漲挾洪而東蘇皖北災何堪設
想為先事預防計自以挽黃復歸故道為唯一要策次則導淮以疏其流亦可為本策若
僅修導淮隨運隨開策之下策難也蓋黃事實上豈不可能導淮則欲謀江淮分流
工程浩大亦非旦夕所可奏功為不得已唯有先行下策從事治標趕修淮運兩堤俾
下注洪流得以從容分減固是之路蓋不能負擔其業祇可潘固堤墻謹守堤防藉
為臨時之捍禦也此外關于防汛倉庫盛觀以往事實每因工料不齊臨大汛猝來措手
不及損害恒百倍于搶防所需為在各省為不可不早為材料之購備雖水漲不免擊

職務，不以心之所志力之所及，其為地方減一分災害，即為人民少一分損失，敢職利純非所逆
覩。丟寄貽書相告，謂半年來注意於淮運浙滬海塘補償及沉船，對蘇西切近而
稍有程序。晚則組野而先缺專門人才，浙則積撕滬則不以此為重，蓋各有其性
情，而分別應付之。丙子運隄則亦有其特殊性質，因居下游，為兩淮奔瀉，其安危即
蘇北之生死所關，故蘇北人士關心特甚，領其習氣亦特深。每年之修塘，地方下會
者視為利藪，高級者則以上下游蓄洩，啓局部之爭。今後不得輕於治療，唯有暫仍
其舊，而防其弊而已。楊氏前于民國十四五年在錫任水利工程局局長，時余為水利研究會
主任，與楊君兩人同籌地方水利，以為無錫水利宜江湖並籌，並淡旱有所蓄，勞有所洩，
而水乃為利，否則為害。籌湖宜先拓寬西門橋及開濬閶江口，籌江宜與江陰協力開
濬黃田港等。江非錫一時所能胃擔，故宜先從籌湖始。楊君講為水利專家，一時主
張頗前進，與地方意見相左，氏嘗謂惡其前，以胡君之見為主，而常協調地方之意，故拓寬
西門橋及開濬閶江口，卒告厥成，有碑刻石在西門橋，而無錫自此無水患。民國二十五年，余在
商會時，江陰縣商會主席為吳君憾英，議開黃田港，其尊人號麐光先生，故世舊也。余嘗贊之，卒由
錫銀錢業借款，而余以錫商會主席為擔保，亦告厥功。惜戰事起，而黃田港封鎖，不克前
功盡棄也。特附識之。　邑人又予敵篠原氏等來滬相晤，亦錫宣撫班長也，年甚少，問
之，甫二十八，以大學生離校未久，謂可能回錫，吾家若干稍有非昔，不能再問邑事，查詢及被占
住宅，則昔日規模，亦已用無論，中日兩國亦置意，亦欲騰讓必累他人，請指置之遷，未獲要領而
去也。時英法戰隱不利，法國簡濟遂告降服，失其獨立，英兵亦于歐陸退而遷求撤，
占領安南，歐亞戰場幾併為一，中國形勢尤殆殆矣。　夏間五子礎魯在上海摩和中學
高中部畢業，在同大學聯合招生考試，錄取交通大學機械系，及後重慶，即後之工
學院，因借資不易，無法西行，暫在上海大同大學電機系一年級借讀，計千一二兩
學期，乃列入清名單，後奉部准，自二年級起改在滬交通大學借讀，直至今也。　秋病
劇，聯友人某君自錫貽書，詳論病原，謂余素體傷氣血，質且脾汁簡少，肝多氣滯
亢，重者自足能衰，現不可挽，亦可勿擾，空處方寬鬆，入口服藥宜按步就班，持
之以恆，特在劑後，要正宜邑時，養疴心天不動肝陽，亦濟心理方面之自克，亦有助于
藥力也。聞竟貞言，不待下藥，並竟吾鄉良醫，嘗覩有遞藥石書，曰苦藥不瞑眩，厥疾弗瘳。
應我知之，而係將秦君稱疲，亦貽書謂余所患實為清陽不升，濁陰上干，熱甚聚
之象，以誇大粗疾，疏肝宜齊為宜，貴人治此有用桑調救者，法以防風四錢、荊芥錢半、
菊花一錢、薄荷五分，用桑調服。防風為治風要藥，以藉頂之上惟風可到，疏散祛風化
痰，荊芥薄荷本品功能消散風熱，清利頭目，而加薄荷，散錢則兄佳，以其卒香橙
清力能入肝經，疫風熱，風散頭目，自能清明，茶性苦寒，下行，以通得成不如大下降，則
上自清也。余以為經濟之劑，不妨一試。丙戚驚爱戡同有閒，深可感也。　敵我間長沙相潤之
又錫邑人為余來滬相晤，秋病先之，渠言深悟中國局面必須多得他方較真之士相與
合作，君本為鄉里引年，遂返錫。余嘗表以病，俘支部呈請有為，時日寇最三國同盟，南
進主義殊堅，嘗詢余意見，何以使苦之德難居法逐難，攻英後，過去歷史英可利用，幾國
戰事將來守勢，雖有閃電戰術，恐亦失其所長，德義今後商衛，實必多德將東西在戰
義國無能為援，軸心勝利未可期也。當歎然而去。　南鄉須某因歸義師，後為敵人收
撫，於天平梁逃御日寇，乃其反覆也，而大參政勳之，許含為某可恥。敵軍一大進為居民流離
無人敢問，有陸君翔千，前亦南鄉人，嘗為私立無錫中學保管校董，余又子將去書，余方
病劇，命兄之鐘漢出見，其事，以事變時減人多避某地，豈能不為之計，當約吳君都

周末為記為代籲同鄉度過病稍間在表兄孫君北蕃家君红卍会華營前及甲新公司諸君商定同鄉在滬募款須同鄉人多負其責而請红卍会代出收據作為出面負責与人同之意為王君為鄉公推[?]偶揭錢款实主其事錫鉄都在滬者多同鄉人亦踴躍而黄君志清則由王君[?]來觀赴其地散放急賑者也楊翰西氏在粤閒之亦自動出錢款託無錫溥仁慈善会楊章甫氏赴鄉散急賑此為余避滬後第預地方救濟之第一事而知同鄉多飢爾為恢人心大可用也　八子鍾彭在上海肇和中學高中二年級肄業君時事測驗得高中組第一名獎狀後于下學年以成績特優適合獎勵規程第三条之規定得免學雜費全部又在數學競賽得甲組第一名時事測驗得甲組第二名均由校發給獎狀

民國三十年辛巳五十五歲

次女鍾華始入学在肇和中学附設小学秋季二年級肄業至秋後而幼子鍾泰亦入学与坤同校在秋季二年級肄業　四月十一日為同鄉会出版旅刊作後序詳言無錫之有同鄉会萬矣而言無錫同鄉会者必首曰宗先生宗先生者前理事長榮宗敬先生今会字实成其手于以見功德在人雖沒世猶不忘也今理事長王尭臣先生实能継宗先生之志而為之發揚光大適頌君亦生同儒上海延為出办亦既兩贊相得庶幾眾擎举矣而副理事長蔣貴慶先生熨盛事長匡仲謀先生及其他理長諸公更能一德一心用以相与有成非惟会慶得人亦吾同鄉之幸也夫人情離鄉則思家不適異國不知故鄉之可安不遭顛沛更不知鄉人之可親今何時乎滬何地乎此何易色人民御非故鄉淪為異域滬亦朝不保暮桃源避秦豈真世外奈離興悲能無頂沛則[?]圖結鄉人親睦故國之情者实賴此会之存而發揚光大尤有待繼宗先生之志凡我鄉人旅居滬上者咸与有責同不僅監理諸公已也不佞避滬三年旅居多暇適頌君亦主有同鄉会旅刊之制屬為一言而同鄉会又有大事徵集會員並募基金之舉因書其所感於此以為後序亦欲我邦人君子輩知所興起焉是為同鄉会徵募基金之先聲亦即余參加其事之始因也應同鄉会咸主徵募委員会推舍為總務藉餘泰隊二十三之同鄉会生品頌君亦生尤其中堅份子也其總隊長則同鄉会理事長王君尭臣蔡頌之容成主徵募分隊八十八隊結果得会所基金二十七萬餘元購置雲南路德潤里及宴多五路而處分会產共七十三萬元又永久会費八萬餘元同鄉群策群力鉄都尤為努力理其詳甚見同鄉会徵信彙刊而頌君亦生榮君瑞昌非其引言及後序擬述尤詳識同鄉丁君熙然趙君仲光及鐵都蔣君貴慶陳君貴生頌君應沼周君仲慶許君瑞清諸君家瞞諸人向在義也非僅為同鄉壽之已也私心尤佩之　長子鍾瀕四月二十五日逝於書文在浙江大學費學校前方之請司化學大弟何用鄉來名價值千餘元現已無貨郵國中國戰亂萬法改製化學藥平時積存可用無需取者不過十之後數十餘架現正在試造更精細者喜其能有發明不負所學也將置書獎借之　頭掃瘍我不起辛徒外甥女楊蘭芬係華來為洪意代為接往廣仁醫院經診斷係腦膜炎甚危急爾不能治五宪章頌進法祖界工部局隔離醫院無家屬自由當時意甚哀之以數十年甥舅相隨事變後更患難相守日夜憂家思子未能稍享安樂也已分曲各地親屬言病者乃住院半月而章先于危急者所謂天佑附識于此且為向氏和外甥女慰也　十月八日日對英美宣戰在滬轟擊英艦口英美軍艦美童旬祈投降英乃全艦自沈甚壯烈也

民國三十一年壬午五十六歲

邑人多貽書相約返錫，且疑余或因政治關係不欲遽返者。余复書告以過去主張及近
年心跡，不敢忘鄉邑，不願問政治，且擬以地方鄉老近如薛南溟、孫鶴卿、蔡兼三、秦臣鼎
伯仁諸先輩既老而知或閑，而知久主邑事，眷眷日損，則以少壯精力有餘，遇事多於
彭親及其史事已多年，亦斷老左右進習趣，春日獻亦不能無稍假手，以身為目而入責
之矣。習那成已而亦有責矣，如知進而不知退，大易所戒，亢龍有悔也。近年地方前公行自潔
以為苟惟袁孫先生則以民元辭脫地方決政，乘案求退，自更其字曰可，以見意，作
鄉邑事絕無係慮，有壯士斷腕之風。當時竟甚欽之，以為真乃大智大勇，不愧讀書人
也。某在地方亦既有年，茲以遭時多艱，庶幸善刀而藏，吾其為袁先生第二矣。諸君過愛
幸相諒也。　三子煇毅四月六日殁於南丹，書理五年在桂林為高等文官考試，選役人員後
務處潤黔桂路桂事處計劃道工程，具言在湘桂路時經手設計之工程有五百萬元之巨，
務處造之工程約一百萬元，其當中飽不費一文，且每包商一夜香煙或餽贈之人索以差
自問心無愧，此次謝野路費錢無所出，為湘桂同事所共知，工務處允為專案撥還三十
年考績呈部，議以晉級，此子果敢在山季曾以拾金不昧獲有獎賦，余喜其任事在
外乃無改幼年之節也。特夏書嘉許，且措千金寄之，乃復得其復書，則謂所寄之
金已重託桂林同事轉君給修代為暫存，遇窮困親友過桂林有急用，或須助
科者量為接濟，無庸親意，余亦義而許之。　邑人周漢良敬文耀，鶴亭等未逸
又以鄉閭相約見過，且見甚哀，竊所謂致慰藉也。余感其意，告之同事承相慰無物，敬將不可
薩諸君意，請為兩吾邑舊聞可乎？清嘉慶時有華蘅芳先生，蔚為完人也。清以舉人選江
西新喻縣知縣，未赴官，在鄉太平軍掠錫，其首領以黃文金一時人震其威名，威脅之為黃
老康故大漏門，嗣光生與遠人遊之，日不來，未有以地方震驚，親屬見狀先生則畢身逝

之見黃。黃命蓄髮，先生昂首言曰：君知余為何如人乎？余乃新選江西知縣，雖在鄉閭軍附難
今來此非為死也，君欲我蓄髮，亦可任無礙，甘露盈口，有事必以相聞，則余為君覓矣。
黃見其詞氣慷慨也，異而許之，命為旅帥。先生卻不可，曰：吾為鄉里倡，誰所知也。黃乃命旅
帥駐大漏門，而甘露滿口矣，明先生首聽所為，為先生遵命盡爲其髮，日除萬邪新蕪
發以逆清制，剃髮以諛君言也。後清軍平無錫，李鴻章為蘇撫，亦誠軍士無輕犯甘露
口，而平無保志焉，皆以先生也。偶檢清郡官廉稚廷載華和華先生實為道光甲辰恩
科順天鄉試舉人，與李鴻章同房，華名冀綸，廣試二十名，李八十四名，大學士李鴻藻
亦同房覆試二十二名，有兩年相務運獨佳，尚有循吾倫華承吾亦錫人，附識備考。
而先生未聞其廣廈置良田千萬，為名冀學家，華衡芳、華世芳兄弟所以學術名世，則
先生潔己無私，知當時實為地方也。故鄉里欽敬，官府矜式，雖歿世而人猶稱頌不衰，此

一事可師也。又有某將軍者，佚其名，仍在東亭，訪練鄉兵為自衛，後隨太平軍作旅帥，
在鄉誅取無厭，時勢殺忍不法，鄉人多苦之。迨清軍克蘇州，未及下無錫，而太平軍
將潰，鄉人知其無可恃也，群起殺之，且殲其屬而子孫無聞焉。此又一事，亦可懼也。
諸君今日有無誅取鄉里，有無縱恣為害，余離鄉久，固無所知，而要之地方必須全視鄉
人好惡，與好可以滅禍，與惡決無倖免，天道恩仿人心，惡與諸君秉持而遂不能為罔馳瓶
須知保衛地方，佛說自度度人，禍福惟人自召，吾願諸君之學華先生而無為王將軍也。敬
以此不欲以為諸君說福，當時聞者亦頗感動也。　得許清景潤書，謂滸防同袁行生之文程
武育採余作為經詢之所術，並為出版新文先程式大全，採余從前地價申報主張，而世界書局
出版中國文獻，中又採余民國十年閩省義務教育及調查戶口以後白話布告也。　錫金
可在錫購置惠麓山莊安置遷錫鄉，總邑人嚴君耀章及錫金為前塋址，其君臣勞

運將其事余以其有利鄉人也將閤邑人陳湛如陳君榮昂等協力佐成之並邀錫合組
管理委員會而請陳君湛如為主任委員以錫金公所常務董事蔣君貫慶副之
是為旅滬錫西地同鄉合作之第一事而錫金公所董事長倪君伊才則首為之倡其捐
款最多者則錢鄉瑞君及同鄉丁君厚卿蔣君雲隆與邑人童君軼群周君濮良也
故連續書之　七月追憶舊事自寫五十以前年譜每于晚飯後若零紙作計日約二千言
以之十三頁除而成五萬餘言將印佈之自序參頭引證款語謂感念故人而昭生文
五十以後則已老無能為將學春秋絕筆其材料則多斷編殘簡散拾綴餘者也　四子
鍾儀事變前在上海國立同濟大學機械系二年級肄業隨校遷浙乃復又回滬而遷
自浙而贛急于數月慮其奔竄漂顛乃得友人書果于今夏浙乃有變時粹在
遷安遷桂也年二十三余擇甚憾之此子早歲于同時諸子中最為穎慧在同濟時余
命其每星期必作一書報告在校狀況及讀書心得累牘不休常多神悟余為硃筆批
識並亦自抒意見即作復書寄還今尚庋存叔兒謂其尊聞行知不仁於仁其狂
望其然乎　次子鍾彭因肄和中學宜當停求又轉滬新中學高中部畢業在國
立交通大學滬校招生考試錄取機械系成績為全縣第二詢知為長子鍾轄之弟而
驚異焉甚長子鍾轄錄取交大時成績名次相等也　叔兒自明巧全玉緣譜相昭全
玉緣譜者記女鍾霞姊相待又見為之選擇配蓋田得婿石生字曰尹淮擬次第對以
當題書男子氏石女以爾錢之徒全亭石為玉根而以為有望乃全玉故名之並勝以書曰何
霞已嫁此婚姻也簡易而恬淨尚有非之讀乃適古今嫁女簡惟霞從從始徒有任
我簡情之德選不以嫁妝隨身服裝不添衣飾盡東野精女吟曰任化粧任裝嫁彼不
嫁客為予易布聘以人雖自徒霞不以衣飾累婿老以靜女自待以存子初心也婿不以衣

飾誇霞是以靜女待霞以君子自待也匯好學而思心知其意固難為淺見寡聞道也
吾子懷古亦能度外倘不斬渠曰嬰乃太簡乎

民國三十二年癸未五十七歲　民國三十四年殘寫時年五十九歲

元旦大病彌知友人逝者均以言辭致慰邑人陳君蕙蓀則以時代一冊相遺抒其無忘時代尤
有心人也　邑人某來滬代表普濟堂以留養老人行將斷炊乞同鄉募捐某氏亦自蘇來
滬前普濟堂董事也遂約同鄉會王君克昌顧君承生及某某二人聯名以一月九日午在大利
酒樓讌請同鄉計到申福新公司及鐵幫諸君某氏自捐一萬二千元以為之倡王禹卿氏首表
贊助餘人亦並踴躍計申福新公司一萬元鐵幫大小同行一萬元慶豐公司五千元麗新公
司五千元太和公司五千元國人則陳梅芳五千元丁厚卿三千元丁熊照三千元潘謝宜二千元
倪伊才一千元合共六萬一千元以錫地時價買米盡敷留養老人一年之需也是日南京政
府忽宣布與日協力對英美宣戰亦見一時風雲之日亟也　宗人錢琳叔辛宗武邑近年中心人
物也民初洪憲稱帝君為商會會長例須署名勸進乃獨堅拒不備時論稱之舊常府為
武為首邑與錫密邇相依均當蘇滬中心處革以還地方多虞余主錫事常共患難事
變後避居滬上隱滬數年深潛假假系肯將罷竟爾罹疾以殁余哀私心悲之　一月十日
（夏曆壬午十二月初五日寅時）孫汝驎生次子鍾濮出也因前年有生孫名之曰驎小字阿
驎取其德不取其力也　敵乙村掾又來相見前錫宣撫班長也後亦離錫後回閩一年頃
又來華現任蚌埠特務機關長此次來滬將再赴蚌訪詢錫人對于清鄉意見好奇究竟何故
答以離錫已久地方事不甚了了又妄議清鄉於從兵亂以是如何能使民眾瞭解地方感想
協力深望克敦當以清鄉保之積善意的政治運用貴須耕耘良莠現在中國良莠一時亦
難甄新政難得人民協力也又論中國政治者以此問題撥後雖非一時可能盡中國數百年

一易代而民族性不易毀滅故有違反其民族性者必嚴懲以全元事而可知也遂道別而去
孔聖學會者鄉友許君子常嘗為言之其事實始於李氏守素善壇之孔子降神有孔子
降神記教育者宿沈信卿氏為序其緣起行世謂孔子於民國二十六年五月十九日（夏曆四
月初一日）在壇降神沈氏呈所問中齋二字之確詁答叢脩平時所未見及者且將欲言而
筆所未及之意亦畢呈于答紙之尾心甚祈服墨筆書無各件字多古文並數見神德盛
不知何因而忽以余為副會長太倉唐蔚芝先生為名譽正會長正會長則沈恩孚（即沈信卿氏）
又副會長三人則蔣維喬胡樸安丁福保而名譽副會長則沈淇泉[illegible]程[illegible]也
鄉友馮君容如為君錢所亦與其事而為君與又一沈君恩敏者為正副幹事長以究主幹余
意怪力亂神孔子不語而索隱行怪尤所不為孔子降神蓋怪已甚且孔子之道首言尊攘
尊乃宗周攘所諸夏今日之事周室安在攘國難言尊于何有[illegible]尊孔意在[illegible]而逆
來人士怨文饒言尊孔蓋將用夏變夷耶神道設教發揚國民其宜言引及東鄰歸範
附設聖廟意尤不取吾知孔子復生亦必曰吾道窮矣昔顧亭林生易代之際教人必引論
語曰行己有恥筆下謝生精研學術之曰近日李二曲徒以講學故得名遂招逼迫幾出死名
之為累甚矣況東林復社有進于此者乎又曰瑞君閔學之餘也徵梁蓋田之教以禮為先
近日講學家所以系徒主識為心而其教不肅方將賊羊幽之不暇何問其餘吾人善學孔子
宜如顧亭林之行己有恥不當效李二曲以講學為名也當時許君已為婉謝並函馮君以近年避
地登告志在與世相忘幸諒其意勿更函及既馮君又介沈君來晤仍本前意以國事艱懷正
此稍讀聖賢書者宜知何以自謁何敢抗顏亦說再為他人語而謝之而沈君亦未與其事也
次女讀華元子禮喬在民立小學肄業暑假在寓溫理舊課見第夏後復[illegible]小學所用國語
教科書已無中心意識更無論文字欣賞也余意文字貴有欣賞意趣兒童意識宜尚

次之固無間乎白話文言也意趣者天籟也意識者人籟也兒童教育首重啓發故必利用
天籟而漸啓其人籟乃有造就可言一也古人盤根錯節以別利器而今人稍有不遂動
言煩悶亦緣驚于物質未免偏重意識不解人生意趣自無安然可言故兒童讀物尤其
意趣於將來人生觀較意識尤為重要而人以音樂調節身心然亦意趣之重義二也小學
寄授國語自以白話為主及入初中則因將來社會應用及其他實際需要不能不兼授文言
而高中則更幾以文言為主然兒童小學六年于文言初無所知宜其詳若不入兄白話之佳者
必曰乾脆而文言之上者亦必簡潔今之言白話者尤喜濫用助動詞以之乎者也易為的嗎之
類但覺意義繚繞初無留乎乾脆簡潔之處類實難成語而白話之異乎文言更不存是
返乎教授白話文時能擇文言之明白淺顯可與白話相通或竟作白話文讀者就課外相間
授之俾知所謂文言者文從字順意所辭達初無異乎白話哉可明其相通之道稍為白
話文言之節非惟學習文言得有藉手且于欣賞白話亦可參悟三也爰為選定課外讀物
數種一唐詩擬為五言絕句如孟浩然春曉（春眠不覺曉）賈島尋隱者不遇（松下問
童子）聶夷中田家（鋤田日當午）白居易夜雨（早蛩啼復歇）李白玉階怨（玉階生白露）
李白夜思（床前明月光）王維雜詩（君自故鄉來）[illegible]（[illegible]梅花）白居易問劉十
九（綠蟻新醅酒）五言律詩如儲光羲詠山泉（山中有流水）杜甫月夜憶舍弟（戍鼓斷人行）孟
浩然過故人莊（故人具雞黍）僧皎然尋陸鴻漸不遇（移家雖帶郭）五言古詩如孟郊游
子吟（慈母手中線）陸龜蒙惜花（人壽期滿百）劉駕桑婦（牆下桑葉盡）李白月下獨酌
（花間一壺酒）王維西施詠（艷色天下重）白居易新製布裘（桂布白似雪）七言絕句如張
演社日村居（鵝湖山下稻粱肥）皇甫松採蓮子（菡萏香連十頃陂）韓偓已涼（碧闌干
外繡簾垂）王維九月九日憶山中兄弟（獨在異鄉為異客）張繼楓橋夜泊（月落烏啼霜

滿天)蘇俊卿著(萬里長江萬里天)王翰涼州詞(葡萄美酒夜光杯)岑參逢入京使(故園
東望路漫漫)賀知章回鄉偶書(少小離家老大回)七言律詩如杜甫賞春(聞人試花
愛春光)杜甫客至(舍南舍北皆春水)秦韜玉貧女(蓬門未識綺羅香)杜荀鶴山
中寡婦(夫因兵死守蓬茅)七言古詩如柳宗元漁翁(漁翁夜傍西巖宿)隱巒
牧童(牧童見人俱不識)方干採蓮(採蓮女兒避殘熱)杜甫縛雞行(小奴縛雞向市賣)
凡三十六首均眼前景物明白如畫所謂白香山詩老嫗都解且可使知所謂白話顧名
思義當為明白如話不在助詞異同雖在句如詩限于韻語亦可使於白話無礙其為韻言
真兒童絕好讀物也二古文短篇及國策小品古文短篇如籠雲(宋蘇東坡文集)王
蟹(清王漁洋池北偶談)記謝卓騎語(宋劉義慶世說新語)琴貴桐孫(東坡文集)記
王戎事(世說新語)記黃山題字(宋朱熹名臣言行錄)玉龍銅碼(均漁洋筆記)記
戴安道事(世說新語)西江舟次(東坡文集)不讀書之害(漁洋筆記)記支道林事渡
容易(均世說新語)修養記時好畫龍草木長書戴嵩畫牛(均東坡文集)春節老(明
徐禎卿居易堂集)唉夢(東坡文集)國策小品如白圭謂新城君(魏策)楚王后死(楚策)
衛人迎新婦(衛策)公孫衍為魏將(魏策)田需貴于魏王(魏策)齊人見田駢(齊策)
蘇秦之楚三日乃見(楚策)齊欲伐魏淳于髡謂齊王(齊策)張丑為質于燕(燕
策)燕王謂蘇代不喜訑者言(燕策)有獻不死之藥于荊王(楚策)荊宣王問群臣北方
畏昭奚恤(楚策)計古文二十首國策十二首多為七八十字皆文字淺顯意義明白短僅
二三十字長不過百餘字初學讀之祗覺意味不盡絕不感其高深簡峻潔明淨是尚
乾脆可喜濫用助詞之病庶幾白話文言之郵也唐詩以寫景抒情為主天籟也意趣
文也古文則以敘述為主而國策更及於論議皆人籟也則意趣而涉意識矣所謂利

用天籟以啓人籟也而文字之體用亦于是略備于尋假中依次授之而老友華君澄波在錫
近常以文字商略得其目錄為留定相寄爰箴其意如此　八月上海公共租界由日
寇交還汪偽法租界亦由法當局之在華者交還而吾國南京偽中央政府為名義上之接收所
謂軸心陣線也英美及軸心國家亦宣言取消在華租界竟若我國租界自今以後或可解
除束縛而得告段落乎　高君踐四在桂林逝世遺言先哲議私見人欲已太倉唐蔚
芝先生特來其意為作傳高君為私立無錫中學教授人與弟乃去購又遺去及不稍惜
真能毀家興學者幼讀中庸君子之道四心有會悟遂取其義自號踐四事變前在錫
任江蘇省立民眾教育學院院長有年于一時鄉村建設頗多致力能實、注意民眾二字者
國難空言教育已也迄在桂林任廣西大學校長將有他役間作小令自遣謂借以養得胸
襟恬淡亦一得也而竟憂傷憔悴不永其年為民國三十七年頹君述之邊賦長句闡為地方
損失非僅友朋私痛也頹君前為江蘇省立第三師範校長亦有年于當日師範教育頗能自主
主張不輕隨人俯仰而其所聘教師多叔兄子眾等亦均一時之選故其成就亦頗卓卓事變
前在錫任江蘇農民銀行無錫行長于地方金融及農村經濟亦能與時消息周為地方
力民國二十一年秋滬之役余在商會亦理公益君實力贊其事尤為功不可沒故併識之
浸淫外孫秦文淵今略四老人表病無俚自念事業可毀而精神不可磨滅古人多年作事
垂老著書亦即此意而著者莫切于身事莫大于身其此老人五十以前年譜所以為本身
之清算也五十以後亦莫有成書矣接八月二十三日示知已在家屬稿且言欲得一書可以闡
心見性又與世事相適而為修養之資者竟亦莫適于此書矣傳記最足啓發神智而
適人傳記尤可移近取譬況老人與汝其有骨肉之親則其感動當為如也余兄弟小段事未
可知若論近年自傳五年制行今日邑中尚鮮其比甚堪受汝輩後生矜式特再寄汝一部

可即收閲汝為吾家最長之外孫亦我伯兄子彥之嫡胤諸出外孫不為男家门又出小者
大孫甚望汝尤爲外孫能作後來穆孫婿愧男氏家聲也而富貴利達則乃所謂次也
非人之所能為也故不必為其次則做中國人不可不讀中國史汝照前購資治通鑑要將
來遺失汝如有志讀亦可向汝姐索閲　原本不過三百卷日閲一卷約亦一年可畢此書非一
讀可了余季舅孫寄舫先生嘗語汝之曾外祖曰前輩薛叔耘閲資治通鑑二十八遍故能以布衣
名重一鄉　薛叔耘者吾邑先輩名播於家實中國第一名外交家也以余舅家故實令將之
語汝今不能多讀即作小說翻閲之者可見古忠臣孝子決不失其國民性次亦可明
處世做人處事接物之道不若可知亂世之君子何以得全其生而又行臧俯仰得得
兩尤修吾觀南北朝事多与今日相類真所謂鐵鄰莫外於小鑑人莫如史也吾又喜勸
人讀三國演義以其最詳亂世做人之道也諸葛之淡泊明志寧靜致遠即善處亂
世者敢言苟全性命於日不求聞達可憂也汝甚識之　文淵者余伯兄女適秦光甫者所出
而吾友琢如先生之冢孫也　邑人某自錫東倡佛教淨業社於山某某君壽為今言無錫佛
教團体惟淨業社為最純正社長楊小荔先生事變後亦在滬近由同鄉丁君仲祜捐助公
園路圓明館旁空基地十間地及適中改為社址原有樓房現租王姓樣房建而有三層閣
及印光法師紀念堂為念佛道場之用估計工程需八十萬彼請助力勸募實為功德無量
余謂毀家而出志在避地養疴非與閲係出私不敢輕瀆同鄉而況十方功德根本究須
信仰苟非真具信心恐難望其施捨前在同鄉會覓理事長從出此棄適亦有他事募
捐向均決然未有應者在當困窮茲人之在滬者先行倡議須就同鄉中擇具信心者而
有資力者斟酌勸募不必泛求多人世難方殷地方未安吾願諸君念佛消災不欲他方廣
事營造也子意未必有合須念儒者學佛常在晚年亂世之人尤多逃禪或曾死生

驚恐不免心理變態未必于佛有悟果為解生利益余之庸人不欲媚佛何能僕僕隨人更
為趨炎附勢也　美國總統羅斯福與英國首相邱吉爾在臺北見會談中國駐英代
表宋子文被邀參加謂所進行的軍事談判大都系討論對抗日本軍事作戰未知
于吾國事果究何若也　有客遠道相過徵詢蘇事意見因及事變前江蘇省政
之得失謂陳果夫氏雖想做事亦有決心如禁煙及江北導淮工程雖達國變未竟其
功而求之以前省吏能做些實際工作者尚無其人即論禁煙亦較他省為認真而有辦法
葉楚傖氏雖一時有清流之目而書生氣太重民廳實亦未諳建設廳某君用科學人
物改組江北運河工程局職與前浙江省主席某不同水门汀改造浙江海塘同一結而未
及一年果釀鉅患科學人物狼狽而去鈕永建氏端謹有長者風而其財政廳長張
壽鏞氏實一好手承民國十六年兵燹之餘政費無着未幾打挽整理財政有条不
紊去職時有告江蘇父老書公開使過能举其要實民國十六年後長財政廳之所僅見
前清名督撫多出州縣以其親民有年實能瞭解吏事也吏治以往則亦以吾飛韓國
鈞氏第一次任省長為最得名譽後之王瑚非其倫也余曰君言殊近情陳氏習于黨
有黨心而無耐性為蘇害而最甚氏祇知有黨不知有民祇知防民造反而不知與民同仇
可慨也　次子鍾漢告余遠遊不能止也留手年譜題辭付之可汝欲遠遊勿各此相付須知
老人一生謹慎遇事不當敢倘以輕心律之而自問状貌不肯隨人俯仰實得力於不輕
取與故能自強不忌自處于不夷不惠做人在不亢不卑守此吾之子也不守此雖成功汝之
事也天下顧无妄之福者必受无妄之禍發橫財者必傾家貪非分者必顯投以他人性命
博自己富貴者尤禍不旋踵往古不論今世何限虚花好景不常以其出於僥倖也政治更滿
殺機吾願汝勿輕近之　十月三十日：寇在華簽訂所謂同盟條約中國由汪兆銘以偽行

改從長名義屬字全文又條附屬議定書兩條其主要為一互相尊重其主權及領土之完
整互不侵犯以互惠為基礎實行經濟合作附屬議定書則謂日本于兩
國恢復全面和平戰爭狀態終了時撤去其在華之軍隊並將根據北清事變北京
議定條款及其有關之文書所有之駐兵權概予放棄而是時滬報江〻所載日軍以
殲擊起江對岸渝軍且謀于馬面關背後遮斷渝軍之後路吾不如中國簽字者于
此更有何感想也　三子鍾毅應高等文官考試及格覆試優等第一分發交通部仍回
黔桂路任事　蘇人張一麐氏在渝病卒叔兄與其昆弟之關係別撰軼事狀頌政
佩于吾蘇三十年政局之隆恫而其弟一鵬在滬則為文以哭之言下有餘痛焉　邑先
哲裘葆良先生卓一代學人能開風氣其清季在邑中與諸老商訂條規擬承學務之所
及後高踞采滬列署可稽見意均詳前載早歲有志述作鄉先達秦淡如先生
治古文嘗藏名然其文得桐城方氏之傳而先生與段書則于方氏專力為文之說頗多
辯訐謂周秦間善為文者皆有絕類離倫之學挽回世運之志管墨孟荀老莊韓
非諸子皆以其學鳴非以文鳴自漢武拓跋黃後為文學侍從之臣而文章遂為世重
歷二千餘年以迄于今文愈富而學愈貧因不欲以文字自表著也故秦先生梁溪七
子詩獨稱其學曰醇晚乃積居西記壽將適以隨處曰吾記憶力銳減以人治克云
行也自編其詩文集曰可存文存序發其前謂有人而後知物有物而後有文妄欲將
移漢後二千年崇文字而輕工程之風尚已今猶復曉曉不能自已而于所作藝叔度先
生傳及瑞廣東交稿李更不惜郵電言之特見其意焉時先生年八十七矣未幾而遽歸
道山也　有人為言刪羅會議吾國殷印家延往及後德里蘭會議又太林與羅斯福二
氏會見結果英美各種積極決策北並舉在歐洲開闢第二戰線印度方面亦于此

時由中英協力實行攻動緬甸戰鬼而動同彼此呼應惟英美海陸空軍大規模出
動亦須由三個月以上之預備故目前最急者仍為歐洲東線及南太平洋爭取主動
地位餘皆非所待也

民國三十三年甲申　五十八歲

無錫同鄉會成立已久甚無是前載所稱旅滬同鄉會余于民國三十年以會中徵募新屋基金得
難應聘參加徵募事畢余被推名譽理事後又改為理事至是該會同以王君竟
易一再辭職謂于三月二十四日第六十五次理監會議被推理事長副理事長康有規伊才蔣
貴慶陳貴生三人新推丁鑑照一人共四人（後加伊才亦改名譽理事以周仲賢繼之）不能
任亦無從辭旋由在外同鄉君亦生來商定于四月二十三日召集第六十四次理監會議親往出席
議定就原任理監中推設常務理監各若干人按月由會製定輪值日期表每日必有理監
事各一人于午後到會查閱收發文簿加蓋名章其有因故久曠者得由理監會議酌
（及其必要文件簽注意見並接洽日常事務遇于所查閱之文簿）補推盖手訂輪值規則那席
申言自勉謂推請諸君輪值意在同人多能注意會務毋僅委于余門外書一二人以明吾會
主僑何在平日多接觸鄰事自閱活無事常作有事卑有有事可免張皇失措願與諸君
共勉之會畢歸寓即觀由渝同鄉會薛君明劍告以滬渝合作之旨邑中人聞者多函電
相賀積改傳望甚自愧也　室人與嬰多疾余久不能治也因憶故友倪君贊平先君
子及門而工醫同時者也時為先母診疾嘗曰醫能治病而不能治七情不慾有病非藥手所
藥石無靈者七情不遂之為害也七情不遂者喜怒哀懼愛惡欲也須以克己功夫治之茲
談何容易推而明此而七情不遂可減其累醫生用藥乃增其效其義甚精而惜乎世之病者
多不喻其理也　五子鍾魯在滬交通大學機械系畢業長子鍾韓自黔脫書謂戰後復

興庵有相當地位，儘可就近擇業，惟初學做事，尚無身分，須知虛心求教，方可隨事進步
校友(?)打(?)近城教後理局君身伸之招呼，派又務處任事，並今見總管理處協理韋君濟衡
謂初學做事，須隨身自勿多開口，真正言也。　為次女鍾華、幼子鍾泰圖定校，校國語文言
書類精讀各首，並孟子語篇節若干首，共十八首，皆以意趣為主，于暑假中授之，並略
講授中國語用圖表義例，斷句用圈，不另逐點，文字佳妙者用密圈，節節緊要者用連
點，敘記處注意脈絡節節，描寫處注意聞目生動，議論處注意發揮透闢也。　儀清
叢碼近狀，年少于余，嘗以弟蓄余，前病歿，兌謂可付託
外家事，而執意甚狠，卒于外也，表母在堂，寡妻無依，子孤女弱，旅櫬難歸，傷哉。　三子鍾
毅錄取西美，以費當支，書勉之

民國三十四年乙酉五十九歲　公元一九四五年二月(?)時年五十九歲

邑中有所謂先天道者，近以地方殘破，軍來異軍蒼頭突起，號曰佛力保家會，覺敵
寇及偽保安隊多人，北鄉為甚，雲湧飆起，將蔓延全邑，有多來負責之便，子才來滬，相遇，詢
其年三十三，錫北鄉安鎮人，略述民國二十三年曾參加同善社為會員，與宜興徐群初相識，前
年在鄉被游匪劫勒，亂都隊鄉架，意頗憤慨，當有人介其與徐同往山東濟南謁光先天道，朕
絡負賊(?)，習光之介，俗赴北京，與張余之、長江洪濟，始職傳習此道，並派教師還，寶倉助理果
鑑鄉隨其迴錫，在鄉傳道，現在無錫璧橋邊界有徒眾二十餘萬，以東亭、安鎮、長安
橋、張涇橋為其集合中心，能使徐(?)職不入，今春以地方殘破，軍來及稅稅煩徵，實物鄉人煩擾
不堪，不期而集一致抗拒，不行盜匪，不取分文，不傳道匯人，不貪非義之財，為其重要戒
條，違者必受天誅，最高組織在北京，負責人為江洪濟，華中負責人則宜興徐群，初地方系統
則有為總會，為迎而下，縣曰分會，區設支會，鎮鄉有辦事處，部隊編制，則九人為一班，九班
為一標，遞推而上，曰都，曰總，從橫九九，最高曰總，為一單位，頭髮黑，布身穿黑色，齊門組織形
似曰黑頭，供奉伏羲氏為先天老祖，文王為後天老祖，其他則老聃亦為要神，咒語要而斗共北
斗眾人筆下念：神兵走下云，斬斷烏龍頭，祈懺，又用土繪八卦，中嵌日月，日在月內，月大日內，如詢
其所據，則推肯舊檢書查對，則又無考云，別有秘本，非其可傳，此次來滬，係由北京派代表
張智光偕一敵寇頭目，壽約來商錫事，在錫成立蔭常總部，並另選集萬人組織武
裝，殊可，現在地方無政府，人民困苦不堪，不能不避地自衛，故先從蔭墨安良入手，言下大有
體天行道之意，余謂前清北方義和團，亦言扶清滅洋，而結果殺身禍國，即由輕于殺人
不擇手段，人心所惡，天意無據，君以佛力旗召保家，須知佛教慈宗最忌殺破，自來殺人之道，寺
教私亦氣勢甚盛，凌皆一致塗地，即隊用舊殺君等，此次在錫亦已大打出手，不速善為而
藏，將為大道所忌，現在春作漸繁，應即勸令徒眾一律下鄉歸耕，保其保家本旨，庶免
人餅更滋他患也。據前清北方義和團以練習拳棒為由，托言神靈附體，演道教拳，俯念
咒語，飛躍槍彈，傳習時令伏地焚符誦咒，脣合上下齒從鼻呼吸，俄而口吐白沫，呼曰神
降矣，則躍起舞刀而舞，力竭乃止，臨陣佩小黃紙畫像，有首悉之統，指頭上則有光，丹紫臉
閉作狗寸話，唸其不名何神，心以下書一行，又用雲涼佛前心香大神急心誦咒，曰左青龍右白
虎，雲涼佛前心香大神急心急請天王將，後請黑煞神，用以抗槍砲，不燃捷神以頂着地
叩首三十六，練術有練功、清功、淨功，百日清功，四百日淨功，避槍砲，清功能飛昇，從習者利速
成，多練功也。而先天道傳自北方，疑其為義和團一脈相傳之支流餘裔，前聞民國十六年
溧陽有大刀會，亦曾猖獗一時，其軍兄其持刀而舞上陣，不易命中，聯合散槍要擊下俘死
者甚多，勢遂不振，亦有人言先天道術支持不能適而小時，不可着全，亦不宜裁截頭，仍已
有覺其聞者，則其所謂術之果可恃乎？乃又據鄉人來言北鄉東湖蕩附近，更覆現所謂

金光法之光大道教主姜明波自称係華北光大道派來此術煽惑地原有光大道光尚入其道者須砍九九八十一刀並謬称用手指一個訣把子向空一指即能使飛機從空中跌下異想天開習請公開試法于五月十八日率領其所謂徒衆數十人至錫城在北橋頭任意指定道徒五人要用以試開槍試驗頭已白布著黑色套門紐扣短衣短褲在三百步以外即舞動其所謂麾兜舉一張一合跪求攫而企圖閃避乃娥旅一轟其姜某及其道徒五人均應聲倒地而死所隨徒衆數十人一時亦作鳥獸散真乃愈出愈奇而鄉民之愚不可及尤足慨也

英美華盛四國于四月二十五日又在舊金山召集會議各國所派之代表團前往參加意在團結反軸心國家而蘇联亦宣告停止所謂日蘇不侵犯條約思東方之事亦將自此急轉直下矣　邑人秦琢如先生年余同也子邑中為商業先輩嘗見余前著年譜頗事略決不為依違余在邑中深得其動事變後頗惡力于地方善舉邑有紅卍公之生災之意在消弭隱患非僅為救濟己也故識之　歐洲戰事結束蘇联對日出兵日本遂亦于八月十五日宣告無條件投降鄉友自滬歸者紛紛來謁相遇以為勝利自今而後從此可享太平余則深慮人心未一政府狃于勝利貪天之功以為己力外寧必有內憂禍患正未已也十月二十三日為邑中舉辦迎里將自訂戰後回里者寧誓約揭載報端略云僕久衰病無意問世此次回里專為家墓桑梓敢泰敢言外事謹訂誓約章共議之一不敢勞動官府（來者概不敢當）二敢辭親友燕請（請簡易人者回）三公開覆表談話四不為介人請託某易訂日程計第一日抵家拜謁家祠釋褒訪問親友第二日西郊掃墓惠山謁宗祠第三日公開談話第四日離錫回滬附注有見客不過避無私貴宮不妊謁無承接于二十五日下午假縣商會招待各界公開談話略謂八年以來未能與諸位身同甘苦自問遺棄地方愧個罪人深深覺得對不起地方對不起自己言時不覺聲淚俱下在座聞之亦頗感動繼謂現在地方情形實若千頭萬緒敵偽時代官吏貪污成風人民失去國民性同流合污已不辨所謂是非更談不到有何廉恥大家要明白過去的錯誤能講到現在的做所以要談到地方復興第一要恢復國民性分清是非使得廉恥並復再可根絕貪污關于恢復秩序方面根本要安定人心現在到處趕人於公上班衛（都）提心着戒許算工育名而將積犯希望切實調查罪行第二是物價高漲生活亦不能安定希望各業自度自覺抑平售價無論如何無錫物價不能高于上海更須較上海為低財政方面希望政府能將必要費用實需若干現有收入若干清清楚楚公開出來不敷再論商地方浚河補充如果不能明白交代將來是非越多且天天六年夜亦將終無法當商会已此組吉一段落希望各業自己商討在八年中与敵偽無關係而能做事者無業推選久人呈請政府圈選三人為各業整理委員再從此推選商会整理委員組織于短期内組織完成代替商会職權現在我亦覺得鄉間區鎮鄉長關係很重要將敵偽時期區鎮鄉長是否改去區鎮鄉的界限和名称名否恢復戰前一切區鎮鄉長的人選要地方優秀的人才出来做現在無論是工商各業和區鎮鄉方面均要尋覓人才以後地方上優秀人才須負出在地方上為社会服務總之要有組織才能團結有力量要大家負起責任出来才能獲得最後成功要官民合理的（能）協力不合理的協力大則聯傑為虐小則狼狽為奸在這時期以後區第一要爭取人心才能一切有办法希望官民要理解此點事事方能順利做去聽者鼓掌遂行散会瀕行更贻書縣府洋切言敵偽時代官吏真暗自治人員视同鷹犬上下交征民不堪命更申謹選區鎮鄉長安無地方之旨遂仍離錫返滬也　蘇省特派委員会派員赴錫接收敵方洗劫撫齊華中蠶絲公司及整理前被華中所佔領之各絲廠有關某若宜人也為農林部蠶絲復興委員常發表談話余當自滬致書畧謂錫邑收載先生談話大意言無錫之絲廠類多原地凡華中所曾佔用民營各廠我們總要恢復適当保留減少損失收回過程的損失和影響生產的時間因此我們對於

確保絶工商人僑重予以便利，藉清他們來參加我們的接收工作，叫他們自行保管維護生產
對過去甘心附逆的工敵於僞商承辦亦於清敵商代爲經理，必調查其過去行爲是否清白
總之以生產不停頓工人不失業爲原則，具見重念敝邑維護終業之意，惟卻意敵僞佔用
之敵於無確實合作行爲即不能認爲甘心附逆，聞去依奉看接，及委員會蘇字第一五八號訓
令，九善中會有商股，或原由地方人主持辦理被敵僞侵佔者，應召集各該敵原負責人
會同接收清理其業務，維護照理作爲接商承辦之前提。其次錫地之敵必須先從錫人而參
加參接收之人決須自知迴避，斷斷不可化名承辦，冒錫香黨相依鄰人于貴邑尤多稔友，於
儲備表沙武曾翁先生，當風所心折之人，祇以近年貴邑某氏父子在蘇州大非氏坐來錫
部隊以史某等皆某所部，紀律尤不佳，以此一般錫人對于貴邑印象，如皆不甚良好。兹幸
先生來錫主持接收，蒞錫則轉移錫人之意念，恢復舊有之好感，非先生而誰望也。按

無錫蠶絲事業，抗戰前一致努力于品質的向上，技術的改進，調查所得全年產繭有三萬
擔以上，並有大規模絲廠三四十家，繅絲車二萬餘部，全縣繭行亦有數百家，可見其發達之
一斑。但淪陷以後，首先遭受敵僞殘酷打擊，在錫組織了所謂蠶絲株式會社，實行佔據各廠，壓迫
廠方代繅製絲，任其壟斷支配，摧殘民生。蠶絲復興委員會是成立于去年十二月間，所做工作分三方面：一
是對淪陷區的調查工作，二因當時自由區生產不敷，就開始一種恢復的營運工作，三留幹部人才方面的
培養、桑蠶的栽培以及原蠶種的保存。此次接收對于敵僞時代的各種情形調查頗詳，聞也很
少。先接收蘇州華中蠶絲公司的情形，主要物資有生絲四百擔，但一切文件帳冊已爲敵人燒燬，無錫的華中公司也
已經大部接收，存倉庫乾繭二千四百餘擔，但沒有生絲，此于爲華中可佔據的工廠，尚在進行接收中。
凡華中所曾佔用的民營工廠，現在也於一律接收，因爲去年雖經僞方發還，但有許多工廠機件爲
敵方搬運移動，成了一筆糊塗帳，必須整理調查後再行發還，併附識之。

孫庵私乘卷下

民國三十五年丙戌六十歲

邑中藏人士以余兄弟學生同年六十，將爲余及朱君夢華爲作六雙壽書圖奏而觀目題記，辭曰：
昔元方季方以德集雙絕，時稱難兄難弟。嗣後晉有機雲，宋有郊祁軾轍，並見李齊名，世亦
以之難兄之。吾鄉子泉先生與孫卿先生產同胞，親同型，幼同好學，長同以學行樹聲于時，而
孝弟爲人排難釋結，臨節義而不撓，苟德則亦同，家庭之間，于于如也。子弟務去挺秀則
又同。雅譚先生品題爲西神二難，蓋因當之以兩先生，衡諸元方季方，吾不知其軒輕若儕肩
於機雲郊祁軾轍之列，誠無多讓焉。子泉先生貫徹經子，博覽墳典，著述等身，弟子滿天
下，蔚然爲東南國學大師。孫卿先生洞達時務，從政地方，爲民眾解痛苦，爲邦國爭獻替，
當世賢豪長者，皆願虛衷就教，晉德風采，則其樹立雖各有所謂，而其爲施利于公眾殖
名于方來則又似異而寔同。歲丙戌兩先生並屆杖鄉，邑人士爭獻觴祝嘏，引爲人瑞，退而爲
聚昆明相對衣書之圖，以識弟後，冠以雅譚先生引題于是。兩先生精神意氣，躍然紙上，將
與疏廣疏受懸車祖餞並圖，共傳不朽。兩先生其莞尔頷之乎。表兄孫君兆蘧史臉以詩兩
律曰：少小清剛老益堅，早將性文若饕研，雄文已接二王子，名世相期五百年。盛有户先多瀛起
若論篇述過前賢，湖山毘玉堪同壽，萬古長如貝大川（時流發起在太湖風景區築二泉
橋爲壽）。一政事文章濟亂光，一編年譜數從前，當筵醉晚無餘子，燕座傾眉覺若仙，百歲定
符偕老願，六旬試賦九如篇，連枝並茂人爭羡，今夜湘江月共圓（時子泉尚客湘江）。鄉先遇
叠喜自愧也。　重慶邑人招返錫，于二月十五日下午仍假縣商會邀請各界會談，計參加單
位四十餘個，共代表六十餘人，更就地方當前發生之問題，並參以在渝見聞，所得及塊而意見，計
共三點：一、勞資糾紛，現在各地勞資糾紛日趨嚴重，非僅無錫爲然，影響生產及整個社會

謂人以為各地公司及工廠負責人在觀對社會服務之觀念不能視工廠為私人發財之事業對勞方抽剝事業應極力注重關人力比機器動力更重要更有用對技術人員應提高待遇技術人員亦應負組織領幫助工人時時研究以引起技術興趣對工作有所改進而能增加生產一面使其生活安定就能在不同生產下可避免許多糾紛政府對廠主不以工廠為發財工具勞方亦應在勞資協調下愛護工廠如人子愛家族將前曾在上海和各工廠負責人洽談提供意見與意見應注意工人待遇提高職員技術發揮工作興趣糾正過去一切之陳舊思想及習慣以共同增加生產為原則中國內戰對國際地位無形降低而勞資關係生產係國家之未來前幹的說勞資融洽可促使人民團結而主要關鍵尤在廠主及其代理人能明目前大勢實有關明作風本邑為工廠區的能依照政治前會施政綱領勞資合作開誠相見目可迎及而解之稍提研究多人曾有一時期亦研究政治經濟對于國家稅收問題

並應培養民力合法之稅則有種種程序現在中央與地方稅收尚多重複希望商会領導商人組織稅則研究委員會專心研究商人納稅之義務合乎國情者為良稅反之為不良稅如稅有重複限期研究咸主方案呈請政府廢免抗戰期間稅務糾紛迭出商人要知引起逃稅雖逃稅即違犯法坐注意勿偏收繳三漢奸問題多人主張漢奸要懲尤重於而且要加得快亦不懲兇重於按節節牽累太多即不能加得快的一漢奸處死刑而人皆以可殺則此漢奸之罪有應得的處置一漢奸而他多人多數以為冤則何有爾懲之必要對整個處理漢奸問題各界輿論似有不滿于其在敵偽時為敵作牙爪鄉民受其毒者不可勝記勝利後特有背景抬擡過市鄉人要責備渐公在地方不免徇情不肯檢舉同時或有冤枉者亦應切實予以公道之主張並希望當局對于淪陷區之同胞勤求民疾加意撫慰要知有偽官而無偽民不能有民皆偽無漢不奸地總者鼓譟遂亦效会迫逸後走代電當局就懲治漢奸

問題重有論列甚多僕近在錫各界談話對于懲治漢奸亦略有論列而就公一般傳說似多缺會暗云云究風未不知何自尤以經濟漢奸處無解釋以致工商界人人自危竊念無錫實業為全國冠實以工商為命脈毀工商是毀無錫也且亦危害國家也僕要地方何忍坐視尤愛國家不敢坐視用敢畢貢其愚為官府備參證為人民作保障自來對于漢奸罪無明確解釋徵懲治漢奸條例第二条所列各款要以通謀敵國為前提的無通謀敵國則所謂漢奸者其罪行實皆不成立而社會一般輿論大段均謂奸須叛國之行為罪無可赦偽乃環境所逼迫情或可矜所謂動人士未逃者亦多不聞主張謂懲治漢奸宜無枉無縱而收拾淪區人心無枉無縱尤要屬先在敵淪地人士具有同此類事件根據政治協商会議決議和平建國綱領貫勤保護人民自由保障要員会尤以徵據本綱領第二節人民權利第七款之規定嚴禁司法及警察以外任何機關或個人有拘捕審訊及處置人民之行為

犯者處于懲處為唯一目的此所謂經濟漢奸條例第二条似祇有第四款曾任偽組織所屬之金融或實業機關首長或重要職務者所謂偽組織所屬之機關明指政治部門非普通人民團体可以斷言而懲治漢奸条例第二条亦祇有第四款供給敵貴或為購辦運輸軍用品或製造軍械彈藥之原料者第五款供給敵貴或為購辦運輸穀米麥麵雜糧或其他可充食糧之物品者第六款供給金錢資產者及第十款擾亂金融者明白列舉並無其他而皆以通謀敵國為其罪行構成之唯一條件自不得牽連及有失入若一般漢奸之財產依照處理漢奸條例第四条漢奸所得之財物除償于以前者應予追繳外依其情形分别予以沒收或發還被害人更明漢奸罪行構成可得者為範圍故須依其情形分别沒收亦可發還被害人而懲治漢奸條例則于第八条規定犯第二条第一項之罪者沒收其財產之全部所謂第二条第一項之罪者即圖謀反抗本國是明以罪行嚴重為斷不及其

餘各項外數許稱謂各地商摊漢奸首以資產為對象不免有失民心亦以此最為國
內話病以条例而處人死刑以上無期徒刑已非刷明法治及民主國家所宜有若再任意顛
倒尚何法治可言國家懲治漢奸地方何敢言議官吏奉行違法人民有權抗爭此實國
家法治之精神亦民主應有之要態當道諸公幸皆知變政欺率貢其瞻毋忘人權尚當
保障也　　各業整理完竣商會重行改選沈君錫君寔主其事計各業代表二百十九人依
照商會法選舉執行委員錢孫卿李惕平鄭翔德唐經國趙章吉戈子才吳邦周王
德潤石清麟安君擇吳襄卿任士雄賀紀荃周冠時宋啓城十五人監察委員胡禹侯
郭叔鳴朱文沅秦竹卿周蘊巖程景漢七人余以重膺商選各方責望甚重不敢遽
任不容固辭爰再返錫于四月十七日下午邀集各業在縣商會座談徵取意見決定去
就旋即由會召集當選執監委員依法選舉常務委員錢孫卿李惕平戈子才唐經國
趙章吉五人常務監察朱文沅至再由執行委員就常務委員中選舉主席錢孫卿
定五月一日就職以無錫工商業當前最感困難者為捐稅糾紛勞資問題房租問題三
項商決各設專門委員會為稅制研究委員會勞資問題委員會房租調解委員
會分主其事並代電中央請求調整稅制取消重複捐除工商惡稅甦利國家稅收計有
又嚷而當地軍政機關及黨團領袖亦定期招待由余代表致歡迎詞聲明商會立場及
余個人觀感略謂勝利以還國內商業日益凋敝國外貿易更無希望有外貨且摧商賤
為投資中國危險性殊多無錫為內地工業都會地方之繁榮向以大煙囪出煙與否為估
測之標準而今則大都多有囪無煙鄉人之經營工業者迄今猶多蟄居在外不願言旋
即人亦每以余兩君適于此時膺選結念前途不寒而慄今幸諸公惠然貴臨蒞奉
一觴敢貢下懷一商會為代表商人之法定團體惟無錫淪陷以來商會已不能代表商人

而大視為軍政黨團對于商人之派款機關予取予求不勝其苦今後對于商會之任務
務求吾輩覺吏淪陷以來之傳統觀念予以合理之認識將于商會以原諒在商會亦當
前商業之困難亦當自絕端尊重其應有職權不敢稍有逾分其不能遵自逮就內其不從
就商力言國亂不勝就商會言要求解散此其一二商人為地方人民團體之一戰後地方事務
諸待整理改進必須協力以赴在我固免有功獨致此際極崚勞力難見績效今後商会深望於
與各團體在地方切實合作推動復興一切此其三三商会一切工作均聆新聞界不斷予以合理之
指導及不客氣之批評鄙人及本会執監諸君均當拜嘉言以當治事之南針此其三鄙人年
力就衰實難再勝繁劇此次于無錫者為仍當勉盡能勉事負荷負當推力要既
設威力有不勝惟有力避貿務事諒之一時聞者似頗動容也　六月二十日商會召開會員
大會各業選業二十餘件由余主席以商會所累積目前之商情形已覺為令嚴重無錫
也工商局頗為果工商業頗敗試問敵何為而亦當陵有無錫惟有之商出起自濡免救他人
為常不任無錫商会自前清光緒末年周舜卿先生以紳商回錫發起組織商會助光
生繼主其事亦紳商也及後薛南溟華藝三諸觸翁諸先生雖皆一時碩望仍均以地方
紳士得兼階級推主商会此由于過去商人不能自信認為地方一切事非紳士不敢作主現值
民治時代雖在商人亦當力求自主不應喪失信念鄙人于商業系係外行來主商会實非所宜此次
為抗日勝利後第一次召集會員大会即欲羣策羣力挽救當前危機希望各業能自己注意
結成全體力量奮鬥各業議案大部關係稅則此固因大家對此最感痛苦故引起大家注意
但政府要錢用是事實為何使商民不叫苦政府不擾民非商界一二句話所可說盡故商人
對稅則應先自有研究確知何者須負擔何者有困難說則不合理在何政府請轉至自己納稅
義務卻不可逃避惟其不逃稅才可作合理請求如要逃稅無異放棄合理請求之權近此稅額查

房捐仍有隱匿其故在房捐為收益稅依理應由房東出現在一般房東訂定要房客于房租以外代出
窮戶太不合理房東要房客代出房捐即為逃稅房客因代出關係便打主意隱匿往上一推而捐
一間應以付租一間者而問捐就省錢已查過來查地方布望房客勿帮同房東隱匿無錢習慣
租賃契約載其實租價隱匿轉少此後應以租賃契作準勿再拿出兩摺子出來房東既不
併嫁房客房客無減不必帮同隱匿逃稅則之房東應知叶房客代出房捐糾紛必多希望一面對政府
作合理請求一面不要聯合了逃稅聞本房租調查每人以為宜就市面分別地段每段若干商戶計有門面
若干間可造樓房平屋各若干每人實際租價如何其最高最低者如何統計算明若干間可造樓房若
干間平屋各若干間求得各種平均租價如有房客糾紛即可應此為解決基礎同時房捐估價
亦可作為參考此外勞資能否協調為工商能否發展之主要原因商會為人民團體之一地方責
任雖非全為商民但以無錫城市而論不能不以工商業為主凡地方大利害無不與工商業有密切
關係遇事萬勿滯遲以為天塌下來自有大家頂中國對日雖勝利但內在問題仍然多而說到
合理勞資能協調地方工商業自可有辦法願與諸君共勉之並通過各業職業而各專門委員
會僅協勞資問題委員會主任李君惕平報告略你本委員會成立目的首在協調勞資
發生勞資問題大都已當解決其困難則工商發展開門一方面物價激漲工人前後要待遇而
資方則因商業不振無法應允每每糾紛之來紙與總工會負責人交換意見總工會與商會雖
各站立場但態度似尚同樣應以謀消除隔閡資方責好不待勞方提出要求及善者即予改善其
餘均以減主伊始工作尚待展開故報告甚略也　自從改錫商會李君惕平書論可以將說
事略曰此因所得稅事將承澀滯拖拉放並轉述直接稅局長葛君表示予亦以為一新稅之在地方
啓徵必須先避害民對立乃可推行盡利須知培養稅源使人民納稅感志奇捷方能養成地方
納稅習慣而使稅政有充裕可言務國必先富民民窮富並財盡財政從濟窮不可分欲達成生產

增加之目的必須注意保障民族工業之利潤及保護中小商業古人為撫字于催科寓為稅政之總
亦即理財精義所得稅為合法稅收在人民自有其應盡之義務而其為良稅與否必以合理為前
提斯近無疑近年工商盈利雖皆通貨膨脹計法帳載有盈餘然照實則多虧耗此為周事實
當亦政府洞悉故如果以工人發給工資所法以其最初投資作為資本數而不以近年生活指數確
定其現在資本數額才有真正盈利可言否則虛利實稅即將民族工業利潤無所謂保障而且他
方商業中小為多更其實可以保護之者各業因申報所得稅資本仍宜以此為合理標的將來容有
變更而其最初所投之資本應按照生活指數不適用于稅收則各業工資計
算不應以此為根據現在工商成本之重實以工資為最大之支出而其重要關系亦即須隨時
按照生活指數而工資亦必費縮而稅收不能適用則又產收實支為非工商所能任也此為當
前之先決問題其次依照財政部所得稅簡化稽徵辦法第三條根據各業納稅義務人所得
額報告表抽查各業帳簿簿冊完備確定之商號百分之五已有百分之二十決定各該業標準納
貲毛利率費用率及資本毛利率費用率以推算各該業納稅義務人申報所得額其純益
率合于第三條所得之標準者從其申報所得額依法計稅其不合標準者依照第十一條所定之
標準計算其所得額依法計稅是從抽查而推算所得之標準幾為各該業一般標準均須
依此計稅亦法理曰商號徵稅寧不平等要知各該業帳簿簿冊完備確定之商號必為其
中規模較大之商號而各業商號中小為多何能以大概小竟欲以彼例此故徵收狀況必不相
查為根據則必多注意于各該業中之中小商號以期負擔平均免致執行困難而各業中
小商號尤必予顧全惟一切力求對實因有帳簿查事實勝于推斷將來申請複查可免無
謂爭執也此為復行注意之第二事又財政部辦法第八條第一項按第三條規定核定各業
各種標準純益率依第九第十七兩條規定分別計算各業各商之所得額再將各業所得

額相加為全市或縣之所得稅額依據此項所得稅額並參酌各該市縣稅收預算數額計算各業各商應納稅額而其第二項又言審查委員會審定前項各市縣稅額時應顧及各該市縣之分配預算細律所列各業依第五第七兩條規定分別計算所得之額即可依法計稅宜另自各業各商應得稅額合以求納各該市縣稅收預算數額也各業各商依法應納稅額之外尚須將市各該市縣預算分配數額此為額外負擔且非本法規定適查所得稅法無此文義不容稍有含混也在商會立場根據所得稅法不能不詳切聲明者也此次容有未盡周再仰逮此右述諸會時偏重標稅為出發以資本額照已奉部頒利得稅額標準計算公式及各用之費息假借數目而並計以實物作比于法無據自應照法界訂算當即函錫在商會邀集理監事會議提付討論要以稅局重申前者甚因國家徵收利得必求切合實際而所得稅之或斷莫可以得為良稅求在實事求是理在事前規模商市實盈實虧今年尤非昔比而前欲規一定數以為徵稅標的于資本則貶抑增值于純益則避實取盈非特于情不順抑且于事難能此資本增值必須根據生活指數而純益計算必須參酌結存實物難於所得稅法不盡符據而在工資徵當早有先例同一國家法令何可取捨互異所得稅在我國方欲推行盡利實現其為良稅必須同乎改進簡化合理于事勿擾于民亦使當列官民真作以法相持而不近人情之法從勉強于一時終無以善其後其道必出于窮而變而可通敢折衷陳說者固也　又予鍾彭在國立交通大學成域系畢業應上海電力公司實習工程師考試成績最優錄取第一留滬供職也　鎮江縣商會主席陸君小波邀集各縣商會推派代表赴鎮開會赴籌省江蘇全省商會聯合會余與李君暢平應召偕往推選籌備委員十七人余與其列遂于九月十日在鎮開會成立計出席六十二單位代表八十九人無錫代表為錢孫卿李暢平趙章吉吳卯周張文犹五人由省社會處核定選舉理事陸小波錢孫卿嚴鈞材張叔礼等二十五人監事劉國鈞李暢平等九人費佛實宣言大會有決工商問題繫于整個之經濟決策其意切者有五一曰休養民力二曰鼓勵輸出三曰外匯國有四曰扶植工廠五曰恢復交通其次江蘇亦有因地制宜之事如農林蠶桑棉墾等稍議進而收私產及一切地方性之生產事業皆實就地設計因事制宜凡一舉可以舉以者則一業謀之其不能私事者則建議政府謀之所謂通商惠工利用厚生之謀實基于此余被選為常務理事而理事長則不舉陸君小波任之旋以渡江解放也　長子鍾彝在滬娶沈慧賢女士嘉興沈竹晨先生之次女國立浙江大學化工系畢業生也有兄尚賢前亦在浙大任教授與鍾彝同識余往滬為之其事邑同鄉在滬有願邀前茶園者余往于十一月十五日午間成婚力求簡化不廷外宾請長兄錫君北歸遷婚鄉里訊為之見邑中親友並以啓告有子在外成婚不敢驚動鄉里別行簡化茶點目試由兩枝盒禮戚為數人清茶一杯不受賀不擾識留經濟總何故使言將播國者不亦度哉力守節約凡我親友事事繫之吾家自為提繫遠矣下及余兄弟子姪輩五世矣已今吾房雖無子絕嗣買嗣生子者夫婦亦事奔眉齊老從無中道仳離之事亦差堪為子孫法也茲識之耳　孫女顯沅生次子鍾漢出也余為命名為軍頤取虎將之意子鍾漢有二女一子矣

民國三十六年丁亥六十一歲

無錫縣參議會正式選舉成立計全縣一九九鄉鎮合併為一百個區域產生參議員一百名工商農會自由職業教育會等五職業單位產生參議員四十三名共計為參議員一百四十三名縣商會當選者有錢孫卿李暢平榮一心程景溪吳襄卿章復卿高景嶽七人六十鍾漢亦在城區當選余未在選由候補居住圖遞補而鍾漢則參議長已被邑者向為表其個人意趣另謂目質劣下不堪重任本人所敢謹告于諸父老兄弟者即在選了

之于政府務求代表民意合作而不遷就監督而不對立本人之于斯又老見事惟期時時見教
督促鞭策使獲多免隕越而尤望輿論領導同胞虛心盡力以赴以求無忝厥職盡其代
言之責任余當定期邀集工商界當選參議員苟已括區域在內計有二十餘人在縣商會
招待茶話並提供本人對于參議會之期望略謂諸君榮膺當選參議員首先當向諸君道
賀在參議會正式成立召開第一次大會希望建立一個良好風氣所謂民意機關得作代表人民
講話現在憲政實施還政于民言論必然集中則為人民謀福利為社會造幸福才有發揮的良
場合在參議員要將目前應興應革問題加以研究尤其勿為個人着想做事應認定目標方可
通盤籌劃參議員任期二年須要在此期間確定中心工作最要關于縣政經費之收支平衡
及縣預算之確立財政公開用之于民方能取之于民機關經費不得多於事業經費戰前地
方預算民政警察教育建設均在附稅項下動支各有專款應當整頓發展民國二十五又
年縣地方預算以資參考其次對於捐稅問題主張化零為整將一切雜捐歸併起來加以考
慮研究才能建議中央政府免得稅收機關每天要找參議員真正代表民意做事要有勇
氣鄙人雖衰老仍當竭盡綿力以地方一分子為諸君作後盾旋李君鳴平當選議長朱君
文沅當選副議長召開第一次大會李君致開會詞畧謂參議會要負起當前艱難的責
任為全縣一百二十萬民眾解除痛苦發揮議會力量以滿足大眾的希望本人覺得非常
惶恐的本人所收到的提案預計可能有二百件可見無錫人民心中想說之話之多如何想辦法以
慰民眾迫切需要來求解決本身先要有相當準備與努力並且希望全縣民眾督促與鼓
勵參議員都要為大眾利益着想觀察問題須把住客觀態度而每一建議送行政機
關執行政府必須負考成責任求其每一提案得到相當結果本人的感想亦各位所希望的
民意機構績集中全民意旨發揮議會力量並希各位能循目標共策前進余亦代表商會

以來賓資格前往致詞表其一時所得之感想略謂參議會開會前夕議長尚各處
奔走親自布置議場不勝其勞政府置身事外猶憶前清末年江蘇諮議局在南京
首先成立即有一莊嚴之議場可以開會何以現在還政于民而今也一切反若議長之事政
府不加過問好像在開玩笑目前我在報上看到常熟縣參議會通過縣事業費須其
呈報省府竟將建設費大事削減縣事業費莫重建設不知省府根據何項法令竟亦
大事削減如果確是事實參議會竟成其擺樣子絕無民意可言現在實施憲政努力還
政于民而縣參議會尚沿用民國三十年行政院公佈之一種戰時暫行組織條例那亦未免粗製
濫造大量不成事體如第二條規定縣政興革事項參議會祇可以向政府建議這件事們
的人根本不懂得代表民意是什麼又第二十三條有省府可以解散參議會的規定查遍三
民主義及五權憲法均無此根據其次參議會的秘書須省府核委好像從前兵單制部
人研究各國議會制度凡世界民主國家亦未聞有此先例前幾天報上更登載省府一紙命令
參議會三月不開會議長即須處罰行政機關可以任意作命令處罰議長這樣也算還政
于民麼我覺得中國現在一般官吏仍是希望從小就做官的說的都是官話對人民的一切隔膜得
相當深但我是老百姓我們應說老百姓應說的話如果拿議會來做政府外圍一味奉令惟
謹作政府的應聲蟲那就要失去民意與人民脫離的俄國在沙皇時代曾仿過立憲但是
後來仍有革命發生前清宣統時候也曾仿過立憲辛亥革命依舊爆發因為這都是
假立憲不立憲還可假立憲人民失望更促成政變引起可怕的後果這是值得深思熟慮的
吳稚老曾說中國老百姓一向是糊塗的所以要經過訓政但而訓了十幾年老百姓幾乎愈
弄愈糊塗還是老百姓不堪造就呢還是政府實在高明呢總而言之政府應不以民意為
轉為見我要虛心接受議會建議議會要誠意的為老百姓說話這樣才能做得好各位參

議員希望鄙能明白退一步如果達到一層也不明白非但不會成功將來且要代打屁股也好而多人
今日還要說前任成功總歸將載許為立憲延言固非一時為見中議會撐腰也　戰前有扶
輪社前善後醫院、長美人李克樂氏實在為發起其事余以商會關係被推為名譽社
員並是李氏又來華當為其募社員在錫設社余又以商會關係被推為社長李氏副之非所
願也並亦不容辭但由此得從每次集會咨詢方法了解歐國國際對華之情況並及澄美國援
助國民黨之心將來失敗而無錫地方工商業及鄉下人民損實本家不致為國民黨席捲以去則亦
余參加是項組織之效未始于地方無助也按扶輪社首創者係美國達加哥人戚斯氏其宣
傳以服務社會為目的會員須為各業領袖並以嚴格制度徵取會員要以善良的精神
救濟貧苦不欲害及偽世界性之服務團體論其性質仍為美國對外侵略之資本集團
非漢中國已也　　國兵役事余以本邑為工業區全縣之人在十萬以上多為適齡壯丁而鄉
區壯丁亦以編織在即紛紛逃亡異工本皆地方並剩良之生產分子從此徵集關係流徙他鄉
避應徵入伍其衆或逃亡者遂遂變而為各處消費分子其為隱憂實堪設想將代電無
錫縣參議會暨各人民團體為民請命以文曰兵役規定憲法人民何敢異議惟依照中華
民國訓政時期約法第二十八條及中華民國憲法第二十條均明白規定人民須依法律方
有服兵役之義務而兵役法施行法尚係草案及其他與兵役有關之各種法令亦未確定其法
律程序之未完備可知事關人民兵役豈可草率如此此下壯丁聞查賊訊紛紛不安鄉區適當
春作農民均逃役而輟耕致本身壯丁工人以適齡而不安地方生產人民農工實為主幹本得
可用之兵先潰失業之民徵兵修正兵役法第七條及施行法草案第二條規定現役徵集入營
須在營受正規之軍事訓練而現在營制既未完備營房亦無設備去年徵集之兵仍皆補充缺
額其乃不教民戰也補棄之退伍之兵無法復業對增之兵額失生產吾人為在地方對于合法

兵役何敢不盡力協助但以法規未完地方流言孔多何可不據實盡情瀝陳參議會及吾人民團
體固有代表民意之責而人民依照約法第十五條及憲法第十二條規定亦均有發表言論之
自由於請一段主張在兵役法規未完成以前對於地方徵兵務須從緩辦理以重生產而安地方
而當時各人民團體紛起主張故得無形展緩也　　為糧食營業稅事致江蘇省臨時
參議會書略曰江蘇稅捐繁重亦號稱律而盈稅中有稅如營業稅則本稅以外又利徵所
謂糧食營業稅個人營業稅及行商營業稅稅外有稅如營業牌照稅則又在營業稅
以外利援資本課稅而舊有牙稅亦未廢止性質相重而目繁多此外地方自衛有附加道路
建設有特捐教師補助有輸金勞軍救濟有募派動以億計更僕難數則之法外之捐
地方不勝誅求人民疲於奔命章程贊頌代為請命糧食營業稅之不合理甚於殘業另
文可陳論行為剝民食依閩米價問題嚴重如此營業稅係重複徵稅實有滑當稅
性質而本種集散非祇一處以京滬一帶而言如米自蕪湖由京或鎮而錫而達上海以至
轉由米店門市零售每經一帳轉相嫁增加消費負擔政府抑平米價豈可重有剝削
清季重金獨免米糧重民食也論法理則營業稅實係屬財產重合議可謂載重加稅實
有違良意義良稅惟一條件厥在課稅則一當日華府會議裁重加稅實與改美可法
同盟國際觀聽依照民國十七年裁重會議決營業稅大綱凡一切類似重金之貨
捐卸已稅落地稅通過稅及進口稅常關稅等均在撤銷之列其已由中央徵收者捐者不
在各省徵收營業稅範圍之內豈可於本稅以外別立種種名目更徵所謂糧食營業稅
及行商營業稅非僅增加人民負擔抑且影響國際信譽秦以嚴法施其奇政偶語有
禁誹謗其族人民重足而立故漢高入關約法三章獨得人心而王天下明季苛捐雜稅煩
擾徧及閭里而滿清以胡族入關獨主中國三百年實在採用一條鞭法此人重役而人重

賦化零為整民衆甚業民國十六年國民革命北伐成功專橫捐理遺撤首稱標語亦為
廢除苛雜裁釐加税幾與漢初除秦苛暴同其德意古人三時力作獨以一時賦民實乃培
養税源之意此雖古代遺規實為郅治之本今法令之嚴既如秦而苛雜之多逾于明凡工
商稍事生產人民惟日孳孳迫於捐税疲貧交困難安営業而地方游手好閒之徒不事
生產之人轉因政府獎勵苗吾藉法擾民擇肥而噬見嫉社會游情而促使浸潰也烏
可哉烏可哉其下日夜求去之身豈有與此多名之意而事關民生利害非祇工商貿擾物
價日趨嚴重社會疾困尤甚標析旗昭豈慶遠懼救析不暇接手蘇民實多利賴浚各
地米糧業會县工會推派代表赴京請願有閩院部均認為此可廢税既與當前民食社
會經濟均有關係可由財政部行令部使濟部核議獲有酬恭會亦議決建議南府社省
方對糧食營業税決定用途前曾發究而財政當局竟待不免也　育勉於市場者不知
所謂以投機買賣為營業藉遭使物價波動特甚余謂于米糧業猶得各界特首先
對於糧價過將別注意此有擾亂現以之人應与衆共棄要知現在情形已到實際倚
賴之時商人應當心目己穩顧勿為投機商人借貸達以越於市場做投買賣實空無知
反觀此類市場利用目前政治情況藏造謠言推波助瀾而長投機此類市場一
機千丈撤銷的價或可不再於此波動政治謠言亦可遏斷平息布望當局迅即查明各業
市場性質分別撤銷本人在越於業者而友好亦多但不願以私廢公而爰米糧業牌號此
次以外匯調整及本金之關買賣等別撤黃金首告上漲紗布起於接連而起糧食亦受影
響米業市場向以現貨銷供為主實際情形為厚與起於等期貨買賣迥不相同往無
錫縣參議會通過起於市場營業規則集中參照米規定市場交易以現款現貨買賣
為限不得兼營做投小票而市場方面表示難於接受然有以無錫於起業全體同人名義

實在邑報及上海大公報登載所謂致錢遜卿先生公開信之巨幅廣告文長數千字備舉攻
訐而以次子鍾漢在縣參議會有所主張亦多指摘余當發表為起於市場事正告所謂於起業
全體及地方各界又同鍾子孫卿非遜卿以自係於起業全體而言其所屬商會理事長人可共
知之鍾漢于與有錯誤是見過事粗疏無怪其於利害既日於起業全體即係整個同業自
有其所屬同業公會及法定負責人則不得不就所知利害為剴切之主告之商會為法定團
體既出選舉即代表地方整個商業可以為商人主張合法或合理權益而絕不能為任何非
法投機作護符亦絕不能為一工業可以前卸利益任意操縱市場別謂管理商人可以其本
身業務參加市場而絕不能謂市場即整個同業也身此中利害首宜辨明矣之甚重謬
以千里否則以市場之管理不善而一切罪惡將由整個同業負其責是以主持市場者之不法
行為而牽累同業整個自拔卿既及同業公會絕無可以代表同施之餘地可乎不可乎
食物關係民生必須現貨交易此乃斷然而無疑現在物價波動凡係正式商人無不皆利賴現
貨豈有期貨可言故所謂期貨者大多遠期做空乘機套利利用市場從中且因事
造謠儘不知起於市場尤何來歷及与於起正式同業實際關係故今本領商會亦毫無聞
知若謂無市場即無起於買賣而且影響商會夫其所據此真危言聳聽不值一哂之談
無錫於起歷閱敵偽早成前途銷前此豈有所謂市場僅聞敵偽時期一二新興人物憑
其特殊勢力外制句結敵偽為於市之統制而別壓迫商人作非法之買賣民怨沸騰
當時始病錫邑於市此其濫觴現在所謂起於市場豈尚即此殘餘勢力以操縱壟斷
知無錫於起百餘單位而參加市場者僅四十餘可見不設市場根本絕無影響國家
此有紀綱輿論尤有制裁絕不容有此事實非商請張為幻無錫之有錢孫卿是矣固
不自其為商會理事長始而孫卿之主商會交於戰前戰後已逾十年歷由選舉從未

運動自有其對社會及在地方共見共聞豈國獨立之人格商會兩年改選理事長為
日甚暫依照商會法第三條第八款遇有市面恐慌等事有維持之責任絕不容為任
何張皇可秉傳亦決非一時虛言恫嚇所能影響其立場此亦可為所謂務懇業全体之
言者至其所述誹謗案犯刑事罪責未嘗不可依法控究僕素性忠恕待人則亦不欲深
求矣而無錫縣參議會及商會可為仿織起務廠業等七十八單位亦均有嚴正表示夫當有本
邑務廠林立已有悠久歷史業以實質買賣題務市場通為經營期貨買賣為人所共知
之事實按之現行法令司法院解釋調對於糧食有關期積貨行為即依本法擬非常時
期農礦工商條例五十一條各員刑事罪責在商言商既紡務業全體同人則該業亦為商
會會員之一自應赴商會循小該務起業員責人各員相當責任偏僅少數投機分子假
借名義奉達作嚴正表示以正社會觀聽當由務業公會負責人登報向社會公開道
歉而次予種類別有數該業出謂此事甚至決非期貨現貨之爭而為本島本武之爭
查過去管理條例有現貨買賣以務起之会之員為限則可謂定期嚴糧買賣可以不限
會員矣走業外人之作此項交易實為條例所許使為非法乃條例之非法非交易之非法
今則最後仍歸罪于業外人要知爭期貨現貨乃幕後人聽兩處所謂轉移目標也則更
別有所見所謂幕後人或且呼之欲出矣　　致龐甸祥先生書論選舉事文曰前接蘇省
商聯會函以弟不收理監會職之決議中与先生並每題名弟處出謝絕乃聲通處重感推
轂必欲是心相讓非惟選舉出大多數出于真正民意而當選人亦必夙有抱負確為人所信
仰吾國治政益發人民務僅無主宰有真意表現法俄大革命之前夕為宮無議會而
未嘗民意愈促其亡流血之禍且古為我意德論而改務亦僅民意以行而選舉多由指
定議員悉被政府人民意氣消沈卒亦隨之覆亡倘且意必釀其革命有新且若民猶求
也如躬載舟亦能覆舟能毋懼乎自秉發即膺民選獻身社會三十餘年凡所從事多
出選舉而皆一任眾意未嘗輕有干求人亦信其素行不以非分相異人有不為而後有為
故能保其志節不為人所屈撓去予判行有重選身生平辱力察於此而今仍指者選
舉不濟言豈必且始人自由選舉必先由國史為憲政憲例果皆不出於國何為多此
選舉為一党把國外然將選舉無數效果根據憲法確認人民權利必須選舉自由
方為實施憲政之党偏尊行憲者宜知此人民權護憲法者豈不知此無所謂競亦何屑闇其行
生直符民意民不能主切選舉若我与先生方以禮讓為國其所謂偽人別有懷抱矣
所有當競選風勝出一米皇帝二年大荒地方將一新賦元必激風氣与其出一熱衷勢利之
主要為身且於飾太平何若多留充心憂患之人士在地方徹擠疾苦目前有三大政事皆急
於星火而亦屬大積薪人人心知其危一曰兵役之不適國情二曰徵實徵借之周礙民生
三曰選舉之無當凡治大官不欲言小民不敢言有心人不忍言而亦無從言雖有主義極
究食弃老之將至甚矣我衰蘇有其人且不必僕若無其人亦不妨缺我衛諸公好意僕
懇不敢承教也　　自庵致無錫縣參議會及新選國大代表代電論城市改徵地價稅
事文曰無錫城區現就地籍整理完竣各鎮先行改徵地價稅并已編列預算平衡
縣級收支更屬數載而別有計於重徵價值稅查地價稅之徵收根據現遺教實
為地方闢報自治非徒政府增加收益政建國大綱第十條明言闢報自治之時規定私有土地之
價地方政府照價徵稅而其第十二條更詳闡其用途謂土地之歲收地價之增益公地之
生產山林川澤之息礦產水力之利皆為地方政府之所有而用以經營地方人民之事業及
育幼養老濟貧救災醫病與夫種種公共之需且別訂地方自治開始實行法明列其次
序一清戶口二立機關三定地價四修道路五墾荒地六設學校以定地價立於清戶之

職開之後加於修道路等之前者，明示以定地價所得專作修道路等之用，實為地方自治之需。略啟若揭矣。與建國大綱所定相為發明，至地稅之增價依照建國大綱第十條，歸其土地實行政治之改良、社會之進步而增價者，方有地價增益可言。若今則社會虛竊蜂起，江南亦到磬者，人民已難安居樂業，更何地價增益可言。故今之所謂地價增值者，實為乃幣制貶值、政治不良之反映，豈有社會進步可言。若竟藉以徵稅，則是專以收益為目的，而忘所以增值之意義，豈總理建國與民樂利之意。僕有先人敝廬，為應付地價稅之一人，不敢不盡人民義務，而不能違忘總理遺訓。若用徵地稅而遺其用途，是背總理遺教，而重苦吾民也。且今其可放散達為補正諸之吾邑，稱其數字龐大已足千億，而其用之地方實係自治性質者究有若干？原須算其稅開散者未開，不如地方教育則不足學校，且藉學費彌補；建設則拓寬道路，尚須人民自籌，抵有額外之負擔，更無自治之用途。政府不如有自治人民自定其職責，且依建國大綱第十三條，各縣對于中央政府之負擔，當以每縣之歲收百分之幾為中央歲費，由國民代表定之，其限度不得少于百分之十，不得加于百分之五十。究竟無錫此項歲收對于中央歲費之負擔是否不足，或已逾百分之五十，其能否委會諸公代表民意查明數目，昭告吾民，更盼國大當選諸公，宜為總理忠實信徒，尤其毋忘遺教，有以加之意也。

為家人在住宅西偏別建小樓一楹，遷入居之，以其年來多病，俾得靜養終老也。

孫女婉始生，長子體偉出也。

民國三十七年戊子，又十二歲

蘇財政廳長某氏來錫，督導縣財政，召集各界人士開談話，聲稱國家動員戡亂，必須整理地方財政，而允注意工商界，謂須為政府特別開無錫商民呼冤。余以無錫貨物所得而稅三十六年總額為二千億，其數字之大幾過京滬，營業稅三十六年度為三十六億，佔江蘇全省營業稅總額十分之一。因縣級平衡預算，已由縣參議會商同商會勸導各業，早于上年十二月以前一律清繳完竣，此可見無錫商人尚能顧全大体，為全國有什一之縣。於此則亦何患貧窮？無錫以彈丸之地，薄孚負工商發達之譽，惟其如此，反多苛征，減不務不為地方大謀，以底目下工商不絕於縷，商會可以勸導商人依法納稅，而亦不能不顧全實況，培養地方稅源。政者切諭其事，略曰：政府整頓捐稅，地方何敢煩言，惟現在所謂稅法，常與事實脫節，往往開門造車，出門未必合轍。凡歐美民主國法律本法以外，其附屬法亦祇限于一種，如營業稅法為本法，而其附屬法當限於施行細則，未嘗隨立法程序而言，而吾國則猶可補充，又可簡化條例，鈔如為法同等矣，何也？諸公高識于工，未悉民間疾苦，法有窒礙難行，不能不求變通，故須補充，故謀簡化。以理論之，法有不適宜，須修正，既不能強民以削足適履，又豈可變法以將酒作醋？而況法貴合理，宜有根本，其有窒礙難行者，即不合理之明徵也。所謂根本者，歐美民主國家均以憲法為根本大法，凡有立法不能違反憲法精神。吾國革命建國尤重總理遺教，故憲法前言明載依據孫中山先生創立中華民國之遺教，而其精要實在建國大綱，其說明具詳建國方略及三民主義。今行憲政尚未開始，須俟選舉完成以後，憲法實施之前則有訓政時期約法，亦遵總理遺教召集國民會議制定。儻憲當時代表未和制定之，又其第六十二條明載複稅妨害交通及各地方之物品通過稅為免除弊害，均在法律限制之列。而今中央既徵行商一時所得稅，地方又徵行商營業稅，明知其為通過而且妨害交通，猶令行課徵，尤不合理之至。此外則營業牌照稅與營業稅明為複稅，中央徵收之財產租賃所得稅與地方房捐亦為複稅。地方據理請免，官廳猶強徵，如此立法豈尚知有憲法精神，亦豈知有總理遺教？如此類不勝枚舉。歐美法治國家對于人民身體財產之自由，無不特別尊

更故除刑法及違警罰法外不能更有法條侵害人民自由立憲之異于專制民主之異于
獨裁其精神實在于此而今中國刑法有所謂特種條例亦可以殺人更可怪者中央所
訂之稅法無不專載罰款且可拘役罰鍰務求司法之廢棄從可法獨闕而與從前吾鄉各地
不敢又法之退稅所得等之法訂為法條司法習焉莫怪是尚知有司法尊嚴保持其獨
立精神者耶皆違憲之尤足為民主口實法以治民亦非以罔民周民之法必且亡國法國羅
蘭夫人曰革命革命天下幾許之罪惡假汝之名以行余今亦曰法律法律天下幾許之罪惡
假汝之名以行抑僅之於罷徭不止此政府金融失調一再通貨膨脹而又嚴禁收歛謂可
抑平物價物價未必遏平金融無法周轉遂為年關結帳正當積極無計設再查稅援
商必且如從前濆鍬緩罰政勞有智尊紳大夫之過亦吾人民之恥也政府尊民法治必先以
身作則捐稅稽徵處罰所不載明條罔事設罔徒重地方負擔自治捐稅何皆容謀
從前未有此宗今亦無此法越官侵權莫此為甚應請撤銷以重法治且自古抑雖錫而委
員留縣賢尊日有閩今所推徵收者威脅及鄉鎮此可以救大會幾視下級自治均為稅收
而設天下寧有是理執紙宣傳直有叫囂須察實難大不寧之勢是請撤回以安人心依照總
理建國大綱第十三條各縣對于中央之負擔當以全年收入百分之幾為中央歲費而國民
代表定之其限度不得少於百分之十不得逾于百分之五十究竟無錫各項歲收對于中央
之負擔是否少于百分之十抑或已逾百分之五十前已分請國民當選代表及縣參議會代表
民意者要求遺教執事熏翁下邑以法治為言而又適當政府宣佈行憲之始故敢聞
述遺教為補所聞為此君子信而後勞其民未信則以為厲己謹本鑒定春風有古訓以
為言治之善無逾于此為無錫捐稅言固不僅為無錫捐稅言也辭稍激切大觸當道之
怒要亦亂省而知語言有在此哉亂建國斯聞商人應遲滯當前局勢盛量慈耐余亦

申述何稅固為商民之義務但恐耐亦有一定限度政府仍應体卹民艱未為所屈也蓋又由產
首商聯合會將電錫商會略同前意並有言改革而衛民聞於動員戡亂之措施有關人士均須
協助不得有任何破壞阻撓情事然商民不知遵從本府為執行動員戡亂國策亦殊痛
加整飭而縣參議會議長李君惕平則更治書某氏謂財廳唯一職責在加強縣級稅務
人員之功能並宜遵政府整飭之意旨所請督督有其範圍如負擔加以干涉不僅有失威信實
易啟藉機生為政之道在守常軌上下有序不容瑜越暴於職底藏有商場多事之時加意
奇求實亦主持正論非祇一時為解其事也　商會召開會員大會通過提案三十件計有公
務捐稅金融三類以簡化估徵三十七年度所得稅及停徵財產租賃所得稅與行商一些
營利所得稅三者最為主要均為中央範圍由余歸納各案根據大會議決親自主稿
分別呈政其一請求簡化估徵三十七年度所得稅文曰查所得稅為事後徵稅從無先
繳討良容雖合理者為良反是則為惡稅三十七年尚未及半有無所得何能億計現奉
辦行三十七年所得稅應照上年稅額又倍估徵且係權宜論其情形當為借徵即宜徹底簡
化以期迅速若必仍須查帳則是未能簡化自須年度結束方能查明所徵而論目前工商
計法幣或有盈餘核實物料皆虧耗此實通貨膨脹致成產益實虧而其營運須高利貸
通多因積原料並從本加重物價膨漲幣值修跌猶是以往一年之後戡亂且無得遲諭借
徵必以目前之物價基佔將來之所得是乃幣值跌落而非商業利得則是政府金融失調無
法穩定幣值而又利用之以遞顯重徵且事後課稅為前事前估徵必又加重戡本則徵當
前物價也豈為有經濟政策之可言哉故請制定方針切實簡化即宜達免查帳設尚仍須
查帳應於來年再徵此乃所稅人望之之主張亦當然不易之理攸涉而改設重苛擾其二請求
停徵財產租賃所得稅文曰查所得及財產租賃所得稅頗為地方改良如從依照憲

理建國大綱，各為地方所有，不涉中央範圍。現在地方徵收房捐鋪捐沿已久，列作自治捐稅，亦經立法程序劃在中央。奉行總理遺教，自無存在地方重徵財產租賃所得稅之理。兼據總理遺囑曰：必須依照余所著建國方略、建國大綱、三民主義及第一次全國代表大會宣言，繼續努力。現在政府官吏均標總理信徒，豈可漠視遺訓，加重人民負擔？人民而不抗議，是無民權也；立法而不糾正，是忘遺教也。且人民依法納稅，並無代徵義務，何能視同稅役？強令代徵，抗欵甚且加倍處罰，濫備司法程序，意其濫用職權，侵犯人民身體財產自由，實乃違憲之尤。歐美民主國家無此立法先例。際此行憲伊始，豈可多貽口實？請予停徵，藉作行憲紀念，且符總理遺教甚之精義。停止代徵行商一切營利所得稅，又因捐稅代徵之不合理，已于財產租賃所得稅中論之。所得而曰一時營業，而為行商其為牽強，殊難確定對象，豈真有稅可徵？彼不得已而令行號代徵，實乃猶藏名為不當徵之稅，化名曰代徵，實近苛派。民國十六年國民革命北伐成功，奉為總理遺教實行，標語為廢除苛雜，復即召集全國裁厘會議及財政會議，決定裁厘加稅，而以增加關稅併歸中央收入，遂予地方以營業稅，以資抵補。現在新稅所加，豈止恢復厘金？而厘金可以為苛雜，決須廢除，即在設卡徵厘，係徵行商為過道稅性質。安得于裁厘已久之後，再以行商名目沿襲厘金之意義，則徵一時所得稅及營業稅，是從前厘金徵收尚祗其一，今且變本加厲重而為二，政府祗知于稅收盈而不知其於厘金史上亦可也。必欲限徵行商，何如恢復厘金？若令行號代徵，斷斷無此義務，應請分別停徵。而且行商名目並無一定，商賈貿遷，有無何嘗不貴于行？無行商則無生貨，是凡貨物進出均可行商徵稅，必令行號代徵，勢且悉以轉嫁，非加重生產剝削，即增加消費負擔，其為流弊豈可勝言？勝利以還，稅法紛紛，一稅之目中名目繁多，商人不勝苛擾，亦幾日在法網。稅吏因緣為奸，貪污相習成風。故有名目在西國實為良稅，而在我國則滋苛雜，豈真渝淮為枳，實乃變本加厲。是不可不深切辨明者。近來一切稅法動以硬性規定，強令商人代徵，並可司法處罰，蓋法規定人民納稅義務，自須直接行使，不可他人代為，實為義務意義。斷無可以法律規定強迫人民為義務之事。歐美法治國家非依法律不得侵犯人民身體財產自由，所謂法律制裁須經嚴格解釋，惟依照刑法及違警罰法可以限制人民身體財產自由，除籍無此種權能，而強人民為無義務之事，更須受法律制裁，即有法院裁定，亦必抵觸憲法之民主權能，而與法治精神實為背馳。以上要求也。適屆理監事兩年期滿，依法改選半數，陸星莊定先由公會選推，專任理監事。開選前任理事錢孫卿、李惕平、趙韋吉、石滌齋、王德潤、唐經國、戈子才、任士剛八人，監事朱文沈、胡鳴康、郭叔鴻三人，後另行改選理事程景溪、陳進之、華晉吉、王仲甫、吳小郎、蕭宗漢、楊介民七人，監事高景嶽、楊干青、章之，重召集理監事會議選舉常務理事錢孫卿、李惕平、趙韋吉、戈子才、唐經國五人，常務監事朱文沈。又選舉理事長錢孫卿，繼續任職也。八月十九日，政府頒佈以改革幣制為中心之財政經濟緊急處分令，發行金圓券，以原發行之法幣三百萬折合金圓券一元，通貨最高額可以達到金圓券二十億。人民的金鈔外匯必須全部轉兌于政府，同時物價工資薪給報酬一律須凍結于八一九水準。復出動大批管制檢查人員，限制物資囤積出境，各工廠商號必須照常供應物品。言一切經濟問題都可以用政治方法來解決。上海區經濟督導區專員蔣經國以無錫是京滬線上工商業的重心，特來錫宣稱：一個國家除了要有堅強的軍事力量以外，經濟的穩固也很重要。在八一九以前物價波動厲害，一天裏面早上、中午、晚上會有三種不同的市價，這次新經濟方案頒佈，物價一直沒有波動，大家生活得以安定，一定感覺到這政策很對。現在已發行的金圓券有九億多，其中五億多是收兌黃金美鈔，法幣政府支出方面僅使用二億多，自從幣制實施改革後，政府收進的黃金美鈔很多，財政經濟狀況已經比八一九前好轉。

全都是足可以我們對金圓券都應該有十足的信仰現在上海督導區的管轄範圍
業已擴大到三省兩市物資的管制目的要做到貨暢其流不賣黑市以後各地要向上海
買貨不能毫無組織的個人購辦或搶購只能集体到上海去買貨如無錫各商店要買布不
要各商店派員派人到上海去買可由綢布業向上海布業公會接洽購買上海的商人最歡
喜個人憑購從中可圖利所以今後各地需要的東西集体向各業公會去要不要再經中間人
的手以致造成搶購最近無錫加工海都有搶購物資的情形人民應該和政府配合使社會安定
要的價穩定大家必須沉住氣勿心慌物價管制的有效實施會益感困難的但要生活安定
物價穩定國家有辦法必須這樣做我希望大家共同的努力下一定可以把各種困難解決有
康部又首將任立法委員一時深為經濟學專家適亦來錫應扶輪社約請書演講金圓價
值與穩定問題闡揚經濟學說詳闡於人民實況即言金圓與物價正反因果相互轉移現
在金圓的價值是用人為的力量來規定使有異于自然趨勢不能完全決定金圓的命
運因為世界上古今中外不論英美或蘇聯從來沒有業者警察穩定的先例這不過限制
物價暫時等一等不准動同時因此而有此非常的現象如買不到東西等深感疑慮于是全
國出現了空前的搶購風潮無錫北塘大街中山路上到處只見搶購人潮各商店存貨已經
十室九空每日延遲開門提早打烊隨着各項重要生活必需品都在市場上絕了跡有一個鄉下
人挑了五斗米來城出售在半路上就被搶一光人心惶惶好像大變將臨從由縣府召集緊急會
議乃謀避督導處對飭市與各縣物資交流問題曾有具体決定即由上海以紗布糖皂与粗
縣交換米麥並獨實施物物交換由縣組織物資調節處負責辦理余當說明當前憲政不
使商業有畸面要求政府積極實施問題金圓券問世于今不過兩月蔣氏實施以物易物政策是否有
倡不信任金圓券無錫不能以工海需要而組織調節機構物資調節務必少帶地供應為原則主

要的應絕對本地為產區需要數量絕對要保留自己需要後方能供應外埠工海要救不要
忘了本身否則有出無進即沒有調節機構也毫無用處其次限價無論如何必須顧及生
產成本尤其如農產品等否則狀塑物資暢流不應缺乏難於登天而地方出席人士對于
事態日趨嚴重亦多贊余言未逾旬日而政府又頒布所謂經濟管制辦法要徹底取消
以放棄限價為前提的宣言之新金圓券在兩箇月來仍舊進行了巨大的貶值據最近
發行監理會公告金圓券發行總額截至十月三十日止共計十五億九千五百三十八萬六千六百
九十一元已其中十月份的發行額便為六億三千八百六十三萬四千一百九十六元六角正到最近金
圓券部分為十六億之多其他地方性通貨及法幣估計為一億元則總額應為十七億元依此
速度而論二十億元的最高發行額即將在十一月下旬完全衝破了打的物價風潮使仍在
金像浪潮一樣後浪緊逼前浪地襲來真令人不寒而慄余于是更代電立法監察兩院
痛論其事請求迅謀安定民生之策又司政府通貨膨脹實行緊縮政策為一時挽救之
計人民自亦不敢過加非議但勝利甫及三年乃至可發法幣須以三百萬元折合現鈔金圓一元
竟超過當時偽幣折率一萬五千倍人民一再折損犧牲實亦太重而乃幣制絕無準則通難
大量發行實則金圓改革之時京滬路線一般人民基層生活而動輒個子數千元及萬元之間總
少以三萬元作單位者而金圓截至不計要多須法幣三萬元是無異令人民基層生活驟增至
三萬元重以幣制無着赴苦痛際見者不免挾冬為整均衡全圓作價名為緊縮通貨實更刺
激膨脹每名官府愛談未嘗不大聲疾呼隨時切實指陳建議可在當局轉請中央注意此金
圓先天不足實違經濟學說誠東國鈞而至于此人民不任其咎也凡此可謂奸商無不與豪
門為緣尤必據政治積威方實成其為豪門豪門者奸商之護符奸商者豪門之走狗無一豪
門則無奸商儈斂必先立射人必先馬欲打老虎必先豪門此在今日屈指可數業外國積厥

維此輩普通商人何足語此而今更有所謂政治集團無不假以黨義黨之口號紛紛設法可
公然囤購物資非官非商亦官亦商則又異軍蒼頭氏為豪門別派政府無由抑平物價
加有所謂政治集團或假一二鈕公析辦悉中國農民銀行或中央合作金庫及江蘇農民銀
行等轉手或承委托關滬搶購應驗不爽而最近米價錫地商人均以八月尤日前限價
每石折合金圓二十元〇四角來散稍越乃有滬商悉滬督導處様購逢五官興各縣買
米竟超越限價一倍影響當地物價改變民眾于涉若無更意何以敢明目張膽若有
受意何以民限價業真州官放丈不許舞弊點打此次經管措施更大嘰其所謂打虎口號
實則所打之虎小菜小菜等尚省本等商人傾家不已重以時利饒饒似平業尚賴虎而可
謂當代義時或假政治集團官商句結囤積居奇者將無一及是係打虎之名而行殺牛
之實乎民易產良知難欺此在商人立場尤不能不為商人鳴其不平也實則物價之不平由
于幣值之不穩欲穩幣值必求民信此次政府金鈔盡出民間至藏者不可收黃金已多藏穩一定
類或硬幣金圓先作兌現準備確切規定辦法為人民有限制之兌現而以所收外鈔存入勝合國
銀行作為外匯準備不足更博所餘黃金以充之幣信既立物價自穩庶我取之於民用之于
民不負人民犧牲擁護金圓之意我信凡為中華民國人民均有權作此主張而有金鈔為政府
收兌者更有權作此主張抑吾所見金鈔實多中產階級所謂當代豪門究竟保有幾成
無由政府及監理會詳列姓名明白公佈或請監察院捐名徹查亦可分別責令自報否則人
民均傾家以輸而權門將擁財自豪此豈足以昭事理之平亦非現代民治國家所應有之
政象也謹以還自民間不忘民生疾苦事關金融措施請求迅作主張藉使政府國史而
期安定民生乃當時主藍謝委一段繳口結果未聞有人異議也　是年夏歷七月初八日為
先嚴祖考不檳世百歲生辰伯兄叔兄子泉手寫金剛般若波羅蜜經及般若波羅蜜多心

經為作章句信解以佛法度我父母而另輯遺文十一首梓行為傳更文錄傳更者吾父七十以
後取古人所傳之義自謙也由次子鍾漢跋其後曰先大父之歿二十有四年寂為中華民國紀
元之三十七年於世壽將百歲矣吾伯父吾父蒐其遺文十一篇梓以垂世子小子漢不敏而幸承
教於大父膝下秦于童蒙追懷忽忽非昔事耿耿大父以瑰瑋奇特之稟而坤明而欽無苗
世孫之孫一鄉推長者為其穩隱其聲跡者為父兄總帶回離喪亂為吏強禦而對而歲
不屈寵辱不驚應世有以自重而賢人君子亦多倚以為重善則然觀此田吾父之殁此于小子漢
奉誦遺文事雖里巷尋常而語不離經理龍析徹亦一言而為世法可以徵大父之德負為漢未
嘗受書而承大父課誦以還棄養前後八年曾家牖啓而今長大奉以周旋猶免于罪以不
見棄于邦人父老何莫非大父之流澤長我記不忘乎思念令名書其右簡曰庶幾夙夜以永
終譽于小子與諸兄弟共勉之舉邑人華君偉之樂書一联田文子文孫袁多萬選成仙嚴
佈彈指百年附識之　叔兄假歸在里輯丹桂堂家譜斷自先祖播初公以下遠子姓為譜系第
一世表第二行述第三文徵第四贈敘新例　三子鍾毅游學英國獲華州大學博士學位歸
國任浙贛路工程師後調上海交通大學土木系教授　五子鍾壽以余夫婦同意與邑人陳韶琴先
生之女慶濟訂婚自主其事越兩年往滬結婚余為婚從詔之以刪嘉賓曰五子鍾壽婚其
日矣請事于余則告之曰教育吾負其責婚娶自汝之事余無主張汝自酌之汝長兄鍾
韓于民國三十五年成婚時任國立中央大學教授遠留日本獲博士勝利歸來後余商其婦
翁浙江沈介庚先生不敢以子女事驚動鄉里將令赴滬就婚則訂簡化節目祇約親宥
荼叠外不受禮家不設宴汝所知也三兄鍾毅去年婚於上海孫氏時任國立交通大學教授適
當解放伊指余亦商其婦翁成禮而已未嘗有物真可通脫人也汝兄成事具在汝儕越
諸兄不可也余家儒素雖非寒苦未嘗有大富貴必以儉樸相尚近無汝次兄鍾漢常里

居見異物議汝與新婦均任職慶豐紗廠宜向工人弟兄看齊勞動改造自節約指看
慶恨曾必受批評非使余父母難庶也汝其念之汝婦為陳稚縣先生早同里閈吾知其為
明達人也夫婦好合必期百年古人稱糟糠白頭相守少年富貴未必皆喜美未宜盡事求
可久余雖支觀汎兩是而數十年以來體驗亦知是可以見人事之變遷亦足徵福澤之消
長凡吾所斷好必能愛人以德戒知余及陳翁之意為汝夫婦備循也既以語曾且謝嘉
賓附識於此以備參證

民國三十八年己丑六十三歲 至四月二十三日渡江解放前止是年始改用公元為一九四九年

徐蚌戰起人心動盪余當約集地方公私社團一致同意組織無錫人民公私社團聯合會計
參加者有無錫縣參議會江蘇省工業會無錫縣商會無錫縣農會無錫縣總工會
無錫縣教育會無錫縣漁會無錫縣農會新聞記者公會無錫縣律師公會無錫縣
醫師公會無錫縣助產士公會無錫縣中醫公會無錫救火聯合會無錫縣紅卍字會無
錫縣濟仁慈善會無錫縣婦女會無錫缺棉社漫稿社錫鐘社共二十個單位目的在加
強社團聯系集中人民意旨各本自覺自救、圖進而謀地方之安定並推錢孫卿薛明
劍李惕平孫壽鶴馬晚鐘五人為負責召集人推定約定以第一召集人負責召集並主持
本會各項活動如有因故不能執行任務時依次以第二三召集人代行其職權其第四五
召集人亦類推並訂明章程中表示負責決心其主要任務為地方自衛及保障生產二
者故于前為召復而奔洪小組委員會一人民自衛小組委員會由朱君文沅主之成立工商
自衛團聘邑人呂君子瑜為總團附規定番號為第一城區第二北塘米業第三術
布業第四馬路區第五南區第六及第七西區第八周山浜第九北柵口第十北河鎮共十
大隊執行維護工商業及地方安全之任務余於其成立時前往致詞大致謂工商自衛
團的成立雖在衛護過去商團歷史不過在運用方面和以前已經不同現在時局不
安為了不幸此了像淮陰揚州一樣的局面地方上就難免混亂這時工商自衛團就要
發揮自衛的力量如果自衛的意義和行太過是一樣要等別人打上來才發生自己
保護自己的力量這是工商團自衛團本守之界限甚於城區各鎮本有自衛隊和義
勇警察的組織這都在配合起來雖同為人民武力而有先後我們在淪陷時工
商自衛團配合在各鎮自衛隊和義警之後作為最後的運用在我個人看來京滬線目前
應重視的不是戰和大局問題而是地方能否避免混亂的問題這種混亂和民國二十六年抗
日戰爭時的混亂情形不同二十六年是外來的敵寇當時人民有兩條路可走一是抗敵一是
淪陷現在是國內的問題如果自亂已先來一個亂先亂不必等真的變局在臨時才說將
不可收拾所以京滬線先要注意亂的問題而不是僅僅是戰和的問題這是吾人應該特別
注意的不僅工商自衛團為然二生產安全小組委員會李君惕平主之擬訂生產安全保
障方案業動敵主或其負責人採取下列措置(一)組織生產安全保障委員會相約一絕
對不遷廠二可能開工時絕對不停工三不得不停工時絕對保持隨時復工之準備(二)準備
應變措施一須籌備有三個月食糧及必要原料二發動職工護廠運動(三)加強工廠自
衛力量一大廠以廠為單位小廠以地區為單位分別組織自衛團二各廠、自衛團為工商團
自衛團之一部分業動或聯絡工会採取下列措置(一)予有廠斯有工之口號下號召護廠運
動(二)推選職工代表共同組織護廠委員会擬訂及實施護廠公約保護機件設備廠房並
保護必要之原料亦由余闡明當前局勢決定實施步驟也並發佈通電引其民之旦文告
及中共發表聲明謂其重要閣健寶在召開政治協商会議及成立民主聯合政府已明謂戀
於戰爭罪犯平心論之以過去政治措施為人民公斷猶負氣事形與其事者亦何能不自

清算其政治上應負之責任，也宜迅即自陳以謝國人。若軍隊確實的保障，則中共條件亦
已在此明。依據民主原則，改編一切軍隊，其餘一切問題皆可歸併于政治協商會議。我
無錫人民公私社團謹以至誠，希望全國人民、各民主黨派、各人民團体，大家起來爭取真正
民主的和平。還為在此原則下，應先注意下列數事，由政府施前實施：一、立即停止特種刑庭
及對于人民不屬軍事範圍之軍事審判；二、釋放因操政見及在押一切之政治犯；三、開放
人民正當輿論及停止各地搜捕政治反動分子；四、撤銷國防部駐在各地之戡建隊及徵兵機
關的戰事發生，有賴政府緊急疏散，而徵人民作戰，更不人道之尤。解除全國人民心理
一致反對，繼續徵兵更應速即停止。又江南地狹民稠，既無戰場可開，而京滬治安
各縣尤皆工商區域，毫無軍事價值，凡開築地方防禦工程之徵工徵料，疲苦我民
且亂人心，有百害而無一利，亦宜一律從速停止。用敢掬誠公開，期臻民主和平。臚舉
為各社團代表人錢孫卿、薛明劍、李惕平、徐赤子、馮曉鐘、孫繼先、華晉吉、孫翔風、朱
文沈、唐經國、唐桐蓀、任士雄、李耀春、胡念倩、呂載陽、楊震中、裘鵬暑、趙章吉、陳進主、
沈衡之、孫曼西、夏藝園、何德光、薛正花、楊生明、高伯琰、飛蔣慕朱、祖瑋、楊四箴、蔣憲
基、楊千青、施冬少、張石泉、馮克昌、徐鳳嘰、高景嶽、吳文華、范英翔、黃鬯羣等敬佩謁
載可處掬也。江南各縣參議會由錫發起，于二月二日約集在滬，假無錫同鄉會出席
團也，李君惕平實主之。余以滬同鄉會主持人，亦約華君晉吉偕往參加。計出席者鎮江、丹
陽、無錫、江陰、吳縣、常熟、嘉定、川沙、奉賢、南匯、太倉、吳江、句容、青浦、崑山各縣參議會議
長、副議長及江蘇省臨時參議會議員龐樹森、黃森明、顧文等八十餘人，由鎮江縣參議
會議長屠紹基擔任主席，一致認為政府在和平原則下，對下列數點應先實施
改革：一、飭日應止現行徵兵法令，以示謀和之誠；二、勿以軍法辦理徵糧；三、地方團隊應令就
地自衛，不得調有設備保安團及徵用民有倉儲；四、停止地方一切防禦工程，以表示和平
誠心；五、各縣駐軍糧秣副食應償，不得責令地方籌貼，致重人民負擔。推李君惕平
草擬宣文，而由各縣出席之正副議長連署。當日並通請江蘇旅滬名流冷禦秋、陸
小波、楊衛玉、陳仲建、沙武曾、單東笙、張叔通等六十七人聯銜發表宣言，鄭重聲
明：今天不能再戰，軍事第一，而應該大膽的對人民安全第一和談；期間政府應先取消
苛擾人民的舉措，人民為了針對當前的局勢，應該充實地方武力，加強自衛，以維護僅
存的生產事業。基于上述願望，我們江蘇人民應該發起組織安全保障羣進會來配
合當前和平運動，對之以阻止和平成功的各種舉措，從速糾正。政府違以的告全省父老及
各界人士，希望大家一致為人民安全保障運動而努力。于是江蘇人民竟首始有統一表
現。余偕李君奔回錫，即召集公私社團聯合會開會，報告在滬開會情形，更代電南京
重申前言，至中央施行所存黃金白銀以及高等鑄銀圓，均依全國改幣兌留京滬人
民依照原定辦法，忽作全國掉補，自應絕對發禁他移，並責成兌存數目，以有裡自他
往經人民發覺者，應請示在人民通電的數明截留。其地方政府措施有之，為和平障礙者，
如盤惑徵兵及防禦工程之類，均應一律停止，地方亦不協助。並引一千九百三十年古巴革命，
美國羅斯福總統特派助理國務卿韋爾斯前往古巴，後來作無論何政權，得護其得
民眾的現時政治支持為先決問題，以昭鑒戒也。地方緊急徵兵，錫團區司令蔡
其在縣府召集鄉鎮長會議，竟公然聲言：現在一般高呼和平的士紳，完全是在做夢。
欲求光榮和平，亦非具決和力量不可。在未奉政府命令之前，徵兵是決不停止的，誰反對
徵兵，我就拔誰，不管他是地方什麼人，當作害止舉之暑以阻戰而行徵兵，是乃政治罪惡。
而數對于中國徵兵，亦多議評，謂作戰無什到，徵兵有徵無訓，將不習兵，兵不識將，有作

戰而無休養，有耗亡而無整訓，壯丁多亡，衰殘日增，民氣愈墮，生產萎縮，非將目前軍事
無益，抑且大失中國人心。大意如是。不過中國報紙全為政治封鎖，未能揭載，而已返別
政府疏散而徵人民作戰，豈僅不人道而已，抑且不合理之至。國防部會已離首都，而其
行軍所至，亦皆逋逃。按兵於亦久矣，豈特今日吾蘇所徵之兵究將解往何處，現有何
部主管人民，亦皆疑問。徵兵事祇我錫以錫言錫，公乃參人與錫，吾當宜多務，忽不敢違
請停徵，不能不求緩徵。若謂祇可成功，則總國府將勤至今爲歲，意畏索留，毛亦不覆
亡無遺。一時豪氣以我錫作孤注，讓在地方亦愛我公，敢竭愚誠，臨穎惶悚，專此敬頌崇安
前向文日徵兵，無裨作戰，徒擾地方，渠全未善，流弊百出，良可嘆痛，作魚肉不肖，國乃為刊國
家求所，其用人民不勝其苦。本月三日江蘇各縣參議會在滬集會，例如此次各縣徵額
在亡無家，會適于徵實之數，政府徵實未已，更以此項負擔，竭澤而漁，直無可出，接鶏
取實。又安得際此兵荒馬亂，小民實不堪命。徵兵以衛國家，猶可勉人以敵愾；徵兵而
供政爭，何能驅百姓作工具？誰無父母，誰無子弟，何忍以國家有為之青年供一時無謂
之犧牲？已與城防各縣由江蘇各縣參議會在滬會請，爰上近湖南已由程主席通令
各縣暫停徵兵，收拾人心，此為第一。乃江南各縣及緊急徵兵，國防部會亦已移總主發
為地徵兵何往？豈將以我江東子弟抱往粵中作戰耶？此則期期以為不可。湖南湘贊治
湘，吾蘇當不後人。迅旋咽電停止徵兵，以維人心而安地方。未戴焦有署名發國義士衣
錫學生一分子致余函四封，第一封保由崇安寺恒善堂轉交，第二封保直接寄至七人
場家中，信中附有不知名之藥粉一包，第三封乃由三皇街商會轉交，信上繪有手槍一
枝並余頭顱一個，眼鏡長鬚，指為通真，寫余為共黨尾巴，民盟分子，離間人心，企圖將
無錫青年斷為孔品，送給共黨工作，同志已遍，時注意先生行動，否為國家民族前
途着想，勿再以民意機關為護符，有組織之非法活動，背離政府，獻媚共黨，而免流
血等語。第四封仍由商會轉交，則竟大談徵兵理論，斥余反對為不合法，而綦某亦
獲一函，據其府你內容為錢某再不悔悟，決以行動對付等語。至此乃圖窮匕首現。
余當於二月十二日在末次信尾批注云：徵兵違反人心，已成公開事實，欲求政治安定，正
為鄉蔣規，欲政治實現此其第一。若不明此而徒以恐怖手段箝制輿論，為政府一切舉
措，則現政治未能把握人心，亦其軍事所以失敗，不肯犧牲，何能成事？傳令老夫不為
威武所屈之嫌也。獨載報端，以代答覆。適江蘇省臨時參議會駐會委員在滬開會，覆見報
載，特花案函有徵詢，而吳縣吳江等縣參議會亦一致表示支援。乃蘇省府主席丁某突
來錫邀余相見，厲色僞大段謂：你在無錫反對徵兵徵糧甚力，你可知道共產黨在
江北策動參軍，獻田人民多少苦難，你為什麼不去反對？政府現在剿戰深和，徵兵
徵糧決不容停止，要是你再橫圖地阻撓反對，要把你送到江北去。余亦無可置答。色
中友好以余安全可慮，均勸赴滬休養。當向商會請假，由金推請常務理事趙章吉
代理會務，直至四月二十日和談破裂，始趕回錫，而翌日中國人民解放軍過江，至二十三日解
放無錫，未損傀也。

附錄

小傳 採錄已發表之傳記及評論

錢孫卿氏戰前領導縣商會敢說敢做為商界所推崇淪陷時期息影滬
濱度其寓公生涯蓄鬚表示自甘殘廢老人編五十以前年譜上下兩卷布衣沃
飯杜門卻掃不與社會接觸勝利後主持吾邑商會年逾花甲銀髯飄領
而處事從容考慮縝詳發言若洪鐘精神矍鑠衛事精當有過人之見
終日坐鎮商會掌理公務如遇侵害商界法益時在商言商無不竭其心力據
理力爭一不做二不休會議時手執卷宗帶着書說還於典積與人折論徵引
經據書中語八為發若從決必要時會寫寫的文章作驚人的獅子吼當政府
徵兵徵糧大選的關頭他寫過穿穩的文章使小市民階級讀得擬頭三歎拍
案叫絕一貫作風老老辣辣將制努力於保護商人利益因此在商人的目光中都認
定他是無錫最理想的商會主席每當歲首易新頭往賀來必多歡言嘗於
民國三十五年應邑報之且徵文書其所懷曰息景闢年欲語無辭怙德敢言
用卜太平恨坐國內團結永停內戰朝野一心實施民主政正說制治養民力衛節
通貨安定物價確立預算財政公開獎勵生產杜塞漏卮而保上所述必自祛除
黨爭委棄武力民意根據堪代表古始京奉國上下當其同獻也近年以來保
獻社會風波之危險時前進無他的長處是肯負責辦事有條不紊機警而有
毅力加上對人奉道而不謀私利故凌而又可說也所以能雄據無錫社會三十年而無
懈可擊的主要因素同時因為他不謀私利所以決不會為了自己的身家財產而
有所顧慮立場可以比較中正大公發言可以少所忌憚他的缺點是自信太甚不
免獨裁同時對好人苛而過懷人恕他的所以對好人苛是因為他期望于你者切
而所以過懷人恕者則惟恐一發之後杜絕了你為善之機而懂得利用他老人家的
都說是個老好巴有他種人說話時常不斷的說是是但同樣的說是是卻有優劣
工拙快慢之分注意聽人說話時普通是慢板如果變了快板那就表示不大耐
煩聽下去他無所嗜以藏名畫碑書為遣公餘必至公園喫茶豪情勝概醉晚當
世非樂為人從寫幽紅葉箋后無不拜嘗須臾潑滑稽此時又喃多雋詞新語
黃人聽悲益令人想到阿茂落花春風和雅之趣毋寧說他是風趣的家教老他的成
少

後記

無錫是中國吴文化的發祥地。七千多年悠久歷史與文明，造就了『梁溪明秀之區，衣冠禮樂甲於江左』的城市人文傳統和深厚的歷史文化底藴。數千年來，文脉綿延，永世流芳。邵寶在《錫山遺響》序中曾經這樣描述：『錫之爲邑，在三吴間。山水清麗豐曠，生其地者，多沉雅秀整，以文名家，代不乏人。』文化已經成爲這座城市最本色的氣質。爲傳承吴地文明，建設文化名城，進一步彰顯無錫城市内在精神特質，經過幾年的精心策劃，旨在全面整理地方文化典籍的《無錫文庫》編纂出版工作於二〇一〇年全面啓動，二〇一一年起陸續與讀者見面了。

無錫的城市文化曾經爲中華文化寶庫作出過巨大貢獻。顧愷之、倪瓚、王紱、鄒一桂、賀天健、徐悲鴻、錢松喦、吴冠中，如松秀群嶺，在中國繪畫史上擁有很高的地位；華秋蘋、楊蔭瀏、劉天華、華彦鈞（阿炳），乃韵動天籟，對中國音樂發展發揮了重要作用；李紳、蔣防、尤袤、蔣捷、陳維崧、顧貞觀、嚴繩孫、周濟、劉半農，皆胸懷錦綉，在中國文學史上可謂各領風騷；計六奇、顧祖禹、顧棟高、秦蕙田、嵇璜、錢基博、錢穆、錢鍾書、錢海岳，可稱堂奥廣庭，學造淵源，在中國學術史上卓然大家；顧憲成、高攀龍之東林，唐文治之『國專』，徐霞客之游記，徐壽、華蘅芳之『格致之學』，陳翰笙、錢俊瑞、孫治方、薛暮橋之經濟學，都堪稱中華文化史上的一座座高峰，至今閃耀着炫目的光芒。

深厚的歷史文化底蘊激發了無錫城市的文化自覺。市委、市政府滿懷對鄉土誠摯之情、對文化敬畏之感，以義不容辭的責任擔當，致力於文化强市建設，以科學的理念和方式對歷史文化遺産作全方位的觀照、深層次的發掘、系統性的保護，匯四海之智，舉全市之力，共襄文化建設盛舉。二〇〇六年十二月，無錫市成功申報國家歷史文化名城，標志着新一輪文化意識的覺醒，并迅速轉化爲文化自覺的實踐。近年來，我市全面啓動惠山、清名橋、小婁巷、榮巷、蕩口等五個歷史文化街區和十個古村落保護修復工程，『護其貌，顯其顔，鑄其魂，揚其韵』；鴻山遺址成功保護的經驗被國家文物局譽爲大遺址保護『無錫模式』，并被授予首批國家考古大遺址公園，闔閭城遺址考古發現則確立了歷史上無錫曾作爲吴王闔閭都城的地位；建成開放六十餘座博物館、名人故居和紀念館；對無錫的非物質文化遺産予以重點保護；每年春天舉辦的中國（無錫）吴文化節、中國文化遺産保護論壇成爲文化亮點，享譽海内外。這些舉措遵循規律，探索文化建設體制和機制的創新，形成了寶貴的『無錫經驗』，得到海内外學者、專家的一致肯定。

在注重保護歷史文化遺存的過程中，發掘、整理無錫歷史文獻著作，展示和弘揚無錫城市的思想精神世界，自然而然成爲大家關注的重點。二〇〇六年，市委宣傳部組織無錫文史專家、學者編撰的十七册三百萬字的《無錫文化叢書》正式出版，引起强烈反響，出版後供不應求，在二〇〇八年再版加印。《無錫文化叢書》集中反映了無錫城市文化精華，展示了無錫城市文化特質，彰顯了無錫歷史文化的厚重，同時也告訴人們，文化精神的傳遞是文化繁榮發展的重要内涵，一旦擦去歲月蒙塵，優秀的歷史文化就會轉化成爲取之不盡的精神財富。

爲了進一步彰顯城市歷史文化底蘊，二〇〇七年，市委、市政府將全面系統整理無錫文化典籍擺上工作議事日程，明確提出編纂《無錫文庫》。由于無錫歷史文化底蘊深厚，卷帙浩繁，內容豐富，編纂工作千頭萬緒，要想整理出一部簡明扼要而又內容翔實、主旨鮮明而又文質彬彬的文獻集成，難度遠大於預想。爲此，我們先後成立了《無錫文庫》工作委員會和編輯委員會，加强對編纂出版工作的組織領導與統籌協調，在尊重歷史、尊重規律、尊重科學、尊重專家的基礎上，積極推進文庫編纂工作。編輯委員會經過反復論證，明確原則，綱舉目張，有條不紊地開展工作。充分憑借地方文史專家的優勢，充分發揮高校人文學院、研究機構的作用，充分依靠出版機構的專業經驗，并邀請國內外著名文史專家指導、把關，形成了文庫編纂的工作合力。

在編輯過程中，我們力求使《無錫文庫》成爲經得起歷史考驗的鄉邦文獻集成。

全面規劃又保持開放結構。面對豐富的歷史文化積澱，没有規劃就不可能形成清晰的編纂思路。在前期編纂工作中，編輯委員會經過二十餘次的論證會和專題研討會，形成并確定了《無錫文庫》總書目，明確了收録範圍和內容主體，立足無錫市區，兼顧江陰、宜興，主要體現無錫本土內容，突出人文科學，適當兼顧其他門類。據此，《無錫文庫》收録圖書五百五十餘種，分爲五輯：第一輯『官修舊志』，收編無錫地方志（含江陰、宜興）；第二輯『地方史料專著』，收編反映無錫地方史料的專著與筆記；第三輯『年譜家乘』，收編無錫（含江陰、宜興）地方名人年譜和望族的家譜；第四輯『無錫文存』，收編歷史上無錫作家詩文和專著的精華；第五輯『近現代名家名著存目』，編撰無錫近現代名家名著的書目提要。爲使文庫具有更大的開放度和包容量，《無錫文庫》注重整體設計，在框架分類上既注意整合，又突出重點，考慮到文庫的涵蓋面和系統性；在書目選擇上既注重經典性，又强調代表性，兼顧到圖書本身質量和作者特點；在出版方式上既總體規劃、循序推進，又采取較爲靈活的方式，成熟一批出版一批，不編序號，爲今後增補書目預留空間。

尊重歷史又反映時代特色。《無錫文庫》注重歷史性與時代性相結合，以嶄新的學術角度和現代學科理念對城市歷史文化進行整理和弘揚。編纂工作充分體現對歷史傳統的尊重，儘可能減少評述性成分，杜絶截割、改篡、增删圖書内容，對節選本祇采取作者的自選本。與此同時，以現代學術視野來看待傳統史料，增加收録有價值的歷史資料和文獻，如對民國時期的一些稿本、期刊、會刊、紀念册也予以應有的關注，收入了部分重要的民間史料。

保持原貌又便于讀者查閲。《無錫文庫》除第五輯外，全部采用原版影印方式，力争選擇最優版本作底本，保持文獻著作的歷史面目。爲了便於閲讀、查證、使用、研究，每一輯均撰寫編輯説明，每種書撰寫提要，并編撰《文庫》書目索引。通過這樣的方式，使《無錫文庫》兼具工具書檢索的作用，增强文化典籍整理的實用功能。

如期完成又精益求精。《無錫文庫》作爲一項重大文化工程，編纂工作面廣量大，必須集中力量，一鼓作氣。我們明確，從編纂工作全面啓動開始，花三年時間完成《無錫文庫》出版工作。《無錫文庫》總書目形成後，五輯的書目編纂工作同時開展、整體推進。我們要求，《無錫文庫》編纂出版工作要强化精品意識，力求思想精深、内容精彩、選編精當、學風精良、裝幀精美。文庫編纂出版的每個環節都反復論證推敲，確保經得起歷史檢驗。

《無錫文庫》的編纂出版工作，得到了鳳凰出版傳媒集團的大力支持，鳳凰出版社在版本選擇、編輯出版方面做了細緻的工作；由於《無錫文庫》收録的資料有三分之二散落在全國各圖書館中，中國國家圖書館、上海圖書館、南京圖書館等一批國内知名圖書館爲此提供了積極的幫助；應邀擔任《無錫文庫》學術顧問的專家，都是無錫籍的文化名人和國内一流的古籍研究專家，他們有的不顧年事已高，有的不顧自身工作繁忙，爲《無錫文庫》的編纂工作付出辛勤勞動；《無錫文庫》工作委員會和編輯委員會成員以及編務人員在文庫編纂出版過程中做了大量的工作。在此，謹向他們表示崇高的敬意和由衷的謝忱！

由於《無錫文庫》收録内容涉及範圍廣、時間跨度長，部分書目已經散佚，可利用資料受到限制，加之編輯委員會水平有限，《無錫文庫》的編纂工作難免會有一些疏漏和錯誤，不當之處敬請讀者指正。

王立人

二〇一一年一月